Knut Koschatzky

Räumliche Aspekte im Innovationsprozess

WIRTSCHAFTSGEOGRAPHIE

herausgegeben von
W. Gaebe, R. Grotz, H. Nuhn, E.W. Schamp, L. Schätzl

Bd. 19
verantwortlicher Herausgeber
R. Grotz

LIT

Knut Koschatzky

Räumliche Aspekte im Innovationsprozess

Ein Beitrag zur neuen Wirtschaftsgeographie
aus Sicht der regionalen Innovationsforschung

LIT

Die Deutsche Bibliothek – CIP-Einheitsaufnahme

Koschatzky, Knut:
Räumliche Aspekte im Innovationsprozess : Ein Beitrag zur neuen
Wirtschaftsgeographie aus Sicht der regionalen Innovationsforschung /
Knut Koschatzky. – Münster : LIT, 2001
   (Wirtschaftsgeographie ; 19.)
   ISBN 3-8258-5651-8

© LIT VERLAG Münster – Hamburg – London
Grevener Str. 179 48159 Münster Tel. 0251–23 50 91 Fax 0251–23 19 72
e-Mail: lit@lit-verlag.de http://www.lit-verlag.de

Vorwort

Im globalen Wettbewerb zwischen Unternehmen spielen Innovation und technologische Entwicklung zur Erhaltung und Steigerung der ökonomischen Wettbewerbsfähigkeit eine herausragende Rolle. Volkswirtschaften sind auf innovierende und leistungsfähige Unternehmen angewiesen, um den Bestand an Arbeitsplätzen zu sichern, Einkommen zu schaffen und den kontinuierlichen Strukturwandel zu fördern. Wenn auch immer wieder vermutet wird, dass Internationalisierungs- und Globalisierungsprozesse sowie die Fortschritte in der Daten- und Kommunikationstechnik die Standortbindung von Unternehmen zunehmend aufheben, weisen vielschichtige theoretische Abhandlungen und empirische Untersuchungen auf die immer noch große Bedeutung nationaler und regionaler institutioneller Strukturen für die Generierung neuer technologischer Lösungen und für die Realisierung von Innovationen hin. Der Raumbezug ökonomischer Aktivitäten ist aus geographischer Sicht keine neue Erkenntnis, wohl aber für die ökonomische Wissenschaft, die basierend auf den Modellen der neuen Wachstums- und Außenhandelstheorie Anfang der 1990er Jahre den "Raum" als relevanten Parameter für wirtschaftliche Austauschbeziehungen neu entdeckt hat.

Obwohl diese neue ökonomische Geographie zu einer Befruchtung der Diskussion über räumliche Phänomene und Prozesse sowie die Raumbindung ökonomischer Aktivitäten beigetragen hat, basiert ihr Innovationsverständnis im Wesentlichen auf den hierzu eher diffusen Aussagen der neuen Wachstums- und Außenhandelstheorie, die keinen Bezug zu den reichhaltigen Aussagen der evolutorischen Innovationsforschung herstellen. In dieser Arbeit wird daher der Versuch unternommen, eine Brücke zu schlagen zwischen den Erkenntnissen der Innovationsforschung, der neuen Wachstums- und Außenhandelstheorie sowie regionaler Innovationsmodelle mit dem Ziel, einen Erklärungsbeitrag zur Bedeutung räumlicher Faktoren in den verschiedenen Phasen des betrieblichen Innovationsprozesses, zur theoretischen Fundierung der neuen Wirtschaftsgeographie sowie zu den Möglichkeiten des gezielten Einsatzes innovations- und technologiepolitischer Instrumente und Maßnahmen zur Entwicklung des Innovationspotenzials einer Region und zur Verbesserung der regionalen Innovationsbedingungen zu leisten.

Nachdem ich mich beruflich (aber nie gedanklich) Ende der 1980er Jahre für einige Zeit von der wirtschaftsgeographischen Forschung verabschiedet hatte und in neue Gedankenwelten der im Fraunhofer-Institut für Systemtechnik und Innovationsforschung (ISI) praktizierten angewandten Innovationsforschung eintauchte, ergaben sich ab 1992 gleich mehrere Möglichkeiten, Innovationsaspekte mit regionalen Fragestellungen zu verbinden. Die bedeutendste dieser Möglichkeiten war die Teilnahme des ISI am DFG-Schwerpunktprogramm "Technologischer Wandel und Regionalentwicklung in Europa". Während die Auftragsforschung nur geringe Spielräume für nicht unmittelbar anwendungsbezogene Forschungsarbeiten bietet, eröffneten die insgesamt drei im Rahmen des Schwerpunktprogramms geförderten Projekte des ISI nicht nur die Möglichkeit, in Kooperation mit Fachkollegen an deutschen und ausländischen Hochschulen wieder stärker grundlagenorientiert zu arbeiten, sondern auch innovationsökonomische Fragestellungen mit wirtschaftsgeographischen Themen zu verbinden. In diesem Zusammenhang entstand auch im Sommer 1996 die Idee zu dieser Arbeit.

Da die von der DFG finanziell unterstützten Projekte nur einen kleinen Teil meiner Arbeitszeit und Aufgaben am ISI einnahmen, waren die Folgejahre von dem Willen geprägt, die Idee in die Tat umzusetzen. Dies war zunächst nur sporadisch erfolgreich, da kurze Wochen einer intensiveren Auseinandersetzung mit dem Thema der Arbeit Monate folgten, die durch vielfältige andere berufliche Tätigkeiten in der Projekt- und Abteilungsleitung geprägt waren. Erst zwei jeweils mehrwöchige "Sabbaticals", in denen mich die Kollegen im ISI nur nachmittags bzw. auch mehrere Tage hintereinander gar nicht sahen, gaben mir die Möglichkeit, das Manuskript fertig zu stellen. Diese Arbeit wurde im Juni 2000 beim Fachbereich Geowissenschaften und Geographie der Universität Hannover als Habilitationsschrift eingereicht. Den konstruktiven Vorschlägen der Gutachter folgend sind in der vorliegenden Fassung einzelne Textstellen leicht überarbeitet worden.

Gerade wegen dieser besonderen Entstehungsgeschichte bin ich vielen, die direkten und indirekten Anteil an der Realisierung dieser Arbeit hatten, zu großem Dank verpflichtet. Zuallererst möchte ich mich bei meiner Frau und meinen beiden Töchtern bedanken, die meist großes Verständnis aufbrachten, wenn an schönen Sommertagen mal wieder der fest versprochene Ausflug zu Gunsten einiger neuer Manuskriptseiten ins Wasser fiel. Dank sagen will ich auch meinen Kollegen aus der Abteilung "Innovationsdienstleistungen und Regionalentwicklung" für ihre vielfältige Unterstützung und insbesondere meiner Stellvertreterin in der Abteilungsleitung, Marianne Kulicke, die mir manche Arbeit abnahm. Die meist in mehrmonatigem Abstand von Frieder Meyer-Krahmer und Hariolf Grupp, der beiden Leiter des ISI, gestellte Frage nach dem Fortgang der Arbeit hat mir beim Durchhalten sehr geholfen und mich bestärkt, die Arbeit zu beenden. Danken möchte ich ganz besonders meinem akademischen Lehrer, Ludwig Schätzl, der das Interesse an der räumlichen Betrachtung ökonomischer Prozesse in mir weckte und dessen raumwirtschaftlicher Ansatz bis heute die Grundlage meiner wissenschaftlichen Tätigkeit darstellt. Befruchtend war die Zusammenarbeit mit den Kollegen aus Hannover, Freiberg und Köln im Rahmen von zwei der drei Forschungsvorhaben im DFG-Schwerpunktprogramm. Daher gilt auch der Deutschen Forschungsgemeinschaft und ihren Fachgutachtern ein herzlicher Dank für die mit der finanziellen Zuwendung gegebene Möglichkeit, neben weiteren Publikationen auch diese Arbeit vorzulegen. Dass diese in einer lesbaren Form vorliegt, ist großes Verdienst meiner Sekretärin, Christine Schädel, deren Kenntnisse der Textverarbeitung ich niemals erreichen werde.

Karlsruhe, Juni 2001   Knut Koschatzky

Inhaltsverzeichnis   Seite

Vorwort V

1   **Die Region als Erkenntnisobjekt in der
    Innovationsforschung und -politik** 1

    1.1   Zur Bedeutung der Region im
    Innovationsprozess 1

    1.2   Zielsetzung und Fragestellung der Arbeit 9

    1.3   Methodik und Vorgehensweise 12

2   **Grundzüge innovationstheoretischer Erklärungsansätze** 25

    2.1   Wege zu einem differenzierten
    Innovationsverständnis 25

    2.2   Charakteristika von Innovationsprozessen 38
    2.2.1 Unsicherheit 39
    2.2.2 Wissenschaftsbindung 41
    2.2.3 Komplexität 44
    2.2.4 Wissen und Lernen 49
    2.2.5 Kumulativität 56

    2.3   Innovation und Raum 58

3   **Wachstums- und außenhandelstheoretische
    Erklärungen regionaler Innovationsunterschiede** 63

    3.1   Neoklassische Wachstums- und klassische
    Außenhandelstheorie 63

    3.2   Neue Wachstumstheorie 64

3.2.1	Allgemeine Merkmale	64
3.2.2	Modelle über Humankapital und Wachstum sowie learning by doing und Wettbewerbsvorteile von Lucas	67
3.2.3	Gleichgewichtsmodell endogenen technischen Wandels von Romer	69
3.2.4	Innovationsmodell von Romer	70
3.2.5	Modell komparativer Vorteile von Grossman und Helpman	72
3.2.6	Modell erweiterter Produktvielfalt von Grossman und Helpman	74
3.2.7	Modell verbesserter Produktqualität von Grossman und Helpman	76
3.2.8	Kritik an der neuen Wachstumstheorie	76
3.2.9	Regionale Implikationen der neuen Wachstumstheorie	80
3.3	Neue Außenhandelstheorie	85
3.4	Bewertung der Theorien aus wirtschaftsgeographischer Sicht	92

4 Erklärungen zu den raumdifferenzierenden Mechanismen im Innovationsprozess 95

4.1	Diffusion, Spillovereffekte und Externalitäten	95
4.1.1	Begriffliche Abgrenzungen	95
4.1.2	Zeitliche und räumliche Diffusionsmuster	97
4.1.3	Agglomerationseffekte	101
4.1.4	Spillovereffekte	106
4.2	Produktzyklen und regionale Entwicklung	114
4.3	Netzwerke, Transaktionen und Institutionen	120
4.3.1	Der Netzwerkbegriff	120

4.3.2	Transaktionskostenökonomik	125
4.3.2.1	Begriffliche Abgrenzungen	125
4.3.2.2	Annahmen und Merkmale	126
4.3.3	Netzwerkökonomik	133
4.3.3.1	Entwicklungstendenzen in der Netzwerkökonomik	133
4.3.3.2	Merkmale von Innovationsnetzwerken	135
4.3.3.3	Funktionen von Innovationsnetzwerken	141
4.3.3.4	Scheiterursachen von Innovationsnetzwerken	144
4.3.3.5	Die räumliche Dimension von Innovationsnetzwerken	145
4.3.3.6	Innovationsnetzwerke im betrieblichen Innovationsprozess	153
4.4	Raumdifferenzierende Mechanismen aus Sicht der neuen Wirtschaftsgeographie	154

5. Konstitutive Elemente regionaler Innovationsmodelle 157

5.1	Nationalstaatliche Rahmenbedingungen im Innovationsprozess: das Konzept nationaler Innovationssysteme und der "learning economy"	158
5.1.1	Entwicklung des Konzeptes	158
5.1.2	Begriffsbestimmungen	160
5.1.3	Elemente nationaler Innovationssysteme	162
5.1.4	Wissensakkumulation und Lernprozesse in nationalen Innovationssystemen	163
5.1.5	Das Konzept der "Learning Economy"	165
5.1.6	Nationale versus produktbasierte Innovationssysteme	167
5.2	Das Konzept regionaler Innovationssysteme	173
5.2.1	Theoretische Bezüge	173
5.2.2	System- und Regionenverständnis	175

5.2.3	Innovationspolitische Implikationen	178
5.2.4	Typologie regionaler Innovationssysteme	181
5.2.5	Bewertung des Konzeptes	183
5.3	Theoretische Erklärungsansätze regionaler Innovationsdynamik	184
5.3.1	Netzwerk- und milieubasierte Ansätze	186
5.3.1.1	Das Konzept industrieller Distrikte	186
5.3.1.2	Weiterentwicklungen des Industriedistrikte-Ansatzes	193
5.3.1.3	Spezialisierte ökonomische Cluster	196
5.3.1.4	Konzept des innovativen Milieu	201
5.3.2	Wissensbasierte Ansätze: Lernende Regionen	208
5.3.2.1	Grundlagen	208
5.3.2.2	Rahmenbedingungen	210
5.3.2.3	Akteure in lernenden Regionen	212
5.3.2.4	Kritische Anmerkungen	216
5.4	Innovationsdeterminanten und raumdifferenzierende Faktoren regionaler Innovationsmodelle	220

6 Unternehmen und regionale Vernetzung ... 227

6.1	Betriebsstrukturelle Einflussfaktoren auf Innovation und regionale Vernetzung	227
6.1.1	Regionale Branchen- und Sektoralstruktur	228
6.1.2	Zur Bedeutung der Unternehmensgröße im Innovationsprozess	233
6.2	Ergebnisse regionaler Innovations- und Diffusionsstudien	239
6.2.1	Studientypen	239
6.2.2	Analysen regionaler Innovationsunterschiede	240

6.2.2.1	Regionale FuE-Unterschiede in den Niederlanden	240
6.2.2.2	Kleine Unternehmen, Innovation und Regionalentwicklung in Großbritannien	242
6.2.2.3	Cluster und betriebliche Innovationsaktivitäten	244
6.2.2.4	Räumliche Differenzierung betrieblicher Innovation in Österreich	245
6.2.2.5	Erfassung regionaler Innovationsdefizite in Deutschland	247
6.2.2.6	Einflüsse nationaler Rahmenbedingungen auf regionale Innovationsmuster am Beispiel der Regionen Baden und Elsass	249
6.2.2.7	Inventions- und Technikstrukturen in zwei deutschen Raumordnungsregionen	254
6.2.3	Regionale Diffusion neuer Technologien	258
6.2.4	Regionale Netzwerkstudien	266
6.2.4.1	Internationalisierung, Netzwerke und regionale Integration technologieintensiver kleiner Unternehmen	266
6.2.4.2	Betriebliche Innovationstätigkeit im Bodenseeraum und im Elsass	267
6.2.4.3	Innovationsdeterminanten im interregionalen Vergleich	269
6.2.4.4	Innovationsnetzwerke von Industriebetrieben und unternehmensnahen Dienstleistern	274
6.2.4.5	Innovationsmuster und Innovationsnetzwerke kleiner Industrie- und Dienstleistungsbetriebe	277
6.2.4.6	Innovationsnetzwerke von Forschungseinrichtungen	285
6.2.4.7	Europäischer Vergleich regionaler Innovationsnetzwerke	290
6.2.5	Zusammenfassung der empirischen Ergebnisse	291

7 Strukturmerkmale regionaler Innovations- und Technologiepolitik 301

7.1	Aufgaben und Instrumente der Innovations- und Technologiepolitik	302
7.1.1	Aufgaben der Innovations- und Technologiepolitik	302
7.1.2	Instrumente der Innovations- und Technologiepolitik	304
7.1.3	Evaluation staatlicher Innovations- und Technologiepolitik	307
7.2	Die räumlichen Maßstabsebenen der Technologie- und Innovationspolitik	309
7.2.1	Akteure der Innovations- und Technologiepolitik	310
7.2.2	Regionen als Implementierungsplattform von Innovations- und Technologiepolitik	313
7.2.2.1	Regional- und Innovationsförderung der EU-Kommission	313
7.2.2.2	Regionale Innovationspolitik der Bundesregierung	319
7.3	Aufgaben und Zielsetzungen regionaler Innovationspolitik	326
7.3.1	Aufgaben regionaler Innovationspolitik	326
7.3.2	Ansatzpunkte zur Förderung regionaler Innovationspotenziale und -netzwerke	328
7.3.2.1	Zielgruppen	329
7.3.2.2	Voraussetzungen	330
7.3.2.3	Zielsetzungen und Fördermaßnahmen	335
7.3.3	Regionstypenspezifische Innovationspolitik	339
7.4	Erfolgs- und Gefährdungsfaktoren regionaler Innovationspolitik	342
7.5	Regionale Innovations- und Technologiepolitik aus Sicht der neuen Wirtschaftsgeographie	346

8 Zum Raumbezug im Innovationsprozess – Hypothesen und Schlussfolgerungen 349

8.1 Determinanten, Mechanismen und räumliche Wirkungen 351

8.2 Regionale Strukturmerkmale und betriebliches Innovationsverhalten 361

8.3 Betriebliche Strukturmerkmale und regionales Umfeld 368

8.4 Innovations- und technologiepolitische Gestaltungsoptionen auf regionaler Ebene 374

8.5 Fazit: Was ist das Neue an der "neuen Wirtschaftsgeographie"? 378

9. Literaturverzeichnis 381

Stichwortverzeichnis 439

Abbildungsverzeichnis

Abbildung 1:	Entwicklung von Wissenschaft, Technik und Produktion in der Lasertechnik	43
Abbildung 2:	Rückgekoppeltes Innovationsmodell von Kline/Rosenberg	47
Abbildung 3:	Koordinationsformen in der Industrie	129
Abbildung 4:	Dynamik räumlicher Netzwerksysteme	151
Abbildung 5:	Elemente regionaler Innovationssysteme	176
Abbildung 6:	Typologie regionaler Innovationssysteme	182
Abbildung 7:	Typisierung von Industriedistrikten	196
Abbildung 8:	Merkmale netzwerk- und milieubasierter Konzepte	207
Abbildung 9:	Unterscheidung zwischen Regionen mit Massenproduktion und lernenden Regionen	212
Abbildung 10:	Räumliche Reichweite innovationsorientierter Kooperationsbeziehungen badischer und elsässischer Industriebetriebe	253
Abbildung 11:	Patentintensitäten in Neckar-Alb und Schwarzwald-Baar-Heuberg 1980-1990	256
Abbildung 12:	Diffusionskurven der drei CIM-Gruppen	260
Abbildung 13:	Räumliche Ausbreitung von NC/CNC	263
Abbildung 14:	Räumliche Ausbreitung von rechnergestützter Qualitätssicherung (CAQ)	264
Abbildung 15:	Typologie der Verflechtungs- und Innovationsschemata	268
Abbildung 16:	Homogenitätsanalyse zur Abgrenzung kleiner und großer Industrieunternehmen	278
Abbildung 17:	Art der Kooperationsbeziehungen mit Forschungseinrichtungen von kleinen und größeren Unternehmen	280

Abbildung 18:	Kooperationsbeziehungen slowenischer Forschungseinrichtungen mit Unternehmen	288
Abbildung 19:	Ergebnisse regionaler Innovations- und Diffusionsstudien	298
Abbildung 20:	Instrumente staatlicher Innovations- und Technologiepolitik	305
Abbildung 21:	Charakteristika von RITTS- und RIS-Projekten	319
Abbildung 22:	Akteurs- und Implementierungsebenen technologie- und innovationspolitischer Maßnahmen	327
Abbildung 23:	Ansatzpunkte für die Förderung regionaler Innovationspotenziale	331
Abbildung 24:	Raumdifferenzierende Faktoren im Innovationsprozess	354
Abbildung 25:	Unternehmenscharakteristika in unterschiedlichen regionalen Kontexten	372

Tabellenverzeichnis

Tabelle 1:	Strukturmerkmale innovierender Betriebe in Baden und im Elsass	251
Tabelle 2:	Logistische Regressionen (Gesamtmodell)	273

1 Die Region als Erkenntnisobjekt in der Innovationsforschung und -politik

1.1 Zur Bedeutung der Region im Innovationsprozess

Seit Beginn der 1990er Jahre spielt in der wirtschaftswissenschaftlichen Theoriewelt die räumliche Dimension ökonomischer Aktivitäten eine zunehmend wichtigere Rolle. So stellt der amerikanische Außenhandelsökonom Paul Krugman in seinem 1991 erschienenen Buch "Geography and Trade" fest, dass "about a year ago I more or less suddenly realized that I have spent my whole professional life as an international economist thinking and writing about economic geography, without being aware of it" (Krugman 1991a: 1).[1] Diese Wiederentdeckung des Raumes in der wirtschaftswissenschaftlichen Forschung, auch als "*new economic geography*" bezeichnet, schlägt den Bogen zu den Arbeiten des britischen Ökonoms Alfred Marshall, der sich in den *Principles of Economics* schon 1890 mit der "Concentration of Specialised Industries in Particular Localities" beschäftigt hat (Marshall 1927: 267-277).[2] Standorttheoretische Arbeiten zu interregionalem und internationalem Handel (Ohlin 1933) und zu einzelnen Wirtschaftszweigen (Hoover 1937) folgten in den 1930er Jahren.[3] Mitte der 1960er Jahre formulierten Borts und

---

[1] Auch der amerikanische Industrieökonom Michael Porter beschäftigt sich mit der Wiederentdeckung des Raumes in der ökonomischen Forschung: "The new learning on location raises a rich array of questions for future research....It casts new light on the study of agglomeration economies, regional science, and indeed of industrial and economic policy...All this suggests that economic geography must move from the periphery to the mainstream" (Porter 1994: 38).

[2] Als Begründer der standorttheoretischen Modellbildung gilt Johann Heinrich von Thünen, der den ersten Teil von "Der isolierte Staat in Beziehung auf Landwirtschaft und Nationalökonomie" bereits 1826 veröffentlichte. Das Gesamtwerk erschien 1875. Vgl. die diversen Darstellungen in Isard (1956); Haggett (1975: 383-392); Abler *et al.* (1977: 346-349); Schätzl (1996: 60-68).

[3] Für den deutschsprachigen Raum sind in diesem Zusammenhang die zunächst im Ausland vielbeachtete Theorie der zentralen Orte von Walter Christaller (1933) und die Theorie der Marktnetze von August Lösch (1940) zu nennen. Krugman (1995: 38) bezeichnet die Industriestandorttheorie von Alfred Weber und die Theorie der zentralen Orte als "Germanic Geometry".

Stein (1964) ein formalisiertes *neoklassisches Modell*, in dessen Ergebnis interregionale Unterschiede in den Wachstumsraten der Produktionsfaktoren Arbeit, Kapital und technischer Fortschritt durch interregionale Faktormobilität wieder zu einem dynamischen Gleichgewicht führen (Schätzl 1996: 132).

Weitgehend unbeachtet durch die Ökonomie wurden seit den 1950er Jahren in der Politikwissenschaft und Entwicklungsforschung eine Vielzahl *regionaler Entwicklungs- und Polarisationstheorien* entwickelt (z.B. Myrdal 1957; Hirschman 1958; Friedmann 1966; Lasuén 1973),[4] die sich meist qualitativ mit der Verteilung und Dynamik wirtschaftlicher Aktivitäten im Raum auseinander setzten. Gemeinsames Merkmal aller dieser Arbeiten ist der Versuch der Erklärung der räumlichen Ordnung der Wirtschaft und der Ableitung von Aussagen hinsichtlich der Entwicklung räumlicher Disparitäten.[5] Auch eine Vielzahl *wirtschafts-*

---

[4] "I...became aware of a somewhat different but related history in another field, economic development, where a set of ideas similar to those I was now applying to geography had flourished briefly in the 1940s and 1950s, then were all but forgotten" (Krugman 1995: viii).

[5] Während aus dem Grundverständnis der sozial- und wirtschaftsgeographischen Wissenschaft heraus die *empirische* Erfassung der räumlichen Dimension und Ordnung sozialer oder ökonomischer Phänomene bis in die 1970er Jahre das zentrale Forschungs- und Erkenntnisziel darstellte (Bartels 1980: 48-50), hat sich bedingt durch die vor allem in den 1970er-Jahren sehr kritisch geführte Auseinandersetzung mit dem Fach (vgl. exemplarisch Beck 1973; Hard 1973; Schramke 1975), die Übernahme britischen und amerikanischen Wissenschaftsverständnisses (vgl. exemplarisch die damals zu Standardlehrbüchern avancierten Abler/Adams/Gould 1977; Haggett 1975), in dessen Folge beispielsweise die Wiederentdeckung der Standortstrukturtheorien von Christaller und Lösch zu beobachten war sowie die Öffnung in Bezug auf regionalökonomische und entwicklungspolitische Theorienbildung (z.B. Schätzl 1974) eine stärker theoriebezogene Arbeitsweise in der Geographie entwickelt. Heutzutage kommt jede seriöse Arbeit nicht ohne einen mehr oder minder umfangreichen *Theoriebezug* aus. Ohne an dieser Stelle detailliert in die wissenschaftstheoretische Diskussion einsteigen zu können (vgl. dazu u.a. Wohlgenannt 1969; Opp 1970); Seiffert (1970; Albert 1971; Habermas 1971; Popper 1973; sowie als Zusammenfassung verschiedener wissenschaftstheoretischer Sichtweisen Prim/Tilmann 1977), soll dennoch kurz deutlich gemacht werden, welches Ziel die theoretische Diskussion in dieser Arbeit verfolgt. Theorien sind in der Wissenschaft das Konstrukt, mit dem allgemein gültige Gesetze bzw. Kausalzusammenhänge über einen bestimmten Objektbereich formuliert und deutlich gemacht werden. Theorien erheben zwar einen raumzeitlich unbeschränkten Gültigkeitsanspruch, sind aber an die Zeit (und an den jeweiligen Erkenntnisfortschritt) gebunden, in der sie formuliert wurden; sie haben

geographischer Arbeiten hat sich mit der Herausbildung und Entwicklung von Wachstums- und Schrumpfungsregionen beschäftigt und dabei Mechanismen aufgezeigt, die zu einer räumlichen Differenzierung führen.[6] Während die neoklassische Wachstumstheorie, die in den Wirtschaftswissenschaften über Jahrzehnte die Grundlage der theoretischen Modellbildung darstellte (z.B. Solow 1956; Swan 1956; Cass 1965), mit ihrem Ausgleichstheorem die Konvergenz regionaler Einkommensunterschiede vorhersagte (Bröcker 1994: 31-35; Krieger-Boden 1995: 53-54), sind in der polarisationstheoretischen Argumentation Agglomerationsvorteile und zentripetale Entzugseffekte für eine zirkulär verursachte Divergenz in der regionalen Wirtschaftsentwicklung verantwortlich. Erst in späteren Entwicklungsphasen, die durch zunehmende Agglomerationsnachteile in den wirtschaftlichen Zentren geprägt sind, erscheint auch ein "polarization reversal" denkbar (Richardson 1980; Koschatzky 1987).

Seit Ende der 1980er Jahre sind Umbrüche in der neoklassisch geprägten Theoriediskussion zu beobachten. Während in der "alten" Wachstumstheorie nach dem Solow-Modell die Begründung des gleichgewichtigen endogenen Wachstums über abnehmende Grenzerträge des Kapitals und exogen vorgegebenen technischen Fortschritt (der als unerklärte Restgröße behandelt wird) sowie exogener Wachstumsrate der Arbeit erfolgte, ist unter innovationstheoretischen Gesichtspunkten die bemer-

---

damit letztlich nur provisorischen Charakter. Theorien lassen sich durch Deduktion, d.h. die Ableitung aus unabhängigen nomologischen Aussagen, sowie Induktion, d.h. die Übertragung von Ergebnissen, die sich für den Untersuchungsfall als ausnahmslos richtig erwiesen haben, auf eine allgemein gültige Ebene, formulieren. Da keine Theorie alle Einflussfaktoren komplexer Systeme berücksichtigen kann, werden über Prämissen die Rahmenbedingungen angegeben, unter denen die Theorie gelten soll. *Theorien verfolgen in der Regel drei Ziele*: 1. Sie wollen erklären, warum Vorgänge so ablaufen wie sie ablaufen (Erklärung). 2. Sie versuchen, auf der Grundlage bestimmter Gesetze bestimmte Ereignisse vorherzusagen (Prognose). 3. Sie können angeben was getan werden muss, um bestimmte Ziele zu erreichen (Transfer). Neben einer jeweils kurzen Darstellung der wichtigsten Aussagen wird in diesem Kapitel besonders auf den Transferaspekt der behandelten Theorien eingegangen. Es sollen die Determinanten, die die Bedeutung des räumlichen Umfeldes auf betriebliche Innovationsaktivitäten erfassen (Erklärung), identifiziert und anhand der empirischen Analyse auf ihre technologiepolitische Relevanz und Umsetzbarkeit (Transfer) überprüft werden.

6   Vgl. dazu u.a. die bei Schätzl (1994a) und (1996) sowie Sternberg (1994) aufgeführten Beispiele.

kenswerte Neuerung der *"neuen" Wachstumstheorie*[7] die Berücksichtigung von Spezialisierungsvorteilen und externen Effekten. Sowohl durch die Akkumulation von Humankapital (Romer 1986; Barro 1990), durch Lerneffekte (Lucas 1988) als auch durch innovative Tätigkeit mit dem Ergebnis neuer Produktvarianten (Romer 1990) bzw. verbesserter Produktqualität (Aghion/Howitt 1992) setzen Skalenerträge und daraus resultierende Externalitäten[8] den Gleichgewichtszustand außer Kraft.[9] Nunmehr kommen die unterschiedlichen Modelle der neuen Wachstumstheorie zu vergleichbaren Schlussfolgerungen über räumliche Konzentration und die Wirkung von externen Effekten wie die früheren Vertreter der Regionalwissenschaft (z.B. Isard 1956). Während sich diese nur randlich mit den konzentrations- und disparitätenfördernden Effekten eines extern vorgegebenen technischen Fortschritts auseinander setzten, ist es das Verdienst der neuen Wachstumstheorie, die formalisierte ökonomische Modellbildung mit innovationstheoretischen Überlegungen[10] verknüpft und - zumindest in Modellen, die zwischen Innovation und Imitation unterscheiden bzw. nicht von einer globalen Verfügbarkeit sämtlicher Innovationen ausgehen (Grossman/Helpman 1991a) - den Blick verstärkt auf die interregionale Differenzierung und Spezialisierung gerichtet zu haben. Hiermit ist das Forschungsfeld der *"new economic geography"* umrissen, das sich vor allem auf die Modelle und die räumlichen Implikationen der neuen Wachstums- und Außenhandelstheorie bezieht (Krugman 1998). Während räumliche und ökonomische

---

[7] Obwohl die mit der Publikation von Romer über "Increasing returns and long run growth" im Jahr 1986 begründete neue Wachstumstheorie Divergenz zulässt, fußt sie trotz des neuen Labels weiterhin auf neoklassischen Grundannahmen wie der vollkommenen Konkurrenz und der Optimierung wirtschaftlichen Verhaltens (vgl. Kapitel 3).

[8] Nach Tichy ergeben sich diese Externalitäten aus der Einsparung von Transportkosten, aus verstärkter Arbeitsteilung, aus Spezialisierungsmöglichkeiten, aus Lernkurven sowie aus technischen Spillovers (Tichy 1996: 105).

[9] Eine ähnliche Argumentation findet sich in der von Krugman begründeten neuen Außenhandelstheorie (Krugman 1979), die internationalen Handel durch Marktunvollkommenheiten und Spezialisierung begründet (z.B. Krugman/Obstfeld 1994: 113-148; zu industriepolitischen Implikationen vgl. Kösters 1994).

[10] Hier wird vor allem auf Schumpeter und seine Theorie der wirtschaftlichen Entwicklung aus dem Jahre 1911 Bezug genommen (vgl. dazu z.B. Grupp 1997: 55-59).

Argumente in einem engen Zusammenhang stehen,[11] ist eine Verknüpfung von Wachstums- und Innovationstheorie bislang allerdings nicht gelungen. Innovationen werden von der Wachstumstheorie nach wie vor zu stark pauschaliert und interregionale Unterschiede in der Innovationstätigkeit allein mit Preisvorteilen bei immobilen Faktoren[12] erklärt (Bröcker 1994: 44). Es wird deshalb Aufgabe dieser Arbeit sein, den Blick stärker auf die charakteristischen Merkmale von Innovationsprozessen und ihren räumlichen Wirkungen zu richten, um dadurch das Konzept einer "neuen Wirtschaftsgeographie" zu bereichern.

In empirischer Umsetzung institutionenökonomisch-evolutorischer Innovationserklärungen sind mit Blick auf nationenspezifische institutionelle Aspekte bei Invention, Innovation und Diffusion in der zweiten Hälfte der 1980er-Jahre eine Reihe von Überlegungen zur Spezifität nationaler Rahmenbedingungen bei Innovationsprozessen entstanden.[13] Während die verschiedenen und sich in der theoretischen Fundierung voneinander unterscheidenden konzeptionellen Arbeiten zu *nationalen Innovationssystemen* (vgl. Lundvall 1992a: 16-17) den Blick auf den Nationalstaat richten, heben die zu Beginn der 1990er-Jahre entstandenen Arbeiten über *regionale Innovationssysteme* unter Hinweis auf die Bedeutung der Proximität zwischen Innovationsakteuren auf die regional

---

11 So vereinnahmt Krugman die geographische Forschung für die Ökonomie: "The new work...also serves the important purpose of placing geographical analysis squarely in the economic mainstream" (Krugman 1998: 7). Allerdings bemerkt er auch, dass "...geography turns out to be perhaps the most naturally 'non-linear' area of economics", da sich nunmehr auch nicht-lineare Phänomene wie beispielsweise zirkulär verursachte kumulative Entwicklungsprozesse aus den meisten Basismodellen ableiten lassen., und gelangt zu folgender Schlussfolgerung: "So the new economic geography, in addition to legitimizing the specific issue of location, may help to make economic theory in general a more friendly place for ideas that are exciting but have lacked a natural home in the field" (Krugman 1998: 16).

12 Hier ähnelt die Argumentation der der Produktlebenshypothese, die in ihrer räumlichen Variante ebenfalls von Kostenvorteilen an peripheren Standorten und einer dadurch induzierten Verlagerung arbeitsintensiver Produktion und der Realisierung von Prozessinnovationen ausgeht (Vernon 1979; Tichy 1991; Schätzl 1996).

13 Mit Arbeiten von Freeman (1987) über "Technology Policy and Economic Performance: Lessons from Japan" und dem Sammelwerk von Dosi *et al.* (1988) über "Technical Change and Economic Theory" wurde die Forschungsrichtung der *National Systems of Innovation* begründet. Vgl. die Übersicht bei Schmoch *et al.* (1996: 121-131).

wirkenden Innovationsfaktoren ab (Cooke *et al.* 1997). Im Rückgriff auf die evolutionäre Ökonomie, innovationstheoretische Konzepte, Governance-Ansätze, neue Produktionskonzepte und die Arbeiten zu industriellen Distrikten werden die systemischen Elemente nationaler Innovationssysteme auf die regionale Ebene übertragen, ohne sie allerdings kopieren zu wollen. Zentrale Aussage ist, dass sich auch in Regionen spezifische institutionelle Rahmenbedingungen und Vernetzungen herausbilden, die ein spezifisches Innovationsmuster zur Folge haben.[14]

Allerdings ist der hier postulierte Zusammenhang nicht unumstritten. In Ansätzen, die auf dem Paradigma post-fordistischer Produktionskonzepte und dem *Konzept der flexiblen Spezialisierung* aufbauen (Piore/Sable 1984; Storper/Walker 1989; Pyke *et al.* 1990; Hirst/Zeitlin 1991),[15] wird die Formierung neuer räumlicher Produktionskomplexe als Ergebnis der Organisations-, Kooperations- und Kontrollformen neuer Industrien gesehen. Unternehmen werden nicht durch ihr regionales Umfeld beeinflusst, sondern generieren ihre eigenen Wachstumsbedingungen, u.a. durch die Absorption mobiler Produktionsfaktoren aus anderen Regionen.[16] Dies betrifft vor allem Großunternehmen mit entsprechenden Macht- und Steuerungspotenzialen. Im Gegensatz dazu betonen die verschiedenen Ansätze zum *innovativen Milieu* (z.B. Aydalot 1986;

---

[14] Unter "Region" werden hier sowohl *region states* wie beispielsweise die deutschen Bundesländer verstanden, aber auch *industrial cluster*, wobei eine Region, deren Grenzen im Zeitablauf an funktionalen Kriterien angelehnt variieren können, mehrere *cluster* enthalten kann (Cooke *et al.* 1996: 2). Vgl. auch Abschnitt 1.3.

[15] In diesem Zusammenhang sind auch die ab Mitte der 1970er-Jahre entstandenen regulationstheoretischen Arbeiten französischer Soziologen und Ökonomen mit marxistischem Hintergrund zu nennen (vgl. Lipietz 1997: 250-255). Die Regulationstheorie "...will die Entwicklungsdynamik moderner kapitalistischer Gesellschaften in ihrer zeitlichen und räumlichen Differenzierung untersuchen. ... Der Ansatz stellt besonders die in bestimmten historischen Phasen dominierenden Regulationsformen heraus, die zeitweilig eine stabile Reproduktion des gesellschaftlichen Gesamtzusammenhanges Gewähr leisten. ... Regulationstheoretische Ansätze...gehen davon aus, ...dass der gegenwärtige Prozess räumlicher Restrukturierung als ein Weg verstanden werden könne, die Krise der bisherigen fordistischen Entwicklungsformation auch durch eine veränderte Organisation des gesellschaftlichen Raumes zu überwinden" (Krätke 1996: 6).

[16] "Innovative firms and industries are not only factor attracting but also factor-creating. This creative capability gives them the possibility to locate in many different places" (Christensen *et al.* 1990: 35).

Camagni 1991) die Bedeutung der regionalen Umfeldbedingungen für betriebliche Innovation. Die Milieu-Schule geht davon aus, dass durch regionale Kulturen, Identitäten und Solidarisierungen eine strukturelle Basis für Unternehmen geschaffen wird, die die Zusammenarbeit zwischen den Unternehmen und dadurch deren Entwicklung fördert. Über territoriale Netzwerke und Marktbeziehungen entwickelt sich ein innovatives Milieu, von dem die Unternehmen profitieren und die es durch regionale Kooperationen bereichern. Im Ergebnis dieser Austauschbeziehungen werden die Unternehmen, vorwiegend kleine und mittelgroße Unternehmen (KMU), und ihre Innovationsleistung durch das regionale Umfeld beeinflusst und geprägt. Ein enger Zusammenhang zwischen Innovationen und räumlichen Faktoren wird daran festgemacht, dass technologische Innovationen einerseits eine wesentliche Determinante für die Entwicklung von Regionen und die räumliche Arbeitsteilung darstellen (z.B. Stöhr 1986; Keeble/Wever 1986; Oakey 1994) und andererseits die innovations- und diffusionsrelevanten Standortbedingungen und die Faktorausstattung einer Region den Rahmen für innovative Entwicklungen und den Erfolg innovations- und technologiepolitischer Fördermaßnahmen bilden (vgl. Kilper *et al.* 1994: 29).

Neben der wachsenden Erkenntnis in der Innovationsforschung, dass räumliche Distanz und räumliche Strukturmerkmale nicht zu vernachlässigende Parameter in der Erklärung von Innovationsprozessen darstellen,[17] ist auch in der *Innovations- und Technologiepolitik*[18] ein Bedeutungsgewinn der regionalen Betrachtungsebene zu beobachten. Begriffe wie "regionale Identitäten und Kulturen", "regionale Leitbilder" und "Europa der Regionen" verdeutlichen diese Hinwendung auf die regionale Ebene. Sowohl seitens der Kommission der Europäischen Gemeinschaften als auch der Bundesregierung werden transnationale bzw. nationale Fördermaßnahmen durch regionsspezifische Initiativen ergänzt und erweitert. Exemplarisch zu nennen sind die Regional Technology Plan (RTP) bzw. Regional Innovation Strategy (RIS)-Projekte der Gene-

---

17 So weisen beispielsweise Henry *et al.* (1995: 724) auf die räumliche Bindung von FuE-Aktivitäten und deren ungleiche räumliche Verteilung hin: "...the activities and social content of R&D exist in particular spatial relations to each other and to other activities, and are located in unique geographical places each of which is embedded in a wider pattern of uneven development."

18 Zur Definition von Innovations- und Technologiepolitik und ihrer Legitimierung vgl. Kapitel 7.

raldirektion Regionalpolitik (vgl. Landabaso 1997; Landabaso *et al.* 2001), die Regional Innovation and Technology Transfer Strategy (RITTS)-Maßnahmen und die Trans-Regional Innovation Projects (TRIPS) der DG Enterprise der EU-Kommission[19] sowie der BioRegio-, der Existenzgründer aus Hochschulen (EXIST)- und der InnoRegio-Wettbewerb des Bundesforschungsministeriums. Diese Maßnahmen basieren auf der Prämisse, dass Innovationsprozesse einen regionalen Ursprung haben und die regionale Faktorausstattung das betriebliche Innovationsgeschehen beeinflusst.[20] Der Prämisse liegt die Hypothese zu Grunde, dass die Existenz einer regionalen Forschungs- und Entwicklungs-(FuE)Infrastruktur und die räumliche Nähe bei innovationsrelevanten Interaktionen zwischen Unternehmen (und hierbei vorwiegend KMU) sowie Forschungs- und Transfereinrichtungen zur Entwicklung eines innovationsfördernden Klimas und zur Stimulierung betrieblicher Innovationen beitragen.[21] Vor allem die Vernetzung der Akteure einer Region und die Erschließung neuer Potenziale, beispielsweise durch Unternehmensgründungen, werden als wichtige innovationsstimulierende Förderansätze angesehen (Koschatzky 1997a; Koschatzky/Gundrum 1997). Seitdem auch die "neue" neoklassische Wachstumstheorie die Möglichkeit der langfristigen Störung eines wirtschaftlichen und interregionalen Gleichgewichts einräumt, sind ebenfalls aus diesem theoretischen Blickwinkel heraus staatliche Interventionen durch Wirtschafts- und Innovationspolitik ein geeignetes Mittel zur Steuerung einer optimalen Allokation von Wirtschafts- und Innovationsressourcen (Krieger-Boden 1995: 67).[22]

---

[19] Vgl. European Commission (1997) für Details über diese Fördermaßnahmen.

[20] Da aber sehr unterschiedliche Determinanten das betriebliche Innovationsverhalten beeinflussen (z.B. ausgeführt bei Tödtling 1990), ist es nicht zwangsläufig, dass die Schaffung und Ausweitung regionaler innovationsunterstützender Angebote zu einer verstärkten Nachfrage aus der Region führen müssen.

[21] Empirische Analysen aus den Niederlanden zeigen demgegenüber, dass kein Zusammenhang zwischen einem räumlich nahen positiven Umfeld und dem Innovationspotenzial von Unternehmen bestehen muss. Innovative Unternehmen können ihren Standort genauso in Regionen mit ungünstigen Rahmenbedingungen haben wie wenig innovative Unternehmen in Regionen mit günstigen Innovationsbedingungen (Davelaar 1991: 201-202).

[22] Allerdings erlauben nicht alle Modelle der neuen Wachstumstheorie diese Schlussfolgerung (Bröcker 1994: 43).

Sowohl aktuelle Entwicklungen und Diskussionen in den verschiedenen Theoriewelten als auch das Spektrum der in Deutschland und Europa implementierten innovations- und technologiepolitischen Maßnahmen lassen ein zunehmendes Interesse an einer differenzierten Betrachtung innovativer Prozesse unter räumlichen Gesichtspunkten erkennen.

Die Vorstellung, dass zwischen räumlichen Faktoren und Innovationstätigkeit ein enger Zusammenhang besteht, kann in folgenden **Annahmen** zusammengefasst werden:
- Die regionale Faktorausstattung beeinflusst das betriebliche Innovationsgeschehen.
- Innovationsprozesse haben einen regionalen Ursprung.
- Das Innovationsgeschehen verläuft räumlich differenziert.
- Die räumliche Nähe fördert innovationsrelevante Interaktionen.
- Regionsbezogene innovations- und technologiepolitische Fördermaßnahmen werden auch regional wirksam.

1.2 Zielsetzung und Fragestellung der Arbeit

Die theoretische Diskussion macht deutlich, dass zwar kein Dissens hinsichtlich der räumlichen Betrachtungsebene besteht, wohl aber hinsichtlich der Funktion, die das räumliche Umfeld von Unternehmen auf das betriebliche Innovationsverhalten ausübt. Unklar ist, ob raumgebundene und insbesondere regionale Faktoren in allen Aspekten des Innovationsgeschehens eine Rolle spielen, oder im Sinne einer phasenspezifischen Regionalverflechtung nur in Teilaspekten des Innovationsprozesses, ob kleine und große Unternehmen gleichermaßen durch räumliche Umfeldbedingungen in ihren Innovationsaktivitäten beeinflusst werden oder ob die Region als fremdbestimmtes System nur den räumlichen Rahmen für unternehmerische Produktions- und Interaktionsmuster bildet. Vor allem die realen Innovationsprozessen nicht angemessene Vereinfachung des Innovationsgeschehens in der neuen Wachstums- und Außenhandelstheorie und damit auch in der "neuen Wirtschaftsgeographie" sind hier hinderlich. In der technologiepolitischen Diskussion über die Wirksamkeit regional orientierter Förderkonzepte wird daher ein Defizit in der theoretischen Aufarbeitung regionaler Innovationszusammenhänge und -systeme beklagt (Cooke *et al.* 1996: 6).[23] Trotz dieser Unklarheiten gründet sich die Regionalisierung in der europäischen und nationalen Technologiepolitik auf Konzepte, die der Region eine prägende Rolle im Innovationsgeschehen beimessen. Ob solche Konzepte angemessen sind, oder ob sich nicht regionale Produktions- und Innovationssysteme einer politisch-planerischen Steuerung entziehen, so wie von einigen Theorien behauptet wird, ist im Rahmen dieser Arbeit anhand der *Aufarbeitung des theoretischen Diskussionsstandes* zu klären. Sie will damit aus Sicht der regionalen Innovationsforschung einen Erklärungsbeitrag zur Bedeutung räumlicher Faktoren im Innovationsprozess, zur theoretischen Fundierung der neuen Wirtschaftsgeographie sowie zu den Möglichkeiten des gezielten Einsatzes innovations- und technologiepolitischer Instrumente und Maßnahmen zur Erhöhung des Innovationspotenzials einer Region und zur Verbesserung der regionalen Innovationsbedingungen leisten.

Die *untersuchungsleitende Hypothese*, die sich aus den kurz geschilderten wachstumstheoretischen, innovations- und regionalökonomischen Ansätzen ableitet, geht davon aus, dass zwischen der Faktorausstattung einer Region und der Innovationsfähigkeit der regionalen Akteure ein Zusammenhang besteht. Vor dem Hintergrund der Rückkopplungsintensitäten zwischen den verschiedenen Aspekten und Akteuren im Innovationsgeschehen kann die Intensität dieses Zusammenhanges variieren. Als Hauptakteure werden dabei Unternehmen und ihre Betriebsstätten verstanden, die im Innovationsprozess mit anderen Unternehmen, Forschungs-, Finanzierungs-, Ausbildungs-, Beratungs- und Transfereinrichtungen zusammenarbeiten.

Wenn, wie angenommen, ein Zusammenhang zwischen der regionalen Faktorausstattung und der Innovationsfähigkeit der regionalen Unternehmen besteht, ist zu klären, in welcher Weise Regionen über ihre Innovationsakteure innerhalb des nationalen Innovationssystems agieren

---

23 So bemerkt zu Knyphausen-Aufseß (1999: 595), dass "...noch diverse Anstrengungen notwendig sind, um das gegenwärtig so aktuelle Thema der Regionalnetzwerke zu erhellen und damit auch einer auf die Entwicklung solcher Regionalnetzwerke ausgerichteten Industriepolitik eine ausreichende theoretische Begründung und Absicherung zu geben."

und kooperieren, welche Teile des Innovationsgeschehens weitgehend regional unabhängig und für welche Teile regionale Spezifika zu beobachten sind, die nicht auf nationale, sondern auf regionsspezifische Rahmenbedingungen zurückgeführt werden können.

> Die Arbeit ordnet sich in die im Rahmen der neuen Wirtschaftsgeographie geführte theoretische Diskussion über die Territorialität von Produktions- und Innovationssystemen ein und will sie mit einer wirtschaftsgeographisch-innovationstheoretischen Analyse über die Entstehung, Dynamik und Gestaltbarkeit territorial integrierter Innovationssysteme bereichern. Ihre Zielsetzung liegt in der Gewinnung neuer Erkenntnisse über die räumliche Dimension im Innovationsgeschehen und in einer differenzierten Betrachtung räumlicher Einflussfaktoren in den verschiedenen Phasen des betrieblichen Innovationsprozesses.

Dazu sollen anhand theoretischer und empirischer Arbeiten folgende **Forschungsfragen** beantwortet werden:

- Was sind die wesentlichen innovationsrelevanten Determinanten räumlicher Differenzierung?
- Wie werden diese Determinanten hinsichtlich ihrer räumlichen Wirkungen interpretiert und welche Prognosen über die Entwicklung von Raumsystemen werden aus ihnen abgeleitet?
- Besteht ein Zusammenhang zwischen der technologie- und innovationsrelevanten Faktorausstattung einer Region und dem Innovationsverhalten der Unternehmen?
- Wie stark ist dieser Zusammenhang?
- Sind regionale Einflüsse generell gültig, oder betreffen sie nur bestimmte Aspekte im Innovationsprozess?
- Lassen sich allgemein gültige Erkenntnisse über die Bedeutung regionsspezifischer Strukturmerkmale im Innovationsprozess ableiten?
- Welcher Zusammenhang besteht zwischen der Größe von Unternehmen, dem Ausmaß ihrer Integration von Unternehmen in das regionale Umfeld und ihrer Innovativität?
- Welche innovations- und technologiepolitischen Optionen bestehen zur Gestaltbarkeit von regionalen Innovationssystemen?

- Ist eine regionsspezifische Technologiepolitik überhaupt in der Lage, das regionale Innovationspotenzial zu entwickeln, oder entzieht sich im Sinne territorial desintegrierter Produktions- und Innovationssysteme die Gestaltbarkeit regionaler Strukturen durch regional ausgerichtete Maßnahmen?

1.3 Methodik und Vorgehensweise

Die *Struktur dieser Arbeit* folgt dem von Schätzl 1974 kreierten raumwissenschaftlichen Ansatz, der die theoretische Erklärung der räumlichen Ordnung der Wirtschaft, die empirische Erfassung, Beschreibung und Analyse räumlicher Prozesse und die Lenkung des räumlichen Prozessablaufs in Richtung auf eine Optimierung wirtschafts- und gesellschaftspolitischer Zielsetzungen beinhaltet (Schätzl 1974). Sie unternimmt den Versuch, die in der nach Schätzl definierten Wirtschaftsgeographie gebräuchlichen theoretischen Erklärungsansätze durch die Analyse der räumlichen Implikationen von wachstumstheoretischen und innovationsökonomischen Argumenten zu ergänzen. Dadurch soll das Spektrum der theoretischen Konstrukte, auf denen die "new economic geography" amerikanischer Prägung basiert, durch die räumliche Dimension von Innovationsprozessen erweitert werden, um auf diese Weise den raumwissenschaftlichen Ansatz der Wirtschaftsgeographie fortschreiben zu können. Der Schwerpunkt liegt daher auf der Auseinandersetzung mit den raumdifferenzierenden Determinanten und Prozessen betrieblicher Innovationsaktivitäten, wobei vor allem die Wechselwirkungen von Unternehmen mit ihrer räumlichen Umwelt betrachtet werden. Im Gegensatz zu anderen Arbeiten wird aber nicht zwischen der theoretischen Analyse mit daraus abgeleiteten Hypothesen, ihrer empirischen Überprüfung sowie der Formulierung von politischen Schlussfolgerungen und Handlungsempfehlungen unterschieden, sondern theoretische Aussagen zu einzelnen Phänomenen im Innovationsprozess, empirische Evidenz über räumliche Innovationsmuster und betriebliches Innovationsverhalten sowie ausgewählte Aspekte und Instrumente einer regionsorientierten Innovationspolitik tragen gleichermaßen zur Klärung der Fragestellung dieser Arbeit bei.

Zu Beginn einer theoretischen Betrachtung stellt sich das Problem, welche Theorien aus dem reichhaltigen Angebot der wissenschaftlichen

Erkenntnis in welcher Ordnung für eine kritische Würdigung auszuwählen sind. Dies ist kein leichtes Unterfangen und sollte auch nicht leichtfertig angegangen werden, da die *Theorieauswahl* direkten Einfluss auf den Untersuchungsgang und die Ergebnisinterpretation nimmt. Je nach wissenschaftlichem Standpunkt haben die einen oder die anderen Theoriegebäude einen höheren Gültigkeitsanspruch und werden, wenn der Betrachtungsschwerpunkt auf der jeweils anderen Seite liegt, von ihren Vertretern als Gegenbeweis für die Schwäche des anderen Ansatzes herangezogen. Auch in dieser Arbeit wird es sich nicht vermeiden lassen, die Auswahl auf vom Auswählenden als besonders erkenntnisfördernd bewertete Theorien zu beschränken. Dabei dient das wissenschaftliche Spektrum als Grundlage, das in der Schnittmenge zwischen neuer Wachstums- und Außenhandelstheorie, innovationsökonomischen und regionalwirtschaftlichen-wirtschaftsgeographischen Theorien liegt und bereits in Abschnitt 1.1 charakterisiert wurde.

Die Betrachtung von *Innovationsprozessen* richtet sich sowohl auf das Verarbeitende Gewerbe als auch auf den Dienstleistungssektor.[24] Da die

---

24 Eine ausführliche Diskussion des Innovationsbegriffs erfolgt in Kapitel 2. Nach allgemeinem Verständnis wird unter Innovation aus Sicht des Betriebes die wesentliche Verbesserung eines bestehenden Produktes oder die Fertigung eines für den Betrieb neuen Produktes (*Produktinnovation*) und eine wesentlich verbesserte oder neue Produktionsweise (*Prozessinnovation*) bzw. neue oder wesentlich verbesserte Dienstleistungen sowie der Einsatz neuer oder wesentlich verbesserter Verfahren zur Erbringung von Dienstleistungen verstanden. Hinsichtlich der Abgrenzung zwischen Produkt- und Prozessinnovationen (Produktinnovation eines Betriebes als Prozessinnovation eines anderen Betriebes) und der engen Kopplung zwischen Produkt- und Prozessinnovationen mit der Folge, dass sich die Grenzen zwischen beiden Innovationstypen immer stärker verwischen (vgl. Dosi 1988a; Grupp 1997).

Bei den Innovationsstadien wird grob unterschieden zwischen Idee, Erfindung (Invention), Konzeption, Innovation (als realisierte Invention), Diffusion (durch Imitation oder Adoption) und -neuerdings- Entsorgung (Schätzl 1996; Freeman 1996).

Das so genannte Oslo-Manual gibt folgende Definitionen vor: "**Technological product and process (TPP)** innovations (Hervorhebungen im Original) comprise implemented technologically new products and processes and significant technological improvements in products and processes. A TPP innovation has been **implemented** if it has been introduced on the market (product innovation) or used within a production process (process innovation). TPP innovations involve a series of scientific, technological, organisational, financial and commercial **activities**....The term "product" is used to cover both goods and services....**A technolo-**

fallspezifische Untersuchung einzelner Innovationsprozesse, d.h. technischer Entwicklungen, von der ersten Idee bis zur Umsetzung in ein marktfähiges Produkt auf Grund ihrer Spezifität und, aufwandsbedingt, geringen Fallzahl meist keine verallgemeinerbaren Rückschlüsse zulässt, wird in dieser Arbeit, so wie in Innovationsstudien üblich, in Abhängigkeit von der gewählten Branchenabgrenzung die gesamte Bandbreite technologischer Innovationen analysiert (vgl. Pfirrmann 1994a). Diese zunächst als Unschärfe erscheinende Verbreitung des Betrachtungswinkels bildet aber das differenzierte regionale Innovationsgeschehen realitätsnaher ab als eine Fokussierung auf einzelne Innovationsprojekte.

Hinter dem *Begriff "Region"* verbergen sich sehr unterschiedliche räumliche Vorstellungen. Wenn auf globaler Ebene von Region gesprochen wird, werden häufig ein ganzer Erdteil oder mehrere Staaten zu einer Region zusammengefasst ("Wachstums*region* Südostasien").[25] Auch innerhalb von Europa ist der Terminus "Europa der Regionen" nicht klar umrissen. Hierbei kann es sich um einzelne Länder, Teilräume davon, oder auch Ländergrenzen überschreitende Raumeinheiten ("Euregio") handeln. Die Diffusität im Regionsverständnis ist nicht neu, sondern beschäftigt die Regionalwissenschaft einschließlich der Geographie schon seit langem.[26] In dieser Arbeit wird in Anlehnung an Schätzl

---

    gically new product is a product whose technological characteristics or intended uses differ significantly from those of previously produced products. Such innovations can involve radically new technologies, can be based on combining existing technologies in new uses, or can be derived from the use of new knowledge....**A technologically improved product** is an existing product whose performance has been significantly enhanced or upgraded....**Technological process innovation** is the adoption of technologically new or significantly improved production methods, including methods of product delivery. These methods may involve changes in equipment, or production organisation, or a combination of these changes, and may be derived from the use of new knowledge. The methods may be intended to produce or deliver technologically new or improved products, which cannot be produced or delivered using conventional production methods, or essentially to increase the production or delivery efficiency of existing products" (OECD/Eurostat 1997: 47-49).

25   "What do we mean by 'regional'? Regions can be subnational spaces, especially of large countries, or aggregates of several nations." (Malecki 1991: 8); vgl. ders.: 8-10 für weitere Regionsdefinitionen.

26   Vgl. dazu die diversen Beiträge in Bartels (1970); ebenso Hard (1973: 86-91); Lange (1970); Schulze (1993); siehe auch Preto (1995: 258-260), der zwischen der physisch-geographischen, anthropogeographischen, homogenen und systemischen Region unterscheidet. Letztere entspricht einer mittels funktionaler Kriterien ab-

(1984: 11-14) unter "räumlich" das gesamte, näher zu definierende Raumsystem verstanden. Regionen sind einzelne, dem jeweiligen Untersuchungsziel entsprechende, abgrenzbare Teilräume innerhalb des Raumsystems, während Standorte fixierbare Raumpunkte im Raumsystem darstellen. Regionsabgrenzungen können nach den Kriterien der Homogenität (gleichartige Strukturierung), Funktionalität (intraregionale Interdependenz) und Institutionalität (administrative, politische, planerische Aspekte) erfolgen, wobei Mischformen möglich sind (z.B. eine nach funktionalen Kriterien abgegrenzte Planungsregion).[27]

In regionalen Innovationsstudien (vgl. Kapitel 6) werden meist zwei Wege der räumlichen Betrachtung gewählt. Einerseits erfolgt die Analyse betrieblicher Innovationsprozesse in einzelnen Raumeinheiten, z.B. Planungs- oder Arbeitsmarktregionen,[28] und macht Aussagen über das Innovationsgeschehen in diesen Regionen. Werden einzelne Regionen

---

gegrenzten Region, wobei Preto auf die theoretische Begründung der für die Regionsabgrenzung erforderlichen strukturellen Beziehungen hinweist. Auch Cooke *et al.* legen in ihren Ausführungen zu regionalen Innovationssystemen unterschiedliche Regionsdefinitionen vor. Diese reichen vom "region state" über "cultural regions" (z.B. Baskenland, Schottland), "administrative regions" (z.B. österreichische und deutsche Bundesländer) bis hin zur exemplarischen Analyse einzelner "Regionen" wie Baden-Württemberg, Emilia-Romagna und Wales (Cooke 1994; Cooke *et al.* 1996; Cooke *et al.* 1997; Braczyk *et al.* 1998).

27 Sayer/Walker (1992: 143) definieren Regionen dagegen als territoriale Ausprägung industrieller Organisation. Regionen stellen die Mesoebene zwischen Städten und Nationen dar und sind "... systems of cities and towns in a rural matrix, networks down whose channels flow deep and swift currents of goods, labor, information, and money. Major transportation and communication arteries cement these linkages, but so do the filaments of personal knowledge, institutional ties and cultural practices. We can distinguish five varieties of these territorial complexes: the local district, based strongly on labor submarkets; the metropolitan region, such as greater San Francisco, made up of a system of specialized districts; the city-satellite system, where a number of subordinate towns are tied closely to a dominant city, as with the textile and shoe towns around 19th century Boston; the cluster in which no city dominates, as occured in the metalworking towns of the Conneticut Valley; and the large manufacturing belt as developed in the American midwest."

28 Da beispielsweise die bundesdeutschen Raumordnungsregionen u.a. anhand funktionaler Kriterien wie der räumlichen Reichweite von Pendlerverflechtungen definiert wurden, spiegeln sie ein ökonomisches Raster wider, das in etwa den Nahbereich ökonomischer Austauschbeziehungen abdeckt. Allerdings werden diese durch die kleinräumigeren Arbeitsmarktregionen noch besser beschrieben.

zu Fallstudienzwecken ausgewählt, muss nicht nur deren Auswahl begründet werden, sondern auch ihre Eignung für einen interregionalen Vergleich ("kontrastierender Regionenvergleich"). Durch kontrastierende Vergleiche können Erkenntnisse über regionsspezifische und regionsübergreifende Einflussfaktoren auf betriebliche Innovation abgeleitet werden. Andererseits stehen Regionstypen im Mittelpunkt der Analyse (z.B. Verdichtungsräume oder periphere Regionen), um über die singuläre Fallstudie hinaus die Zuordnung bestimmter Innovationscharakteristika zu Regionen mit jeweils vergleichbaren Merkmalen überprüfen zu können.[29] Regionstypen sind ein analytisches Systematisierungsinstrument, um die empirische Evidenz der Struktur und Dynamik verschiedener Regionen in einen übergeordneten Rahmen zu stellen und verallgemeinerbare Erkenntnisse abzuleiten. Bei diesem in der Regionalforschung üblichen Verfahren wird der Betrachtungsrahmen für das zu analysierende räumliche Beziehungsgeflecht im Vornherein festgelegt und somit definiert, welche Phänomene und Kooperationsbeziehungen intra- und welche interregionaler Natur sind.[30] Diese Definition gilt in der Regel für alle Untersuchungsmerkmale, unabhängig davon, ob sie von ihrer Art her unterschiedliche räumliche Reichweiten aufweisen,[31] und lässt auch Spielräume hinsichtlich der Regionsgröße offen. Dem Vorteil der räumlichen Eindeutigkeit steht der Nachteil eines a priori-Determinismus' im Analyseraster und der Vorgabe, was als intraregional

---

[29] Im Gegensatz zu dieser räumlich-distanziellen Definition verwenden industrieökonomische und industriegeographische Ansätzen den Begriff "cluster". Ein Cluster wird durch eine Gruppe von Industrien gebildet, die durch spezielle Käufer-Zulieferbeziehungen, durch gemeinsame Technologien oder Qualifikationen miteinander verbunden sind. Cluster können eine regionale Ausprägung haben, müssen aber nicht regional gebunden sein (Porter 1990; Porter 1996: 85).

[30] Markusen (1994) schlägt demgegenüber einen anderen, interviewbasierten Untersuchungsansatz vor, der vom Unternehmen ausgeht und eine Verflechtungsmatrix (Mapping) des Unternehmens mit seinem regionalen und außerregionalen Umfeld erstellt. Über die Aggregation der verschiedenen Mappings von Betrieben einer Branche lässt sich deren regionale Integration erkennen. Auf Grund des mit den Interviews verbundenen Arbeits- und Zeitaufwandes ist dieser Ansatz für große Stichproben nicht geeignet.

[31] Für haushaltsbezogene Dienstleistungen stellt "nah" beispielsweise eine andere räumliche Distanzvorstellung dar als für unternehmensbezogene Dienstleistungen. Bei diesen gelten für Standarddienstleistungen (z.B. Reinigung, Transport) andere Distanzvorstellungen hinsichtlich "räumlicher Nähe" als bei hochwertigen Dienstleistungen (z.B. Marketing, Finanzierung; vgl. u.a. Strambach (1995) zur räumlichen Reichweite von Unternehmensdienstleistungen.

(und damit als interregional) zu gelten hat, gegenüber. Eine andere Möglichkeit der regionalen Betrachtung besteht in der clusteranalytischen Gruppierung von innovationsrelevanten Unternehmensmerkmalen ohne vorherige regionale Zuordnung und der sich erst dann anschließenden Untersuchung, zu welchen Anteilen die einzelnen Regionen in den Clustern vertreten sind. Dieser Ansatz lässt zwar keine eindeutigen Rückschlüsse auf Innovationsprozesse in einzelnen Regionen zu, macht aber deutlich, wo – bei einem wiederum vorher zu definierenden Regionalraster – eine regionale Häufung einzelner Cluster zu beobachten ist. Damit lassen sich regionsspezifische Innovationsmuster identifizieren, ohne per se durch eine vor der Merkmalsanalyse vorgegebene Regionsdefinition determiniert zu sein. Dennoch wird in den meisten regionalen Innovationsstudien der Weg der a priori Regionsdefinition gewählt.

Die meisten regionalen Innovationsmodelle beschäftigen sich mit dem Innovationsverhalten *kleiner und mittelgroßer Unternehmen* aus dem Produktions- und Dienstleistungsbereich. Während große Unternehmen und multinationale Konzerne die Fähigkeiten und Ressourcen besitzen, Innovationsprozesse global zu organisieren und damit in der Regel nur bestimmte Regionstypen als Standortraum präferieren (vgl. Reger *et al.* 1999), sind KMU viel stärker (wenn auch nicht ausschließlich) mit ihrem regionalen Umfeld verbunden. Vor allem im Zuge der postfordistischen Diskussion um flexible Produktionskonzepte, lean production und Externalisierung wurde beginnend in der zweiten Hälfte der 1980er-Jahre die besondere Bedeutung von kleinen Unternehmen im Innovationsprozess hervorgehoben. Studien aus der Industrieökonomie und Innovationsforschung erklärten die rasche Zunahme kleiner Unternehmen durch ihre Flexibilität, Innovativität und Effizienz (Acs/Audretsch 1992; Pavitt *et al.* 1987; Rothwell 1989). Andere Autoren sehen demgegenüber keinen gesicherten Anhaltspunkt für einen engen *Zusammenhang zwischen Unternehmensgröße und Innovativität* (Sengenberger/Pyke 1992: 11)[32] und führen das Wachstum kleiner Unternehmen auf Dezentralisierungs- und Outsourcingstrategien großer

---

[32] Dennoch zeigen diverse Analysen, dass große Unternehmen vergleichsweise mehr inkrementale Innovationen und mehr prozessorientierte Forschung und Entwicklung durchführen als kleinere Unternehmen (vgl. Cohen 1995: 205 f. und die dort zitierte Literatur).

Unternehmen zurück (Camagni/Capello 1997).[33] Der oftmals postulierte Gegensatz zwischen kleinen und großen Unternehmen ist eine analytische Vereinfachung, da nicht nur Größe, sondern auch Märkte, Technologien und Unternehmensstrukturen einen Einfluss auf die Leistungsfähigkeit von Unternehmen ausüben (Porter 1990). Dennoch stellt eine Reihe theoretischer Konzepte den Beitrag kleiner Unternehmen für die Regionalentwicklung in den Mittelpunkt ihrer Betrachtung (z.B. das Konzept industrieller Distrikte) und blendet damit die regionalwirtschaftlichen Effekte großer, transnationaler Unternehmen weitgehend aus (Malmberg 1996: 399; Malmberg *et al.* 1996: 93-94). In Bezug auf regionale Innovations- und Entwicklungsprozesse wäre der Blick ausschließlich auf kleine Unternehmen eine analytische Verengung, da vor allem in wissensbasierten Technologiefeldern und überall dort, wo ein enger Austausch zwischen Produzenten und Nutzern einer Technologie von großer Bedeutung für den Markterfolg einer Innovation ist, auch große Unternehmen bzw. Unternehmenseinheiten, die für Innovationen verantwortlich sind, auf ein unterstützendes regionales Umfeld angewiesen sind (Gerybadze *et al.* 1997). Untersuchungsgegenstand bei regionalen Analysen ist meist der Betrieb, d.h. die örtliche Produktionseinheit einschließlich der zugehörigen oder in unmittelbarer räumlicher Nähe befindlichen Verwaltungs- und Hilfsbetriebe. Im Gegensatz zur Analyseeinheit "Unternehmen" geben Betriebe bei kleinräumigen Untersuchungen das regionale Innovationsgeschehen besser wieder, da bei der Betrachtung von Unternehmen mit ihren möglichen diversen Betriebsstätten Innovationsaktivitäten dem Unternehmenssitz zugerechnet würden, obwohl sie hier gar nicht angefallen sein müssen.

Mit der Definition von *Innovationsnetzwerken und Innovationskooperationen* haben sich eine Vielzahl theoretischer und empirischer Studien beschäftigt (vgl. u.a. die umfassenden Übersichten bei DeBresson/ Amesse 1991 und Freeman 1991).[34] Netzwerke,[35] die die Grundlage

---

[33] Detaillierte empirische Untersuchungen über das Wachstum französischer KMU für den Zeitraum 1984-1992 belegen, dass insbesondere die Unternehmen einen hohen Beschäftigungsgewinn zu verzeichnen hatten, die Teil einer Unternehmensgruppe waren (Boccara 1997).

[34] Vgl. auch die Ausführungen zu Innovationsnetzwerken in Abschnitt 4.3.3.

[35] Unter einem Netzwerk werden eine Vielzahl von formellen und informellen Kontakten und Vertragsbeziehungen verstanden, die von der Informationsbeschaffung über Finanzierungsaspekte bis zu Zulieferer- und Absatzbeziehungen sowie stra-

vieler Konzepte industrieller und innovativer Regionalentwicklung bilden, können sich nur entwickeln, wenn Unternehmen und andere Innovationsakteure bereit sind, mit ihrer Umwelt in einen Austausch zu treten.[36] Gründe für den innovationsbezogenen Austausch sind u.a. der erleichterte Zugang zu neuen Technologien, Organisationsformen und Informationen, die Initiierung gemeinsamer Lern- und Innovationsprozesse, die Überwindung von betrieblichen Engpässen, die Erweiterung der Produktpalette sowie die Minimierung von Risiken (Fritsch 1992, 2001; Grotz 1996; Lundvall 1988). Unter Innovationskooperation werden in dieser Arbeit alle Kontakte von Innovationsakteuren mit externen Partnern verstanden, die dazu dienen, komplementäres Wissen in den Innovationsprozess einzubinden und das mit der Innovation verbundene Risiko zu verringern. Während Kooperationen bilateral angelegt sein können, zeichnen sich Innovationsnetzwerke durch Kooperationsbeziehungen aus, in denen mindestens drei Partner zusammen arbeiten.[37] Die Kontakte können informeller Natur sein, beispielsweise zum Austausch von Informationen, aber auch formal organisiert und vertraglich geregelt, wie es bei gemeinsam durchgeführten Innovationsprojekten üblich ist.

Aus der Zielsetzung dieser Untersuchung, d.h. der Gewinnung neuer Erkenntnisse über die räumliche Dimension im Innovationsgeschehen, und der gleichsam aus theoretischer Reflexion, empirischer Evidenz und

---

tegischen Allianzen reichen können. Industrielle Netzwerke basieren auf dem wechselseitigen Austausch innerhalb eines Systems von interdependenten, dynamischen Beziehungen (Gemünden 1990; Powell 1990). Die beteiligten Partner sind wechselseitig von Ressourcen abhängig, die von jeweils anderen kontrolliert werden, sodass bestimmte Ziele nur durch die Verbindung der verteilten Ressourcen erreichbar sind (Willms *et al.* 1994). Durch Netzwerke mit einer gezielten Arbeitsteilung zwischen den Partnern im Produktions- und Dienstleistungsbereich können die vorhandenen Entwicklungspotenziale einer Region optimal ausgeschöpft und Synergieeffekte genutzt werden.

36 Aus transaktionskostentheoretischer Sichtweise wird dieser Austausch nur dann stattfinden, wenn die mit der externen Kontaktaufnahme verbundenen Kosten und der dabei erwartete Informationsgewinn niedriger sind als bei einer internen Informationsbeschaffung; vgl. die grundlegende Arbeit von Coase (1937).

37 Camagni (1991: 4) definiert Netzwerke und Kooperationen wie folgt: "The attraction of external energies and know-how is exactly the objective we assign to innovation networks: through formalized and selective linkages with the external world...firms may attract the complementary assets they need to proceed in the economic and technological race."

innovationspolitischem Instrumentarium abzuleitenden Schlussfolgerungen leitet sich der folgende **Aufbau der Arbeit** ab:

In *Kapitel 2* erfolgt eine Übersicht über für das Arbeitsthema relevante innovationstheoretische Erklärungen. Dabei geht es nicht um eine umfassende Beschreibung innovationstheoretischer Ansätze,[38] sondern um die Vermittlung eines Grundverständnisses hinsichtlich der Komplexität von Innovationsprozessen, der ihnen zu Grunde liegenden und sie beeinflussenden Faktoren sowie der daraus ableitbaren Implikationen für die räumliche Entwicklung. Wichtig in diesem Zusammenhang ist die Vermittlung eines eindeutigen Verständnisses, was unter Innovation zu verstehen ist. Als Beispiel sei die sowohl in der Neoklassik als auch in den regionalen Wachstums- und Entwicklungstheorien angeführte Wachstumsdeterminante "Technischer Fortschritt"[39] bzw. "Innovation" genannt, die zwar in ihrer Bedeutung für die (regionale) Wirtschaftsentwicklung erkannt, nicht aber hinsichtlich ihrer Komplexität entsprechend ausgeführt und gewürdigt wird. In der (alten) Neoklassik fällt der technische Fortschritt als exogene Größe wie das "Manna" vom Himmel, in der Theorie polarisierter Entwicklung von Friedmann wird ein soziologisches Innovationsverständnis zu Grunde gelegt, das Innovation als die erfolgreiche Einführung von als neu angesehenen Ideen oder Artefakten in ein bestehendes soziales System definiert (Friedmann 1973: 45).[40] Dieses exemplarische Beispiel macht deutlich, dass sich trotz gleicher Wortwahl sehr unterschiedliche Vorstellungsinhalte hinter einzelnen, für

---

38   Hierzu vgl. die umfangreichen Übersichten bei Cohen (1995) und Grupp (1997).

39   "Unter technischem Fortschritt versteht man (1) die Schaffung neuer, d.h. bis zu der betreffenden Zeit unbekannter Produkte, (2) den Übergang zu neuen Produktionsverfahren, die es gestatten, eine gegebene Menge von Produkten mit geringeren Kosten bzw. mit den gleichen Kosten eine größere Produktmenge herzustellen. Bei beiden Arten des technischen Fortschritts ist zu unterscheiden zwischen der eigentlichen Erfindung (*invention*) und ihrer wirtschaftlichen Anwendung (*innovation*). Erst mit der wirtschaftlichen Realisierung wird der potenzielle technische Fortschritt, den jede Erfindung darstellt, aktualisiert und wirtschaftlich wirksam" (Ott 1959: 302). Vgl. auch die Definitionen zum technischen Fortschritt in der Volkswirtschaft bei Walter (1988: 569-583) und zum technischen Fortschritt im Betrieb bei Brockhoff (1988: 583-609).

40   Friedmann erkennt aber bereits die Bedeutung des Informationsaustausches für das Auftreten von Innovationen: "Innovations are more likely than elsewhere to occur at those points in a given communication field where the probability of information exchange is relatively high" (Friedmann 1973: 46).

die hier bearbeitete Fragestellung wichtigen Begriffen verbergen, die jeweils wiederum unterschiedliche Implikationen für die Raumwirksamkeit und Raumdifferenzierung innovativer Aktivitäten haben können.

In den *Kapiteln 3 und 4* werden Ansätze diskutiert, von denen ein Erklärungsbeitrag hinsichtlich raumdifferenzierender Faktoren im Innovationsprozess zu erwarten ist. Dazu zählen die neue Wachstums- und neue Außenhandelstheorie, die die Annahmen der regionalen Wachstums- und Entwicklungstheorie hinsichtlich der konzentrationsfördernden Wirkungen externer Effekte aus einem anderen theoretischen Blickwinkel bestätigen. Da Spillover-Effekte und Externalitäten bei technischem Wissen eine wichtige Wachstumsdeterminante in der neuen Wachstums- und Außenhandelstheorie und damit auch in der "neuen Wirtschaftsgeographie" darstellen, werden zusätzlich Ansätze und empirische Studien betrachtet, die sich mit der räumlichen Ausbreitung von Innovationen befassen. Neben der klassischen Diffusionstheorie sind dies vor allem Untersuchungen zu Spillover-Effekten bei Innovationen sowie die Übertragung der Produktzyklus-Hypothese auf den Raum. Das von der evolutorischen Innovationsforschung postulierte Handeln in Routinen erfordert ein Erfahrungswissen, das durch unterschiedliche Lernprozesse erworben werden kann (z.B. learning-by-doing, learning-by-using). Daher spielen Austauschbeziehungen zwischen Individuen und Institutionen eine wichtige Rolle bei Innovationsprozessen, die anhand der Netzwerk- und Transaktionskostentheorie näher ausgeführt werden. Entsprechende Transaktionen[41] erfordern die Überwindung kultureller, sozialer und räumlicher Distanzen, sodass Distanz- und Proximitätseffekte zu erwarten sind, denen eine raumdifferenzierende Wirkung beigemessen werden kann. Die Intensität von Netzwerkbeziehungen ist wiederum abhängig von den institutionellen Strukturen in einer Region, sodass auch ein kurzer Blick auf die Institutionenökonomie gerichtet wird. Diese kann als Erklärungsansatz für die institutionelle Beeinflussbarkeit von Innovationsprozessen, und damit für räumliche Unterschiede im Innovationsverhalten herangezogen werden.

Kapitel 5 konzentriert sich auf die Analyse von Modellen mit explizit räumlicher Argumentation. Ausgehend vom Konzept nationaler Innovationssysteme und der 'learning economy' werden die wesentlichen

---

41 Netzwerkbeziehungen können sowohl verhaltens- als auch transaktionskostentheoretisch begründet werden.

Merkmale zur Herausbildung, Struktur und Entwicklung regionaler Innovationssysteme dargestellt. Das Konzept regionaler Innovationssysteme greift auf verschiedene theoretische Ansätze zurück, auf deren Grundlage die systemischen Elemente regionaler Innovationsprozesse analysiert und innovationspolitische Schlussfolgerungen über die Gestaltbarkeit der Wechselwirkungen zwischen den regionalen Innovationsakteuren abgeleitet werden. In einem nächsten Schritt folgt die Darstellung der Ansätze, auf die das Konzept regionaler Innovationssysteme im Wesentlichen zurückgreift: netzwerk- und milieuorientierte sowie wissensbasierte Ansätze. Aus deren Diskussion sollen weitere Erkenntnisse über die Raumbindung im Innovationsprozess und über raumdifferenzierende Faktoren abgeleitet werden.

In *Kapitel 6* wird der Blick auf Unternehmen und ihre regionale Vernetzung gerichtet. Zunächst erfolgt eine Betrachtung der zwei innovationsdifferenzierenden Merkmale, die in vielen der diskutierten theoretischen Ansätze immer wieder genannt werden. Dies sind zum einen die Branchen- und Sektoralstruktur in einer Region und zum anderen die regionale Betriebsgrößenstruktur. Sowohl Branchen- als auch Größenstruktur sind Sammelbegriffe für mehrere Merkmale. So wird die regionale Branchen- und Sektoralstruktur durch die Mischung von Produktions- und Dienstleistungsunternehmen, deren Wissens- und Technologieorientierung, die sektorale Spezialisierung und die industrielle Branchenstruktur maßgeblich beeinflusst. Entsprechend dieser Strukturmerkmale kann sich das Ausmaß intra- und interregionaler Netzwerkbildung und die regionale Innovationsintensität zwischen einzelnen Regionen unterscheiden. Auch in der Unternehmensgröße spiegeln sich unterschiedliche betriebsstrukturelle und –organisatorische Faktoren wider, die die Möglichkeiten von Unternehmen beeinflussen, externe Kontakte zu nutzen und innerbetriebliche Lern- und Innovationsprozesse zu generieren. Der Schwerpunkt des Kapitels liegt in der Zusammenfassung von Ergebnissen ausgewählter regionaler Innovations- und Diffusionsstudien. Hierbei wird auf bereits publizierte Studien des Verfassers dieser Arbeit sowie auf weitere Untersuchungen Bezug genommen. Ziel der Betrachtung ist der Abgleich der aus der theoretischen Diskussion identifizierenden Innovationsdeterminanten und raumwirksamen Prozesse mit dem anhand empirischer Daten zu beobachtenden betrieblichen Innovationsverhalten und seiner räumlichen Differenzierung. Aus den Studienergebnissen lassen sich auch Ansatzpunkte für die innovationspolitische Beeinflussung des räumlichen Prozessablaufs ableiten.

So gibt *Kapitel 7* einen kurzen Überblick über Legitimierung und Merkmale staatlicher Innovations- und Technologiepolitik und diskutiert die Besonderheiten regionaler Innovations- und Technologiepolitik sowie die Gestaltungsspielräume auf regionaler Ebene. Im Wesentlichen geht es um die Frage, ob und mit welchen Maßnahmen regionale Innovationspotenziale erschlossen und die Kooperation regionaler Akteure intensiviert werden können.

Die in diesen Kapiteln gewonnenen Erkenntnisse über die Wechselwirkungen zwischen betrieblichen und räumlichen Merkmalen im Innovationsgeschehen werden im abschließenden *Kapitel 8* zusammenfassend dargestellt und bilden die Grundlage für die Beantwortung der eingangs formulierten Forschungsfragen der Arbeit sowie für eine abschließende Bewertung hinsichtlich des Neuheitsgehaltes der "neuen Wirtschaftsgeographie".

2 Grundzüge innovationstheoretischer Erklärungsansätze

2.1 Wege zu einem differenzierten Innovationsverständnis

Mit der einsetzenden Technisierung der Produktion im 19. Jahrhundert und den sich daraus ergebenden Auswirkungen auf die gesellschaftliche und ökonomische Entwicklung stieg das Interesse, die dem technischen Fortschritt zu Grunde liegenden Einflussfaktoren kennen und verstehen zu lernen (Coombs *et al.* 1987: 3). Die frühen *Klassiker der ökonomischen Theoriebildung, Adam Smith* und *Karl Marx*,[42] verbanden technischen Fortschritt und Wissensakkumulation eng mit dem Wesen der Produktion, sahen sie aber nicht als Verursacher veränderter Produktionsbedingungen, sondern als deren Folge.[43] Obwohl sich beide mit den Entstehungsmechanismen technischen Wandels auseinander setzten, blieb das Wesen des technischen Fortschritts weitgehend verschlossen; Technikentstehung wurde individualisiert und damit der kumulative Charakter der Technikentwicklung nicht erkannt.[44] Trotz ihres herausragenden Beitrages für die ökonomische Theorienbildung und Wissenschaft blieben beide Vertreter im damaligen wissenschaftlichen Mainstream verhaftet, der technischen Wandel als exogenes, quasi naturgegebenes Phänomen ansah (vgl. Grupp 1997: 53-54).[45] Auch der britische Ökonom *Alfred Marshall*, der vor allem von Vertretern des Ansatzes industrieller Distrikte wegen seiner Aussagen zur Bedeutung von Lokalisationsvorteilen für die industrielle Entwicklung zitiert wird,

---

[42] Adam Smith *An Inquiry into the Nature and Causes of the Wealth of Nations* aus dem Jahr 1776; Karl Marx *Zur Kritik der politischen Ökonomie* aus dem Jahr 1862.

[43] Vgl. Clark/Juma (1988: 199-203); Freeman (1982: 10); Nelson/Winter (1982: 43-44).

[44] "....a great part of the machines made use of in those manufactures in which labour is most subdivided, were originally the inventions of the common workmen" (Smith 1776: 8, zitiert nach Freeman 1982:10).

[45] "...the dominant approach was one which recognised the fundamental importance of the new machines as a cause of economic growth but one which could be taken for granted and did not need to be explained" (Coombs *et al.* 1987: 4).

geht in seinen *Principles of Economics* nur implizit über Produktion und Wissen auf die Bedeutung des technischen Fortschritts ein. Wissen wird als die Kraft definiert, die die Natur dem Menschen unterordnet und die dadurch seine Bedürfnisse befriedigt.[46] Clark und Juma (1988: 203-205) weisen zusätzlich darauf hin, dass Marshall, obwohl er eine biologisch-evolutionäre Sichtweise für seine Arbeiten präferiert, dennoch stark in der ökonomischen Mechanik verhaftet bleibt.[47] Damit wird zwangsläufig die Möglichkeit, technischen Wandel und Innovationsprozesse adäquat zu beschreiben, eingeschränkt.

Die Analysen zum technischen Fortschritt und zu technologischen Innovationen wurden seit Anbeginn unter unterschiedlichen Blickwinkeln durchgeführt. Schwerpunkte liegen in der Ökonomie (z.B. Produktionstheorie, Industrieökonomie, Makroökonomie), der Soziologie (z.B. Industrie- und Wissenschaftssoziologie), der Politikwissenschaft (z.B. Wissenschaftspolitik) und der Betriebswirtschafts- und Managementlehre (Coombs *et al.* 1987: 5). Daher ist es schwierig, nach dem Verweis auf einzelne Klassiker in der gegebenen Kürze dieses Abschnittes einen klaren Entwicklungsweg der Innovationsforschung nachzuzeichnen. Mit Blick auf ein differenziertes Verständnis über die Entstehung, den Verlauf und die Wirkungen von Innovationen werden deshalb nachfolgend ebenfalls einzelne Klassiker bzw. "klassische" Ansätze herausgegriffen, die zumindest als exemplarische Beispiele in der Lage sind, den Entwicklungsverlauf in der Innovationsforschung zu illustrieren.

Ohne Zweifel ist die moderne Innovationsforschung maßgeblich durch den österreichischen Ökonom *Joseph Schumpeter* beeinflusst worden.[48]

---

[46] "The agents of production are commonly classed as Land, Labour and Capital...By Capital is meant all stored-up provision for the production of material goods, and for the attainment of those benefits which are commonly reckoned as part of income...Capital consists in a great part of knowledge and organization...Knowledge is our most powerful engine of production; it enables us to subdue Nature and force her to satisfy our wants" (Marshall 1927: 138).

[47] "The Mecca of the economist lies in economic biology rather than in economic dynamics. But biological conceptions are more complex than those of mechanics; a volume of Foundations must therefore give a relatively large place to mechanical analogies" (Marshall 1927: xiv).

[48] Seine erste "Theorie der wirtschaftlichen Entwicklung" stammt aus dem Jahr 1911. Nachfolgend wird aus der 8. Auflage des unveränderten Nachdrucks der 1934 erschienenen 4. Auflage zitiert (1993a).

Er analysiert das Innovationsgeschehen aus verhaltenstheoretischer Sicht und stellt den wagemutigen Pionierunternehmer in den Mittelpunkt seiner Betrachtung (Schumpeter [1911] 1993a). Pionierunternehmer sind risikobereit, greifen neue Ideen auf und setzen neue Kombinationen von Produktionsmitteln und Organisationsformen zur Herstellung neuer bzw. zur Verbesserung bestehender Güter ein. Zur Realisierung von Neuerungen müssen sie eingefahrene Verhaltensweisen (Routinen) überwinden und durch die Schaffung temporärer Monopole Gewinne erwirtschaften, die ihre Innovationsaufwendungen zumindest kompensieren. Innovationen sind nach Schumpeterscher Sichtweise die Durchsetzung neuer Kombinationen.[49] Für Schumpeter steht Innovationstätigkeit nicht in Zusammenhang mit technischer Erfindungsaktivität. Er sieht die Bedeutung des Unternehmers in der Durchsetzung neuer Kombinationen, nicht in deren Finden oder Erfinden (Schumpeter [1911] 1993a: 129).[50] Mit dieser Trennung zwischen dem wissenschaftlich-technischen Findungsprozess und der wirtschaftlichen Durchsetzung der Neuerung ist nach der Theorie der wirtschaftlichen Entwicklung die Entstehung neuen technischen Wissens ein exogener Tatbestand (vgl. Schwitalla 1993: 5). Ein weiteres Merkmal der Theorie ist ihre Angebotsorientierung. Es ist der Unternehmer, der neue Kombinationen am Markt durchsetzt. Er bestimmt das Angebot und schätzt, da er unternehmerisch tätig wurde, die künftigen Erträge der Innovation (und damit die Nachfrage) hoch ein (Kromphardt/Teschner 1986: 237).

---

[49] Innovationen können nach Schumpeter in fünf verschiedenen Arten erfolgen: "1. Herstellung eines neuen, d.h. dem Konsumentenkreise noch nicht vertrauten Gutes oder einer neuen Qualität eines Gutes. 2. Einführung einer neuen, d.h. dem betreffenden Industriezweig noch nicht praktisch bekannten Produktionsmethode, die keineswegs auf einer wissenschaftlich neuen Entdeckung zu beruhen braucht und auch in einer neuartigen Weise bestehen kann mit einer Ware kommerziell zu verfahren. 3. Erschließung eines neuen Absatzmarktes...4. Eroberung einer neuen Bezugsquelle von Rohstoffen oder Halbfabrikaten...5. Durchführung einer Neuorganisation, wie Schaffung einer Monopolstellung (z.B. durch Vertrustung) oder Durchbrechen eines Monopols" (Schumpeter [1911] 1993a: 100-101). Damit differenziert er zwischen Produkt- und Prozessinnovation, integriert organisatorische Neuerungen sowie Markterschließung und Vermarktung und dokumentiert somit ein ähnlich breites Innovationsverständnis, wie es in der heutigen Innovationsforschung üblich ist.

[50] "Die Funktion des Erfinders oder überhaupt Technikers und die des Unternehmers fallen nicht zusammen. Der Unternehmer kann auch Erfinder sein und umgekehrt, aber grundsätzlich nur zufälligerweise. Der Unternehmer als solcher ist nicht geistiger Schöpfer der neuen Kombinationen, der Erfinder als solcher weder Unternehmer noch Führer anderer Art" (Schumpeter [1911] 1993a: 129).

Das zehn Jahre nach seinem Wechsel an die Harvard-Universität 1942 publizierte Werk *Capitalism, Socialism and Democracy* löst sich von der romantischen Vorstellung der Erfindungstätigkeit und thematisiert vor dem Hintergrund der Entstehung großer Konzernunternehmen in den 1930er Jahren die systematische, in den Unternehmen betriebene planvolle Forschung und Entwicklung.[51] Wissenschaft und Technologie werden für die Unternehmensbelange endogenisiert und durch den Markterfolg und die Wettbewerbssituation neue Impulse der institutionalisierten FuE zugeführt.[52] Innovationen resultieren nicht mehr nur aus der Individualentscheidung eines Unternehmers, sondern stellen planvolles Handeln mit Blick auf wissenschaftlich-technische Möglichkeiten und Nachfrageverhalten dar. Dabei können Unternehmen, die auf Grund ihrer Macht oder Größe in der Lage sind, monopolistische Praktiken durchzusetzen, einen Innovationsvorteil erzielen (Schumpeter [1950] 1993b: 143-175). Unter Bezugnahme auf die Publikation "Technology and Market Structure" von Almarin Phillips aus dem Jahre 1971 fasst Freeman die beiden Denkrichtungen von Schumpeter in zwei Innovationsmodellen zusammen (Freeman 1982: 212-213): dem *Modell unternehmerischer Innovation* (bezeichnet als Mark I) und dem *Modell der gesteuerten Innovation in Großunternehmen* (Mark II). Beide charakterisieren den Innovationsprozess als lineare Abfolge einzelner Innovationsphasen, wobei der Unternehmer bzw. das Management erst über die erzielten Gewinne (oder Verluste) ein Feed-back über den Erfolg (oder Misserfolg) der Innovation erhält.

Mit Schumpeter werden zwei Hypothesen in Verbindung gebracht. Die erste, zentrale *Schumpeter-Hypothese* macht Aussagen über Faktoren, die die betrieblichen Innovationsmöglichkeiten vergrößern: "Die Möglichkeit, monopolistische Praktiken anzuwenden, erhöht die Bereitschaft

---

51 "Der technische Fortschritt wird in zunehmendem Maße zu einer Sache von geschulten Spezialistengruppen, die das, was man von ihnen verlangt, liefern und dafür sorgen, dass es auf die vorausgesagte Weise funktioniert. Die frühere Romantik des geschäftlichen Abenteuers schwindet rasch dahin, weil vieles nun genau berechnet werden kann, was in alten Zeiten durch geniale Erleuchtung erfasst werden musste" (Schumpeter [1950] 1993b: 215).

52 "Schumpeter now sees inventive activities as increasingly under the control of large firms and reinforcing their competitive position. The 'coupling' between science, technology, innovative investment and the market, once loose and subject to long time delays, is now much more intimate and continuous" (Freeman 1982: 214).

zur Übernahme des Innovationsrisikos und begünstigt daher die Durchsetzung neuer Kombinationen mit einem positiven Effekt auf das Innovationstempo" (Witt 1987: 48). Die zweite These leitet sich aus der ersten ab und sagt aus, dass große Unternehmen innovativer als kleine sind (vgl. Schwitalla 1993: 7).[53] Beide Hypothesen sind Ausgangspunkt einer Vielzahl von theoretischen und empirischen Studien und machen den bis heute wirkenden Einfluss Schumpeters auf die Innovationsforschung deutlich. Seit Anfang der 1980er Jahre ist unter Bezug auf die evolutorischen und behavioristischen Aussagen Schumpeters[54] eine *Schumpeter-Renaissance* zu beobachten, die sich in den diversen Arbeiten zur evolutorischen Innovationsforschung, aber auch in einem differenzierteren Innovationsverständnis in der neuen Wachstumstheorie niederschlägt. Während sich über Jahrzehnte hinweg mit der neoklassischen Wachstumstheorie und der durch Schumpeter inspirierten Innovationsforschung zwei gegensätzliche Lager gegenüberstanden, deutet sich nunmehr mit der Übernahme Schumpeterscher Innovationsprämissen in die neue Wachstumstheorie eine Zusammenführung der beiden Theoriewelten an. Anders als die Neoklassiker sah Schumpeter gerade in der Abkehr vom Gleichgewichtszustand, im Aufbau von Monopolen, in der schöpferischen Zerstörung und in einem ungleichgewichtigen Prozess konjunktureller Schwankungen den Motor der wirtschaftlichen Entwicklung und den Antrieb für die Durchsetzung von Innovationen.

---

53 Diese Hypothese geht auf Galbraith zurück, der argumentiert, dass sich die Innovationskosten im Zeitablauf erhöhen und damit größere Unternehmen wegen ihrer größeren finanziellen Ressourcen einen Innovationsvorteil erzielen (Galbraith 1967).

54 Die evolutorischen Aussagen gründen sich einerseits auf die aus dem Unternehmerverhalten ableitbaren wirtschaftlichen Aufschwung- und Abschwungprozesse, die im Zuge von Gewinnerzielung, Nacheiferung, Produktverdrängung, Gewinn- und Investitionsreduzierung entstehen sowie andererseits auf den zyklischen Verlauf der Wirtschaftsentwicklung, die sich hinsichtlich der historischen Analyse langer Wellen auf die Erklärungen von Kondratieff beziehen (vgl. Schumpeter 1961). Wie Freeman (1982: 208) anmerkt, ist auch Kondratieff nicht der Urheber der Theorie langer Wellen, sondern der Ansatz geht auf den Niederländer van Gelderen aus dem Jahr 1913 zurück. Nach Gerster (1988) ist der Versuch, die langen Wellen der Innovationstätigkeit statistisch bzw. mechanistisch zu erklären, gescheitert (vgl. auch Koschatzky *et al.* 1992: 19-21). Für eine zusammenfassende Darstellung der Theorie der langen Wellen wirtschaftlicher Entwicklung vgl. Sternberg (1994: 37-42).

Es wäre sicherlich vermessen, die Arbeit von *Jacob Schmookler* über *"Invention and Economic Growth"* aus dem Jahr 1966 gleichgewichtig dem Lebenswerk Joseph Schumpeters gegenüberzustellen. Sie wird aber in der wissenschaftlichen Literatur als weiterer Meilenstein in der Innovationsforschung angesehen. Freeman reduziert dies auf die Frage *"Schumpeter or Schmookler?"* (Freeman 1982: 211).[55] Hintergrund dieser Frage ist der Gegensatz zwischen der Angebotslastigkeit des Schumpeterschen Pionierunternehmers und der Hervorhebung der Nachfragebedingungen in ihrer Bedeutung für erfinderische Tätigkeit bei Schmookler. Schmookler, der seine empirische, auf Zeitreihenanalysen von Patenten, Erfindungen und anderen wirtschaftlichen Kennziffern aus den Branchen Eisenbahn, Landwirtschaft, Ölverarbeitung und Papierherstellung aufgebaute Arbeit seinem Lehrer Simon Kuznets gewidmet hat, kritisiert die Ausgrenzung von Nachfragestrukturen und Nachfrageveränderungen aus ökonomischen Analysen.[56] Seine empirischen Analysen zeigen eine hohe Übereinstimmung zwischen dem Investitionsverlauf und der Patentintensität, wobei Investitionssteigerungen meist früher erfolgen als der Anstieg der Patente. Aus seinen Ergebnissen leitet er die Schlussfolgerung ab, dass Innovationsaktivität und Nachfrageverhalten in einem engen Zusammenhang stehen.[57] Diesen Zusammenhang stellt er sowohl für Kapitalgüter als auch für Konsumgüter fest. Im Konsumgüterbereich argumentiert er mit sich verändernden Bevölkerungsstrukturen und Nachfragepräferenzen sowie der Einkommenselastizität der Nachfrage.[58] Die durch Kapitalakkumulation, Ausbildung und technischen Fortschritt graduell steigenden Pro-Kopf-Einkommen führen zu veränderten Ausgaben für unterschiedliche Klassen von Gütern. Durch diese Verschiebungen verändert sich auch der Ertrag innovativer Tätig-

---

55 In der vollständig überarbeiteten dritten Auflage der "Economics of Industrial Innovation" findet sich diese Frage und damit der postulierte Gegensatz zwischen Schumpeter und Schmookler nicht mehr (vgl. Freeman/Soete 1997). Wegen ihrer unterschiedlichen inhaltlichen Schwerpunktsetzungen wird sowohl die zweite als auch aus die dritte Auflage als Zitationsquelle verwendet.

56 "...most economists have traditionally regarded business firms and government as the prime sources of dynamic happenings" (Schmookler 1966: 179).

57 "...demand factors may also prove the most common cause of the invention of a radically new product..." (Schmookler 1966: 204).

58 Ähnlich argumentiert Raúl Prebisch (1959) in seinem Zentrum-Peripherie-Modell, das eine Einkommensverbesserung in den Zentren (Industrieländer) durch eine einkommenselastische Nachfrage nach Industriegütern in der Peripherie erklärt.

keit in den einzelnen Produktbereichen. Da sich Inventionen am erwarteten Ertrag orientieren, ist mit der Ausgabenveränderung auch eine Verlagerung der Inventionsaktivitäten verbunden.[59]

Schmooklers Arbeit wird häufig als Gegenposition zu Schumpeter hinsichtlich der Frage, ob Innovationen angebots- oder nachfrageinduziert sind, herangezogen (vgl. Coombs et al. 1987: 96). Da er Nachfrageveränderungen einen hohen Stellenwert in der technologischen Entwicklung und Differenzierung von Wirtschaftszweigen einräumt und damit technischen Wandel als endogene Größe auffasst, ist sein Ansatz vor allem von Vertretern der Neoklassik kritisiert worden (vgl. Grupp 1997: 88).[60] Für die Innovationsforschung liegt der Wert seiner Analysen darin, den Inventionsprozess nicht nur als technisch-wissenschaftliches Angebotsphänomen zu begreifen, sondern den Einfluss der Nachfrageseite zu thematisieren.[61] Die nachfolgenden Diskussionen beider Ansätze haben zur Übereinstimmung geführt, dass sowohl "technology push" als auch "demand pull" in gegenseitiger Wechselwirkung treibende Kräfte im Innovationsgeschehen sein können (vgl. Kromphardt/Teschner 1986: 237).[62]

---

[59] "If we grant that activity directed toward the creation of new products is affected by the returns expected from it, then it follows that demand conditions will necessarily affect the rate and direction of that activity" (Schmookler 1966: 183).

[60] Überzeugende Widerlegungen der Annahmen Schmooklers finden sich bei Rosenberg (1974), der zeigt, dass technologische Entwicklungen nicht durch Nachfrageimpulse ausgelöst wurden, sondern durch den Wissensstand und einer in industriellen Anwendungen inhärenten technologischen Komplexität. In diesem Zusammenhang betont Rosenberg die enge Beziehung zwischen wissenschaftlichen und technischen Fortschritt. Stoneman (1979) macht wiederum anhand von Patentanalysen deutlich, dass neben Inventionskosten auch die Nachfrage nach Inventionen die Innovationsleistung beeinflussen.

[61] Schmooklers empirische Zeitreihenanalysen werden auch für die These eines Innovationsvorteils großer Unternehmen herangezogen: "...if one assumes that the profitability of an invention is proportional to the sales of an industry, one would expect that changes over time in the amount of inventing directed towards different industries would be correlated with changes in the sizes of industries, and that at any moment in time there would be more inventing going on relevant to "large" industries than to small ones. These are exactly Schmookler's conclusions, based on his use of patents as an indicator of inventing" (Nelson/Winter 1982: 198).

[62] Chidamber und Kon kommen in einer Auswertung von acht zentralen Innovationsstudien zu der Schlussfolgerung, dass "Clearly both technology and markets

Wesentliche *Fortschritte* sind *in der Innovationsforschung seit den 1950er Jahren* zu beobachten (Mansfield 1986: 307). Das wachsende Interesse hängt mit den zum Teil umwälzenden technischen Fortschritten aus der Zeit während und kurz nach dem zweiten Weltkrieg (z.B. Nuklearspaltung, Raketenantriebe) und dem Wunsch zusammen, die Prozesse der Technikentstehung sowie ihre Wirkungen auf Wirtschaft und Gesellschaft erfassen und analysieren zu können. Die zunächst in der Ökonomie mit der Wiederentdeckung des Beitrages des technischen Fortschritts zum Wirtschaftswachstum in der neoklassischen Wachstumstheorie durch Solow 1957 (Cohen 1995: 182) erfolgte Beschäftigung mit der Technikentwicklung war aber nicht in der Lage, die Wechselwirkungen zwischen Wissenschaft und Technik sowie die verschiedenen Aspekte des Innovationsprozesses adäquat zu erfassen (vgl. Coombs *et al.* 1987: 97). So haben sich neben der Weiterentwicklung der neoklassischen Theorienbildung in der Folgezeit eine Vielzahl von Autoren mit den unterschiedlichsten Facetten des technischen Wandels und innovativer Tätigkeit auseinander gesetzt.[63] Dabei lassen sich die Arbeiten hinsichtlich ihrer Erkenntnisziele **drei Themenfeldern** zuordnen:

- Analyse der Wechselwirkung von betriebsstrukturellen Merkmalen auf innovative Aktivität;
- Analyse von Innovationsunterschieden zwischen industriellen Branchen;
- Analyse der Entwicklung einzelner Techniken.

Die Gliederung erlaubt zwar eine gewisse Schwerpunktsetzung, ist aber nicht in jedem Fall frei von Überschneidungen, da sowohl aus der Technikentwicklung und der Zuordnung von Techniken zu Branchen Rückschlüsse auf einzelbetriebliche Innovationsmerkmale möglich sind. Während die *Vertreter der Neoklassik* weitgehend in *deduktiven, auf Produktionsfunktionen basierenden Ansätzen verhaftet* blieben und versuchten, den technischen Fortschritt innerhalb von Wachstumsgleichungen zu modellieren, richteten *andere Ökonomen* ihr *Interesse auf die empirische Erfassung realer Innovationsvorgänge*, um daraus verallge-

---

play significant roles in defining the innovation process" (Chidamber/Kon 1994: 111).

[63] Eine sehr umfassende Übersicht über die Vielzahl empirischer Studien zur Innovationstätigkeit findet sich bei Cohen (1995).

meinerbare Schlussfolgerungen über die Wesensmerkmale des Innovationsgeschehens ableiten zu können.[64] Dabei folgen die unternehmensorientierten Studien dem Schumpeterschen Individualansatz des Pionierunternehmers, während die branchen- und technikbezogenen Analysen unter Rückgriff auf die Technikhistorik Innovation und Technikentwicklung auf die institutionellen Rahmenbedingungen einer Volkswirtschaft zurückführen. Diese *Innovationsempirik* war die Grundlage und die Quelle für die evolutorischen Arbeiten von Nelson, Winter, Freeman, Dosi und Pavitt, die das heutige Innovationsverständnis maßgeblich beeinflussen.

Bei den auf *betriebsstrukturelle Merkmale* ausgerichteten Studien[65] liegt ein Schwerpunkt in der Überprüfung der Schumpeterschen Hypothese des *Zusammenhanges von Betriebsgröße und betrieblicher Innovativität*. Es hat sich gezeigt, dass die Innovativität im Sinne einer invertierten U-Kurve bis zu einem je nach Datenlage unterschiedlichen Schwellenwert zunimmt und dann in Richtung auf große Unternehmen wieder sinkt. Variationen in den Studienaussagen bestehen hinsichtlich der verwendeten Innovationsindikatoren sowie der betrieblichen Einheiten, die für die Analyse verwendet wurden. Auf diese Ergebnisse wird in Abschnitt 6.2 noch zurückzukommen sein. Neben der Größe wurden auch andere Betriebsparameter empirisch und theoretisch analysiert. Dazu zählen die Wechselwirkungen zwischen interner Finanzausstattung und FuE, zwischen Produktdiversifikation und FuE sowie betrieblicher Organisation hinsichtlich der Schnittstellen zwischen verschiedenen Funktionsbereichen im Betrieb oder der Informationsaneignungs- und Informationsweitergabestrategien und FuE. Determinanten, die FuE-Strategien von Unternehmen beeinflussen, sind die Höhe des FuE-Budgets, der Anteil der Grundlagenforschung an der betrieblichen FuE, die Vielfalt der FuE-Interessen und FuE-Projekte sowie die Zielsetzungen der Forschungs- und Entwicklungstätigkeit (Coombs *et al.* 1987: 67). Unternehmensinterne Aspekte wurden auch in der Managementtheorie thematisiert, die Aussagen über den Einfluss von betrieblichen Entscheidungs- und Machtstrukturen sowie der Motivation des Managements auf betriebli-

---

[64] "One of the main features of these studies was the belief that any approach which studied a *large sample* of innovations might reveal some patterns or general laws which might aid understanding of this complex process. This could be called the natural history phase of innovation research" (Coombs *et al.* 1987: 97).

[65] Grundlegend hierzu Nelson/Winter (1982).

chen Erfolg macht (vgl. z.B. Marris 1964). Während bei diesen Arbeiten die Betrachtung interner Betriebsmerkmale im Vordergrund stand, erkannten Jewkes, Sawers und Stillermann in einer historischen Analyse von Innovationsprojekten, dass technischer Fortschritt in einer Branche nur durch den Austausch zwischen Unternehmen möglich war (Jewkes *et al.* 1958). Formen dieses Austausches sind der Aufkauf von Unternehmen oder die vertraglich vereinbarte Zusammenarbeit mit dem Ziel der Aneignung für die Innovationsrealisierung erforderlichen Wissens und der Nutzung von Distributionskanälen. Mit den Studien über die Interaktionsfähigkeit und -intensität von Unternehmen sind wiederum die Arbeiten zu betrieblichen Transaktionskosten und Innovationsnetzwerken verbunden, die in Abschnitt 4.3 behandelt werden.

Empirische Studien zu Innovationsmerkmalen und Innovationsunterschieden auf Branchenebene entstanden seit Ende der 1960er-Jahre. Eine ihrer bekanntesten Vertreter ist das SAPPHO-Projekt, in dem 43 Paare von erfolgreichen und erfolglosen Innovationen in der chemischen Industrie und dem wissenschaftlichen Gerätebau nach Erfolgs- und Misserfolgsursachen analysiert wurden (vgl. Rothwell *et al.* 1974).[66] Als **Voraussetzungen einer erfolgreichen Technologieentwicklung** stellten sich heraus (vgl. Koschatzky 1997a: 188):

– Genaue Kenntnis der Nutzerbedürfnisse und der Einsatzbedingungen beim Nutzer;

– Koordination der Entwicklungs-, Produktions- und Marketingaktivitäten im Unternehmen;

– Einbezug externer Informations- und Beratungsangebote für Wissenschaft und Technik;

– Grundlagenforschung im Unternehmen in Verbindung mit externen Forschungseinrichtungen (z.B. Universitäten).

Nach Coombs *et al.* (1987: 97-101) lassen sich vier wesentliche in den verschiedenen Studien verwendete **methodische Ansätze** unterscheiden:

1. *Der Ereignisansatz* ("events approach"), der von der Annahme ausgeht, dass Innovation das Resultat einer Reihe von wissenschaftli-

---

[66] Eine ausführliche Darstellung des SAPPHO-Projektes findet sich auch in Freeman (1982: 113-130).

chen, technologischen und missionsorientierten Ereignissen sei, die jeweils in unterschiedlicher Kombination und Intensität im Innovationsprozess wirksam werden.
2. *Der Prozessansatz* ("process approach"), nach dem Innovation als ein Prozess, bestehend aus einer Anzahl von Stadien, verstanden wird. Hier ist beispielsweise das lineare Innovationsmodell verortet.
3. Unterscheidung zwischen *Erfolg und Misserfolg von Innovationen* (SAPPHO-Projekt).
4. Bewertung der *Bedeutung verschiedener im Innovationsprozess genutzter Informationsquellen*.

Diese Studien haben einen wichtigen Beitrag zur Innovationsforschung geleistet. Sie haben deutlich gemacht, dass nicht einzelne Faktoren den Innovationserfolg bestimmen, sondern dass der Innovationsprozess ein komplexes Phänomen ist, in dem sowohl Nachfrage als auch Angebot, sowohl Wissenschaft als auch Technik sowie firmeninterne Merkmale wie auch die Art und Intensität der Beziehungen zu anderen Innovationsakteuren relevante Einflussgrößen sind.

Trotz der genannten Fortschritte kennt die Innovationsforschung kein umfassendes und konsistentes Theoriegebäude, sondern differenziert sich in eine Vielzahl unterschiedlicher Theorien und Ansätze (vgl. Grupp 1997: 51). In der Schumpeter-Nachfolge wird zwischen neoklassischen und evolutorischen Innovationsmodellen unterschieden (vgl. Schwitalla 1993: 18). Da sich neoklassische Modelle[67] auf Grund von Rationalitäts- und Gewinnmaximierungsannahmen, ihrer Mechanistik sowie der Exogenität von Innovationen[68] als nicht geeignet erwiesen haben, den dynamischen und kumulativen Innovationsprozess realitätsnah abzubilden,[69] gelten die *evolutionstheoretischen Innovationserklä-*

---

67 Z.B. Arrow (1962a); Dasgupta/Stiglitz (1980); Kamien/Schwartz (1982); Levin/Reiss (1984) und (1988); Scherer (1967).

68 Z.B. bei Arrow (1962a), der von einem Kauf einer extern erfolgten Erfindung ausgeht.

69 Der Begründer der modernen Wachstumstheorie, Robert Solow, beginnt seinen Beitrag *A Contribution to the Theory of Evonomic Growth* mit "All theory depends on assumptions which are not quite true. That is what makes it theory" (Solow 1956: 65).

rungen nach heutigem Forschungsstand als die Modelle mit höherem Gültigkeitsanspruch (Grupp 1997: 67-72; Schwitalla 1993: 39).[70] Sie versuchen, Innovationsprozesse verhaltenstheoretisch und in Anlehnung an die biologische Evolution zu erklären (z.B. Nelson/Winter 1982). Ihre wesentlichen Merkmale sind die natürliche Auslese unter den Marktteilnehmern (Selektion), die Dynamik und Irreversibilität ökonomischer Prozesse, die eingeschränkte Rationalität der Akteure[71] sowie die durch Routinen bedingte Pfadabhängigkeit technologischer Entwicklung.[72] Innerhalb der evolutorischen Innovationsforschung wird zwischen Ansätzen unterschieden, die, basierend auf dem Schumpeterschen Pionierunternehmer, am *Individuum* ansetzen,[73] und solchen, die aus historischer Empirik heraus den technischen Wandel institutionenökonomisch erklären, typisieren und klassifizieren.[74] Letztere stellen nicht das Individuum, sondern die *institutionellen Strukturen einer Volkswirtschaft* (Unternehmen, Branchen, Forschungssystem) in den Mittelpunkt ihrer Betrachtung und gründen sich auf institutionenökonomische Arbeiten von Coase (1937) und Williamson (1965), die die auf Innovationsprozesse Einfluss nehmenden institutionellen Rahmenbedingungen einer Volkswirtschaft zum Ausgangspunkt ihrer Überlegungen machten. Zentrales Forschungsziel der verschiedenen Ansätze ist die *Erklärung und Messung des technischen Wandels*[75] und die *Analyse von Funktion und*

---

[70] Evolutionäre Ansätze stellen eine Abkehr von der bis dahin in der Ökonomie und Innovationsökonomie vorherrschenden, auf mechanischen Prinzipien beruhenden Denkrichtung dar (vgl. Kromphardt/Teschner 1986: 240).

[71] "Man's rationality is "bounded": real-life decision problems are too complex to comprehend and therefore firms cannot maximize over the set of all conceivable alternatives" (Nelson/Winter 1982: 35).

[72] Vgl. z.B. Dosi (1982).

[73] Klassische Vertreter dieser Richtung sind Nelson und Winter mit ihrer 1982 erschienenen "Evolutionary Theory of Economic Change".

[74] Hierzu sind grundlegende Arbeiten von Dosi (1982), (1988a), (1988b); Freeman (1982); Pavitt (1984) geleistet worden.

[75] "Ein Grundproblem der Beschreibung des technischen Fortschritts ist jedoch die darin enthaltene Bewertung dessen, was "Fortschritt" sein soll. Neutral ist der Begriff des *technischen Wandels*, der nicht von vorneherein eine positive Bewertung enthält, da ein Wandel auch ein Rückschritt sein kann" (Grupp 1997:16)

Interaktion der diversen Akteure im Innovationsprozess.[76] Dabei wird der Blick weitgehend auf technologische Entwicklungslinien, auf Schnittstellen zwischen Forschung und Industrie sowie auf die Wechselwirkungen zwischen Technologieangebot und Technologienachfrage gerichtet.

Die Analyse des Entwicklungsverlaufs von Techniken steht in der Innovationsforschung in einem engen Zusammenhang zur Überprüfung einzelner Innovationsparameter. Dies kann sich auf Fragen der Nachfrageinduzierung der Technikentwicklung beziehen (wie bei Schmookler) oder auf die Wissenschaftsabhängigkeit der Technikentwicklung wie beispielsweise bei Rosenberg (1974, 1982) oder Freeman (1982).[77] Diese technischen Detailanalysen sind ein wesentliches Unterscheidungsmerkmal der empirischen Innovationsforschung zur neoklassischen Wachstumstheorie. Während über die Betrachtung der Entstehung und -diffusion einzelner Techniken differenzierte Einblicke in das komplexe Wechselspiel zwischen wissenschaftlicher Entwicklung, technischen Möglichkeiten, Markt und industrieller Organisation gewonnen werden konnten, wurde Technik in weiten Teilen der Ökonomie lange Zeit als das Verhältnis von Arbeit und Kapital beeinflussender Faktor verstanden. Die Detailanalysen schärften nicht nur den Blick für die Wissenschaftsabhängigkeit der Technikentwicklung, sondern auch für den der Technik immanenten Determinismus, der innerhalb einzelner Techniken zu einer kontinuierlichen Technikentwicklung führt. Auf diese Pfadabhängigkeit wird im folgenden Abschnitt eingegangen.

---

76 In dieser Arbeit liegt der Betrachtungsschwerpunkt auf technologischen Innovationen, was zwar eine Verengung in der Betrachtung ganzheitlicher bzw. gesellschaftlicher Innovationsprozesse beinhaltet, da soziale oder organisatorische Innovationen ausgeschlossen werden, andererseits aber dem in Innovationsstudien gebräuchlichen Erkenntnisobjekt entspricht.

77 Rosenberg (1982: 141) überschreibt ein Kapitel seiner Arbeit "Inside the black box" mit der Frage *How exogenous is science?*, Freeman (1982) setzt sich im Teil I seiner "Economics of Industrial Innovation" mit chemischen Prozessinnovationen und der Entwicklung der Elektrotechnik auseinander, anhand derer er die Entstehung der wissenschaftsbezogenen Technik ("science-related technology") nachweist.

2.2 Charakteristika von Innovationsprozessen

Es wurde schon darauf hingewiesen, dass vielen empirischen Innovationsstudien der 1960er und 1970er Jahre die Annahme der Linearität des Innovationsprozesses zu Grunde lag. Nach dieser Vorstellung besteht der Innovationsprozess aus einer Sequenz von Einzelphasen, die von der Ideenfindung, Forschung, Entwicklung, Produktion und Vermarktung reichen, sich in der Regel nicht oder nur geringfügig überlappen und diskrete, d.h. voneinander abgrenzbare Einheiten bilden (Kay 1979, 1988; vgl. auch Schmoch *et al.* 1996: 89-93). Dieser Sicht entsprechend schließt sich der Vermarktung die Diffusion der Innovation an, die durch Imitation oder Adoption erfolgen kann (vgl. Davies 1979; Metcalfe 1981; Schätzl 1996:113).[78] Bezogen auf räumliche Innovationsphänomene findet sich dieses lineare bzw. sequenzielle Innovationsverständnis in der regionalen Variante der Produktzyklushypothese wieder (vgl. Norton/Rees 1979; Vernon 1966, 1979; zur Kritik Storper 1985; Tichy 1991). Danach durchlaufen Produkte in ihrem Lebenszyklus eine Einführungs-, Wachstums-, Reife- und Schrumpfungsphase, denen jeweils bestimmte Produktionsbedingungen, als auch bestimmte räumliche Anforderungen an den optimalen Produktionsstandort zuzuordnen sind. Rothwell (1992, 1993, 1994) unterscheidet **zwei Generationen linearer Modelle**:

- die "*first generation: technology push*" Modelle der 1960er Jahre, die von einer technikinduzierten Innovationstätigkeit ausgehen und

- die "*second generation: need-pull*" Modelle der 1970er Jahre, die Innovationen als Ergebnis markt- bzw. nachfrageinduzierter FuE-Aktivität ansehen (vgl. Reger *et al.* 1996: 177-179).

Während die bislang beschriebenen Ansätze zwar deutliche Fortschritte in der Innovationsforschung markieren, aber unter räumlichen Gesichtspunkten nur bedingt für die Erklärung des differenzierten Wechselspiels zwischen Innovationstätigkeit und dem räumlichen Umfeld der Innova-

---

[78] "Diffusion beinhaltet begrifflich sowohl die Verbreitung neuen Wissens als auch die Nachahmung von Innovationen, also von woanders bereits durchgeführten Neuerungen" (Walter 1988: 582). Wird eine Innovation übernommen (adoptiert), kann sie entweder unverändert bleiben oder an die spezifischen Belange des Nutzers angepasst (adaptiert) werden, z.B. durch inkrementale Innovation oder konstruktive Tätigkeit: "...every act of adoption involves certain transformations and is thus an act of incremental innovation in itself..." (OECD 1992: 48).

tionsakteure geeignet sind, ist mit den seit Beginn der 1980er Jahre zu beobachtenden Weiterentwicklungen in der Innovationsforschung ein zunehmender Bedeutungsgewinn dieser Ansätze in der modernen Raumwissenschaft verbunden.

Da diese Arbeit mit ihrem Ziel der Erklärung räumlicher Aspekte im Innovationsprozess einer auch nur annäherungsweise vollständigen Darstellung des Erkenntniszuwachses in der Innovationsforschung nicht gerecht werden kann, werden unter wohlwissender subjektiver und selektiver Beschränkung nur einzelne Aspekte herausgegriffen und die für raumdifferenzierende Analysen relevanten Innovationsdeterminanten verschiedener Ansätze in zusammenfassender Form dargestellt.[79]

Als Ausgangspunkt der Zusammenfassung dienen die von Dosi (1988a: 222-223) herausgearbeiteten **fünf charakteristischen Merkmale des Innovationsprozesses**. Danach sind Innovationsprozesse durch

– Unsicherheit,

– die zunehmende Abhängigkeit vom wissenschaftlichen Fortschritt,

– die wachsende Komplexität von Forschung und Innovation,

– die Bedeutung von Wissen und Lernprozessen durch Produktion und Produktnutzung sowie

– den kumulativen Charakter des technischen Wandels

gekennzeichnet.

2.2.1 Unsicherheit

Da in der evolutorischen Innovationsforschung der Markt nicht durch vollkommene Konkurrenz, Transparenz und Information gekennzeichnet ist, bewegen sich Innovatoren in einem für sie unsicheren Umfeld.[80] Auf

---

[79] Für umfassendere Einblicke eignen sich Bertuglia *et al.* (1995); Freeman/Soete (1990); Freeman/Soete (1997); Malecki (1991).

[80] Zu *uncertainty* bemerkt der Wachstumstheoretiker Solow: "No credible theory of investment can be built on the assumption of perfect foresight and arbitrage over time. There are only too many reasons why net investment should be at times insensitive to current changes in the real return to capital, at other times oversensiti-

Grund *begrenzt verfügbarer Information* und auch nur *begrenzt vorhandener Informationsverarbeitungsmöglichkeiten* ("*bounded rationality*") besteht sowohl ein Informations- als auch ein Kompetenzdefizit, das es Innovatoren nicht ermöglicht, den wirtschaftlichen Erfolg ihres Handels zum Beginn des Innovationsprozesses vorhersehen zu können (Dosi/Orsenigo 1988: 17). Sie sind nicht in der Lage, ein Zukunftsbild zu entwerfen, dem sie vertrauen können (Storper 1996b: 765). Die Unsicherheit wird verstärkt durch die Neuartigkeit der Erfindung bzw. Entwicklung, für die es, da sie ja neu ist, keine Referenz gibt sowie durch die Tatsache, dass auch noch andere Akteure Neuerungen auf den Markt bringen, die sowohl die Technikentwicklung als solche, aber auch die Umfeldbedingungen der zuerst genannten Innovation beeinflussen (Dosi/Orsenigo 1988: 18). Die Unsicherheit wird zwar durch *Routinen*, d.h. Erfahrungen verringert, ihr *Wirkung* ist aber *davon abhängig, wie viel Erfahrungswissen bereits vorhanden ist.* Hoch sind Unsicherheit und Risiko am Beginn des Innovationsprozesses sowie bei der Erarbeitung grundlegenden wissenschaftlich-technischen Wissens (Grundlagenforschung, Fundamentalinventionen). Je mehr Wissen und Informationen vorliegen und je geringer der Veränderungs- und Differenzierungsgrad am Produkt bzw. Prozess ausfällt, desto kleiner wird die Unsicherheit.[81] Unsicherheiten lassen sich auch durch die Teilnahme am Informationsaustausch und die Nutzung externen Wissens reduzieren (Feldman 1994a: 23-24). Externe Effekte haben eine besonders große Bedeutung in frühen, noch grundlagenorientierten Forschungs- und Entwicklungs-

---

ve. All these cobwebs and some others have been brushed aside throughout this essay. In the context, this is perhaps justifiable" (Solow 1956: 94).

[81] Freeman/Soete (1997: 244) unterscheiden sechs Unsicherheitsstufen: **1. True uncertainty**, die in Zusammenhang mit *fundamental research* und *fundamental invention* steht. **2. Very high degree of uncertainty**, assoziert mit *radical product innovations* und *radical process innovations outside firm*. **3. High degree of uncertainty**, verbunden mit *major product innovations* und *radical process innovations in own establishment or system*. **4. Moderate uncertainty**, in Zusammenhang mit *new 'generations' of established products*. **5. Little uncertainty**, gebunden an *licensed innovation, imitation of product innovations, modification of products and processes* sowie *early adoption of established processes*. **6. Very little uncertainty**, die bei *new 'model', product differentiation, agency for established product innovation, late adoption of established process innovation and franchised operations in own establishment* sowie *minor technical improvements* zu verzeichnen ist.

phasen (Kay 1988: 283).[82] Deren Bedeutung nimmt, wie auch die Unsicherheit, mit zunehmendem Fortschritt des Innovationsprojektes ab. Wegen des noch näher zu erläuternden Zusammenhanges zwischen dem Austausch unterschiedlicher Formen von Wissen und der räumlichen Nähe der an diesem Austausch beteiligten Personen, besteht somit auch ein Zusammenhang zwischen dem Grad der Unsicherheit (und des damit verbundenen Innovationsrisikos) und dem Bedarf an externem Wissen und der Kontaktaufnahme mit als relevant erachteten Wissensträgern. Bereits der britische Ökonom *Alfred Marshall* erkannte Ende des letzten Jahrhunderts den Beitrag von Wissen und seines Austausches zwischen ökonomischen Akteuren als wichtigen Faktor einer industriellen Atmosphäre, die die räumliche Konzentration von Industrien fördert.[83] Wenn auch Marshall eine andere Sichtweise von technischem Fortschritt und Wissensaustausch gehabt als die Vertreter der evolutorischen Innovationsforschung, so werden dennoch die räumlichen Implikationen von Strategien deutlich, die Unsicherheiten im Innovationsprozess verringern sollen.

2.2.2   Wissenschaftsbindung

Sowohl historische Studien (vgl. Freeman/Soete 1997: 14-17) als auch jüngere empirische Analysen über die Zitationshäufigkeit wissenschaftlicher Quellen in den Prüfungsberichten zu Patentanmeldungen sowie bibliometrische Auswertungen weisen auf einen *engen Zusammenhang zwischen wissenschaftlichen Entwicklungen und technischem Fortschritt* hin (vgl. die verschiedenen Beiträge in Grupp 1992; Grupp 1997: 305-

---

82 Von diesem Muster kann es dann Abweichungen geben, wenn mit der Entwicklung ein hoher Anteil impliziten Wissens (tacit knowledge) verbunden ist, das möglichst nicht nach außen diffundieren sollte und wenn die Entwicklung nicht durch Imitation geschützt werden kann, beispielsweise durch Patente (vgl. Kay 1988: 283).

83 "When an industry has thus chosen a locality for itself, it is likely to stay there long: so great are the advantages which people following the same skilled trade get from near neibourhood to one another....if one man starts a new idea, it is taken up by others and combined with suggestions of their own; and thus it becomes the source of further new ideas. And presently subsidiary trades grow up in the neighbourhood, supplying it with implements and materials, organizing its traffic, and in many ways conducing to the economy of its material" (Marshall 1927: 271).

320). Anhand der Untersuchung mehrerer Technikgebiete konnte aufgezeigt werden, dass es *keine lineare Phasenabfolge im Innovationsprozess* gibt. Das folgende Beispiel von Laserstrahlquellen mag dies verdeutlichen (vgl. Abbildung 1). In der Abbildung sind anhand eines Aktivitätsindizes die Entwicklung von Publikationen, Patenten und Umsatzzahlen dargestellt. Publikationen stehen dabei für wissenschaftliche Forschung, Patente für anwendungsorientierte Industrieforschung ("Technik") und Umsatz für die kommerzielle Umsetzung dieser Technik ("Produktion"). Die Kurvenverläufe machen deutlich:

- Es gibt keine lineare Phasenabfolge im Innovationsprozess. Einem Anstieg der in Publikationen ausgedrückten Grundlagenforschung folgt unmittelbar ein Anstieg der Industrieforschung (Patente) und nicht erst, nachdem die Grundlagenforschung abgeschlossen ist.

- Innovationen erfolgen daher sequenziell und vernetzt. Grundlagenforschung und industrielle Forschung bedingen sich gegenseitig. Diese Bedingung, die hier für Laserstrahlquellen in der Mitte der 1960er Jahre festgestellt wird, besteht heute mehr denn je.

- Das gewählte Beispiel zeigt zudem die schon geschilderten Wege der Technikentwicklung. In den 1960er-Jahren war die Forschung zunächst von einem "*technology push*" getrieben. Anwendungen waren noch nicht erkennbar. Erst nachdem sich in den 1970er-Jahren ein Markt für Laserstrahlquellen entwickelt (zunächst in Japan) steigt auch die Aktivität der industriellen Forschung (Patente) wieder an - im Sinne eines "*demand pull*", der zu einer Anwendungsdifferenzierung führt. Die Grundlagenforschung zeigt sich demgegenüber von diesen Entwicklungen wenig beeindruckt; sie bleibt weitgehend auf konstantem Niveau.

Abbildung 1: Entwicklung von Wissenschaft, Technik und Produktion in der Lasertechnik

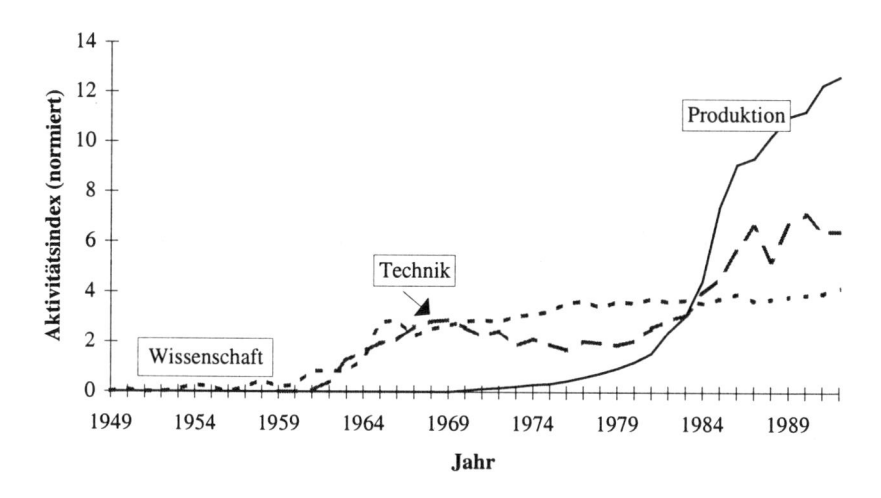

Quelle: Grupp (1997: 323)

Empirische Analysen des Fraunhofer-Instituts für Systemtechnik und Innovationsforschung haben auch ergeben, dass es *Unterschiede in der Wissenschaftsbindung einzelner Techniken* gibt. So zeigen beispielsweise die Gentechnik und Pharmazie sowie die Lasertechnik in Deutschland eine hohe Affinität zur wissenschaftlichen Forschung, während der Maschinenbau und die Motorentechnik weitgehend wissenschaftsunabhängig sind (Grupp/Schmoch 1992: 67). Somit bestehen in einigen Technikgebieten sehr enge Austauschbeziehungen zwischen universitärer sowie außeruniversitärer Grundlagenforschung und industrieller Forschung und Entwicklung. Dabei handelt es sich vor allem um junge Technikgebiete, in denen sich industrielle Anwendungen nur durch die Klärung grundlegender Zusammenhänge und Wirkungsmechanismen erschließen, wie z.B. in der Bio- und Gentechnik (vgl. Reiß/Koschatzky 1997).[84] Diese Ergebnisse weisen nicht nur auf die Bedeutung der institutionellen Rahmenbedingungen für die Technikentwicklung hin (z.B. auf die Qualität der Forschungsinfrastruktur und die Organisation der Forschung), sondern zeigen auch, dass es technikabhängig unterschiedlich intensive Austauschprozesse zwischen Forschungseinrichtungen

---

[84] Nelson (1988: 321) nennt für die USA die Biowissenschaften und die Computerwissenschaften.

und der Wirtschaft gibt, die vor allem für Unternehmen mit begrenzten Ressourcen zur Informations- und Wissensverarbeitung Implikationen für die räumliche Distanz zum Know-how Potenzial der Forschung haben können.[85]

2.2.3 Komplexität

Die empirische Innovationsforschung hat gezeigt, dass Innovationsprozesse nicht linear ablaufen, sondern ein komplexes Phänomen aus Suchen, Lernen, Informationsverarbeitung und Interaktion darstellen (vgl. Feldman 1994a: 25). Obwohl sich in den 1990er-Jahren vor allem mit der weiten Durchsetzung neuer Produktions- und Managementkonzepte, der Ausgliederung von Funktionsbereichen aus Unternehmen, der wachsenden Bedeutung von "lead markets" bei innerbetrieblichen Standortentscheidungen (vgl. Gerybadze *et al.* 1997) und der vollständigen Durchdringung sämtlicher Arbeitsbereiche durch moderne Informations- und Kommunikationstechnik (vgl. Freeman/Soete 1997: 396-412 für eine nähere Analyse) sowohl die Sichtweise hinsichtlich der Elemente eines Innovationsmanagements verändert, als auch die Komplexität von Innovationsprozessen weiter zugenommen hat,[86] wird als exemplarisches Beispiel für die modellhafte Umsetzung dieser Komplexität kurz das Mitte der 1980er Jahre entstandene *Innovationsmodell von Kline und Rosenberg* diskutiert.[87]

---

[85] Diese Erkenntnis liegt beispielsweise dem Konzept des biotechnologischen Gründerzentrums auf dem Gelände des Max-Planck Instituts für Biochemie zu Grunde, das es kleinen Biotechnologieunternehmen nicht nur ermöglichen soll, auf Wissen und Laboreinrichtungen des Max-Planck-Instituts zuzugreifen, sondern auch die enge räumliche Nähe zum Münchner Genzentrum nutzen zu können (vgl. Reiß/Koschatzky 1997: 149).

"Industries where technological advance is being fed significantly by academic science naturally look for close links with university scientists and the laboratories where that work is going on...The major such industries are pharmaceuticals, computers and semiconductors" (Nelson 1988: 321).

[86] Rothwell (1994: 631) spricht vom fünften Modell der Systemintegration und Vernetzung.

[87] Nach Sternberg (1994: 9) wird dieses "chain-linked" Modell in der Regionalökonomie zunehmend akzeptiert. Es ist bei weitem nicht das einzige Innovationsmodell, hat aber wegen seiner graphischen Umsetzung und seiner zusammenfassenden Darstellung wesentlicher Innovationsparameter große Beachtung gefunden.

Bevor die Autoren ihr Modell skizzieren, gehen sie näher auf einzelne Aspekte des Innovationsprozesses ein. Kommerzielle Innovationen, die von militärischen Innovationen unterschieden werden, entstehen durch Marktimpulse, Einkommensveränderungen, demographische Entwicklungen sowie technischen und wissenschaftlichen Fortschritt, der es ermöglicht, neue Produkte zu entwickeln bzw. alte Produkte zu verbessern (Kline/Rosenberg 1986: 275). *Ausgangspunkt* ihrer Überlegungen ist die *Unsicherheit im Innovationsprozess*. Es muss nach Möglichkeiten gesucht werden, diese Unsicherheiten zu reduzieren. Der Suchprozess wird aber als schwierig angesehen, da sich Innovationseffekte schwer messen lassen und Innovation ein multidimensionaler Prozess ist (Kline/Rosenberg 1986: 279-285). Innovationen sind weder homogen noch klar definierbar und verändern sich in ihrem Lebenszyklus. Da neue Techniken und neue, hoch entwickelte Produkte nicht automatisch eine entsprechende Nachfrage nach sich ziehen, setzen sich nicht alle Innovationen am Markt durch. Die Durchsetzungsfähigkeit hängt von den verfügbaren Alternativen ab. Daher können auch alte neben neuen Techniken bestehen, wenn die alten Techniken aus Kostengründen wettbewerbsfähig bleiben. Ein wesentliches Merkmal der Sichtweise von Kline und Rosenberg ist die weit gehende Ablehnung einer wissenschaftsbasierten Technikentstehung. Sie sehen vor allem in der *Kopplung mit den Marktbedürfnissen* sowie aus dem *Lernen während der Produktion* wesentliche Innovationsimpulse.[88] Daher ist für sie die Ausklammerung von Prozessinnovationen im linearen Innovationsmodell auch dessen größtes Manko.[89]

Bereits 1978 stellten Albrecht und Kant ein technikspezifisches interaktives Modell für den Zyklus Wissenschaft, Technik, Produktion auf, dass aber wegen seiner Herkunft aus der ehemaligen DDR im Westen lange Zeit unbeachtet blieb (vgl. Albrecht/Kant 1978; Albrecht *et al.* 1982).

88 "...the notion that innovation is initiated by research is wrong most of the time. There are a few instances in which research sparks innovation....but, even then, the innovation must pass through a design stage and must be coupled to market needs. ... Even more important...is the recognition that when science is inadequate, or even totally lacking, we still can, do, and often have created important innovations, and innumerable smaller, but cumulatively important evolutionary changes" (Kline/Rosenberg 1986: 288).

89 "...the linear model shortchanges the importance of the process innovations that play a crucial role via learning during continued production" (Kline/Rosenberg 1986: 288).

Wesentliche Elemente des *rückgekoppelten, zirkulären Innovationsmodells* sind fünf Aktivitätspfade (vgl. Abbildung 2). Der erste *zentrale Pfad (C)* startet mit der Abschätzung potenzieller Marktbedürfnisse und reicht über Invention und analytisches Design,[90] detailliertes Design und Testverfahren, Re-Design und Produktion bis zur Distribution und dem Markt. Zwischen diesen Stadien bestehen Verbindungen, die als *zentrale Innovationskette* bezeichnet werden. Der *zweite Pfad* beinhaltet *Rückkopplungsschleifen*, die sowohl zwischen jedem Innovationsstadium bestehen *(f)*, als auch von Markt- und Nutzerbedürfnissen auf die Bewertung des potenziellen Marktes, auf das Inventions- und das Designstadium ausgehen *(F)*. Diese Rückkoppelungen werden als Teil der Kooperation zwischen Produktspezifikation, Produktentwicklung, Produktion, Marketing- und Dienstleistungskomponenten in einer Produktlinie verstanden (Kline/Rosenberg 1986: 289) und verdeutlichen den interaktiven Charakter des Modells. Im *dritten Pfad* wird Wissenschaft, unterteilt in Forschung und Wissen, mit der zentralen Innovationskette verbunden. Wegen der Ablehnung einer allgemein gültigen engen Interaktion zwischen Wissenschaft und Innovationen steht Wissenschaft nicht am Beginn des Innovationsprozesses, sondern befindet sich längsseits der zentralen Kette und kann genutzt werden, wenn sie gebraucht wird. *Interaktionen* (K 1) bestehen zwischen dem Inventions-, Design- und Produktionsstadium und der Wissensbasis (verfügbare wissenschaftliche Erkenntnisse und gespeichertes Wissen). Wenn diese Wissensbasis ausreicht, wird das Wissen in den Innovationsprozess rückgekoppelt (K 2). Reicht dieses Wissen nicht aus, besteht ein Bedarf an Forschung (R 3).

Im *vierten Pfad* wird eine direkte Verbindung zwischen dem Inventionsstadium und dem durch Forschung neu geschaffenen Wissen hergestellt, insbesondere für den Fall radikaler Innovationen (D).[91] Der *fünfte Pfad* charakterisiert die Unterstützung und Weiterentwicklung wissen-

---

90 "Analytic design....consists of analysis of various arrangements of existing components or of modifications of designs already within the state of the art to accomplish new tasks or to accomplish old tasks more effectively or at lower costs. It is thus not invention in the usual sense" (Kline/Rosenberg 1986: 292).

91 "...new science does sometimes make possible radical innovations... These occurrences are rare, but often mark major changes that create whole new industries, and they should therefore not be left from consideration. Recent examples include semiconductors, lasers, atom bombs, and genetic engineering" (Kline/Rosenberg 1986: 293).

schaftlicher Forschung durch aus Innovationsprozessen entstandenen neuen Verfahren, Instrumenten und Maschinen (I, S).

Abbildung 2: **Rückgekoppeltes Innovationsmodell von Kline/Rosenberg**

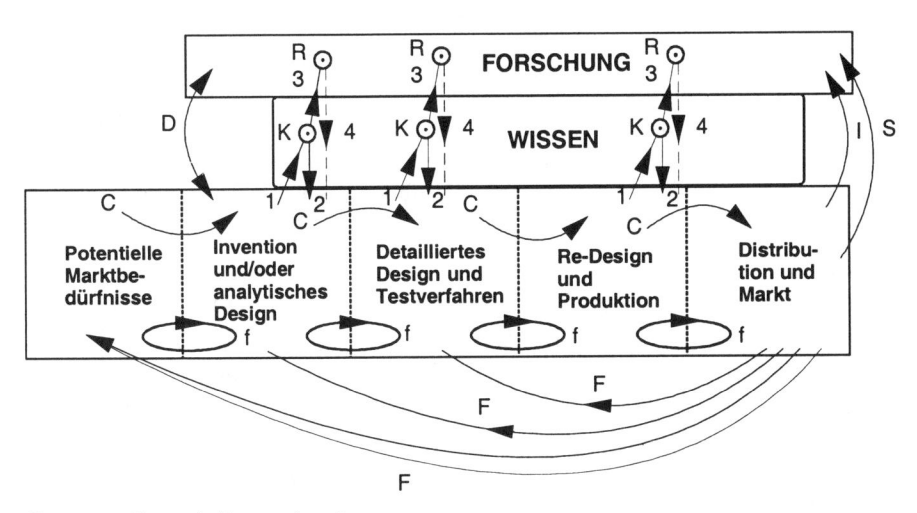

C = Zentrale Innovationskette
f = Rückkopplungsschleifen
F = Besonders wichtige Rückkopplung
K - R = Kopplungen über Wissensbasis zur Forschung und Rückkopplungen. Wenn Problem im Knoten K gelöst wird, entfällt die Aktivierung der Verbindung 3 zu R. Rückkopplung von der Forschung (Verbindung 4) ist problematisch, daher gestrichelte Linie
D = Direkte Verbindung zur und von der Forschung bei Problemen in Invention und Design
I = Unterstützung wissenschaftlicher Forschung durch Instrumente, Maschinen, Verfahren
S = Unterstützung wissenschaftlicher Technologieforschung durch Informationsaustausch über Produktbereiche und sonstige Arbeiten

Quelle: Übersetzung nach Kline/Rosenberg 1986: 290

Mit diesem Modell sollen Möglichkeiten zur Reduzierung von Unsicherheiten im Innovationsprozess aufgezeigt werden, beispielsweise durch die Einspeisung von Testerfahrungen in den Innovationsprozess oder durch die Verkürzung des Entwicklungsprozesses mittels paralleler Entwicklungsstufen. Obwohl sich das "chain-linked"-Modell von Kline und Rosenberg nicht als Standard-Modell durchgesetzt hat,[92] greift es doch in systematisierter Form wichtige Aspekte aus den "goldenen" 1980er Jahren der Innovationsforschung auf und *verdeutlicht die Komplexität von Innovationsprozessen sowie die Notwendigkeit der Interaktion zwischen Innovation und Wissen*.[93]

> Das Modell räumt mit der Vorstellung einer linearen Abfolge von Innovationsschritten auf und damit auch mit dem Wunschbild, bestimmten Phasen im Innovationsprozess jeweils eine konkrete räumliche Merkmalsausprägung zuzuordnen. Auf Grund der Vielschichtigkeit von Rückkopplungsschleifen sowohl zwischen Innovationsstadien als auch zwischen einem sich ständig verändernden Innovationsprojekt und der Wissens- und Forschungsbasis lässt sich nicht mehr nur während der Entstehung neuer Produkte und Verfahren, sondern wegen der ständigen Marktsignale und den damit induzierten kontinuierlichen Innovationsaktivitäten auch nicht während des Lebenszyklus eines Produktes (Verfahrens) eine klare Trennung zwischen jeweils optimalen Produktionsstandorten vornehmen.[94]

Allerdings steigt auch nach dieser Vorstellung der Anteil von Prozessinnovationen mit dem Ziel der Senkung von Produktionskosten im späten Stadium eines Produktes an, wobei Routinen und Standardisierungen nicht dazu führen dürfen, dass revolutionäre Neuerungen unmöglich werden (Kline/Rosenberg 1986: 303).

---

[92] Sein dennoch nicht unerheblicher Einfluss wird daran erkenntlich, dass sich das Oslo-Manual der OECD auf dieses Modell bezieht (vgl. OECD/Eurostat 1997: 37-38), wobei allerdings in der Version von 1992 der Modelldarstellung deutlich mehr Platz eingeräumt wird als 1997 (OECD 1992: 24-28) .

[93] Kritische Anmerkungen beziehen sich auf die verwendete Terminologie, die sich in der sonstigen Innovationsdiskussion nicht wiederfindet (z.B. analytisches Design) sowie auf die zu starke Betonung der Marktinduzierung. Markteinflüsse sind sowohl am Beginn von Innovationsvorhaben durch die Abschätzung potenzieller Marktbedürfnisse, als auch über die Rückkopplung von Marktsignalen während der Marktdurchdringung der Innovation in das Modell eingebaut (vgl. Schmoch *et al.* 1996: 98-99).

[94] Vgl. dazu die Diskussion der Produktzyklus-Hypothese in Abschnitt 4.2.

2.2.4 Wissen und Lernen

Wie das Innovationsmodell von Kline und Rosenberg gezeigt hat, basieren Innovation sowie Forschung und Entwicklung auf Information und Wissen. *Informationen stellen eine wesentliche Wissensgrundlage dar.* Sie sind das für den Wissensaufbau und die Wissensformalisierung erforderlich Medium. Dabei bestehen Informationen aus einem zunächst für den Nutzer unspezifischen Fluss von Nachrichten, die in einzelne Teile ("bits") zerlegbar sind, zur Wissensbasis hinzugefügt werden und diese dadurch verändern (Nonaka 1994: 14-15).[95] *Wissen* beinhaltet dagegen Fakten, den Code zur Interpretation von Informationen, explizite Theorien sowie kognitive und intuitive Elemente. Es ist für den Nutzer spezifisch und kann unterschiedliche Formen annehmen. Es liegt als *explizites Wissen* kodifiziert und dokumentiert in Publikationen, Blaupausen und Datenbanken vor, ist in Maschinen, Apparaten und Verfahren gebunden sowie als *implizites Wissen* (tacit knowledge) in nicht kodifizierter, dokumentierter und artikulierter Form (Polanyi 1966: 4) in Personen und Handlungsabläufen verkörpert (Cimoli/Dosi 1996: 65-66; Nelson/Winter 1982: 76-77; Nonaka 1994: 16).[96] Kodifiziertes Wissen lässt sich leichter transferieren als implizites Wissen, insbesondere dann, wenn der Wissensempfänger den entsprechenden Code beherrscht.[97]

---

[95] Obwohl die Begriffe "Information" und "Wissen" oftmals synonym verwendet werden, bestehen deutliche Unterschiede zwischen beiden: "...information is a flow of messages or meanings...while knowledge is created and organized by the very flow of information, anchored on the commitment and beliefs of its holder" (Nonaka 1994: 15). Es muss deshalb sehr genau zwischen Information und Wissen unterschieden werden, da mit beiden unterschiedliche Akquisitionsprozesse verbunden sind. Wissenserwerb erfolgt durch Lernen, während Informationen durch einen einfachen Sammlungsprozess zusammengestellt werden können. Wissen besteht aus intersubjektiv überprüfbarer Information, die durch Lernen appropriiert wurde. Vgl. auch Dosi (1996: 84) und Lundvall (1997: 7).

[96] ""Explicit" or codified knowledge refers to knowledge that is transmittable in formal, systematic language. On the other hand, "tacit" knowledge has a personal quality, which makes it hard to formalize and communicate. Tacit knowledge is deeply rooted in action, commitment, and involvement in a specific context" (Nonaka 1994: 16). Zur Kodifizierung von Wissen vgl. Cowan/Foray (1997).

[97] Mit Blick auf den Zusammenhang zwischen dem Grad der Wissenskodifizierung und der Appropriierbarkeit von Wissen stellt Saviotti (1998: 855) stellt fest, dass "...the degree of appropriability of a given piece of knowledge is inversely proportional to its age, to the cumulative search efforts, and to the fraction of agents knowing the code."

Implizites Wissen ist personengebunden und daher nur durch persönliche Kontakte sowie verbale und non-verbale Kommunikation übertragbar (Arnold/Thuriaux 1997: 25; Foray/Lundvall 1996: 21). *Räumliche und soziale Nähe* bildet eine wesentliche Voraussetzung für diesen Übertragungsprozess.

Eine andere Wissensabgrenzung nehmen Lundvall und Johnson (zitiert nach Foray/Lundvall 1996: 19-20) vor. Hinsichtlich seiner Funktion unterscheiden sie vier Arten von Wissen: *know-what* (Faktenwissen), *know-why* (Wissen über Naturgesetze und gesellschaftliche Prinzipien), *know-how* (Fertigkeiten, d.h. die Fähigkeit, etwas zu tun) und *know-who* (Wissen und Information über die, die etwas wissen und die, die wissen, wie man etwas tut). In dieser Definition spiegelt sich der Unterschied zwischen "Wissen" (know-what; *savoir*) und "Kennen" (know-how; *connaître*) wider, der für unterschiedliche Prozesse des Wissenserwerbs relevant ist. Während "Kennen" das Ergebnis von (subjektiven) Erfahrungen ist, lässt sich "Wissen" nur durch systematisches Lernen erwerben (Spender 1996: 49). Wissen kann auf Erfahrungen basieren, wenn diese durch wissenschaftliches Arbeiten in eine intersubjektiv überprüfbare Form, d.h. in Wissen, transferiert wurden. Lernen führt nicht nur zur Aneignung von Wissen, sondern verändert dieses auch, indem durch die Anwendung des gelernten Wissens neues Wissen erzeugt und die Wissensbasis verbreitet wird.[98] Lernen erfolgt auf unter-

---

[98] In den vergangenen Jahren wurden sowohl von der betrieblichen Organisationswissenschaft als auch basierend auf Arbeiten der evolutorischen Innovationsforschung zu nationalen Innovationssystemen wichtige neue Erkenntnisse zur Wissensentstehung und zum organisatorischen Lernen gewonnen (z.B. David/Foray 1995; Foray/Lundvall 1996; Nonaka 1994; Nonaka/Takeuchi 1995). Nonaka (1994: 19) und Nonaka/Takeuchi (1995: 62-70) unterscheiden vier Formen der Wissenserzeugung: (1) *"Socialization"*, d.h. die Umwandlung von implizitem in implizites Wissen durch Beobachtung, Imitation und praktisches Lernen. Allein durch non-verbale Beobachtung können neue Fähigkeiten erworben werden, wobei der Wissenstransfer durch die Übermittlung und Aufnahme von Erfahrungen erfolgt. (2) *"Combination"*, d.h. die Umwandlung von explizitem in explizites Wissen durch Neukombinierung und Rekonfigurierung bestehendem expliziten, kodifizierten Wissens. (3) *"Externalization"*, d.h. die Umwandlung von implizitem in explizites Wissen. "Externalization holds the key to knowledge creation, because it creates new, explicit concepts from tacit knowledge. How can we convert tacit knowledge into explicit knowledge effectively and efficiently? The answer lies in a sequential use of metaphor, analogy, and model" (Nonaka/Takeuchi 1995: 66). (4) *"Internalization"*, d.h. die Umwandlung von explizitem in implizites Wis-

schiedlichen Wegen. In der Innovationsliteratur wird zwischen drei wesentlichen Lernformen unterschieden: learning by doing (Arrow 1962b),[99] learning by using (Rosenberg 1982) und learning by interacting (Lundvall 1988).

Learning by doing bezeichnet Lernprozesse, die im Zusammenhang mit der Entwicklung verbesserter Fähigkeiten durch Produktionserfahrungen stehen. Kenneth Arrow, der diesen Begriff 1962 geprägt hat (Arrow 1962b), ermittelt in einem Wachstumsmodell den Einfluss von Wissensveränderungen, gemessen an kumulierten Bruttoinvestitionen, auf die Veränderung der Arbeitskosten pro Outputeinheit. In bewusster neoklassischer Vereinfachung wird Lernen in einen engen Zusammenhang mit dem Produktionsprozess gestellt.[100] Spätere Interpretationen (z.B. David 1975) erweiterten diesen Lernbegriff auf das Lernen im Umfeld einer gegebenen Technik und die daraus folgende Entwicklung einer ähnlichen Technik (Coombs *et al.* 1987: 106).

Lernen findet aber nicht nur produktions- oder technikintern statt, sondern auch durch die Produktnutzung. Der Begriff des *learning by using*[101] bezieht sich auf die Nutzung eines Endproduktes durch den Endnutzer. Die Leistungseigenschaften eines langlebigen Kapitalgutes lassen sich oftmals nur durch dessen Erprobung ermitteln. Die dabei gewonnenen Erfahrungen und Lerneffekte können in den Produktionsprozess, aber auch in weitere Forschungs- und Entwicklungsarbeiten zurückgespielt werden (Rosenberg 1982: 120-124). Learning by using greift daher weiter als learning by doing, da es den Forschungs- und Entwicklungsaspekt im Innovationsprozess mit einschließt. Allerdings

---

sen beispielsweise durch den Erwerb individueller Fähigkeiten mittels learning by doing.

[99] Nach Arrow (1962b: 155) kann Lernen nur bei dem Versuch, ein Problem zu lösen, erfolgen und ist daher an eine Aktivität gebunden.

[100] "The model set forth will be very simplified....to make clearer the essential role of the major hypothesis; in particular, the possibility of capital-labor substitution is ignored" (Arrow 1962b: 156). "It has been assumed here that learning takes place only as a by-product of ordinary production. In fact, society has created institutions, education and research, whose purpose it is to enable learning to take place more rapidly. A fuller model would take account of these additional variables" (ebenda: 172).

[101] Ursprünglich geprägt von Rosenberg (1976).

ist aus learning by using kein radikaler Wissenszuwachs zu erwarten, sondern Wissensgewinne, die zur kontinuierlichen Verbesserung von Produkten und Produktivität (inkrementale Innovationen) beitragen (Rosenberg 1982: 120). Das aus learning by doing generierte Wissen kann sich in Hardwaremodifikationen (Veränderung des Produktdesigns, von Produkteigenschaften) niederschlagen (bezeichnet als *embodied*), aber auch zu verändertem Nutzungsverhalten führen, ohne dass unmittelbar die Merkmale des Produktes verändert werden (*disembodied*). Nach Rosenberg ist learning by using in seiner ursprünglichen Form *disembodied*. Der Lernprozess erzeugt zusätzlich neue Informationen, die bei Bedarf Produktänderungen nach sich ziehen (Rosenberg 1982: 124).

Beide bislang betrachteten Lernformen sind im Produktionsumfeld angesiedelt. Ein implizites Element des learning by using wurde von Lundvall (1988) weiterentwickelt und mit dem Begriff des *learning by interacting* belegt.[102] Hierbei handelt es sich um Lernprozesse, die aus der Zusammenarbeit zwischen Nutzern und Produzenten entstehen. Lundvall stellt die Frage, wie bei Marktunvollkommenheiten, der Vielzahl und Komplexität von Innovationsprozessen sowie der mit Innovation verbundenen hohen Unsicherheit Produzenten und Nutzer an die für sie relevanten Informationen gelangen.[103] Ausgehend von transaktionskostentheoretischen Überlegungen kommt Lundvall zu der Schlussfolgerung, dass es sowohl für Produzenten als auch für Nutzer vorteilhaft ist, im Innovationsprozess zusammenzuarbeiten. Durch diese Zusammenarbeit und die dabei ablaufenden Lernprozesse erhält der Produzent Einblick in die Nutzerbedürfnisse und kann seine Innovationsaktivitäten entsprechend ausrichten. Der Nutzer gelangt an spezifische Informationen über neue Produkte und ist so in der Lage, deren Nutzwertcharakteristika hinsichtlich seines spezifischen Bedarfs zu bewerten (Lundvall 1988: 352). Mit der engen Zusammenarbeit zwischen Produzenten und Nutzern sind einige Voraussetzungen verbunden. Kooperationen können nur dann erfolgreich sein und zur Unsicherheitsreduktion beitragen,

---

[102] "...the knowledge produced by learning-by-using can only be transformed into new products if the producers have a direct contact to users" (Lundvall 1988: 352).

[103] "How can the mutual information problem be solved when the producer and the user are separated by a market? ... Producers have no information about potential user needs and users have no knowledge about the use-value characteristics of new products" (Lundvall 1988: 350).

wenn ein gegenseitiges Vertrauensverhältnis zwischen den Partnern besteht (das durch opportunistisches Verhalten entscheidend beeinträchtigt werden kann) und sich entsprechende respektierte Verhaltensregeln im gegenseitigen Umgang herausgebildet haben.[104] Um die Vorteile einer über längere Zeit aufgebauten vertrauensvollen Zusammenarbeit zu nutzen, sind solche Beziehungen meist längerfristiger Natur. Die Suche nach neuen Kooperationspartnern erfolgt nur dann, wenn die Kosten des Kontaktes ihren Nutzen übersteigen oder die Anreize aus neuen Beziehungen substanziell sind (Lundvall 1988: 354).

Mit dem learning by interacting geht die evolutorische Innovationsforschung auch auf die *räumliche Dimension im Innovationsprozess* ein. Dabei spielt sowohl die räumliche als auch die kulturelle Distanz eine Rolle.[105] Lundvall nennt drei **proximitätsbeeinflussende Determinanten** (vgl. Lundvall 1988: 355):

- Im Fall *standardisierter und stabiler Technologien*, bei denen der Informationsaustausch über standardisierte Kodes erfolgt, kann Information über lange Distanzen zu niedrigen Kosten übertragen werden. Räumliche Nähe zwischen Produzent und Anwender ist nicht erforderlich.

- Im Fall *komplexer Technologien* und eines raschen technischen Wandels kann aus Wettbewerbsgründen eine kurze Entfernung zwischen Nutzern und Produzenten wichtig sein. Informationskodes sind komplex und flexibel und ein gemeinsamer kultureller Hintergrund erleichtert den gegenseitigen Umgang sowie die Dekodierung der ausgetauschten komplexen Nachrichten.[106] Räumliche sowie kulturelle Nähe können somit maßgeblich zur Unsicherheitsreduktion beitragen. Dies ist auch der Fall, wenn die Nutzerbedürfnisse komplex und wechselhaft sind.

---

[104] Eine vergleichbare Argumentation findet sich in der Netzwerkliteratur (vgl. Abschnitt 4.3).

[105] "The selective user-producer relationships will involve units more or less distant from each other in geographical and cultural space" (Lundvall 1988: 354).

[106] Gertler (1995) hat anhand einer empirischen Untersuchung von Nutzern fortschrittlicher Produktionstechnologie in Süd-Ontario die Bedeutung der Nähe zwischen Nutzern und Produzenten analysiert und aufgezeigt, dass gemeinsame Kultur nicht nur Sprache und Kommunikationskodes einschließt, sondern auch Praktiken der Arbeitsplatzgestaltung und der Ausbildungsformen.

- Im Fall *technologischer Umbrüche* und der *Herausbildung neuer technologischer Paradigmen* (siehe unten) wird die kulturelle und geographische Proximität zwischen Nutzern und Produzenten noch wichtiger. Da bisherige Normen, Standards und Informationskodes ungültig werden und neue Normen und Kodes erst entwickelt werden müssen, sind persönliche Kontakte ("face-to-face contacts") die einzige Möglichkeit, neues, implizites, noch nicht kodifiziertes Wissen zu erwerben.

Da aus Sicht der evolutorischen Innovationsforschung Unternehmen nicht rational agieren, bestimmen zwei weitere Einflussfaktoren die Wissenserzeugung und die Intensität und Struktur von Lernprozessen. Die *begrenzte Rationalität* ("*bounded rationality*"), die sich auf Grund des begrenzten Zugangs zu Informationen und ebenfalls limitierter Ressourcen zur Informationsverarbeitung ergibt, führt dazu, dass Entscheidungen auf Erfahrungswissen, d.h. dem gespeicherten Wissenspool des Unternehmens basieren (Nelson/Winter 1982: 35). Je nach betrieblicher Lernfähigkeit ist das Unternehmen mehr oder weniger stark an sein Technik- und Produktumfeld gebunden und seine Entwicklung verläuft pfadabhängig (Arnold/Thuriaux 1997). Das Maß der Pfadabhängigkeit und die Möglichkeit zur Entwicklung neuer Fertigkeiten wird durch die betriebliche *Absorptionskapazität* beeinflusst. Sie bezeichnet die Fähigkeit, externes innovationsrelevantes Wissen zu bewerten und zu nutzen. Diese Fähigkeit hängt von dem bislang erworbenen Wissensstand ab, der grundlegende Fertigkeiten, eine gemeinsame Sprache und die Kenntnis der neuesten technischen und wissenschaftlichen Entwicklungen einschließt. Das vorhandene, akkumulierte Wissen befähigt den Wert neuer Informationen zu erkennen, sie aufzunehmen und in eine kommerzielle Umsetzung zu überführen (Cohen/Levinthal 1990: 128). Unternehmen können nur dann an Lernprozessen partizipieren und von ihnen profitieren (z.B. in Netzwerken), wenn sie eine ausreichende Absorptionskapazität aufweisen. Unternehmen, die ihre Absorptionskapazität nicht entwickeln, verlieren die Fähigkeit, neue technische Entwicklungen zu erkennen. Da diese nicht erkannt werden, besteht auch kein subjektiver Bedarf mehr, in die Absorptionskapazität zu investieren.[107] Andererseits führt eine hohe unternehmerische Absorptionskapazität zu einer gesteigerten ökonomischen und innovativen Leistungsfähigkeit (Co-

---

[107] Hier besteht eine Analogie zum Prozess der schöpferischen Zerstörung bei Schumpeter [1950] (1993b).

hen/Levinthal 1990: 136). Da, wie Lundvall argumentiert, Unternehmen mit ihrem räumlichen und kulturellen Umfeld interagieren, stellt die *betriebliche Absorptionskapazität eine wichtige Determinante für die Interaktionsfähigkeit der Betriebe* dar.

Bei der Bewertung der Nutzungsfähigkeit von Informationen und der sich daraus ergebenden Implikationen für die räumliche Reichweite der Austauschbeziehungen ist die Frage der *Mobilität von Information* von Relevanz. Von Hippel (1994) differenziert die Mobilitätsfähigkeit von Informationen hinsichtlich ihrer "Klebrigkeit" (*stickiness*).[108] Lassen sich Informationen mit nur geringen Kosten transferieren, kann der Ort der Problemlösungsaktivität frei gewählt werden.[109] Sind die Kosten für die Akquisition, den Transfer und die Nutzung von Informationen dagegen hoch, d.h. die Information ist "sticky", wird die innovationsbezogene Problemlösungsaktivität an dem Ort, wo die Information verfügbar ist, ausgeführt.[110] Werden mehrere gebundene Informationsquellen benötigt, wird sich die Problemlösungsaktivität iterativ zwischen den verschiedenen Standorten bewegen. Dies ist vor allem bei der Entwicklung neuer Produkte und Dienstleistungen der Fall, bei der Informationen über den Bedarf beim Nutzer, über Lösungsmöglichkeiten beim Hersteller liegen (von Hippel 1994: 433). Hinsichtlich seiner Implikationen für das räumliche Muster innovativer Aktivitäten bleibt der Ansatz unscharf und beschränkt sich auf die Aussage, dass sich ein Pendelmuster zwischen den Nutzer- und Produzentenstandorten herausbildet. Nur wenn die mit dieser Iteration verbundenen Kosten zu hoch sind, wird in die Reduzierung der "Klebrigkeit" von an einzelne Standorte gebundener

---

[108] "We define the stickiness of a given unit of information in a given instance as the incremental expenditure required to transfer that unit of information to a specified locus in a form usable by a given information seeker. When this cost is low, information stickiness is low; when it is high, stickiness is high" (von Hippel 1994: 430).

[109] Arrow (1962a: 614) betont, dass "...the cost of transmitting a given body of information is frequently very low."

[110] Mit dieser Aussage wird eine Parallelität zu der industriellen Standorttheorie von Alfred Weber aus dem Jahr 1909 hergestellt.: "...just as, in the case of production, it is reasonable that a firm will seek to locate its factory at a location that will minimize transportation costs..." (von Hippel 1994: 432).

Information investiert.[111] Sowohl die proximitätsbeeinflussenden Determinanten von Lundvall als auch das Konzept der "stickiness" von Informationen bieten Anknüpfungspunkte für die Ableitung raumdifferenzierender Faktoren bei innovationsgerichteten Lern- und Informationsaustauschprozessen, wobei vor allem die Neuartigkeit, Exklusivität und der Grad der Informationskodierung eine Rolle spielen dürften.

2.2.5 Kumulativität

Innovation ist ein ubiquitärer, kumulativer Prozess des Lernens, Suchens und Erforschens (Lundvall 1992a: 8). Der *kumulative Charakter* erklärt sich aus *permanentem Lernen und kontinuierlichem Wissenszuwachs*, wobei neue Erkenntnisse auf alten Erfahrungen und dem verfügbaren Wissensstand basieren. Das neu entstandene Wissen kann wiederum für neue Suchprozesse genutzt werden (vgl. Kelm 1995: 25).[112] Eine weitere Eigenschaft von Lernprozessen ist ihr lokaler Charakter. Lokal ist nicht räumlich zu verstehen, sondern weist darauf hin, dass die Erforschung und Entwicklung neuer Techniken meist im Umfeld bereits verfügbarer Techniken erfolgt (Cimoli/Dosi 1996: 66). Da Innovation der Motor des technischen Fortschritts ist, ist auch dieser durch kumulative Lernprozesse gekennzeichnet.[113] Kumulativität und Routinen bei Such-

---

[111] "If need information is sticky at the side of the potential product user, and if solution information is stiky at the site of the product developer, we may see a pattern in which problem-solving activity shuttles back and forth between these two sites" (von Hippel 1994: 433). "...when the costs of iteration are high, investments may be made toward investing in "unsticking" or reducing the stickiness of information held at some sites" (ebenda: 437).

[112] "In many technological histories the new is not just better than the old; in some sense the new evolves out of the old. One explanation for this is that the output of today's searches is not merely a new technology, but also enhances knowledge and forms the basis of new building blocks to be used tomorrow" (Nelson/Winter 1982: 255-256).

[113] "The learning that occurs through operation of a technology, and the learning to do effective R&D, often interact strongly, with the former feeding back to influence R&D teams who have learned to work with their colleagues in production and marketing. When this occurs technological advance can become a cumulative learning process in which particular products and processes get improved over time through the interaction of learning through experience and in R&D" (Nelson 1994: 312-313).

und Lernprozessen führen zu einer *Pfadabhängigkeit der Technikentwicklung* und zur Herausbildung technischer Paradigmen und Trajektorien (vgl. Dosi 1982, 1988a, 1988b).[114] Ein *technologisches Paradigma* wird als Muster für die Lösung ausgewählter techno-ökonomischer Probleme verstanden und basiert auf ausgewählten, aus der Naturwissenschaft stammenden Prinzipien. Es besteht sowohl aus einem Satz an Mustern, d.h. grundlegenden Artefakten, die entwickelt und verbessert werden sollen (z.B. Auto, integrierter Schaltkreis), als auch aus dem Satz von Heuristiken, anhand derer die forschungsleitenden Fragen gestellt werden. Technologische Paradigmen definieren die technologischen Möglichkeiten für weitere Innovationen sowie Prozeduren für deren Nutzung. Technologische Trajektorien charakterisieren den Verlauf des technischen Wandels, der durch das jeweilige Paradigma definiert wird (vgl. Dosi 1988a: 224-225). Diese Pfadabhängigkeit führt dazu, dass sich *technischer Wandel* nicht in fortwährenden radikalen Umbrüchen vollzieht, sondern *kontinuierlich durch inkrementale Innovationen* erfolgt.[115] Erst wenn die wirtschaftlichen Kräfte eines Paradigmas erlahmen, begründen radikale Innovationen die Entstehung eines neuen Paradigmas. Dazu sind aber neue wissenschaftliche Erkenntnisse[116] sowie die Überwindung alter Routinen und organisatorischer Strukturen erforderlich. Daher stammen radikale Innovationen meist nicht von etablierten Marktführern oder großen Unternehmen, sondern von in der Regel kleinen Außenseitern,[117] die in der Folge eines neuen Paradigmas die alten großen Unternehmen verdrängen (Kelm 1995: 27).[118]

---

[114] "...innovation has a certain inner logic of its own. ...advances seem to follow advances in a way that appears somewhat 'inevitable' and certainly not fine tuned to the changing demand and cost conditions" (Nelson/Winter 1977: 56-57).

[115] "...once a path has been selected and established, it shows a momentum of its own, which contributes to defining the directions in which the problem-solving activity moves..." (Dosi 1984: 85). "The history of many technologies seems to be characterized by occasional major inventions followed by a wave of minor ones" (Nelson/Winter 1982: 257).

[116] "...increasing obstacles to progress within a certain paradigm do *not* automatically induce the emergence of new ones; scientific advances are often a necessary condition of their development" (Dosi 1988a: 229).

[117] Vgl. Saxenian (1990, 2000) für Beispiele aus dem Silicon Valley.

[118] "Often, innovators are "outsiders," in some way, to the existing industry. Innovation may come from a new company, whose founder has a nontraditional background or was simply not appreciated in an older, established company.

2.3 Innovation und Raum

Das aktuelle Verständnis von Innovation und Raum in der evolutionären Innovationsforschung wird in den nachfolgenden zwei Klassifikationen widergespiegelt. Freeman und Perez (1988: 45-47) unterscheiden hinsichtlich ihrer Veränderungspotenziale **vier Arten von Innovationen**:

(1) *Inkrementale Innovationen:*
Sie kommen mehr oder weniger kontinuierlich in jeder Industrie- und Dienstleistungsaktivität vor, wobei ihre Häufigkeit zwischen Branchen und Ländern in Abhängigkeit von einer Kombination aus Nachfragedruck, soziokulturellen Faktoren, technologischen Möglichkeiten und Trajektorien variiert. Sie sind meist das Ergebnis von Inventionen und Verbesserungen durch Ingenieure und andere am Produktionsprozess beteiligte Personen sowie von Initiativen und Vorschlägen durch Nutzer (learning by doing und learning by using). Obwohl sie einen wesentlichen Beitrag zum Produktivitätswachstum leisten, gehen von jeder einzelnen Inkrementalinnovation nur geringe, manchmal sogar unmerkliche Effekte aus.

(2) *Radikale Innovationen:*
Sie sind ein diskontinuierliches Ereignis und heutzutage in der Regel Ergebnis planvoller Forschung und Entwicklung in Unternehmen, Universitäten und anderen Forschungseinrichtungen. Radikale Innovationen sind ungleich über Sektoren und die Zeit verteilt. Sie beinhalten oftmals eine kombinierte Produkt-, Prozess- und organisatorische Innovation und sind ein Sprungbrett für die Entstehung neuer Märkte. Mit ihnen ist ein auf einzelne Technikfelder begrenzter Strukturwandel verbunden, es sei denn, dass eine Gruppe von radikalen Innovationen zur Entwicklung neuer Industrien und Dienstleistungen führt (z.B. synthetische Fasern, Halbleiter).

...Outsiders may be better able to perceive new opportunities. Or they may possess the different expertise and resources required to compete in a new way. Leaders of innovating companies are frequently also outsiders in a more intangible, social sense. They are not part of the industrial elite nor are they viewed as accepted participants in the industry. This makes such companies less concerned with violating established norms or engaging in unseemly competition" (Porter 1990: 48-49).

(3) *Veränderungen des technologischen Systems:*
Diese stellen weit reichende Veränderungen in der Technik mit Auswirkungen auf verschiedene volkswirtschaftliche Sektoren dar und führen zur Entstehung neuer Branchen. Die Veränderungen basieren auf einer Kombination von radikalen und inkrementalen Innovationen, ergänzt durch organisatorische und Managementinnovationen, die mehr als nur ein Unternehmen betreffen.

(4) *Veränderungen der techno-ökonomischen Paradigmen (technologische Revolutionen):*
Einzelne Veränderungen technologischer Systeme sind so weit reichend, dass sie einen großen Einfluss auf das Verhalten einer ganzen Volkswirtschaft ausüben. Ein Wechsel dieser Art geht mit einer Vielzahl von radikalen und inkrementalen Innovationen einher und beinhaltet mehrere neue technologische Systeme. Von ihm gehen umfangreiche Veränderungen auf die gesamte Ökonomie aus und er betrifft direkt oder indirekt fast jeden Sektor der Volkswirtschaft. Wenn sich das neue Paradigma durchgesetzt hat, stellt es ein technologisches Regime für mehrere Jahrzehnte dar.[119]

Obwohl mit diesen vier Innovationsarten zunächst keine räumlichen Implikationen verbunden sind, lassen sich vor dem Hintergrund der bisherigen Ausführungen dennoch Rückschlüsse auf die Bedeutung der räumlichen Dimension im Innovationsprozess ziehen. **Räumliche und kulturelle Nähe** (Proximity) zwischen Innovationsakteuren ist dann besonders **wichtig**, wenn

- mit Innovationsvorhaben ein besonders hoher Grad an Unsicherheit verbunden ist. Dies ist vor allem bei der *Herausbildung neuer technologischer Paradigmen* und Systeme sowie in der *Frühphase insbesondere auf radikale Neuerungen zielender Innovationsprozesse* der Fall;
- es sich um Innovationen in Technikbereichen handelt, die durch eine *hohe Wissenschaftsbindung*, d.h. einen engen Austausch zwischen universitärer und industrieller Forschung gekennzeichnet sind. Wie die diversen Analysen zur Technikgenese zeigen, ist diese Bindung

---

[119] Hier ziehen Freeman/Perez eine Analogie zu Schumpeters Theorie der langen Wellen. Das technologische Regime entspricht einer langen Welle oder einem Kondratieff-Zyklus.

meist in *jungen Technologien* besonders ausgeprägt, und damit wiederum *an die Entstehung neuer technologischer Systeme und Paradigmen* gebunden;

- *Wissen in nicht-kodifizierter Form* vorliegt, nur implizit vorhanden ist und Informationskodes komplex und flexibel sind. Hierbei kann Wissen nur über direkte Austauschprozesse (Beobachtung, face-to-face contacts) übertragen werden. Solche Wissensformen stehen u.a. in *engem Zusammenhang mit neuen und komplexen Technologien*;
- Wissen und Information *an einzelne Raumpunkte gebunden* sind und Problemlösung nur mittels diesem spezifischen Wissen möglich ist;
- Interaktions- und Lernprozesse eine *enge Zusammenarbeit zwischen Technikhersteller und Techniknutzer* erfordern. Dies trifft vor allem auf *Innovationen* zu, *die spezifische Nutzerbelange befriedigen* sollen.

Der Einfluss, den diese Determinanten auf die Notwendigkeit zur räumlichen Nähe zwischen Innovationsakteuren ausüben, wird zusätzlich von der unternehmerischen *Absorptionskapazität* überformt. Ist diese hoch, besteht entweder ein großer Interaktionsbedarf mit der Konsequenz räumlich naher Kontakte, oder eigene Informationsverarbeitungs- und -speichermöglichkeiten substituieren räumliche Nähe. Andererseits kann eine geringe Absorptionskapazität zu geringer Interaktionsintensität mit der Folge einer geringen Bedeutung räumlicher Nähe führen, oder aber zu einem großen Bedarf an räumlich nahen Kontakten, die die fehlenden eigenen Verarbeitungsmöglichkeiten kompensieren.

Räumliche und kulturelle Nähe spielt eine eher **geringe Rolle**, wenn

- es sich um *inkrementale Innovationen* mit geringem Unsicherheitspotenzial handelt, durch ausreichendes Feed-back genügend Informationen vorliegen, den potenziellen Markterfolg der Innovation abschätzen zu können oder das Innovationsprojekt das Ende der Innovationskette erreicht hat;
- *standardisierte Techniken* die Grundlage der Innovation darstellen, für die standardisiertes, kodifiziertes Wissen verfügbar ist und Informationen nicht an einen bestimmten Standort gebunden sind;
- sich die Technik durch eine *geringe Wissenschaftsbindung* auszeichnet;

- eine geringe Notwendigkeit zu einem engen Austausch zwischen Produzent und Nutzer besteht, z.B. bei *Inkrementalinnovationen für Massenkonsumgüter*;
- *Prozessinnovationen* im Innovationsprozess überwiegen, vor allem am Ende von Produktlebenszyklen.

Eine für die Fragestellung der Arbeit wichtige Erkenntnis aus der evolutorischen Innovationsforschung ist das Interaktionserfordernis im Innovationsprozess. Innovationen werden nicht als Resultat der Genialität eines einzelnen schöpferischen Erfinders oder Unternehmers gesehen, sondern entstehen unter Rückgriff auf internes und externes Wissen, in enger Rückkopplung mit wissenschaftlicher Forschung, Nutzerbedürfnissen und dem Markt, sind Ergebnis von Lernprozessen und durch diverse Interaktionen mit unterschiedlichen unternehmensinternen und -externen Akteuren im Laufe des Innovationsprozesses gekennzeichnet.[120]

Darauf aufbauend wird nachfolgend folgendes Innovationsverständnis zu Grunde gelegt:

---

[120] "According to this [interactive] model innovation is regarded as a logically sequential, though not necessarily continuous process, that can be subdivided into a series of functionally separate but interacting and interdependent stages. The overall pattern of innovation can be thought of as a complex net of communication paths, both intra-organizational and extra-organizational, linking together the various in-house functions and linking the firm to the broader scientific and technological community and to the marketplace. In other words the process of innovation represents the confluence of technological capabilities and market needs within the framework of the innovating firm" (Rothwell/Zegveld 1985; zitiert nach Rothwell 1994: 630).

> Innovation ist ein evolutionärer, kumulativer, interaktiver und rückgekoppelter Prozess des Transfers von Information, implizitem und explizitem Wissen in Neuerungen technischen und organisatorischen Charakters. Dieser Prozess ist charakterisiert durch Unsicherheit, Informationssuche, Informationskodierung und -dekodierung sowie gegenseitiges Lernen. Das Bindeglied zwischen Innovation und Raum ist die Interaktion, d.h. der distanzielle Austausch materieller und immaterieller Ressourcen zwischen den Innovationsakteuren. Dieser Innovationsbegriff schließt sozio-kulturelle Faktoren explizit ein, da diese die Interaktionsfähigkeit, -art und –intensität zwischen den verschiedenen Akteuren im Innovationsprozess sowie die entsprechenden Lernprozesse entscheidend beeinflussen.

Die räumlichen Implikationen von Innovationsprozessen werden dabei bestimmt durch die regionale Ausstattung mit innovationsrelevanten Produktionsfaktoren (wie z.B. dem Humankapitalbestand, Forschungseinrichtungen und FuE-treibenden Industrie- und Dienstleistungsunternehmen), der Spezialisierung und Qualität der vorhandenen Innovationsinfrastruktur, sozio-kulturelle Faktoren sowie der Art und Intensität der Vernetzung zwischen den Innovationsakteuren. Dass die regionale Faktorausstattung eine Rolle im Innovationsprozess spielt, hat die amerikanische Ökonomin Maryann Feldman in ihren Publikationen zur "Geography of Innovation" nachdrücklich dargestellt (vgl. z.B. Feldman 1994a). So fragt sie nicht, ob "location matters for innovative activity", sondern warum Standortbedingungen von Bedeutung sind (ebenda: 13). Mit dem Aufgreifen innovationsökonomischer Erkenntnisse und deren Verknüpfung mit regionalen Fragestellungen (allerdings vornehmlich auf räumlich aggregierter Ebene) hat Feldman die Diskussion um eine neue Wirtschaftsgeographie durch die explizite Betonung wesentlicher Charakteristika von Innovationsprozessen maßgeblich bereichert.

Anhand der in den Kapiteln 3 bis 5 folgenden Theoriediskussion soll das Verständnis der Wechselwirkungen zwischen Innovation und Raum weiter vertieft werden.

3 Wachstums- und außenhandelstheoretische Erklärungen regionaler Innovationsunterschiede

3.1 Neoklassische Wachstums- und klassische Außenhandelstheorie

Die neoklassische Wachstumstheorie sowie die klassische Außenhandelstheorie sind zwei wesentliche Grundpfeiler des ökonomischen Theoriegebäudes. Während die auf Solow (1956) zurückgehende neoklassische Wachstumstheorie[121] im Grunde eine nicht-räumliche Theorie mit Aussagen für eine geschlossene Volkswirtschaft ist und erst durch Erweiterungen auch interregionale (bzw. internationale) Austauschprozesse berücksichtigt,[122] geht die von *Adam Smith* und *David Ricardo* bereits Ende des 18. Jahrhunderts begründete Außenhandelstheorie immer von Interaktionen zwischen zwei Regionen aus und hat sich damit schon frühzeitig mit den Ursachen und Wirkungen einer unterschiedlichen Faktorausstattung von Regionen bzw. Volkswirtschaften beschäftigt.[123] Basierend auf der Annahme eines homogenen Gutes, vollständiger Konkurrenz, konstanten Skalenerträgen, einer Produktionsfunktion mit abnehmenden Grenzerträgen der Faktoren, konstanter Sparquote sowie exogen vorgegebenem und überall verfügbarem technischen Fortschritt prognostiziert die *neoklassische Wachstumstheorie* bei wachsendem Pro-Kopf-Kapitalstock einen sinkenden Grenzertrag des Kapitals und damit verbundene sinkende Einkommenszuwächse und sinkende zusätzliche Ersparnisse, die im "steady-state" Zustand gerade ausreichen, Abschreibungen zu finanzieren und trotz wachsender Bevölkerungszahl das Pro-Kopf-Einkommen zu sichern.[124] In Zwei-Regionen-Modellen induzie-

---

[121] "Growth theory did not begin with my articles of 1956 and 1957, and it certainly did not end there. Maybe it began with *The Wealth of Nations*; and probably even Adam Smith had predecessors" (Solow 1988: 307).

[122] Beispielsweise durch das Zwei-Regionen-Modell von Borts/Stein aus dem Jahre 1964; eine ausführliche Darstellung gibt Schätzl (1996: 130-137).

[123] Vgl. das Grundlagenwerk zur Außenwirtschaftslehre von Siebert (1994).

[124] Ausführliche formalisierte Darstellungen des neoklassischen Grundmodells, auf die in dieser Arbeit verzichtet wird, finden sich bei Bode (1996: 8-18); Bröcker

ren interregionale Unterschiede der Faktorentgelte Faktorwanderungen, die diese Unterschiede ausgleichen und zu gleichen Wachstumsraten des Pro-Kopf-Einkommens führen. Ähnlich argumentiert die *klassische Außenhandelstheorie*. Nach dem Theorem der komparativen Kosten von David Ricardo und dem Faktorproportionentheorem von Heckscher und Ohlin spezialisieren sich Länder (Regionen) auf die Produktion der Güter, bei der der im Inland relativ reichlich vorhandene und damit billige Produktionsfaktor intensiv eingesetzt werden kann. Außenhandel führt zur Produktionsspezialisierung und Produktionserweiterung mit dem Ergebnis knapper werdender Produktionsfaktoren und einer interregionalen Angleichung der bestehenden Faktorpreisunterschiede, da die Preise für den relativ reichlichen Faktor steigen und für den relativ knappen Faktor sinken.

3.2 Neue Wachstumstheorie

3.2.1 Allgemeine Merkmale

Die Kritik an der neoklassischen Wachstumstheorie richtet sich vor allem gegen ihre restriktiven, realitätsfernen Prämissen, die zwar durchaus die Modellierung von Wachstumsbedingungen auf dem Gleichgewichtspfad erlauben, aber bedeutende Aspekte wirtschaftlicher Aktivität nicht berücksichtigen. So sind Prognosen über den Wachstumsverlauf nur bis zum Erreichen des Steady-State möglich, da anschließend das Pro-Kopf-Einkommen mit der Rate des exogen vorgegebenen effektiven Arbeitseinsatzes wächst (Bröcker 1994: 35). Durch die Annahme abnehmender Skalenerträge wird eine rein mechanische Konvergenz der Wachstumsraten prognostiziert, die so in der Realität nicht gegeben ist (Wolf 1994: 187). Aus innovationstheoretischer Sicht ist die Annahme eines exogen vorgegebenen technischen Fortschritts der Hauptkritikpunkt. Wie empirische Untersuchungen ergeben haben, können etwa 50 Prozent der Wachstumsrate des Outputs auf technischen Fortschritt zurückgeführt werden (Kösters 1994: 117). Da dieser als exogen und damit als unerklärte Restgröße angesehen wird, bleibt ein *wesentlicher Teil des*

(1994: 31-35); Krieger-Boden (1995: 55-56); Ramser (1993:117-118); Wolf (1994: 188-189); siehe auch Woll (1976: 317-321).

gesamtwirtschaftlichen Wachstums durch neoklassische Wachstumsmodelle unerklärt.

Nachdem in den 1960er Jahren das theoretische Forschungsinteresse an wachstumstheoretischen Fragen erlahmte und sich das Augenmerk stärker auf eine empirische Überprüfung und Analyse von Wachstumsprozessen und Prämissen der neoklassischen Theorie richtete, ist seit den 1980er Jahren ein wieder ansteigendes theoriebezogenes Forschungsinteresse zu beobachten. Dieses ist zum einen auf die *Unzufriedenheit mit den restriktiven Annahmen der Theorie* zurückzuführen,[125] zum anderen auf *"Spillover" aus der Innovationsforschung*, die zu der Erkenntnis führten, technischen Fortschritt endogen zu erklären und hinsichtlich seiner Ausprägungsformen differenzierter in den Modellen abbilden zu wollen.[126] Die neue Wachstumstheorie geht auf einen Artikel von Paul Romer über "Increasing Returns and Long-Run Growth" aus dem Jahr 1986 zurück, in dem er positive externe Lerneffekte und steigende Skalenerträge in die wachstumstheoretische Modellbildung einführte. In den folgenden Jahren entstanden eine Vielzahl weiterer Modelle und empirischer Analysen, die zwar kein geschlossenes Theoriegebäude begründeten, aber zu einem besseren theoretischen Verständnis realer Wachstumsprozesse beitrugen. Vor allem die noch darzustellende neue Außenhandelstheorie (vgl. Abschnitt 3.3) lieferte die Grundlage für die Erkenntnis der Raumrelevanz wirtschaftlichen Handelns und damit für Abhandlungen über eine "new economic geography".

Allgemeine **Charakteristika der neuen Wachstumstheorie** sind:

- nicht abnehmende Skalenerträge,
- akkumulierbare Faktoren,
- positive Externalitäten,
- unvollkommener Markt,
- endogene Erklärung des technischen Fortschritts.

---

125 "The third wave began as a reaction to ommissions and deficiencies in the neoclassical model, but now generates its own alternation of questions and answers" (Solow 1994: 45).

126 "I think that the real value of endogenous growth theory will emerge from its attempt to model the endogenous component of technological progress as an integral part of the theory of economic growth" (Solow 1994: 51).

Diese Merkmale, die zusammen mit außenhandelstheoretischen Ansätzen (vgl. Abschnitt 3.3) die Grundlage für das Forschungsfeld der "new economic geography" bilden (Krugman 1998), lassen auch *aus geographischer Sicht interessante Erkenntnisse über räumliche Entwicklungsprozesse von der neuen Wachstumstheorie erwarten.* Nach der neuen Wachstumstheorie muss sich nicht mehr unbedingt ein Wachstum entlang des Gleichgewichtspfades und damit interregionaler Ausgleich einstellen, sondern es ist auch eine Verschärfung regionaler Gegensätze möglich. Auf diese Implikationen wird nachfolgend näher eingegangen.

Auf Grund der Vielschichtigkeit von Ansätzen, die in dieser Arbeit nicht dargestellt werden kann, besteht *keine verbindliche Klassifikation und Systematisierung der neuen Wachstumstheorie* (vgl. Ramser 1993: 120). Es gibt einzelne *Versuche*, die verschiedenen Modelle anhand ähnlicher Merkmale zusammenzufassen.

– Bröcker (1994) unterscheidet zwei Modellklassen: Externalitätenmodelle, nach denen die Akkumulation von Humankapital die Produktionsfaktoren Arbeit und Kapital produktiver macht und der Zuwachs von Humankapital, das Lernen, als externe Investitionseffekte aufgefasst werden (z.B. Romer 1986) sowie Innovationsmodelle, die von einem Zwischenproduktesektor ausgehen, der den technischen Fortschritt verkörpert (z.B. Romer 1990).

– Bode (1996) differenziert zwischen Modellen mit vollständigem Wettbewerb (z.B. Romer 1986, Lucas 1988) und Modellen, die von unvollständigem Wettbewerb ausgehen, wobei sich diese schwerpunktmäßig mit Innovationsaspekten beschäftigen (z.B. Romer 1987 und 1990, Grossman/Helpman 1990, Aghion/ Howitt 1992).

– Krieger-Boden (1995) macht die Unterscheidung zwischen Modellen zum endogenen Wachstum bei konstanten Skalenerträgen (z.B. Lucas 1988, Rebelo 1991) und Modellen mit steigenden Skalenerträgen (z.B. Romer 1986, 1987).

– Ramser (1993) nennt drei Modelltypen: Modelle reiner Kapitalakkumulation (z.B. Rebelo 1991), Humankapitalansätze (z.B. Lucas 1988) und Innovationsmodelle (z.B. Romer 1990, Aghion/Howitt 1992).

Die jeweils als Beispiel aufgeführten Quellenhinweise zeigen, dass einzelne Modelle (z.B. Romer 1990) in mehrere der genannten Klassen einzuordnen sind. Für die Ableitung von Erkenntnissen hinsichtlich der räumlichen Ausprägung von Innovationsprozessen sind vor allem die Modelle relevant, die sich mit der Akkumulation von Humankapital und externen Effekten sowie des Beitrages von Innovationen auf die Wirtschaftsentwicklung beschäftigen. In bewusster Vereinfachung wird die Argumentation der neuen Wachstumstheorie anhand der Modelle von Lucas (1988), Romer (1986, 1990) und Grossman/Helpman (1990, 1991a, 1994) skizziert und hinsichtlich ihrer räumlichen Implikationen diskutiert.

3.2.2 Modelle über Humankapital und Wachstum sowie learning by doing und Wettbewerbsvorteile von Lucas

Lucas (1988) entwirft in seinem Beitrag *"On the Mechanics of Economic Development"* zwei Modelle, die sich gegenseitig ergänzen. Das erste Modell behandelt Humankapital und Wachstum, das zweite den Zusammenhang von learning by doing und Wettbewerbsvorteilen. Seine **Annahmen** sind (vgl. Bode 1996: 26-31; Krieger-Boden 1995: 57-59):

- konstante Skalenerträge,

- akkumulierbare Produktionsfaktoren Kapital und Humankapital,

- abnehmende Grenzerträge pro Faktor, wobei der Grenzertrag für beide Produktionsfaktoren konstant ist.

- Humankapital kann durch Investitionen in die Qualifizierung der Arbeitskräfte akkumuliert werden. Durch Lernen erhöht sich die Arbeitsproduktivität. Die Lernintensität variiert zwischen den beiden Sektoren des Modells.

In einer geschlossenen Volkswirtschaft (vgl. Lucas 1988: 27-31) mit zwei Konsumgütern, konstanter Bevölkerung und ausschließlichem Einsatz von Arbeit steigt das sektorspezifische Humankapital durch Lernkurveneffekte in dem Sektor am stärksten, der auf Grund von Substitutionseffekten zwischen den Produkten die Mehrzahl der Beschäftigten auf sich vereinigt und der dadurch die stärksten Lernkurveneffekte realisieren kann. Da, wie Lucas erkennt, das Lernen bei einem Produkt nicht ständig zunimmt, sondern sich im Zeitablauf verringert, definiert er Produkt als Produktekontinuum, in dem Lerneffekte des einen Produktes auf dem anderer aufbauen.127 Unter diesen Voraussetzungen stellt sich kein Gleichgewichtswachstum ein.128 Dieses liegt unterhalb der effizienten Wachstumsrate und erzielt dadurch geringere Wohlfahrtsgewinne. Wohlfahrtssteigernd ist ein ungleichgewichtiges Wachstum mit einer - auch industriepolitischen - Fokussierung auf den schnell wachsenden Sektor. In einem offenen System mit zwei Konsumgütern, freiem internationalen Handel, einer Vielzahl kleiner Regionen, identischen Präferenzen der Konsumenten und identischen sektorspezifischen Produktionsfunktionen führen interregionale Unterschiede im Humankapitalbestand zu einer regionalen Spezialisierung und damit zur Möglichkeit, dass *Regionen mit hohen Lerneffekten höhere Wachstumsraten realisieren* als solche, die Produkte mit geringeren Lerneffekten herstellen.129 Arbeitskräftemobilität kann diesen kumulativen Wachstumsprozess dann verstärken, wenn die Humankapitaleffekte extern sind, d.h. Lernen zwischen Personen möglich ist. Da dadurch die Humankapitalbasis weiter vergrößert wird, steigen Wachstum und Einkommensniveau und damit der Anreiz für Arbeitskräfte, in das reichere Land zu wandern.130

---

127 "...an environment in which new goods are continually being introduced, with diminishing returns to learning on each of them separately, and with human capital specialized to old goods being 'inherited' in some way by new goods" (Lucas 1988: 28).

128 "...it is obvious that the equilibrium paths we have just calculated will *not* be efficient" (Lucas 1988: 31).

129 "The comparative advantages that dictate a country's initial production mix will simply be intensified over time by human capital accumulation. ... There is no doubt that we observe this kind of effect occuring in reality on particular product lines" (Lucas 1988: 41).

130 "If labor mobility is introduced, everything hinges on whether the effects of human capital are internal - affecting the productivity of its 'owner' only - or whether they have external benefits that spill over from one person to another. In the latter case, and only in the latter case, the wage rate of labor at any given skill level will increase with the wealth of the country in which he is employed. Then if labor can move, it will move, flowing in general from poor countries to wealthy ones" (Lucas 1988: 40).

3.2.3 Gleichgewichtsmodell endogenen technischen Wandels von Romer

Romer (1986) formuliert unter der Überschrift *"Increasing Returns and Long-Run Growth"* ein Gleichgewichtsmodell endogenen technischen Wandels, in dem sich langfristiges Wachstum als Ergebnis der Wissensakkumulation vorausschauender profitmaximierender Akteure einstellt. Seine *Hauptannahme* ist, dass die Produktion neuen Wissens des einen Unternehmens positive externe Effekte auf die Produktionsmöglichkeiten anderer Unternehmen ausübt, da Wissen nicht vollständig patentiert oder geheim gehalten werden kann. Neues Wissen als Resultat forscherischer Aktivität ist durch sinkende Skalenerträge gekennzeichnet, da bei einem gegebenen Wissenstand die Verdopplung von Forschungsaufwendungen nicht auch zur Verdopplung des Wissensstandes führt. Mit der Wissensnutzung sind aber andererseits steigende Skalenerträge bei der Produktion von Konsumgütern verbunden.[131] Aus der Wirkung von Externalitäten und steigenden Skalenerträgen leitet er steigende Wachstumsraten ab, wobei seiner Ansicht nach große Volkswirtschaften schneller wachsen als kleine.[132] Ein Gleichgewichtseinkommen stellt sich nach den Modellprämissen nicht ein, da *die durch Wissensakkumulation induzierten externen Effekte eine ständige Steigerung des Wissensstandes bewirken* und somit zur Aufrechterhaltung der steigenden Skalenerträge der Produktion beitragen.[133]

---

[131] Bode (1996: 20) kritisiert die Einbeziehung des unternehmensspezifischen Wissens als eigenständiger Produktionsfaktor in die Romersche einzelwirtschaftliche Produktionsfunktion als Fehler, da Wissen in seinem Gebrauch nicht rivalisierend ist und damit beliebig oft ohne zusätzliche Kosten eingesetzt werden kann. Dies gesteht auch Romer in seinem Modell des endogenen technischen Wandels ein: "Once the cost of creating a new set of instructions has been incurred, the instructions can be used over and over again at no additional cost" (Romer 1990: S72). Aus innovationstheoretischer Sicht kann diese Einschätzung nicht geteilt werden, da es, wie beispielsweise von Hippel (1994) überzeugend darlegt, durchaus Wissen geben kann, das nicht immer und überall kostenlos verfügbar ist.

[132] Vergleiche internationaler Wachstumsraten zeigen, dass allein schon auf Grund des Basiseffektes eher der umgekehrte Fall zu beobachten ist.

[133] "Diminishing returns in the production of knowledge are required to ensure that consumption and utility do not grow too fast. But the key feature in the reversal of the standard results about growth is the assumption of increasing rather than decreasing marginal productivity of the intangible capital good knowledge" (Romer 1986: 1004).

3.2.4 Innovationsmodell von Romer

Das Innovationsmodell von Romer in *"Endogenous Technological Change"* versucht für eine geschlossene Volkswirtschaft den Wachstumsbeitrag des technischen Wandels zu ermitteln. Dazu geht er von drei **Prämissen** aus (Romer 1990: S72):

(1) Technischer Wandel, definiert als verbesserte Handlungsanweisungen für das Zusammenstellen von Rohstoffen, ist das Kernelement ökonomischen Wachstums. Er induziert eine fortwährende Kapitalakkumulation, die wesentlich zur Outputsteigerung pro Arbeitsstunde beiträgt.

(2) Technischer Wandel entsteht größtenteils als Resultat marktbezogener Aktivitäten. Obwohl akademische Wissenschaftler mit Hilfe öffentlicher Gelder auch nicht marktorientiert forschen können, spielt der Marktanreiz die bedeutendeste Rolle im technischen Fortschritt. Dabei wird neues Wissen in Güter mit praktischem Wert überführt.

(3) Sobald die Kosten für die Erzeugung neuer Instruktionen (Blaupausen) abgeschrieben sind, können diese immer wieder ohne zusätzliche Kosten genutzt werden.

Ein wesentliches Merkmal des Gleichgewichtsmodells sind *externe Effekte*, die als Resultat von Wissensspillovers entstehen.[134] Diese Spillovereffekte werden zwischen den *drei Sektoren des Modells* wirksam: einem Forschungssektor, der mittels Humankapital und dem bestehenden Wissensstand neues Wissen erzeugt; einem Zwischenproduktesektor, der Entwürfe (Blaupausen) aus dem Forschungssektor, die durch ein Patent geschützt sind, zur Herstellung von Zwischenprodukten nutzt; einem Endproduktesektor, der neben den Zwischenprodukten die Produktionsfaktoren Arbeit und humankapitalintensive Arbeit zur Produkt der Endprodukte einsetzt. Jedes Unternehmen des Endproduktesektor setzt dabei jedes passende Zwischenprodukt ein, da diese durch positive Skalenerträge gekennzeichnet sind (vgl. Bode 1996: 43). Im Modell

---

[134] "Both spillovers and price setting seem essential to capturing the features of knowledge in a model of growth. There is little doubt that much of the value to society of any given innovation or discovery is not captured by the inventor, and any model that missed these spillovers would miss important elements of the growth process" (Romer 1990: S89).

wachsen das Sozialprodukt, die Bruttoproduktion und die Anzahl der Produktvarianten mit derselben konstanten Rate (Bröcker 1994: 41). Diese Rate wird durch die Höhe des Humankapitalbestandes bestimmt. Je mehr Humankapital verfügbar ist, desto mehr Wissen wird erzeugt,[135] das wiederum zur Herstellung der Blaupausen verwendet wird. Da die damit produzierten Endprodukte auch wieder den Wissensstand erhöhen, *sorgen die Spillovereffekte zwischen den Sektoren für eine ständige Innovationsaktivität.* Dieser Kreislauf kann nur durchbrochen werden, wenn der Bestand an Humankapital sinkt. In diesem Fall ist Stagnation möglich. Mit der starken Abhängigkeit des Wachstumsprozesses vom Bestand an Humankapital erklärt Romer die beobachtbaren Wachstumsunterschiede zwischen Ländern und die Wachstumsstagnation in einzelnen Volkswirtschaften. *Länder mit großem Humankapitalbestand wachsen schneller als Länder, in denen nur wenig Humankapital vorhanden ist.* Dennoch kann er mit seinem Modell nicht die Ursachen dieser Strukturunterschiede ermitteln, da der Bestand an Humankapital als gegeben angesehen wird.[136] Eine weitere Implikation der Humankapitalabhängigkeit des Wachstums ist die wohlfahrtsfördernde Wirkung von Außenhandel. *Länder können Defizite in ihrem Humankapitalbestand durch Außenhandel substituieren.* Damit erklärt Romer, weshalb selbst von der Einwohnerzahl her große Länder wie China und Indien Außenhandel betreiben und leitet ab, mit welchen Ländern Außenhandel als besonders wohlfahrtssteigernd erscheint.[137]

---

[135] "...a permanent increase in the total stock of human capital in the population leads to...a more than proportional increase in the amount of human capital that is devoted to the research sector" (Romer 1990: S95).

[136] "This result offers one possible way to explain the wide viariation in growth rates observed among countries and the fact that in some countries growth in income per capita has been close to zero. ... This model cannot offer a complete explanation for these observations because it treats the stock of *H* (= Humankapital; K.K.) as given, but it does suggest directions for further work" (Romer 1990: S96).

[137] "The model here suggests that what is important for growth is integration not into an economy with a large number of people but rather into one with a large amount of human capital" (Romer 1990: S98).

3.2.5 Modell komparativer Vorteile von Grossman und Helpman

Grossman und Helpman (1990) haben in *"Comparative Advantage and Long-Run Growth"* eine regionale Variante des Modells von Romer (1990) aufgestellt: in zwei Regionen werden jeweils End- und Zwischenprodukte hergestellt sowie Blaupausen durch einen Forschungs- und Entwicklungssektor erzeugt.[138] Die Argumentation basiert auf folgenden **Annahmen** (vgl. Bode 1996: 49-51):

- Die Zwischenprodukte werden durch Arbeit hergestellt, wobei dieser Produktionsfaktor interregional immobil ist.
- Die drei Sektoren konkurrieren um Arbeitskräfte.
- Der bestehende Wissensstand wird von den Forschungssektoren beider Regionen genutzt, die Blaupausen sind dagegen interregional nicht handelbar, dafür aber die Zwischen- und Endprodukte, bei deren Austausch keine Transportkosten anfallen.
- Je mehr Blaupausen durch gestiegenen Wissensstand hergestellt und an den Zwischenproduktesektor verkauft werden, desto stärker wird der Wettbewerb der Zwischenproduktehersteller um die Arbeitskräfte. Die Zwischenproduktpreise (und auch die Preise der Endprodukte) steigen analog zum Lohnsatz.
- Externe Effekte entstehen einmal durch von neuen Zwischenprodukten ausgehenden Produktivitätssteigerungen auf alle Hersteller sowie durch die Diffusion neuen Wissens, dessen Diffusionsgeschwindigkeit aber variieren kann.

Der Wachstumsprozess wird durch die Wissensdiffusion, die Herstellung von Zwischenprodukten und die daraus resultierende Spezialisierung getragen.[139] Durch Effektivitätsunterschiede in der Ressourcennut-

---

[138] "We study a world economy comprising two countries. Each country engages in three productive activities: the production of a final good, the production of a continuum of varieties of differentiated middle products (i.e.; intermediate inputs), and research and development (R&D)" (Grossman/Helpman 1990: 797).

[139] "New intermediate products permit greater specialization in the process of manufacturing consumer goods, thereby enhancing productivity in final production" (Grossman/Helpman 1990: 814).

zung entstehen *interregionale Wachstumsunterschiede*.[140] Wenn Wissen ein öffentliches Gut ist, dann spezialisieren sich die beiden Regionen gemäß ihrer gegebenen Faktorausstattung und wachsen langfristig mit der gleichen Rate. Diffundiert neues Wissen dagegen mit einer zeitlichen Verzögerung,[141] hat die Region einen temporären Wachstumsvorteil, in der das Wissen entstanden ist. Da aber hier durch die Produktivitätssteigerungen in FuE nach den Annahmen des Modells der Lohnsatz sowie die Preise für Zwischen- und Endprodukte steigen, geht die Nachfrage für diese Produkte zu Gunsten der billigeren Güter aus der anderen Region zurück. Das sich langfristig wieder einstellende Gleichgewichtswachstum hängt von der Rate der Wissensdiffusion ab. Nur wenn Wissen vollständig immobil ist, führen dauerhafte Spezialisierungen zu dauerhaften interregionalen Wachstumsungleichgewichten. Aus dem Modell lassen sich auch Schlussfolgerungen für die *politische Beeinflussung des Wachstumsprozesses* ableiten. Werden durch staatliche Steuerung die Ausgaben für Konsumgüter in der Region mit komparativen Vorteilen bei Forschung und Entwicklung erhöht, ist mit einer langfristig sinkenden Wachstumsrate zu rechnen. Subventionen in FuE tragen dagegen zu einer Wachstumssteigerung bei, wenn sie in beiden Regionen gleichmäßig erfolgen; sie sind aber nicht wachstumssteigernd, wenn sie nur auf die Region mit komparativen Nachteilen in FuE fokussiert werden (Grossman/Helpman 1990: 814). Dies bedeutet, dass eine wirtschaftspolitische Gegensteuerung einer einmal entstandenen Spezialisierung nicht zu den erhofften Wachstumsprozessen führt.

---

[140] "The new elements in our analysis stem from the assumed presence of cross-country differences in the effectiveness with which primary resources can perform different activities, that is, *comparative advantage*" (Grossman/Helpman 1990: 797).

[141] "We have assumed all along that research and development creates as a by-product an addition to the stock of knowledge that facilitates subsequent R&D. Moreover, we supposed that the knowledge so created becomes available immediatly to scientists and engineers worldwide. We now relax the latter assumption, in recognition of the fact that privately created knowledge, even if nonappropriable, may enter the public domain via an uneven and time-consuming process. Also, since legal and cultural barriers may inhibit the free movement of people and ideas across national borders, we shall allow here for the possibility that information generated in one country disseminates more rapidly to researchers in the same country than it does to researchers in the trade partner country" (Grossman/Helpman 1990: 812). Indirekt wird damit der schon von einzelnen innovationstheoretischen Ansätzen genannte *Proximitätseffekt* bei der Entstehung neuen Wissens angesprochen.

Für das Thema dieser Arbeit ist von besonderem Interesse, dass das Modell *Agglomerationsnachteile* zulässt, die über steigende Lohnsätze sowie Zwischen- und Endprodukteprise in der Region mit komparativen Vorteilen bei FuE zu einer die andere Region begünstigenden Wachstumsverschiebung führen. Daneben werden, wenn auch indirekt, die *Bedeutung der räumlichen Nähe* bei der Entstehung und Diffusion neuen Wissens thematisiert und daraus resultierende temporäre Wettbewerbsvorteile für die Region der Wissensentstehung abgeleitet. Auf diesen Aspekt gehen Grossman und Helpman in einem Beitrag aus dem Jahre 1994 näher ein. Sie widersprechen der Annahme, dass sich Wissen schnell und ohne Kosten international verbreitet: "While it may appear to the casual observer that knowledge flows rapidly and costlessly around the globe, the reality is sometimes different. The concentration of high-technology industries in particular locations such as the Silicon Valley and Route 128 suggests that some benefit exists from physical proximity to other researchers. Perhaps this is because new ideas are spread by skilled personnel whose geographic mobility is somewhat restricted, or because firms that are geographically close are exposed more often to the products of their nearby rivals" (Grossman/Helpman 1994: 39). Damit werden nicht nur *Urbanisations- bzw. Lokalisationsvorteile und räumliche Proximität als wachstumsdifferenzierende Faktoren in die neue Wachstumstheorie eingeführt*, sondern explizit die Möglichkeit eines sich *selbstverstärkenden kumulativen Wachstumsprozesses* eingeräumt.[142] Damit wurde eine deutliche Annäherung in der Erklärung räumlicher Entwicklungsprozesse zwischen den polarisationstheoretischen Konzepten der regionalen Wachstums- und Entwicklungstheorie und der neuen Wachstumstheorie vollzogen.

3.2.6 Modell erweiterter Produktvielfalt von Grossman und Helpman

Annäherungen gibt es auch zwischen Innovations- und Wachstumstheorie hinsichtlich des Verständnisses von Innovation und technischem Fortschritt in der wachstumstheoretischen Diskussion. In ihrer Monographie *"Innovation and Growth in the Global Economy"* entwerfen

---

[142] "Such spillovers can generate a self-perpetuating process wherby an initial lead, however generated, is sustained indefinitely into the future, regardless of a country's relative factor endowments" (Grossman/Helpman 1994: 40).

Grossman und Helpman zwei Modelle, die eine differenziertere Betrachtungsweise des technischen Fortschritts aufzeigen. Das erste Modell erweiterter Produktvielfalt geht von folgenden **Annahmen** aus (Grossman/Helpman 1991a: 43-44):

- Industrielle Forschung ist eine normale ökonomische Aktivität, die Ressourceninputs erfordert und auf Marktchancen reagiert.
- Gewinne aus Forschung und Entwicklung stammen aus den Monopolrenten eines imperfekten Produktwettbewerbmarktes.
- Industrielle Forschung zielt entweder auf die Reduzierung der Produktionskosten bestehender Güter (Prozessinnovation) oder auf die Entwicklung neuer Güter (Produktinnovation). Produktinnovationen unterscheiden sich hinsichtlich vertikaler oder horizontaler Beziehungen zu bestehenden Gütern, d.h. sie bieten ähnliche Funktionen bei besserer Qualität oder sie erschließen neue Funktionen und erhöhen damit die Produktvielfalt.
- Technologie ist ein privates und nicht-rivalisierendes Gut.
- Das Potenzial für die Entwicklung neuer Produkte ist unbegrenzt und die für Innovationen erforderlichen Ressourcen sind gegeben. Ideen erschöpfen sich nicht und es gibt keine sinkenden Erträge in der Wissensentstehung.
- Industrielle FuE erzeugt technologische Spillover, die wiederum nachfolgende Innovationen induzieren.

Wachstum wird nach diesem Modell als die Erhöhung der Anzahl industrieller Produkte interpretiert. Wenn sich einzelne Inventoren den gesamten Nutzen ihrer Forschungsaktivitäten aneignen, d.h. keine technologischen Spillovers entstehen, stellen sich sinkende technologische Investitionserträge ein. Der Prozess der Produktentwicklung hält eine Weile an, kommt dann aber zum Stillstand, da sich Innovationen nicht mehr lohnen. Führt die Wissensentstehung aber zu einem Nutzengewinn für spätere Generationen, sodass Forscher zu geringeren Ressourcenkosten als ihre Vorgänger arbeiten können, wird der Prozess endogener Innovation und endogenen Wachstums aufrecht erhalten (Grossman/Helpman 1991a: 74).

3.2.7 Modell verbesserter Produktqualität von Grossman und Helpman

Das zweite Modell verbesserter Produktqualität berücksichtigt die Tatsache, dass neue Produkte oftmals die alten vom Markt verdrängen. Wachstum wird hier als Ergebnis von Verbesserungen in der durchschnittlichen Qualität einer begrenzten Anzahl von Gütern angesehen, wobei aus den Qualitätsfortschritten temporäre Führerschaftsrenten realisierbar sind (Grossman/Helpman 1991a: 84-86). Produktqualität entspricht einer Qualitätsleiter, auf der jedes Produkt in unbegrenzten Schritten verbessert werden kann. Jede dieser Verbesserungen stellt einen diskreten Sprung im Niveau der Leistung, die ein Produkt bietet, auf der Qualitätsleiter dar. Qualität wird als eindimensionale Größe definiert: innovative Produkte sind besser als alte, da sie mehr Leistung in Beziehung zu ihren Produktionskosten bieten. Technologische Spillovers spielen auch in diesem Modell eine zentrale Rolle, aber in differenzierterer Form als im ersten Modell. Bringt ein Innovator ein neues Produkt auf den Markt, können Forscher seine Eigenschaften analysieren. Wettbewerber sind in der Lage, das Produkt zu imitieren, obwohl sie es nicht selber entwickeln konnten. Der Beitrag von Inventionen zur öffentlichen Wissensbasis erfolgt differenziert: Nicht das gesamte Wissen steht allen zur Verfügung (so wie in den anderen Modellen angenommen wird), sondern Teile des Wissens werden bestimmten Produktlinien zugeordnet.

Trotz dieser verbesserten Sichtweise von Innovationsprozessen ist es in der neuen Wachstumstheorie noch nicht möglich, den Erkenntnisstand der evolutionären Innovationsforschung in formalisierte Modelle zu überführen. So bemerken Grossman und Helpman: "We do not profess to understand fully the determinants of technological progress. But we do believe that stylized formal models such as ones we have described can help us to attain this goal" (Grossman/Helpman 1994: 42).

3.2.8 Kritik an der neuen Wachstumstheorie

Die teilweise Annäherung an reale Wachstumsphänomene mit der Möglichkeit, dass sich Abweichungen vom Wachstumsgleichgewichtspfad perpetuieren können und nicht wieder, wie von der neoklassischen Wachstumstheorie prognostiziert, im Steady-State-Zustand münden, ist ein wesentlicher *Fortschritt* der neuen Wachstumstheorie. Dennoch bleiben ihre Annahmen und Argumentationen nicht ohne Kritik:

- Wie bei jeder Theorie werden die restriktiven und teilweise unrealistischen Modellprämissen bemängelt, wie z.B. die Immobilität von Arbeitskräften, konstante Bevölkerung und die Herstellung von Gütern mit nur einem Produktionsfaktor.[143] Allerdings gehen die meisten Vertreter der neuen Wachstumstheorie auf diese limitierenden Annahmen explizit ein und begründen sie über die analytische Vereinfachung ihrer Modelle.

- Vor allem aus regionalökonomischer Sicht ist die Erkenntnis, dass das Wachstum von Volkswirtschaften oder Regionen langfristig vom Gleichgewichtspfad abweichen kann, nicht neu. Neu ist, dass sich diese Entwicklungsprozesse nunmehr auch mit den formalisierten Modellen der Wachstumstheoretiker modellieren lassen. Die Einführung von akkumulierbaren Produktionsfaktoren und die Entstehung externer Effekte ist ebenfalls eine Neuerung in der Wachstumstheorie, die aber außerhalb dieses Theoriegebäudes schon seit den Abhandlungen von Alfred Marshall über industrielle Distrikte aus dem Jahr 1890 diskutiert wird.

- Aus wirtschaftsgeographischer Sicht ist anzumerken, dass die exemplarisch vorgestellten Modelle der neuen Wachstumstheorie, die einen Grundpfeiler der "new economic geography" bilden, hinsichtlich ihrer raumstrukturellen Implikationen unscharf bleiben Raum wird nicht als differenzierte Struktur abgebildet, sondern analog einem Zwei-Regionen-Modell nur als räumliche Ausprägung einer Ansammlung von Sektoren. Daher sind Regionen (wie auch aus den in den vorangegangenen Fußnoten aufgeführten Zitaten deutlich wurde) in der Regel mit Volkswirtschaften gleich zu setzen. Die Betrachtung richtet sich vor allem auf internationale Wachstumsunterschiede und weniger auf intranationale Wachstumsdifferenzen.

- Trotz gewisser Fortschritte in der Behandlung des technischen Fortschritts bleibt die Sichtweise hinsichtlich der Ursachen und Wirkungen innovativer Tätigkeit nach wie vor diffus und unterscheidet sich deutlich vom Kenntnisstand der evolutorischen Innovationsfor-

---

[143] Bröcker (1994: 47) kontert diese Kritik mit dem Satz: "Jede Theorie ist unrealistisch."

schung.144 Technischer Fortschritt wird nunmehr zwar endogen als Resultat marktbezogener Aktivitäten erklärt, ist aber nach wie vor eine gegebene Größe und wird in der Regel über Produktpreise und Produktattribute abgegriffen. Die engen Interdependenzen zwischen Produkt- und Prozessinnovationen und die Genese aus planerischer Forschung und Entwicklung sind nur in einzelnen Modellen Gegenstand der Analyse,145 ebenso wie eine explizite Berücksichtigung der Nachfrageseite bei der Erklärung der Ursachen innovativer Tätigkeit.

- Trotz der Unterschiede hinsichtlich Modellprämissen und Wachstumsprognosen fußen die neuen wachstumstheoretischen Ansätze auf der Grundstruktur der neoklassischen Wachstumstheorie (Bode 1996: 63). Sie sind daher nicht neu, sondern höchstens anders hinsichtlich der Hervorhebung des technischen Fortschritts im Wachstumsprozess und der Ablehnung pauschal wirksamer sinkender Skalenerträge.146

---

144 "The 'new' neoclassical growth models continue to treat economic growth as a smooth process involving continuing equilibrium, in the sense that that term is used in neoclassical theory more broadly. These models do not attempt to build in the trial and error, learning by doing, evolutionary process that almost all detailed empirical work reveals, although some new models treat some aspects of that" (Nelson 1994: 319-320).

145 Zu der Einführung des Prozesses kreativer Zerstörung in die Wachstumstheorie, der anhand des Modells verbesserter Produktqualität von Grossman/Helpman skizziert wurde, bemerkt Solow: "Aghion and Howitt (1992) manage to give some precision to Schumpeter's vague notions about "creative destruction." They make a formal model in which each innovation kills off its predecessors. It is obvious that some innovations reduce or wipe out the rents that might otherwise have accrued to previous innovations, and this fact of life has to be taken into account in any understanding of the process. But sometimes - who knows, maybe just often - innovations are complementary with predecessors and add to their rents. This possibility matters too. Is there any non-mechanical way to take both contigencies into account?" (Solow 1994: 52).

146 Die Annahme konstanter Skalenerträge, die den Mechanismus des asymptotischen Wachstumsverlaufs der neoklassischen Theorie außer Gang setzt, ruft bei Solow scharfe Kritik hervor: "The knife-edge character of the constant-returns model can not be evaded by the obvious dodge: oh, well, so it blows up in finite time - that time could be a million years from now, by which time we will have evolved into God knows what. ... This branch of the new growth theory seems unpromising to me on straight theoretical grounds. If it found strong support in empirical metarial, one would have to reconsider and perhaps try to find some convincing reason why Nature has no choice but to present us with constant returns to capital" (Solow 1994: 50-51).

Andererseits stellen einzelne Annahmen und Aussagen der neuen Wachstumstheorie deutliche Fortschritte gegenüber der alten Theorie dar. Dazu gehören die *Annäherung an die Realität*[147] und der Versuch, in der Modellbildung *auf empirische Belange Rücksicht zu nehmen*.[148] Nicht zuletzt deshalb sind in direkter Folge der neuen Ansätze umfangreiche empirische Analysen über die Entwicklung von Konvergenz- und Divergenzraten im Wachstumsprozess von Volkswirtschaften und Regionen durchgeführt worden, auf die noch kurz einzugehen ist. Mit der Einführung externer Effekte in der Wissensdiffusion und -akkumulation übernimmt die neue Theorie eine Sichtweise der evolutorischen Innovationsforschung, nach der der kumulative Charakter von Wissen und Innovation zu einer *Pfadabhängigkeit der Technikentwicklung* führt. Da neues Wissen auf altem aufbaut und in einer Reihe von Ansätzen der explizite Bezug zu Arrows' Modell des learning by doing gewählt wurde, kann sich der Verlauf der Technikentwicklung nur innerhalb bestimmter Bahnen vollziehen; hier aber langfristig, denn nur beim Ausbleiben neuer Ideen würde der Wachstumsmotor erlahmen. *Das Wachstum wird somit durch inkrementale Innovationen am Laufen gehalten, radikale Innovationen sind dem historischen Zufall vorbehalten*, der zu einer Veränderung der Wachstumsgleichgewichte führt.

Im Gegensatz zur neoklassischen Theorie, nach der der Marktmechanismus zur effizienten Ressourcenallokation führt, räumen einzelne neue Modelle unter bestimmten Voraussetzungen die *Möglichkeit staatlicher Intervention* zur Kompensation von Marktunvollkommenheiten ein. Diese führt aber auf Grund begrenzter Information nicht unbedingt zu effi-

---

[147] "Growth theory has taken a step in the right direction by including aspects of reality - imperfect competition, incomplete appropriability, international interdependence, and increasing returns to scale - that surely are important to understand how much an economy will invest in knowledge or various kinds. We hope that knowledge in this particular area of economics, like other knowledge in the economy at large, will continue to accumulate at a rapid rate" (Grossman/Helpman 1994: 42).

[148] "The clearest distinction between the growth theory of the 1960s and that of the 1980s and 1990s is that the recent research pays close attention to empirical implications and to the relation between theory and data" (Barro/Sala-i-Martin 1995: 13). "...formal theorising failed to stay up with appreciative theorising and hence lent it little help. The indications are that at least some of this new generation of formal growth theorists are paying attention to empirical work and appreciative theorising linked to that work. This promises better for the 1990s" (Nelson 1994: 320).

zientem Wachstum, sondern kann, an falscher Stelle eingesetzt, durchaus die Wachstumsungleichgewichte verstärken.[149] Dennoch scheinen nach den Modellprämissen sowohl Aufholprozesse mit der Förderung einer gezielten regionalen Spezialisierung möglich,[150] als auch so genannte pick-the-winner Strategien, die das Wachstum in humankapitalintensiven Regionen mit hoher FuE-Effizienz weiter ankurbeln können. Da in einer Reihe der vorgestellten Modelle Wissenstransfer und technologische Spillovereffekte wichtige Wachstumsfaktoren darstellen, ist die *Verbesserung der Rahmenbedingungen für interregionalen Wissensaustausch eine der wesentlichen regionalpolitischen Implikationen der neuen Ansätze*. Staatlicher Intervention überhaupt die Fähigkeit zuzusprechen, wachstumsbeeinflussend und damit auch wachstumsfördernd zu sein, stellt ein wesentliches Verdienst der neuen Wachstumstheorie dar.

3.2.9 Regionale Implikationen der neuen Wachstumstheorie

Die Ansätze der neuen Wachstumstheorie erlauben sowohl *Aussagen zu raumdifferenzierenden Determinanten wirtschaftlicher Entwicklung*, als auch zu der *Veränderung regionaler Disparitäten im Zeitablauf*, wobei einschränkend anzumerken ist, dass "Region" in den Modellen in der Regel mit Nation (Volkswirtschaft) gleich gesetzt wird. Dennoch lassen sich die Aussagen auch auf Regionen im Sinne kleinräumiger Einheiten transferieren. Eine wichtige Erkenntnis ist, dass langfristige interregionale Ungleichgewichte möglich und durch die anfängliche Faktorausstattung einer Region determiniert sind. Dabei hängt das Wachstum einer Region u.a. von ihrem Humankapitalbestand, dem Kapitalstock, der Sektoralstruktur und der Mobilitätsfähigkeit des Wissens ab.

---

149 "The government therefore has great potential for good and ill through its influence on the long-term rate of growth" (Barro/Sala-i-Martin 1995: 13).

150 Streben allerdings alle konkurrierenden Regionen eine Hightech-Spezialisierung an, geraten sie in einen Interventionswettlauf mit der Folge hoher Effizienzverluste, der wiederum in Stagnation münden kann (vgl. Bröcker 1994: 45).

➢ Die einfache Botschaft lautet zunächst, dass Regionen mit einem hohen Humankapitalbestand schneller wachsen als solche mit einem geringeren Bestand.

Humankapital wird als homogen angesehen und nicht hinsichtlich unterschiedlicher Funktionen im Innovationsprozess differenziert. Wachstumsunterschiede vergrößern sich, wenn die Unterschiede im Humankapitalbestand, in dem von diesem erzeugten Wissen und damit in der Innovationstätigkeit zunehmen. Je nach Mobilität bzw. Immobilität des Wissens kann interregionale Konvergenz oder zunehmende Divergenz eintreten. Ist Wissen mobil, entstehen mit einem gewissen Zeitverzug Spillovereffekte mit daraus resultierenden Externalitäten, von deren Intensität das interregionale Wachstumstempo abhängt.

➢ Das Wachstum einer Region basiert damit nicht nur auf ihrem eigenen Humankapitalbestand, sondern auch auf dem Wissen, das aus einer anderen Region diffundiert.

Je offener eine Region für externes Wissen ist, desto stärker kann sie an dem extern erworbenen Wissen partizipieren. Vor allem im Fall mobilen Wissens führen Agglomerationsnachteile in einer Region, die sich nach Grossman/Helpman (1990) aus steigenden Lohnsätzen sowie steigenden Zwischen- und Endprodukteprreisen ergeben, zu einem interregionalen Ausgleich. Ist Wissen dagegen immobil und werden Wissens- und Lerneffekte nur intrasektoral bzw. intraregional wirksam, ist mit einer zunehmenden sektoralen bzw. interregionalen Verstärkung der Wachstumsunterschiede und, bei freier Mobilität des Produktionsfaktors Arbeit, auf Grund der sich zu Lasten der weniger wissensintensiven Region verändernden Lohndifferenzen, mit einer weiteren Erhöhung des Humankapitalbestandes der wissensintensiven Region zu rechnen.

➢ Faktorwanderungen können somit, in Abhängigkeit von der Intensität des Wissensspillovers, sowohl zu Konvergenz als auch zu Divergenz führen.

Da, wie Grossman/Helpman (1994) ausführen, Wissen auf Grund von Mobilitätshemmnissen bei Forschern, Proximitätseffekten sowie externen Ersparnissen bei der Wissensgenese nie vollständig mobil ist, hat die Region immer einen temporären Vorteil, in der das Wissen entsteht.

> Die wesentlichsten innovationsbezogenen **raumdifferenzierenden Faktoren in der neuen Wachstumstheorie** sind:
> - der Humankapitalbestand einer Region,
> - Skalenerträge in der Produktion,
> - positive und negative externe Effekte aus Wissen und Lernen,
> - die aus Humankapital, Wissenserzeugung und Lernen resultierende Produktivität des FuE-Sektors und die damit in engem Zusammenhang stehende Höhe der (temporären) Monopolrenten,
> - die Geschwindigkeit der Wissensdiffusion mit der Möglichkeit, neue Produkte zu imitieren oder adaptieren,
> - die Interaktionsfähigkeit einer Region, d.h. ihre Offenheit für neues Wissen.

Je nach Intensität und Wechselwirkung dieser Faktoren ist *sowohl interregionale Wachstumskonvergenz als auch Wachstumsdivergenz* Ergebnis wirtschaftlicher Entwicklungsprozesse. Demgegenüber prognostiziert die neoklassische Wachstumstheorie ausschließlich eine Konvergenz der Pro-Kopf-Einkommen.

Im Zuge der neuen theoretischen Ansätze sind daher eine Reihe *empirischer Studien* entstanden, die anhand von über mehrere Jahrzehnte reichenden Datenreihen des Pro-Kopf-Einkommens verschiedener Länder und Regionen die Höhe des so genannten *β-Koeffizienten* ermittelt haben. Dieser Regressionskoeffizient ergibt sich aus der Regression der Wachstumsrate des Pro-Kopf-Einkommens auf die relative Abweichung des Gleichgewichtseinkommens vom tatsächlichen Einkommen (Bröcker 1994: 46). Die bekanntesten Studien stammen von Barro und Sala-i-Martin (1991, 1992). Deren **Ergebnisse** lassen sich folgendermaßen zusammenfassen:

- Das Pro-Kopf-Einkommen von Ökonomien wächst umso stärker, je weiter sie von der Steady-State Position entfernt sind.
- Ärmere Regionen innerhalb eines Landes wachsen stärker als reiche Regionen.
- Für die USA (1880-1988) und für 73 Regionen sieben europäischer Staaten (1950-1985) errechnet sich ein β-Koeffizient von 2 Prozent, nach dem sich der Einkommensabstand zum jeweiligen Referenzland um 2 Prozent pro Jahr reduziert (Tichy 1996: 105). Danach liegt die so genannte Halbwertzeit des Konvergenzprozesses, d.h. die Halbie-

rung des Einkommensabstandes, bei 35 Jahren.[151] Nach der Solowschen Theorie müsste die Halbwertzeit für geschlossene Regionen bei 12 Jahren liegen. Die β-Konvergenz von 2 Prozent ist für diesen Datensatz stabil für unterschiedliche Zeitperioden und Indikatoren wie das Pro-Kopf-Einkommen oder das Bruttosozialprodukt (Barro/Sala-i-Martin 1992: 245).

- Es gibt keinen Anhaltspunkt, dass arme europäische Regionen (z.B. Süditalien) im Wachstum zurückbleiben.
- Anhand von zwei anderen Datensätzen bestehend aus 20 OECD-Staaten und 98 weniger homogenen Staaten ergibt sich für die Zeit nach dem zweiten Weltkrieg ein β von ca. einem Prozent für die OECD-Länder und nahe null Prozent für die übrigen Länder, d.h. hier ist Konvergenz kaum bzw. nicht nachweisbar.
- Die Mobilität von Arbeitskräften müsste zu höheren Konvergenzraten zwischen den Regionen eines Landes als zwischen einzelnen Ländern führen. Für die USA lässt sich dieser Effekt nur schwach nachweisen. Gleiches gilt für die Kapitalmobilität, wobei deren Effekt nicht nachweisbar ist.
- Bei einem angenommenen Verhältnis der Pro-Kopf-Einkommen zwischen West- und Ostdeutschland von 2:1 im Jahre 1990 würde ein β-Koeffizient von 2 Prozent bedeuten, dass das Pro-Kopf-Einkommen in Ostdeutschland um 1,4 Prozent pro Jahr stärker wächst als das in Westdeutschland. Nach der bereits genannten Halbwertzeit von 35 Jahren sei mit einer kurzfristigen Einkommensangleichung nicht zu rechnen (Barro/Sala-i-Martin 1991: 154).

Wie auch Barro und Sala-i-Martin feststellen, bestehen *deutliche Schwankungen des β-Koeffizienten über verschiedene Länder und im Zeitablauf*. Thomas (1995) ermittelt für die Europäische Union eine Konvergenzrate im Zeitraum 1981-1991 von 0,67 Prozent, mit einem Länderdummy für Griechenland von knapp 1,8 Prozent. Für die Regionen der EU ergibt sich eine unkonditionierte Konvergenzrate von 0,34

---

[151] "Es handelt sich dabei natürlich um eine so genannte 'bedingte' Konvergenz, d.h. der Zustand des steady state heißt natürlich nicht *gleiche* Pro-Kopf-Einkommen, sondern lediglich gleich unter Berücksichtigung der steady state Gleichgewichtswerte der Sachkapital- und der Humankapitalbildung, die natürlich für die verschiedenen Länder sehr unterschiedlich ausfallen" (Paqué 1995: 14).

Prozent pro Jahr, konditioniert mit Länderdummys von 1 Prozent. Er weist nach, dass die leichte interregionale Konvergenz vor allem von den Kohäsionsländern Irland, Spanien und Portugal ausgeht, während die Konvergenz zwischen den Regionen der übrigen Mitgliedsstaaten gering, im Fall Griechenlands sogar in Einzelfällen eine Zunahme interregionaler Disparitäten zu beobachten ist (Thomas 1995: 32). Paqué (1995) führt methodische Probleme bei den Regressionsberechnungen an, die ihn zweifeln lassen, ob die bislang vorlegten Ergebnisse wirklich Konvergenz belegen.[152] Er weist auf Studienergebnisse hin, die so genannte Konvergenzklubs identifiziert haben, d.h. Ländergruppen, die sich zunehmend homogener um ihr Steady-State-Niveau gruppieren (z.B. die OECD-Mitgliedstaaten oder die nach Weltbankkriterien sehr armen Länder), wobei die Divergenz in der Gesamtverteilung aber insgesamt zunehmen kann. Zu ähnlichen Ergebnissen gelangte Baumol bereits 1986. Er zeigt für Produktivitätsdaten aus den Jahren 1870-1979, dass sich in diesem Zeitraum drei Konvergenzcluster herausgebildet haben: die Industriestaaten, Zentralverwaltungswirtschaften und Marktwirtschaften mit mittlerem Einkommen. Seinen Ergebnissen nach sind arme Entwicklungsländer vom Konvergenzprozess (er benutzt den Begriff "homogenization process") ausgespart, da diese wegen ihres Produktespektrums und Bildungsniveaus wenig an Innovation und Technologie entwickelter Staaten partizipieren können. Eine weitere Schlussfolgerung seiner Untersuchung betrifft die Pfadabhängigkeit der Entwicklung: Aktuelle Phänomene lassen sich nur aus historischen Gegebenheiten und der systematischen Analyse historischer Strukturmerkmale erklären (Baumol 1986: 1084).

---

[152] "Diese 'regression fallacy' hat ökonomische Bedeutung: Selbst bei völlig unveränderter Verteilung der Pro-Kopf-Einkommen im Querschnitt - gemessen zum Beispiel als gleichgroße Varianz des End- und des Anfangsniveaus - wird Konvergenz angezeigt. Es kann aus einem signifikanten Konvergenzparameter mit 'richtigem' Vorzeichen *nicht* gefolgert werden, dass die Pro-Kopf-Einkommen über die Zeit 'stärker zusammenrücken', der Abstand zwischen Arm und Reich sich also vermindert. Dies ist auch intuitiv einleuchtend: Der Konvergenzparameter besagt bestenfalls, dass *im Durchschnitt* ärmere Länder schneller gewachsen sind als reiche, lässt aber völlig offen, welche Wirkung dies auf die Streuung der Pro-Kopf-Einkommen hatte" (Paqué 1995: 15-16).

> Somit kann die Wachstumsempirik weder die Bestätigung für eine klare Konvergenz- noch eine klare Divergenzentwicklung liefern und damit weder für den von der neoklassischen Wachstumstheorie postulierten Ausgleichsmechanismus noch für die langfristige Abweichung vom Steady-State, der von einigen Modellen der neuen Wachstumstheorie vorhergesagt wird.[153]

Aus den empirischen Analysen zeigt sich vielmehr, dass Konvergenzklubs aus Ländern ähnlicher Ausgangsbedingungen bestehen, die Divergenz zwischen Ländern mit unterschiedlichen Ausgangsbedingungen aber zugenommen hat. Damit rücken die *regionalen Strukturmerkmale* in den Mittelpunkt des wissenschaftlichen und regionalpolitischen Interesses, da sie die Grundlage für die Ableitung regional- und innovationspolitischer Handlungsempfehlungen darstellen (vgl. Tichy 1996: 106). Auf diesen Aspekt geht Kapitel 8 ein.

3.3 Neue Außenhandelstheorie

Mehr noch als die neue Wachstumstheorie befasst sich die neue Außenhandelstheorie mit räumlichen Interaktionen und der Entwicklung räumlicher Strukturen und ist damit die wesentliche Grundlage der Ausführungen über eine "new economic geography". Sie entstand als *Kritik an der klassischen Außenhandelstheorie*, die sich auf vier wesentliche Aspekte der alten Theorie richtete (vgl. Kösters 1994: 119; Stahl 1997: 55-56; Tichy 1996: 104):

(1) Auf deren mit der Realität internationaler Austauschbeziehungen kaum zu vereinbarende Prämissen. Weder kann bei Produktion und Handel von konstanten Skalenerträgen ausgegangen werden noch von vollkommener Konkurrenz, da gerade steigende Skalenerträge ein wesentliches Merkmal ökonomischer Aktivität darstellen, die wiederum zu unvollkommener Konkurrenz führen.

---

[153] "Die alte Streitfrage: Konvergenz versus Polarisierung ist daher - wenn auch auf modellmäßig höherem Niveau - weiterhin strittig. Marktkräfte können gemäß der *Theorie* zur Konvergenz wie zur Polarisierung führen, es hängt von der genauen Spezifizierung des Modells, den Ausgangsbedingungen und zum Teil sogar von Zufällen ab..." (Tichy 1996: 106).

(2) Auf die Prämisse, dass die relative Faktorausstattung und damit die Spezialisierung einzelner Volkswirtschaften durch Handel nivelliert wird. Danach müsste nach Ricardo und dem Heckscher-Ohlin-Theorem internationaler Handel im Zeitablauf abnehmen. Die Entwicklung des Welthandels zeigt, dass im Gegenteil dessen Umfang weiter steigt.

(3) Da keine Anreize für Austauschbeziehungen bestehen, dürfte es nach der klassischen Theorie Handel zwischen ähnlich spezialisierten Volkswirtschaften nicht geben. Damit wird der größte Teil des Außenhandels zwischen Industrienationen nicht erklärt.

(4) Intra-industrieller Handel, der heutzutage beispielsweise im Rahmen industrieller Wertschöpfungsketten eine wichtige Rolle spielt, ist in der klassischen Theorie nicht vorgesehen.

Die Neuorientierung in der Außenhandelsforschung[154] wird allgemein mit einem Artikel von *Paul Krugman* aus dem Jahr 1979 in Verbindung gebracht. Ihre wesentlichen Neuerungen sind analog zur neuen Wachstumstheorie die *Einführung des technischen Fortschritts*,[155] die *Berücksichtigung von steigenden Skalenerträgen* mit daraus resultierenden *Marktunvollkommenheiten* sowie von *Externalitäten*. Handel wird weniger mit Unterschieden in der Faktorausstattung, Technologien und Präferenzen erklärt, als durch die der Arbeitsteilung folgende Spezialisierung (Tichy 1996: 104). Intrasektoraler Handel ist nach dieser Sichtweise Ergebnis oligopolistischer Strukturen und der Marktform der monopolistischen Konkurrenz (vgl. Feuerstein 1993).[156] Wegen der Realisierbarkeit von Skalenerträgen und externen Effekten tritt Produktion räumlich konzentriert auf, wobei von diesen Raumpunkten aus Handel betrieben wird (Krieger-Boden 1995: 49-52). Obwohl das Hauptaugenmerk der neuen Außenhandelstheorie auf der Erklärung des intraindustriellen Handels zwischen Nationen liegt, ist sie aus geographischer Sicht wegen ihrer *expliziten Aussagen zur räumlichen Verteilung ökonomischer Aktivitäten* und zur *politischen Beeinflussbarkeit dieser Strukturen* von be-

---

[154] Im Englischen ist der Begriff "International Economics" gebräuchlich.

[155] "...there have been surprisingly few attempts to introduce technological change into the theory of international trade" (Krugman 1979: 254).

[156] Umfangreiche Darstellungen vermitteln Krugman (1990); Krugman/Obstfeld (1994).

sonderem Interesse.157 Vor allem aus diesem Blickwinkel heraus hat sich Paul Krugman als führender Vertreter der International Economics in diversen Arbeiten mit den Interdependenzen von raumstrukturellen Entwicklungen und Außenhandel beschäftigt.158

Die nachfolgende Zusammenfassung von zwei durch Krugman formulierten Modellen dient dazu, die Argumentationsweise dieses Blickwinkels der neuen Außenhandelstheorie aufzuzeigen und Überschneidungen zur regionalen Wachstums- und Entwicklungstheorie deutlich zu machen. Sein 1979 publiziertes *Modell des Nord-Süd-Handels* greift die Bedeutung von Innovation und Technologietransfer im internationalen Güteraustausch auf (vgl. Krugman 1979). Handelsströme sind Ergebnis eines kontinuierlichen Innovations- und Technologietransferprozesses. Das Modell geht von folgenden **Bedingungen** aus:

- Es gibt zwei Regionen, einen entwickelten Norden und einen weniger entwickelten Süden.
- In jeder Region sind zwei Produktionsfaktoren vorhanden: Arbeit, die immobil ist und vollständig mobiles Kapital.
- In den Regionen werden zwei Arten von Gütern hergestellt: alte Güter, die vor längerer Zeit entwickelt wurden, deren Technologie ein Allgemeingut darstellt und die sowohl im Norden als auch im Süden produziert werden können; neue Güter, die erst kürzlich entwickelt wurden und die nur im Norden herstellbar sind.159
- Technischer Wandel ermöglicht die Herstellung neuer Produkte bzw. setzt die südlichen Arbeitskräfte in die Lage, mehr Produkte zu produzieren. Insgesamt steigt durch technischen Wandel die Zahl der produzierten Güter.

---

157 "So lassen sich unter den Bedingungen der neuen Außenhandelstheorie regionalpolitische Maßnahmen für rückständige Regionen rechtfertigen, die dort zur Initialzündung für einen kumulativen Wachstumsprozess werden" (Krieger-Boden 1995: 50).

158 Z.B. in Geography and Trade (Krugman 1991a).

159 Hierbei bezieht sich Krugman auf das Produktzyklusmodell von Vernon (1966), nach dem die entwickelten Staaten durch ein ausgebildetes Arbeitskräftepotenzial, externe Effekte sowie eine "social atmosphere" einen Vorteil bei der Produktion neuer Güter haben (Krugman 1979: 255-256).

- Die Innovationsrate hängt vom kumulierten Wissensstand ab: Es besteht ein positiver Zusammenhang zwischen der Zahl der bereits entwickelten Produkte und der Produktinnovationen ("The more you know, the more you can learn"; Krugman 1979: 259).
- Durch Technologietransfer werden nördliche neue Güter in alte, allgemein verfügbare Güter überführt.[160]
- Handel ist das Ergebnis einer verzögerten Adoption neuer Technologie durch den Süden.

Hinsichtlich der Entwicklung räumlicher Gegensätze kommt das Modell zu mehreren **Schlussfolgerungen**:

(1) Da Innovation die Zahl der neuen Produkte erhöht, die Zahl der alten aber unverändert bleibt, können beide Regionen von der größeren Produktvielfalt partizipieren. Allerdings verändert sich das Verhältnis von neuen zu alten Produkten, sodass der Norden Einkommensgewinne erzielt, die aus der Herstellung der neuen Produkte resultieren. Die Einkommensunterschiede zwischen Norden und Süden verschärfen sich und die terms of trade entwickeln sich zu Gunsten des Nordens.

(2) Da die Einkommensgewinne des Nordens von der dortigen Innovationstätigkeit abhängen, kann eine Verringerung der Innovationsaktivität bei unvermindert anhaltendem Technologietransfer zu einem Verlust der Einkommensvorteile des Nordens und einer Einkommensangleichung führen.[161]

(3) Da das Einkommen des Nordens zum Teil aus den Monopolrenten der neuen Produkte resultiert, dieses Monopol aber durch den Technologietransfer erodiert wird, ist der Norden ständig bemüht, neue Produkte zu entwickeln, um damit seine Einkommensposition zu sichern.

(4) Technischer Wandel führt zu Nachfrageverschiebungen, da er die Produkteigenschaften verändert. Dadurch steigt die Nachfrage

---

[160] Sowohl zur Innovationsrate als auch zum Technologietransfer merkt Krugman an, dass er keine gute Erklärungen für diese Prozesse liefern kann. Die Raten beider Prozesse sind exogen gegeben (Krugman 1979: 254).

[161] Aussagen darüber, wie lange der Süden von der versiegten Quelle des Technologietransfers profitieren kann, macht Krugman nicht.

nach neuen Produkten zu jedem relativen Preis und mit dem Güteraustausch geht ein Kapitaltransfer von Süden nach Norden einher. Zwar kann durch Technologietransfer die Nachfrage nach südlichen Produkten steigen, und damit Kapital vom Norden in den Süden fließen, aber nach den Modellprämissen wird die Region den höchsten Kapitalzufluss erzielen, die auch den schnellsten technischen Fortschritt realisiert. Im Ergebnis führt die Migration von mobilen Produktionsfaktoren zu einer Angleichung intraregionaler Disparitäten bei gleichzeitiger Verschärfung der interregionalen Einkommensunterschiede.[162]

In dem 1991 publizierten *Zentrum-Peripherie-Modell* endogener Entwicklung wird der Zusammenhang zwischen Skalenerträgen, Transportkosten und Wanderung anhand folgender **Ausgangsbedingungen** beschrieben (Krugman 1991a: 101-113):

- Es existiert ein Land mit zwei Standorten, Ost und West.
- Es werden homogene Agrarprodukte unter konstanten Skalenerträgen und im vollständigen Wettbewerb sowie unterschiedliche Industrieprodukte mit steigenden Skalenerträgen in monopolistischer Konkurrenz produziert.
- Es bestehen identische Konsumpräferenzen.
- Landwirte produzieren Agrarprodukte, Arbeiter Industriegüter. Landwirte können nicht Arbeiter werden und Arbeiter nicht Landwirte.
- Die geographische Verteilung von Landwirten ist fix, während Arbeiter zwischen Standorten mit dem höchsten Realeinkommen wandern können.
- Für den Transport von Industrieprodukten zwischen den beiden Standorten entstehen Kosten und zwar in der so genannten Eisberg-Variante, nach der nur ein Teil des versendeten Gutes beim Empfänger ankommt. Beim Transport von Agrargütern entstehen keine Kosten.

---

[162] Krugman betont, dass sich mit dieser Prognose sein Modell von denen der konventionellen Wachstumstheorie unterscheidet. "...technical innovation is even more important than it appears to be in conventional models since developed countries must continually innovate, not just to grow, but even to maintain their real incomes" (Krugman 1979: 265).

- Da eine Vielzahl von Industriegütern mit steigenden Skalenerträgen produziert werden, gibt es für Unternehmen keinen Grund, dasselbe Produkt wie ein anderes Unternehmen herzustellen.

Das Modell formuliert folgende **Optionen für die Herausbildung eines Zentrum-Peripherie-Musters**:

(1) Zentripetale Entzugseffekte in Form von durch die Unternehmen und Arbeitskräfte realisierten Urbanisationsvorteilen stärken die Position des Ostens als industriellem Zentrum.

(2) Zentrifugale Ausbreitungseffekte in Form von Abwanderungsabsichten zur Bedienung des peripheren landwirtschaftlichen Marktes (Westen) können die Position des Ostens unterminieren.[163]

(3) Die Konzentration industrieller Aktivitäten auf den Osten bleibt so lange bestehen, bis eine Verlagerung in den Westen profitabel wird. Die Einleitung dieses Prozesses ist abhängig von der Entwicklung der Skalenerträge, der Transportkosten und des Anteils des Industriesektors an den Einkommen. Bei hohen Skalenerträgen, geringen Transportkosten und hohem Industrieanteil am Einkommen verfestigt sich die Zentrum-Peripherie-Struktur.

Aus diesem Modell kann daher die *Schlussfolgerung* gezogen werden, dass sich ein einmal in Gang gekommener räumlicher Konzentrationsprozess kumulativ verstärkt. Auslöser für räumlich konzentrierte Industrialisierungsprozesse ist meist der Zufall. Als Beispiel nennt Krugman die Entstehung der Teppichboden-Industrie in Dalton, Georgia.[164] Damit kommt Krugman auf Grund seiner formalisierten Ableitung zu vergleichbaren Schlussfolgerungen wie die Polarisationstheoretiker, auf die er sich mit der expliziten Nennung Albert Hirschmans auch bezieht, so-

---

[163] "These two forces (gemeint sind die zentripetalen und zentrifugalen Kräfte; K.K.) may be thought of as corresponding respectively to the backward and forward linkage concepts of Hirschman (1958)" (Krugman 1991a: 105). Vgl. auch Krugman (1991b: 484-487).

[164] "In 1895 a teenaged girl named Catherine Evans, living in the small Georgia city of Dalton, made a bedspread as a wedding gift. It was an unusual bedspread for the time, in that it was tufted; the craft of tufting or candlewicking had been common in the eighteenth and early nineteenth centuries but had fallen into disuse by that time. As a direct consequence of that wedding gift, Dalton emerged after World War II as the preeminent carpet manufacturing center of the United States" (Krugman 1991a: 35).

wie einzelne der diskutierten Modelle der neuen Wachstumstheorie. Während in dem Nord-Süd-Handelsmodell die Entstehung des technischen Fortschritts nicht erklärt wird und sich Innovationen nur auf Produkte beziehen, nicht aber Prozessverbesserungen beinhalten, ist an dem Zentrum-Peripherie-Modell kritisch anzumerken, dass der Niedergang von Industriestandorten bei insgesamt unverändertem Industrialisierungsgrad nicht ableitbar ist (vgl. Krieger-Boden 1995: 52). Nachteile industrieller Konzentration werden im Gegensatz zu den genannten Urbanisationsvorteilen nicht gesehen.

Folgemodelle, die hinsichtlich der Art und Produktivität der eingesetzten Technologie differenzieren, eröffnen die Möglichkeit, dass auch rückständige Regionen ein vormals reicheres Land überholen. Auf Grund ihres im Rahmen der Techniknutzung gewonnenen Erfahrungswissens nutzen reiche Länder eine etablierte Technologie weiter, weil sie damit temporäre Produktivitätsgewinne gegenüber einem bislang weniger entwickelten Land erzielen, das eine neue Technologie nutzt, in der es noch keine Erfahrung hat. Da aber die neue Technologie nach der Einführungsphase produktiver ist als die alte, hat das bislang weniger entwickelte Land die Chance, das reichere zu überholen (vgl. Krieger-Boden 1995: 64 sowie Brezis *et al.* 1993). Wissensakkumulation wird hier als innovationshemmender Faktor im Sinne eines Gefangenseins in alten Strukturen interpretiert.[165] Gerade weil sich das reiche Land auf Grund inkrementaler Innovationen durch learning by doing vollständig auf seine Technologie spezialisiert, ist es im Sinne der Pfadabhängigkeit technischer Entwicklung nicht in der Lage, radikale Innovationen durchzuführen bzw. die Entstehung eines neuen technologischen Paradigma zu begründen. Damit wird eine *Argumentation der evolutionären Innovationsforschung* aufgegriffen, nach der radikale Innovationen meist nicht von etablierten Marktführern oder großen Unternehmen (bzw. Ländern) stammen, sondern von in der Regel kleinen Außenseitern, die in der Folge eines neuen Paradigmas die alten großen Unternehmen (hier: Länder) verdrängen. Innovationen sind nach dieser Sichtweise auch für weniger entwickelte Regionen eine Möglichkeit, Entwicklungsrückstände zu überwinden. Es werden aber keine Aussagen darüber gemacht, wieso Akteure in diesen Regionen plötzlich ein neues technologisches Paradigma begründen können und Kompetenzen haben, die neue Technik

---

[165] Grabher (1993) gebraucht dafür den Begriff der "embeddedness"; vgl. auch Granovetter (1985).

auch zu nutzen. In einer Zeit planvoller Forschung und Entwicklung, globaler Vernetzung und internationaler Technikgenese ist das Argument des historischen Zufalls, der nunmehr ein Land (bzw. eine Region) gegenüber einem anderen begünstigt, nur im historischen Rückblick überzeugend.

Hinsichtlich der innovationsbezogenen *raumdifferenzierenden Faktoren in der neuen Außenhandelstheorie* bestehen teilweise Ähnlichkeiten zur neuen Wachstumstheorie. **Unterschiede in regionalen Wachstumsraten** sind bedingt durch:

- den kumulierten Wissensstand in einer Region, die davon abhängige Innovationsrate und Zahl neuer Produkte, die wiederum zur Erhöhung des Wissensstandes beiträgt,
- Skalenerträge und externe Effekte durch Urbanisationsvorteile,
- die interregionale Diffusionsgeschwindigkeit neuer Produkte (Technologietransfer),
- die Höhe der Transportkosten,
- den Umfang des interregionalen Kapitaltransfers,
- kumulative Lern- und Wissensentstehungsprozesse mit daraus resultierender Pfadabhängigkeit der Technikentwicklung.

Wie bei der neuen Wachstumstheorie gilt auch hier, dass das Ausmaß von Konvergenz- wie auch von sich kumulativ verstärkenden Polarisationsprozessen Ergebnis der Intensität und Wechselwirkung der einzelnen Determinanten ist. Beide Theorien weisen mit den aufgeführten Merkmalen der Faktorausstattung einer Region einen hohen Erklärungswert für Wachstum und innovative Aktivität zu.

3.4 Bewertung der Theorien aus wirtschaftsgeographischer Sicht

Es ist das Verdienst vor allem der neuen Außenhandelstheorie und ihres bedeutendsten Vertreters, Paul Krugman, im Zeitalter von Globalisierung und Regionalisierung die Raumdimension ökonomischen Handelns wieder in die breite Öffentlichkeit gebracht zu haben. Durch die formale Modellierbarkeit räumlicher Prozesse und die Berücksichtung des technischen Fortschritts als endogene Variable hat sich nicht nur der Realitätsgehalt der Modelle deutlich verbessert, sondern die Wechselwirkungen zwischen ökonomischen Aktivitäten und Raumentwicklung werden nunmehr auch in der Volkswirtschaft als Forschungsthema aufgegriffen. Die Berücksichtigung von Spezialisierungsvorteilen und externen Effekten führt dazu, dass die unterschiedlichen Modelle der neuen Wachstums- und Außenhandelstheorie zu vergleichbaren Schlussfolgerungen über räumlich ungleichgewichtiges Wachstum und die räumliche Konzentration ökonomischer Aktivitäten kommen wie die polarisationstheoretischen Ansätze, die bereits seit Jahrzehnten die Grundlage der wirtschaftsgeographischen Theoriediskussion bilden.

Allerdings zeigen die neue Wachstums- und Außenhandelstheorie ein zwar unterschiedliches, aber insgesamt eher oberflächliches Verständnis von den Ursachen und den Ausprägungen der räumlichen Differenzierung und der Komplexität der räumlichen Organisation von Innovationsprozessen und Technikentwicklung. Gemeinsames Merkmal beider Theoriegebäude ist unter räumlichen Gesichtspunkten die Betonung von Wissensdiffusion, Externalitäten, Spillovereffekten und der Stellung von Produkten im Lebenszyklus für regionale Differenzierung und Unterschiede in der räumlichen Verteilung von Innovationsaktivitäten. Anders als die neue Wachstumstheorie argumentieren die Modelle der neuen Außenhandelstheorie räumlich differenzierter. Sie versuchen nicht nur internationale Wachstumsunterschiede zu erklären, sondern richten ihren Blick, trotz des angestrebten Erkenntnisgewinns für die Erklärung des internationalen Handels, auch auf die Teilräume eines Landes (z.B. die zwei Standorte Ost und West). Damit kommen sie dem räumlichen Verständnis in der wirtschaftsgeographischen Forschung deutlich näher als die aggregierte Betrachtung der neuen Wachstumstheorie. In ihrer Diktion orientiert sich die neue Außenhandelstheorie an den Modellen von Myrdal, Hirschman und Lasuén (vgl. Myrdal 1957; Hirschman 1958; Lasuén 1973), die sich auch mit Nord-Süd-Gegensätzen bzw. Zentrum-Peripherie-Dichotomien auseinander gesetzt haben (diese allerdings nicht modelltheoretisch abbilden konnten) und mit dieser Argumentation großen Nachhall in der wirtschaftsgeographischen und entwicklungsökonomischen Theoriediskussion fanden. Somit bezieht sich der Neuheitsgrad der auf den Modellen gegründeten "new economic geography" insbesondere auf die Ökonomie und die Erweiterung ihres Blickwinkels von der Punktwirtschaft in den Raum und weniger auf die Geographie. Für die Wirtschaftsgeographie ist von Bedeutung, dass die eher ablehnende Haltung zur wachstumstheoretischen Diskussion, die sich auf die realitätsfernen Prämissen und den dem Marktmechanismus immanenten Ausgleich von Wachstumsunterschieden begründete, einer intensiveren Auseinandersetzung mit den Modellen und ihren raumstrukturellen Implikationen weichen sollte, um auf diese Weise die bislang noch rudimentäre Raumsicht der neuen Ansätze durch das theoretische und empirische Erkenntnisspektrum der wirtschaftsgeographischen Forschung zu ergänzen und zu erweitern. An dieser Schnittstelle könnten sich in der Zukunft fruchtbare Kooperationen zwischen Ökonomie und Geographie entwickeln.

4 Erklärungen zu den raumdifferenzierenden Mechanismen im Innovationsprozess

4.1 Diffusion, Spillovereffekte und Externalitäten

4.1.1 Begriffliche Abgrenzungen

Sowohl in der neuen Wachstumstheorie als auch in der neuen Außenhandelstheorie stellen die Diffusion von Innovationen und so genannte Wissensspillovers wichtige Wachstumsmotoren und raumdifferenzierende Faktoren dar.[166] Vor allem in der jüngeren wachstumstheoretischen wie regionalökonomischen Literatur wird auf die besonderen Aspekte der Diffusion von Information und Wissen für Wachstum und Regionalentwicklung eingegangen. *Innovationsdiffusion* ist ein sehr weit gefasster Begriff, der den zeitlichen und räumlichen Ausbreitungsprozess von neuen Produkten und Verfahren, den des in ihnen inkorporierten Wissens sowie von innovationsrelevanten Informationen beinhaltet.[167] Diffusion kann durch Adoption, Adaption oder Imitation erfolgen. Die *Adoption* ist die Nutzung bzw. Verwertung einer Technik auf der Grundlage von Blaupausen oder Schutzrechten. Die Innovation wird so verwertet bzw. produziert, wie sie entwickelt wurde (Malecki 1991: 121). In der Regel erhält der Erfinder bzw. Schutzrechtsinhaber eine Vergütung für die Nutzung seiner Entwicklung, beispielsweise durch Einkommen aus Lizenzen. Eine Form der Adoption ist das Franchising, bei dem der Franchisenehmer für die Nutzung der Innovation und dem damit verbundenen Markennamen bezahlt. Eine *Adaption* liegt vor, wenn die Technik bzw. die Innovation vor ihrer erstmaligen Nutzung im jeweiligen Kontext an spezifische Nutzerbedürfnisse und Gegebenheiten

---

[166] "The "New" growth economics has emphasized two points: (i) technical change is the result of conscious economic investments and explicit decisions by many different economic units, and (ii) unless there are significant externalities, spillovers, and other sources of social increasing returns, it is unlikely that economic growth can proceed at a constant, undiminished rate into the future" (Griliches 1992: S29).

[167] "Diffusion can take two forms. Either a blueprint or a machine is distributed to a large number of potential users who thus become imitators/adapters, or it is diffused by education in schools, courses and other didactical institutions" (Andersson 1995: 14).

angepasst werden (ebenda: 119), z.B. durch inkrementale Innovationen. Adaption kann vom Schutzrechtsinhaber selbst oder aber von Lizenznehmern erfolgen, wenn die Verwertungsrechte dies gestatten. Wird eine technische Lösung bzw. eine Innovation verwendet (kopiert), ohne das die entsprechenden Schutzrechte vorliegen (oder ausgelaufen sind), liegt eine *Imitation* vor. Imitationen sparen Entwicklungskosten auf Seiten des Imitators und tragen zu Lasten des ursprünglichen Entwicklers/Erfinders nicht unwesentlich zur Technikdiffusion bei.

Unter *Spillovers* werden "...hauptsächlich Externalitäten verstanden, bei denen Information *technischen oder wissenschaftlichen* Inhalts den Charakter eines öffentlichen Gutes hat" (Harhoff 1995: 84).[168] Da Wissen nie vollständig von Unternehmen oder anderen Innovationsakteuren appropriierbar ist und somit zumindest in Teilen zu einem öffentlichen Gut wird, kann es entweder geplant oder aber auch unbeabsichtigt zu anderen Innovationsakteuren diffundieren. *Spilloverkanäle* sind u.a. vom Unternehmen verkaufte Produkte, Veröffentlichungen, Kataloge, Patente, persönliche Kontakte und Mitarbeitertransfer (vgl. Hanusch/Cantner 1993: 28). Dabei erhält der Innovator für den Wissenstransfer keine Gegenleistung (Harhoff/König 1993: 55).[169] Damit stellen Spillovers eine positive Externalität für die Wissensnutzer dar.

---

[168] Griliches unterscheidet zwischen normalen FuE-Spillovers, die aus dem Kauf von FuE-intensiven Inputs resultieren und wahren Spillovers: "True spillovers are ideas borrowed by research teams of industry *i* from the research results of industry *j*" (Griliches 1992: S36).

[169] Harhoff/König weisen darauf hin, dass Spillovers zwar einen positiven Effekt für den Empfänger haben, da er Wissen zu einem Preis bezieht, der unterhalb der eigenen Erzeugung dieses Wissens liegt, demgegenüber aber negative Effekte für die Gesamtwirtschaft, da durch den öffentlichen Charakter dieses Wissens ein negativer Anreizeffekt für den Spilloverproduzenten entsteht mit der Folge, dass insgesamt zu wenig Wissen produziert wird. Da aber die Aufnahme neuen Wissens von der Absorptionskapazität der Wissensempfänger abhängt (vgl. Cohen/Levinthal 1990), und diese wiederum vom Umfang selbst erzeugten wie auch vom aufgenommenen externen Wissen, d.h. von der eigenen Innovationsaktivität beeinflusst wird, ist es möglich, dass Unternehmen durch Spillovers höhere Innovationsaufwendungen haben als in einer Welt ohne Spillovers (Harhoff/König 1993: 57).

4.1.2 Zeitliche und räumliche Diffusionsmuster

Zur Frage der Ausbreitungsmuster von Innovationen und neuem Wissen liegen aus der Diffusionsforschung umfangreiche, wenn auch nach jeweiliger Modellsicht sich teilweise widersprechende Ergebnisse vor.[170] Unbestritten ist der *zeitliche Diffusionsverlauf*. Dieser entspricht einer S-förmigen logistischen Kurve. "Diese Kurve zeigt ein langsam ansteigendes Anfangsstadium unterschiedlicher Länge, ein Zwischenstadium schnellerer Entwicklung und ein Endstadium abnehmenden Anstiegs mit anscheinend asymptotischer Annäherung an einen Höchstwert" (Hägerstrand 1970: 368). Der Höchstwert hängt von der Adoptionsbereitschaft und -fähigkeit der potenziellen Nutzer, von sich im Diffusionszeitraum ergebenden Alternativen sowie von regionalen Strukturmerkmalen[171] ab, sodass sich für identische Innovationen unterschiedliche regionale Adoptionsverläufe ergeben können (vgl. Schätzl 1996: 113).[172] Eine Grundvoraussetzung für die Ausbreitung von Neuerungen

---

[170] Vgl. die Literaturübersicht bei Frenkel/Shefer (1996), die Darstellung räumlicher Diffusionsstudien bei Pfirrmann (1991), diverse Beiträge in Bertuglia *et al.* (1997) sowie Davelaar (1991: 45-55) und OECD (1992: 47-65).

[171] Um die Frage "Why are certain regions so attractive regarding the adoption of innovations?" zu beantworten, stellen Davelaar/Nijkamp (1997: 25-29) ein Modell auf, das die Adoptionswahrscheinlichkeit in einer Region durch die von regionalen Innovationsverteilungszentren ("distribution (centres) of innovations") beeinflusste Anzahl der adoptierten Innovationen erklärt. Die Wahrscheinlichkeit der Ansiedlung dieser Innovationsverteilungszentren hängt angebotsseitig von der Zahl innovativer Unternehmen und der Bedeutung von Mehrbetriebsunternehmen ("sectoral composition"), der räumlichen Konzentration von Informationsnetzwerken und der Kommunikationsinfrastruktur ("information network") sowie von Agglomerationsfaktoren ("agglomeration economies") ab. Die Adoptionswahrscheinlichkeit wird nachfrageseitig wiederum durch die Sektoralstruktur, Kommunikationsnetzwerke, Agglomerationsvorteile und die physikalische Infrastruktur beeinflusst. Damit sind die Einflussfaktoren umrissen, die nach Meinung der Autoren die wesentlichen externen Innovationsdeterminanten darstellen.

[172] Siebert (1970: 100) zieht in seiner Theorie regionalen Wirtschaftswachstums folgende Schlussfolgerung über die Wirkung der Innovationsdiffusion: "Unterschiedliche Standorteigenschaften, eine Differenzierung der Finanzierungsmittel, verschiedener Industriebesatz in Verbindung mit unterschiedlichen Situationen der Sektoren führen zu einem unterschiedlichen Strom von Innovationen. Berücksichtigt man neben diesen Determinanten noch die ungleiche Verteilung der Informationsmasse über Inventionen, so ist eine unterschiedliche Verteilung einer Menge von Innovationen in einer Periode auf die einzelnen Regionen sehr wahrscheinlich."

ist die soziale Kommunikation.[173] Das Muster der Ausbreitung wird wiederum durch die Kommunikationskanäle der potenziellen Adoptoren und die räumliche Reichweite der Kommunikationsbeziehungen bestimmt.

In der Innovationsforschung werden **vier unterschiedliche Diffusionsmodelle** diskutiert (vgl. Antonelli 1995: 54-61):

- *Post-Keynesianische Modelle* (z.B. Kaldor 1957): Nach diesen ist Diffusion Ergebnis einer Investitionsentscheidung. Die Analyse der Merkmale des Diffusionsprozesses ist hier nicht Gegenstand der Analyse.

- *Epidemische Modelle* (z.B. Mansfield 1961), die die Grundlage für die Herleitung der logistischen S-Kurve des Diffusionsverlaufs bildeten (vgl. Dreher 1997: 60): Sie gehen davon aus, dass Informationen über Innovationen nicht gleichmäßig verteilt sind und sich Innovationen über die Kontakte von Techniknutzern mit potenziellen Adoptoren nach einem epidemischen Muster ausbreiten. Diesen Modellen liegt die Annahme zu Grunde, dass die Adoption unmittelbar nach der "Ansteckung", d.h. der Information erfolgt.

- *Gleichgewichtsmodelle* (z.B. Davies 1979; Stoneman 1983): Sie interpretieren Diffusion als Ergebnis des rationalen Verhaltens vollständig informierter, aber strukturell heterogener potenzieller Adoptoren. Diese unterscheiden sich hinsichtlich Größe, Produktionskosten, Wettbewerbsfähigkeit und Kapitalertrag. Diffusion findet nur zwischen dem Teil der potenziellen Adoptoren statt, für die die Adoption rentabel ist.[174]

- *Schumpeterianische Modelle* (z.B. Metcalfe 1981): Sie sehen technischen Wandel als Ergebnis eines Wettbewerbsprozesses. Durch die Realisierung von Monopolrenten der Innovatoren werden Imitatoren

---

[173] "Die Ausbreitung von Neuerungen ist definitionsmäßig abhängig von der sozialen Kommunikation. Man kann keine Neuerungen einführen, soweit man sie nicht selbst erfunden hat, wenn man sie nicht vorher gesehen, von ihnen gehört oder über sie gelesen hat" (Hägerstrand 1970: 367).

[174] "Each potential adopter rationally delays adoption until his or her own cost conditions are better off with the old technique. Adoption takes place gradually over time as soon as the operating costs of firms using existing capital goods are - become - higher than the production costs of the innovated capital good" (Antonelli 1995: 59).

stimuliert, durch inkrementale Innovationen neue Produkte auf den Markt zu bringen, die wiederum attraktiv für einen großen Kreis potenzieller Adoptoren sind. Der Diffusionsprozess wird nach dieser Sichtweise durch Imitationen forciert.[175] Durch das größere Produktangebot sinken die hedonischen Preise und die Nachfrage steigt. Dadurch entstehen neue Unternehmen, die zu weiteren Preissenkungen beitragen. Die Preissenkungen bedingen sinkende Innovatoren- bzw. Imitatorenrenten als auch eine sinkende Rentabilität der Adoption, sodass das Imitations- wie Adoptionsinteresse im Zeitablauf erlahmt und erst wieder durch eine neue Innovation belebt wird.

Die Segmentierung von Innovationen und die Analyse der Diffusion von Einzelinnovationen, wie sie beispielsweise im letztgenannten Diffusionsmodell erfolgt, ist aus analytischer Sicht hilfreich, für die Abschätzung der regionalen Absorptionsfähigkeit neuen technischen Wissens dagegen weniger geeignet, da sich in der Realität die Diffusion einer Vielzahl von Innovationen überlagern und je nach regionaler Faktorausstattung und Nachfrage einmal die eine, ein weiteres Mal die andere Region stärker adoptiert.

Unter **räumlichen Gesichtspunkten** wird bei der Innovationsdiffusion unterschieden zwischen (vgl. Schätzl 1996: 114):

- der *wellenförmigen Diffusion*, nach der sich eine Innovation vom Ort ihrer Entstehung in konzentrischen Kreisen um das Innovationszentrum durch Nachbarschaftseffekte ausbreitet;
- der *hierarchischen Diffusion*, nach der die Ausbreitung sprunghaft über das System der zentralen Orte erfolgt;
- der *radialen Diffusion*, nach der die Innovation der vom Innovationszentrum zentrifugal ausgehenden Kommunikationslinien erfolgt;
- der *epidemischen Diffusion*, bei der sich das Diffusionsmuster aus den Standorten potenzieller Adoptoren und deren Kontaktintensitäten ergibt.

---

[175] Mit einem Zitat von Rothwell und Zegfeld weisen Arnold/Thuriaux (1997: 4) darauf hin, dass "...not the creation of technological leadership in itself that affords a nation its competitive advantage, but the rate and level of diffusion of the technology into economic use."

Vor allem die Annahme hierarchischer und radialer Diffusionsverläufe geht zumindest implizit davon aus, dass Innovationen in großen urbanen Zentren entstehen und von dort aus langsam in die Peripherie sickern. Diese Ansicht steht im Gegensatz zu den Resultaten einer Vielzahl von Diffusionsstudien, nach denen sich kein einheitliches Zentrum-Peripherie-Gefälle hinsichtlich der Nutzungshäufigkeiten von Techniken und des Zeitpunktes der Erstnutzung ergeben (vgl. Malecki 1991: 109). Auch ist weder das eine noch das andere Modell für alle Diffusionsfälle gültig, sondern die unterschiedlichen Formen überlagern sich in der Realität. Pfirrmann (1991: 33-35) kommt anhand der Auswertung räumlicher Diffusionsstudien sowie eigener Untersuchungen mittels eines Datensatzes westdeutscher Unternehmen zu dem Ergebnis, dass zwar räumlich voneinander abweichende Adoptionsraten bestehen, diese aber kein Zentrum-Peripherie-Muster aufweisen und nicht einem hierarchischen Diffusionsverlauf folgen.[176] Regionale Unterschiede können vor allem über betriebsstrukturelle Merkmale aufgezeigt werden.[177] Dabei spielt die Unternehmensgröße eine, wenn auch nicht entscheidende, Rolle, da sie nur ein "Stellvertreter" für andere, das Adoptionsverhalten beeinflussende betriebliche Merkmale ist.[178] Bezogen auf Maas (1990:

---

[176] Aus diesem Resultat kann aber wiederum nicht gefolgert werden, dass es keinen Zusammenhang zwischen Urbanität, d.h. den Vorteilen einer Agglomeration, und der *Entstehung* von Innovationen gibt: "The prevalent view...is that innovation begins in metropolitan regions, where the incubation of new products and processes take place. Empirical research as usually confirmed the competitive edge enjoyed by the firms located in the large metropolitan areas" (Frenkel/Shefer 1996: 35). Die Studien zeigen nur, dass die Erst- oder frühen *Nutzer* nicht unbedingt ihren Standort in einem Zentrum haben müssen, sondern durchaus an Standorten außerhalb großer Agglomerationsräume lokalisiert sein können.

[177] "Es scheint sich inzwischen ein Konsens dahingehend eingestellt zu haben, dass der vermeintliche Einfluss der Regionalzuordnung nach Kontrolle für andere Merkmale der Technikadoptoren (wie Unternehmensgröße, Qualifikation des Personals etc.) statistisch völlig insignifikant wird" (Harhoff 1995: 89). Hinsichtlich regionaler Einflussfaktoren vertritt Fischer (1990: 57) eine andere Position: "There are good reasons to assume that the explanations of regional differentials in the innovation diffusion process lie not only in regional differences in industrial structure or in the size structure, but are also related with the local industrial milieu and the corporate context of industrial organization."

[178] "The simple and attractive finding that largest firms adopt earliest, has numerous proponents and supporters. ...However, Ray (1969) sees no such clear pattern. ... Rather than size of firm, Ray attributes differences in the 'attitude of management' is likely to have the greatest impact on the application of new techniques" (Malecki 1991: 120). Demgegenüber formulieren Frenkel/Shefer (1996: 33): "The pro-

54) unterscheidet Dreher (1997: 69-80) zwei **Determinantengruppen betrieblicher Adoptionsentscheidungen**:

(1) Charakteristika der Innovation (wie Innovationshöhe, Teilbar- oder Unteilbarkeit, Komplexität, Innovationsart[179]) und Charakteristika der Betriebe (wie Produktprogramm, Produktionstechnik, Knowhow-Potenzial, Opportunitätsbetrachtungen alternativer Verhaltensweisen), die die Wirtschaftlichkeitsbetrachtung der Unternehmen beeinflussen;[180]

(2) Betriebliche Verhaltensweisen wie das Informationsverhalten, das Finanzierungsverhalten, die Organisationsstruktur des Unternehmens und die Persönlichkeitsmerkmale der am Innovationsprozess Beteiligten.

4.1.3 Agglomerationseffekte

Während sich Innovationen über große Entfernungen verbreiten können, wird bei den Wissensspillovers davon ausgegangen, dass die räumliche Verfügbarkeit des öffentlichen Gutes Wissen bzw. Information begrenzt ist, da beispielsweise persönliche Kontakte beim Wissenstransfer eine Rolle spielen (vgl. Harhoff 1995: 84). Daher stellt sich hier mehr noch als bei der Innovationsdiffusion die Frage, *welche räumlichen Merkmale den Spillover von Wissen zwischen den Innovationsakteuren fördern.* Wegen ihrer angenommenen geringeren räumlichen Reichweite besteht zudem ein engerer Zusammenhang zwischen Wissensentstehung und Wissensnutzung als zwischen der Entstehung und Nutzung einer Innovation. Da Wissen wegen seiner Mobilitätseigenschaften und seines

---

cess of adopting innovations is most prevalent in large, multi-plant firms, whereas innovations are most often generated in places where research and development takes place."

[179] Nach Mansfield (1968) diffundieren Innovationen, die in großen Kapitalgütern inkorporiert sind, langsamer als Innovationen in kleineren Kapitalgütern. Davies (1979) führt aus, dass schwer erlernbare Prozessinnovationen langsamer diffundieren als Produktinnovationen.

[180] Baptista (1999) zeigt anhand einer Literaturanalyse auf, dass Prozessinnovationen in weniger konzentrierten Märkten schneller diffundieren und dass große Unternehmen Innovationen früher adoptieren als kleine Unternehmen (Baptista 1999: 124).

durch Lernprozesse bedingten kumulativen Charakters vor allem dort generiert wird, wo eine Vielzahl von Innovationsakteuren angesiedelt sind (z.B. Unternehmen, Universitäten, Forschungseinrichtungen), ist die Analyse der Entstehung und Wirkung von Spillovereffekten eng mit der Wirkung von Agglomerationsfaktoren und einem für Wissensgenese und Innovation förderlichen regionalen Umfeld verknüpft.[181] Spillovers entstehen durch Externalitäten, sind aber gleichzeitig wiederum selbst eine Externalität für die Wissensnutzer.

In der Standorttheorie sind die Vor- wie Nachteile einer räumlichen Konzentration von Industriebetrieben spätestens seit der Standorttheorie Alfred Webers bekannt. Aufbauend auf diesen Erkenntnissen haben Ohlin (1933) und Hoover (1937) **Agglomerationsfaktoren (Degglomerationsfaktoren)** klassifiziert in

(a) interne Ersparnisse ("large-scale economies"),

(b) Lokalisationsvorteile (-nachteile) und

(c) Urbanisationsvorteile (-nachteile).[182]

In der Folge haben sich eine Vielzahl von Forschungsarbeiten mit dem Nachweis der Agglomerationsfaktoren und ihrer Wirkungen auf Urbanisierung und Wirtschaftswachstum beschäftigt.[183] Dennoch blieben diese

---

[181] "If geographical proximity facilitates transmission of ideas, then we should expect knowledge spillovers to be particularly important in cities" (Glaeser *et al.* 1992: 1127).

[182] "(a) *Large-scale economies* within a firm, consequent upon the enlargement of the firm's scale of production at one point. (b) *Localization economies* for all firms in a single industry at a single location, consequent upon the enlargement of the total output of that industry at that location. (c) *Urbanization economies* for all firms in all industries at a single location, consequent upon the enlargement of the total economic size (population, income, output, or wealth) of that location, for all industries taken together" (Isard 1956: 172).

Neben "economies of scale" können Unternehmen im Zuge des Einsatzes neuer Fertigungskonzepte auch "economies of scope" realisieren, in dem sie ihre Produktion flexibel und kurzfristig veränderten Marktanforderungen anpassen (vgl. Schätzl 1996: 207).

[183] Vgl. z.B. die Konferenzbeiträge zu "Urban Agglomeration and Economic Growth" bei Giersch (1995).

Wirkungen diffus (Richardson 1995: 123).184 Unbestritten ist, dass Agglomerationen, sofern sie hinsichtlich der Auslastung ihrer Infrastruktur und des Bodens nicht eine kritische Größe überschreiten, die Leistungsfähigkeit von Unternehmen durch Kostensenkungen und Erlössteigerungen verbessern. Die Verfügbarkeit qualifizierter Arbeitskräfte, die räumliche Nähe zu potenziellen Kooperationspartnern, Zugang zu Wissen, Ausbildung und Forschung sowie Marktnähe verringern Transaktions- und Innovationskosten sowie die Risiken im Innovationsprozess.185

Während die klassischen Agglomerationsfaktoren marktbezogene Externalitäten darstellen (Krugman 1995: 50), entstehen Spillovereffekte wissens- und technologiespezifisch vor allem aus den soziokulturellen und institutionellen Strukturen einer Agglomeration. Mit der Hervorhebung von Wissensspillovers in der Erklärung regionaler Wachstums- und Innovationsprozesse ist auch eine *neue Interpretation von Agglomerationseffekten* verbunden. Ausgangspunkt dieser Überlegungen ist die Tatsache, dass in vielen Studien nur schwache Beziehungen zwischen den Unternehmen in einer Agglomeration nachgewiesen werden konnten.186

---

[184] "The paradox in urban economics over the last thirty years is that agglomeration economies (and diseconomies) are the driving force behind explanations of geographical concentration of economic activity and population within cities, yet remain something of a black box. There have been...several diverse attempts to measure these economies, but their precise role remains elusive" (Richardson 1995: 123).

[185] "Presence in an agglomeration is...held to improve performance by reducing the costs of transaction for both tangibles and intangibles. In this way, the key to agglomeration has been attributed to the minimization of the distance between a firm and its trading partners, as well as to the rapidity with which communication can take place between customers and suppliers" (Malmberg 1996: 394-395).

David/Rosenbloom (1990: 352) weisen zudem noch auf die Vorteile hin, die eine Agglomeration für Arbeitgeber hat: "In an uncertain world, in which the fluctuating fortunes of individual firms do not display strong positive correlation even in the same industry, the presence of large numbers of employers at a given location obviously will tend to reduce the magnitude of temporal variations in aggregate labor demand expected at that locale. ... On the other side of the market, spatial proximity can create positive externalities for employers because workers' search costs (in the event of layoff) are smaller and the expected relocation costs will be much less substantial where there is a greater probability for re-employment in the same local labor market."

[186] "The focus on the efficiency and intensity of local transactions is somewhat paradoxical, since the much theorized linkages between agglomerated firms have proved to be weak and indeed thin, in empirical studies" (Malmberg 1996: 395).

Es sind somit gar nicht so sehr die ökonomischen Effekte, die den Vorteil einer Agglomeration ausmachen, sondern *soziale Kontaktmöglichkeiten* und der *Zugang zu Wissen und Institutionen der technologischen Infrastruktur*.[187] Wegen der Wechselwirkungen zwischen den verschiedenen Akteuren und Institutionen, der Kumulativität von Lernprozessen sowie der Dynamik in der Wissensgenese, zu der Spillovereffekte maßgeblich beitragen, wird die statische Betrachtung von Agglomerationseffekten durch eine dynamische Sichtweise abgelöst:[188]

> Agglomerationen entstehen danach nicht nur auf Grund natürlicher Lage- oder Größenvorteile, sondern wegen der räumlichen Bindung von spezifischem Wissen, das auf die Realisierung von radikalen Innovationen zielt. Dessen vorwiegend impliziter Charakter erfordert regelmäßige interpersonelle Kontakte, wobei räumliche, kulturelle und institutionelle Nähe eine wesentliche Voraussetzung für den schnellen Wissensaustausch ist. Diese Nähe wird aber nicht unbedingt durch politische Grenzen und administrative Raumeinheiten definiert.[189]

Durch die Überführung der Wissensressourcen in Innovationen, die wiederum die Grundlage für die Entstehung einer neuen Industrie bilden können, besteht für die wissensgebende Region die Möglichkeit, sich zu

---

[187] Zur Definition und zu den Funktionen von Institutionen der technologischen Infrastruktur vgl. Koschatzky *et al.* (1996b).

Malmberg (1996: 396) merkt zu diesem Wissenspool an: "Thus, innovating firms and organizations make use of the institutions and resources that constitute what has been called the technological infrastructure of places. More specifically, this technological infrastructure can be defined as consisting of concentrations of industrial and university R&D; agglomerations of manufacturing firms in related industries; and networks of business-service providers. The clustering of these inputs creates scale economies, facilitates knowledge-sharing and crossfertilization of ideas, and promotes face-to-face interactions of the sort that enhance effective technology transfer."

[188] "The most important agglomeration economies are dynamic rather than static efficiencies and revolve around the rate of learning and the capacity for innovation" (Porter 1996: 87). Vgl. auch die Übersicht zu Arbeiten über flexible Akkumulation, kumulative Verursachung und externe Effekte bei Phelps (1992).

[189] "Geographic, cultural, and institutional proximity, which may not necessarily coincide with political boundaries, is integral to the rapid flow of highly applied knowledge..." (Porter 1996: 87).

einer neuen Agglomeration zu entwickeln (Storper 1997: 70). Es ist daher denkbar, dass sich marktmäßige (statische) Agglomerationseffekte und ihre räumliche Bindung von den dynamischen, lern- und wissensbezogenen Agglomerationseffekten und ihrer räumlichen Ausprägung unterscheiden und sich damit neue Standorterfordernisse entwickeln, die nicht von allen klassischen Agglomerationsräumen in gleicher Weise erfüllt werden können.[190] Mit dieser dynamischen Interpretation von Agglomerationseffekten lassen sich Bedeutungsverluste bestehender Agglomerationen, die nicht durch Agglomerationsnachteile der klassischen Definition gekennzeichnet sind, und die Entstehung neuer Agglomerationsräume realistischer erklären als mit dem statischen Ansatz.[191]

Agglomerationen unterliegen einem kontinuierlichen Wandel und ihre Innovationsakteure der ständigen Herausforderung, ihre Wettbewerbspositionen zu sichern und zu verbessern. Dies ist nur möglich, wenn es ihnen gelingt, durch neues, nicht-standardisierbares Wissen einen Wettbewerbsvorsprung gegenüber Innovatoren in anderen Regionen zu erzielen. Gelingt es dagegen anderen Wirtschaftsakteuren, das Wissen zu imitieren oder selbst regionsspezifisches Wissen (und darauf basierende Innovationen) zu generieren, können sie die Agglomeration in ihrer Wirtschaftsdynamik und Vorreiterfunktion überholen.[192] Spillovereffekte, Diffusion und interindustrielle Verflechtungen sind wesentliche

---

[190] Vgl. dazu das Konzept der "global cities" sowie die aufgeführten Beispiele globaler Städte bei Sassen (1996). Zu den unterschiedlichen Suburbanisierungsprozessen, einschließlich der Suburbanisierung des tertiären Sektors vgl. Gaebe (1987). Bairoch (1988) legt eine umfangreiche Beschreibung des Urbanisierungsprozesses von der Entstehung der ersten Zivilisationen bis in die heutige Zeit vor. Nach seinen Ausführungen haben Städte auch im Innovations- und Diffusionsprozess eine Vorrangstellung: "Empirical analysis...fully confirms the predictions suggested by deductive reasoning, which has in just every case assigned the city a leading role in innovation in the broadest sense of the word, including technological innovation. ...Thus the studies prove what already seemed self-evident: the city promotes the diffusion of innovations more than the country" (Bairoch 1988: 325/328). Wie die bisherigen Ausführungen in diesem Abschnitt zeigen, kann dieser Sichtweise in ihrer Ausschließlichkeit nicht unbedingt gefolgt werden.

[191] Vgl. auch Oakey (1985).

[192] "...the production advantages of an agglomeration are sharply focused by the rapid decline that may overtake such areas if the skills and secrets of production are imitated elsewhere in areas where production costs (particularly labour) are considerably lower..." (Oakey/Cooper 1989: 349).

Mechanismen für die Entstehung neuer Entwicklungspfade. Zwischen den einzelnen Regionen in einem Raumsystem bestehen daher funktionale Beziehungen in der Form vernetzter regionaler Produktionssysteme. Die Organisation und Dynamik wirtschaftlicher Aktivitäten im Agglomerationsraum wird nach dieser evolutionären Sichtweise beeinflusst durch organisatorische Entwicklungen in den übrigen Regionen (Scott 1995; Storper 1997: 77). Da aber auf Grund von langfristigen Investitionen in Produktionsanlagen oder die öffentliche Infrastruktur keine flexible Standortwahl erfolgt, sondern das wirtschaftliche Umfeld einer Region die Ansiedlung moderner wirtschaftlicher Aktivitäten beeinflusst, sind *Agglomerationsräume weder einem kurzfristigen Wandel unterworfen noch bieten sie allen Industrien* (z.B. junge Betriebe in neuen Technologiefeldern) *ein innovationsförderndes Umfeld an* (Coe/Townsend 1998: 389). In dieser Inflexibilität liegt der Schlüssel, dass auch Regionen außerhalb der Ballungszentren eigene Wachstumsbedingungen generieren können.

4.1.4 Spillovereffekte

Bei der Entstehung und den Wirkungen von Spillovereffekten unterscheiden Glaeser *et al.* (1992: 1127-1130) zwischen zwei unterschiedlichen Externalitäten, die sie als MAR- sowie Jacobs-Externalitäten bezeichnen. Die *Marshall-Arrow-Romer (MAR) Externalität* betrifft Wissensspillover zwischen Unternehmen innerhalb eines Wirtschaftszweiges und ist damit den Lokalisationsvorteilen vergleichbar. Mit Bezug auf Arrow (1962a) und Romer (1986) sowie Marshalls "Principles of Economics" nehmen Glaeser *et al.* an, dass die Konzentration eines Wirtschaftszweiges in einer Stadt den Wissensspillover zwischen den Unternehmen fördert und damit das Wachstum des Wirtschaftszweiges und der Stadt.[193] Maßgeblich für diese Wirkung ist die Internalisierung intraindustrieller Spillovereffekte, die durch die Unterbindung des Wissensabflusses zu anderen Unternehmen außerhalb der Branche das Innovationstempo erhöhen (vgl. Harhoff 1995: 90). Auch Porter (1990) betont in seinem Clusterkonzept die wachstumsfördernde Wirkung der

---

[193] Offen bleibt, wie Glaeser *et al.* zu dieser Schlussfolgerung gelangen, da sich weder bei Romer (1986) noch bei Arrow (1962b) Hinweise auf eine sektorale Differenzierung finden. Arrow (1962b: 164) formuliert explizit: "Assume a one-sector model...".

Wissensdiffusion zwischen spezialisierten, geographisch konzentrierten Unternehmen, die aber nicht durch ein lokales Monopol entsteht, sondern durch lokalen Wettbewerb, der zwar Innovatorengewinne reduziert, dafür aber den Innovationsdruck erhöht.[194] *Jane Jacobs* vertritt in "The Economy of Cities" (1969) eine andere Position. Sie erklärt das Wachstum von Städten mit deren heterogener Wirtschaftsstruktur, d.h. durch Urbanisationsvorteile. Unternehmen profitieren nicht vornehmlich vom Wissenstransfer aus der eigenen Branche, sondern von Wissen, dass von außerhalb der jeweiligen Branchen stammt.[195] Damit fördert regionale Diversifizierung den Wachstums- und Innovationsprozess und Unternehmen in industriell diversifizierten Regionen, so die These, wachsen schneller als solche in industriell spezialisierten Regionen.[196]

In ihren empirischen Analysen kommen Glaeser *et al.* (1992: 1134-1151) zu Ergebnissen, die weitgehend die Position von Jacobs bestätigen. Je weniger einzelne Städte spezialisiert sind, desto schneller wachsen die Branchen in diesen Städten. Dieser Erkenntnis steht allerdings die Tatsache gegenüber, dass eine Vielzahl von Städten auf wenige Branchen spezialisiert sind. Da MAR-Externalitäten (d.h. Lokalisationsvorteile) das Wachstum dieser Städte nicht erklären können, ziehen Glaeser *et al.* die Schlussfolgerung, dass *interindustrielle Wissensspillover wachstumsfördernder sind als der Wissenstransfer innerhalb von Branchen*,[197] daneben aber andere Externalitäten wirken, die zur regionalen Spezialisierung und Stadtentwicklung beitragen. Wissensspillover können danach vor allem dann Innovationsprozesse wirkungsvoll unterstützen, wenn sie aus einer Vielzahl heterogener Quellen gespeist werden und der Wissensnutzer Zugang zu diesem diversifizierten Wissenspool hat.

---

[194] Vgl. auch Porter (1994).

[195] Scherer (1982) zeigt anhand von US-Daten, dass 70 Prozent der Inventionen einer Branche von branchenfremden Unternehmen genutzt werden.

[196] Zu einem ähnlichen Ergebnis kommt Arthur (1990: 249) anhand seines Agglomerationsmodells, indem er feststellt: "Increasing returns do not necessarily imply monopoly."

[197] "We have shown that at the city-industry level, specialization hurts, competition helps, and city diversity helps employment growth. Our best interpretation of this evidence is that interindustry knowledge spillovers are less important than spillovers across industries..." (Glaeser *et al.* 1992: 1150-1151).

Bislang wurde davon ausgegangen, dass Spillovereffekte eine begrenzte räumliche Reichweite aufweisen, ohne konkrete Aussagen über diese *räumliche Dimension* zu machen. Hauptgrund dafür ist, dass es lange Zeit umstritten war, ob sich Spillovereffekte überhaupt nachweisen und damit messen lassen.[198] Einen ersten Nachweis ihrer Existenz legte Jaffe (1986) vor, indem er auf der Basis von 573 (1972) bzw. 557 (1978) Unternehmensdaten, die er 21 häufigen Patentclustern zuordnete, einen positiven Effekt zwischen hoher FuE-Aktivität in einem Technikfeld und der Forschungstätigkeit von Unternehmen, die in diesem Bereich aktiv sind, feststellt.[199] Er interpretiert dieses Ergebnis anhand seiner Modellrechnungen als Kombination von technologischen Spillovers und Patentstrategien von Unternehmen. Diese würden dann mehr patentieren, wenn der technologische Wettbewerbsdruck größer wird (Jaffe 1986: 998). In Erweiterung dieser Analysen führte Jaffe in einem Artikel aus dem Jahr 1989 auch die räumliche Dimension in seine Berechnungen ein. Er stellte nunmehr fest, dass die Patentanmeldungen von Unternehmen mit zunehmenden Forschungsausgaben von Hochschulen, die innerhalb desselben US-Bundesstaates angesiedelt sind, steigen. Damit kann er Spillovereffekte auf der Basis US-amerikanischer Bundesstaaten nachweisen, hat aber keinen Anhaltspunkt darüber, ob räumliche Nähe auch innerhalb der Bundesstaaten für den Wissenstransfer eine Rolle spielt (Jaffe 1989: 968). Aus europäischer Sicht ist die Übertragbarkeit dieser Ergebnisse begrenzt, da die festgestellten räumlichen Effekte bei einem Flächenvergleich von Bundesstaaten zu Staaten in Europa denen innerhalb von nationalen Innovationssystemen entsprechen würden und daher der Begriff "Nähe" keine Aussagekraft mehr besitzt. In einer Replik auf diesen Artikel, die die Problematik von Patentdaten als Indikator für Innovationsoutput verdeutlichen soll, kommen Acs *et al.* (1992) bei der Verwendung eines Datensatzes von 4.200 lokalisierbaren Produktinnovationen, der aus einem Innovationszensus der Small Business Administrati-

---

[198] So formuliert Krugman (1991a: 53): "Knowledge flows...are invisible; they leave no paper trail by which they may be measured and tracked, and there is nothing to prevent the theorist from assuming anything about them that she likes."

[199] "Firms whose research is in areas where there is much research by other firms have, on average, more patents per dollar of *R&D*, and a higher return to *R&D* in terms of accounting profits or market value, though firms with very low own *R&D* suffer *lower* profits and market value if their neighbors are *R&D* intensive" (Jaffe 1986: 998).

on aus dem Jahre 1982 stammt, dennoch zu ähnlichen Resultaten wie Jaffe und bestätigen damit seine Analysen.[200]

Um zu zeigen, dass räumliche Nähe zwischen Unternehmen und Forschungseinrichtungen auch innerhalb von Bundesstaaten für den Wissensspillover von Bedeutung ist, untersuchen Jaffe *et al.* (1993), wie oft Patente aus zwei aus den Jahren 1975 und 1980 stammenden Universitäts- und Unternehmenspatentkohorten bis zum Jahr 1989 in anderen Patenten von Universitäten und Unternehmen zitiert wurden. Nach der Adresse des/der Erfinder(s) lässt sich dabei für das zitierte wie für das zitierende Patent eine räumliche Zuordnung treffen, die zwischen Land, Bundesstaat und SMSA (Standard Metropolitan Statistical Area) differenziert. Für 1989 zitierte Patente des Jahres 1980 ergibt sich ein deutliches Raummuster auf Länder-, Bundesstaaten und SMSA-Ebene (Jaffe *et al.* 1993: 591-597):

- Die Zitate stammen fünf- bis zehn Mal wahrscheinlicher aus der gleichen SMSA als Zitate aus einer Kontrollgruppe.
- Sie stammen drei- bis vier Mal wahrscheinlicher aus derselben Stadt als das Basispatent.
- Universitäten und Unternehmen haben in etwa den gleichen regionalen (domestic) Zitationsanteil, wobei Universitätszitate auf Staats- und SMSA-Ebene etwas weniger lokalisiert sind.
- Bei großen Unternehmen gibt es keine Hinweise für eine Lokalisierung auf State- und Country-Niveau, wohl aber für SMSA.
- Lokalisationseffekte lassen sich vor allem für jüngere Zitationen aus der 1980-Kohorte feststellen. Ältere Zitate sind aus Gründen von Diffusionseffekten ("Fading") weniger lokalisiert.

> Damit weisen Jaffe *et al.* zumindest für die Patentkohorte des Jahres 1980 räumliche Effekte in der Reichweite von Wissensspillovers nach, die besonders auf der Ebene von SMSAs und Bundesstaaten deutlich werden.

---

[200] "Substitution of the direct measure of innovative activity for the patent measure in the knowledge-production function generally strengthens Jaffe's (1969) arguments and reinforces his findings" (Acs *et al.* 1992: 366).

Anhand eines räumlichen produktionstheoretischen Modells unternehmen Audretsch/Mahmood (1994) den Versuch, *Spillovereffekte innerhalb städtischer Räume* nachzuweisen. Mit Blick auf die bislang vorgestellten Spilloverstudien und unter Bezug auf Krugman (1991a: 57), für den US-Bundesstaaten keine geeigneten Untersuchungsräume darstellen, analysieren Audretsch/Mahmood den Innovationsoutput von amerikanischen Städten. Sie gehen dabei von der Annahme aus, dass die Kosten der Übermittlung neuen wirtschaftlichen Wissens, das einen stärker impliziten Charakter hat, mit zunehmender Distanz steigen (Audretsch/ Mahmood 1994: 4). In ihrem Modell verbinden sie den in Patenten gemessenen Innovationsoutput mit wissenserzeugenden Inputs innerhalb der Stadt und des Bundesstaates, in dem sich die Stadt befindet. Dazu zählen die FuE-Ausgaben privater Unternehmen, die Forschungsausgaben von Universitäten sowie das in der Stadt verfügbare Humankapital und die Zahl der dort vorhandenen Forschungseinrichtungen. Anhand einer logistischen Regression weisen sie für 60 Städte nach, dass neues Wissen, das von Forschungseinrichtungen innerhalb einer Stadt produziert wird, deutlich zur Innovationsaktivität dieser Stadt beiträgt. Andererseits gibt es keinen Anhaltspunkt dafür, dass Wissen von außerstädtischen Forschungseinrichtungen, die aber innerhalb desselben Bundesstaates angesiedelt sind, die Innovationsaktivität von Unternehmen in anderen Städten beeinflusst.[201] Die Autoren interpretieren ihre Ergebnisse dahingehend, dass *Spillovereffekte insbesondere innerhalb von Agglomerationsräumen über den Austausch von Humankapital wirksam werden.*[202]

Weitere regionale Spilloverstudien, die Mitte der 1990er-Jahre entstanden sind, beschäftigen sich mit Detailaspekten der Wissensdiffusion. So gelangten Audretsch/Feldman (1994)[203] in Beantwortung der Frage,

---

201 "...discover that the knowledge production function not only holds, but there is at least some indication that it holds more strongly in terms of linking knowledge inputs produced within the city to the innovative output of that city than for knowledge inputs produced in a different city but within the same state. A very strong result, however, is that both private R&D as well as university research undertaken in a state are found to be an important source of innovation generating inputs for cities located within that state" (Audretsch/Mahmood 1994: 12).

202 "...human capital, or new knowledge produced and embodied in labor, contributes more to innovative activity in a more highly agglomerated environment" (Audretsch/Mahmood 1994: 10).

203 In kürzerer Fassung publiziert als Audretsch/Feldman (1996a).

weshalb bestimmte Industrien räumlich konzentriert sind, anhand eines Datensatzes der US Small Business Administration mit 8.074 kommerziellen Innovationen des Jahres 1982 zu dem Ergebnis, "...that the propensity for innovative activity to cluster spatially is more attributable to the influence of knowledge spillovers and not merely the geographic concentration of production" (Audretsch/Feldman 1994: 23). *Branchen, in denen industrielle FuE, Universitätsforschung und ausgebildete Arbeitskräfte und damit Wissensspillovers eine große Rolle spielen, tendieren nach diesen Ergebnissen stärker zu räumlicher Konzentration als Branchen, in denen Wissensexternalitäten weniger von Bedeutung sind.*

Acs et al. (1994) widmeten sich der Frage, woher kleine Unternehmen ihre Innovationsinputs beziehen. Unter Verwendung von auf US-Bundesstaatenebene aggregierten Innovationsdaten der Small Business Administration Innovation Database zeigten ihre Tobit-Regressionen, dass geographische Nähe zwischen Universitäten und industriellen Forschungseinrichtungen innerhalb eines Bundesstaates als Katalysator für die Innovationsaktivitäten aller Firmen dient. Dieser räumliche Einfluss ist aber für kleine Unternehmen stärker als für größere, d.h. *die räumliche Nähe zur Hochschulforschung spielt vor allem für kleine Unternehmen eine besondere Rolle* (Acs et al. 1994: 339). Die Autoren ziehen daraus die Schlussfolgerung, dass "apparently large firms are more adept at exploiting knowledge created on their own laboratories, while their smaller counterparts have a comparative advantage at exploiting spillovers from university laboratories" (ebenda: 340).

Während die Mehrzahl der skizzierten Spilloverstudien zumindest aus europäischer Sicht auf einem groben und weitmaschigen räumlichen Analyseraster basierte, verwendeten Anselin et al. (1997) Daten aus 125 Metropolitan Statistical Areas (MSAs) für die Analyse des Zusammenhangs zwischen industriellen Hightech-Innovationen und universitärer Forschung.[204] Dabei erlaubt ihnen dieses Raster Aussagen über die distanzielle Reichweite von Spillovereffekten. Da ihre Datenbasis wie bei anderen früheren Studien auch aus dem Jahr 1982 stammt, geben ihre Ergebnisse kein aktuelles Bild über räumliche Spillovereffekte in

---

[204] "This is the first time MSA-level data are used at the sectoral level, which avoids many problems associated with the inappropriate spatial scale of a state as the real unit of analysis" (Anselin et al. 1997: 424).

den Vereinigten Staaten, sondern stellen eine räumliche Präzisierung bereits bekannter Proximitätseffekte bei Wissensspillovers dar.

> Für die vier untersuchten Technikgebiete Pharmazie/Chemie, Maschinenbau, Elektrotechnik und Instrumentenbau erreichen Spillovereffekte aus universitärer Forschung einen Radius von etwa 75 Meilen und aus industrieller Forschung von etwa 50 Meilen im Umkreis der jeweiligen MSA (Anselin *et al.* 1997: 440).

Im Vergleich zu den ersten räumlichen Spilloverstudien stellen diese Ergebnisse einen großen Fortschritt vor allem aus regionalpolitischer Sicht dar, da nunmehr eine präzisere Abschätzung der räumlichen Reichweite von Proximitätseffekten beim Wissenstransfer und damit von Interaktionsdistanzen möglich ist.[205] Allerdings kann auch diese Studie keine Aussagen darüber machen, inwieweit sich unterschiedliche Arten von Spillovereffekten in ihrer räumlichen Ausprägung und in Abhängigkeit von der jeweiligen Raumstruktur unterscheiden und welche möglichen linearen und nicht-linearen Distanzkurven für die unterschiedlichen Spillovereffekte zu erwarten sind.

Offen bleibt auch, ob die für die Vereinigten Staaten festgestellten Distanzen auf europäische Verhältnisse übertragbar sind. Anhand von Daten des Mannheimer Innovationspanels über betriebliche Innovationen, die im Zeitraum 1993 bis 1995 nicht ohne die Hilfe öffentlich geförderter

---

[205] "Our findings are important in that they highlight the relevance of a precise consideration of the spatial range of interaction in the analysis of spatial externalities" (Anselin *et al.* 1997: 440). Mit einem aus der neuen Wachstumstheorie stammenden Faktorproduktivitätsansatz stellen Coe/Helpman (1995) demgegenüber internationale FuE-Spillovers fest: "...there indeed exist close links between productivity and R&D capital stocks. Not only does a country's total factor productivity depenad on its own R&D capital stock, but as suggested by the theory, it also depends on the R&D capital stocks of its trade partners. ... The results are encouraging: they suggest that our search for international R&D spillovers was not misplaced" (Coe/Helpman 1995: 875-876). Obwohl die Spilloverstudien von Jaffe, Audretsch, Acs u.a. auf Grund ihrer expliziten Orientierung aus räumliche Effekte von Wissensexternalitäten und ihres anderen Untersuchungsansatzes nicht mit der Makrodaten verwendenden wachstumstheoretischen Analyse von Coe/Helpman vergleichbar sind, machen deren Ergebnisse deutlich, dass Spillovereffekte nicht ausschließlich auf das nähere räumliche Umfeld des Wissensgebers beschränkt sein müssen, sondern auch eine internationale Dimension haben können.

Forschungsergebnisse hätten entwickelt werden können, analysieren Beise/Stahl (1999) die räumliche Reichweite von Wissensspillovers aus deutschen Forschungseinrichtungen. Neben dem Ergebnis, dass öffentliche Forschung einen Effekt auf industrielle Innovationen ausübt, wobei die Stärke dieses Effektes von der Art der Forschungseinrichtung abhängt (Beise/Stahl 1999: 417), stellen sie *für die verschiedenen Forschungseinrichtungen unterschiedliche räumliche Reichweiten von Spillovereffekten* fest. Fachhochschulen sind danach viel stärker in ihr näheres Unternehmensumfeld eingebunden als Universitäten und Großforschungseinrichtungen. Fast 50 % der von den Unternehmen genannten Fachhochschulen, mit denen zur Realisierung der öffentlich geförderten Forschungsvorhaben zusammengearbeitet wurde, waren in einem Radius von maximal 25 km um das Unternehmen herum angesiedelt. Bis zu einem Radius von 100 km waren es sogar 80 %. Aus dem Nahbereich bis 25 km stammten dagegen nur jeweils 18 % der Universitäten und Großforschungseinrichtungen; bis 100 km Entfernung steigt der Anteil bei den Universitäten auf ca. 53 %, bei den Großforschungseinrichtungen auf ca. 62 % (ebenda: 413). Vor allem in Ostdeutschland greifen Unternehmen intensiver auf das Forschungsangebot in ihrer Region zurück als in Westdeutschland. Allerdings hängt die Reichweite von Spillovereffekten auch von der Größe der Forschungseinrichtung ab. Je größer die Einrichtung, desto vielfältiger und einzigartiger sind ihre Forschungsergebnisse und damit auch die räumliche Reichweite ihrer Spillovereffekte.[206]

Die regionalen Spilloveranalysen haben auch für Deutschland gezeigt, dass die *Reichweite von Wissensexternalitäten räumlich begrenzt* ist und vor allem die Innovationsakteure begünstigt, die sich in räumlicher Nähe zum Wissensgeber befinden. Da, wie in diesem Abschnitt festgestellt wurde, räumliche, kulturelle und institutionelle Nähe den Wissensaustausch fördert und zu innovativer Tätigkeit beiträgt, müssen Unternehmen und Forschungseinrichtungen in oder im näheren Umfeld von Agglomerationsräumen durch die Möglichkeit der intensiveren Nutzung

---

[206] "...knowledge spillovers from polytechnics have a much closer regional reach than spillovers from universities and public laboratories. The reach could also depend on the size of the research institution. It is expected that the larger the public institution, the greater the reach of knowledge spillovers will be, because of the larger range of topics or because of the uniqueness of their work in fields with indivisibility" (Beise/Stahl 1999: 415). Zur räumlichen Reichweite des Wissenstransfers aus Großforschungseinrichtungen vgl. Eisebith/Nuhn (1997).

von Wissensexternalitäten gegenüber außerhalb urbaner Ballungszentren angesiedelten Betrieben und Instituten im Innovationsprozess bevorzugt sein. Einschränkend ist aus wirtschaftsgeographischer Sicht zu diesen Ergebnissen anzumerken, dass die meisten Spilloveransätze die Raumdimension mehr als abstraktes statistisches Distanznetz behandeln, aber nicht auf regionale Strukturmerkmale eingehen. So ist es denkbar, dass nicht nur Agglomerationseffekte die Entstehung und Reichweite von Wissensspillovers beeinflussen, sondern auch andere Charakteristika einer Region, wie beispielsweise enge Kooperationsbeziehungen zwischen Unternehmen, den Wissensaustausch und innovative Aktivität fördern.

> Als wesentliches Ergebnis der Spilloverstudien bleibt festzuhalten, dass räumliche Proximität den Wissenstransfer unterstützt und einen positiven Einfluss auf betriebliche Innovation ausübt.

4.2 Produktzyklen und regionale Entwicklung

Sowohl in der Innovationsforschung als auch in der neuen Wachstumstheorie (vgl. Grossman/Helpman 1991b) wird die Stellung von Produkten in ihrem Lebenszyklus als beeinflussende Determinante für regionale Differenzierung und als Erklärungsfaktor für Unterschiede in der räumlichen Verteilung von Innovationsaktivitäten thematisiert. *Modelle über den Produktlebenszyklus* wurden in Analogie zur Theorie der langen Wellen formuliert und gehen in ihrer Grundversion auf Arbeiten von Burns und Kuznets zurück, die Anfang der 1930er-Jahre ein Muster im industriellen Produktionsverlauf von Produkteinführung, schnellem Wachstum, Reife und möglichem Abschwung feststellten.[207] Diese Stadien in der Marktentwicklung ergeben sich aus einer engen Verbindung

---

[207] Während die ersten Modelle von drei Entwicklungsstadien ausgingen (Einführung, Wachstum, Reife), basieren jüngere Modelle vor dem Hintergrund von Innovationszyklen (wie bei Schumpeter oder Schmookler dargestellt) auf den vier Phasen Einführung, Wachstum, Reife, Abschwung (vgl. dazu die Innovationslebenszyklen bei van Duijn 1984: 20-22). Siehe auch Dicken (1992: 111), der mit "initial development", "growth", "maturity", "decline" und "obsolescence" fünf Phasen im Produktlebenszyklus benennt.

von preiselastischer Nachfrage und Preissenkungen, die auf von einer vertieften Arbeitsteilung ausgelösten Produktivitätssteigerungen basieren (Storper 1985: 268; Tichy 1991: 28). Die erste räumliche, wenn auch nicht explizit regionale Version der Produktlebenszyklushypothese wurde von Vernon (1966) entwickelt, um den Entwicklungsverlauf der US-amerikanischen Wirtschaft nach dem zweiten Weltkrieg zu erklären. Dieser Prozess war geprägt durch die zunächst im Inland erfolgende Entwicklung neuer Produkte, ihren anschließenden Export sowie die dann folgende Gründung von Zweigwerken in den wichtigsten Exportmärkten. Hinter diesem Verlauf steht die Vorstellung, dass Produktentwicklung (und Innovation) zunächst dort erfolgt, wo Einkommen und damit Nachfrage am höchsten sind. Dies ist in Ländern/Regionen/Agglomerationen mit hohem Einkommen gegeben, in denen zudem die Anbieter unmittelbaren Zugang zu Informationen über die Marktentwicklung haben. Mit zunehmender Standardisierung der Produktion, steigender Preiselastizität der Nachfrage und geringerer Notwendigkeit des direkten Austausches zwischen Anbietern und Nachfrage erhöht sich die Bedeutung der Arbeitskosten, sodass die Produktion an Standorte mit geringen Arbeitskosten verlagert wird.[208] In Erweiterung seiner Hypothese gesteht Vernon (1979) ein, dass sich der aus seiner Sicht für die Nachkriegszeit gültige idealtypische Produktzyklus vor dem Hintergrund der starken Präsenz multinationaler Unternehmen auf den Weltmärkten in den 1970er-Jahren gewandelt hat und eine genaue Zuordnung einzelner Produktentwicklungs- und -vermarktungsschritte nicht mehr möglich ist.[209] Für weniger international vernetzte Unternehmen wie beispiels-

---

[208] "For Vernon new products are introduced in the high-waged regions, and as they are standardized, they are located in the low-waged regions" (Storper 1985: 274). Eine ausführliche Darstellung der Produktzyklushypothese unter regionalen Gesichtspunkten findet sich bei Schätzl (1996: 194-201) und Sternberg (1994: 30-36).

[209] "It seems plausible to assume that the product cycle will be less useful in explaining the relationship of the US economy to other advanced industrialized countries, and will lose some of its power in explaining the relationship of advanced industrialized countires to developing countries" (Vernon 1979: 265).

Zum Einfluss der Globalisierung auf das Produktzyklusmodell vgl. auch Cantwell (1995), der anhand von Patentdaten feststellt, dass industrielle Innovationen nicht immer im Heimatland der Muttergesellschaft erfolgen, zusätzlich aber aufzeigt, dass multinationale Unternehmen interne Netzwerke zur optimalen Nutzung von jeweils spezifischen Standortvorteilen entwickelt haben: "The essential difference is that in the product cycle model just one pre-eminent centre for innovation was regognised, whereas in the globalisation story there are multiple locations for in-

weise kleinere Betriebe sieht er aber nach wie vor eine Evidenz der Produktzyklushypothese.210

Die Grundgedanken der Produktlebenszyklushypothese sind Ausgangspunkt für vielfältige *Überlegungen zu den Wechselwirkungen zwischen Produktcharakteristika, den Anforderungen an die Produktentwicklung und regionalen Strukturmerkmalen sowie zu regionalen Entwicklungsverläufen.* Bei Ansätzen, die das "Produkt" in den Mittelpunkt der Betrachtung stellen, wird die Frage nach den für die jeweiligen Phasen im Alterungsprozess von Produkten idealtypischen Produktionsbedingungen diskutiert, die unter räumlichen Gesichtspunkten mit unterschiedlichen Regionstypen in Verbindung gebracht werden. Basierend auf den bislang in dieser Arbeit vorgestellten theoretischen Ansätzen scheint dabei zumindest der Ausgangspunkt von Innovationsprozessen unzweifelhaft. Die Verfügbarkeit von Informationen, Marktnähe, Einkommen und Nachfrage sowie der enge räumliche Austausch zwischen Innovatoren zum Zweck der Unsicherheitsreduktion sind einige der Faktoren, die für Innovationsaktivitäten primär in Agglomerationsräumen sprechen. Allerdings entstehen nicht alle neuen Produkte in Agglomerationen (Malecki 1991: 109), nur die Wahrscheinlichkeit ihrer dortigen Entstehung ist höher als in anderen Regionstypen (Tichy 1991: 49). Ist einmal ein neues Produkt auf dem Markt eingeführt, geht die Produktzyklushypothese von einem mechanistisch-deterministischen Entwicklungsverlauf aus, nach dem es in der Folge zu einer zwangsläufigen Verlagerung des Produktionsstandortes in Regionen mit jeweils phasenspezifisch optimalen Bedingungen kommt. Wenn es auch zunächst einleuch-

---

novation, and even lower-order or less developed centres can still be sources of innovation. ...locational agglomeration occurs in the clusters of distinctive innovations that occur in many centres and not only in one unique centre, while the greater capability of the most competent firms manifests itself not just in the wider geographical dispersion of their investments (a more important consideration historically), but in the broader degree of cross-border specialisation that they are able to manage" (Cantwell 1995: 172).

210 "...strong traces of the sequence are likely to remain. One such trace is likely to be provided by the innovating activities of smaller firms, firms that have not yet acquired a capacity for global scanning through a network of foreign manufacturing subsidiaries already in place. The assumptions of the product cycle hypothesis may still apply to such firms, as they move from home-based innovation to the possibility of exports and ultimately of overseas investment" (Cantwell 1995: 265).

tend erscheint, dass (periphere) Standorte mit geringeren Lohn- und Produktionskosten Vorteile bei der arbeitsintensiven Herstellung standardisierter Massenkonsumgüter bieten, so hebt die an der Produktzyklushypothese vorgebrachte Kritik immer wieder hervor, dass eine automatische Verlagerung des Produktionsstandortes nicht wahrscheinlich ist (vgl. Pfirrmann 1991: 106-107; Schätzl 1996: 199-200; Sternberg 1994: 33-34; Storper 1985: 270-276; Taylor 1986: 753-755; Tichy 1991: 42-50; Tödtling 1990: 53-54).

Die **Hauptkritikpunkte** konzentrieren sich auf folgende Aspekte:[211]
- Produkte sind in ihrem Lebenszyklus einem ständigen Wandel unterworfen. Learning by using führt über Nutzerrückkopplungen zu ständigen Verbesserungen und Weiterentwicklungen (inkrementale Innovationen), sodass nicht nur die Prozesse für eine kostengünstigere Produkterstellung verändert werden, sondern auch Produktinnovationen selbst über den gesamten Lebenszyklus charakteristisch sind. Damit entfällt ein Argument der Produktzyklushypothese, nach dem der Umfang von Produktinnovationen und die Bindung an Standorte mit Forschungs- und Entwicklungsaktivitäten im Zeitverlauf abnimmt.
- Nicht alle Produkte müssen einem regionalen Produktzyklus unterliegen. Tichy (1991: 46-48) nennt in der Produktion an Rohstoffstandorte gebundene Ricardo-Güter, marktorientierte, agglomerationsgebundene Lösch-Güter sowie angebotsorientierte, humankapital- und dienstleistungsintensive Thünen-Güter, für die unter normalen Bedingungen eine Verlagerung des Produktionsstandortes nicht lohnend ist.
- In Zeiten zunehmender Komplexität sowohl in der Technik- als auch in der Produktentwicklung wird aus analytischen Gründen eine klare Definition des Begriffes "Produkt" erforderlich. Dies trifft vor allem auf die Übergänge von "altem" zu "neuem" Produkt zu, die oftmals fließend innerhalb desselben Labels erfolgen (z.B. bei der permanenten Leistungssteigerung von PCs).
- Zunehmend kürzer werdende Marktzyklen und steigende FuE-Kosten führen dazu, dass sich Innovations- und Produktionskosten nur dann

---

[211] Vgl. auch die in Abschnitt 2.2.3 vor dem Hintergrund der Komplexität von Innovationsprozessen vorgebrachte Kritik an der aus der klassischen Standorttheorie resultierenden Vorstellung, Produkten jeweils optimale Produktionsstandorte zuordnen zu wollen.

amortisieren, wenn die Erschließung von Auslandsmärkten parallel zur Binnenmarkterschließung erfolgt. Die von der Produktzyklushypothese postulierte stufenweise Marktexpansion ist daher nur noch als Spezialfall anzusehen.

- Aus Unternehmenssicht gibt es unterschiedliche Strategien, auf den Alterungsprozess von Produkten zu reagieren. So wird beispielsweise der Einsatz flexibler Produktionskonzepte von der Hypothese nicht thematisiert. Auch die Arbeitsteilung im Produktionsprozess und die Integration intermediärer Inputs in die Produktion mit der daraus resultierenden Verlagerungsnotwendigkeit ganzer Vorleistungsketten für das betrachtete Produkt bleiben ausgeklammert.[212]

- Wenn, wie die Produktzyklushypothese postuliert, Agglomerationen der Ursprung innovativer Produkte sind, dann bleibt sie eine Antwort darauf schuldig, dass nicht alle Ballungsräume im gleichen Umfang neue Produkte generieren und dass Agglomerationen in unterschiedlichem Maß auf einzelne Sektoren und Produkte spezialisiert sind.

- Sowohl mit Blick auf die Strukturmerkmale von Ballungsräumen als auch von peripheren Regionen stellt die Sichtweise der Produktzyklushypothese eine übergebührliche Vereinfachung dar. Produkte wandern nicht einfach aus Ballungsregionen in andere Räume und periphere Standorte sind nicht nur ein simples Auffangbecken für Güter aus den Zentren. Zunächst einmal erfolgen Unternehmensentscheidungen nicht nach der von der neoklassischen Wachstumstheorie proklamierten Rationalität, sondern basieren auf den im Unternehmen verfügbaren Informationen und dem akkumulierten Erfahrungswissen. Durch diese gebundene Rationalität sind Entscheidungen möglich, die von einer produktionskostenoptimalen Lösung abweichen und andere Kalküle wie Marktnähe, Kontakte zu Zulieferern usw. mit einbeziehen. Daher ist nicht zwangsläufig von einer Produktionsverlagerung im Lebenszyklus eines Produktes auszugehen. Auch können technologie- bzw. wirtschaftpolitische Interventionen Einfluss auf Unternehmensentscheidungen nehmen, z.B. dann, wenn die Administration in den Zentren an einem Verbleib der Produktion, z.B. aus arbeitsmarktpolitischen Gründen, interessiert ist. Verlagerungen sind nicht nur das Ergebnis von Pushprozessen, sondern auch von Pull-

---

212 "...even if a final output industry were to follow the cycle, it is by no means necessarily the case that the establishments in the intermediate input chain would do the same" (Storper 1985: 270).

Entscheidungen (Tichy 1991: 44). Da mit der Adoption von Produkten inkrementale Innovationen verbunden sind (OECD 1992: 48), müssen selbst Imitatoren innovativ und daher in der Peripherie entsprechende Potenziale für Produktion und Innovation vorhanden sein.[213] Eine ausschließliche Übernahme und Fertigung von Produkten ist ohne ausreichendes Wissen und die erforderlichen Fertigkeiten nicht möglich.[214] Wenn dies so ist, und die empirische Evidenz spricht dafür, dann vernachlässigt die Produktzyklushypothese in ihrer Statik eine wichtige Entwicklungsoption: Wie beispielsweise von einigen Zwei-Regionen-Modellen der neuen Wachstumstheorie und der neuen Außenhandelstheorie prognostiziert, kann der Süden (die Peripherie) auf Grund von Lohnkostenvorteilen und der Nutzung von Wissensspillovers den Norden (die Agglomeration) in der Innovationstätigkeit überholen. Die Verlagerung von Produktionsprozessen in die Peripherie wäre somit ein Auslöser für Einkommenskonvergenz und eine mögliche Hierarchieumkehrung. Die Produktzyklushypothese sieht diese Option nicht vor; die Peripherie wird hier nur als räumliches Endstadium eines vom Zentrum ausgehenden Innovationsprozesses gesehen.

Wie Vernon (1979) betont, gibt es insbesondere in international verflochtenen Großunternehmen die Tendenz, Entwicklungs- und Produktionsschritte dort durchzuführen, wo die jeweils erforderlichen Rahmenbedingungen optimal sind.[215] Wenn sicherlich nicht der von der Hypothese prognostizierte schematische Verlauf von Produktzyklen allgemein gültig nachweisbar ist, dürfte sich die Grundaussage von der Suche nach dem optimalen Produktionsstandort im Lebenszyklus eines Produktes für diese Unternehmensgruppe bestätigen. Ansonsten ist ihr Erklärungswert für die Ursachen von regionalen Strukturunterschieden gering und beschränkt sich auf die Aussage, dass sich im Zuge des pro Einzelfall zu

---

[213] Nach Malecki (1991: 121) werden Produktinnovationen vor allem zunächst dort adoptiert, wo Forschung und Entwicklung betrieben wird.

[214] In most cases - multinationals probably excluded - the transfer of standardized products to non-agglomerations is not the simple mechanical decision the standard product-cycle hypothesis assumes: It affords entrepreneurs and innovations - even if of lower hierarchy - in the region (country) taking-over the product" (Tichy 1991: 45).

[215] Vgl. dazu auch die verschiedenen Beiträge in Gerybadze *et al.* (1997), die anhand empirischer Untersuchungen zu ähnlichen Schlussfolgerungen gelangen.

definierenden Lebenszyklus eines Produktes die Anforderungen an das jeweils optimale räumliche Umfeld verändern können (aber nicht müssen). *Valide Prognosen über die Eignung bestimmter Regionen für spezifische Produktionsanforderungen lassen sich aus der Produktzyklushypothese nicht ableiten.*

> Sowohl Produkt- als auch Regionszyklen existieren in der von den Hypothesen formulierten idealtypischen Weise nicht. Produktions- und Regionalentwicklungsprozesse sind komplexer, als sie diese Modelle abbilden können. Der analytische Wert dieser Ansätze liegt darin, dass sie, wenn auch der vermutete Entwicklungsdeterminismus abzulehnen ist, auf Wechselwirkungen zwischen Innovation und räumlichen Umfeldbedingungen hinweisen.

Aus unterschiedlichen theoretischen Sichtweisen werden die folgenden Abschnitte hierzu weitere Erläuterungen liefern.

4.3 Netzwerke, Transaktionen und Institutionen

4.3.1 Der Netzwerkbegriff

Kooperationen von Unternehmen mit ihrer unternehmensexternen Umwelt sind Voraussetzung und Folge zunehmender ökonomischer Arbeitsteilung und vertikaler Desintegration (vgl. z.B. Herden 1992; Heydebreck 1996; Storper 1996b). Innovation, Produktion und Vermarktung lassen sich in einer arbeitsteiligen Wirtschaft nicht mehr ausschließlich durch ein einzelnes Unternehmen realisieren, sondern nur in Zusammenarbeit mit und in Wechselwirkung zwischen unterschiedlichen Akteuren.[216] Für diese Form der Zusammenarbeit hat sich der Begriff "*Netzwerk*" durchgesetzt.[217] Netzwerke sind eine spezifische Form der Inter-

---

[216] Håkansson/Snehota (1989) haben dies mit dem schon oftmals zitierten Satz "No Business is an Island" umschrieben.

[217] DeBresson/Amesse (1991) leiten ihren Übersichtsartikel zum Research Policy-Themenheft über Innovationsnetzwerke mit folgendem Hinweis über die Verwendung des Netzwerkbegriffes ein: "For a long time the concept of networks has been used in engineering for the management of complex systems, in particular in

aktion mit externen Partnern. Sie führen Akteure, Ressourcen und Aktivitäten zusammen[218] und sind damit als System zu betrachten (Casti 1995: 5). In der umfangreichen und kaum noch überschaubaren Netzwerkliteratur finden sich je nach theoretischer Sichtweise und wissenschaftlichem Standpunkt eine Vielzahl von Begriffsabgrenzungen zu den unterschiedlichen Erscheinungsformen von Netzwerkarrangements.[219] Eine selektive Auswahl von **Definitionen** zeigt, dass es erforderlich ist, für den Einzelfall jeweils genau abzugrenzen, was unter einem Netzwerk verstanden wird:

- Backhaus/Meyer (1993) und Meyer (1995) unterscheiden zwischen vertikalen strategischen Netzwerken und horizontalen strategischen Allianzen.[220] Sie bezeichnen Netzwerke als vertikal bzw. diagonal

---

communications and transport. In the 1960 and 1970s, sociologists used the concept to understand norms, exchange and power. In the 1980s, the concept has become one of the most fashionable metaphors in the social sciences - for example in industrial marketing and purchasing and industrial geography. The metaphor of networks captures some of the essential characteristics of supplier-user relationships, regional agglomerations, and international strategic alliances" (DeBresson/Amesse 1991: 363).

[218] Nach dem von Håkansson (1987) formulierten Netzwerkmodell sind "...basic classes of variables related respectively to the actors, the activities and the resources...These variables are related to each other in a general structure of a network. This implies that at the same time there exist both conflicting and cooperative elements between different actors, different activities and different resources" (Håkansson 1987: 14). Siehe auch Håkansson (1989: 46) zur Quantifizierung des Netzwerkmodells mittels Variablen.

[219] Neben der Soziologie und Politologie (vgl. z.B. Kowol/Krohn 1995; Messner 1995) beschäftigen sich vor allem die Betriebswirtschaft und die industrielle Management- und Organisationslehre sowie die Regionalwissenschaft mit Netzwerken. Dabei haben die "...unterschiedlichen Konzepte in der Literatur zur Charakterisierung und Systematisierung der vielfältigen und komplexen Erscheinungsformen von Netzwerkarrangements...zu einem kaum noch überschaubaren **Begriffswirrwarr** geführt, der sich damit erklären lässt, dass bisher keine gemeinsame theoretische Basis geschaffen werden konnte. Allgemeine Begriffe zur Kennzeichnung der Kooperation wie **Bündnis, Koalition und Partnerschaft** werden verwendet" (Meyer 1995: 156).

[220] Meyer (1995: 157) weist darauf hin, dass der Begriff "Wertschöpfungspartnerschaft", mit dem die Kooperation entlang der Wertschöpfungskette bezeichnet wird, zunehmend durch die Bezeichnung "strategisches Netzwerk" ersetzt wird. Vgl. auch Brockhoff (1992) zur Bedeutung von Transaktionskosten in FuE-Kooperationen und strategischen Allianzen. Die Bedeutung strategischer Allianzen im globalen Wettbewerb thematisiert auch Gaebe (1997).

ausgerichtete Kooperationsform, in der "zwei oder mehr Unternehmen, die in einer Kunden-Lieferanten-Beziehung zueinander stehen, zusammenarbeiten, und der *Leistungsaustausch* über den *Markt* stattfindet" (Backhaus/Meyer 1993: 332). Demgegenüber bestehen Allianzen aus zwei oder mehr Unternehmen, die bestimmte Aspekte ihrer Aktivitäten verbinden wollen, um spezifische Kompetenzen zu stärken und Schwächen auszugleichen; hierbei erfolgt der Austausch nicht über den Markt (ebenda: 332; Meyer 1995: 158).

- Nach Fritsch (2001: 27) können eine Ansammlung sozialer Beziehungen dann als Netzwerk bezeichnet werden, wenn dieses aus mindestens drei Individuen oder Institutionen besteht und durch redundante vertikale Beziehungen, die nur unvollständig spezifiziert sind, gekennzeichnet ist. Redundanz bedeutet, dass sowohl Abnehmer als auch Zulieferer Wahlmöglichkeiten besitzen und nicht von einem Netzwerkpartner abhängig sind. Trotz ihrer langfristigen Ausrichtung sind Netzwerkbeziehungen meist nur locker und nicht starr fixiert.

- Sydow (1992a) bezeichnet Kooperationen mit dem Ziel der Erlangung eines Wettbewerbsvorteils als strategische Unternehmenskooperation und unterscheidet hierbei hinsichtlich der Kooperationsfunktion zwischen FuE-Kooperationen, Marketing-Kooperationen, Fertigungskooperationen und Beschaffungskooperationen. Innerhalb dieser Funktionen sind strategische und regionale Netzwerke möglich. Ein Netzwerk ist dann strategisch, wenn es von einem fokalen Unternehmen strategisch geführt wird, wobei sich das meist internationale Netzwerk in einem Markt bewegt, der im Wesentlichen durch das Unternehmen geprägt wird.[221] Netzwerke sind regional, wenn sie aus einer räumlichen Agglomeration meist kleiner und mittlerer Unternehmen bestehen. Es fehlt eine strategische Führerschaft und die Beziehungen sind in der Form destabil, dass je nach Auftragslage die Zahl der einbezogenen Partner variiert (Sydow 1992a: 248-251). Als Beispiel dieser regionalen Netzwerke nennt Sydow die industriellen Distrikte Norditaliens (vgl. Abschnitt 5.3.1.1), das Silicon Valley, die Route 128 und andere für regionale Kooperationsbeziehungen bekannte Regionen.

- Mit Bezug auf Boyer betrachten Cooke/Morgan (1993) sowohl intrabetriebliche Netzwerke, die durch die drei Prinzipien der möglichst

---

[221] Zum Management strategischer Netzwerke vgl. auch Sydow (1992b).

vollständigen Integration von Forschung, Entwicklung und Produktion, hoher Qualitätsstandards zu vertretbaren Kosten sowie starker Dezentralisierung von Produktionsentscheidungen definiert werden, als auch inter-betriebliche Netzwerke, die sich durch enge und langfristige Beziehungen zwischen Produzenten und Anwendern sowie "learning by using"-Effekte, die Erzielung von Spezialisierungs- und Koordinierungsvorteilen sowie langfristiges und kooperatives Subcontracting zur Förderung technischer Innovationen auszeichnen.

- DeBresson/Amesse (1991: 363) differenzieren bei Innovationsnetzwerken zwischen Zulieferer-Anwender-Netzwerken, Netzwerken von Pionieren und Adoptoren innerhalb einer Branche, regionalen interindustriellen Netzwerken, internationalen strategischen Allianzen in neuen Technologien und professionellen interorganisatorischen Netzwerken zur Entwicklung und Förderung neuer Technologien.

- Freeman (1991: 502) listet zehn unterschiedliche Formen von Innovatorennetzwerken auf: Joint Ventures und Forschungsunternehmen, gegenseitige FuE-Vereinbarungen, Vereinbarungen zum Technikaustausch, technologieinduzierte Direktinvestitionen (Minderheitsbeteiligungen), Lizenzierung und "Second-Sourcing"-Vereinbarungen, Unteraufträge, Produktionsteilung und Zuliefernetzwerke, Forschungsgemeinschaften, öffentlich geförderte Forschungskooperationen, EDV-basierte Datenbanken und wertschöpfungsorientierte Netzwerke für technischen und wissenschaftlichen Austausch, andere Netzwerke einschließlich informeller Netzwerke. Für diese Kategorien merkt er an, dass sie sich nicht trennscharf voneinander abgrenzen lassen und vor allem große Unternehmen in mehreren dieser Netzwerkbeziehungen präsent sind.

- Semlinger (1998: 47) betont den Kooperationsaspekt in Netzwerken. Kooperation ist ein strategisches Spiel um die Verteilung von Austauschalternativen und damit um die wechselseitige Begrenzung von Autonomie. In Kooperationen werden die individuellen Leistungsbeiträge nicht vorab vereinbart oder festgeschrieben, sondern indirekt durch die gegenseitige Gestaltung der subjektiven und objektiven Verhaltens- und Entscheidungsspielräume reguliert.[222]

---

[222] Zu Forschungs- und Entwicklungskooperationen vgl. auch Fritsch (1995: 12-25).

Diese kurze Übersicht verdeutlicht die *Heterogenität in der Begriffsverwendung* und das breite Spektrum an intra- und interorganisatorischen Kooperationsbeziehungen, die unter dem Terminus "Netzwerke" subsumiert werden. Es wird deutlich, dass sowohl produktions- als auch innovationsmotivierte Kontakte als Netzwerk bezeichnet werden und der Netzwerkbegriff horizontale als auch vertikal organisierte Innovations- und Produktionsketten einschließt (Biemans 1992: 79-94; Halin 1995). Entsprechend dem evolutorischen Verständnis von Innovationsprozessen erscheint aber weder eine Segmentierung zwischen Produktions- und Innovationsaktivitäten sinnvoll noch eine Abgrenzung zwischen vertikalen strategischen Netzwerken und horizontalen strategischen Allianzen zur Analyse von internationalen und regionalen Netzwerkphänomenen zielführend. Unternehmensinterne Netzwerke werden auf Grund ihres geringen Erklärungsgehaltes für die Wechselwirkungen von Unternehmen mit ihrem räumlichen Umfeld aus der nachfolgenden Betrachtung ausgeschlossen.[223]

Um Netzwerke von anderen unternehmerischen Interaktionen und Kooperationen abgrenzen zu können, ist ein Blick in die theoretischen Grundlagen betrieblicher Transaktionen erforderlich. Unternehmensnetzwerke werden im Wesentlichen von zwei Forschungsrichtungen thematisiert: der **Transaktionskostenökonomik** und der **Netzwerkökonomik**:

- Die *Transaktionskostenökonomik* befasst sich mit wettbewerbs- und marktorientierten Transaktionen, die in der Regel durch hierarchische, vertikale Abhängigkeiten und vertragliche Regelungen gekennzeichnet sind, in denen beispielsweise Produktcharakteristika, Qualitätskriterien, Liefermodalitäten und Strafen im Falle der Nichterfüllung des Vertrages geregelt werden.

- Die *Netzwerkökonomik* analysiert nicht-hierarchische, vertrauensorientierte Kooperationen und begreift innovationsbezogene Netzwerke als Zwischenform aus Markt und Hierarchie (vgl. Karlsson/Westin 1994: 1-6).[224] Diese Netzwerke werden als Ausdruck einer zuneh-

---

[223] Allerdings wird in der transaktionstheoretischen Herleitung von Netzwerkbeziehungen die Frage zu diskutieren sein, weshalb Unternehmen einzelne ihrer Aktivitäten externalisieren und nicht endogen erbringen.

[224] Dies verdeutlicht folgende, aus der Vielzahl von Netzwerkbestimmungen herausgegriffene Definition: "...network is a mode of transaction arrangement not based

menden Abhängigkeit der Unternehmen von externen Wissensressourcen angesehen und sind damit nicht nur sensibel hinsichtlich sozialer Kontakte, sondern auch bezüglich der Mobilitätsfähigkeit von Wissen und damit der räumlichen Distanz zwischen den Netzwerkteilnehmern. Die räumliche Reichweite von Innovationsnetzwerken kann je nach Art der Kooperation, ihrer Ziele und der Zahl der beteiligten Partner variieren.

4.3.2 Transaktionskostenökonomik

4.3.2.1 Begriffliche Abgrenzungen

Die Transaktionskostenökonomik[225] bildet einen wesentlichen Zweig der Neuen Institutionenökonomik (Domrös 1994: 13).[226] Daher werden beide Theorierichtungen kurz diskutiert.[227] *Ronald Coase* (1937) gilt gemeinhin als der Begründer der Transaktionskostenökonomik, obwohl sein Aufsatz lange Zeit unbeachtet blieb. Ausgehend von einer Kritik der neoklassischen Sichtweise des vollständig über den Preismechanismus koordinierten Unternehmens stellte er die Frage, weshalb in Marktwirtschaften Unternehmen entstünden und nicht, wenn der Preis alleiniges Koordinierungsinstrument sei, alle Transaktionen über den Markt abge-

---

strictly on the price mechanism, nor is it governed by a hierarchical structure. It is genuinely an intermediate form of growing importance in commercial transactions and an important tool of strategic behaviour among organizations" (Christensen *et al.* 1990: 27).

[225] Zur Transaktionskostenforschung in der deutschen Betriebswirtschaft vgl. Picot (1981, 1982); Picot *et al.* (1996).

[226] "Die Neue Institutionenökonomik lässt sich verstehen als eine Verbindung von (neoklassischer) Wahlhandlungstheorie und Institutionenökonomik. Ihr zentraler Untersuchungsgegenstand ist die ökonomische Effizienz von Institutionen. Transaktionskosten sind in diesem Rahmen Mittel zum Zweck. Mit ihrer Hilfe sollen Institutionen für die ökonomische Theorie operationalisiert werden" (Löchel 1995: 59).

[227] Die Skizzierung der institutionenökonomischen Argumentation ist nicht nur zur Interpretation von Netzwerkbeziehungen hilfreich, sondern auch für ein besseres Verständnis der Arbeiten zu nationalen und regionalen Innovationssystemen (vgl. Abschnitte 5.1 und 5.2).

wickelt würden.228 Eine *Transaktion* entsteht, "...wenn ein Gut oder eine Leistung über eine technisch trennbare Schnittstelle hinweg übertragen wird" (1990: 1). Coase argumentiert, dass Transaktionen dann über den Markt koordiniert werden, wenn deren Kosten niedriger sind als bei ihrer Koordinierung innerhalb von Unternehmen bzw. die Ressourcenkoordinierung innerhalb von Unternehmen erfolgt, wenn dies kostengünstiger ist als eine Abwicklung über den Markt. Er verwendet damit das traditionelle neoklassische Gewinnmaximierungskalkül für die Erklärung von Wahlentscheidungen zwischen Organisationen (vgl. Domrös 1994: 63). Danach ist "die Unternehmung...eine der Konfigurationen ("nexus of contracts"), die Transaktionskosten sparen hilft" (Schenck 1992: 354).229 Somit wird in der Transaktionskostenökonomik die Unternehmung als ein zum Markt alternatives Ressourcenallokationssystem angesehen (Williamson 1981). Da zur Entscheidung, ob Transaktionen über den Markt koordiniert werden oder innerhalb von Unternehmungen erfolgen, Informationen erforderlich sind, lässt sich die *Unternehmung* auch als ein *Informationssystem* interpretieren, *in dem Informationen gesammelt, ausgewählt und in Wissen transferiert werden.*

4.3.2.2   Annahmen und Merkmale

Ausgangspunkt der Neuen Institutionenökonomik, deren wesentliche Vertreter Alchian, Arrow, Davis, Demsetz, Nelson, North, Williamson und Winter sind und die sich spätestens durch *Oliver Williamson's* umfassenden Beitrag über "Markets and Hierarchies" aus dem Jahr 1975 in der wissenschaftlichen Diskussion etabliert hat, ist die schon aus der institutionellen Innovationsökonomik bekannte Annahme, dass *begrenzte Rationalität* und *Verhaltensunsicherheiten* die bedeutendsten Hindernisse und Einschränkungen für menschliches Entscheidungsverhalten sind.230 "Bounded rationality" und "genuine uncertainty" verhin-

---

228 "Yet, having regard to the fact that if production is regulated by price movements, production could be carried on without any organisation at all, well might we ask, why is there any organisation?" (Coase 1937: 388).

229 An dieser Stelle kann nicht auf die vielfältige Kritik an der teilweise tautologischen Argumentation von Coase eingegangen werden; vgl. dazu die Zusammenfassung wesentlicher Einwände bei Meyer (1995: 73-74).

230 Hierzu sei nur auf Nelson/Winter (1977) sowie Nelson/Winter (1982) verwiesen. Diese Annahme der Neuen Institutionenökonomik steht in gewolltem Wider-

dern die perfekte Koordinierung vollständiger Verträge zur Reduzierung von Unsicherheit (Williamson 1985: 46).[231] Unsicherheit entsteht u.a. durch *opportunistisches Verhalten*[232] der Akteure, d.h. "...die Verfolgung des Eigeninteresses unter Zuhilfenahme von List. Das schließt krassere Formen ein, wie Lügen, Stehlen und Betrügen, beschränkt sich aber keineswegs auf diese. Häufig bedient sich der Opportunismus raffinierterer Formen der Täuschung. ... Er ist für Zustände echter oder künstlich herbeigeführter Informationsasymmetrie verantwortlich, welche die Probleme ökonomischer Organisation außerordentlich erschweren" (Williamson 1990: 54).[233] In Abhängigkeit vom erwarteten opportunistischen Verhalten sind unterschiedliche Schutzarrangements erforderlich, die jeweils spezielle Auswirkungen auf die Höhe der Transaktionskosten haben. Unternehmen können Ressourcen entweder selbst produzieren (und sich in dieser Transaktion durch gemeinsames Eigentum absichern), durch Markttausch beziehen (Absicherung durch Verträge) oder durch hybride Formen wie beispielsweise Netzwerke erwerben, wobei hier die Transaktionsabsicherung durch Vertrauen und Reputation erfolgt (vgl. Domrös 1994: 80; Meyer 1995: 92). Je nach institutionellen Arrangements variieren die **Transaktionskosten**, die wie folgt definiert werden:

- Für Coase (1960: 15) entstehen Transaktionskosten bei der Suche nach Vertragspartnern, der Information potenzieller Partner über Vertragsabsichten, der Vertragserstellung und der Vertragsüberwachung.

- Williamson definiert Transaktionskosten ebenfalls als Kosten ökonomischer Verträge und unterscheidet zwischen ex-ante- und ex-post-Transaktionskosten. Ex-ante-Transaktionskosten "...sind die Kosten für Entwurf, Verhandlungen und Absicherung einer Vereinbarung" (Williamson 1990: 22). Da sich im Laufe der Vertragslaufzeit Ände-

---

spruch zur neoklassischen Sichtweise des vollständig rationalen Verhaltens von Wirtschaftssubjekten.

[231] Nachfolgende Quellenangaben beziehen sich auf die englischsprachige Originalausgabe von Williamson (1985). Im Fall von Zitaten wird die deutschsprachige Übersetzung aus dem Jahr 1990 verwendet.

[232] Hierfür wird auch der Begriff "Moral Hazard" verwendet.

[233] Opportunismus und begrenzte Rationalität sind die beiden zentralen Verhaltensannahmen der Transaktionskostenökonomik.

rungen und Anpassungen ergeben können, die nicht im Vorhinein festlegbar und erkennbar sind, entstehen auch nach Vertragsabschluss Kosten. Diese ex-post-Transaktionskosten haben verschiedene Formen. Es können Fehlanpassungskosten, Kosten des Feilschens bei der nachträglichen Korrektur von Fehlentwicklungen, Kosten der Einrichtung und des Betriebes von Beherrschungs- und Überwachungssystemen sowie Kosten zur Sicherung der Durchsetzung verlässlicher Zusagen entstehen (ebenda: 24).

- Aus Sicht von North entstehen Transaktionskosten bei der Abschätzung der Werteigenschaften von Austauschfaktoren und bei der Sicherung von Eigentumsrechten sowie der Durchsetzung von Verträgen: "Costs of transacting ...consist of the costs of measuring the valuable attributes of what is being exchanged and the costs of protecting rights and policing and enforcing agreements" (North 1990: 27).

Für die Erklärung von Netzwerkbeziehungen bedeutet diese Sichtweise, dass *mit zunehmender vertikaler Desintegration*, die ein wesentliches Merkmal von Produktionsprozessen in einer arbeitsteiligen Wirtschaft ist, *die Anzahl von erforderlichen Transaktionen steigt*. Differenzierung, technologische Komplexität und Interdependenz führen zu steigenden Kosten der Leistungskoordinierung innerhalb von Unternehmen, sodass der Druck zur Suche externer Arrangements zunimmt. Aber nicht nur die unternehmensinternen Transaktionskosten steigen an, sondern aus der Produktionssegmentierung und der gebundenen Rationalität der Wirtschaftssubjekte resultieren Informationsasymmetrien, die auch den Markt über den Preismechanismus als nicht mehr die effizienteste Form der Ressourcenkoordination erscheinen lassen. Die Frage ist, unter welchen Bedingungen sich Unternehmen für (unternehmensinterne) hierarchische Koordination, für den Markt oder für hybride Kooperationsformen entscheiden. Die einfache Antwort lautet, dass jeweils die kostengünstigste Variante gesucht wird. Die Entscheidung hängt aber, wie Williamson (1985) in seiner Abhandlung deutlich macht, von einer Vielzahl von Faktoren ab. Für die hier vorgelegte Darstellung erscheint es ausreichend, auf zwei seiner drei Transaktionsdimensionen einzugehen: die *Faktorspezifität* und die *Unsicherheit*.[234] Je spezifischer bzw. im-

---

[234] Die dritte Dimension ist die Häufigkeit: je mehr Transaktionen der gleichen Art abgewickelt werden, desto eher lohnt sich ein spezielles Arrangement zwischen den Transaktionspartnern (vgl. Domrös 1994: 72).

mobiler ein Produktionsfaktor ist,235 desto eher tendieren Unternehmen dazu, Transaktionen selbst durchzuführen. Je unspezifischer ein Faktor, desto eher wird bei geringer Unsicherheit nach Marktlösungen gesucht. Mit zunehmender Unsicherheit und steigender Faktorspezifität gewinnen Netzwerkarrangements an Bedeutung, da sie im Saldo die effizienteste Koordinationsform darstellen (Meyer 1995: 108). Abbildung 3 gibt eine Übersicht über die unterschiedlichen Koordinationsformen in Abhängigkeit von Faktorspezifität und Unsicherheit.

Abbildung 3: **Koordinationsformen in der Industrie**

Wettbewerbsintensität/ Unsicherheit

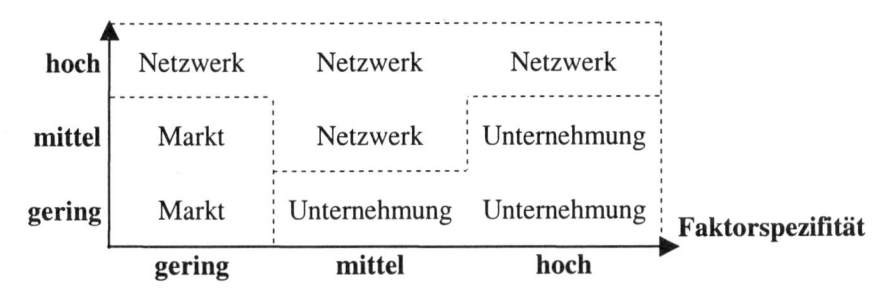

	gering	mittel	hoch	
hoch	Netzwerk	Netzwerk	Netzwerk	
mittel	Markt	Netzwerk	Unternehmung	
gering	Markt	Unternehmung	Unternehmung	Faktorspezifität
	gering	mittel	hoch	

Quelle: Meyer (1995: 108)

Ob nun aber ein Netzwerk einer anderen Transaktionsform überlegen ist, kann nach Sichtweise der Transaktionskostenökonomik ex-ante nicht vollständig spezifiziert werden. Dies ist auf das opportunistische Verhalten der Kooperationspartner zurückzuführen, die vertragliche Regelungen und Überwachungssysteme erforderlich machen, deren Kosten sich erst im Laufe bzw. nach Beendigung der Netzwerkbeziehungen (expost) herausstellen. Es ist auch denkbar, dass Kontakte ganz abgebrochen werden, sodass die Aufwendungen zum Aufbau der Beziehungen

---

235 Williamson (1985: 95-96) unterscheidet vier Arten der Faktorspezifität: (1) Standortspezifität, die sich aus der Unbeweglichkeit von Produktionsanlagen bzw. speziellen Zulifer-Abnehmer-Beziehungen ergibt; (2) Sachkapitalspezifität, die aus Investitionen in Anlagen zur kundenspezifischen Komponentenfertigung resultiert; (3) Humankapitalspezifität, die sich auf einmalige Kompetenzen der Arbeitskräfte bezieht; (4) Zweckgebundene Sachwerte, die die Abhängigkeit betrieblicher Produktionskapazitäten von einem bestimmten Kunden beschreibt.

zu "sunk costs" werden. Ein weiteres, ex-ante nicht gänzlich überschaubares Charakteristikum sowohl von vertraglichen Regeln als auch von Netzwerken liegt darin begründet, dass sich im Laufe von Kooperationen die anfänglichen Ausgangsbedingungen verändern und die ursprüngliche Wahl der Transaktionsform in Frage stellen. Williamson (1985: 61-63) bezeichnet diesen Prozess als *fundamentale Transformation*, an dessen Ende sich beispielsweise durch gegenseitige enge Bindungen von Vertragspartnern Faktorspezifitäten deutlich erhöht haben können.

Dennoch lassen sich verallgemeinerbare **transaktionskostensenkende Merkmale von Netzwerkarrangements** identifizieren, die Sydow (1992a: 268) mit Bezug auf einzelne Literaturquellen für strategische Netzwerke folgendermaßen zusammenfasst:

- Langfristige Absprachen mit Lieferanten oder Abnehmern nehmen bzw. reduzieren diesen das mit transaktionskostenspezifischen Investitionen verbundene Risiko.

- Netzwerktypische stabile und intensive Austauschbeziehungen ermöglichen eine genaue Kenntnis der Stärken und Schwächen in Frage kommender Abnehmer oder Lieferanten und führen zu geringeren Such- und Verhandlungskosten.

- Die Schaffung interorganisationeller Abhängigkeiten und die Ausübung von Kontrolle reduzieren opportunistisches Verhalten.

- Zunehmende technologische Interdependenzen lassen die gemeinschaftliche Durchsetzung von Produkt- und Prozessinnovationen immer dringender erscheinen.

- Qualitätsrisiken können durch gegenseitige Information reduziert werden.

- Interorganisationelles Lernen wird beschleunigt.

- Vertrauensbildende Maßnahmen führen zur Entwicklung einer Clanartigen Interorganisationskultur, die über den drohenden Ausschluss aus dem Clan opportunistischem Verhalten entgegen wirkt.

Der Bezug der Transaktionskostenökonomik zur *Neuen Institutionenökonomik* ergibt sich daraus, dass der institutionelle Rahmen Einfluss auf die Transaktionen zwischen ökonomischen und sozialen Akteuren hat, Transaktionen fördern oder behindern kann und damit deren Kosten determiniert. Da nicht jedes Individuum in der Lage ist, mit jedem anderen Individuum einen Vertrag über gegenseitiges Verhalten abzuschließen, der alle Verhaltenseventualitäten berücksichtigen könnte, besteht ein hoher Bedarf an verlässlichen und unsicherheitsreduzierenden Regeln in menschlicher Interaktion. Aus diesem Grund haben sich nicht nur Gewohnheiten und Routinen entwickelt, die das Verhalten von Individuen leiten, sondern auch *Institutionen, die das Regelwerk zur Koordination individueller Interaktionen darstellen* (z.B. das Rechtssystem).[236] Institutionen beinhalten alle formalen und informellen Regeln, bewusst entworfene und spontan entwickelte, die menschliche Interaktion regieren.[237] Sie reduzieren Unsicherheit, schaffen sie aber nicht vollständig ab, da Regeln nicht alle möglichen Verhaltensweisen interagierender Akteure abdecken können. Institutionen führen damit niemals zu vollständiger Koordinierung, sondern stellen den Rahmen für menschliche Interaktion dar (vgl. Kelm 1996: 35).

Obwohl die Literatur zur Neuen Institutionenökonomik meist nicht zwischen "Institution" und "Organisation" unterscheidet, weist Kelm (1996: 34-41) auf Unterschiede zwischen den beiden Begriffen hin. *Institutionen* sind danach der Ordnungsrahmen, der das Zusammenwirken verschiedener Akteure in ihrem individuellen Zielverhalten koordiniert, während *Organisationen* Akteure mit jeweils unterschiedlicher Zahl von Mitgliedern sind, deren Verhalten auf dieselben Ziele ausgerichtet ist

---

[236] "Institutions exist to reduce the uncertainties involved in human interaction. These uncertainties arise as a consequence of both the complexity of the problems to be solved and the problem-solving software (to use a computer analogy) possessed by the individual" (North 1990: 25).

[237] Douglass North stellt folgende Definition an den Beginn seiner Arbeit: "Institutions are the rules of the game in a society or, more formally, are the humanly devised constraints that shape human interaction. In consequence they structure incentives in human exchange, whether political, social, or economic. ... Institutions reduce uncertainty by providing a structure to everyday life. They are a guide to human interaction, so that when we wish to greet friends on the street, drive an automobile, buy oranges, borrow money, form a business, bury our dead, or whatever, we know (or can learn easily) how to perform these tasks. We would readily observe that institutions differ if we were to try to make the same transactions in a different country - Bangladesh for example. In the jargon of the economist, institutions define and limit the set of choices of individuals" (North 1990: 3-4). Der letzte Teil des Zitats schlägt eine Brücke zu den Arbeiten über nationale Innovationssysteme, deren Ausgangspunkt die Wechselwirkungen zwischen Innovationsstrukturen und den institutionellen Rahmenbedingungen eines Landes sind.

und die durch Autorität koordiniert werden. Der Staat wird dabei als machtvolle Organisation interpretiert, der Regeln und Normen setzt sowie Institutionen aufstellt und dabei nicht auf Konsens angewiesen ist. Wichtige Institutionen in diesem Zusammenhang sind die Eigentumsrechte oder das Steuersystem.[238]

Innerhalb der Neuen Institutionenökonomik unterscheidet sich die Sichtweise über institutionelle Arrangements der beiden Hauptvertreter deutlich voneinander. North (1990) analysiert aus historischer Sicht den Einfluss von institutionellen Strukturen auf ökonomische und soziale Entwicklung.[239] Auf Grund der Pfadabhängigkeit institutionellen Wandels, die sich aus der begrenzten Rationalität von Individuen, aus Routinen und aus der hohen Gewichtung des in der Vergangenheit erworbenen Erfahrungswissen ergibt, werden ineffiziente institutionelle Entwicklungspfade beschritten. North zieht die Schlussfolgerung, dass die daraus resultierenden institutionellen Hemmnisse zur Erhöhung von Transaktionskosten führen und damit das volkswirtschaftliche Wachstum hemmen.[240] Williamson (1975, 1985) hingegen beschäftigt sich mit

---

[238] Ein wichtiger Aspekt der Neuen Institutionenökonomik ist die von den institutionellen Strukturen ausgehende "governance". Dieser Begriff wird in der deutschsprachigen Ausgabe von Williamsons' "Die ökonomischen Institutionen des Kapitalismus" mit 'Beherrschung' und 'Überwachung', teilweise auch mit 'Koordinierung' übersetzt. Für ökonomische Transaktionen erfolgt Beherrschung und Überwachung durch den Markt. In der Soziologie und Politologie beschäftigt sich die 'Governance-Schule' mit der Analyse der Koordinierungsformen sozialen Handelns durch Märkte, Hierarchien und Netzwerke. Dabei werden explizit Argumente aus der Neuen Institutionenökonomik übernommen, nach denen die Struktur und der Wandel von Institutionen ökonomisches und soziales Verhalten regiert und beherrscht. Governance ist dabei der Prozess, durch den Akteure, Identitäten, Meinungen, Ressourcen, Rechte und Regeln geschaffen und verändert werden. Aus diesem Blickwinkel heraus befassen sich beispielsweise die verschiedenen Beiträge in Campbell *et al.* (1991) mit den Ursachen des Strukturwandels in einzelnen Wirtschaftssektoren der USA. Im Konzept regionaler Innovationssysteme ist der Governance-Ansatz auch auf regionale Fragestellungen übertragen worden (vgl. Braczyk/Heidenreich 1998; Cooke 1995). Auch Netzwerke stellen Beherrschungsinstrumente dar (vgl. Håkansson/Johanson 1993).

[239] "In this study I examine the nature of institutions and the consequences of institutions for economic (or societal) performance" (North 1990: 3).

[240] Löchel (1995: 86-88) zieht in seiner Dissertation diese Schlussfolgerung in Zweifel, da seiner Meinung nach die "...Hypothese eines langfristigen Anstiegs der wachstumsrelevanten Transaktionskosten weder theoretisch begründet noch empirisch belegt werden kann" (ders.: 86-87).

den institutionellen Arrangements in dem schon beschriebenen Spektrum zwischen Markt und Hierarchie (Unternehmung), wobei er sich wie Coase auf vertikale Interaktionen bezieht (vgl. Williamson 1975: 82).

> Netzwerke lassen sich danach nicht nur als hybride konsensurale Transaktionsform interpretieren, die im Sinne Williamsons' zwischen Markt und Hierarchie angesiedelt ist, sondern auch als institutionelle Arrangements mit dem Ziel des Ressourcenerwerbs und der Ressourcenteilung. Innovationsnetzwerke stellen eine besondere Form dieses Arrangements dar.

4.3.3 Netzwerkökonomik

4.3.3.1 Entwicklungstendenzen in der Netzwerkökonomik

Forschungen über Netzwerke haben einen breiten wissenschaftlichen Ursprung.[241] Während die sozialen Interaktionsmechanismen in der Soziologie diskutiert werden, politische Netzwerke ein Themenfeld in der politologischen Forschung darstellen, organisatorische Aspekte von der Organisationsökologie aufgegriffen werden (Staber 1996a: 2), setzt sich

---

241 In diesem Abschnitt wird auf eine Unterscheidung zwischen Produktions- und Dienstleistungsunternehmen bei der Analyse von Innovationsnetzwerken verzichtet. Dies erfolgt nicht nur aus dem Umstand heraus, dass etwa 40 % der Beschäftigten in Deutschland in der sachgüterproduzierenden Industrie mit Dienstleistungen beschäftigt sind (Reichwald/Möslein 1995) und damit eine klare statistische Abgrenzung zwischen Produktions- und Dienstleistungsunternehmen (neben den Dienstleisterkategorien in der Systematik der Wirtschaftszweige) nicht möglich ist. Es wird auch davon ausgegangen, dass sich Produktions- und Dienstleistungsunternehmen bei innovationsrelevanten Beziehungen ähnlich verhalten, da die Grundmerkmale von Innovationsprozessen wie Arbeitsteiligkeit, Unsicherheit und Risiko auf alle Innovationsakteure zutreffen. Allerdings ist festzustellen, dass Dienstleistungsunternehmen bei Innovationen stärker auf externe Kontakte, die über die üblichen Geschäftsbeziehungen hinausgehen, angewiesen sind als Industriebetriebe. Dies kann dadurch erklärt werden, dass wegen der hohen Arbeitsteiligkeit von Produktionsprozessen Industrieunternehmen schon vielfältige Kontakte besitzen, auf die sie bei Innovationsprojekten zurückgreifen können, während Dienstleister noch nicht in dieser Intensität in Verbünden zusammenarbeiten und daher zusätzliche Partner suchen müssen (vgl. Koschatzky 1999b). Darauf wird in Kapitel 6 näher eingegangen.

die Ökonomie und Innovationsforschung mit den *techno-ökonomischen Aspekten von Netzwerken* auseinander (Coombs *et al.* 1996: 4; Tijssen 1998: 792).[242] Dabei bildet aber auch die Netzwerkökonomik kein geschlossenes theoretisches System, sondern definiert den Rahmen für unterschiedliche Erklärungsansätze und Betrachtungsebenen von Netzwerkarrangements. Zu unterscheiden sind Arbeiten der Industrie- und Managementökonomie zu globalen strategischen Allianzen, die meist formalisierte und vertraglich abgesicherte Kooperationsbeziehungen zwischen großen, multinationalen Unternehmen darstellen (z.B. Håkansson 1987; Meyer 1995), sowie die Beiträge der Regionalökonomie, die sich im Rahmen innovativer Milieus oder industrieller Distrikte mit regionsgebundenen Netzwerken und netzwerkinduzierenden institutionellen Strukturen beschäftigt (Tödtling 1994: 324). Daneben hat sich in den letzten Jahren die Netzwerkforschung auch mit der Bedeutung systematischen Lernens im Innovationsprozess beschäftigt und damit eine Brücke zur Lern- und Wissensökonomik geschlagen (Coombs/Hull 1998; Cowan/Foray 1997; Cimoli/Dosi 1996; Nonaka/Takeuchi 1995; Spender 1996).[243] Es wird argumentiert, dass Wissen nur durch systematisches Lernen und Vergessen erworben werden kann. Lernen innerhalb von Unternehmen kann auf unterschiedlichen Ebenen realisiert werden (Reid/Garnsey 1998), wobei insbesondere vom Lernen durch Interaktionen zwischen Kunden und Produzenten, Wettbewerbern, anderen Unternehmen (auch Dienstleistern) sowie Forschungseinrichtungen wesentliche Impulse auf betriebliche Innovationstätigkeit und –fähigkeit ausgehen (Lundvall 1988).

---

[242] Auch materiell gebundene Systeme wie Stromleitungen, Wasser- und Abwassersysteme, Transportsysteme sowie die Vernetzungen zwischen Computern werden mit dem Begriff "Netzwerk" belegt (Infrastrukturnetzwerke; vgl. beispielhaft Batten/Thord 1995; Nijkamp *et al.* 1995). Vor allem informationstechnisch basierte Netzwerke haben die Kommunikation in Innovationsnetzwerken erheblich vereinfacht und neue Kooperations-, Produktions- und Unternehmensstrukturen entstehen lassen (Freeman (1991: 511); Capello/Nijkamp (1996)). Soweit zur Erklärung innovativer Netzwerke erforderlich, wird dieser Aspekt wieder aufgegriffen.

[243] Vgl. auch die Ausführungen zur "Learning Economy" in Abschnitt 5.1.5.

4.3.3.2 Merkmale von Innovationsnetzwerken

Netzwerke im Allgemeinen, aber auch Innovationsnetzwerke erschließen sich in der Regel nicht nur über die ökonomische Betrachtungsebene, sondern lassen sich in ihrer Entstehung sowie in ihren Wirkungen nur ganzheitlich über die *Berücksichtigung sowohl ökonomischer als auch sozialer und politischer Aspekte* erfassen. Menschliche Kommunikation und Verhaltensmuster sind wesentliche Bestandteile für die Funktionsfähigkeit von Netzwerken. Diesen Gedanken hat beispielsweise die GREMI-Schule im Konzept des innovativen Milieus aufgegriffen, indem sie informelle Kontakte zwischen den Akteuren des innovativen Milieus als Voraussetzung für dessen Funktionsfähigkeit hervorhebt (Fromhold-Eisebith 1995, 1999).

Mit Blick auf die bereits kurz skizzierten vielfältigen Netzwerkdefinitionen wird nachfolgend der Versuch unternommen, aus der Fülle von Erklärungsansätzen wesentliche Charakteristika der Forschungen zu Innovationsnetzwerken zusammenzufassen.

> Unter Innovationsnetzwerken werden alle Organisationsformen zwischen Markt und Hierarchie verstanden, die dem Informations-, Wissens- und Ressourcenaustausch dienen und durch gegenseitiges Lernen zwischen mindestens drei Partnern Innovationen realisieren helfen.[244]

Lernen und Interaktion sind zentrale Elemente von Innovationsprozessen. Innovationsgerichtetes Lernen in Netzwerken basiert auf der Appropriierung und Transformation von durch Netzwerkkontakte zugäng-

---

[244] Obwohl sich Tijssen (1998) auf FuE-Netzwerke bezieht, kann dessen Definition auch auf Innovationsnetzwerke übertragen werden. Danach wird ein Innovationsnetzwerk definiert als "...an evolving mutual dependency system based on resource relationships in which their systemic character is the outcome of interactions, processes, procedures and institutionalization. Activities within such a network involve the creation, combination, exchange, transformation, absorption and exploitation of resources within a wide range of formal and informal relationships. These network resources comprise of various kinds of capabilities, competencies and assets, which can be divided into 'tangibles' (e.g. codified knowledge, substances, and technical facilities such as software and equipment), and 'intangible' resources (skills, know-how, experience, and personal contacts)" (Tijssen 1998: 792). Vgl. auch Tödtling (1999) für eine Übersicht über theoretische Ansätze, die sich mit Lernprozessen in Innovationsnetzwerken auseinandersetzen.

lich gemachten Informationen und schafft damit Informationsasymmetrien zu Gunsten des Netzwerkes (vgl. Storper 1996b: 762).[245] Wissens- und Informationsnetzwerke (Kogut *et al.* 1993: 77) stellen dabei Elemente von Innovationsnetzwerken dar. Sie lassen sich auch als den gezielten Aufbau von Spilloverkanälen interpretieren, mit deren Hilfe vor allem Spillovereffekte aus Innovationsaktivitäten internalisiert werden sollen, bei denen Property Rights (z.B. Patente, Gebrauchsmuster) nur schwer durchsetzbar sind (Fritsch 1995 mit Bezug auf Felder *et al.* 1994 sowie König *et al.* 1994; Spielberg 1993).

Ein wesentlicher Unterschied zwischen der transaktionskosten- und der netzwerkökonomischen Interpretation von Netzwerkbeziehungen ist, dass letztere von einer *längerfristigen Bindung bzw. Zusammenarbeit der Partner in einem Netzwerk* ausgeht, während sich Transaktionen durch temporäre, nicht-dauerhafte Verbindungen auszeichnen (Karlsson/Westin 1994: 3). Es sind daher nicht primär Kostenaspekte, die zur Bildung von Netzwerken führen, sondern *strategische Interessen* und der *Wunsch nach Appropriierbarkeit* sowie nach Realisierung von Synergismen aus technologischen und sonstigen Komplementaritäten (Freeman 1991: 512). Daher werden Innovationsnetzwerke auch nicht als feste, starre und hierarchische Arrangements betrachtet, sondern als "...relatively loose, informal, implicit, decomposable, and recombinable systems of inter-relationships" (DeBresson/Amesse 1991: 364), die im Erfolgsfall über mehrere Dekaden Bestand haben können.[246] Mit dem Begriff des "learning by interacting" hat Lundvall (1988: 352-354) die Bedeutung von Innovationsnetzwerken für gegenseitige Lernprozesse zwischen Produzenten und Anwendern (Nutzern) hervorgehoben. Diese

---

[245] Aus Sicht der Wissensökonomik kann Innovation damit als ein Prozess verstanden werden, "...in which the organization creates and defines problems and then actively develops new knowledge to solve them" (Nonaka 1994: 14).

[246] Powell (1990: 300) vergleicht die unterschiedlichen Merkmale der drei Formen wirtschaftlicher Organisation Markt, Hierarchie und Netzwerk und kommt zu dem Ergebnis, dass "networks are 'lighter on their feet' then hierarchies. In network modes of resource allocation, transaction occur neither through discrete exchanges nor by administrative fiat, but through networks of individuals engaged in reciprocal, preferential, mutually supportive actions. Networks can be complex: they involve neither the explicit criteria of the market, nor the familiar paternilism of the hierarchy. Basic assumption of network relationships is that one party is dependent on resources controlled by another, and that there are gains to be had by the pooling of resources" (Powell 1990: 303).

Kooperationsbeziehungen können seiner Ansicht nach nur dann erfolgreich sein, wenn sie durch ein nicht-hierarchisches Vertrauensverhältnis zwischen den Partnern und gegenseitig akzeptierten Regeln im Umgang miteinander gekennzeichnet sind.

Innovationsnetzwerke entstehen in der Regel
- ➢ zur Reduzierung von Technik- und Marktunsicherheiten,[247]
- ➢ zum Erwerb komplementärer technischer Kompetenzen, die vor allem zur Beherrschung systemarer neuer Technologien erforderlich sind sowie
- ➢ zur Realisierung zusätzlicher Gewinne (Quasirenten), die sich aus dem Zusammenfügen der komplementären Kompetenzen mit dem Ziel der Differenzierung gegenüber Wettbewerbern ergeben.[248]

Dabei wird zwischen *vertikalen*, schwerpunktmäßig in die Produktions- und Wertschöpfungskette eingebundenen *Netzwerken* mit Kunden und Zulieferern und *horizontalen Netzwerken* mit anderen Unternehmen (aus dem Produzierenden Gewerbe und dem Dienstleistungssektor) sowie Forschungs-, Transfer- und Beratungseinrichtungen unterschieden. Innovationsnetzwerke können sowohl dem informellen Informationsaustausch dienen als auch der gemeinschaftlichen Realisierung von Innovationsprojekten, der Pilotanwendung und der Markteinführung. Während in vertikalen Netzwerken auf Grund der bereits bestehenden produktions- und absatzorientierten Kontakte die Möglichkeiten in der Wahl von Netzwerkpartnern beschränkt sind, bestehen in horizontalen Beziehungen größere Freiheitsgrade in der Partnerwahl. Diese erfordern allerdings auch einen erhöhten Suchaufwand, der häufig nur von Unternehmen mit entsprechenden Informations- und Wissensressourcen zu leisten ist. Je größer die Wissensbasis eines Unternehmens ist und je besser die betrieblichen Kompetenzen entwickelt sind, externes Wissen in das Unternehmen zu integrieren (Le Bars et al. 1998: 316), desto stärker ist die

---

[247] Vgl. Williamson (1989).

[248] Belussi und Arcangeli (1998: 419) führen folgende Ursachen für die Bildung von Netzwerken an: "...networks are created when costs of governance are outweighed by gains provided by the specialisation of activities, by sharing costs of joint infrastructures, interfaces, and indivisibilities; and by the advantages associated with technological externalities created among network nodes."

betriebliche Fähigkeit entwickelt, neues Wissen zu absorbieren und damit auch zu innovieren.

Wesentliche idealtypische **Merkmale von Innovationsnetzwerken** sind (vgl. Fritsch 1992, 2001; Powell 1990; Semlinger 1998; Spielberg 1993):

- ihre Redundanz, d.h. die vergleichsweise geringe Abhängigkeit der Netzwerkteilnehmer vom Netzwerk. Sie sind selbstständig, nehmen freiwillig am Netzwerk teil, besitzen Alternativen und können auf andere Netzwerke bzw. andere ökonomische Organisationsformen ausweichen;[249]

- die fehlende Spezifität von Austauschbeziehungen, die zumindest ex-ante nicht exakt definiert sind;

- die Abwesenheit bzw. geringe Bedeutung hierarchischer Beziehungen, die es den Netzwerkteilnehmern erlauben, weitgehend gleichberechtigt, aber im Wettbewerb[250] zueinander zu kooperieren;[251]

- die Reziprozität der Beziehungen, die zwischen Netzwerkteilnehmern in beide Richtungen verlaufen können;

- meist auf einer längerfristigen Zeitperspektive ausgelegte Beziehungen;

- hohe Flexibilität, da vertragliche Bindungen fehlen und je nach Ressourcenbedarf neue Netzwerkteilnehmer aufgenommen werden bzw. ursprüngliche Teilnehmer aus dem Netzwerk aussteigen können;

---

[249] Dies bedeutet aber nicht, dass ein Netzwerk für jeden offen steht. Im Gegenteil stellen Netzwerke und das darin entstandene Vertrauensverhältnis zwischen den Akteuren eine Eintrittsbarriere für Außenstehende wie auch eine "moralische" Verpflichtung zum Verbleib im Netzwerk dar (Christensen *et al.* 1990: 48). Allerdings erleichtert der Charakter von "weak ties" den Zugang zu vielschichtigen regionalen, nationalen und internationalen Netzwerken (Granovetter 1982).

[250] Für wettbewerbsbasierte geschäftliche Netzwerkbeziehungen wird auch der Begriff "Coopetition" verwendet (Nalebuff/Brandenburger 1996). Beispiele für Coopetition sind: Branchenvertretungen, vorwettbewerbliche gemeinschaftliche Forschung, Zusammenarbeit auf Auslandsmärkten und bei Ausschreibungen, Joint Venture mit einem Wettbewerber.

[251] Je größer die Dominanz eines einzelnen Netzwerkakteurs ist, desto höher wird die Wahrscheinlichkeit, dass sich das Netzwerk zu einer hierarchiebezogenen Transaktionsform entwickelt.

- der mit dem Fehlen vertraglicher Vereinbarungen verbundene geringere Bürokratismus und eine nur geringe Kontrollnotwendigkeit;
- Skalenerträge durch den Zugriff auf externe Ressourcen;
- Vertrauen bzw. Vertrautheit zwischen den Netzwerkakteuren, d.h. die Abwesenheit von opportunistischem Verhalten.[252]

Vor allem im letztgenannten Aspekt heben sich Innovationsnetzwerke deutlich von ökonomischen Transaktionen ab. In Netzwerken wird eine *gegenseitige Orientierung an den Interessen der Interaktionspartner* angenommen. Mit dieser Beschneidung der individuellen Handlungsspielräume und des Eingehens einer institutionellen Bindung wird der Vorteil der gemeinsamen Ausweitung von Handlungsmöglichkeiten und einer Verbreiterung der Ressourcen- und Wissensbasis erkauft (vgl. Domrös 1994: 35). Da Unternehmen und andere potenzielle Netzwerkakteure in der Regel nicht nur eine Option zum Ressourcenerwerb besitzen, schließt sich die Teilnahme an mehreren Netzwerken und anderen ökonomischen Transaktionsformen nicht aus, sondern ist die Regel. Positive Externalitäten aus Netzwerken resultieren daher nicht nur aus den direkten Kontakten zwischen den Teilnehmern eines Netzwerkes, sondern die *Mehrstufigkeit von Netzwerkverflechtungen* führt auch zu Vorteilen, die aus den Kooperationsbeziehungen der jeweiligen Netzwerkpartner entstehen (Gemünden/Heydebreck 1995: 831; Spielberg 1993: 77-78). Innerhalb der unterschiedlichen Kooperationsarten lässt sich zwischen "weichen" und "harten" Beziehungen unterscheiden. Feste Bindungen an einen oder wenige Partner sind für produktionsorientierte Netzwerke charakteristisch, in denen beispielsweise größere Unternehmen Zulieferer fest an sich binden, oder für Kooperationen, bei denen die Zahl möglicher Partner von vornherein begrenzt ist. Nach Granovetter (1973, 1982), der soziale Netzwerke analysiert, hängt die Stärke von Beziehungen von dem Aufwand ab, der zu ihrer Pflege erforderlich ist.[253] Je weniger Aufwand für die Kontaktpflege betrieben werden

---

[252] Nach Semlinger (1998: 48) geht es bei Kooperationsbeziehungen nicht um gegenseitiges Vertrauen, sondern um Vertrautheit, d.h. um das Wissen über die Handlungsziele und Verhaltensalternativen der beteiligten Parteien, sodass auch Konkurrenten in Netzwerken miteinander kooperieren können.

[253] "...the strength of a tie is a (probably linear) combination of the amount of time, the emotional intensity, the intimacy (mutual confiding), and the reciprocal services which characterize the tie" (Granovetter 1973: 1361).

muss, desto geringer ist einerseits die Bindungsintensität, je höher aber die Zahl möglicher Kontakte.[254] Bezogen auf innovationsrelevante Beziehungen ist bei "strong ties", die einen höheren Pflegeaufwand benötigen, die Zahl möglicher Partner und damit potenzieller Diffusionskanäle für Informationen und Innovationen begrenzt.[255] Granovetter argumentiert, dass "weak ties" soziale Distanzen leichter überbrücken und damit Kontakt zu einer größeren Anzahl von Partnern aufgenommen werden kann, als dies durch "strong ties" möglich ist ("loose coupling"; vgl. Weick 1976). Damit bestehen ein breiterer Zugang zu Informationen und eine größere Auswahlmöglichkeit. Für Innovationsnetzwerke bedeutet dies, dass "weak ties" zwar das Risiko von Abhängigkeiten von einzelnen Kooperationspartnern reduzieren, allerdings auf Kosten einer erhöhten Opportunismusgefahr, da in weichen Beziehungen Sanktionen gegen die Verletzung von Spielregeln wegen der vielfältigen Wahlmöglichkeiten kaum wirksam sind.

Netzwerke sind per se durch eine geringe gegenseitige Kontrolle gekennzeichnet.[256] Allerdings ist zwischen eher *zentralisierten Netzwerken*, die aus Sicht der sie dominierenden Firmen ("flagship firms") eine strategische Funktion aufweisen, und *dezentralen Netzwerken* zu unterscheiden (Staber 1996a: 12; Sydow 1996). Letztere bestehen aus einer Vielzahl von Akteuren vergleichbarer Größe, die wegen ihrer Spezialisierung funktional verflochten sind. Die Spezialisierung ist eine Folge der Ressourcenteilung in Netzwerken, in der gerade der Vorteil von Netzwerkarrangements liegt. Unternehmen und andere Akteure können sich auf ihre Kernkompetenzen konzentrieren und haben die zusätzlich erforderlichen betrieblichen Inputs externalisiert. Daher lassen sich Innovationsnetzwerke nicht nur als externe Möglichkeit des Ressourcenerwerbs aufzufassen, sondern als industrielle Organisationsform.[257]

---

[254] "The argument asserts that our acquaintances ("weak ties") are less likely to be socially involved with one another than are our close friends ("strong ties") (Granovetter 1982: 105).

[255] "...individuals with few weak ties will be deprived of information from distant parts of the social system and will be confined to the provincial news and views of their close friends" (Granovetter 1982: 106).

[256] "Network organizations are controlled by members, not by a centralized source of power" (Chisholm 1996: 219).

[257] Mit Bezug auf Piore/Sabel (1984) formulieren Bianchi/Bellini: "...'network of innovators'...is an industrial organization based on a multiplicity of subjects which

Spezialisierung und die damit verbundene Vielzahl von Akteuren sowie das Fehlen einer zentralen Kontrollinstanz führen zu **zwei Merkmalen dezentral organisierter Netzwerke**:

(1) *Nicht trennscharf definierbare Netzwerkgrenzen*: Da sich diese Netzwerke nicht unbedingt um eine einzelne Institution gruppieren, die den Zugang zum Netzwerk kontrollieren kann, ist es möglich, dass sich je nach Bedarf und Themenstellung zusätzliche Akteure temporär in das Netzwerk integrieren, ohne dass dies allen Teilnehmern bekannt sein muss.[258]

(2) *Autonomieverlust durch Spezialisierung*: Je spezialisierter ein Netzwerkakteur ist und je stärker er sich auf die Kompetenzen der anderen Akteure verlässt, desto größer werden die Abhängigkeiten vom Netzwerk. Zwar reduziert sich dadurch opportunistisches Verhalten, gleichzeitig steigen aber auch die Exit-Kosten, sodass die Selbstverpflichtung zur Netzwerkteilnahme zunimmt (Staber 1996b: 151). Hier besteht die Gefahr, dass bei fehlender Dynamik und Offenheit des Netzwerkes dessen Erneuerungsfähigkeit abnimmt. Für Netzwerkteilnehmer bedeutet dies, ein ausgewogenes Verhältnis zwischen Spezialisierung und Abhängigkeit sowie ausreichender Alternativen zu erzielen.

4.3.3.3 Funktionen von Innovationsnetzwerken

Innovationsnetzwerke erfüllen für Unternehmen und andere Akteure unterschiedliche **Funktionen** (u.a. Bianchi/Bellini 1991; DeBresson/Amesse 1991; Domrös 1994; Fritsch 1992). Sie

- dienen als Such- und Evaluationsinstrument;
- senken Such- und Entwicklungskosten;
- ermöglichen und erleichtern den Zugang zu Erfahrungen und komplementärem Wissen;

---

are able not only to diffuse but also to stimulate innovations and immediately to transfer them to the manufacturing applications" (Bianchi/Bellini 1991: 488).

258 Auch aus Unternehmenssicht gibt es eine Unschärfe hinsichtlich der Abgrenzung zwischen Unternehmen und Netzwerk, vor allem dann, wenn Unternehmen (verstanden im Sinne von Williamson (1981) als Ressourcenallokationssysteme) intensiv in Netzwerke eingebunden sind und ihre Unternehmensstrukturen ständig an die Erfordernisse des Netzwerkes anpassen (vgl. Belussi/Arcangeli 1998).

- regen zum Lernen an, unterstützen kooperatives Lernen und generieren kollektive Lerneffekte in spezifischen Technologien und Anwendungsfeldern;
- reduzieren Innovationsrisiken;
- setzen Normen, Standards und Regeln;
- erleichtern Problemlösungsinnovationen.

Die *Vor- und Nachteile von Innovationsnetzwerken* stellen sich für deren Akteure, vor allem Unternehmen und Institutionen der technologischen Infrastruktur,[259] unterschiedlich dar. Allgemein gilt, dass sich durch Netzwerke Verbund-, Größen- und Spezialisierungsvorteile ergeben (*economies of scope*, auch als positive Netzwerkexternalitäten bezeichnet), beispielsweise durch gemeinsame Standards, Kommunikationscodes, Forschung und Entwicklung, Konstruktion sowie die Vermeidung von Doppelarbeit. Positive Netzwerkexternalitäten müssen sich aber nicht für alle Unternehmen einstellen. Die Annahme positiver Effekte basiert auf der Vorstellung, dass die Unternehmen in einem Netzwerk homogen sind (Capello 1995: 228). Dies ist in der Realität aber meist nicht gegeben. Je nach der Größe und der Absorptionskapazität miteinander kooperierender Unternehmen[260] sind unterschiedliche Nutzengewinne aus Innovationsnetzwerken zu erwarten. Während sich zwischen kleinen und mittelgroßen Unternehmen meist gleichberechtigte Netzwerke entwickeln, die zum gegenseitigen Nutzen bei der Überwindung von Innovationsengpässen führen (Rothwell 1991), besteht vor allem für kleine Unternehmen die Gefahr des unkontrollierten Abflusses von Wissen und technologischer Kompetenzen. Dies ist insbesondere dann der Fall, wenn in gemeinsam durchgeführten FuE-Projekten Erfahrungen oder Ressourcen fehlen, die Property Rights aus der Forschungsarbeit zu sichern (Smith *et al.* 1991: 464).

---

[259] "Institutions of Technological Infrastructure can be defined as entities which have a legal identity of public or private law, which are located within a specified region and have potential technological impact within the region, whose activities provide input for research and innovation of enterprises by fulfilling the following functions: managing the knowledge base, improving interactions between enterprises or providing expertise knowledge" (Koschatzky *et al.* 1996b: 2).

[260] Nach dem Konzept der schon in Abschnitt 2.2.4 angesprochenen Absorptionskapazität leistet eigene Innovationsaktivität einen elementaren Beitrag zum Aufbau einer internen Wissensbasis, die wiederum den Einstieg in Innovationsnetzwerke erleichtert; vgl. Cohen/Levinthal (1990); Hicks (1995); Rosenberg (1990).

Größten Nutzen aus Netzwerkbeziehungen können die Firmen ziehen, die intern die Voraussetzungen für den Erwerb externen Wissens geschaffen und sich an die besonderen Bedingungen und Merkmale von Innovationsnetzwerken angepasst haben. Solche "relational" bzw. "evolutionary network" Firmen müssen einerseits ständig versuchen, ihre Verhandlungsmacht im Netzwerk zu schützen, um einen möglichst hohen Anteil der Netzwerkwertschöpfung (Information, Wissen, Lernen) appropriieren zu können, und andererseits ihr Kooperationsverhalten so gestalten, dass durch ein großes Vertrauensverhältnis zwischen den Partnern Konflikte, die die Zusammenarbeit in Frage stellen, vermieden werden (Belussi/Arcangeli 1998: 420). Im Gegensatz zu "transaktionalen" Firmen weisen die "relationalen" eine flexible und dezentrale Organisationsstruktur auf, in der um eine Kernaktivität je nach Erfordernis an der Schnittstelle zu Netzwerken temporär neue hybride Organisationsformen gelagert werden können (ebenda: 421).[261] Auf Grund ihrer zeitlichen und inhaltlichen Befristung zeichnen sich diese durch eine nur geringe Standortbindung aus. Nachteil solcher Strukturen ist die größere Unsicherheit, die sich aus nicht vertraglich geregelten Arrangements ergibt, und ihre geringere Stabilität, die aus der zunehmenden Dynamik in der Entstehung und dem Zerfall von Netzwerkbeziehungen resultiert.[262]

Obwohl sich immer wieder Zusammenhänge zwischen dem FuE-Aufwand, dem Umsatzanteil neuer Produkte und FuE-Kooperationen ergeben, ist die Kausalität dieser Beziehungen unklar (Fritsch 1995: 24). Empirische Analysen über den Einfluss von Geschäftsstrategien auf

---

[261] Cooke/Morgan (1998: 9) bezeichnen die Fähigkeit des Managements innerbetrieblicher Vernetzungen und externer Kooperationsbeziehungen als "associational capacity" des Unternehmens: "that is its capacity for forging co-operation between managers and workers within the firm, for securing co-operation between firms in the supply chain, and for crafting co-operative interfaces between firms and the wider institutional milieu, be it local, regional, or national." Vgl. auch Abschnitt 6.12.

[262] Hinsichtlich der Stabilität von Netzwerken bestehen unterschiedliche Ansichten. Während DeBresson/Amesse (1991: 370) davon ausgehen, dass "...localized networks appear to be more durable than international strategic alliances" und auch Ansätze wie das Konzept industrieller Distrikte und innovativer Milieus die hohe Stabilität regionaler Netzwerkbeziehungen betonen, sind andere Autoren der Ansicht, dass sich vor allem internationale strategische Allianzen und Netzwerke durch eine lange Lebensdauer auszeichnen (z.B. Sydow 1992b).

technologieorientierte Netzwerkstrategien belegen allerdings, dass die *Technologieorientierung von Unternehmen positive Auswirkungen auf die Anzahl und Intensität von innovationsrelevanten Kooperationsbeziehungen* hat.263 Diese Firmen sind attraktive Netzwerkpartner für andere Unternehmen und in ihren Innovationsaktivitäten selbst externe Beziehungen angewiesen. Allerdings besteht auch für technologische Führer in Netzwerken die Gefahr des Abflusses strategischen Wissens. Daher bedarf es besonderer Vorkehrungen und Kontrollen, die Möglichkeiten des Knowhow-Abflusses zu reduzieren.264 Für alle Unternehmen gilt, dass nicht das Netzwerk als solches, sondern das kompetente Management von Netzwerkbeziehungen zum Innovationserfolg führt.265

4.3.3.4 Scheiterursachen von Innovationsnetzwerken

Der Erfolg von Innovationskooperationen wird demnach von unternehmensinternen Faktoren beeinflusst. Netzwerkfähigkeit, Lernen und Wissensakkumulation stellen einen kumulativen Prozess dar, durch den Unternehmen in eine *Pfadabhängigkeit* geraten können. Die Betriebe, die nicht mit anderen zum Zweck des gegenseitigen Wissensaustausches

---

263 "...companies with a technological leadership philosophy tend to be more closely connected to their environment in regard to number and intensity of innovation-oriented relationships than any other type of company" (Gemünden/Heydebreck 1995: 837).

264 "...technological leaders must control the flow of information in their technological network in order to sustain a competitive advantage. This may imply that technological leaders select their partners more carefully and control their relationships more intensively than any other type of company" (Gemünden/Heydebreck 1995: 838).

265 In einem mit dem LISREL-Ansatz erstellten Pfadmodell hat Ritter (1998) einen statistisch signifikanten Zusammenhang zwischen der Netzwerkkompetenz von Betrieben (gemessen anhand der Indikatoren: Erfüllung der Aufgaben des Netzwerkmanagements, Vorhandensein der Qualifikation für das Netzwerkmanagement), ihrer technologischen Verflechtungen (differenziert nach Verflechtungen mit Kunden, Zulieferern, Wettbewerbern und Hochschulen) und dem Ausmaß des Innovationserfolges (Produkt- und Prozessinnovationserfolg) ermittelt. "...Netzwerk-Kompetenz und technologische Verflechtung wirken signifikant positiv auf den Innovationserfolg, der durch das Modell zu 42 Prozent erklärt wird" (Ritter 1998: 163). Dabei üben "...sowohl die durch Forschungs- und Entwicklungsaufwendungen aufgebaute technologische Kompetenz eines Unternehmens als auch dessen Netzwerk-Kompetenz einen signifikanten Einfluss auf den Innovationserfolg eines Unternehmens (aus)" (ebenda: 164).

zusammenarbeiten, verkleinern langfristig ihre Wissensbasis und verlieren die Fähigkeit, mit anderen in einen Wissensaustausch zu treten. Unternehmen, die in vielschichtige Netzwerke integriert sind, verbessern kontinuierlich ihre Fähigkeiten zum Lernen sowie ihre Wissensbasis und damit auch die Möglichkeit, neues Wissen zu nutzen (Capello 1999). Aber auch netzwerkbezogene Konstellationen sind für den Erfolg oder das Scheitern von Netzwerken verantwortlich. Dabei spielen insbesondere persönliche Faktoren eine Rolle, die sich aus dem sozialen Gefüge einer Zusammenarbeit zwischen Personen ergeben. Häufige **Scheiterursachen** sind (vgl. DeBresson/Amesse 1991: 369; Messner 1995: 244; Smith *et al.* 1991: 463f.):

- unterschiedliche Strategien, Interessen und Machtpotenziale in einem Netzwerk, die zu Inkompatibilitäten von Ressourcen sowie der Zeit- und Nutzenorientierung der Zusammenarbeit führen;

- opportunistisches Verhalten einzelner Netzwerkakteure;

- eine zu große Anzahl von Netzwerkbeteiligten, die das Netzwerk unüberschaubar macht, das Risiko eines unkontrollierten Wissensabflusses erhöht und dadurch zu Entscheidungsblockaden und dem Aufbau von Veto-Positionen führt;

- die Hervorhebung einer gemeinsamen Identität und eine Harmonieorientierung, die Wettbewerb zwischen den Netzwerkteilnehmern ausschließen, zu einem kollektiven Konservatismus und damit zu innovationshemmenden "lock-ins" führen;

- eine auf der persönlichen Ebene fehlende Identifikation mit den Zielen und Inhalten von Kooperationsbeziehungen, die zu Angst vor einem möglichen Kompetenzverlust durch bessere Leistungen anderer und damit zu Gleichgültigkeit führen ("not invented here"-Syndrom).

4.3.3.5 Die räumliche Dimension von Innovationsnetzwerken

Diese exemplarischen Scheiterursachen machen deutlich, dass die Entwicklung von Netzwerken durch ähnliche soziale und kulturelle Hintergründe der beteiligten Akteure unterstützt wird (DeBresson/Amesse 1991: 370). Dies führt zu der *räumlichen Dimension von Innovationsnetzwerken*. In der Literatur wird immer wieder die Bedeutung räumlicher und kultureller Nähe ("Proximity") zwischen den Netzwerkakteuren als stabilisierender und kooperationsfördernder Faktor hervorgehoben.[266] Die Region ist insbesondere dann der geeignete räumliche Rahmen für diese Art von Kooperationsbeziehungen, wenn *räumliche Nähe zwischen den Partnern* Informations-, Kosten- und Wettbewerbsvorteile verspricht (vgl. Blaas/Nijkamp 1994). In Abhängigkeit von der Art des in Netzwerken ausgetauschten Wissens ist räumliche und kulturelle Nähe eine mehr oder weniger wichtige Voraussetzung für den Austauschprozess.[267] Kodifiziertes und standardisiertes Wissen kann über weite Entfernungen zu geringen Kosten übertragen werden, sodass die räumliche Nähe zwischen Wissensgeber und Wissensempfänger nicht erforderlich ist. Der Austausch impliziten, nicht-kodifizierten Wissens oder auch für den Einzelnen sensitiven und strategischen Wissens erfordert dagegen persönliche Kontakte sowie verbale und nonverbale Kommunikation und reagiert sensibel auf eine zunehmende Entfernung zwischen den am Wissensaustausch beteiligten Partnern (Arnold/Thuriaux 1997; Foray/Lundvall 1996; siehe auch Saviotti 1998). Damit bestimmt auch das Ziel von Netzwerkkontakten den Suchradius nach möglichen Partnern. So sind bei vertikalen Verflechtungsformen in der Wertschöpfungs- oder Produktionskette überregionale Beziehungen vorherrschend, bei Forschungskooperationen dagegen Kontakte im regionalen Umfeld (Backhaus/Seidel 1998). *Räumliche Nähe ist aber allein als kooperationsförderndes Element nicht ausreichend.* Wichtig ist, dass Akteure zusammen treffen, deren gegenseitige Interessen in Einklang gebracht werden können, die sich für die Bedürfnisse der anderen öffnen und die den Eindruck gewinnen, dass die Vorteile der Netzwerkteilnahme über die Überwindung einzelbetrieblicher bzw. institutionenspezifischer Wissensengpässe hinausgehen. Insbesondere bei Partnern aus dem Produktions- und Dienstleistungssektor sowie aus Forschungseinrichtungen, die spezifisches, exklusives und nicht-imitierbares Wissen anbieten, steht der Zugang zu diesem Wissen im Vordergrund und nicht

---

266 "...the development of networks is...a distinct regional (or national) path of development based on endogenous, entrepreneurial forces which could not emerge without a supportive social context" (Bianchi/Bellini 1991: 489). Vgl. auch die Ausführungen über intra- und interregionale Innovationsnetzwerke bei Fritsch *et al.* (1998) sowie Sternberg (1998).

267 Vgl. aber Brockhoff *et al.* (1991: 227), die für große deutsche Unternehmen nur eine geringe Bedeutung geographischer Distanz bei der Wahl von FuE-Kooperationspartnern feststellten.

die räumliche Distanz zwischen diesen Akteuren.[268] Daher werden auch Kooperationen über große kilometrische Distanzen eingegangen. Hinter diesem Verhalten steht die Erwartung, dass die im Vergleich zu räumlich nahen Kontakten höheren Kommunikations- und Transaktionskosten durch die positiven Netzwerkexternalitäten überkompensiert werden.

Wie die Diskussion evolutorischer Innovationsmodelle gezeigt hat (vgl. Abschnitt 2.3), ist *Proximity* besonders in den *Frühphasen von Innovationsprojekten* von großer Bedeutung, da hier der Bedarf an verlässlichen Informationen sowie sicheren und stabilen Beziehungen am größten ist. Implizites Wissen ist daher an Standorte gebunden (localized knowledge), wobei sich für die Wissensnutzer vor allem an solchen Standorten Vorteile ergeben, die durch ein breites Wissensangebot gekennzeichnet sind. Die Notwendigkeit zu räumlich oder sozial nahen Kontakten in einem Netzwerk nimmt mit Fortschreiten des Innovationsprojektes, aber auch in einem sich stabilisierenden bzw. bekannten Markt- und Technikumfeld ab (Christensen *et al.* 1990: 38-39).[269] Die Reichweite von Kooperationsbeziehungen ist auch abhängig von den Kapazitäten des Netzwerkakteurs, seinen Suchradius zu erweitern und damit wiederum von seiner Absorptionskapazität. Unternehmen, die nur geringe Ressourcen für eigene Innovationsaktivitäten aufwenden, agieren meist (wenn überhaupt) in Netzwerken mit begrenzter räumlicher Reichweite, während innovative Unternehmen mit entsprechenden Wissens- und Informationsverarbeitungspotenzialen auch mit internationalen Kooperationspartnern zusammenarbeiten (Fritsch 1992; Koschatzky 1998a). Bei Forschungseinrichtungen herrschen ebenfalls Kooperationsmuster mit unterschiedlicher räumlicher Reichweite vor. Universitäten sind häufig nur gering mit ihrem regionalen Umfeld verflochten. Bei ihnen

---

[268] Vgl. z.B. Strambach (1995) zur räumlichen Reichweite bei Kontakten mit Anbietern hochwertiger Dienstleistungen.

[269] Grotz/Braun (1997: 554-555) kommen anhand von Interviews in 155 kleinen und mittelgroßen Unternehmen des Maschinenbaus und verwandter Industriezweige aus den Regionen Neckar-Alb, Aachen und Lüneburg-Celle zu dem Ergebnis, dass Innovationsnetzwerke viel weniger räumlich begrenzt sind als normalerweise angenommen wird und dass interregionale Netzwerke eine große Bedeutung haben, insbesondere für technologieintensive Unternehmen. Daraus leiten sie die Schlussfolgerung ab, dass "many SMEs can no longer rely only on their district or regional economy. They have to link up with external partners in cooperation networks. Intensive local networking is probably a privilege enjoyed only by a small minority of regional economies" (ebenda: 555).

überwiegen interregionale und internationale Kooperationsbeziehungen.[270] Anders ist die Situation bei Fachhochschulen oder Einrichtungen mit ähnlicher Zielsetzung. Sie bedienen meist eine regionale Firmenklientel, auf deren Branchen- und Technikprofil sie zugeschnitten sind. Räumlich nahe Kooperationsbeziehungen überwiegen. Vor allem bei Einrichtungen, in denen betriebliche Aspekte in der Ausbildung eine größere Rolle spielen als im Universitätsstudium, sind die Kontaktbarrieren zu den Unternehmen niedriger als bei Universitäten. Wie empirische Studien aus Deutschland zeigen, ist in den neuen Bundesländern eine stärkere Neigung zu beobachten, auf Forschungseinrichtungen aus der Region oder aus Ostdeutschland zuzugreifen als in Westdeutschland (Beise/Stahl 1999: 416).

Wenn für die Entstehung von Netzwerken, zumindest in Phasen hoher Innovations- und Technikunsicherheit, die räumlich-soziale Nähe zwischen den Netzwerkpartnern entscheidend ist, dann beeinflusst die *Qualität des räumlichen Umfeldes*, definiert durch das qualitative und quantitative Angebot an potenziellen Netzwerkpartnern, die Chancen zum Finden geeigneter Partner und damit, im Sinne der innovationsunterstützenden Funktion von Netzwerkbeziehungen, die wirtschaftliche Dynamik der Unternehmen.[271] Da implizites Wissen vor allem in Agglomerationsräumen mit ihrer Unternehmensvielfalt und der Reichhaltigkeit an Forschungseinrichtungen zu finden ist (Storper 1995; Storper 1997), ließe sich daraus ableiten, dass in Agglomerationsräumen die Netzwerkintensität und -qualität höher ist als in ballungsfernen, peripheren Räumen. Wie aktuelle empirische Studien zeigen, hat das *räumliche Umfeld eines Betriebes Einfluss auf seinen Informations- und Wissenszugang und seine Fähigkeit für gemeinsames Lernen* (Keeble/Wilkinson 1999; Lawson/Lorenz 1999). Daher ist davon auszugehen, dass in Ballungsräumen ansässige Unternehmen einen Vorteil im Zugang zu relevanten Wissensquellen besitzen, wobei die Nutzung dieses Vorteils wiederum von der betrieblichen Absorptionskapazität abhängt. Dennoch sind auch außerhalb städtischer Räume Wissensquellen verfügbar und Unternehmen in der Lage, sich in der Art ihres Wissenserwerbs und in

---

[270] Allerdings werden aus Sicht von Unternehmen Kooperationen mit Forschungseinrichtungen aus dem regionalen Umfeld präferiert (vgl. Backhaus/Seidel 1998; Fritsch/Schwirten 1998; Koschatzky 1999a).

[271] "The quality of this environment is therefore be of crucial importance to the dynamic of a firm" (Christensen *et al.* 1990: 37).

ihren Innovationsstrategien an die jeweiligen Gegebenheiten ihres Standortes anpassen zu können (Koschatzky 1997c; Meyer-Krahmer *et al.* 1984; Meyer-Krahmer 1985; Vaessen/Keeble 1995; Keeble 1997: 289).[272] Ballungsfern angesiedelte Wirtschaftsakteure haben durchaus die Möglichkeit, ein hinsichtlich potenzieller Partner defizitäres regionales Angebot durch überregionale Netzwerkbeziehungen zu kompensieren, wobei die betriebliche Absorptionskapazität das Ausmaß der Kompensationsmöglichkeit bestimmt. Diese Möglichkeit weist darauf hin, dass *in komplexen Netzwerksystemen* ohnehin *verschiedene räumliche Kooperationsebenen miteinander verflochten* sind, da komplexe Systeme immer offene Systeme sind (Conti 1993: 122). Durch das gleichzeitige Interagieren lokal-regionaler Netzwerkakteure mit anderen räumlichen Ebenen, sowohl direkt als auch über Intermediäre (z.B. durch Kontakte zu großen Unternehmen oder zu international kooperierenden Forschungseinrichtungen) entsteht eine Dualität von Netzwerkniveaus, die die Voraussetzung für eine erfolgreiche Regionalentwicklung darstellt. Je nach Komplexität und räumlicher Reichweite der Netzwerkbeziehungen (Abszisse) und dem Grad der Integration in das regionale Milieu (Ordinate) ergeben sich nach Conti (ebenda: 124-126) vier Quadranten in einem Achsensystem, denen er **vier unterschiedliche Typen räumlicher Netzwerksysteme** zuordnet (vgl. Abbildung 4):

(1) *Tendenziell stabile komplexe Systeme*, in denen ein Maximum an funktionaler Offenheit für Kooperationen und größtmöglicher räumlicher Reichweite von Netzwerkbeziehungen mit maximaler Integration in das regionale Milieu kombiniert sind. Hier treffen globale Netzwerke auf höchstem Hierarchieniveau zusammen und werden in die regional bestehenden Netzwerke integriert. Beispiele für diese Art räumlicher Netzwerksysteme sind globale Städte,[273] technologische Distrikte, Industrieregionen im technologischen und organisatorischen Transformationsprozess sowie reife Indust-

---

[272] So stellten bereits Meyer-Krahmer *et al.* (1984: 11) ein unterschiedliches Innovationsverhalten von Betrieben in ländlichen Regionen fest. Zur Realisierung von Innovationen sind diese Betriebe stärker auf interne Ressourcen und Qualifikationen angewiesen, da sie dadurch ein fehlendes oder unzureichendes externes Angebot kompensieren. Vaessen/Keeble (1995: 502) gelangen für britische KMUs zu dem Ergebnis, dass "peripheral firms can, if they grow, in due course overcome these comparative disadvantages and achieve high if not higher innovation rates than their more favourably-located counterparts."

[273] Zu den Merkmalen globaler Städte vgl. Sassen (1996).

riedistrikte. Ökonomische, technologische, politische und kulturelle Aktivitäten in diesen Raumtypen sind weltweit prägend.

(2) *Unstabile komplexe Knoten*, die sich durch eine zeitlich befristete Dialogfähigkeit in globalen Netzwerken auszeichnen. Akteure sind stärker in globale Netze als in das lokale Milieu integriert. Hierunter fallen urban-industrielle Regionen im politisch-institutionellen Transformationsprozess (z.B. in post-sozialistischen Ökonomien), in globalen Finanzmärkten vernetzte Städte ohne territoriale Bindung, nur schwach mit ihrem Umfeld vernetzte Technologiezentren und –parks sowie traditionelle Industrieregionen. Die Instabilität dieser Regionstypen ist abhängig von der Unsicherheit möglicher Reaktionen auf nicht vorhersehbare Strukturbrüche.

(3) *Einfache Knoten* mit einer tief verwurzelten Integration in das regionale Milieu, die zu einer nur über wenige Netzwerke wahrgenommenen externen Kommunikation führt. Beispiele für diesen Interaktionstyp sind traditionelle industrielle Distrikte mit lokalen handwerklich-industriellen Produktionssystemen sowie Industriestädte und –regionen mit spezialisierten Strukturen, z.B. alte Industrieregionen, die sich durch raumgebundene inflexible Netzwerke auszeichnen.

(4) *Hierarchisch dezentralisierte Knoten*, in denen die endogenen Entwicklungspotenziale entweder begrenzt oder aber noch nicht entwickelt sind und in denen erste zufällig entstandene Netzwerke bestehen.

Wie jede Typologie ist auch dieses Modell ein Versuch, komplexe Merkmalsausprägungen, in diesem Fall die Integration in regionale Milieus und Netzwerke unterschiedlicher Hierarchie und räumlicher Rechweite, zu systematisieren und zu gruppieren. Dem Gewinn analytischer Klarheit steht die Unschärfe bei der Zuordnung von Zwischenstadien gegenüber. Auch stellt sich die Frage, ob die im ersten Quadranten definierten Netzwerkniveaus und Integrationsgrade in regionale Milieus einen Endzustand im Sinne eines Stufenmodells abbilden, oder ob das System nach oben, d.h. in Richtung weiterer Netzwerkformen und Integrationsmöglichkeiten, offen ist. Der Wert der Typisierung liegt in der *Verdeutlichung des Zusammenhanges zwischen regionaler und interregionaler Vernetzung einerseits und der Zuordnung unterschiedlicher Regionstypen zu diesen Integrationsniveaus andererseits.* Wirtschaftlich

Abbildung 4: Dynamik räumlicher Netzwerksysteme

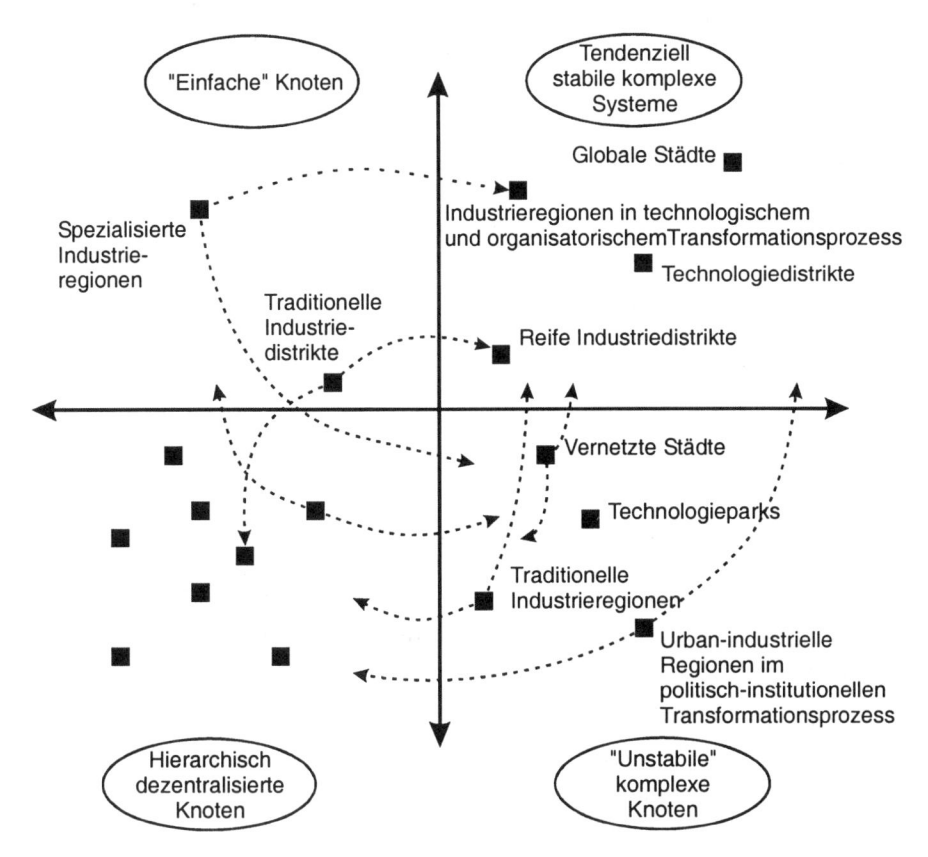

Quelle: nach Conti (1993: 126)

stark und erfolgreich sind Regionen dann, wenn ihre Akteure sowohl in vielschichtige globale als auch regionale Netzwerke integriert sind. Während sich demnach "gute" Netzwerke durch ein ausgewogenes Verhältnis von Kooperation und Wettbewerb, eine Offenheit für Anregungen und Neuerungen von außen sowie durch einen Ausstieg alter und einen Einstieg neuer Netzwerkpartner im Zeitablauf auszeichnen, können abgeschottete Netzwerke, in denen die Teilnehmer bei geringer Anpassungsfähigkeit in tradierten Routinen gefangen sind, ein Entwicklungshemmnis darstellen. Mit zunehmender Bedeutung regionaler Netzwerkbeziehungen nimmt die Flexibilität und Dynamik lokaler Systeme ab und schafft Raum für erstarrte, neuerungsunfähige Strukturen. Dies beschreibt einen Zustand, den Grabher (1993: 260-264) unter der

Spezialisierungsfalle des "functional lock-in", "cognitive lock-in" und "political lock-in" subsumiert. Daher sind *Netzwerke nicht per se entwicklungsfördernd, sondern nur dann, wenn sie die Fähigkeit zum Lernen und zur Anpassung an neue Herausforderungen besitzen.*

Daraus wird deutlich, dass Netzwerkbeziehungen zwar über einen längeren Zeitraum stabil sein können, aber ein gesamtes Netzwerk einem ständigen Wandel unterworfen sein sollte, der je nach Innovationsprojekt und wirtschaftlichem Umfeld eine unterschiedliche Ausprägung aufweisen kann. Bezogen auf Netzwerke zwischen Hightech-Unternehmen lassen sich in Anlehnung an Tödtling (1994: 335ff.) folgende **netzwerkdifferenzierende Faktoren** identifizieren (Koschatzky/ Gundrum 1997: 223f.):

- *Netzwerkstrukturen unterscheiden sich zwischen Branchen.* Während in der Computer-Industrie Kontakte zwischen Unternehmen im Sinne von Zuliefer-Abnehmer-Beziehungen und gemeinschaftlicher Entwicklungsvorhaben dominieren, ist für Biotechnologieunternehmen der Kontakt zur universitären und klinischen (Grundlagen-) Forschung sowie zu Beteiligungskapitalgesellschaften und anderen Finanzpartnern von großer Wichtigkeit.

- *Netzwerke verändern sich im Lebenszyklus von Branchen.* Lokale und regionale Kooperationsbeziehungen dominieren im Allgemeinen in frühen Wachstumsphasen, während mit zunehmender Reife internationale Markt-, Zuliefer- und Kooperationskontakte aufgebaut werden. Von diesem Muster gibt es aber auch Abweichungen, wie die internationalen Kontakte vieler (junger) Biotechnologieunternehmen belegen.

- *Netzwerke sind an Lokalisationsvorteile gebunden.* Vor allem im Hightech-Bereich können sich Netzwerke nur dort entwickeln, wo Lokalisationsvorteile für bestimmte Branchen (z.B. durch die Existenz spezialisierter Zulieferer von Produkten und Dienstleistungen) vorhanden sind. Daher entwickeln sich Innovationsnetzwerke meist nicht räumlich dispers, sondern regional konzentriert.

4.3.3.6 Innovationsnetzwerke im betrieblichen Innovationsprozess

Hinsichtlich der Bedeutung von Innovationsnetzwerken für die betriebliche Innovationsfähigkeit lassen sich folgende **Schlussfolgerungen** ableiten:

- Netzwerke sind der bedeutendste Interaktionsmechanismus zwischen Unternehmen und ihrem räumlichen Umfeld und ermöglichen den Zugang zu komplementärem, externen Wissen.
- Durch Kooperationen und die betriebliche Wissensnutzung lassen sich Lernprozesse realisieren.
- Innerhalb von Netzwerken können unterschiedliche Arten von innovationsrelevantem Wissen und von Informationen ausgetauscht werden. Dabei reicht das Spektrum vom informellen Informationsaustausch bis hin zur gemeinschaftlichen Durchführung von Innovationsprojekten.
- Neben produktions- und absatzbasierten (vertikalen) Innovationsnetzwerken stellen horizontale Netzwerke mit nicht in die Wertschöpfungskette eingebundenen Partnern eine wichtige additive Informations- und Wissensquelle dar.
- Zusätzlich zu anderen Produktions- und Dienstleistungsunternehmen sind Forschungseinrichtungen eine wichtige Informations- und Wissensquelle mit Brückenkopffunktion zu anderen Netzwerken.
- Netzwerkstrukturen sind branchen- und themenspezifisch. Der Kooperationsbedarf und die Art der Kooperationspartner variiert zwischen einzelnen Branchen und verändert sich in Abhängigkeit vom Lebenszyklus der Branche und ihrer dominierenden Technologie.
- Netzwerke sind dann entwicklungsfördernd, wenn sie offen und dynamisch, d.h. durch Wettbewerb und Kooperation geprägt sind. Abgeschottete Netzwerke können dagegen entwicklungshemmend sein.
- Die Absorptionskapazität einer Organisation entscheidet über die Fähigkeit zur Wissensnutzung. Je größer die bereits vorhandene Wissensbasis ist, desto ausgeprägter ist die Fähigkeit, neues Wissen zu absorbieren.

- Dezentrale Wissens- und Innovationskoordination reduziert das Risiko einer selektiven Wissensaufnahme und –weitergabe und damit der Nichterkennung und Nichtnutzung relevanter Wissensquellen.
- Räumliche Nähe spielt vor allem beim Transfer impliziten, nichtkodifizierten Wissens eine Rolle. Daraus ist aber nicht eine Beschränkung auf distanziell begrenzte Netzwerke abzuleiten. Ein breiter Wissenszugang lässt sich nur durch eine Mischung aus intraregionalen und interregionalen/internationalen Innovationsnetzwerken realisieren.

4.4 Raumdifferenzierende Mechanismen aus Sicht der neuen Wirtschaftsgeographie

Ein wesentliches Ergebnis der Betrachtung innovationsökonomischer Ansätze war die Betonung der Bedeutung von Interaktionen zum Austausch von Information und Wissen und zur Generierung von Lernprozessen als wesentliche Voraussetzungen für innovative Aktivität. Innovationen lassen sich nur im komplexen Zusammenwirken unterschiedlicher Akteure und unterschiedlicher Wissensformen realisieren. In der neuen Wachstums- und Außenhandelstheorie wird technischer Fortschritt zwar endogen erklärt, aber im Wesentlichen durch die Diffusion des in einem Sektor entstandenen technischen Wissens und die Nutzung dieses Wissens in anderen Sektoren (so z.B. im Innovationsmodell von Romer 1990). Als Transfermedien dienen Blaupausen sowie externe Effekte (Spillovers) der bestehenden Wissensbasis. Damit werden die Erkenntnisse der Innovationsökonomik über die Relevanz von Interaktionen nicht aufgegriffen und nicht in die Modelle integriert. Die Entstehung des technischen Fortschritts (um in der Terminologie der Wachstumstheoretiker zu bleiben) wird damit nur sehr rudimentär erklärt und wichtige Einflussfaktoren auf die Technikgenese (vgl. Abschnitt 2.2) bleiben ausgeklammert.

Die Netzwerkökonomik und die anderen in diesem Kapitel betrachteten Ansätze (Institutionenökonomik, Transaktionskostenökonomik) setzen sich erheblich differenzierter mit der Erklärung der Netzwerkentstehung, den unterschiedlichen Formen von Netzwerken, ihren immanenten Strukturen und Gesetzen sowie den Hemmnissen im Interaktionsprozess auseinander, als es die neue Wachstums- und Außenhandelstheorie je zu leisten vermag. Damit tragen diese Konzepte unter dem Blickwinkel innovationsökonomischer Fragestellungen in bedeutender Weise zum Erkenntnisgewinn über die Relevanz von Netzwerken im Innovationsgeschehen bei. Aus wirtschaftsgeographischer Sicht sind vor allem die räumlichen Ausprägungen von Netzwerken und die durch sie realisierten, z.T. lokal gebundenen Informations- und Wissensflüsse von Interesse. Allerdings darf sich dabei die Betrachtung nicht ausschließlich auf Netzwerkstrukturen und Kooperationsintensitäten beschränken, sondern sollte sich neben der Ursachenanalyse insbesondere auf die in Netzwerken ablaufenden Prozesse richten, da nur dadurch Erkenntnisse über die jeweils spezifischen, die räumliche Ausprägung und Relevanz determinierenden Einflussfaktoren zu erwarten sind.

Eine aus der wirtschaftsgeographischen Forschungstradition entstammende "neue Wirtschaftsgeographie" sollte sich daher nicht nur mit der Reflektion von Wissensexternalitäten und ihrer räumlichen Reichweite befassen (so wie dies in der wachstumstheoretisch orientierten Forschung geschieht). Die wesentliche Stärke einer den Innovationsprozess und seine räumlichen Wirkungen thematisierenden "neuen Wirtschaftsgeographie" liegt demgegenüber in einer differenzierten quantitativen und qualitativen Auseinandersetzung mit den räumlichen, sozialen, ökonomischen und technologischen Ausprägungen von innovationsrelevanten Netzwerkbeziehungen. Daher sind auch die im folgenden Kapitel diskutierten netzwerkbasierten Konzepte von besonderem Interesse, da sie den systemaren Charakter von Innovations- und Produktionsprozessen in den Mittelpunkt ihrer Betrachtung stellen und in seine räumliche Dimension erklären wollen. Sie stellen damit einen weiteren wichtigen theoretischen Baustein einer "neuen Wirtschaftsgeographie" dar.

5. Konstitutive Elemente regionaler Innovationsmodelle

Die bisherigen Ausführungen haben mit Spillovereffekten, Externalitäten, Produktzyklen, Transaktionen und Innovationsnetzwerken die Mechanismen aufgezeigt, die zu einer räumlichen Differenzierung im Innovationsprozess führen können. Sie sind wiederum Kernelemente unterschiedlicher regionaler Innovationsmodelle, die sich aus verschiedenen Blickwinkeln heraus mit räumlichen Aspekten im betrieblichen Innovationsverhalten befassen. Zur Darstellung dieser Modelle wird auf das *Konzept regionaler Innovationssysteme* (RIS) zurückgegriffen.[274] Es stellt eine empirische Forschungsrichtung dar, die unter Rückbezug auf verschiedene theoretische Ansätze systemische Elemente regionaler Innovationsprozesse analysiert und innovationspolitische Schlussfolgerungen über die Gestaltbarkeit und Gestaltung der Wechselwirkungen zwischen den unterschiedlichen Innovationsakteuren in einer Region ableitet. Das RIS-Konzept ist keine Theorie, sondern ein systemarer Ansatz, der die Schwächen von singulären Fallstudien durch die Schaffung eines gemeinsamen analytischen Rahmens zu überwinden versucht (Cooke 1998: 12).[275] Der Ansatz steht in engem Zusammenhang zu der mit Arbeiten von Christopher Freeman im Jahr 1987 über "Technology Policy and Economic Performance: Lessons from Japan" (Freeman 1987) und dem 1988 publizierten Sammelwerk von Dosi, Freeman, Nelson, Silverberg und Soete über "Technical Change and Economic Theory" (Dosi et al. 1988) begründeten Forschungsrichtung der "*National Systems of Innovation*" (NSI), greift aber ebenfalls wachstumstheoretische Argumentationen der "*new economic geography*" auf. Bevor daher auf die verschiedenen, im RIS-Konzept enthaltenen theoretischen Ansätze näher eingegangen wird, werden kurz die wesentlichen Merkmale der Arbeiten zu nationalen Innovationssystemen skizziert, da diese den institutionellen Rahmen für die Ausprägung regionaler Innovationssysteme definieren.

---

[274] Es wurde mit einem Aufsatz von Philip Cooke aus dem Jahr 1992, in dem er drei unterschiedliche Modelle regionalen Technologietransfers vorstellte und erstmals den Begriff "Regional Innovation Systems" verwendete (Cooke 1992; Cooke 1998: 2), begründet.

[275] "Adoption of this systems approach overcomes the weaknesses of case studies, because a common and analytical framework is used. Its advantage is that it allows for a systematic comparison of innovation activities in various regions" (Cooke 1998: 12).

5.1 Nationalstaatliche Rahmenbedingungen im Innovationsprozess: das Konzept nationaler Innovationssysteme und der "learning economy"

5.1.1 Entwicklung des Konzeptes

Unter dem Oberbegriff der "National Systems of Innovation" sind seit Ende der 1980er Jahre und verstärkt im letzten Jahrzehnt des 20. Jahrhunderts vielschichtige Analysen zu den nationalstaatlichen Rahmenbedingungen für Technikentstehung und –diffusion, Innovation und Lernen entstanden. Dabei ist zwischen Arbeiten zu unterscheiden, die die institutionelle Spezifik einzelner Staaten und deren Einflüsse auf betriebliche Innovationsprozesse betonen (vgl. z.B. die Beiträge in Lundvall 1992; Nelson 1993), die sich querschnittshaft mit einzelnen Aspekten von Innovationssystemen beschäftigen (z.B. in Edquist 1997, Archibugi/ Michie 1997), und solchen, die den Blick auf das Unternehmen richten und die Nation als wettbewerbsbeeinflussendes Umfeld definieren (z.B. Porter 1990). Alle Arbeiten sind *Spiegelbild einer verstärkten Hinwendung der evolutorischen Innovationsforschung zum Raum* und reflektieren die sich im Laufe der 1980er Jahre durchsetzende Erkenntnis, dass Innovationen nicht homogen sind, sondern territoriale Besonderheiten aufweisen, die sowohl nationaler, regionaler, als auch internationaler Natur sein können.[276] Der Bedeutungsgewinn der räumlichen Betrachtungsebene resultiert aus dem in dieser Zeit zunehmend erkannten Spannungsfeld, das sich im Zuge flexibler Produktionskonzepte, weltumspannender elektronischer Datennetze und der darauf resultierenden Globalisierung von Unternehmen und Produktion zwischen einer transnationalen globalen Technikentwicklung einerseits und der Funktion von Nationalstaaten andererseits ergibt. Gerade weil der Einfluss einzelner Staaten auf die von ihrem Territorium aus agierenden internationalen Großkonzerne abnimmt (vgl. u.a. Bathelt 1997 für die chemische Industrie) und neue Technologien grenz- und kontinentüberschreitend entstehen,[277] stellt sich die Frage nach den spezifischen Assets einzelner

---

[276] "Processes of innovation transcend national borders and sometimes they are local rather than national" (Lundvall 1992a: 4).

[277] "There is good reason to believe that in recent years, just as the idea of national innovation systems has become widely accepted, technological communities have become transnational as never before" (Nelson/Rosenberg 1993: 17).

Staaten und ihren Möglichkeiten, als wirtschaftlich-technologischer Standort wettbewerbsfähig zu bleiben bzw. durch die Anpassung institutioneller Rahmenbedingungen ihre Wettbewerbsfähigkeit zu erhöhen. In diesem Zusammenhang wurde auch hervorgehoben, dass das *nationale Umfeld und die Heimatbasis von Unternehmen gerade die Voraussetzung für Globalisierungsprozesse darstellt*.[278] So beeinflussen einerseits die nationalen Angebotsbedingungen an Humankapital und FuE-Infrastruktur sowie die allgemeinen Standortbedingungen die Wettbewerbsfähigkeit von Unternehmen, andererseits stellt der Heimatmarkt zumindest in größeren Volkswirtschaften einen wichtigen Testmarkt dar, der Produktattribute zu verbessern hilft und damit den Einstieg in andere Märkte erleichtert (Porter 1990: 63-64).[279]

---

[278] "The role of the home nation seems to be as strong as or stronger than ever. While globalization of competition might appear to make the nation less important, instead it seems to make it more so. With fewer impediments to trade to shelter uncompetitive domestic firms and industries, the home nation takes on growing significance because it is the source of the skills and technology that underpin competitive advantage" (Porter 1990: 19).

Globalisierung und Regionalisierung werden dabei nicht als Gegensatz betrachtet, sondern als parallel ablaufende Prozesse: "...regionalisation is a tendency taking place parallel to globalisation. The regionalisation perspective further represents an alternative development model for local industrial development, with clear implications for what are important tools in local level policy" (Isaksen 1998: 40).

[279] Eine zu dieser Sichtweise konträre Position vertritt Ohmae (1993: 78). Für ihn hat sich der Nationalstaat zu einer unnatürlichen, disfunktionalen Einheit entwickelt, der nicht mehr in der Lage ist, menschliche und ökonomische Aktivität in einer grenzenlosen Welt zu organisieren. Die Zukunft sieht er in Regionalstaaten (region states) mit 5 bis 20 Millionen Einwohnern und einer den globalen Anforderungen entsprechenden Infrastruktur, die künftig die Grundlage für die Teilnahme am globalen Wirtschaftsprozess darstellen. Eine andere Meinung vertritt Gertler (1997a). Er fasst seine Überlegungen wie folgt zusammen: "Clearly, economic processes and relationships are still spatially bound in real and significant ways despite the economy's undeniable global nature. As distinct from the industrial network literature, I claim institutions at the level of the nation-state still constitute a crucial force in shaping the nature, pace, and attributes of localised growth processes. My voice is added to a small but growing chorus of scholars who have reasserted this case" (Gertler 1997a: 29).

5.1.2 Begriffsbestimmungen

Zur *Begriffsbestimmung des nationalen Innovationssystems* sind in der Entstehungsgeschichte dieser Forschungsrichtung unterschiedliche **Definitionen** vorgelegt worden:

- Freeman (1987) definiert ein NSI als "...network of institutions in the public and private sectors whose activities and interactions initiate, import, modify and diffuse new technologies"[280] und hebt als vier wichtige *Elemente des NSI* die *öffentliche Politik*, die Bedeutung von *Unternehmen* und ihrer FuE-Aktivitäten, die *Industriestruktur* sowie die Bedeutung von *Bildung und Ausbildung* hervor (Freeman 1988).[281] Zusammen mit dem Beitrag von Nelson (1988), der sich mit den institutionellen Strukturen des technischen Wandels in den USA befasst und als fünftes Element die *außerindustriellen Forschungseinrichtungen* zu den Kernelementen von nationalen Innovationssystemen hinzufügt, bilden diese Arbeiten den Grundstock des Ansatzes und weisen eindeutig auf ihre institutionenökonomische Entstehung hin (vgl. Schmoch *et al.* 1996: 121-123).

- Während Freeman und Nelson zunächst nur auf die nationalstaatlichen Einflussfaktoren eingehen und die Bedeutung der nationalen Technologiepolitik für Forschung und Entwicklung analysieren, richtet Lundvall (1992a) den Blick auf die institutionellen Faktoren eines Landes, die die *Interaktionsprozesse* zwischen den Innovationsakteuren und gegenseitige Lernprozesse beeinflussen: "...a system of innovation is constituted by elements and relationships which interact in the production, diffusion and use of new, and economically useful, knowledge and ... encompasses elements and relationships, either located within or rooted inside the borders of a nation state" (Lundvall 1992a: 2). Wesentliche Subsysteme, die sowohl Lernen, Suchen und Erforschen beeinflussen als auch selbst beinhalten, sind das *Produktionssystem*, das *Marketingsystem* und das *Finanzsystem* (ebenda: 12). Hinsichtlich Lernen und Innovation spielen zwei Einflussfaktoren eine wichtige Rolle, deren Rahmen durch den Nationalstaat gesetzt wird: ein gemeinsamer kultureller Hintergrund sowie die institutio-

---

[280] Zitat übernommen aus Schmoch *et al.* (1996: 121).

[281] Freeman führt die Idee der Arbeiten zu nationalen Innovationssystemen auf Friedrich List's Konzeption über das nationale System der politischen Ökonomie aus dem Jahr 1841 zurück (Freeman 1997: 24).

nelle Struktur. Wie schon in den Ausführungen zur Netzwerkökonomik betont, fördern räumliche und kulturelle Nähe ("proximity") Lern- und Austauschprozesse.[282] Damit beeinflussen soziale und kulturelle Faktoren die erfolgreiche Realisierung von Innovationsprozessen. Daneben vermindern die Institutionen eines Landes innovations- und marktbezogene Unsicherheiten.[283]

- Nelson und Rosenberg (1993: 4-5) zerlegen den Begriff in seine drei Bestandteile und definieren *Innovation* als Prozess, der Unternehmen in die Lage versetzt, Produkte herzustellen und Herstellungsprozesse zu handhaben, die neu für sie, für das Land oder gar in der Welt sind. *System* wird als eine Reihe von Institutionen verstanden, deren Interaktionen die Innovationsleistungen der nationalen Unternehmen beeinflussen. Dabei muss dieses System weder planvoll entwickelt worden sein noch müssen die Institutionen reibungslos und abgestimmt zusammenarbeiten. Beim Begriffsbestandteil *Nation* weisen Nelson und Rosenberg darauf hin, dass sich auch innerhalb von Nationen die institutionellen Strukturen in einzelnen Technikfeldern deutlich voneinander unterscheiden und dass der gemeinsame Nenner dieser Institutionen eher in ihrer transnationalen denn nationalen Orientierung liegt.[284] Damit wird die Frage aufgeworfen, ob ein Konzept nationaler Innovationssysteme überhaupt sinnvoll ist. Sie wird dahingehend beantwortet, dass trotz nationenüberschreitender Technikentwicklung und –diffusion institutionelle und kulturelle Faktoren ein spezifisch nationale Ausprägung haben und den technischen Wandel beeinflussen können. Je nach der Größe eines Landes und der Globalität techno-ökonomischer Systeme sind diese Einflüsse stärker oder schwä-

---

[282] "...Lundvall emphasises the positive influence of geographical and cultural proximity between users and producers on successful innovations. Proximity becomes even more important along with the steadily increasing complexity of innovations" (Schmoch *et al.* 1996: 125).

[283] "Institutions make it possible for economic systems to survive and act in an uncertain world. Institutions may be routines, guiding everyday actions in production, distribution and consumption, but they may also be guide-posts for change" (Lundvall 1992a: 10).

[284] "The system of institutions supporting technical innovation in one field, say pharmaceuticals, may have very little overlap with the system of institutions supporting innovations in another field, say aircraft. On the other hand, in many fields of technology, including both pharmaceuticals and aircraft, a number of the institutions are or act transnational" (Nelson/Rosenberg 1993: 5).

cher ausgeprägt und rechtfertigen auch weiterhin, den Nationalstaat als Analyseeinheit zu verwenden, wobei allerdings transnationale Innovationssysteme und deren Wirkungen auf nationale Innovationspolitiken nicht ausgeklammert werden dürfen.[285]

5.1.3 Elemente nationaler Innovationssysteme

Diese Definitionen reflektieren das in der Entstehungsphase des Ansatzes vorherrschende Verständnis von nationalen Innovationssystemen, die sich aus **vier wesentlichen Elementen** konstituieren (vgl. Nelson 1993a: 517-520; Patel/Pavitt 1994):

(1) Den *institutionellen Strukturen* eines Landes. Sie werden durch die Unternehmen, Universitäten, Forschungs- und Ausbildungseinrichtungen, Normen, Routinen, Netzwerke, Finanzierungseinrichtungen und die staatliche Politik zur Förderung und Regulierung des technischen Wandels gebildet.[286]

(2) Dem *Anreizsystem* eines Landes. Hierunter fallen u.a. Anreizsysteme für Innovationen, für Technologietransfer, für Lernen und Qualifizierung, für Unternehmensgründungen sowie berufliche Mobilität in und zwischen Organisationen.[287]

(3) Den Fähigkeiten und der *Kreativität der Innovations- und Wirtschaftsakteure* eines Landes. Sowohl zwischen Ländern als auch

---

[285] "Certainly the policies and programs of national governments, the laws of the nation, and the existence of a common language and a shared culture define an inside and outside that can broadly affect how technical advance proceeds. ... One can argue that the European systems were much less strictly "national" systems than was the American. For one thing, even the largest of the European nations was small compared with the United States, and as a result there was much more importing and exporting as a percentage of GNP" (Nelson/Rosenberg 1993: 16).

[286] Zum Innovationssystem Deutschland vgl. Gibbons (1993); Keck (1993); Meyer-Krahmer (1992, 1994, 1995a).

[287] Nelson (1993a: 519) weist beispielsweise auf die nationalprägende Wirkung der Ausbildungssysteme hin: "...national education systems...sometimes seem never to change in their basics. Although top level scientists and engineers may be highly mobile, and some high level students will continue to take training abroad, below the Ph.D. level, by and large, countries will be stuck with their nationals who are trained at home."

zwischen den Unternehmen eines Landes bestehen große Unterschiede hinsichtlich der Vielfalt und der Qualität von Produkten und Dienstleistungen sowie der Möglichkeiten, neue Entwicklungspfade zu beschreiten.

(4) Den *kulturellen Besonderheiten* eines Landes, die sich beispielsweise in unterschiedlichen Akzeptanzen und Nutzungsverständnissen von Technik niederschlagen.[288]

5.1.4 Wissensakkumulation und Lernprozesse in nationalen Innovationssystemen

Während die ersten Arbeiten zu nationalen Innovationssystemen die innovationsrelevanten institutionellen Strukturen einzelner Länder analysierten und landesspezifische Besonderheiten in der Technikgenese und -diffusion betonten, beschäftigen sich jüngere unter dem NSI-Oberbegriff erstellte Studien mit den Wirkungen des institutionellen Netzwerkes von Volkswirtschaften auf Lernprozesse und Innovation. Hier werden *institutionenökonomische Ansätze mit lernökonomischen*

---

[288] Der Einsatz und die Diffusion gentechnischer Verfahren in der Pflanzen- und Lebensmittelproduktion, der Medizin und Pharmazie, die wegen einer höheren Akzeptanz in der Bevölkerung in den USA Mitte der 1990er Jahre deutlich stärker ausgeprägt waren als in Deutschland, ist ein prägnantes Beispiel für den Einfluss nationaler Besonderheiten auf die Technikentwicklung (vgl. z.B. Koschatzky/Maßfeller 1994). Gertler (1995, 1997b: 51-54) zeigt anhand der Nutzung deutscher Maschinen durch kanadische Produzenten und der dabei entstehenden Wartungs- und Serviceprobleme interkulturelle Unterschiede in den Nutzererwartungen und Nutzungsverständnissen von Produktionsmaschinen auf. So führt er beispielsweise einen höheren als von kanadischen Nutzern erwarteten Technikanteil ("overengineering") in deutschen Maschinen auf die höheren Arbeitskosten in Deutschland zurück, die deutsche Maschinenproduzenten dazu verführen, menschliche Arbeitskraft durch technische Lösungen zu ersetzen, obwohl dies im nordamerikanischen Kontext nicht erforderlich wäre. Da sich dadurch aber bei deutschen Produzenten eine Denkroutine herausgebildet hat, entstehen Kommunikationsprobleme in der Interaktion zwischen Techniknutzern, die eine möglichst einfach zu bedienende (wegen der hohen Personalfluktuation gibt es keine langfristige Bindung von Mitarbeitern an Produktionsanlagen, sondern nur kurze Anlernzeiten) und zu wartende Maschine wünschen, und Technikproduzenten, für die sich die Qualität einer Maschine durch ihre technische Komplexität definiert.

Betrachtungen verknüpft.289 Diese Sichtweise hat ihren Ursprung in dem bereits zitierten Sammelwerk von *Bengt-Åke Lundvall* aus dem Jahr 1992, in dem er in seiner Einführung vor dem Hintergrund früherer Arbeiten über den Zusammenhang von Interaktion, Innovation und Lernen die Bedeutung des "institutional set-up" für die Entstehung und Ausprägung von Lernprozessen betont (Lundvall 1992a: 12), und das einen weiteren Beitrag zur "learning economy" beinhaltet (Dalum *et al.* 1992).290 Die Begriffe "learning economy" und "knowledge-based economy" werden häufig synonym verwendet, wobei der Ansatz der "*learning economy*" das Schlüsselkonzept darstellt, da die ökonomische Leistungsfähigkeit von den Fähigkeiten des Lernens und Vergessens abhängt und nicht vom verfügbaren Wissensstock. Das Konzept der "learning economy" ist ein dynamischer Ansatz, während die "*knowledge-based economy*" die Bedeutung des Wissenspotenzials hervorhebt.291

Lernprozesse lassen sich nach unterschiedlichen Kriterien unterscheiden.292 Lernen kann gezielt durch organisierte Tätigkeit in Unternehmen und Forschungseinrichtungen erfolgen ("direct learning") oder auch Resultat eines zufälligen Ereignisses sein ("indirect learning"). Lernen kann

---

289 Dosi bemerkt allerdings zur theoretischen Fundierung des wissensökonomischen Ansatzes, dass "unfortunately, current economic theory...still falls short of providing comprehensive taxonomies of co-ordination and learning mechanisms which could then be "reduced" into tractable models" (Dosi 1996: 88) und dass "...economic theory can contribute to its understanding but there is still a long way to go" (ebenda: 90). Im Zusammenhang mit den noch bestehenden Defiziten in der theoretischen Fundierung steht auch das Problem, den Wissensgehalt einer ökonomischen Aktivität zu messen. Dazu bemerkt Carter (1996: 62): "Ideally, to study a knowledge-based economy, one would wish to measure the knowledge content of economic activity. I have no idea how to measure knowledge content, and as far as I know, nobody else is even close either." Diese Anmerkungen machen einen noch erheblichen Forschungsbedarf deutlich, die Charakteristika und Aktivitäten einer 'knowledge-based economy' zu quantifizieren und sowohl makro- als auch mikroökonomisch zu modellieren.

290 Der Ansatz der "learning economy" wurde beispielsweise weitergeführt in Lundvall/Johnson (1994).

291 "The most fundamental reason for preferring 'the learning economy' as a key concept is that it emphasises the high rate of economic, social and technical change which continuously undermines specialised knowledge. It also makes clear that what really matters for economic performance is the capability to learn (and forget) and not the stock of knowledge" (Lundvall 1997: 6-7).

292 Vgl. dazu auch die Ausführungen in Abschnitt 2.2.4.

durch "Machen" entstehen ("learning by doing"), durch Nutzung ("learning by using"), durch Suchen ("learning by searching"), durch Interaktion und Kooperation ("learning by interacting") und durch andere Prozesse, wobei der Grad des Lernens und die mit dem Lernen verbundene Innovationsleistung unterschiedlich sein können. Aber auch unterschiedliche *Wissensarten*, wie implizites und explizites Wissen, Faktenwissen ("know-what"), wissenschaftliches Wissen ("know-why"), Fähigkeiten ("know-how") und Kenntnisse über andere ("know-who"), werden in der "learning economy" in Innovationsprozessen miteinander verbunden (Lundvall/Johnson 1994: 30). Lernprozesse sind in der Regel sozial, interaktiv und abhängig von der Fähigkeit, Neues durch die Verbindung und Rekombinierung von Wissen zu schaffen.[293] Da Lernen auch mit dem Verlassen von bisherigen Denk- und Handlungsroutinen verbunden ist, betont die Lernökonomik nicht nur die Prozesse zur Schaffung neuen Wissens, sondern sieht im *Verlernen und Vergessen* wichtige Voraussetzungen für die Entstehung neuen Wissens und damit für das Lernen (Gregersen/Johnson 1997: 480).[294] Je besser das kreative Verlernen und Vergessen organisiert ist, d.h. Routinen und Gewohnheiten abgelegt werden, desto erfolgreicher ist Neues erlernbar. Lernen schafft für diejenigen, die an den Lernprozessen partizipieren, Wissens- und Informationsvorteile. Damit entstehen Wissens- und Informationsasymmetrien, die solange bestehen, bis das Wissen durch andere appropriiert wurde bzw. durch dynamisches Lernen weitere Asymmetrien geschaffen wurden (vgl. Storper 1996b: 761-763).

5.1.5 Das Konzept der "Learning Economy"

"Learning economies" zeichnen sich daher durch vielfältige dynamische Lernprozesse aus, in denen ständig neues Wissen produziert wird und sich durch eine schnelle Wissensdiffusion der verfügbare Wissensstock permanent erhöht und verändert. Dieses Wissen entsteht nicht zufällig, sondern organisiert und insbesondere durch die Fähigkeit, dass lernende

---

[293] "...learning processes...are interactive and depend on the ability to combine and recombine different pieces of knowledge into something new" (Gregersen/ Johnson 1997: 480).

[294] "The positive role of forgetting in the development of new knowledge has probably been underestimated" (Lundvall/Johnson 1994: 33).

Volkswirtschaften gelernt haben, wie Lernprozesse zu organisieren sind. *Im internationalen Vergleich sind es die Intensität von Lernprozessen und das Ausmaß neuen Wissens, das dabei entsteht, durch die sich die einzelnen Volkswirtschaften voneinander unterscheiden.* Nach dieser Sichtweise bestehen wechselseitige Beziehungen zwischen Innovationen und direkten und indirekten Lernprozessen, die wiederum in enger Beziehung zu einem national differenzierenden Beziehungsgeflecht aus Wissensinfrastruktur, Produktionsstruktur, institutioneller Struktur, Politik und Nachfragestruktur stehen. Lundvall (1997: 7) definiert daher die *"learning economy"* als *"...an economy where the capability to learn is crucial for the economic success of individuals, regions, firms and national economies. 'Learning' refers to building new competences and establishing new skills and not just 'to get access to information'."* Moderne "learning economies" zeichnen sich durch endogenen technologischen und organisatorischen Wandel aus. Lernprozesse wurden institutionalisiert und Rückkopplungsschleifen zur Wissensakkumulation etabliert, sodass die Gesamtwirtschaft, einschließlich ihrer Produktions- und Konsumwelten, durch Lernprozesse miteinander verflochten ist (Lundvall/Johnson 1994: 26). Gregersen/Johnson (1997: 481) nennen **fünf charakteristische Merkmale einer "learning economy"**:

(1) Information und Kommunikation basiert auf modernen Informations- und Kommunikationstechnologien.

(2) Durch die Verkürzung der Lebenszyklen von Produkten stellen kontinuierliche inkrementale Innovationen eine wesentliche Überlebensvoraussetzung für viele Unternehmen dar.

(3) Die Wissensinfrastruktur spielt eine herausragende Rolle.

(4) Innovation und Lernen werden durch eine Vielzahl von Institutionen, z.B. Finanzierungseinrichtungen, Institutionen zur Sicherung von geistigen Eigentumsrechten, technische Berater und Dienstleister, unterstützt.

(5) Der Staat unterstützt Lernprozesse durch die Bereitstellung von Infrastruktur, durch Lernanreize (z.B. durch die Sicherung geistiger Eigentumsrechte, durch Subventionen und Steuervergünstigungen), durch die Erleichterung des Zugangs zu Wissen (z.B. durch Bibliotheken, Datenbanken, Telekommunikationstechnik), durch die Verminderung der Kosten des Vergessens (z.B. durch die Förderung beruflicher Fort- und Weiterbildung, der Mobilität auf dem Arbeitsmarkt und durch Sozialversicherungssysteme) und

durch die Erhaltung der technologischen und institutionellen Diversifität und die Förderung grenzüberschreitender Lernprozesse.

Gerade das letztgenannte Merkmal betont die besondere *Rolle staatlicher Politik* in einer "learning economy". Sie hat dafür Sorge zu tragen, dass die lern- und interaktionsbezogenen Systeme einer Volkswirtschaft wie beispielsweise das Bildungssystem, das Forschungssystem und das System innovationsunterstützender Dienstleistungen offen bleiben für Anregungen und Impulse von außen und nicht durch die Kumulativität und Pfadabhängigkeit von Innovationen institutionell erstarren.[295] Es ist daher *Hauptaufgabe der staatlichen Bildungs- und Innovationspolitik* Lernprozesse und auch das Verlernen durch

- die Möglichkeiten zu Lernen,
- Lernanreize,
- die Fähigkeit zu Lernen,
- den Zugang zu relevantem nutzerspezifischen Wissen und
- das Lernen um zu Verlernen

zu flankieren und zu unterstützen (Lundvall/Johnson 1994: 38-39).

5.1.6 Nationale versus produktbasierte Innovationssysteme

Stellt die Fokussierung auf Lernprozesse einen Aspekt der Weiterentwicklung des Konzeptes nationaler Innovationssysteme dar, führt die vielfach gestellte Frage nach der Relevanz und Spezifik nationaler Rahmenbedingungen vor dem Hintergrund der zunehmenden Internationalisierung und Globalisierung von Wissensentstehung, Technikentwicklung und Innovation zu einem weiteren Forschungsfeld innerhalb dieses Konzeptes. Während Nelson (1993a: 518-519) trotz der sich zwischen Nationen verwischenden Grenzen die Persistenz nationaler institutioneller Strukturen betont[296] und hinsichtlich global agierender Großunterneh-

---

[295] Zu den institutionellen Aspekten der "learning economy" vgl. Storper (1996a).

[296] "A good example is national education systems, which sometimes seem never to change in their basics...The nations system of university research and public laboratories will continue to be, largely, national..." (Nelson 1993a: 519).

men auf die Lernfähigkeit von Regierungen, sich mit diesem Phänomen in besserer Weise als bislang auseinander zu setzen, setzt,[297] stellen Archibugi/Michie (1997: 13) die Frage, ob die Globalisierung der Technologieentwicklung den Nationalstaat überflüssig macht. Sie zerlegen den **Globalisierungseinfluss** in drei Komponenten (ebenda: 14):

(1) Internationale Nutzung nationaler technologischer Fähigkeiten. Unternehmen versuchen, ihre Innovationen auf globalen Märkten zu kommerzialisieren, entweder durch den Export von Produkten, die auf diesen Innovationen basieren, oder durch Lizenzierung des Know-hows.

(2) Grenzüberschreitende Zusammenarbeit zwischen öffentlichen und privaten Einrichtungen zum Zweck des Austausches und der Entwicklung von Wissen.

(3) Erzeugung von Innovationen in mehr als nur einem Land, vor allem im Rahmen der Innovationsaktivitäten multinationaler Unternehmen.

Auch für sie spielt der Nationalstaat trotz der Auswirkungen internationaler Regime, d.h. multinationaler Unternehmen und transnationaler Zusammenschlüsse, weiterhin eine wichtige rahmensetzende Rolle, vor allem in der auf der nationalen Spezifik aufbauenden Förderung von Innovationen, wobei der Erfolg nationaler Maßnahmen aber zunehmend schwieriger zu beeinflussen ist, nicht zuletzt wegen der technologischen Aktivitäten multinationaler Unternehmen. Archibugi und Michie leiten daraus die Schlussfolgerung ab, dass es nicht weniger, sondern mehr nationalstaatliche Intervention geben sollte.[298]

Storper (1996b) rückt dagegen vom nationenbezogenen Innovationssystem ab und stellt *produktgruppenorientierte Innovationssysteme* in den Mittelpunkt seiner Betrachtungen. Er argumentiert, dass je nach Produktgruppe unterschiedliche Netzwerke und Interaktionsmuster und,

---

[297] "...the presence of "foreign" firms in important industries is something that nations will have to learn to cope with better" (Nelson 1993: 519).

[298] "...although globalisation makes national action more rather less important, at the same time it makes it more difficult, or less feasible. ..If national action has become more important yet more difficult, then this increased difficulty may itself call for more serious and far-reaching intervention from national governments to overcome such difficulties" (Archibugi/Michie 1997: 14).

damit verbunden, unterschiedliche organisatorische Strukturen wirksam sind und die Innovationstätigkeit beeinflussen.[299] Dadurch lässt sich ein *Staat* nicht als ein Innovationssystem begreifen, sondern stellt die *Plattform für verschiedene Innovationssysteme mit unterschiedlicher territorialer Ausprägung* dar. Nicht das Territorium definiert das Innovationssystem, sondern Territorien erfüllen jeweils bestimmte Funktionen in verschiedenen produktbasierten Innovationssystemen.[300] Da jede Nachfragestruktur ihre spezielle territoriale Logik aufweist, stimmen nur in Einzelfällen Territorien mit einem Produktions- und Innovationssystem überein. Andererseits existieren verschiedene Produktionswelten, für die jeweils spezifische Innovationssysteme, die regional oder national gebunden, aber auch international organisiert sein können. Zur Veranschaulichung seiner Argumentation definiert Storper jeweils zwei gegensätzliche Produktgruppen, die sich nach Märkten und Technologiegehalt differenzieren und ordnet diesen Gruppen vier Produktionswelten zu. Die **zwei Produktgruppenpaare** sind (Storper 1996b: 764):

- *Spezialisierte Produkte (SPE)*, zu deren Herstellung das nicht ubiquitär verfügbare Wissen von Spezialisten erforderlich ist und bei denen der Wettbewerb über die Produktqualität erfolgt, sowie *standardisierte Produkte (STA)*, die dem Preiswettbewerb ausgesetzt sind.

- *Dezidierte Produkte (DEZ)*, die auf besondere Nachfrage hergestellt und deren Spezifikationen und Qualitäten durch den Bedarf einzelner Kunden definiert werden, sowie *generische Produkte (GEN)*, die direkt über den Markt verkauft werden und bei denen die Information über das Produkt in diesem selbst enthalten ist.

---

[299] "...different products evidence demand for different innovation systems; different economies thus need different innovation systems according to their trade specializations and output compositions" (Storper 1996b: 762).

[300] "Only in some cases are territories coextensive with whole worlds of production; in most cases they are but parts of a more complex spatiality of collective, reflexive economic action" (Storper 1996b: 787).

Daraus resultieren die folgenden **vier Produktwelten**:

	SPE	STA
DEZ	**Interpersonelle Welt**	**Marktwelt**
GEN	**Welt intellektueller Ressourcen**	**Industriewelt**

In der **interpersonellen Welt** herrscht eine enge Interaktion zwischen den Produzenten und den Produktnutzern vor, die eine wesentliche Voraussetzung für Produktverbesserungen und Produktinnovationen darstellt. Innovationen sind auf die Erfindung neuer dezidierter Qualitäten ausgerichtet und erfordern spezialisierte Ressourcen und den Rückgriff auf in Netzwerken verfügbares implizites Wissen. Diese Produktwelt findet ihren organisatorischen Niederschlag in *technologischen Distrikten* und in *Industriedistrikten*, d.h. sowohl in den auf handwerkliche Produktionsweisen spezialisierten Industriedistrikten Norditaliens als auch in der räumlichen Konzentration von Hightech-Industrien, beispielsweise im Silicon Valley oder in der Biotechnologieindustrie San Diegos.

In der **Marktwelt** werden vornehmlich standardisierte (Konsum) Güter produziert, wobei das Spektrum von kleinen und mittelgroßen Betrieben reicht, die kurzlebige Produkte für einen stark fluktuierenden Markt herstellen, bis hin zu großvolumigen Zuliefernetzwerken flexibler Produktion, die sich um große Unternehmen herum entwickelt haben. Innovationen zielen auf die Entwicklung dezidierter Qualitäten mit der Möglichkeit zur Standardisierung, um schnell auf sich verändernde Marktbedingungen reagieren zu können. Räumlichen Niederschlag findet diese Welt in einer *spezialisierten Produktionsregion* mit einer Vielzahl von Unternehmen, beispielsweise Bekleidungs- oder Möbelkomplexe in den USA.

In der **Welt intellektueller Ressourcen** werden generische Produkte hergestellt, deren Nachfrage sich vorab nicht abschätzen lässt und bei denen sich Skalenerträge auf Grund fehlender Standardisierungsmöglichkeiten nicht realisieren lassen. Hierbei handelt es sich im Wesentlichen um bedeutende industrielle Produktinnovationen aus der Wissenschaft und dem Ingenieurwesen. Innovationstätigkeit basiert auf der Arbeit von Spezialisten und ist auf die Entwicklung neuer Produkte und Qualitäten ausgerichtet, die als Schlüsselinput für die Innovationsaktivitäten in den anderen Welten dienen. Räumlich-organisatorischen Niederschlag findet diese Welt in *technologischen Distrikten* sowie in *strategischen Allianzen*.

Die **Industriewelt** zeichnet sich sowohl durch Standardisierung als auch durch Spezialisierung aus, wobei diese Optionen von der Verfügbarkeit und den Kosten der Technik abhängen. Im Fall standardisierter Produktion erfordern große, irreversible Investitionen die Massenherstellung von Produkten, wobei diese meist durch große oligopolistische Unternehmen erfolgt, die einzelne Produktionsschritte auf Betriebsstätten im jeweiligen In- und Ausland aufgespalten haben. Alle Prozesse der Automatisierung, Standardisierung und Substituierung von Produkten sind charakteristisch für diese Welt, die ein wesentliches Merkmal der industriellen Massenproduktion nach dem zweiten Weltkrieg darstellen. Innovationen richten sich auf die Entwicklung neuer, standardisierbarer Produkte, mit deren Hilfe neue Märkte erschlossen werden können. Die *räumliche Arbeitsteilung* sowie *technologische Zentren* sind die wesentlichen organisatorischen Ausprägungen dieser Welt.

Für jede dieser Welten gelten unterschiedliche Angebots- und Nachfragearchitekturen und damit unterschiedliche institutionelle Strukturen zur Innovationsförderung. Wenn auch nach Storper die Nation bzw. Region eine Plattform für unterschiedliche Innovationssysteme darstellt und Territorien nur in Ausnahmefällen mit einem der vier Systeme übereinstimmen, spielt dennoch *räumliche Nähe eine unterstützende Funktion bei externen Transaktionen*. Innovationspolitik, die sich an den besonderen Produktions- und Wettbewerbsbedingungen in jeder Welt orientieren muss,[301] kann durch die Bereitstellung kollektiver Güter die Vorteile räumlicher Nähe fördern und zur Wissensdiffusion innerhalb einer Region beitragen.[302] Die vier Welten stellen keine statische Struktur dar, sondern Angebots- und Nachfragebedingungen verändern sich im Zeitablauf und damit auch die Strukturmerkmale der Produktionswelten. Zu

---

[301] "Policy...must be oriented towards the substantive content of innovation in each world of production; their organizational and territorial architectures must enable actors to realize this substantive content, and to keep doing so over time" (Storper 1997: 787).

[302] "Moreover, such policies should provide collective goods (services, especially) for clusters of products and producers, at a focused territorial level (e.g. the region)" (Storper 1997: 781).

dieser dynamischen Komponente in seinem Ansatz hat Storper aber keine näheren Aussagen gemacht.[303]

Die Darstellung des Einflusses nationalstaatlicher Rahmenbedingungen auf die betriebliche Innovationstätigkeit sowie die Hinterfragung der Relevanz des Nationalstaates vor dem Hintergrund von Globalisierung und Internationalisierung in den verschiedenen Ansätzen zu nationalen Innovationssystemen verdeutlicht, dass nicht nur eine institutionelle Heterogenität zwischen einzelnen Staaten besteht, sondern auch innerhalb einzelner Staaten Innovationssysteme unterschiedliche Anforderungen erfüllen müssen. Dies unterstreicht, wie auch Storper betont, die diffusionsfördernde Funktion regionaler Innovationssysteme.

> Die Auseinandersetzung mit den Auswirkungen globaler Strukturen auf nationale Innovationsprozesse und nationalstaatliche Politik gibt darüber hinaus einen Hinweis darauf, dass es nicht ausreicht, territoriale Prozesse analysieren und verstehen zu wollen, wenn der Blick nur auf das Territorium gerichtet ist. Ohne die Einbeziehung aller Wirkungsebenen, d.h. internationaler technologischer Paradigmen und Produktionsstrukturen, transnationaler Zusammenschlüsse und Regulationssysteme, Effekte multinationaler Unternehmen und der unterschiedlichen Funktionen einzelner Regionen in nationalen Innovationssystemen, bleibt die Analyse ausschnittsartig und verliert an Erklärungsgehalt. Dies trifft auf Nationen, stärker aber auf Regionen zu, die als in dieser Differenzierung kleinste räumliche Maßstabsebene den vielfältigsten Einflusssphären ausgesetzt sind.

---

[303] "These systems move through time, with the demand and supply architectures modifying each other through such collective action; we have not been able to deal with this issue in any depth here" (Storper 1997: 787).

5.2 Das Konzept regionaler Innovationssysteme

5.2.1 Theoretische Bezüge

Nicht zuletzt durch die Forschungsarbeiten zu innovativen Milieus und industriellen Distrikten, aber auch durch die von Michael Porter antizipierte und reflektierte Bedeutung des regionalen Umfeldes ("home base") für international agierende Unternehmen, geriet die regionale Betrachtungsebene Anfang der 1990er Jahre in den Mittelpunkt des wissenschaftlichen wie auch politischen Interesses. Viele der regionalen Ansätze wurden im Konzept regionaler Innovationssysteme aufgegriffen und deren gemeinsame Merkmale mit explizitem Bezug zu den Arbeiten über nationale Innovationssysteme zusammengetragen. Regionale Innovationssysteme werden als "...geographical distinctive, interlinked organizations supporting innovation and those conducting it, mainly firms" verstanden (Cooke *et al.* 1996: 12). Das Konzept geht somit davon aus, dass *die Region und das räumliche Umfeld eine Rolle im Innovations- und Entwicklungsprozess von Unternehmen sowie anderen Innovationsakteuren spielt*. Diese Sichtweise steht im Gegensatz zu der von Michael Storper, der nur in Einzelfällen von einer Überschneidung von produktbasierten Innovationssystemen mit regionalen Innovationssystemen ausgeht.

Neben dem Hinweis auf nationale Innovationssysteme werden **Bezüge zu folgenden Theoriekonzepten** hergestellt:

- zur evolutorischen Innovationsforschung und der dort angesprochenen Pfadabhängigkeit technologischer Entwicklung (z.B. Dosi 1982);
- zum institutionellen Lernen (z.B. North 1990) und zur Wissensökonomik (z.B. Lundvall/Johnson 1994);
- zur Netzwerkökonomik, wobei vor allem heterarchische, d.h. hierarchiearme Netzwerke betrachtet werden;[304]

---

[304] "Heterarchy is the condition in which network relationships pertain based on trust, reputation, custom, reciprocity, reliability, openness to learning and an inclusive and empowering, rather than an exclusive and disempowering, disposition" (Cooke 1998: 9). Heterarchische Netzwerke sind beispielsweise für innovative Milieus charakteristisch.

- zu aus der ökonomischen Netzwerkanalyse abgeleiteten Governance-Konzepten (z.B. Powell 1990; Håkanson/Johanson 1993; Hirst 1994), die sich mit den organisatorischen Strukturen und Prozessen befassen, durch die ökonomische Aktivitäten koordiniert und kontrolliert werden;[305]

- zu Spillovereffekten und damit verbunden, zu wissensbasierten Agglomerationseffekten (z.B. Malmberg/Maskell 1997);[306]

- zum Konzept industrieller Distrikte (z.B. Sabel 1989; Pyke/Sengenberger 1992);

- zum Ansatz des innovativen Milieus (z.B. Aydalot 1986; Ratti *et al.* 1997);

- zu neuen Produktionskonzepten wie beispielsweise Postfordismus, flexible Spezialisierung und Lean Production (z.B. Hirst/Zeitlin 1991; Piore/Sabel 1984).

Diese Konzepte lassen sich nicht trennscharf voneinander abgrenzen, sondern befassen sich mit ähnlichen Phänomenen unter verschiedenen Blickwinkeln. Beispielsweise ist das netzwerkbasierte Governance-Konzept, das Aussagen zur Selbststeuerung sozioökonomischer Gruppen macht (z.B. in Netzwerken), als partnerschaftlicher Ansatz ("associative governance") wiederum ein wichtiges Element in einer "learning economy" sowie auch in innovativen industriellen Clustern, die sich über interessengesteuerte, aber dennoch partnerschaftlich ausgerichtete Netzwerke organisieren (Cooke 1998: 11).[307]

---

305 Zum Governance-Begriff vgl. auch die Anmerkungen in Fußnote 238.

306 In diesem Zusammenhang wird auch das "proximity capital" angesprochen. Die Verfügbarkeit einer gut ausgebauten Kommunikations- und Verkehrsinfrastruktur kann dazu führen, dass die räumliche Nähe zwischen industriellen Agglomerationszentren größer ist als innerhalb dieser Zentren und damit tacit knowledge durch persönliche Kontakte auch über größere räumliche Entfernungen übertragen werden kann (Cooke 1999: 6).

307 Als gemeinsamer Nenner dieser Konzepte hat sich in jüngster Zeit der Begriff des "localized learning" durchgesetzt (vgl. u.a. Hassink 1997c: 279).

5.2.2 System- und Regionenverständnis

Eine zentrale Rolle im Konzept regionaler Innovationssysteme spielen der System- und der Regionsbegriff. Cooke definiert "*System*" unter Bezug auf Lundvall als Innovationssystem, das aus Einzelelementen und ihren gegenseitigen Beziehungen zur Produktion, Diffusion und Entwicklung neuem, ökonomisch relevanten Wissen besteht (Cooke 1997: 478; Cooke 1998: 11).[308] Analog zur Sichtweise über evolutionäre und interaktive Innovationsprozesse sind vor allem Nutzer und Produzenten neuen Wissens zentrale Systemelemente. Danach stellen *Innovationssysteme*

- soziale Systeme, in denen Innovationen als Resultat der sozialen Interaktion zwischen ökonomischen Akteuren entstehen und
- offene Systeme, die im Austausch mit ihrer Umwelt stehen,

dar. In einem (regionalen) Innovationssystem agieren Organisationen und prägen es durch ihre gegenseitigen Interaktionen sowie ihre Verflechtungen mit anderen Innovationssystemen. Zentrale Elemente eines Innovationssystems sind Hochschulen,[309] außeruniversitäre Forschungseinrichtungen, Technologietransferagenturen, Berater, Weiterbildungseinrichtungen, öffentliche und private Finanzierungseinrichtungen, kleine, mittelgroße und große Unternehmen sowie andere Einrichtungen, die in Innovationsprozesse eingebunden sind (vgl. Abbildung 5). Die Beziehungen zwischen diesen Elementen können stark und schwach ('strong ties, weak ties'), regelmäßig und unregelmäßig, intensiv und locker, hierarchisch, heterarchisch, polyzentrisch und dualistisch sein (Cooke *et al.* 1997: 478).

---

[308] Die Definition bei Lundvall (1992a: 2) lautet: "...a system of innovation is constituted by elements and relationships which interact in the production, diffusion and use of new, economically useful, knowledge...".

[309] Vgl. Mansfield (1991, 1995) zum Beitrag von Hochschulen für industrielle Innovation.

Abbildung 5:   Elemente regionaler Innovationssysteme

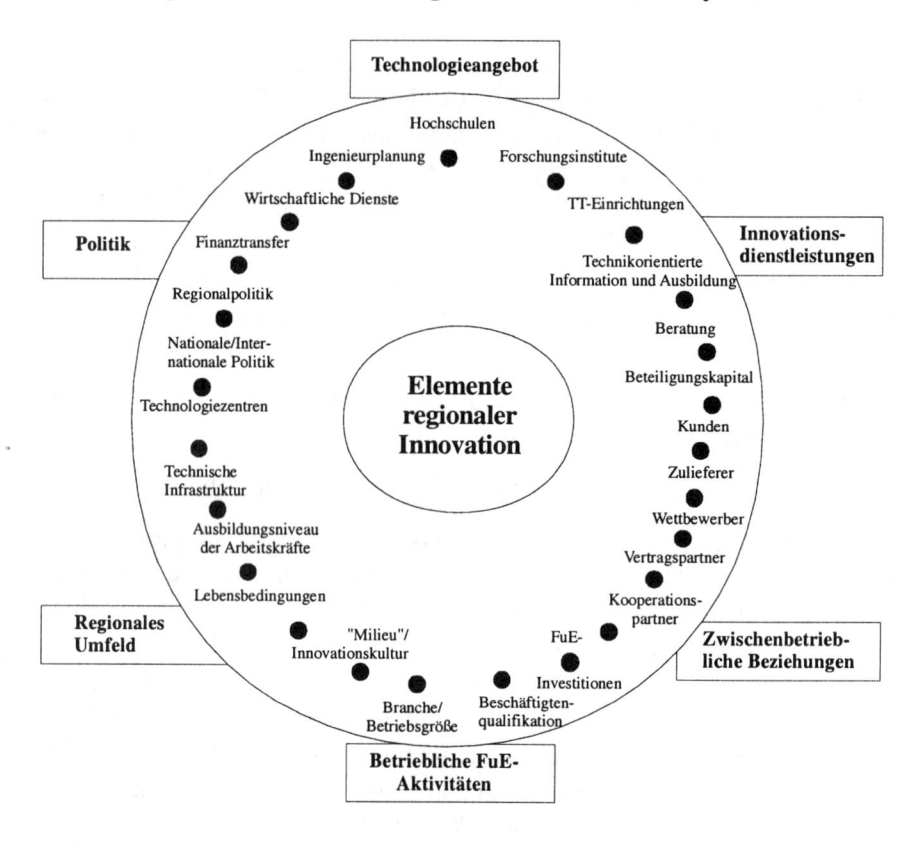

Technologieangebot
- Hochschulen
- Ingenieurplanung
- Forschungsinstitute
- Wirtschaftliche Dienste
- TT-Einrichtungen
- Technikorientierte Information und Ausbildung

Politik
- Finanztransfer
- Regionalpolitik
- Nationale/Internationale Politik

Innovationsdienstleistungen
- Beratung
- Beteiligungskapital
- Kunden
- Zulieferer
- Wettbewerber
- Vertragspartner
- Kooperationspartner

Regionales Umfeld
- Technologiezentren
- Technische Infrastruktur
- Ausbildungsniveau der Arbeitskräfte
- Lebensbedingungen
- "Milieu"/Innovationskultur

Betriebliche FuE-Aktivitäten
- Branche/Betriebsgröße
- Beschäftigtenqualifikation
- Investitionen
- FuE

Zwischenbetriebliche Beziehungen

Mittelpunkt: **Elemente regionaler Innovation**

Quelle: Koschatzky (1997a: 187)

"*Region*" wird mit Bezug auf Ohmae (1995) als "authentic community of interest", d.h. als ökonomischer und politischer Handlungsrahmen verstanden, der sich durch gemeinsame normative Interessen, ökonomische Spezifität und administrative Homogenität auszeichnet.[310] Dabei kommt es vor allem auf die *finanz- und steuerwirtschaftlichen Kompetenzen* der Region an. Hierbei nennt Cooke (1999: 7-9):

---

[310] Nach Ohmae hat eine Region keine starr definierbaren Grenzen: "The boundaries of the region state are not imposed by political fiat. They are drawn by the deft but invisible hand of the global market for goods and services. They follow, rather than precede, real flows of human activity, creating nothing new but ratifying existing patterns manifest in countless individual decisions" (Ohmae 1993: 78).

- die Existenz eines lokalen Kapitalmarktes, der beispielsweise Unternehmen den Börsengang erlaubt oder der Darlehen, Zuschüsse und Beteiligungskapital orientiert an den Bedürfnissen regionaler Unternehmen zur Verfügung stellt;[311]
- öffentliche Haushalte, die eine eigenverantwortliche Mittelverausgabung erlauben, wobei sowohl die Durchleitung von Mitteln der Zentralregierung (wie beispielsweise im Fall italienischer, spanischer und französischer Regionen), die Zuteilung eines festen Zuschusses (wie beispielsweise in Schottland und Wales), oder die eigenverantwortliche Erstellung eines Haushaltes, der aus Steuern und anderen Einnahmen gespeist wird (wie beispielsweise im Fall deutscher Bundesländer), möglich ist;
- die Verantwortung für den Ausbau klassischer Infrastruktureinrichtungen, wie beispielsweise Straßen und Telekommunikationskanäle, sowie für die Wissensinfrastruktur, wie beispielsweise Hochschulen, Forschungseinrichtungen und Technologiezentren.

Daneben sind Faktoren wie eine gemeinsame Mentalität und Kultur, Kooperationsbereitschaft innerhalb und zwischen Organisationen, Lernbereitschaft sowie Konsensfähigkeit wichtige Charakteristika von regionalen Innovationssystemen.

> Regionen werden im Konzept regionaler Innovationssysteme als Raumeinheiten definiert, die unterhalb der Nationalebene (Makroebene) rangieren, aber so viel eigenverantwortliche Handlungsspielräume aufweisen, dass sie zur Politikimplementation in der Lage sind und durch öffentliche Mittel Rahmenbedingungen schaffen können, die zur Innovationsstimulierung beitragen sollen.

Da die Regionshierarchie zwischen einzelnen Staaten voneinander abweicht, kann diese *Meso-Ebene* jeweils unterschiedliche räumliche Ausprägungen haben. In Deutschland entsprechen ihr die Bundesländer. Damit wird deutlich, dass das Konzept regionaler Innovationssysteme nicht auf die Erklärung von Innovationsprozessen auf der Mikroebene

---

[311] Die Mittelständischen Beteiligungsgesellschaften (MBGs) in den deutschen Bundesländern offerieren ein entsprechend konzipiertes regionales Beteiligungskapitalangebot (vgl. z.B. Haller 1999).

(z.B. deutsche Landkreise) zielt, sondern die Herausbildung von Innovationssystemen an Rahmenbedingungen knüpft, die *nur in Raumeinheiten bestimmter Größe und mit eigenverantwortlichen administrativen Kompetenzen* gegeben sind.

5.2.3 Innovationspolitische Implikationen

Anhand der genannten Merkmale wird deutlich, dass das Konzept regionaler Innovationssysteme nicht nur auf die Regionsanalyse zielt, sondern auch eine starke *Politikorientierung* aufweist.[312] Diese basiert auf der *zentralen Hypothese des Konzeptes*, nach der das Wachstum und die Wettbewerbsfähigkeit einer Region durch die Innovations- und Netzwerkfähigkeit der in ihr ansässigen Unternehmen bestimmt wird. Daraus leitet sich die Schlussfolgerung ab, dass im Fall von Innovations- und Kooperationsdefiziten kooperationsfördernde Maßnahmen durch die regionale Administration implementiert werden sollten (Cooke *et al.* 1996: 6). Mit Blick auf die wissensökonomische Interpretation von Netzwerkbeziehungen wird impliziert, dass Innovation ein Lernprozess ist, der durch die Nähe zu innovationsunterstützenden Einrichtungen gefördert werden kann, und dass "regional authorities have an important role to play to support this learning process by offering services and other mechanisms that augment the inter-linkages between all these sectors" (ebenda: 6). Nach den Kriterien für ein idealtypisches RIS kann somit die Systemfragmentierung durch eine *Intensivierung der intrare-*

---

[312] Auch Storper/Scott (1995: 513-518) betonen die *Notwendigkeit der politischen Intervention auf der regionalen Ebene* und heben die Bedeutung institutioneller Strukturen hervor. Sie nennen drei wesentliche Ansatzpunkte: 1. Die Unterstützung von jungen Industrien (infant industries) zur Ermöglichung eines frühen Starts, der Wettbewerbsvorteile realisieren hilft. 2. Die Mobilisierung von Ressourcen für die regionale wirtschaftliche Entwicklung, z.B. durch den Aufbau von Technologiezentren, die technologische Entwicklung und inkrementale Innovationen in lokalen ökonomischen Clustern fördern, durch betriebliche und außerbetriebliche Aus- und Weiterbildungsangebote, durch industrielle Dienstleistungs- und Entwicklungszentren, vorwiegend für kleine und mittlere Unternehmen sowie durch die Bereitstellung regionaler Entwicklungsfonds. 3. Die Koordination und Steuerung regionaler Wirtschaftssysteme, z.B. durch die Förderung von auf Vertrauen basierenden Netzwerken, regionale politische Koalitionen, regionale Gewerkschaftsvertretungen und die interregionale Abstimmung von Entwicklungsstrategien. Mit diesen Aspekten sind Strategien angesprochen, die auch im Kontext des Konzeptes regionaler Innovationssysteme Anwendung finden können.

gionalen Zusammenarbeit überwunden und neue Potenziale mobilisiert werden. Zur Ableitung geeigneter Strategien ist es aber erforderlich, den Bedarf der Unternehmen nach Unterstützungsangeboten sowie die Art des RIS und seine politischen Steuerungsmechanismen zu identifizieren. Denn je nach den Bedarfsstrukturen, den finanzwirtschaftlichen und haushaltsrechtlichen Handlungsoptionen und der Beeinflussbarkeit regionaler Prozesse durch die regionale politische Ebene ist der Einsatz unterschiedlicher Strategien und Maßnahmen erforderlich.

Hinsichtlich der **Netzwerkmobilisierung** nennt Cooke **vier zentrale Bedingungen** (Cooke 1996: 168):

- Identifikation mit den Zielen des Netzwerkes,
- Intelligenz, d.h. Lernfähigkeit und Lernbereitschaft,
- Institutionen, d.h. die Existenz einer kritischen Masse qualifizierter Institutionen, die zentrale Netzwerkfunktionen übernehmen können, sowie
- Integration, d.h. die Fähigkeit der Institutionen, über eine Aufgabenteilung klare Netzwerkstrukturen zu schaffen.

Um diese Bedingungen zu erreichen, sind fünf Schritte erforderlich:

(1) Identifikation und Einbeziehung von Akteuren ('stakeholders'), die sich zur Einbringung finanzieller und personeller Ressourcen verpflichten. Diese können Personen und Institutionen der regionalen Innovationsinfrastruktur sein.

(2) Formulierung einer regionalen Innovationsstrategie, basierend auf einer Analyse des Angebots innovationsunterstützender Dienstleistungen und dem latenten und expliziten Bedarf der Unternehmen.

(3) Setzung von Standards und kontinuierliche Qualitätsverbesserungen, sowohl in der Produktion als auch in der Forschung.

(4) Sektorale Fokussierung der Maßnahmen, um mit begrenzten Ressourcen möglichst große Wirkungen zu erzielen.

(5) Entwicklung von Fähigkeiten zur Entwicklung und Steuerung von Netzwerken und zur Innovationsunterstützung.

Diese Schritte haben zum Ziel, regionale Netzwerkinfrastrukturen aufzubauen. Inwieweit sich aber die ökonomischen Akteure einer Region in diese Netzwerke integrieren lassen, bleibt offen.[313] Auch ist die mit der Regionalorientierung der Maßnahmen verbundene These, dass sich regionale Entwicklungsprozesse durch die regionale politische Handlungsebene steuern lassen, insofern fraglich, als Offenheit und der Austausch mit der externen Umwelt wesentliche Kriterien regionaler Innovationssysteme darstellen. Daher sind dessen Elemente nicht nur regionsinternen, sondern auch regionsexternen ökonomischen und politischen Einflüssen ausgesetzt. Hinsichtlich der politischen Steuerungsmöglichkeiten wird dieser Tatsache durch die Berücksichtigung von *"multi-level governance relationships"* (MLG) Rechnung getragen (Cooke 1999: 13).[314] Folgende **Elemente** spielen hierbei eine Rolle:

- regionale Governance-Organisationen,
- regionale und lokale Innovationsorganisationen,
- intra- und interregionale Innovationsinteraktionen,
- regionale Wissenschafts-, Technologie- und Innovationspolitik und -programme, unterstützt durch die EU und die nationale Ebene, sowie
- der Zugang zu und die Nutzung von Mitteln für die regionale Innovationsförderung.

Andererseits werden in Regionen globale technologische Entwicklungen sowie Standort- und Investitionsentscheidungen inter- und multinationaler Unternehmen wirksam. *Technologische Systeme und Unternehmenssysteme haben Einfluss auf die Funktionsfähigkeit von regionalen Innovationssystemen.* Regionen sind keine autonome Einheiten, sondern ihre Wirtschafts- und Politikakteure stehen in enger Interaktion mit Akteuren, Organisationen und Institutionen aus anderen Regionen und Staaten. Basierend auf diesen Erkenntnissen werden nunmehr zunehmend Forschungsarbeiten über die Wechselwirkungen zwischen tech-

---

313 Dabei ist zu berücksichtigen, dass sich die Art und Intensität von Netzwerkbeziehungen zwischen einzelnen Branchen unterscheidet (vgl. Tödtling 1994).

314 "The concept also helps to clarify what type of support is to be set up at which policy level (local/regional/national/transnational) and what the possibilities for inter-regional co-operation are. ... In times of increased European integration and tighter public budgets, it seems ineffective when regions aim to duplicate small sclae 'national innovation systems' with their boundaries" (Cooke et al. 1996: 7).

nologischen Entwicklungen und regionalen Innovationssystemen durchgeführt. Diese zeigen beispielsweise anhand der Biotechnologie, dass die Finanzierung von Grundlagenforschung oder die Setzung von Normen und Regeln weitgehend nur auf der nationalen Ebene erfolgen kann. Die *regionale Ebene* spielt vor allem eine wichtige Rolle bei der *Formation von Clustern*, die sich als regional-sektorale Innovationssysteme interpretieren lassen, der *Netzwerkbildung* und der *Markteinführung neuer Produkte*.[315]

5.2.4 Typologie regionaler Innovationssysteme

Die Forschungsarbeiten zu regionalen Innovationssystemen, beispielsweise im REGIS-Projekt ("Regional Innovation Systems: Designing for the Future") haben vielschichtige empirische Erkenntnisse über die Strukturmerkmale und Innovationsdynamik in Regionen und regionalen Innovationssystemen hervorgebracht (vgl. u.a. Braczyk *et al.* 1998). Anhand von Strukturmerkmalen der regionalen Innovationsarchitektur sowie der Größenstruktur und der räumlichen Innovationsorientierung der Unternehmen ist es möglich, unterschiedliche Typen regionaler Innovationssysteme zu identifizieren. In seiner **Typologie regionaler Innovationssysteme** verwendet Cooke (1998: 19-24) zwei Klassifizierungsdimensionen:

- Die *Innovationsarchitektur* beschreibt den Grad der Hierarchisierung von Forschung, Entwicklung sowie Innovationsunterstützung und Technologietransfer. Dieser kann gering sein, wenn Transferaktivitäten lokal organisiert werden und die Forschungskompetenz anwendungs- und marktbezogen ist ("lokalbasiert"). Netzwerkbasierte Sys-

---

[315] "But the regional level becomes the most important for the evolution of clusters, including the concentration of critical research mass, the formation of networks, development of cluster interactions and even the commercialisation of products. However, with respect to commercialisation, links to big pharma, customers and even venture capital is frequently global as well as national or even regional" (Cooke 1999: 35). Hinsichtlich der Unterscheidung zwischen "regional cluster" und "regional innovation system" weisen Asheim/Isaksen (1999: 14) darauf hin, dass Cluster eine geographische Konzentration vernetzter Unternehmen sind, die meist als spontane Erscheinung auf der Grundlage regionaler Unternehmensgründungen bzw. –ausgründungen entstehen, während regionale Innovationssysteme aus regionalen Clustern bestehen, die durch unterstützende Institutionen umgeben werden und einen geplanten und systemischen Charakter aufweisen.

teme zeichnen sich durch eine Mischung von grundlagen- und anwendungsorientierter Forschung und durch die Integration der Innovationsakteure in lokale, regionale, nationale und internationale Netzwerke aus. Werden regionalorientierte Maßnahmen und Förderprogramme vorwiegend durch die Zentralregierung gesteuert, sind regionale Innovationssysteme durch einen hohen Hierarchisierungs- und Koordinierungsgrad gekennzeichnet.

- Die *Unternehmensorientierung* spiegelt die Unternehmensstruktur sowie die Marktausrichtung und Verflechtungsaktivitäten der Betriebe wider. In regionalisierten Systemen sind kleine und mittelständische Betriebe in lokalem Besitz vorherrschend, deren Forschungskooperationen vorwiegend im regionalen Umfeld realisiert werden. Interaktive Systeme zeichnen sich durch eine Mischung von großen und kleinen Unternehmen sowie durch ein ausgeglichenes Verhältnis von öffentlichen und privaten Forschungseinrichtungen aus. Es bestehen industrielle Netzwerke und Austauschforen. Globalisierte Systeme sind durch die Dominanz multinationaler Unternehmen gekennzeichnet, die durch meist abhängige kleine und mittelständische Zulieferer unterstützt werden. Forschung ist vorwiegend privatfinanziert und findet unternehmensintern statt.

Beispiele für derart klassifizierte Innovationssysteme sind in Abbildung 6 aufgeführt.

Abbildung 6: Typologie regionaler Innovationssysteme

Innovationsarchitektur Unternehmensorientierung	**Lokalbasiert**	**Netzwerkbasiert**	**Zentralbasiert**
Regionalisiert	Toskana	Tampere (FIN) Dänemark	Tohoku (JPN)
Interaktiv	Katalonien	Baden-Württemberg	Québec
Globalisiert	Ontario Kalifornien Brabant	Nordrhein-Westfalen	Mittel-Pyrenäen Singapur

nach Cooke (1998: 22)

Aus dieser Typologie lassen sich *Schlussfolgerungen über regionstypenspezifische Ansätze zur Gestaltbarkeit von RIS* ableiten. In lokalbasierten regionalisierten RIS wären zunächst Maßnahmen zu ergreifen, die auf kleine, nur in geringem Umfang interregional verflochtene Unternehmen zugeschnitten sind und den bislang nur unzureichend entwickelten regionalen Innovationspotenzialen Rechnung tragen. Der Aufbau innovationsorientierter intra- und interregionaler Netzwerkbeziehungen, die Entwicklung der Innovationsinfrastruktur und die Schaffung ausreichender Möglichkeiten zur Innovationsfinanzierung wären in diesen Regionstypen prioritäre Maßnahmen. Demgegenüber müssten in netzwerkbasierten globalisierten RIS die Möglichkeiten und Fähigkeiten kleiner und mittlerer Unternehmen gestärkt werden, außerhalb ihrer Abhängigkeiten von Großunternehmen eigene Innovationskapazitäten aufzubauen und ihnen den Zugang zu öffentlichen Forschungskapazitäten zu ermöglichen bzw. zu erleichtern. In zentralbasierten RIS ließen sich endogen initiierte Entwicklungsprozesse nur dann realisieren, wenn politische und finanzielle Kompetenzen an die regionale Administration übertragen würden und diese so weit qualifiziert würde, dass sie Fördermaßnahmen in Eigenverantwortung und orientiert an den regionalen Bedürfnissen implementieren kann.[316]

5.2.5 Bewertung des Konzeptes

Das Konzept regionaler Innovationssysteme hat in der wissenschaftlichen Diskussion, aber auch in der Innovations- und Technologiepolitik eine starke Beachtung gefunden. Sein Verdienst ist es, durch die Formulierung eines analytischen Rahmenkonzeptes über die empirische Evidenz aus singulären Fallstudienergebnissen hinaus Erkenntnisse über die systemischen Elemente des Innovationsgeschehens in Regionen vorlegen zu können. Das RIS-Konzept basiert zwar auf den Arbeiten zu nationalen Innovationssystemen, aber die bislang vorgelegten empirischen Studien haben gezeigt, dass auf der regionalen Ebene eine deutlich höhere Strukturvielfalt zu beobachten und der Systembegriff weit eher in Frage zu stellen ist als auf der nationalen Ebene. Zwar wird der Blick auf die regionale Ebene gerichtet, aber ob die jeweilige Region die System-

---

[316] Auf regionstypenspezifische innovations- und technologiepolitische Fördermaßnahmen wird in Abschnitt 7.3.3 näher eingegangen.

kriterien erfüllt und ob die verwendete Regionsabgrenzung der geeignete räumliche Ausschnitt ist, die zentralen Elemente des Systems und ihre Interaktionen zu erfassen, bedarf der jeweiligen empirischen Überprüfung. Das *RIS-Konzept beschreibt daher idealtypische regionale Innovationssysteme* und stellt eine *Hypothese* dar, [317] die es für den jeweiligen Einzelfall zu überprüfen gilt. [318]

> Nicht jede Region ist daher ein Innovationssystem und nicht jedes regionale Innovationssystem kann in Eigenständigkeit existieren. Die meisten RIS erfüllen spezialisierte Funktionen in nationalen Innovationssystemen, in die sie eingebunden sind und ohne deren Existenz sie nicht handlungsfähig wären.[319] Andererseits ist die Region auf Grund der mit ihr implizierten räumlichen Nähe eine wichtige Plattform zum Austausch von Information und Wissen und zur Generierung von Lernprozessen, die die internationale Wettbewerbsfähigkeit des Landes maßgeblich beeinflussen können. Auf diese Bedeutung der regionalen Ebene im nationalen und internationalen Innovationsgeschehen und für die Implementierung nationaler und supranationaler Innovations- und Technologiepolitik hat das RIS-Konzept eindrucksvoll hingewiesen.

5.3 Theoretische Erklärungsansätze regionaler Innovationsdynamik

Das Konzept regionaler Innovationssysteme subsumiert sowohl netzwerk- und milieuorientierte als auch wissensbasierte Ansätze, die sich

---

[317] So formuliert Cooke (1998: 17): "...very few regions have all the attributes of an RIS...".

[318] Damit bleibt offen, ob das RIS-Konzept als innovationspolitischer Handlungsrahmen für alle Regionstypen geeignet ist, oder in seiner Umsetzung auf bestimmte, die RIS-Kriterien erfüllende Regionen beschränkt bleiben muss.

[319] "...this is not to suggest that RSIs should supplant NSIs but provide rather an additional 'layer' to such a systems approach to innovation. ... Regions do display distinctive systems compared to each other not only in the nature of the institutional arragements, industry and technology specialisation, but also in the overall level of innovativeness and the distinctiveness of the corporate organisation of firms within the region" (Howells 1996: 18).

mit der Bedeutung der räumlichen Nähe im Produktions- und Innovationsprozess auseinander setzen. Diese Konzepte gehen von der *Hypothese* aus, dass *räumliche und soziale Proximität zwischen den Akteuren von Innovationsprozessen eine wesentliche Voraussetzung für den Realisierungserfolg von Innovationen* ist und Ballung, definiert als Konzentration von Wissensgebern und Wissensnehmern, den Wissensaustausch fördert, Lernprozesse generiert und damit wiederum die Grundlage für Innovationsprozesse schafft.

Die bekanntesten netzwerk- und milieuorientierten Ansätze sind das Konzept industrieller Distrikte und das Konzept innovativer Milieus. Beide wurden Mitte der 1980er-Jahre als Erklärungsversuche des Wachstumserfolges spezialisierter Regionen in Norditalien, der Schweiz und Frankreich formuliert (Piore/Sabel 1984; Pyke *et al.* 1990; Sengenberger/Pyke 1992; Aydalot 1986; Camagni 1991; Bramanti/Senn 1997). Während das *industrial district Konzept* auf einer *industrieökonomischen Argumentation* basiert, wird im *Milieu-Ansatz innovationsökonomisch argumentiert*. Der gemeinsame Nenner beider Konzepte (neben vielen Unterschieden) liegt in der Annahme raumwirksamer externer Effekte. Im Fall industrieller Distrikte werden sie statisch interpretiert als Lokalisationsvorteile, die aus engen Produktionsverflechtungen zwischen flexiblen und spezialisierten KMU derselben Branche resultieren, die zur Herstellung einer einzelnen Produktgruppe (z.B. Textilien, Uhren) beitragen (Braczyk *et al.* 1995: 208). Im Konzept innovativer Milieus werden demgegenüber die Vorteile räumlicher Nähe prozesshaft herausgestellt. Nach Camagni ist das innovative Milieu ein "...complex network of mainly informal social relationships on a limited geographical area, ...which enhance the local innovative capability through synergetics and collective learning processes" (Camagni 1991a: 3). Hierbei stehen kollektive Lernprozesse in meist informellen Netzwerkbeziehungen im Vordergrund, die auch zwischen Unternehmen unterschiedlicher Branchen (aber innerhalb einer Region) ausgebildet werden können. Ähnliche Argumentationen finden sich auch in den Weiterentwicklungen des industrial district-Ansatzes zum Konzept technologischer Distrikte sowie im Konzept ökonomischer Cluster.

Lernprozesse, die in diesem Theorieumfeld zunächst im Milieuansatz unter Rückgriff aus die Wissensökonomik thematisiert wurden, sind Gegenstand wissensbasierter Konzepte wie dem des regionalen Lernens. Wie auch in den Netzwerk- und Milieuansätzen nehmen Interaktionen zwischen verschiedenen Akteuren eine wichtige Rolle ein; sie werden in den wissensbasierten Ansätzen jedoch als Lernprozesse interpretiert, die die unternehmerische Wissensbasis und Kompetenz und damit die der Region erweitern. Die genannten Konzepte werden nachfolgend kurz vorgestellt.

5.3.1 Netzwerk- und milieubasierte Ansätze

5.3.1.1 Das Konzept industrieller Distrikte

Ausgangspunkt dieses Ansatzes sind die industrieökonomischen Arbeiten von Piore und Sabel (1984) über postfordistische Produktionskonzepte unter dem Schlagwort **flexible Spezialisierung** (vgl. u.a. Sabel 1994; Sayer/Walker 1992; Scott 1988; Storper/Scott 1989). Diese ist gekennzeichnet durch (Sternberg 1995a: 162 in Anlehnung an Capecchi 1990):

- Kleinserien- an Stelle von Massenproduktion;
- economies of scope (Kostenvorteile durch eine flexible Organisation) in Ergänzung zu economies of scale;
- Kundenspezifische Fertigung und Produktion;
- Kooperation in der Unternehmenshierarchie;
- hohe soziale Mobilität (Gründungsbereitschaft durch Facharbeiter);
- vertikale Desintegration bei räumlicher Fixierung der Produktion.

Vor allem in Norditalien ("Drittes Italien"), z.B. in der Emilia-Romagna, aber auch in Deutschland, beispielsweise in Baden-Württemberg, glauben die Vertreter des Konzeptes industrieller Distrikte spezifische Merkmale flexibler Spezialisierung wie die arbeitsteilige Produktionstätigkeit funktional differenzierter Klein- und Mittelbetriebe,[320] die sich in räumlicher Nähe zueinander befinden, zu erkennen (Telljohann 1994: 45). Beispiele sind die Textilproduktion in Prato, die Möbelherstellung in Poggibonsi, Keramikprodukte in Sassuolo, Maschinenteile in Modena, Schuhe in Montegranaro oder auch die Automobilproduktion in Ba-

---

[320] Belussi (1996) zeigt aber auf, dass in Industriedistrikten auch eine Koexistenz von großen und kleinen Betrieben möglich ist.

den-Württemberg (Großraum Stuttgart). Im Rückgriff auf die Arbeiten des britischen Ökonoms A. Marshall, der schon Ende des letzten Jahrhunderts die Bedeutung räumlicher Nähe für industrielle Produktion hervorhob und dafür den Begriff der "industrial atmosphere" prägte, stellten diese in der damaligen Entwicklung erfolgreiche Regionen den Ausgangspunkt für das Konzept industrieller Distrikte dar.

Wesentliche Merkmale industrieller Distrikte sind (Pyke/Sengenberger 1992: 4-5; Cooke 1992; Braczyk *et al.* 1995: 208-209; Messner 1995: 29):

- die regionale Dimension industrieller Entwicklung;

- ein effektives Netzwerk meist kleiner, hochspezialisierter Betriebe derselben Branche mit regional integrierten Produktions- und Dienstleistungsketten zur Entwicklung und Herstellung einer Produktgruppe, oftmals im Sinne einer Marktnischenstrategie;

- die Bereitschaft von Unternehmen zu kooperieren und sich gegenseitig zu informieren;

- eine ausgeprägte Unternehmensdynamik durch die Gründung neuer Betriebe samt der diese Gründungen ermöglichenden Rahmenbedingungen sowie der Schutz vor der Dominanz und Abhängigkeit von großen Unternehmen;

- eine flexible Arbeitsorganisation auf Unternehmensebene, die Innovationen unterstützt;

- hoch qualifizierte, flexible und hochmotivierte Arbeitskräfte mit hohem Leistungspotenzial und Bereitschaft für Kooperation;

- Arbeitsbedingungen und Lohnhöhe, die Vertrauen fördern und die Leistungsbereitschaft der Arbeitskräfte erhöhen;

- eine große Bedeutung von Selbsthilfeeinrichtungen der Unternehmen, die unternehmensbezogene Dienstleistungen anbieten (z.B. Ausbildung, Information);

- regionale oder lokale Regierungen, die den regionalen Entwicklungsprozess aktiv unterstützen;[321]

---

[321] In Abhängigkeit von dem Interventionsgrad lokaler Regierungen unterscheidet Brusco (1990: 13-18) zwischen industrial districts Mark I (keine Intervention) und Mark II (mit bedeutender Intervention). Beispiele für Mark I-Distrikte sind Sassuolo und Emilia-Romagna, für Mark II Reggio-Emilia und Modena (Asheim 1997:

- eine regionale Identität bzw. Kultur, die zur Vertrauensbildung unter den regionalen Akteuren beiträgt.

Ein Industriedistrikt wird als *kleine räumliche Einheit* mit etwa 10.000 bis 20.000 Arbeitskräften und etwa 1.000 bis 3.000 kleinen Unternehmen, die weniger als 20 Beschäftigte haben, charakterisiert (Brusco 1990: 14). Insbesondere *kleine Unternehmen* spielen daher eine bedeutende Rolle in diesem Konzept. Eine Reihe von industrieökonomischen sowie Innovationsstudien belegen diese Unternehmensgruppe mit Begriffen wie Flexibilität, Innovativität und Effizienz (Acs/Audretsch 1992; Pavitt *et al.* 1987; Rothwell 1989). Ausgangspunkt dieser Überlegungen ist die empirisch belegbare Tatsache, dass seit Mitte der 1970er Jahre die durchschnittliche Unternehmensgröße gesunken ist, sich gleichzeitig die Zahl der kleinen (neuen) Unternehmen erhöhte (Nettogewinn) und auch die Bedeutung von in kleinen Unternehmenseinheiten erbrachten Dienstleistungen zunahm. Aus der Zunahme von kleinen Unternehmen wird abgeleitet, dass diese besser in der Lage sind, sich an die Anforderungen neuer, flexibler Produktionsbedingungen anzupassen als große Unternehmen und auch technologieintensiver und innovativer seien. Diese *Flexibilitätsvorteile* sind zwar vorhanden, aber der Bedeutungsgewinn von kleinen Unternehmen ist kein eigenständiges Phänomen, sondern beruht auf der Dezentralisierung von Produktionsfunktionen aus Großunternehmen (Pyke/Sengenberger 1992: 11). Zwar gibt es ein Wachstum unabhängiger kleiner Unternehmen, aber der Großteil dieser Entwicklung ist auf Strategien wie Outsourcing, Lizenzierung und Franchising im Zuge der Besinnung auf Kernkompetenzen und der Externalisierung von Unternehmensfunktionen in kleinere Einheiten zurückzuführen. Wichtiger als Größe ist der organisatorische und institutionelle Rahmen, in dem Unternehmen/Betriebe agieren. Der oftmals postulierte Gegensatz zwischen kleinen und großen Unternehmen ist daher eine analytische Vereinfachung, da nicht nur Größe, sondern Märkte, Technologien und Unternehmensstrukturen einen Einfluss auf die Leistungsfähigkeit von Unternehmen ausüben (Porter 1990).

Im Idealfall enthält ein industrial district im Sinne eines Produktionsclusters alle produktrelevanten Aktivitäten. Unter einem Produktions-

---

152; vgl. auch Abbildung 7). Vor allem Mark II-Distrikte können Merkmale regionaler Innovationssysteme aufweisen, die sich durch Existenz einer "regional governance" auszeichnen.

cluster[322] werden alle Funktionen und Prozessstufen verstanden, die für die Entwicklung, Produktion und Distribution eines Produktes bzw. einer Produktgruppe erforderlich sind, einschließlich vor- und nachgelagerter Funktionen (Rehfeld 1994: 190). Daraus ergeben sich **spezifische Merkmale von Unternehmen in Industriedistrikten** (Sternberg 1995a: 164):

- Sie produzieren direkt oder indirekt für den gleichen Endmarkt,
- bieten eine breite Produktpalette für hochdifferenzierte regionale Märkte an,
- verwenden Technologien, die einen schnellen Produktwechsel erlauben,
- sind durch eine hohe intraregionale und zwischenbetriebliche Arbeitsteilung gekennzeichnet (Phasenspezialisierung) und
- sind in einem gemeinsamen soziokulturellen Umfeld verankert.

> Industrielle Distrikte sind daher lokale Produktionssysteme von verbundenen Industrien, die wegen ihrer identischen Marktausrichtung und ihrer räumlichen Nähe zueinander externe Effekte, d.h. Lokalisationsvorteile, realisieren können.

Damit steht die Annahme einer weitgehend spezialisierten Wirtschaftsstruktur als Voraussetzung für die Wettbewerbsfähigkeit eines industrial district im Gegensatz zu den Ergebnissen von empirischen Analysen in den USA, die Regionen mit diversifizierter Wirtschaftsstruktur ein höheres Entwicklungspotenzial beimessen (vgl. Abschnitt 4.1.4; Glaeser *et al.* 1992; Jacobs 1969)

Während Pyke/Sengenberger (1992: 6) zwar nicht von einer pauschalen Übertragbarkeit des Konzeptes industrieller Distrikte auf andere Regionen ausgehen, wohl aber von dem Transfer von Einzelelementen, sehen andere Autoren (z.B. Amin/Thrift 1994) nur eine sehr begrenzte *Über-*

---

[322] Analog werden die Begriffe Produktionskette bzw. regionale Wertschöpfungskette verwendet.

tragbarkeit des Ansatzes.[323] In diesem Zusammenhang stellt sich sowohl die Frage, ob das Konzept nur als Erklärungsansatz für Entwicklungsprozesse in den Regionen dient, aus deren Empirie es abgeleitet wurde, oder ob es im Sinne allgemein gültiger Erkenntnisse sowohl Aussagen über den Entwicklungsverlauf in anderen Regionen (Prognose) als auch dessen regional- und innovationspolitische Beeinflussbarkeit erlaubt.[324] Damit wiederum ist die Frage verknüpft, welche Faktoren für die *Entstehung* industrieller Distrikte verantwortlich sind. Dazu liegt keine befriedigende Antwort vor (Sternberg 1995a: 167). In ihrer Theorie geographischer Industrialisierung erläutern Storper und Walker (1989: 70-98) zwar die Entwicklung und Differenzierung neuer Standortmuster durch das Standortverhalten von schnell wachsenden Industrien (fast-growing industries), machen zu den Entstehungsursachen von industriellen Clustern aber keine allgemein gültigen Aussagen. Nach der Theorie sind Wachstumsindustrien ohne Bindungen an traditionelle Standorte in der Lage, sich neue Standorte außerhalb alter Industrieräume zu suchen ("windows of opportunities"),[325] wo sie ihre eigenen Wachstumsbedingungen durch die Absorption mobiler Produktionsfaktoren aus anderen Regionen generieren.[326] Die ursprüngliche Standort-

---

[323] Zu den Erfolgs- und Misserfolgsfaktoren industrieller Distrikte vgl. Hassink (1997b). Vgl. auch Signorini (1994) zur Messung der Effekte industrieller Distrikte.

[324] Vgl. die zu positiven Schlussfolgerungen kommenden Überlegungen hinsichtlich der Übertragbarkeit des Industriedistriktekonzeptes auf die deutsche Wirtschaftsförderungspraxis bei Krumbein *et al.* (1994). Ansatzpunkte sehen sie vor allem in den spezifischen Spezialisierungsansätzen, dem horizontalen Kooperationsgeflecht und der regionalen Finanzierung. Ihr Fazit lautet: "Einen sehr bedeutsamen Vorteil allerdings weisen die neuen Konzepte auf: Durch sie werden gerade in einer Zeit schwerer Finanzprobleme weit weniger Geldmittel beansprucht als durch klassische Instrumentarien (z.B. Bereitstellung von Infrastruktur und direkte/indirekte Unternehmenssubventionierung). Auch insofern wird vermutlich der regionalen und lokalen Wirtschaftsförderung kein anderer Weg offen stehen, als sich mit den neuen Konzepten vertraut zu machen und sie in allmählich zunehmendem Umfang anzuwenden" (Krumbein *et al.* 1994: 181).

[325] Das Konzept der "Windows of Locational Opportunity", nach dem die Ansiedlung neuer Industrien unabhängig von bereits bestehenden Raum- und Wirtschaftsstrukturen erfolgt, erläutert Boschma (1997).

[326] Vertreter der Schule flexibler Spezialisierung und Akkumulation verwenden für die neuen Standorte auch den Begriff der "new industrial spaces" (vgl. Scott 1988).

wahl lässt sich aber nur durch industriespezifische und historische Ursachen erklären und ist daher nicht verallgemeinerbar.[327] Daher ist die *Übertragbarkeit des Konzeptes industrieller Distrikte auf andere Regionen nur begrenzt möglich*, da dessen Entstehung im Wesentlichen durch die Ausgangsbedingungen beeinflusst wird, die in jeder Region, Industrie und Technologie unterschiedlich sein können. Obwohl in den empirischen Studien über industrielle Distrikte vielfältige Kriterien zu ihrer Definition und Beschreibung verwendet werden, eignen sich diese daher mehr zur Charakterisierung von bereits als industrial district apostrophierten Regionen, als für die Identifizierung von bislang noch unbekannten Industriedistrikten.[328]

Es sind deshalb auch die regionsspezifischen Ausgangsbedingungen, die einen wesentlichen *Kritikpunkt* an dem Konzept darstellen. Weiterhin wird kritisch angemerkt (Malmberg 1996; Piore 1990: 9-11; Storper 1997: 7-8; Tödtling 1994: 336), dass

- weltweit nur wenige Produktionssysteme existieren, die durch kleine Unternehmen des Typus "Drittes Italien" dominiert werden und daher industrielle Distrikte eher die Ausnahme regionaler Produktionsnetzwerke darstellen als die Regel;[329]

---

[327] "Why do innovating firms spring up precisely where they do? It seems this question can only be answered for each industry by uncovering the specific conditions under which its initial innovators arose: these are bound to differ between industries, historical periods, and even national context as each nation has its own cultural, technological, and institutional conditions of entrepreneurship. It seems doubtful that there exists one model that would describe the early economic histories of all modern industries" (Storper/Walker 1989: 75-76).

[328] Nicht zuletzt deshalb wurde Baden-Württemberg wegen seiner wirtschaftlichen Erfolgsgeschichte lange Zeit als industrial district gehandelt, obwohl es die wesentlichen Merkmale eines Industriedistriktes vermissen lässt. Das Bundesland ist aber ebenso Modellfall eines regionalen Innovationssystems (Cooke/Morgan 1998: 83-113).

[329] Markusen (1996a) weist auf die Überschneidungen des Industriedistriktemodells zu anderen Konzepten hin und unterscheidet daher in ihrer Typologie zwischen dem industrial district italienischer Prägung, dem "Nabe-und-Speiche"-Modell, dass sich durch die Existenz großer lokaler Unternehmen auszeichnet und daher eher dem Cluster-Konzept zuzuordnen ist (vgl. Abschnitt 5.3.1.3), dem von außen dominierten Satelliten-Cluster mit starker Abhängigkeit von externen Unternehmen, und dem staatlich induzierten Cluster.

- Modelle industrieller Arbeitsteilung wie das der industriellen Distrikte ein breites Branchenspektrum berücksichtigen und nicht, wie im Fall Italiens, auf kurzlebigen Konsumgütern (Mode, Schuhe) bzw. auf Luxusgütern wie Autos (Baden-Württemberg) basieren sollten;

- vor allem Nischenprodukte Gegenstand des Konzeptes sind, für die andere Gesetzmäßigkeiten industrieller Arbeitsteilung und flexibler Produktionskonzepte gelten als für unter weltweitem Konkurrenzdruck stehende Massenprodukte;

- erfolgreiche und wettbewerbsfähige Produktionssysteme in der Regel durch Offenheit geprägt sind, während der Erfolg industrieller Distrikte gerade aus ihrer äußeren Abschottung erklärt wird;

- Industriedistrikte möglicherweise keinen stabilen Entwicklungszustand darstellen, sondern die enge regionale Vernetzung Ausdruck einer hohen Unsicherheit am Beginn eines Produkt- bzw. Industrielebenszyklus ist, die mit zunehmender Produkt- bzw. Industriereife abnimmt und intra- durch interregionale und internationale Verflechtungen ersetzt;

- auch Regionen mit den Merkmalen von Industriedistrikten nicht von wirtschaftlichen Strukturkrisen verschont bleiben;[330]

- die Frage offen bleibt, wie "lokal" eigentlich die lokale Orientierung in einem Industriedistrikt sein muss, damit sich dieser als solcher qualifiziert;

- es trotz der Bedeutung vertikaler Arbeitsteilung und Kooperation keinen theoretischen Ansatz gibt, der die betriebliche Zusammenarbeit innerhalb industrieller Distrikte erklärt;

- das dem Konzept industrieller Distrikte zu Grunde liegende Modell flexibler Spezialisierung analytisch nicht sauber zwischen technologisch dynamischen, regional verwurzelten Unternehmen und solchen, die diese Charakteristiken nicht aufweisen, dennoch aber flexibel und spezialisiert sind, unterscheidet.

Ein weiteres Defizit des Ansatzes besteht darin, dass nicht alle Regionen, die in der Literatur als Industriedistrikt klassifiziert werden, auch die Merkmale eines industrial district aufweisen. Anhand der Auswer-

---

[330] Vgl. beispielsweise die bei Nuti/Cainelli (1996) dargestellten Entwicklungen in den Distrikten Fusignano und San Mauro Pascoli.

tung von Beschäftigungsstrukturdaten aus Baden-Württemberg kommen Braczyk *et al.* zu dem Ergebnis, "...that the main portion of the workforce in Baden-Württemberg's companies is still employed according to Fordist production concepts" und stellen die Schlussfolgerung auf, dass "...we obtain statistically significant results indicating the absence of the most important features of industrial district practices and of flexible specialization" (Braczyk *et al.* 1995: 216-217).

5.3.1.2 Weiterentwicklungen des Industriedistrikte-Ansatzes

Basierend auf der vorgebrachten Kritik, aber auch auf neuen Entwicklungen in der theoretischen Diskussion, hat das Konzept industrieller Distrikte in den vergangenen Jahren eine *Weiterentwicklung* erfahren. Stellvertretend stehen hier zwei Tendenzen:

(1) **Das Konzept des Technologiedistrikts**: In der Erkenntnis der evolutorischen Innovationsökonomik, dass Innovationen nur in enger Interaktion zwischen Herstellern (producers) und Nutzern (users) neuer Technologien realisierbar sind und dabei produktionsbasierte Lernprozesse eine wichtige Rolle spielen (Lundvall 1988; Grupp 1997), stellen Produktionssysteme, in denen kontinuierlich Produktinnovationen realisiert werden, einen Eckpfeiler wirtschaftlicher Aktivität und technischen Wandels dar. Diesen kontinuierlichen Innovationsprozess bezeichnet Storper (1997: 195) als "*product-based technological learning*" (PBTL). Industriestandorte mit einem hohen Anteil von Unternehmen, die sich durch PBTL-Prozesse auszeichnen, unterscheiden sich von anderen Standorten in drei Aspekten (ebenda: 217):

- im ökonomischen Sinn, in dem die Charakteristika des technischen Wandels zu steigenden externen Ersparnissen führen;
- im organisatorischen Sinn, in dem Netzwerke nicht nur auf Markt- und Hierarchieverhältnissen basieren, und Konventionen und Beziehungen zwischenbetriebliche Kontakte und Arbeitskräfteaustausch regeln;
- im soziologischen Sinn, in dem diese Konventionen Ressourcen mobilisieren und eine dauerhafte gemeinschaftliche Identitätsbasis für die wichtigen Akteure des Systems darstellen.

Industrielle Distrikte, auf die diese Charakteristika zutreffen, werden als technologische Distrikte bezeichnet.[331]

(2) **Die Interpretation von Industriedistrikten als lernende Regionen**:[332] Hierbei wird die intraregionale Orientierung von Produktionsnetzwerken, die ein wesentliches Abgrenzungskriterium von Industriedistrikten ist, aufgegriffen und die Frage gestellt, wie dieses lock-in und die daraus resultierende Pfadabhängigkeit in der Technik- und Wirtschaftsentwicklung durch die Stärkung der kollektiven Lernfähigkeit von Unternehmen in industrial districts durchbrochen werden kann (Asheim 1996, 1997). Nach gängiger Sichtweise ist zwar eine permanente Innovationstätigkeit lebenswichtiges Merkmal industrieller Distrikte (Piore/Sabel 1984), aber die enge Einbettung der Unternehmen in ihr regionales Umfeld und das "Gefangensein" in vorgegebenen Denk- und Handlungsmustern führt letztlich dazu, dass die Innovationstätigkeit vorwiegend durch inkrementale Innovationen geprägt ist. Als Beleg für diese These wird die abnehmende wirtschaftliche Dynamik der industriellen Distrikte Norditaliens angeführt (Camagni/Capello 1997). Da die Grundmerkmale von industrial districts keine günstigen Voraussetzungen für die Steigerung der technologischen Wettbewerbsfähigkeit bieten, müssen Mechanismen und institutionelle Strukturen geschaffen werden, die *interaktives Lernen* (Lundvall 1988) ermöglichen und erleichtern. Lernprozesse lassen sich nicht nur innerhalb von Unternehmen initiieren, sondern erfordern die interbetriebliche und interregionale Zusammenarbeit. Dazu ist ein ausgewogenes Verhältnis zwischen *Kooperation und Wettbewerb* erforderlich. Kooperation (Netzwerke) ermöglicht die Integration in das regionale System und die Ankopplung an interregionale Netzwerke, Wettbewerb hält das Produktionssystem flexibel und stimuliert Innovationen (Porter 1990: 143). Dabei sind Lerneffekte besonders dann zu erwarten, wenn einerseits die

---

[331] Das sich die Ansätze zu industriellen Distrikten und innovativen Milieus nicht trennscharf voneinander unterscheiden lassen belegt die Tatsache, dass auch von der GREMI-Schule der Begriff "technology district" verwendet wird (vgl. Maillat *et al.* 1995). Conti (1993: 124-125) unterscheidet vier Modelle stabiler vernetzter lokaler territorialer Systeme, zu denen neben der "world city" und der "industrial region in technological and organisational transition" sowohl der "technological district" als auch der "mature industrial district" gehören.

[332] Zum Konzept lernender Regionen vgl. Abschnitt 5.3.2.

Netzwerke durch weitgehend horizontale und gleichberechtigte Kooperationsbeziehungen geprägt sind (Leborgne/Lipietz 1992), die die Netzwerkeffizienz erhöhen, und andererseits in den Unternehmen flache Organisations- und dezentrale Informationsweitergabe- und -verarbeitungsstrukturen herrschen, die Lernprozesse erleichtern (Aoki 1986; Fritsch/Lukas 1998). Aus den genannten Aspekten, zu denen auch die Bedeutung der räumlichen Nähe als stimulierendes Element für zwischenbetriebliche, auf Lernen ausgerichtete Netzwerke gehört, werden folgende **Voraussetzungen für den Übergang von industriellen Distrikten in "lernende Regionen"** genannt (Asheim 1996: 395):

- Zunahme organisatorischer Innovationen zur Förderung von Kooperationen;

- Bildung dynamisch flexibler Lernorganisationen innerhalb von Unternehmen, zwischen Unternehmen und zwischen Unternehmen und der regionalen Gesellschaft;

- Förderung horizontaler Kooperationsbeziehungen zwischen den Unternehmen;

- Vermeidung von lock-in Situationen durch Aufbau einer lernenden, kreativen Gesellschaft.

In Abhängigkeit von den Ressourcen und Kompetenzen der Unternehmen in einem Distrikt sowie des Interventionsgrades lokaler Regierungen ergeben sich nach folgender Abbildung 7 vier Typen von Industriedistrikten mit unterschiedlichem Potenzial für die Entwicklung technologischer Fähigkeiten.

Abbildung 7: Typisierung von Industriedistrikten

Interne Ressourcen und Fähigkeiten von KMU	Starkes lokales Kooperationsumfeld	
	Industriedistrikt Mark I	Industriedistrikt Mark II
Gering	I Lokale Produktionssysteme mit *geringem* Potenzial für die Entwicklung technologischer Fähigkeiten (z.B. Gnosjö, Schweden)	II Lokale Produktionssysteme mit *etwas* Potenzial für die Entwicklung technologischer Fähigkeiten (z.B. Carpi und Reggio-Emilia in Emilia-Romagna)
Hoch	III Lokale Produktionssysteme mit *gutem* Potenzial für die Entwicklung technologischer Fähigkeiten (z.B. Jæren, Norwegen; Sassuolo, Emilia-Romagna)	IV Lokale Produktionssysteme mit *hohem* Potenzial für die Entwicklung technologischer Fähigkeiten (z.B. Modena, Emilia-Romagna; Baden-Württemberg, Deutschland)

Quelle: übersetzt nach Asheim 1997: 152

5.3.1.3 Spezialisierte ökonomische Cluster

Die räumliche Konzentration wirtschaftlicher Aktivitäten im Raum ist kein neues Phänomen, sondern sowohl Ursache als auch Wirkung der Stadtentwicklung. Während in Städten meist eine differenzierte, intersektorale Wirtschaftsstruktur anzutreffen ist (Jacobs 1969), existieren innerhalb als auch außerhalb städtischer Agglomerationen Ansammlungen spezialisierter Betriebe, die mit ihrem Produktions- und Dienstleistungsspektrum jeweils spezielle Märkte bedienen. Zwar ist auch dieses Phänomen nicht neu, wie vielfältige Beispiele belegen (z.B. Teppichboden-Industrie in Dalton, USA; Messer- und Besteckproduktion in Solingen), aber erst seit der Arbeit von Michael Porter über die "Competitive Advantages of Nations" (1990) und der Abhandlung über "Geography and Trade" von Paul Krugman (1991a) hat sich der Begriff des "Cluster" in der wissenschaftlichen Debatte etabliert.

> Nach Porter (1998: 78) sind *Cluster die räumliche Konzentration von vernetzten kleinen und großen Betrieben sowie Institutionen in einem speziellen Sektor.*[333] Ein Cluster beinhaltet vor- und nachgelagerte Produktions- und Dienstleistungsaktivitäten sowie eine spezialisierte Infrastruktur, die diese Aktivitäten wirkungsvoll unterstützt.

Die *Grenzen eines Clusters* definieren sich über dessen interindustrielle und interinstitutionelle Verflechtungsbeziehungen und Komplementaritäten. Die Abgrenzung kann, muss aber nicht mit administrativen Grenzziehungen übereinstimmen. Auch Wirtschaftszweigklassifikationen eignen sich nicht unbedingt zur Identifikation eines Clusters, da häufig sehr spezifische, branchenübergreifende Aktivitäten ein Cluster bestimmen (z.B. medizinische Geräte, zu deren Herstellung sowohl die feinmechanische Industrie, die elektrotechnische Industrie und die Gummi- und Kunststoffindustrie beitragen). Daher sind andere Definitions- und Abgrenzungsmethoden erforderlich, wie beispielsweise die Identifikation technologischer Verflechtungen über Patentzitate (vgl. Holmén/Jacobsson 1998).

Anders als innovative Milieus oder Industrie- bzw. Technologiedistrikte sind *Cluster nicht per se innovativ*. Neben jungen, innovativen Industrien bilden auch traditionelle Branchen auf Grund von Beharrungstendenzen industrielle Cluster. Da wegen des mit neuen Technologien verbundenen meist impliziten Charakters von Wissen sowie der hohen Unsicherheit die Notwendigkeit besteht, eng mit anderen Unternehmen und Wissensgebern zusammenzuarbeiten, zeichnen sich *innovative Cluster*

---

[333] Andere Autoren gehen in ihrer Clusterdefinition nicht so weit wie Porter und heben die räumlich gebundene Konzentration von unabhängigen spezialisierten und vernetzten Unternehmen hervor, ohne gleichzeitig die Existenz von institutionellen Strukturen als Clustermerkmal anzusehen (z.B. Rosenfeld 1997). Für Asheim/Isaksen (1999) entsprechen Cluster im Sinne von Porter regionalen Innovationssystemen, da die institutionelle Infrastruktur einen Planungsaspekt darstellt, während sich Cluster spontan und daher ungeplant entwickeln.

durch junge Industrien und durch Produkte aus, die am Beginn ihres Lebenszyklus stehen (Audretsch/Feldman 1996b; Tichy 1991).[334]

Während Porter die Notwendigkeit eines ausgewogenen Verhältnisses zwischen Kooperation und Wettbewerb für den Erfolg eines (innovativen) Clusters hervorhebt, stehen für Krugman die *Vorteile eines spezialisierten Arbeitsmarktes, spezialisierter Zwischenprodukte sowie von Wissensexternalitäten* im Vordergrund (Baptista/Swann 1998: 525). Cluster können durch die Ausstattung einer Region mit natürlichen und Humanressourcen sowie durch die Existenz von Institutionen (z.B. Forschungseinrichtungen) entstehen, aber sich auch um einen kleinen Kern innovativer Unternehmen entwickeln. Im Gegensatz zu industrial districts sind Cluster nicht nur auf industrielle Aktivitäten beschränkt, sondern beinhalten ebenso den Landwirtschafts- und den Dienstleistungssektor (z.B. Tourismuscluster an den Küsten oder in den Bergen, Versicherungen, Banken). Ist erst einmal der Nukleus eines Cluster entstanden, beginnt ein **kumulativer Wachstumsprozess, der durch folgende Faktoren gefördert** wird (Porter 1998: 85; Baptista/Swann 1998: 527):

- räumliche Nähe zu Zulieferern und Wettbewerbern;

- regionale Nachfrage durch vor- oder nachgelagerte Betriebe;

- geringere Suchkosten für Konsumenten bei gleichzeitig höherer Wahrscheinlichkeit für kleinere Anbieter, von Konsumenten "gefunden" zu werden;

- Angebot eines Pools spezialisierter Arbeitskräfte sowie spezieller Produktions- und Dienstleistungsinputs;

- Zugang zu und Akkumulation von spezialisiertem Wissen sowie hohe Wahrscheinlichkeit für die Entstehung von Wissensspillovers;

---

334 "...we find considerable evidence suggesting that the propensity for innovative activity to spatially cluster is shaped by the stage of the industry life cycle. On the one hand, new economic knowledge embodied in skilled workers tends to raise the propensity for innovative activity to spatially cluster throughout all phases of the industry life cycle. On the other hand, certain other sources of new economic knowledge, such as university research tend to elevate the propensity for innovative activity to cluster during the introduction stage of the life cycle but not during the growth stage, but then again during the stage of decline" (Audretsch/Feldman 1996b: 271).

- Zugang zu auf die Bedürfnisse der Clusterunternehmen zugeschnittenen öffentlichen Gütern (z.B. physische Infrastruktur).

Unternehmen in Clustern profitieren von diesem in mehrfacher Hinsicht. So trägt der *zwischenbetriebliche Wettbewerb* zu einer Steigerung der betrieblichen Produktivität bei; die engen Verflechtungsbeziehungen ermöglichen *Skalenerträge* und *externe Effekte*, die ohne diese Netzwerkbeziehungen nicht realisierbar wären;[335] enge Kontakte zu Zulieferern und Herstellern ermöglichen Unternehmen, frühzeitig über neue technische und organisatorische Lösungen informiert zu werden und über diese Kontakte zu lernen. In Analogie zu den positiven Effekten eines Innovationsnetzwerkes wirken auch in einem Cluster die räumliche Nähe, informelle Kontakte sowie die Kenntnis des betrieblichen und marktbezogenen Umfeldes risiko- und unsicherheitsreduzierend bei Innovationsprozessen. Die Möglichkeit, mit anderen Unternehmen in einer Wertschöpfungskette eng zusammenarbeiten zu können, erhöht Flexibilitäten und Kapazitäten zur Realisierung innovativer Lösungen. Das Cluster- sowie das industrial district Konzept zeigen, dass *externe Effekte* aus einem positiven Unternehmensumfeld *nicht nur in urbanen Zentren realisierbar* sind, sondern sich Lokalisationsvorteile *auch außerhalb städtischer Agglomerationen* generieren lassen.

Aus den geschilderten positiven externen Effekten lässt sich aber nicht eine unbegrenzte Lebensdauer von Clustern ableiten. Zwar fördern die Fühlungsvorteile in einem Cluster eine langfristige Innovations- und Wettbewerbsfähigkeit, insbesondere dann, wenn sich einzelne Cluster in ihren Aktivitäten überlagern und ergänzen,[336] aber auch sie können ihre Wettbewerbsfähigkeit einbüßen und sich auflösen. Dafür sind sowohl externe als auch interne **Gefährdungsfaktoren** verantwortlich:

- Technologische Umbrüche entwerten die in einem Cluster aufgebauten Kompetenzen: So kann die von anderen Produzenten vorgenommene Einführung neuer kostengünstigerer oder produktiverer Pro-

---

[335] Anhand zweier Optoelektronikcluster in Deutschland (Jena und München) weisen Hassink/Wood (1998) allerdings darauf hin, dass die räumliche Konzentration von Hightech-Industrien nicht automatisch zu FuE-Kooperationen und Innovation führen muss.

[336] Porter führt hierfür das Beispiel eines Clusters von Einbauküchenherstellern an, das sich am Schnittpunkt von Küchengeräteherstellern und Möbelproduzenten etabliert hat (Porter 1998: 85).

duktionsverfahren oder die Verwendung neuer Materialien (z.B. Ersatz von Stahl durch neue Werkstoffe in der Golfschlägerproduktion; vgl. Porter 1998: 85) zu Marktanteilsverlusten und zur Existenzgefährdung bei den "traditionellen" Produzenten führen.

- Die Nichtbeachtung veränderter Kundenbedürfnisse (z.B. hinsichtlich Umwelt- oder Gebrauchseigenschaften von Produkten) führt zu Marktverlusten an diese Bedürfnisse aufgreifende Wettbewerber.
- Gruppendenken und Gefangensein in den Strukturen eines Clusters vermindert dessen Innovationsfähigkeit und reduziert die Möglichkeiten für einzelne Clustermitglieder, aus diesen Strukturen auszubrechen.

Während für Porter permanenter Wettbewerb der Schlüssel zur Vermeidung interner und externer Bedrohungen ist, geben Analysen von Audretsch/Feldman Hinweise darauf, dass im Entwicklungsprozess von Clustern positive Agglomerationseffekte durch Ballungsnachteile ersetzt werden können, die Wettbewerbs- und Innovationsfähigkeit reduzieren und zu einer räumlichen Verteilung von Innovationsaktivitäten führen (Audretsch/Feldman 1996b: 271).

Obwohl sich auch industrielle Distrikte durch die räumliche Clusterung von Betrieben auszeichnen, müssen wegen der expliziten Berücksichtigung nicht-industrieller Aktivitäten im Cluster-Konzept nicht alle Cluster gleichzeitig auch industrielle Distrikte sein bzw. können Cluster aus mehreren, nicht in direkter räumlicher Nähe angesiedelten Industriedistrikten bestehen.[337] *Industrie- und Technologiedistrikte sind daher eine Untermenge cluster-spezifischer Organisationsformen.* In Deutschland hat sich in jüngster Zeit, vor allem in der politischen Debatte, der Begriff des *"Kompetenzzentrum"* etabliert. In Analogie zum technologischen Distrikt als Spezialfall eines industrial districts lassen sich Kompetenzzentren mit Hilfe des Clusteransatzes als eine spezifische, auf Wissen, Lernen und den Erwerb technologischer Fähigkeiten ausgerichtete Clusterform interpretieren, in der entweder in enger regionaler oder auch in enger fachgebundener, nicht unbedingt auf räumlicher Nähe basierender Zusammenarbeit synergetische Potenziale für Problemlösun-

---

337 So fasst Enright (1996: 197) die verschiedenen industrial districts der Textilindustrie Norditaliens zum italienischen Textilcluster zusammen.

gen und Entwicklungen in einem auf Hoch- oder Spitzentechnologie ausgerichteten Innovationsfeld genutzt werden.[338]

5.3.1.4 Konzept des innovativen Milieu

Anders als im industrial district und im Clusteransatz, in denen sich regionale Netzwerke ursprünglich auf produktionsbezogene Verflechtungen beziehen und erst in jüngerer Zeit auch im Sinne innovationsrelevanter Beziehungen interpretiert werden,[339] steht im Milieu-Konzept die *kollektive Realisierung von Innovationen* im Mittelpunkt des analytischen Interesses. Nach dem Konzept des innovativen Milieus, das von der so genannten "GREMI-Schule" entwickelt wurde (Aydalot 1986; Aydalot/Keeble 1988; Crevoisier/Maillat 1991; Maillat *et al.* 1993; Camagni 1995a; Ratti *et al.* 1997), sind Innovationen und innovative Unternehmen das Ergebnis eines kollektiven, dynamischen Lernprozesses vieler Akteure einer Region, die ein sozio-kulturelles Netzwerk synergieerzeugender Verflechtungen bilden.[340]

---

[338] Während Boekholt *et al.* (1998a: i) mit Bezug auf ausländische Fallbeispiele Kompetenzzentren als "...regionale Agglomeration, die in der Lage ist, auf einem oder mehreren auf Technologie basierenden Märkten mit Hilfe einer gut vernetzten Wertschöpfungskette 'value chain', die von der Schaffung von Wissen bis hin zur Vermarktung und Verbreitung reicht, ein hohes Maß an Mehrwert zu schaffen" definieren, schließt die aus dem Clusterkonzept resultierende Definition auch Netzwerke und Wertschöpfungsketten ein, die sich nicht durch eine enge räumliche Nähe auszeichnen. Zur Identifikation wissensbasierter Cluster liegen u.a. empirische Untersuchungen aus Schweden vor (vgl. Holmén/Jacobsson 1998).

[339] "In both...literatures, concern with links has involved a movement away from simple input-output relations to a consideration of the rules, conventions, and social relations which allow more effective learning, knowledge acquisition and development, or, more generally, allow agents to act in capable – innovative – ways" (Lawson 1997a: 19).

[340] Vgl. dazu auch die Literaturanalyse bei Lawson (1997a).

> Das Milieu resultiert demnach aus den Interaktionen von vorwiegend kleinen und mittelgroßen Unternehmen, politischen Entscheidungsträgern, Institutionen und Arbeitskräften, die durch gemeinsames, *kooperatives Lernen* die Unsicherheiten während technologischer Paradigmenwechsel reduzieren. Vor allem *informelle Kontakte* der am Netzwerk beteiligten Akteure bestimmen das Milieu,[341] dessen Entwicklung durch regionale Kulturen und Identitäten, in denen die einzelnen Akteure nach einem gemeinsamen (regionalen) Ziel handeln, gefördert wird.[342]

---

[341] Zur Ableitung und empirischen Analyse des Zusammenhanges von kreativen Milieus und Netzwerken vgl. Maier/Obermaier (1999).

[342] Innerhalb der französischsprachigen Groupe de Recherche Européen sur les Milieux Innovateurs (GREMI) wird *innovatives Milieu* nicht einheitlich, sondern *von jedem Vertreter nach eigener Sichtweise definiert* (vgl. die verschiedenen Beiträge in Camagni 1991). Milieu wird sowohl als local bzw. limited physical space definiert, als auch als market, production und supporting space, unabhängig von engen territorialen Bindungen. Verbindendes Element der einzelnen Ansätze ist die Nähe zwischen Akteuren (proximity). Nach Maillat *et al.* fördert "...proximity, both geographic and cultural, ...the dissemination and indeed accumulation of the information required by the innovation process". Im Ergebnis wirkt das Milieu "...as an incubator of technological innovation" (Maillat *et al.* 1995: 261).

Auch Lundvall (1992b: 55-56) verwendet zum besseren Verständnis der räumlichen Aspekte von Interaktionen zwischen Nutzern und Produzenten vier unterschiedliche *Raumdimensionen*. Er unterscheidet zwischen:
Wirtschaftlichem Raum: Dieser bezieht sich auf die Verortung unterschiedlicher ökonomischer Aktivitäten im Produktionssystem. In einer erweiterten Input-Output-Tabelle geben die Input-Output-Koeffizienten die ökonomische Entfernung zwischen verschiedenen Aktivitäten an.
Organisatorischem Raum: Er spiegelt horizontale und vertikale Integration wider. Im Gegensatz zu traditionellen Analysen, in denen entweder von vollständiger Integration (Distanz = 0) oder keiner Integration (Distanz $\to \infty$) ausgegangen wurde, erlaubt die Annahme organisierter Märkte und der Möglichkeit von mehr oder weniger entfernten Beziehungen zwischen den Abteilungen in Konzernunternehmen ein kontinuierliches Konzept organisatorischer Distanz. Kurze organisatorische Entfernungen können vor allem in Großunternehmen geographische und kulturelle Proximität substituieren.
Geographischem Raum: Diese Raumdimension kann eindeutig in Distanzen zwischen Aktivitäten, die an bestimmten Standorten lokalisiert sind, gemessen werden. Die Distanzdimension kann in Abhängigkeit von den analysierten Interaktionen und der bestehenden Transport- und Kommunikationssysteme mehr oder weniger relevant sein. Mittels der Messung von Kosten und/oder Zeit lässt sich ein ökonomisch-geographischer Raum mit spezifischem Bezug zu den zu untersuchenden Interaktionen konstruieren.
Kulturellem Raum: Er ist ein unscharfes und multidimensionales Konzept, bezieht sich aber auf wichtige Merkmale in der realen Welt. Bei der Existenz kultureller Unterschiede ist es schwierig, bestimmte Nachrichten zu übermitteln und zu dekodieren. Kulturelle Unterschiede können Interaktionen zwischen Nutzer und Produzent verhindern. Sie sind zwischen inländischen Akteuren meist geringer als zwischen ausländischen Akteuren.

In der GREMI-Schule sind **drei Analyseebenen** zu unterscheiden:

(1) Der mikro-analytische Ansatz der Milieuuntersuchung, der sich auf Unsicherheit, Information und Transaktionskosten bezieht. Für Camagni (Camagni 1991) verringert das Milieu die Unsicherheit der Unternehmen durch funktionelle und informelle Verknüpfungen zwischen den lokalen Akteuren. Das Milieu hilft bei der Suche, Vermittlung, Auswahl und Veränderung von Informationen und verringert damit die Transaktionskosten.

(2) Die kognitive Herangehensweise bezieht sich auf die Begriffe Lernen und technisches Können. Das Milieu (Maillat 1992) umfasst einen Produktionsapparat, eine technische Kultur und Akteure. Wichtig ist der Arbeitsmarkt, der diese Elemente ordnet und so das Milieu strukturiert.

(3) Der "organisatorische Ansatz" (Quevit 1991) definiert ein innovatives Umfeld über die räumliche Dimension: 1. international 2. regional. In einem innovativen Umfeld wird durch eine Externalisierungsstrategie (horizontale Unternehmenskooperation) auf regionaler Ebene eine "organische Integration" geschaffen. Gleichzeitig sind die Unternehmen aber auch international miteinander verbunden; in beiden Dimensionen wird durch die Externalisierung ein Netzwerk aufgebaut, wodurch ein innovatives Klima entsteht.

Der *Einfluss des regionalen Umfeldes auf betriebliche Innovation und Produktion* besteht in einem regional verfügbaren Wissens- und Knowhow-Pool, in engen sozialen Bindungen, Vertrauen, der Bedeutung räumlicher Nähe beim Transfer impliziten Wissens und flexiblen Arbeitskräften. Durch das Wechselspiel dieser Einflussfaktoren können kollektive Lernprozesse realisiert und Transaktionskosten sowie Unsicherheiten im Innovationsprozess reduziert werden (Amin/Thrift 1994; Camagni/Capello 1997). Die Region gibt demnach den Unternehmen eine strukturelle Basis für ihre Entwicklung (Funktionsauslagerung, Nachbarschaftsbeziehungen, etc.). Unternehmen haben ein Interesse an ihrer Integration ins Milieu und bereichern es durch die territorialen Netzwerke, die sie darin aufbauen.

Kollektive Lernprozesse resultieren aus der intraregionalen Mobilität von Arbeitskräften, durch Lieferverflechtungen und durch face-to-face Kontakte, die durch räumliche Nähe begünstigt werden. Die Entstehung eines lokalen Milieus ist vor allem dann zu erwarten, wenn die räumliche Mobilität von Produktionsfaktoren, vorwiegend von spezifischem Wissen, intraregional begrenzt ist (Camagni 1994: 75). Dennoch muss ein Milieu nicht notwendigerweise auf eine Region begrenzt sein; allerdings erhöht räumliche Nähe auf Grund der räumlichen Determinierung zahlreicher Elemente des Milieus dessen Wirkung erheblich (Castells 1989; Crevoisier/Maillat 1991; Rallet 1993).

Ein **innovatives Milieu** kann zusammenfassend durch **drei Merkmale** beschrieben werden:

- ein lokaler Rahmen: Ein geographischer Raum mit homogenem Verhalten der Akteure;
- eine organisatorische Logik: Die Akteure eines Milieus kooperieren mit dem Ziel, Innovationen zu entwickeln;
- eine Wissensdynamik, die die Fähigkeiten der Akteure erweitert.

Lange Zeit wurde der Erfolg innovativer Milieus von den meisten Autoren durch die Spezifität ihrer ökonomischen Struktur, den lokalen Charakter des Produktionssystems und kollektive Lernprozesse erklärt. Nachdem in der ersten Hälfte der 1990er-Jahre deutlich geworden ist, dass auch viele als innovative Milieus bzw. auch industrielle Distrikte gehandelte Standorte und Regionen nicht von wirtschaftlichen Strukturkrisen verschont blieben, wurden die bisherigen Theoriemodelle erweitert. Milieu wird nicht mehr nur als Stärke begriffen, sondern bedingt durch die engen lokalen und sozialen Bindungen im Sinne eines Gefangenseins in den internen Strukturen (locked-in; vgl. Grabher 1993) sowie durch die Konzentration auf inkrementale Innovationen auch als Entwicklungshemmnis (Camagni 1994). Milieus und Distrikte können nur durch die *Integration lokaler Akteure in überregionale und globale Innovationsnetzwerke* überleben, die externe Wachstums- und Wissenspotenziale für das Milieu bzw. den Distrikt erschließen.[343] Nach Amin/Thrift (1994) haben weltweit nur wenige Industriedistrikte, die als

---

[343] Lawson (1997a: 19) geht von einer deutlichen Überschneidung der beiden Konzepte aus: "The milieu and the districts concepts are clearly overlapping. Both refer to geographically defined productive systems where the success of the system depends crucially upon the nature of the linkages which emerge and are reproduced by the elements. Furthermore, there are clear developments in both as regards the manner in which geographical proximity enables or facilitates the kinds of links thought to be of particular importance." Eine Typologie von Netzwerken in innovativen Milieus entwerfen Maillat *et al.* (1994).

Kompetenzzentren in den Knotenpunkten globaler Netzwerke entstehen, langfristige Entwicklungschancen. Diese Modellerweiterungen machen deutlich, dass nicht nur endogene Faktoren die Leistungsfähigkeit von Milieus und Distrikten erklären, sondern dass sowohl informelle lokale Netzwerke als auch formale transregionale Netzwerkbeziehungen auf Innovation, technische Entwicklung und Strukturwandel in Standorten und Regionen einwirken.[344]

Die für Industriedistrikte vorgebrachten *Kritikpunkte* gelten weitgehend auch für das Konzept innovativer Milieus. So wird deren Entstehung auf die erfolgreiche Bewältigung von Strukturkrisen in einer Region zurückgeführt (Maillat *et al.* 1995), die zu einer Stärkung der regionalen Identität führen und zu der Bereitschaft, durch Kooperationen neue Entwicklungspotenziale zu erschließen. Die in der Literatur benannten Milieus sind meist kleinere, teilweise ländlich-periphere Regionen mit einem dominierenden Mittelzentrum.[345] Der Auslöser für die Entstehung eines Milieus und der spezifische Regionstyp, in dem ein Milieu nachgewiesen wurde, schränkt die Übertragbarkeit des Konzeptes auf andere Regionen und die innovationspolitische Initiierung milieubildender Prozesse deutlich ein.[346] Weitere Fragen betreffen die räumliche Abgren-

---

[344] Die Überschneidungen zwischen beiden Konzepten, die sich auch als Unschärfe in der Argumentation interpretieren lassen, werden anhand einer von Maillat/Lecoq (1992: 16-17) entwickelten *Typologie innovativer Milieus* deutlich. Sie unterscheiden zwischen a) dem *endogenen innovativen Milieu oder Technologiedistrikt*. Dieses/dieser ist charakterisiert durch eine starke Integration der regionalen Akteure. Das Milieu entwickelt sich um die territorialen Netzwerke kleiner und mittelgroßer Unternehmen deren wirtschaftliche Beziehungen eine gewisse historische und kulturelle Kohärenz aufweisen. Beispiele sind das Dritte Italien, der Schweizer Jura Bogen und Baden-Württemberg; b) dem *exogenen innovativen Milieu industrieller Fragmentation*, das sich aus der funktionalen Spezialisierung großer Unternehmen, die unterschiedliche Segmente des Produktionsprozesses ausgelagert haben, entwickelt hat. Beispiele sind Sophia Antipolis, Cambridge und Toulouse; c) dem *techno-metropolitanen Milieu*, das sich im Umland großer Städte herausgebildet hat. Beispiele sind die südlichen Vororte von Paris, der Nordosten von Mailand und die Randstadt in den Niederlanden.

[345] Camagni (1995b: 326) nennt u.a. folgende Regionen, in denen innovative Milieus existieren: Limerick, Shannon (Irland), Alicante, Jaen, Cordoba, Badajoz (Spanien), Val Vibrata, Isernia, Marsala, Costa Smeralda, Taormina (Italien), Xanthi, Heraklion, Patra, Volos (Griechenland).

[346] Dennoch werden von den Milieu-Vertretern die regionalpolitischen Implikationen ihres Ansatzes betont: "...regional policy today must make increasing use of the milieu, either creating it or transforming it so that the regions create the specific

zung innovativer Milieus, wie sich Milieugrenzen bestimmen lassen und ob sich verschiedene Milieus (partiell) überlagern können. Offen bleibt auch, wie sich die meist auf informellen Kontakten basierenden Netzwerke quantitativ erfassen und deren Wirkungen auf die Netzwerkteilnehmer analysieren lassen.

Eine zusammenfassende Übersicht über die verschiedenen Merkmale netzwerk- und milieubasierter Konzepte gibt Abbildung 8.

---

resources and externalities necessary for development, since it is true that it does not suffice for them to act simply as locational supports. Implementation of a milieu-type policy means:
- involvement of local players and development of specific non-physical territorial resources;
- creation of synergies (interactions, networks) and of learning effects between the milieu's players so as to develop the advantages of proximity and specific territorial resources;
- the link with the technological and market environment (extra-territorial networks) so that the innovative process can remain a permanent process" (Maillat 1995: 164).

Abbildung 8: Merkmale netzwerk- und milieubasierter Konzepte

Konzept	Industrielle Distrikte	technolog. Distrikte/ industrielle Distrikte als lernende Regionen	ökonomische Cluster	innovative Milieus
Merkmale	• regional integrierte Produktions- und Dienstleistungsverbünde • vertikale Kooperationsbeziehungen • kleine hochspezialisierte Betriebe derselben Branche • arbeitsteilige Produktion (flexible Spezialisierung) • vorwiegend Inkrementalinnovationen	• vorwiegend horizontale Netzwerke zur Realisierung produktionsbasierter Lernprozesse • interaktives Lernen • kontinuierliche Innovationsprozesse • interregionale Kooperationen • Mischung aus kleinen und großen Unternehmen	• räumliche Konzentration vernetzter kleiner und großer Betriebe/Institutionen in speziellen Sektoren (z.T. branchenübergreifend) • spezialisierte Infrastruktur und spez. Arbeitsmarkt • innovative Cluster: junge Industrien, Produkte am Beginn ihres Lebenszyklus, große Bedeutung von Wissensexternalitäten	• kollektive Realisierung von Innovationen (meist inkremental) durch regionales kooperatives Lernen branchenübergreifende und informelle Kontakte • gemeinsame Identität erleichtert Kooperation und reduziert Unsicherheit • interregionale Netzwerke ergänzen intraregionale Kontakte
räumliche Ausprägung	• kleine räumliche Einheiten (ca. 10-20 T Arbeitskräfte) Regionen im "Dritten Italien"	• analog industrielle Distrikte	• begrenzt durch interindustrielle/interinstitutionelle Netzwerke	• kleine, nicht metropolitane Regionen, z.T. strukturell benachteiligt
empirische Grundlage	• wachstumsintensive Regionen in Norditalien und anderen Ländern (1980er-Jahre)	• technologieorientierte Wachstumsregionen, teilweise überschneidend mit industriellen Distrikten	• diverse Beispiele räumlich spezialisierter Sektoren	• Analyse erfolgreicher Regionalentwicklungen in FRA, CHE, ITA (GREMI-Schule)
Übertragbarkeit	• keine Aussage über Entstehungsbedingungen • weltweit nur wenige Regionen mit Merkmalen von industriellen Distrikten	• trotz evolutorischer Interpretation des Netzwerkansatzes keine zusätzlichen Erkenntnisse zur Übertragbarkeit	• zunehmende wirtschaftspolitische Bedeutung seit Porter (räumliche sektorale/technologische Spezialisierung); in DEU: Kompetenzzentren	• besondere Entstehungsspezifik (Identität) schränkt Übertragbarkeit ein • Quantifizierbarkeit innovativer Milieus (Netzwerke) schwierig

Quelle: eigene Darstellung

5.3.2 Wissensbasierte Ansätze: Lernende Regionen

5.3.2.1 Grundlagen

Ausgelöst durch empirische Fallstudien, die auf spezifische Entwicklungsmuster in einzelnen räumlich abgrenzbaren weltwirtschaftlichen Brennpunkten hingewiesen haben (z.B. auf die Netzwerk- und Arbeitsmarktspezifika im Silicon Valley und in der Entwicklungsachse Route 128; vgl. Saxenian 1994), aber auch durch die Debatten um neue Produktionskonzepte in einer globalisierten Welt[347] und die Bedeutung von Interaktion und Lernen für die Sicherung der unternehmerischen und nationalen Wettbewerbsfähigkeit, sowie auf der Grundlage bereits vorhandener theoretischer Konzepte über regionale Organisationsformen wie innovative Milieus, industrielle Distrikte, Cluster und regionale Innovationssysteme entstanden Mitte der 1990er Jahre erste Aufsätze über die Merkmale von lernenden Regionen (z.B. Florida 1995; Hassink 1997a; Morgan 1997).[348] Die verwendete Argumentation zur Begründung einer regionalen Betrachtungsebene bei zunehmender Globalisierung von Produktion und technologischer Entwicklung unterscheidet sich daher nicht von der anderer Konzepte, die ebenfalls auf der Prämisse basieren, dass Innovation ein interaktiver, rückgekoppelter Lernprozess ist. Im Zeitalter des wissensbasierten, globalen Kapitalismus (Florida 1995: 528) stellen Wissen sowie die Prozesse zu dessen Erhalt und Weiterentwicklung, das Lernen und das Vergessen (Gregersen/Johnson 1997: 480), die wesentlichen ökonomischen Ressourcen dar. Da aber trotz der zunehmenden Wissenskodifizierung (Maskell *et al.* 1998) nicht alle Wissensformen räumlich unbegrenzt mobil sind, sondern an persönliche Fähigkeiten und Informationen (know-how und know-who; vgl. Foray/Lundvall 1996), an Verhaltensweisen, Routinen und Einstellungen

---

[347] Zu Standortfragen und Innovationsnetzwerken im Internationalisierungs- und Globalisierungsprozess vgl. u.a. Cantwell/Janne (1999), Patel/Vega (1999) und Zander (1999). Siehe auch Florida (1997) zu den Zielen unternehmerischer FuE-Globalisierungsstrategien.

[348] Parallelen bestehen auch zur neuen Wachstums- und Außenhandelstheorie (vgl. die Abschnitte 3.2 und 3.3). Nach ihren einzelnen Ansätzen sind positive und negative externe Effekte aus Wissen und Lernen sowie kumulative Lern- und Wissensentstehungsprozesse mit daraus resultierender Pfadabhängigkeit der Technikentwicklung wichtige raumdifferenzierende Faktoren im Innovationsprozess. Zum Vorläufer der lernenden Region, der "creative region", vgl. Andersson (1985) und Malecki (1987).

gebunden sein können, ist ein Teil des Wissens (tacit knowledge) nur an bestimmten Standorten verfügbar und sind die mit ihm verbundenen Lernprozesse nur dort realisierbar.[349] Storper (1995) verwendet dafür den Begriff der "*untraded interdependencies*". Solche Kontextspezifika sind das Merkmal vieler Regionen, wobei die regionale Produktionsstruktur und –spezialisierung, der Humankapitalbestand und die institutionellen Rahmenbedingungen nicht nur die räumliche Reichweite des gegenseitigen Austausches von informellem Wissen und damit die räumliche Ausprägung der Wissensspezifik bestimmen, sondern auch die Art und Qualität des regional gebundenen Wissens. Je nach der Wissensqualität und der verfügbaren Mischung aus kodifiziertem und implizitem ('embodied') Wissen sind die räumlichen Wissensinseln, z.B. definiert über Arbeitsmärkte, unterschiedlich attraktiv für externe Unternehmen bzw. beeinflussen in unterschiedlicher Weise die Produktions- und Innovationstätigkeit (und damit auch die Lernfähigkeit) der ansässigen Betriebe sowie die Bereitschaft der Bevölkerung, neue Unternehmen zu gründen.[350]

Lernende Regionen werden als Raumeinheiten angesehen, in denen Wissen örtlich gebunden ist und in denen aus der räumlichen Wissensbindung kontinuierliche Lernprozesse zwischen den regionalen Akteuren entstehen, die die regionale Wissensbasis erhöhen.

Obwohl Lernprozesse zunächst in Unternehmen und bei anderen Wirtschaftssubjekten realisiert werden, können die dabei erworbenen Kompetenzen nur durch gegenseitige Anwendung und die gemeinsame Nutzung mit anderen Partnern weiter entwickelt werden (Lawson 1997b).[351]

---

[349] Regionale Beispiele für 'localized learning' und 'local learning' geben Asheim/Cooke (1999).

[350] "Some places hold favourable conditions to develop and diffuse this kind of tacit knowledge, in particular industrial milieus with a long tradition in some specific industries and technologies and characterised by close co-operation and mutual trust. Even if tacit knowledge is being codified, firms may still profit by being located in places where tacit knowledge constantly is created and maintained" (Asheim/Isaksen 1999: 9).

[351] "...the relative success of a regional productive system may well depend upon forging a fruitful trade-off between the kinds of continuity that reproduce or transmit shared knowledge and the learning of 'routines' which enable capable behaviour at the regional level..." (Lawson/Lorenz 1999: 315).

Da sich der unternehmerische Erfolg nicht mehr nur an der Wettbewerbsfähigkeit von Produkten misst und regionale Wettbewerbsfähigkeit nicht mehr nur an der Wettbewerbsfähigkeit der regionalen Unternehmen, sondern nach dem Konzept der lernenden Region vor allem an der *Fähigkeit zur Mobilisierung von Wissen und neuen Ideen*,[352] besteht ein Anreiz, Kooperationen mit anderen Akteuren einzugehen. Diese Kooperationen und die durch sie generierten Wissensflüsse und kollektiven Lernprozesse verbessern damit nicht nur die Wissensbasis der einzelnen Akteure, sondern der gesamten Region, innerhalb derer die Akteure miteinander kooperieren. Dies ist vor allem dann der Fall, wenn ein hoher Spezialisierungsgrad von Unternehmen, wie er beispielsweise in einem Cluster gegeben ist, zu vielschichtigen Interaktionen mit anderen Wissensanbietern führt, die die eigenen Kompetenzen ergänzen.[353]

5.3.2.2 Rahmenbedingungen

Das regionale Milieu bildet über kulturelle und institutionelle Gemeinsamkeiten nicht nur die Plattform zur Realisierung von Lernprozessen,[354] sondern die Region kann den Austausch von Wissen durch die Schaffung geeigneter **Rahmenbedingungen** fördern.[355] Dazu gehören (Florida 1995: 532-534):

- eine *Produktionsinfrastruktur* mit miteinander vernetzten und in vertrauensvollen Beziehungen interagierenden Zulieferern und Abnehmern;

- ein *Arbeitsmarkt und eine soziale Infrastruktur*, die durch entsprechende Ausbildungs- und Lernangebote Wissensarbeiter hervorbringt,

---

[352] "The relative performance of regions as well as the relative performance of firms is merely the superficial expression of a deeper competition over competences" (Lawson 1997b: 15).

[353] Daraus ist nicht abzuleiten, dass alle spezialisierten Regionen gleichzeitig lernende Regionen sein müssen. Sie sind nur dann lernende Regionen, wenn sie die entsprechenden Rahmenbedingungen aufweisen.

[354] "...learning cannot be understood without taking into consideration its institutional and cultural context. Therefore, learning is a localized, not a placeless, process" (Hassink 1997c: 279). Vgl. auch Kirat/Lung (1999) zur Bedeutung von "territories" als Ort für kollektive Lernprozesse.

[355] "Learning regions provide a series of related infrastructures which can facilitate the flow of knowledge, ideas and learning" (Florida 1995: 532).

diesen die Anwendung ihres Wissens in der Produktion ermöglicht sowie auf Teamorientierung und lebenslanges Lernen ausgerichtet ist;

- eine *materielle und Kommunikationsinfrastruktur*, die die permanente Informationsweitergabe, den elektronischen Daten- und Informationsaustausch, die just-in-time-Anlieferung von Produkten und Dienstleistungen sowie die Integration in die Weltwirtschaft ermöglicht und unterstützt;

- ein *Kapitalallokations- und ökonomisches Steuerungssystem*, das auf die Bedürfnisse von wissensintensiven Organisationen ausgerichtet ist.

Mit dem letztgenannten Merkmal sind Aspekte angesprochen, die auch im Ansatz der regionalen Innovationssysteme als wesentliches Charakteristikum genannt werden.[356] Insgesamt stellen die aufgeführten Elemente nicht nur Rahmenbedingungen für lernende Regionen dar, sondern sind selbst Merkmale einer lernenden Region. Diese unterscheidet sich von Regionen mit einer auf Massenproduktion ausgerichteten Infrastruktur in den in Abbildung 9 genannten Aspekten.

---

[356] "Learning regions must develop governance structures which reflect and mimic those of knowledge-intensive firms, that is co-dependent relations, network organization, decentralized decision making, flexibility, and a focus on customer needs and requirements" (Florida 1995: 534).

Abbildung 9: Unterscheidung zwischen Regionen mit Massenproduktion und lernenden Regionen

Merkmale	Massenproduktionsregion	Lernende Regionen
Grundlage der Wettbewerbsfähigkeit	Komparative Vorteile auf der Basis von: • natürlichen Ressourcen • körperlicher Arbeit	Nachhaltige Vorteile auf der Basis von: • Wissensgenerierung • kontinuierliche Verbesserungen
Produktionssystem	Massenproduktion • Körperliche Arbeit als Wertquelle • Trennung von Innovation und Produktion	Wissensbasierte Produktion • Kontinuierliche Schöpfung • Wissen als Wertquelle • Synthese von Innovation und Produktion
industrielle Infrastruktur	Hierarchische Zulieferbeziehungen	Unternehmensnetzwerke und Zuliefersysteme als Innovationsquelle
Soziale Infrastruktur	• Geringqualifizierte Niedriglohnarbeiter • Tayloristische Arbeitskräfte • Tayloristische Aus- und Weiterbildung	• Wissensarbeiter • Kontinuierliche Vervollkommnung des Humankapitals • Kontinuierliche Aus- und Weiterbildung
Materielle und Kommunikationsinfrastruktur	National ausgerichtete materielle Infrastruktur	• Global ausgerichtete materielle und Kommunikationsinfrastruktur • elektronischer Datenaustausch
ökonomisches Steuerungssystem	• Gegnerische Beziehungen • Anweisungs- und kontrollgeprägter Regulierungsrahmen	• Gegenseitige Abhängigkeitsbeziehungen • Netzwerkorganisation • Flexibler Regulierungsrahmen

Quelle: Übersetzung in Anlehnung an Hassink (1997a: 161) nach Florida (1995: 533)

5.3.2.3 Akteure in lernenden Regionen

Wichtige *Akteure in lernenden Regionen* sind wissensintensive Unternehmen aus dem Produktions- und Dienstleistungssektor,[357] Institutio-

---

[357] Vgl. hierzu Abschnitt 6.1.1.

nen der technologischen Infrastruktur (ITI) sowie Unternehmensgründer und junge Unternehmen. Lernprozesse vollziehen sich nicht nur in etablierten Unternehmen, sondern können sich auch in der Gründung neuer Unternehmen niederschlagen. Oftmals bietet nur die Auslagerung eines Innovationsprojektes in ein neu gegründetes Unternehmen die Möglichkeit, lern- und innovationshemmende Routinen zu überwinden und neue lernorientierte flexible Organisations- und Produktionskonzepte zu implementieren.[358] Da die *Gründung wissensbasierter Unternehmen* vorwiegend in Regionen mit wissensorientiertem Unternehmensbestand und einem entsprechenden institutionellen Milieu erfolgt (Audretsch/Fritsch 1994; Licht/Nerlinger 1997, 1998; Malecki 1991: 342-347; Nerlinger 1996),[359] wie Beispiele aus dem Silicon Valley, aber auch aus anderen Regionen belegen,[360] besteht ein *enger Zusammenhang zwischen der Lernfähigkeit regionaler Akteure und dem regionalen Gründungsgeschehen*. Wenn auch nicht davon auszugehen ist, dass alle neugegründeten Unternehmen eine hohe Bestandsfestigkeit aufweisen, so ist gerade bei technologie- und wissensorientierten jungen Unternehmen die Überlebensrate höher als im Durchschnitt aller Gründungen.[361] Dieser Aspekt weist auf den kumulativen Charakter des Konzeptes lernender Regionen hin. Sind die Fähigkeiten zum Lernen und zum Vergessen

---

[358] Zu den diversen Aspekten von Unternehmensgründungen und betrieblichem Innovationsmanagement vgl. u.a. die Beiträge in Koschatzky (1997); siehe auch Pleschak/Sabisch (1996).

[359] Basierend auf einer Analyse der Gründungsraten in westdeutschen Raumordnungsregionen stellt Fritsch beispielsweise einen Zusammenhang zwischen der Zahl von Gründungen und der Sektoralstruktur einer Region fest (Fritsch 1997).

[360] Sölvell/Zander (1995: 19-20) bezeichnen diese global vernetzten innovativen Cluster mit Blick auf den globalen Einfluss der an die in der Region vorhandenen Kompetenzen gebundenen Filmindustrie in Hollywood als "industrial Hollywoods": "For many products or technologies, a few centers of excellence – industrial Hollywoods – are evolving today. ... These "Hollywoods" are sufficiently dynamic to attract investments in core activities by MNEs [multinational enterprises; K.K.] based in other nations."

[361] Während die Scheiterquote bei allen neugegründeten Unternehmen rund 50 % innerhalb der ersten fünf Jahre erreicht, liegt sie bei wissens- und technologieorientierten Unternehmen zwischen 15 und 35 % (vgl. Esswein 1999: 96; Werner 1999: 93). Werner (1999: 94) ermittelte für im Modellversuch "Förderung technologieorientierter Unternehmensgründungen in den neuen Bundesländern" (TOU-NBL) des BMBF geförderte Unternehmen eine Überlebensquote von 88,1 % nach sieben Geschäftsjahren.

alten, nicht mehr gültigen Wissens bereits entwickelt und wird durch kontinuierliches und kollektives Lernen die regionale Wissensbasis ständig erweitert, dann führt das neu erworbene Wissen immer wieder zu neuen Fragestellungen und zu Möglichkeiten, diese Fragen zu beantworten (Lawson 1997b). Damit wird wiederum die Wissensbasis erweitert. Bestehende sowie neu gegründete Unternehmen sind hierbei die Kernzellen der Wissensgeneration, wobei sich der Unternehmensbestand wegen der Gründungsaktivität permanent an die durch das neue Wissen definierten Anforderungen anpassen kann. Nach dem Konzept erzielen lernende Regionen somit kumulative Wissensgewinne gegenüber Regionen mit einer traditionellen Produktions- und Wissensstruktur.

Institutionen der technologischen Infrastruktur erzeugen und akkumulieren nicht nur selbst Wissen, sondern stellen es auch anderen Organisationen und Unternehmen zur Verfügung. Zu den ITIs gehören (Koschatzky 1999a: 33):

Hochschulen und Forschungseinrichtungen

- Universitäten, Hochschulen, Fachhochschulen
- außeruniversitäre Forschungseinrichtungen

Unterstützende Einrichtungen

- Industrie- und Handelskammern, Handwerkskammern, Landwirtschaftskammern
- Industrie- und Fachverbände
- Transfer- und Beratungszentren
- Innovationszentren
- Beteiligungskapitalfonds

Institutionen der technologischen Infrastruktur erfüllen **drei Hauptfunktionen** (Koschatzky *et al.* 1996b):

(1) *Management und Weiterentwicklung der (allgemeinen) Wissensbasis:*
Sie fördern die Entwicklung der allgemeinen Wissensbasis in einem regionalen System. Basierend auf der Produktion von wissenschaftlichem und technischem Wissen beinhaltet diese Funktion die Wissensdiffusion durch Bildung, die Sammlung und Verteilung technologischer Information und die Sicherung des Zugangs

zur Wissensbasis durch Demonstrations- und Überprüfungsmöglichkeiten.

(2) *Ausweitung der (wissensbasierten) Interaktionen zwischen Unternehmen:*
Information und Wissen sind keine leicht vermarktbaren Güter. ITIs helfen die Hürden des Marktes zu überwinden, in dem sie versuchen, Wissensnachfrage und Wissensangebot zusammenzuführen. Dazu können sie entweder Markttransaktionen verbessern, beispielsweise durch die Nutzung ihres Wissens über die Akteure in einem regionalen System, oder Anreizstrukturen schaffen. Diese intermediäre Funktion beinhaltet die Organisation von Sitzungen, Messen und Ausstellungen und die Finanzierung von Interaktionskosten. Der Grad der Marktintervention kann je nach den Interaktionshemmnissen variieren.

(3) *Bereitstellung von Expertenwissen:*
Hierbei stehen ITI in Kontakt mit einem einzelnen Akteur und unterstützen ihn durch Training oder Beratung. Trainingsziele können sowohl die Stärkung vorhandener Fähigkeiten als auch die Entwicklung neuer Kompetenzen auf der individuellen Ebene sein. Unterstützung kann auch hinsichtlich der Beratung bei Patentfragen sowie durch finanzielle Zuschüsse gegeben werden.

Je reichhaltiger eine Region mit entsprechenden Institutionen ausgestattet ist und je stärker diese auf die Unterstützung regionaler Unternehmen ausgerichtet sind,[362] desto intensiver können sie zur Stärkung der regionalen Wissensbasis und zur Initiierung von Lernprozessen beitragen.

Im Gegensatz zum Konzept der "learning economy", das von einer nationalstaatlichen Intervention im Bereich Bildung und Forschung ausgeht, ist der Ansatz der lernenden Region ein bottom-up-Konzept, das auf der Hypothese der "sticky knowledge" basiert (vgl. von Hippel 1994) und die regionale Wissensbildung auf der Grundlage kollektiver Lernprozesse zum Inhalt hat. Damit greift es viele Aspekte auf, die auch schon in anderen Ansätzen, wie beispielsweise dem innovativen Milieu oder dem

---

[362] Zum Management und zur Messung der Interaktionen zwischen Universitäten und Unternehmen vgl. u.a. Hellström/Jacob (1999).

Konzept regionaler Innovationssysteme, thematisiert wurden.[363] Dazu gehört auch, dass Lernprozesse durch geeignete infrastrukturelle und institutionelle Rahmenbedingungen gefördert werden können. Somit ist in dem Ansatz, ebenso wie im RIS-Konzept, eine *Politikorientierung* enthalten. Diese betrifft zum einen die im Konzept definierten Anforderungen, denen sich regionale Produktionssysteme im globalen Wettbewerb stellen müssen und die ihre eigene Wettbewerbsfähigkeit sowie die ihrer Unternehmen bestimmen. Sie betrifft zum anderen die nahe liegende Schlussfolgerung, dass sich in noch nicht-lernenden Regionen Lernprozesse und Interaktionen einstellen können, wenn die entsprechenden Rahmenbedingungen geschaffen werden. Daraus ist wiederum ein Idealzustand abzuleiten, der die langfristige Wettbewerbsfähigkeit sichert und Leitbildcharakter in einer regionalen Entwicklungsstrategie besitzt (vgl. dazu Morgan 1997). Während sich die politische Umsetzbarkeit des RIS-Konzeptes auf Regionen, die das Potenzial für ein regionales Innovationssystem aufweisen, beschränkt, steht der Ansatz lernender Regionen daher zunächst allen Regionen als Handlungsoption offen. Allerdings ist zu beachten, dass durch die für kollektives Lernen erforderlichen institutionellen Rahmenbedingungen Anforderungen definiert werden, die nicht von allen Regionen und ihren Akteuren im gleichen Umfang zu erfüllen sind. Insofern stellt dieses Konzept eine Entwicklungsoption unter mehreren anderen dar, wobei kaum Zweifel bestehen, dass kontinuierliches und kollektives Lernen, sowohl auf individueller, als auch auf regionaler und nationaler Ebene, die entscheidende Grundlage für Existenzsicherung und Erhalt der Wettbewerbsfähigkeit darstellt.

5.3.2.4 Kritische Anmerkungen

Trotz seiner Aktualität bleibt der Ansatz nicht ohne Widerspruch (vgl. beispielsweise Hassink 1997a; van Gils/Oinas 1997). Kritik richtet sich gegen folgende Aspekte:

- Eine wesentliche Grundlage des Konzeptes ist die Hypothese des lokalisierten Lernens und Wissens. Je höher der Anteil des impliziten Wissens am Wissensbestand einer Region ist, desto stärker sind

---

[363] So ergeben sich beispielsweise auch Überschneidungen zum Konzept der "institutional thickness" von Amin/Thrift (1994), aber auch zum Ansatz der Industriedistrikte (vgl. Abschnitt 5.3.1.1; siehe auch Asheim 1996). Zu den unterschiedlichen Elementen lernbasierter Ansätze vgl. Oinas/Malecki (1999).

Lernprozesse nach dem Konzept räumlich gebunden. Diese räumliche Fokussierung kann aber auch nachteilige Wirkungen haben, in dem sich Routinen entwickeln, die die Aufnahme neuen, externen Wissens verhindern.[364] Zusätzlich ist zu beachten, dass für die Unternehmen einer Region das regional gebundene Wissen eine unterschiedliche Wertigkeit hat. Je nach Technologie- und Marktorientierung, Branche und Größe von Unternehmen können unterschiedliche Wissensquellen und -arten unterschiedlich relevant sein. Die Vorteile des räumlich nahen Zugangs zu implizitem Wissen stellen sich für stark wissensgebundene Industrien (z.B. Untenehmen mit biotechnologischer und pharmazeutischer Produktion) anders dar als für Unternehmen, die einen weltweiten Massenmarkt bedienen und stärker auf kodifiziertes Wissen aus global zugänglichen Quellen angewiesen sind. Damit sind wiederum unterschiedliche Lernprozesse verbunden, die nicht unbedingt den homogenen und kollektiven Charakter aufweisen müssen, der vom Konzept lernender Regionen propagiert wird. *Lernen ist kein homogener Prozess, sondern kann mit unterschiedlichen Zielsetzungen auf unterschiedlichen Wissens- und Qualifikationsebenen erfolgen.* Lernen im Produktionsbereich oder in der Buchhaltung erfordert andere Wissensinputs als beispielsweise Lernen in der Grundlagenforschung. Daher stellt der Begriff des "Lernens" eine grobe Vereinfachung dar, wenn nicht deutlich gemacht wird, welche Lernprozesse auf welcher Aggregationsebene gemeint sind. Das Konzept hat daher vor allem in den Regionen einen hohen Erklärungsgehalt, die sich durch große sektorale oder technologische Ähnlichkeiten ihrer Unternehmen auszeichnen (z.B. industrial districts, technologische Cluster). Aber auch unter dieser Voraussetzung werden jeweils unterschiedliche Wissensquellen und -arten in Anspruch genommen und Lernprozesse entstehen, die teilweise auf die Region bezogen sind, teilweise in der Zusammenarbeit mit Akteuren aus anderen Regionen realisiert werden. Daher ist nicht davon auszugehen, dass für lernende Unternehmen ihre Region die einzige Lernplattform darstellt, sondern die marktwirtschaftlichen Anforderungen an den Grad der Mischung aus implizitem und kodifiziertem Wissen definie-

---

364 "...regional clusters that rely mainly on tacit knowledge will experience difficulties in particular on periods of instability, when a rapid response to the need of (more radical) innovation may be required" (Asheim/Isaksen 1999: 10). Auch die neue Außenhandelstheorie (vgl. Abschnitt 3.3) sieht die Möglichkeit der Pfadabhängigkeit durch den kumulativen Charakter von Wissensgenese und Lernprozessen.

ren jeweils, inwieweit die eigene Region in den unterschiedlichen Lernprozessen eine Rolle spielt. *Somit kann nicht von der lernenden Region gesprochen werden, sondern höchstens von Lernprozessen, die sich durch eine hohe regionale Bindung auszeichnen.*

- In diesem Zusammenhang ist auch zu fragen, bis zu welcher distanziellen Entfernung lokalisierte Lernprozesse möglich sind. Damit stellt sich die *Frage nach der Größe einer lernenden Region.* Unter der Prämisse, dass jeweils unterschiedliche Wissensarten im Zeitverlauf für Unternehmen relevant sind und sich daraus differenzierte Lernprozess entwickeln, dürften für die einzelnen Akteure in Abhängigkeit von der Attraktivität und des Wertes des Wissens sowie der antizipierten Lerneffekte jeweils unterschiedliche räumliche Distanzen akzeptabel sein, in einen Wissensaustausch mit anderen Akteuren einzutreten. Die lernende Region lässt sich daher nicht wie eine ökonomische oder administrative Region konkret räumlich abgrenzen, sondern ist nur über die *lernbezogenen Interaktionsreichweiten der ökonomischen Elemente einer vorab definierten Region im Sinne eines dynamischen Kontinuums* erfassbar. Da anzunehmen ist, dass die Reichweiten nicht kongruent sind, unterscheidet sich die räumliche Ausprägung der lernenden Region von der ihr zu Grunde liegenden ökonomischen oder administrativen Region. Bislang entzieht sie sich damit einer empirischen Erfassung, da selbst Wissen und Lernprozesse noch nicht empirisch messbar sind.[365]

- Ein weiterer Aspekt, der ebenfalls im Zusammenhang zur räumlichen Ausprägung von Lernprozessen steht, betrifft die im Konzept vollzogene *Gleichsetzung von lernenden Unternehmen mit lernenden Regionen.* Nicht alle Unternehmen einer lernenden Region müssen zu regionalen Lernprozessen beitragen und nicht nur die in gegenseitige Lernprozesse eingebundenen Unternehmen profitieren von den Lernerfolgen und der Erhöhung des Wissensstandes. 'Collective Learning' lässt sich auch als Externalität auffassen, durch die Unternehmen an Lernprozessen partizipieren (z.B. über den Arbeitsmarkt), aber nicht in der vom Modell prognostizierten Form zum kollektiven

---

[365] Auf die Schwierigkeiten der empirischen Erfassung von Wissensströmen hat bereits Krugman (1991a: 53) mit seiner Anmerkung, dass "Knowledge flows...are invisible; they leave no paper trail by which they may be measured and tracked.." hingewiesen. Vgl. auch Carter (1996: 62), zitiert in Fußnote 289.

Lernen beitragen.366 Damit fehlt der Argumentation ein wesentliches Element zur Erklärung der Kontinuität und Kumulativität von regional basierten Lernprozessen, da der Anreiz zum kollektiven Wissenstransfer verloren geht, wenn immer weniger Akteure sich direkt in diesen Austauschprozess einbringen.

- Ein bislang noch kaum vorgebrachtes Argument betrifft die Frage nach der *unternehmerischen Organisationsform in lernenden Regionen*. Wenn die Vorteile von kollektivem Lernen so groß sind wie im Konzept angenommen und Wissen ein Kollektivgut darstellt, dann ließen sich möglicherweise noch größere Lernerfolge erzielen und Transaktionskosten senken, wenn sich alle Unternehmen zu einem einzigen kollektiv lernenden Unternehmen zusammenschließen.367 Nur in diesem Fall wäre der Schritt vom lernenden Unternehmen zur lernenden Region vollzogen. Solange dies in der Realität nicht zu beobachten ist, bleiben die kritischen Anmerkungen an dem Konzept berechtigt.

In jüngster Zeit wurden eine Reihe von *empirischen Studien* vorgelegt, die sich mit kollektiven Lernprozessen und der Wissensentwicklung in einzelnen Regionen beschäftigten (vgl. das entsprechende Themenheft von Regional Studies mit Beiträgen aus dem TSER-Netzwerk über "Networks, Collective Learning and Research and Technology Development in Regionally Clustered High Technology Small and Medium Sized Enterprises" von Keeble/Wilkinson 1999; Lawson/Lorenz 1999; Keeble *et al.* 1999; Longhi 1999; De Bernardy 1999; Capello 1999; Sternberg/Tamásy 1999; Lindholm Dahlstrand 1999; Wever/Stam 1999). Die einzelnen Beiträge machen gleichsam deutlich, wie weit die theoretische Reflexion des Themas vorangeschritten ist und welcher Forschungsbedarf noch hinsichtlich der Messung und empirischen Analyse von implizitem und kodifiziertem Wissen und von Lernprozessen besteht. Die möglichen Schwierigkeiten, Lernprozesse und die ihnen zu

---

366 "...its interpretation is that of an externality, rather than that of a co-operative mechanism. The transfer of creative and cumulative knowledge takes place independently of (and perhaps even against) the will of the first inventor, and the use made of collective learning by local agents depends on their private interests and their structural features" (Capello 1999: 364).

367 Hiermit ist die Argumentation von Coase (1937) angesprochen, nach der Transaktionen dann über den Markt koordiniert werden, wenn deren Kosten niedriger sind als bei ihrer Koordinierung innerhalb von Unternehmen.

Grunde liegenden Wissensinputs über ganze Regionen erfassen zu wollen, werden anhand von Fallstudien deutlich, die schon auf Unternehmensebene komplexe Zusammenhänge erkennen lassen (Steiner/Hartmann 1998; Steiner/Hartmann 1999). Diese Zusammenhänge auf regionaler Ebene zu analysieren ist eine Aufgabe, die es noch zu lösen gilt.

5.4 Innovationsdeterminanten und raumdifferenzierende Faktoren regionaler Innovationsmodelle

Die beschriebenen regionalen und nationalen Innovationsmodelle und -konzepte thematisieren "Region" und erklären regionale Innovationsprozesse auf unterschiedlichen räumlichen Aggregationsniveaus:

- Eindeutig der **Makroebene** zuzuordnen sind die Konzepte der *nationalen Innovationssysteme* und der *"learning economy"*. Hier werden Aussagen zu den national beeinflussenden und beeinflussbaren institutionellen Rahmenbedingungen für Innovationsprozesse und unternehmerischer Wettbewerbsfähigkeit gemacht.

- Auf der **Mikroebene** bewegen sich die verschiedenen netzwerk- und milieuorientierten Ansätze. *Cluster*, *Milieus* und *industrielle Distrikte* sind in der Regel kleine räumliche Einheiten, in denen die räumliche Nähe zur Organisation von Produktions- und Innovationsprozessen eine große Rolle spielt.

- Die regional, d.h. in diesem Fall subnational argumentierenden Konzepte über *regionale Innovationssysteme* und *lernende Regionen* sind schließlich der räumlichen **Mesoebene** zuzuordnen, da sie institutionelle Rahmenbedingungen, Regulationsstrukturen und eine Vielfalt in der Innovationsinfrastruktur zu Grunde legen, die in der Regel auf der Mikroebene nicht vorhanden sind.

Diese Zuordnung soll verdeutlichen, dass die einzelnen Ansätze, trotz ihrer z.T. erheblichen argumentativen Überschneidungen, *das räumliche Umfeld unterschiedlich definieren und Region als jeweils verschieden große räumliche Einheiten verstehen*. Proximität hat im Konzept industrieller Distrikte eine andere Dimension als im Ansatz regionaler Innovationssysteme. Maßnahmen zur Innovationsförderung sind in einem

Industriedistrikt anders zu organisieren als in einem regionalen Innovationssystem mit Finanz- und Politikautonomie.

Trotz dieser Unterschiede lassen sich hinsichtlich der genannten Determinanten regionaler Innovationsprozesse und der raumdifferenzierenden Faktoren **Gemeinsamkeiten** zwischen den einzelnen Konzepten feststellen:

➤ Alle Ansätze der Mikro- und Mesoebene heben die *Bedeutung der räumlichen und kulturellen Nähe* zwischen den Akteuren einer Produktions- bzw. Wertschöpfungskette sowie für Innovationen hervor. Proximitätsvorteile werden einmal über positive externe Effekte und damit Produktivitäts- und Kostenvorteile erklärt, die sich durch arbeitsteilig organisierte Produktion zwischen kleinen, in räumlicher Nähe zueinander lokalisierten Betrieben realisieren lassen. Nach dem Konzept industrieller Distrikte entstehen externe Effekte vorwiegend aus Lokalisationsvorteilen, d.h. aus regionaler Spezialisierung. Demgegenüber geht der Milieu-Ansatz von diversifizierten Wirtschaftsstrukturen in einer Region aus. Kooperations- und innovationsförderndes Element ist die die Existenz einer regionalen Kultur und Identität, die die Grundlage für vertrauensvolle Zusammenarbeit schafft, aus der sich informelle, hierarchiearme und horizontale Netzwerke zwischen den regionalen Akteuren entwickeln. Andererseits wirkt sich, so das Konzept lernender Regionen und auch in Teilen der RIS-Ansatz, räumliche Nähe förderlich auf soziale Interaktionen, die mit ihnen verbundene Generierung von Lernprozessen und den Austausch von Information und Wissen aus, insbesondere dann, wenn das Wissen räumlich immobil ist.

➤ Während sich aus den wachstumstheoretischen Konzepten sowie aus standorttheoretischen und Spillover-Ansätzen die Notwendigkeit für eine *räumliche Konzentration* von Wissensgebern, Forschungseinrichtungen, Unternehmen und physischer Infrastruktur zur Realisierung von Wissensexternalitäten sowie Agglomerationsvorteilen (-nachteilen) ableitet,[368] räumen vor allem die netzwerk- und milieubasierten Ansätze auch die Möglichkeit der *Entwicklung dezentraler Produktions- und Innovationscluster* ein. Die Entstehung von

---

[368] Dies trifft bedingt auch auf das Konzept lernender Regionen zu, das eine regionale Lerninfrastruktur voraussetzt, deren Elemente charakteristische Merkmale von Agglomerationsräumen aufweist.

Clustern, industriellen Distrikten und Milieus ist nicht notwendigerweise an städtische Agglomerationen geknüpft, sondern kann auch unabhängig von diesen erfolgen.

> Regionale Innovationsunterschiede erklären sich damit nicht mehr nur durch Lageparameter, sondern durch die Fähigkeit von Wirtschaftssubjekten in einem räumlichen sozio-kulturellen Kontext, intra- und interregionale Informations-, Wissens- und Produktionsnetzwerke aufzubauen, an diesen zu partizipieren und von diesen durch kollektive Lernprozesse zu profitieren.

➢ Neben Institutionen der technologischen Infrastruktur wie Forschungs- und Bildungseinrichtungen sind nach dem industrial district Ansatz und dem Konzept innovativer Milieus vorwiegend kleine, nach post-fordistischen Produktionskonzepten flexibel organisierte Betriebe und Unternehmenseinheiten beteiligt, während sich Cluster auch um größere Betriebe entwickeln können. Entscheidend für den Bestand dieser Regionen sind *permanente Lernprozesse, kooperatives nicht-opportunistisches Verhalten* sowie das Erkennen und die flexible Anpassung an sich verändernde Wettbewerbssituationen.

Ein Defizit dieser Ansätze aus innovationspolitischer Sicht ist ihre Diffusität hinsichtlich der Entstehungsursachen spezialisierter Regionen. Der "historische Zufall", erfolgreich bewältigte Strukturkrisen oder das Entstehen kollektiver Lernprozesse bieten allerdings nur wenig Ansatzpunkte für die Initiierung von Entwicklungsprozessen in Problemregionen.

Eine etwas andere Sichtweise ergibt sich aber, wenn die einzelnen Konzepte nicht isoliert innerhalb ihrer eigenen Dynamik, sondern im Sinne eines *systemaren Entwicklungspfades* gesamthaft betrachtet werden und regionale Innovationspolitik nicht mit dem Anspruch definiert wird, regionale Entwicklungsprozesse von Beginn an steuern zu wollen.[369] Wie die Beispiele vieler Regionen deutlich machen, ist der historische Zufall meist ein nachhaltigerer Initialzünder als staatliche Planung. Besonders deutlich wird dies bei der Gegenüberstellung der Erfolgsgeschichte des Silicon Valley mit dem Entwicklungsverlauf des japanischen Technopo-

---

[369] Vgl. dazu auch die Regionstypisierung von Steiner/Belschan (1991).

lis-Konzeptes (vgl. Sternberg 1994; Sternberg 1995b).[370] So kann für viele Regionen der Zufall einer Standortentscheidung, beispielsweise wie von der Theorie der geographischen Industrialisierung angenommen (Storper/Walker 1989), der Ausgangspunkt ihrer künftigen Entwicklung sein. Je nach Standortvoraussetzungen, natürlichen Ressourcen und Infrastrukturausstattung, die sich im Zeitablauf in ihrer Wertigkeit und Qualität verändern, sowie nach akkumuliertem Wissen, Interaktionsfähigkeit und Wirkungen von Lernprozessen sind *unterschiedliche Zukünfte für die einzelnen Regionen* denkbar. Werden im Sinne einer regionalen Prognostik mögliche Entwicklungsverläufe auf die in diesem Abschnitt diskutieren Konzepte bezogen, wobei dieser Bezug nur synoptisch erfolgen kann, dann werden Wege vorgezeichnet, die nicht von jeder Region mit Erfolg beschreitbar sind, aber Möglichkeiten und theoriebasierte Handlungsoptionen aufzeigen, zur Stimulierung des regionalen Innovationsgeschehens und damit zur Einkommens- und Beschäftigungssicherung beizutragen.

Die Schaffung von **innovationsorientierten Entwicklungsgrundlagen** wird durch den **Industriedistrikteansatz** und das **Clusterkonzept** skizziert. In beiden Ansätzen stehen räumlich vernetzte und spezialisierte Betriebe im Mittelpunkt, die in enger Abhängigkeit zu anderen Betrieben produzieren und Transaktionskosten durch räumlich nahe Zuliefer- und Absatzbeziehungen senken. Über den regionalen Arbeitsmarkt werden Wissen und Erfahrungen ausgetauscht, wobei das innovative Potenzial von industriellen Distrikten vorwiegend im Bereich produktionsorientierten Lernens und damit bei Inkrementalinnovationen liegt. **Traditionelle Cluster** besitzen eine vergleichbare Innovationsorientierung, während **innovative Cluster** auf einem anderen Entwicklungsniveau starten. Hier finden junge Industrien zusammen, die in Technologien engagiert sind, die am Beginn ihres Lebenszyklus stehen. Produktion erfolgt wissensbasiert und Innovationen sind schwerpunktmäßig radikaler Natur. Im Zeitverlauf können sich aus innovativen Clustern aber auch traditionelle Cluster entwickeln, insbesondere dann, wenn Routinen und Pfadabhängigkeit die ständige Erneuerung unterbinden. Andererseits können sich aus industriellen Distrikten **innovative Milieus** entwickeln

---

370 So stellte Sternberg (1995b: 182) nur für eine der sechs auf der Insel Kyushu aufgebauten Technopolis-Zonen eine Übererfüllung der Zielvorgaben hinsichtlich Beschäftigten-, Einwohner-, Umsatz- und Produktivitätsentwicklung fest (Kumamoto). Dagegen erreichten drei Zonen die gesetzten Zielvorgaben nicht.

bzw. ein Teil eines Industriedistriktes kann zu einem Teil eines Milieus werden.

Sind einmal die **Grundlagen für kollektive Lernprozesse** durch die Herausbildung eines innovativen Milieus **gelegt**, wozu branchen- und auch regionsüberschreitende Netzwerke erforderlich sind (und ist damit die enge Spezialisierung eines Industriedistriktes überwunden), dann beschreiben die **Konzepte des technologischen Distrikts** bzw. des **Industriedistrikts als lernende Region** weitere Entwicklungsoptionen. Da alle diese Ansätze Prozesse auf der Mikroebene erfassen, sind sie weitgehend universal anwendbar, da sich auch in größeren Regionen Teilräume mit entsprechenden Merkmalen (z.B. Cluster) herausbilden können.

Andererseits stellen **regionale Innovationssysteme** und **lernende Regionen** wegen ihrer Anforderungen an institutionelle Strukturen und 'governance'-Merkmale nur bedingt Entwicklungsperspektiven für alle Arten von Regionen dar. Allerdings sind auch hier räumliche Differenzierungen möglich, da nicht alle Regionen mit entsprechenden institutionellen Voraussetzungen auch regionale Innovationssysteme oder lernende Regionen sein müssen. Es wurde bereits darauf hingewiesen, dass das Konzept regionaler Innovationssysteme als Hypothese zu verstehen ist, das sich dem jeweiligen Einzelfall einer empirischen Überprüfung stellen muss.

Trotz der jeweils zu berücksichtigenden unterschiedlichen regionalen und sektoralen Spezifität lassen sich aus den diskutierten Konzepten allgemein gültige Erfolgsfaktoren regionaler Innovationsstrategien ableiten. Dazu gehören:
- eine innovationsorientiertes lokales bzw. regionales politisches Steuerungssystem mit entsprechender Finanzmittelkompetenz;
- eine reichhaltige, auf Lernen, Wissensvermittlung und Qualifizierung ausgerichtete institutionelle Struktur;
- intensive lokale und regionale, erweitert um nationale und internationale Kooperationsbeziehungen zwischen den regionalen Akteuren, die den gegenseitigen Wissensaustausch erleichtern und kollektive Lernprozesse ermöglichen, sowie
- ein kreatives und gründungsorientiertes Humankapital, das zu einer kontinuierlichen Erneuerung des regionalen Unternehmensbestandes beiträgt.

Aus wirtschaftsgeographischer Sicht bilden die vorgestellten Konzepte und Ansätze eine der wichtigsten theoretischen Grundlagen einer "neuen Wirtschaftsgeographie". Vor allem das Konzept regionaler Innovationssysteme, aber auch die Ansätze technologischer Distrikte und Cluster, innovativer Milieus und lernender Regionen greifen wachstums-, innovations- und netzwerkökonomische Argumentationen auf und thematisieren die räumlichen Implikationen des technischen Wandels weitaus expliziter als die neue Wachstums- und Außenhandelstheorie. Sie gehen damit allerdings per se von einer räumlichen Dimension dieses Entwicklungsphänomens aus, während in wachstums- und außenhandelstheoretischen Argumentationen die räumliche Komponente eine von mehreren Erkenntniszielsetzungen ist. Im Gegensatz zu deren formalisierbaren Modellen argumentieren die hier vorgestellten Konzepte qualitativ, ohne allerdings dadurch an Überzeugungskraft zu verlieren. Wie die Fortschritte in der Theoriediskussion aus den vergangenen Jahren zeigen, werden zunehmend komplexere Fragestellungen hinsichtlich der lokalen Bindung neuen Wissens sowie dessen Diffusion und Nutzung im Raum aufgegriffen, die die regionalen Kontextspezifika aus einem neuen evolutionären theoretischen Blickwinkel heraus erklären. Es sind gerade diese neuen Erkenntnisse über die Raumbindung und räumliche Mobilität unterschiedlicher Wissensformen, die aus derzeitiger Sicht ein charakteristisches Merkmal einer "neuen Wirtschaftsgeographie" sind. In diesem Themenfeld besteht noch ausreichend Gelegenheit für deutschsprachige Wirtschaftsgeographen, die theoretische Diskussion durch eigene Beiträge zu bereichern.

6 Unternehmen und regionale Vernetzung

6.1 Betriebsstrukturelle Einflussfaktoren auf Innovation und regionale Vernetzung

Innovationen, d.h. die Entwicklung einer ersten Idee bis hin zur Markteinführung, werden in Unternehmen aus dem Produktions- und Dienstleistungssektor realisiert. Unternehmen stellen daher den wichtigsten Innovationsakteur dar. Trotz dieser speziellen Organisationsform wirtschaftlichen Handelns, die zunächst auf Individualität und Selbstbestimmung ausgerichtet ist, sind Unternehmen keine isolierten Einheiten, sondern intensiv mit anderen Wirtschaftssubjekten verflochten. Obwohl bislang der Blick auf die räumliche Betrachtungsebene fokussiert wurde, ist bei der Diskussion der einzelnen theoretischen Ansätze immer wieder deutlich geworden, dass *Unternehmensmerkmale* und die *Betriebsstruktur einer Region* (und damit auch ihre Sektoralstruktur) wichtige innovationsbestimmende Determinanten sind.[371] Wird die regionale Betrachtungsweise dieser Arbeit beibehalten, so kann sie nicht alle Unternehmensmerkmale thematisieren, die mögliche Einflüsse auf das Innovationsverhalten (z.B. Unternehmensführung und -organisation, Produktion und Absatz, Investition und Finanzierung, betriebliches Humankapital) und betriebliche Entscheidungen hinsichtlich der Aufnahme oder des Abbrechens von Geschäfts- und Kooperationsbeziehungen mit anderen Unternehmen und sonstigen Partnern haben.[372]

In den diskutierten regionalen Innovationsmodellen, aber auch in der neuen Wachstumstheorie, werden immer wieder zwei Merkmale genannt, die in besonderem Maße auf das unternehmerische Innovations-

---

[371] Aus stilistischen Gründen werden nachfolgend die Begriffe "Unternehmen" und "Betrieb" synonym verwendet, obwohl "Unternehmen" (bzw. Unternehmung) die übergeordnete Entscheidungs- und Organisationseinheit darstellt.

[372] An dieser Stelle sei auf die vielfältige betriebswirtschaftliche Literatur, auf Analysen zu Innovationsprozessen in kleinen und großen Unternehmen, in multinationalen Unternehmen, sowie die Literatur zum Innovationsmanagement hingewiesen; vgl. stellvertretend Wöhe (1993); Acs/Audretsch (1990); Conti *et al.* (1995); Frisch (1993); Pfirrmann (1991); Tödtling (1990); Gerybadze *et al.* (1997); Reger (1997); Reger *et al.* (1999); Pleschak/Sabisch (1996).

und Kooperationsverhalten einwirken: die *Branchen- bzw. Sektoralstruktur* und die *Betriebsgrößenstruktur* einer Region.

6.1.1 Regionale Branchen- und Sektoralstruktur

Die Branchen- und Sektoralstruktur einer Region wird von mehreren Faktoren beeinflusst:

- der regionalen Mischung aus Produktions- und Dienstleistungsunternehmen;
- der Wissens- und Technologieorientierung der Unternehmen;
- der sektoralen Spezialisierung und
- der industriellen Branchenstruktur.

In den vergangenen Jahren hat durch die zunehmende Diffusion flexibler Fertigungskonzepte, die Reduzierung der Fertigungstiefe und die Externalisierung von bislang innerhalb von Unternehmen erbrachten Produktionsschritten und Dienstleistungen die Bedeutung der Dienstleistungserbringung im industriellen Umfeld deutlich zugenommen. Diese Prozesse verstärken die Verschiebung von Wertschöpfung und Beschäftigung zu Gunsten des tertiären Sektors und damit den *Trend zur "Tertiärisierung"* bzw. zur Dienstleistungsgesellschaft. Während im deutschen Durchschnitt etwa 67 % der Bruttowertschöpfung durch Dienstleistungsunternehmen erwirtschaftet werden, sind es in einzelnen Standorten deutlich über 80 %.[373] Dienstleistungen werden sowohl innerhalb des industriellen Sektors, als auch durch externe Anbieter erbracht. Etwa 40 % der Beschäftigten in der sachgüterproduzierenden Industrie in Deutschland sind mit Dienstleistungsaufgaben wie Wartung, Engineering und Schulung betraut (Reichwald/Möslein 1995). Nach der Interaktionsthese können sich Industrie- sowie Dienstleistungsunternehmen gegenseitig durch Spillover- und positive Rückkopplungseffekte beeinflussen. Beispielhaft zu nennen ist die Nachfrage eines Industrieunternehmens nach einer Beratungs- oder EDV-Leistung, die an ein externes Dienstleistungsunternehmen herangetragen wird, weitere Nachfrage

---

[373] So beispielsweise in der Stadt Frankfurt, die einen entsprechenden Dienstleistungsanteil von 83 % aufweist (vgl. Umlandverband Frankfurt Region RheinMain 1998; Koschatzky 2000a).

nach sich zieht und im Industrieunternehmen wiederum positive Effekte mit sich bringt. Denkbar ist ferner die Ausweitung der ursprünglichen Nachfrage nach einer bestimmten Leistung auf andere Unternehmen des Dienstleistungssektors (vgl. Bogai 1996: 237/238; Reissert *et al.* 1989: 79-81; Strambach 1995: 40-43). Nach dieser These spielt auf Grund der engen Verflechtungen zwischen Produktions- und Dienstleistungsunternehmen ein *innovationsunterstützendes Dienstleistungsangebot* eine wichtige Rolle in der Stimulierung regionaler Innovationstätigkeit (Cappellin/Nijkamp 1990; Coffey/Polèse 1987; Illeris/Philippe 1993; Illeris 1996; Marshall/Wood 1995; Wood 1995). Dienstleister sind sowohl für andere Dienstleister, als auch für Industrieunternehmen wichtige Kooperationspartner im Innovationsprozess. Regionen mit einem breit gefächerten Bestand an Produktions- und Dienstleistungsunternehmen besitzen daher Entwicklungsvorteile gegenüber Regionen, in denen entsprechende Angebots- oder Nachfragedefizite herrschen, da Unternehmen im ersten Fall externe Effekte realisieren können, die in den anderen Regionen in diesem Umfang nicht auftreten.

Sowohl innerhalb des Verarbeitenden Gewerbes als auch innerhalb des tertiären Sektors lässt sich nach der Wissens- und Technologieintensität der Unternehmen unterscheiden. Für produzierende Betriebe hat sich der Begriff des *Hightech-Unternehmens* durchgesetzt. Dies sind Betriebe, die mit einem überdurchschnittlichen Input bezüglich von in Forschung und Entwicklung beschäftigten Arbeitskräften oder mit einem überdurchschnittlichen FuE-Aufwand (bezogen auf den Umsatz) produzieren. Oftmals werden Branchen- oder Technologielisten verwendet, um Hightech-Betriebe anhand einer Branchenzuordnung bzw. einer Zuordnung zu technologieintensiven Produktgruppen zu identifizieren (vgl. Lessat *et al.* 1999; Koschatzky 1997b). Für Deutschland hat sich der Schwellenwert von einer FuE-Intensität $\geq 8{,}5\,\%$ als Hightech-Kriterium etabliert (vgl. Gehrke/Grupp 1994). Hightech-Unternehmen zeichnen sich durch die Akkumulation, Anwendung und ständige Erneuerung organisatorischen Wissens (Spender 1996) und eine hohe Innovationsorientierung aus (Oakey/Cooper 1991) und sind damit stärker in Innovationsnetzwerke eingebunden als nicht-innovierende Betriebe. Ihre Arbeitskräfte sind in der Regel überdurchschnittlich qualifiziert und erzielen auch überdurchschnittliche Einkommen und durch ihre Wachstumsintensität tragen die Unternehmen überdurchschnittlich zur Beschäftigungsentwicklung bei. Daher sind *Regionen mit einem hohen Bestand an*

Hightech-Unternehmen wachstumsintensiver als Regionen mit einer weniger innovativen Industriestruktur.

Im Dienstleistungssektor ist zunächst zwischen haushaltsbezogenen und unternehmensbezogenen Dienstleistungen zu unterscheiden. Unternehmensorientierte Dienstleistungen[374] weisen eine höhere Entwicklungsdynamik auf als haushaltsbezogene Dienstleistungen. Innerhalb der unternehmensbezogenen Dienstleistungen sind es wiederum die *wissensintensiven Dienstleistungen*, die die höchsten Wachstumsraten zu verzeichnen haben (Gries 1995: 6; Deutsches Institut für Urbanistik 1996: 4). Wissensintensive Dienstleistungen zeichnen sich durch

- humankapitalintensive bzw. know-how-intensive Leistungen,
- einen hohen Grad an Immaterialität der Leistung,
- eine erschwerte Standardisierung der Leistung und durch
- einen intensiven Interaktionsprozess zwischen Anbieter und Nachfrager[375]

aus (Strambach/Di'Iorio 1999: 8).[376] Wissensintensive unternehmensorientierte Dienstleistungen[377] sind die Datenverarbeitung, Software-Entwicklung und Hardware-Beratung; Werbung, Marketing und Kommunikationsdienste; Wirtschaftsdienste, Steuer- und Unternehmensbe-

---

[374] Zu den unternehmensorientierten Dienstleistungen zählen u.a. (Statistisches Bundesamt 1994): Hardwareberatung, Softwareberatung und -entwicklung, Datenverarbeitung; Rechtsberatung; Wirtschaftsprüfung und Steuerberatung; Markt- und Meinungsforschung; Unternehmens- und Public-Relations-Beratung; Architektur- und Ingenieurbüros; Technische, physikalische und chemische Untersuchung; Werbung; Gewerbsmäßige Vermittlung und Überlassung von Arbeitskräften; Detekteien und Schutzdienste; Reinigung von Gebäuden, Inventar und Verkehrsmitteln; Sonstige Dienstleistungen wie z.B. Abfüll- und Verpackungsgewerbe, Schreib- und Übersetzungsbüros, Ausstellungs-, Messe- und Warenmarkteinrichtungen, Auskunfteien. Daneben können auch Bereiche aus der Handelsvermittlung und dem Großhandel, dem Verkehr und der Nachrichtenübermittlung und dem Kredit- und Versicherungsgewerbe den unternehmensorientierten Dienstleistungen zugerechnet werden.

[375] Vgl. Muller (2001) zu den Wirkungen der Interaktionen zwischen wissensintensiven unternehmensnahen Dienstleistern und industriellen KMU.

[376] Zur Typologie innovationsorientierter Dienstleister vgl. auch Hipp (2000: 225).

[377] Mittlerweile hat sich für diese Dienstleistungen die Bezeichnung KIBS (Knowledge Intensive Business Services) etabliert.

ratung; technische Dienste, technische Beratung und Ingenieurdienste. Ihr besonderer Beitrag liegt im Angebot hoch spezialisierter Dienste, die zumeist aus speziellem Wissen und kundenspezifischen Lösungsmodulen bestehen. Ihre besondere Leistung liegt in der Kenntnis, der Kombination und Anpassung der allgemein verfügbaren Wissensbasis an die speziellen Kundenbedürfnisse,[378] wozu Lernprozesse im Dienstleistungsunternehmen aber auch beim Kunden notwendig sind (Coffey/Balley 1992; de Bandt/Gadrey 1994). KIBS können sowohl direkt durch eigene Innovationsaktivitäten zur Steigerung der regionalen und nationalen Wettbewerbsfähigkeit beitragen als auch indirekt durch die Nutzung der von ihnen angebotenen Dienste (Strambach 2001: 60; vgl. auch Muller 2001). Innovationsaktivitäten sind daher nicht nur auf Industrieunternehmen beschränkt, sondern ebenfalls ein Merkmal eines sich wandelnden Dienstleistungssektors.

Bei der Diskussion der Wirkungen von Spillovereffekten in Abschnitt 4.1.4 wurde bereits auf die unterschiedliche Interpretation einer regionalen *sektoralen Spezialisierung* hingewiesen. Während Glaeser *et al.* (1992) zunächst anhand der theoretischen Literatur vermuten, dass die Konzentration eines Wirtschaftszweiges in einer Region auf Grund der Internalisierung intraindustrieller Spillovereffekte wachstumsfördernder ist als sektorale Differenzierung, gelangen sie anhand von empirischen Untersuchungen aus den USA zu dem gleichen Ergebnis wie Jacobs (1969), die vermutete, dass Branchen in Regionen (Städten) umso schneller wachsen, je weniger die Regionen (Städte) spezialisiert sind. Dieses Ergebnis steht im Widerspruch zu den Annahmen des Clusterkonzeptes, das gerade in einer sektoralen Spezialisierung und der engen Verflechtung von Betrieben des Sektors wachstumsfördernde Bedingungen sieht (z.B. Porter 1990). Inwieweit die eine oder die andere Position zutreffender ist, lässt sich auf dieser pauschalen Grundlage nicht ohne weiteres beantworten. Anzunehmen ist, dass neben der Sektoralstruktur noch weitere Faktoren eine Rolle spielen. So ist beispielsweise das Alter der Industrien zu berücksichtigen. Da es sowohl traditionelle, stagnierende Cluster (z.B. Stahlindustrie) als auch junge, dynamische Cluster (z.B. Biotechnologie) gibt, kann vermutet werden, dass auch das Alter

---

[378] Strambach (1998: 4) unterstreicht: "The purchase of knowledge intensive services is not the same as the purchase of a standardized product or service. The exchange of knowledge products is associated with uncertainties and information asymmetries stemming from the special features of knowledge."

einer Branche und die Stellung ihrer Produkte im Lebenszyklus[379] das Ausmaß der Innovationstätigkeit und damit der regionalen Wachstumsbedingungen beeinflusst.

Mit Blick auf die Erfassung der innovativen Potenziale von Regionen ist nicht nur der regionale Spezialisierungsgrad von Bedeutung, sondern auch, um welche *Branchen* es sich dabei handelt. Zwischen einzelnen Wirtschaftszweigen des Verarbeitenden Gewerbes sind nicht nur Unterschiede in der FuE-Intensität (z.B. Anteil der in Forschung und Entwicklung beschäftigten Mitarbeiter an allen Arbeitskräften, Aufwendungen für FuE bezogen auf den Umsatz) zu beobachten, sondern auch in der Patentierneigung. *FuE-intensive Branchen* sind in Deutschland der Luftfahrzeugbau mit einem Anteil der FuE-Aufwendungen am Umsatz von 31,2 % (1995), der Bereich Büromaschinen, EDV (12,8 %), der Schienenfahrzeugbau (11,1 %), die Elektrotechnik (6,3 %), die chemische Industrie sowie der Straßenfahrzeugbau (jeweils 5,7 %) und die Feinmechanik, Optik (5,2 %; bei einem bundesdeutschen Durchschnittswert für das Verarbeitende Gewerbe von 3,2 %; vgl. NIW 1997). Ebenso zeichnen sich die Elektrotechnik, der Luft- und Raumfahrtbau, die Feinmechanik und Optik, der Maschinenbau und die chemische und pharmazeutische Industrie durch überdurchschnittliche *Patentanmeldequoten* aus, während beispielsweise von dem Straßenfahrzeugbau deutlich weniger Patente (in Relation zum Umsatz) angemeldet werden als im Durchschnitt des Verarbeitenden Gewerbes (Schwitalla 1993: 155). Da nun, wie das Beispiel der Automobilindustrie zeigt, weniger patentintensive Branchen nicht unbedingt weniger innovativ sein müssen, ist die Kenntnis der regionalen Branchenstruktur eine entscheidende Voraussetzung bei der Interpretation entsprechender Kennzahlen (vgl. Koschatzky 1997c).

Ein weiteres branchen- bzw. technologiespezifisches Unterscheidungsmerkmal für die Analyse der Kooperationsbeziehungen von Unternehmen betrifft das Ausmaß der *Wissenschaftsbindung* einer Branche bzw. Technik.[380] Unter Wissenschaftsbindung wird die Basierung technischer Entwicklungen auf Erkenntnisse der wissenschaftlichen Grundlagenfor-

---

379 Vgl. dazu die Argumentation zur Produktzyklushypothese in Abschnitt 4.2.

380 Vgl. auch Abschnitt 2.2.2, in dem die Wissenschaftsbindung als eines von fünf charakteristischen Merkmalen des Innovationsprozesses erörtert wird.

schung verstanden (vgl. Grupp/Schmoch 1992). Je stärker eine Technik und die sie anwendenden Unternehmen auf eine enge Vernetzung zur Grundlagenforschung angewiesen sind, desto wissenschaftsabhängiger (oder wissenschaftsbasierter) ist sie. Überdurchschnittlich wissenschaftsbasiert sind beispielsweise die Gentechnik, die Lasertechnik, die organische Chemie und die Messtechnik (vgl. Koschatzky/Maßfeller 1994: 243). Während in wissenschaftsunabhängigen Technikbereichen wie beispielsweise dem Maschinenbau und der Textiltechnik Unternehmen vorwiegend in Zulieferer-Abnehmer-Netzwerken kooperieren und Innovationsprojekte realisieren, sind Betriebe in wissenschaftsbasierten Techniken (z.B. der Biotechnologie) auf enge Netzwerkkontakte zur universitären und außeruniversitären Forschung angewiesen. Damit sind wiederum spezifische Standortanforderungen verbunden (z.B. Nähe zu entsprechenden Forschungseinrichtungen bzw. zu entsprechenden Unternehmen), die auf Grund von Lokalisationsvorteilen zu einer räumlichen Konzentration technik- und branchenbezogener Unternehmen, Forschungseinrichtungen und Netzwerke führen (Cluster). Da sich das Ausmaß der Wissenschaftsbindung mit dem Reifegrad einer Technik ändert, verändert sich auch die Art der Netzwerkbeziehungen und der technikspezifischen Standortanforderungen im Zeitablauf.

6.1.2 Zur Bedeutung der Unternehmensgröße im Innovationsprozess

Die Diskussion, ob die Größe eines Unternehmens ein sinnvolles Unterscheidungskriterium für die Intensität und Art betrieblicher Innovationsprozesse ist, kann auf die Arbeiten von Schumpeter zurückgeführt werden (vgl. auch Abschnitt 2.1.).[381] Während er zunächst das risikobereite Verhalten von Pionierunternehmern für die Verbesserung des Angebots an innovativen Lösungen hervorhob (Schumpeter [1911] 1993a), betonte er später, dass große Unternehmen mehr Ressourcen für systematische Forschung und Entwicklung aufbringen können und dass sie daher durch ihre Skalenvorteile innovativer sind als kleine Unternehmen (Schumpeter 1942). Freeman fasste diese beiden Hypothesen im Modell unternehmerischer Innovation (Mark I) und dem Modell der gesteuerten In-

---

[381] "The question of how firm size is related to the ability and propensity of firms to innovate is one of the oldest in political economy" (Tether *et al.* 1997).

novation in Großunternehmen (Mark II) zusammen (Freeman 1982: 212-213). Beide Hypothesen bildeten den Ausgangspunkt für eine Vielzahl von theoretischen und empirischen Studien und machen damit den noch immer vorhandenen Einfluss Schumpeter's auf die Innovationsökonomik deutlich.

Ein gemeinsames Ergebnis vieler Studien aus den 1970er und 1980er Jahren war, dass die Innovationsintensität in der Form eines invertierten "U" mit zunehmender Betriebsgröße bis zu einem Wendepunkt ansteigt und danach wieder abnimmt. Obwohl in Abhängigkeit von den verwendeten Daten, den Innovationsindikatoren und den unternehmensbezogenen Analyseeinheiten leichte Abweichungen hinsichtlich des Anstiegs der Innovationsintensität und des Wendepunktes auftraten, wurde das allgemeine Muster des invertierten U-Verlaufs als gültig angesehen (vgl. Frisch 1993 für eine Zusammenfassung verschiedener input- und outputorientierter Studien).

Auf Grund empirischer Beobachtungen in den USA und in Europa traten kleine Unternehmen, ihre Bedeutung für die Schaffung von Arbeitsplätzen sowie für die wirtschaftliche Entwicklung während der 1980er Jahre in den Mittelpunkt des Forschungsinteresses. Nicht nur in den USA, wo zwischen 1969 und 1976 etwa zwei Drittel aller neuen Arbeitsplätze in neu gegründeten Betrieben und in Unternehmen mit bis zu 20 Beschäftigten geschaffen wurden (Birch 1987), sondern auch in vielen anderen Ländern und Regionen trugen kleine Unternehmen zu Wachstum und Beschäftigungsentwicklung bei (Aydalot 1986; Camagni 1991; Keeble 1997; Piore/Sabel 1984; Pyke *et al.* 1990; Sengenberger/Pyke 1992). Die Dezentralisierung unternehmerischer Funktionen, die Schaffung kleinerer Produktionseinheiten, Outsourcing und andere Strategien zur Verbesserung der Kernkompetenzen von Unternehmen waren die Auslöser für den Anstieg der Zahl kleiner Unternehmen während der 1980er Jahre und damit auch für die Annahme, dass sich kleine Unternehmen flexibler an die Anforderungen des Marktes anpassen können als große Betriebe. Diese These wurde durch Ergebnisse aus der SPRU Innovationsdatenbank unterstützt, nach denen kleine Unternehmen nicht nur für einen höheren Innovationsoutput verantwortlich sind, als ihr Anteil an den FuE-Aufwendungen vermuten lässt, sondern auch für einen höheren Innovationsanteil bezogen auf ihr Beschäftigungsgewicht (Pavitt *et al.* 1987; Tether *et al.* 1997: 21).

Es ist daher nicht überraschend, dass sich in den späten 1980er und frühen 1990er Jahren eine Vielzahl von Publikationen mit der *Rolle kleiner Unternehmen im Innovationsprozess* auseinander setzten. Unter ihnen war die empirische Studie von Acs und Audretsch eine der bedeutendsten Publikationen (Acs/Audretsch 1990).[382] Ihre Analyse ebnete den Weg für ein differenziertes Verständnis über den Zusammenhang zwischen Unternehmensgröße und Innovation. Obwohl sie Hinweise fanden, dass kleine Unternehmen innovativer sind als große Unternehmen, betrifft eine ihrer wesentlichen Schlussfolgerungen den Zusammenhang zwischen Innovativität und Branchenzuordnung. In Branchen, die durch große Unternehmen dominiert werden, tragen kleine Unternehmen verstärkt zu Innovationsaktivitäten bei, da ihr Überleben in diesem Unternehmensumfeld von ständigen Produkt- und Verfahrensverbesserungen abhängt (Acs/Audretsch 1992: 67). Mit Bezug auf Scherer, der zur Schlussfolgerung gelangte, dass "no single firm size is uniquely conductive to technological progress. There is room for firms of all sizes" (Scherer 1980: 418), fassten beide Autoren ihre Ergebnisse in dem Satz zusammen, dass "es falsch (wäre) zu behaupten, dass kleine Unternehmen im Vergleich zu großen innovativer sind" (Acs/Audretsch 1992: 69). Sie fanden heraus, dass die Innovationsraten von kleinen und großen Unternehmen vom Grad der Kapitalintensität in einem Sektor anhängen, und zwar in der Weise, dass in kapital- und marketingintensiven, konzentrierten und stark gewerkschaftlich organisierten Branchen größere Unternehmen innovativer sind als kleinere, obwohl die Innovationsaktivität mit zunehmendem Konzentrationsgrad in einer Branche abnimmt. Andererseits sind kleine Unternehmen in innovativen, von großen Betrieben dominierten Branchen, innovativer als die großen Unternehmen (Acs/Audretsch 1992: 75-76).

Aufbauend auf diesen und ähnlichen anderen Ergebnissen beschäftigten sich jüngere Arbeiten mit *behavioristischen Aspekten im betrieblichen Innovationsprozess* (beispielsweise basierend auf den Überlegungen von Nelson und Winter) sowie mit der *Überprüfung der in den 1980er Jahren vorgelegten empirischen Studien*. Durch die Reklassifizierung der Größenzuordnung von Unternehmen lässt sich nunmehr aus der SPRU Unternehmensdatenbank ableiten, dass "...the relationship between innovative intensity and enterprise size in the manufacturing sector (tends) to be not u-shaped but j-shaped, with only the largest enterprises introdu-

---

[382] In deutscher Übersetzung Acs/Audretsch (1992).

cing a disproportionately large share of the innovations" (Tether *et al.* 1997: 31). In einer anderen Studie, in der er ebenfalls die SPRU Unternehmensdatenbank nutze und den durchschnittlichen Wert einer Innovation anhand der mit ihr erzielten Einnahmen bestimmte, kam Tether (1998:742) zu der Schlussfolgerung, dass "... the interpretation that small firms are more innovative (or more efficient innovators) than large firms because they have introduced a larger number of innovations relative to their employment is unsound." Auch lassen sich für die kleinen Unternehmen in der Datenbank keine überdurchschnittlichen Wachstumsraten für den Zeitraum 1975 bis 1983 feststellen.

Die geschilderten Ergebnisse legen die Schlussfolgerung nahe, dass *Größe allein als Unterscheidungsmerkmal für betriebliche Innovation nicht ausreicht*, sondern weitere innerbetriebliche Merkmale sowie die Organisation des Innovationsprozesses selbst das unternehmerische Innovationsverhalten beeinflussen. Genauso wie es die Innovation nicht gibt, gibt es auch keine optimale Betriebsgröße für die Realisierung von Innovationen (Frisch 1993: 283). Die Innovationsbereitschaft hängt u.a. vom *Grad der Risikoaversion eines Unternehmens* und damit von der *Organisation und den Verhaltensmustern des betrieblichen Managements* ab (Barkham *et al.* 1996: 73). Diese werden wiederum von der *Absorptionskapazität* des Unternehmens, d.h. seiner Fähigkeit, externes Wissen zu identifizieren, bewerten und nutzen, beeinflusst (Cohen/Levinthal 1990). Je größer die *Wissensbasis* eines Unternehmens ist, sei es klein oder groß, und je besser die betrieblichen Kompetenzen entwickelt sind, externes Wissen in die Organisation zu integrieren, zu denen interne und externe Kommunikationsstrukturen, FuE, Produktionserfahrungen und die Lernwilligkeit und –fähigkeit der Belegschaft beitragen (Le Bars *et al.* 1998: 316), desto ausgeprägter ist die Fähigkeit, neues Wissen zu absorbieren und zu innovieren. In diesem Zusammenhang fällt dem so genannten "*Gatekeeper*" eine bedeutende intermediäre Funktion zu. Unternehmen, die ihren externen Wissenszufluss sowie die Wissensdistribution innerhalb des Betriebs zentral koordinieren, machen sich von der Absorptionsfähigkeit ihres "Gatekeepers" abhängig, was vor allem in Zeiten raschen und unsicheren technischen Wandels problematisch sein kann (Cohen/Levinthal 1990: 132). Die Einbeziehung mehrerer Personen in den betrieblichen Wissensfluss, d.h. eine dezentrale Wissenskoordination und –distribution, vermindert das Risiko einer selektiven Wissensnutzung mit der Folge, nicht alle betrieblich relevanten Informationen und Wissensquellen identifizieren und in die eigenen Innovationsaktivitäten einspeisen zu können.

> In der aktuellen Literatur über betriebliche Innovationsprozesse steht daher nicht mehr die Frage im Vordergrund, ob kleine oder große Betriebe innovativer sind, sondern welche Rollen diese Unternehmensgruppen im Innovationsprozess spielen.

Die starke Zunahme der Zahl kleiner Betriebe während der 1980er Jahre wird nunmehr nicht als Ausdruck ihrer Wachstumsstärke interpretiert, sondern in Abhängigkeit von Dezentralisierungsstrategien großer Unternehmen betrachtet, die in entscheidendem Maße die Zunahme der Zahl kleiner Betriebe induzierten (Camagni/Capello 1997; Sengenberger/Pyke 1992). Die Auslagerung betrieblicher Funktionen erhöht die Flexibilität großer Unternehmen, sich schnell an wandelnde Marktbedingungen anzupassen. Kleine Unternehmen sind eine wichtige Quelle für die Entwicklung neuer Produkte und Prozesse, aber ihre Aktivitäten sind meist wegen der begrenzten finanziellen Ressourcen auf die ersten kreativen Phasen des Innovationsprozesses begrenzt. Andererseits sind große Unternehmen stärker im graduellen technologischen Wandel, in Imitation, Markteinführung und Diffusion von unfertigen technischen Lösungen kleiner Unternehmen engagiert (Frisch 1993: 285). Für große Unternehmen sind inkrementale Innovationen und die Durchführung prozessorientierter Forschung und Entwicklung charakteristisch (Cohen 1995: 205). Massenproduktion ermöglicht es großen Unternehmen Lerneffekte zu realisieren, kann aber auch zur Pfadabhängigkeit führen, da die Bindung ein eine technologische Entwicklungslinie ("trajectory") flexiblen technologischen Wandel erschwert.

Unter Berücksichtigung einer empirischen Studie über den Zusammenhang zwischen Produktinnovation, Prozessinnovation und Größe (Fritsch/Meschede 1998: 18-19), lässt sich die Frage nach dem **Einfluss der Unternehmensgröße auf die Intensität und Art betrieblicher Innovationsprozesse** wie folgt beantworten:

- Es gibt hinreichenden Beleg für die Annahme, dass kleine Unternehmen nicht per se innovativer sind als große Unternehmen, obwohl kleine Unternehmen, die FuE betreiben, innovativer als große Betriebe sind und auch eine größere Anzahl von Innovationen per FuE-Inputeinheit erzeugen.

- Die Anzahl von Betrieben, die nicht innovieren oder die keine FuE betreiben, ist vergleichsweise höher unter kleinen Unternehmen und nimmt mit zunehmender Betriebsgröße ab. Daher sind große Unternehmen bezogen auf den Anteil von Betrieben mit FuE innovativer als kleine Unternehmen.
- Eine optimale Betriebsgröße für Innovationstätigkeit gibt es nicht.
- Innovationstätigkeit variiert zwischen Unternehmen, Branchen und Märkten.
- Innovationsaktivität hängt von der Risikoaversion der Betriebe, ihrer Absorptionskapazität, ihrer Wissensbasis, ihrer Kompetenzen zur Organisation von Innovationsprozessen, ihrer Lernfähigkeiten und Informationskanäle und ihrem Zugang zu und ihrer Handhabungskompetenz von externem Wissen ab.
- Kleine und große Unternehmen spielen unterschiedliche Rollen im Innovationsgeschehen.
- Kleine Unternehmen sind der Motor für neue technische Entwicklungen. Sie sind aber oft wegen begrenzter Ressourcen nicht in der Lage, Innovationsprojekte zu vollenden, und stellen daher einen wichtigen Ideenlieferanten und Know-how Zulieferer für große Unternehmen dar.
- Ein Schwerpunkt der FuE-Aktivität großer Unternehmen sind inkrementale Innovationen und Prozessentwicklungen, da das Budget für Prozess-FuE stärker mit wachsender Unternehmensgröße zunimmt als das für Produkt-FuE.

Diese zusammenfassenden Ergebnisse unterstreichen die unterschiedlichen Funktionen von großen und kleinen Unternehmen im Innovationsprozess. Größe allein ist kein hinreichendes Unterscheidungskriterium für unterschiedliche Aktivitäten und Verhaltensmuster der Unternehmen. Die in diesem Abschnitt vorgestellten Ergebnisse haben deutlich gemacht, dass sich ähnliche betriebliche Merkmale um Unternehmensgröße im Spektrum von Klein zu Groß gruppieren. *Größe* wird daher als *Substitut für strukturelle Merkmale von Unternehmen* verstanden und zur Klassifizierung von Unternehmen hinsichtlich ihrer unterschiedlichen Eigenschaften verwendet.

6.2 Ergebnisse regionaler Innovations- und Diffusionsstudien

6.2.1 Studientypen

Es wurde schon an verschiedenen Stellen darauf hingewiesen, dass neben betriebsinternen Faktoren auch die Wechselwirkungen mit dem räumlichen Umfeld eines Unternehmens eine Rolle bei der Organisation und Durchführung von Innovationsvorhaben spielen, da es seinen Informations- und Wissenszugang und damit seine Fähigkeit für gemeinsames Lernen und Innovation beeinflusst (Keeble/Wilkinson 1999; Lawson/Lorenz 1999). Die Art dieser Wechselwirkungen wurde in vielen empirischen Studien analysiert.

Dabei ist zwischen Analysen zu unterscheiden,

- die sich mit regionalen Unterschieden im betrieblichen Innovations- und Adoptionsverhalten beschäftigen, und solchen,
- die die regionale Integration und Vernetzung von Unternehmen betrachten.

Die Ergebnisse der Studien werden nicht nur durch die Typen der untersuchten Regionen und Unternehmen geprägt, sondern auch durch die Aspekte des Innovationsprozesses, für die diese Wechselwirkungen festgestellt werden sollen. So ergeben sich andere räumliche Interaktionsmuster, wenn nur die FuE-Phase mit den hier vorherrschenden forschungsorientierten Kooperationsbeziehungen herausgegriffen wird, als wenn die Vermarktung einer Innovation oder gar ihre Diffusion betrachtet werden (Pfirrmann 1994a). Es ist daher jeweils wichtig anzugeben, für welche Innovations"phasen" und mit welchen Indikatoren die Analysen durchgeführt wurden.

Die meisten empirischen Studien zu den räumlichen Determinanten betrieblicher Innovation befassen sich mit *kleinen und mittelgroßen Unternehmen* (KMU), da diese die Majorität der in den Regionen analysierten Unternehmen stellen und bei ihnen von einer intensiveren regionalen Vernetzung auszugehen ist als bei Großunternehmen. Diese haben andere Möglichkeiten, Produktions- und Standortansprüche in Einklang zu bringen und sind meist in global vernetzten Wachstumsregionen präsent

(Gerybadze et al. 1997; Reger et al. 1999), deren Spezifik wiederum nur an wenigen Standorten anzutreffen ist (Amin/Thrift 1994).

Nachfolgend werden deshalb exemplarisch Studien herausgegriffen und Ergebnisse vorgestellt, die sowohl regionale Unterschiede im betrieblichen Innovations- und Adoptionsverhalten als auch die Wechselwirkungen von KMUs mit ihrem räumlichen Umfeld thematisieren.[383] Eine Zuordnung zu diesen beiden Gruppen ist nicht immer eindeutig möglich, da sich manche Erhebungen mit beiden Aspekten beschäftigen. Die Zusammenstellung schließt Untersuchungen des Verfassers dieser Arbeit ein, erhebt aber nicht den Anspruch der Repräsentativität, da sie nur auf einige für die Fragestellung dieser Arbeit wichtige Ergebnisse hinweisen will.[384]

6.2.2 Analysen regionaler Innovationsunterschiede

6.2.2.1 Regionale FuE-Unterschiede in den Niederlanden

Kleinknecht und Poot legten 1992 eine Untersuchung vor, in der sie für die Niederlande den Zusammenhang zwischen regionalem Umfeld und dem FuE-Verhalten von 4.352 Unternehmen aus dem Verarbeitenden und dem Dienstleistungsgewerbe für 32 Regionen mittels Logit-Analyse und multipler Regression ermittelten (Kleinknecht/Poot 1992). Nach ihren Ergebnissen wird die Wahrscheinlichkeit, dass ein Unternehmen Forschung und Entwicklung betreibt, u.a. durch die Unternehmensgröße, eine positive Umsatzentwicklung, die Exportintensität, die Zugehörigkeit zu einem modernen Sektor sowie durch die Produktion und Akquisition von Software positiv beeinflusst, nicht aber durch seinen Standorttyp (Dummy Variablen für 'Rim City', 'Halfweg 1 und 2', 'Periphery 1 und 2').[385] Sie zogen daraus die Schlussfolgerung, dass "while the loca-

---

[383] Zu einer Typologie und einer Übersicht verschiedener regionaler Innovationsstudien vgl. Davelaar (1991).

[384] Für Detaildarstellungen über Datengrundlagen, Hypothesen und methodische Ansätze der einzelnen Untersuchungen sei auf die im Text jeweils angegebene Originalliteratur verwiesen.

[385] "...whichever regional classification we choose, we find no evidence of an impact of regions on the probability of a firm engaging in R&D" (Kleinknecht/Poot 1992: 227).

tion in a certain region does not seem to induce firms to engage more often in R&D than they would do in a different region, the regional environment of a firm may still be relevant to the intensity of its R&D efforts" (Kleinknecht/Poot 1992: 227). Diese Hypothese versuchten sie mittels multipler Regression zu überprüfen. Aber auch hiermit ließen sich nur geringe räumliche Einflüsse feststellen. So zeigte sich, dass Dienstleistungsunternehmen in großen Städten eine überdurchschnittliche FuE-Intensität aufwiesen, dass Unternehmen in der Zentralregion (Rim City) einen höheren Anteil von produkt- und dienstleistungsorientierter FuE bezogen auf ihre gesamten FuE-Aufwendungen verzeichneten und dass Industrieunternehmen außerhalb der Zentralregion stärker prozessbezogene FuE durchführten.[386] Insgesamt gelangten sie für die Niederlande zu folgenden **Ergebnissen**:

- Unternehmen in der Zentralregion sind nicht stärker in FuE engagiert als Unternehmen in anderen Regionen, allerdings haben sie einen höheren Anteil produktbezogener FuE.
- Unternehmen in der Zentralregion verfügen nicht häufiger über eine formale FuE-Abteilung als Unternehmen in anderen Regionen.
- Kleine Unternehmen sind nicht abhängiger vom regionalen Umfeld als große Unternehmen.
- Der Regionstyp spielt bei der Wahrscheinlichkeit betrieblicher FuE keine Rolle.

Hinsichtlich des nicht nachweisbaren räumlichen Einflusses auf betriebliche FuE ist zu berücksichtigen, dass es sich bei den Niederlanden um ein kleines Land mit gut ausgebauter Transport- und Kommunikationsinfrastruktur handelt, in dem physikalische Distanzen, und damit räumliche Differenzierungen, nahezu keine Rolle spielen. Auch sind die gewählten regionalen Analyseeinheiten zu klein, als dass sie statistisch messbare Effekte auf die betrieblichen FuE-Intensitäten ausüben. Damit wird die *Übertragbarkeit der Ergebnisse auf größere Regionen bzw. Flächenstaaten erheblich eingeschränkt.*

---

[386] "...manufacturing firms in the less central regions of The Netherlands may have a bias towards technologies which are already in a mature statge of their life cycle, when process-related R&D becomes more important than product-related R&D" (ebenda: 230). Dieses Ergebnis unterstützt die Argumentation der Produktzyklus-Hypothese (vgl. Abschnitt 4.2).

6.2.2.2 Kleine Unternehmen, Innovation und Regionalentwicklung in Großbritannien

Mit einem Datensatz von 698 kleinen und mittelgroßen Unternehmen, die den beiden CBR-Erhebungen[387] der Jahre 1991 und 1995 entnommen wurden, analysierte Keeble (1997) das Innovationsverhalten britischer Industrie- und Dienstleistungsbetriebe in vier Regionstypen (South East, Outer Southern, Industrial Heartland, Periphery).[388] Er ging von der *Hypothese* aus, dass zwar in peripheren Regionen kleine Unternehmen insgesamt weniger erfolgreich sind, aber die, die erfolgreich sind, wettbewerbsfähiger als der Durchschnitt kleiner Unternehmen in Agglomerationsräumen seien.[389] Anhand von Indikatoren zur Leistungsfähigkeit der Betriebe (Beschäftigungs- und Umsatzveränderung, Gewinne und Exporte bezogen auf den Umsatz) stellte er überdurchschnittliche Beschäftigungsgewinne und Exporterfolge für Unternehmen aus der Agglomerationsregion "South East" fest, in der auch ein besonders hohes Wachstum von Dienstleistungsunternehmen zu beobachten war.

Ein anderes Bild ergab sich bei der *Analyse des Innovationsverhaltens*. Diese beruhte auf der Eigeneinschätzung der Betriebe, Innovationen realisiert zu haben.[390] Zwar war die Häufigkeit von Produktinnovationen bei KMU in peripheren Regionen am geringsten, aber die regionalen Unterschiede waren insgesamt gering und statistisch nicht signifikant. Nur für Prozessinnovationen ergaben sich signifikante Unterschiede zwischen dem "Industrial Heartland" (mehr Prozessinnovationen) und der Region "Outer Southern" (weniger Prozessinnovationen). Dieses

---

[387] Centre for Business Research an der Universität Cambridge.

[388] Für die Sektoralstruktur liegen Angaben von 315 Unternehmen vor. Danach dominiert in der Region South East (u.a. Greater London) der Dienstleistungssektor (Anteil 58,4 %), während ansonsten die Verarbeitende Industrie mit jeweils über 60 % Unternehmensanteil dominiert (Keeble 1997: 285).

[389] "...while fewer small firms may be successful in peripheral environments, those that are may prove to be even more competitive than the average small firm in core regions which has not to overcome environmental and resource constraints to the same degree" (Keeble 1997: 284).

[390] "...innovation is...defined more widely in terms of service as well as manufacturing innovations, and process as well as poroduct innovations..." (Keeble 1997: 287).

Resultat wiederspricht der Erwartung einer insgesamt höheren Innovationsaktivität im britischen Südosten (Keeble 1997: 287).

Wird nach *originären Innovationen*, die nicht nur neu für das Unternehmen, sondern für die gesamte Branche sind und nach *kontinuierlicher Produktinnovation* unterschieden, ergab sich folgendes Bild: Originäre Innovationen kamen häufiger im Südosten als in den peripheren Regionen vor. Allerdings waren die Unterschiede zwischen den vier Regionstypen statistisch nicht signifikant, da auch im "Industrial Heartland" ähnlich hohe Quoten wie im Südosten erreicht wurden. Der Anteil von Unternehmen mit kontinuierlicher Produktinnovationsaktivität war in den "Industrial Heartlands" am höchsten, und die peripheren Regionen erreichten höhere Anteile als die Region "South East". Auch hier waren aber die Unterschiede wiederum nicht signifikant. Bei der Betrachtung von FuE-Intensitäten fiel nicht nur auf, dass FuE-intensive Betriebe nicht nur innovativer waren als weniger FuE-intensive Unternehmen, sondern dass die peripheren Regionen bei der FuE-Beschäftigtenquote sowohl in Industrie- als auch in Dienstleistungsunternehmen den ersten Platz belegten. Aus diesen Ergebnissen zog Keeble die Schlussfolgerung, dass sich ein einfacher Nord-Süd-, d.h. Zentrum-Peripherie-Gegensatz für Großbritannien nicht feststellen lässt, sondern "...that firms in peripheral regions may actively try to compensate for and overcome environmental handicaps by pro-active engagement in research and development to an even greater degree than their counterparts in core regions" (ebenda: 289). Ein weiteres, statistisch signifikantes Ergebnis der Studie deutet darauf hin, dass in peripheren Regionen der Anteil von KMU mit externen Kooperationsbeziehungen deutlich geringer war als der von den Unternehmen in den übrigen Regionen. Dies traf auf Industrie-, aber noch stärker auf Dienstleistungsbetriebe zu. Keeble führte dies auf einen geringeren Spezialisierungsgrad der peripheren Unternehmen sowie auf die eingeschränkten Kooperationsmöglichkeiten in kleinen regionalen ökonomischen Systemen zurück.[391]

Insgesamt ergaben sich anhand der verwendeten Unternehmensdaten und der Regionalgliederung *eindeutige regionale Unterschiede nur zu Gunsten von Dienstleistungsunternehmen* in der Region "South East".

---

[391] "This clear finding almost certainly reflects lower levels of specialization by Peripheral firms as well, perhaps, as more restricted opportunities for collaboration within smaller regional economies" (Keeble 1997: 290).

Ansonsten waren für die verschiedenen Indikatoren jeweils regionale Spezialisierungen und Besonderheiten feststellbar, die auf historischen und strukturellen Unterschieden zwischen den Regionen beruhten. In der Gesamtschau über alle Indikatoren kann aber von einem Zentrum-Peripherie-Gegensatz in der betrieblichen Innovationsaktivität für Großbritannien nicht gesprochen werden.

6.2.2.3 Cluster und betriebliche Innovationsaktivitäten

Basierend auf einer Teildatenmenge von 248 überwiegend größeren Unternehmen aus der SPRU Innovationsdatenbank, für die Innovations-, FuE- und Marktdaten vorliegen, sowie auf Beschäftigtendaten für die 11 CSO Standardregionen Großbritanniens unternahmen Baptista/Swann (1998) mit einer ökonometrischen Analyse den Versuch, den *Zusammenhang zwischen betrieblicher Innovation und der Ansiedlung des Betriebe in einem industriellen Cluster* zu ermitteln. Nach dem Cluster-Konzept erzeugen intrasektorale und intraregionale Spillovereffekte positive Externalitäten, die sich wachstums- und innovationsfördernd auf die Betriebe in einem Cluster auswirken.[392] Aus ihren Schätzmodellen leiten sie Hinweise darauf ab, dass *Unternehmen in starken Clustern eine höhere Innovationswahrscheinlichkeit aufwiesen* als Betriebe, die nicht in spezialisierten Regionen angesiedelt waren. Sie führten dies auf die Wirkung von Standortvorteilen, die sich aus der industriellen Ballung ergeben, auf die innovative Aktivität zurück. Diese Standortvorteile entstehen aus der geographischen Bindung von Wissensexternalitäten, insbesondere solcher aus neuem technologischen Wissen (Baptista/Swann 1998: 538). Sie stellten auch fest, dass positive Proximitätseffekte nur bei Unternehmen auftraten, die in Regionen angesiedelt waren, in denen ihre Branche stark vertreten war, aber diese Effekte für Betriebe anderer Branchen nicht zu beobachten waren.[393] Obwohl die

---

[392] Vgl. Abschnitt 6.1.1 für eine kurze Diskussion, ob regionale Spezialisierung tatsächlich wachstumsfördernd ist. Keeble *et al.* (1999: 329) kommen für Cambridge zu dem Ergebnis, dass "...the Cambridge region had developed some degree of institutional thickness, at least in relation to science park infrastructure and particular local services." Daraus lassen sich spezifische intraregionale Externalitäten ableiten, die die Ansiedlung und wirtschaftliche Aktivität spezialisierter Unternehmen begünstigen.

[393] "Using regional employment as a measure of a cluster's strength, it was found that a firm is more likely to innovate if located in a region where the presence of firms

Ergebnisse das Clusterkonzept stützen und die Bedeutung intraregionaler Spillover- und Netzwerkeffekte hervorheben, weisen die Autoren darauf hin, dass die Wirkung intersektoraler Externalitäten nicht auszuschließen ist. Da sie nur Branchendaten auf der 2-Steller-Ebene zur Verfügung hatten, konnten sie eine differenziertere Branchenanalyse nicht vornehmen.[394]

6.2.2.4 Räumliche Differenzierung betrieblicher Innovation in Österreich

In seiner österreichischen Innovationsstudie stellte Tödtling (1990) eine klare *räumliche Differenzierung betrieblicher Innovation zwischen österreichischen Regionen* fest. Zwar ergaben sich Ansatzpunkte für eine räumliche Hierarchie im Innovationsmuster, allerdings deuteten eine Reihe von Resultaten auch auf Abweichungen von diesem hierarchischen Muster hin. Die **Ergebnisse** der Studie lassen sich wie folgt zusammenfassen (vgl. Tödtling 1995: 182-184):

- FuE-Aktivitäten sowie die kostenintensivsten Produktinnovationen konzentrierten sich auf die Hauptstadtregion Wien. Dort waren mehr FuE- und Produktinnovationsaktivitäten zu verzeichnen als in den übrigen Regionen. Diese stammten aber fast überwiegend von wenigen Hauptverwaltungen und Zweigstellen großer internationaler Unternehmen. Kleine und mittlere Unternehmen waren nur zu geringen Anteilen an diesem Innovationsgeschehen beteiligt.

- Prozessinnovationen waren, wie von der Produktlebenszyklushypothese vorhergesagt, vorwiegend in altindustriellen Regionen sowie in ländlichen Räumen vorherrschend.

- Daneben konnte aber eine beträchtliche Innovationsaktivität in intermediären und neuindustriellen Regionen, z.B. im Westen Österreichs, beobachtet werden. Hier vollzog sich technischer Wandel inkremen-

---

in its own industry is strong. The effects of the proximity of firms in other industries do not appear to be significant..." (Baptista/Swann 1998: 538).

[394] "...this does not necessarily indicate lack of evidence for industry variety effects, or 'Jacobs externalities' on innovation, since most of the complementary or technologically close industries that are likely to provide positive effects on innovative performance will be bounded within two-digit sectors" (Baptista/Swann 1998: 538).

tell durch kontinuierliche Produkt- und Prozessänderungen. Innovationsprojekte waren meist klein und in die reguläre Geschäftstätigkeit eingebunden. Die Unternehmen pflegten intensive intra- und interregionale Netzwerkbeziehungen.

- Die Unternehmen in den altindustriellen Regionen waren starkem Preiswettbewerb bei Massenprodukten und technologischem Wettbewerb bei spezialisierten Produkten ausgesetzt. Prozessinnovation war Element einer Restrukturierungsstrategie mit dem Ziel des Arbeitsplatzabbaus; systematische FuE wurde kaum betrieben. Dominierende Unternehmenstypen waren kleine Betriebe sowie Zweigstellen und Tochterunternehmen mit nur geringer Entscheidungsautonomie. Viele Unternehmen arbeiteten im Unterauftrag großer Auftraggeber. Die Geschäftsstrategien waren risikoavers und das Umfeld auf Grund der Abhängigkeitsstrukturen innovationsfeindlich.

- Ländliche Räume lassen sich in Stagnationsregionen und moderne ländliche Regionen differenzieren. In den Stagnationsregionen überwogen Prozessinnovationen, wobei durch einen hohen Anteil an Zweigwerken und ausreichend verfügbare Arbeitskräfte bei hoher Arbeitswilligkeit die Unternehmensstrategien vorwiegend auf Kostensenkung ausgerichtet waren. In den modernen ländlichen Regionen war eine bedeutende Innovationsaktivität zu verzeichnen. Ein größerer Anteil von Unternehmen betrieb eigene FuE, sowohl mit dem Ziel von Produktinnovationen als auch zur Produktmodifikation. Die Betriebe waren jünger als in den Stagnationsregionen und profitierten von innovationsunterstützenden Dienstleistungsangeboten aus nahe gelegenen mittelgroßen Agglomerationen.

- Hinsichtlich der Beziehungen zwischen betrieblichem Innovationsverhalten und räumlichen Umfeldbedingungen gelangte Tödtling zu dem Ergebnis, dass "...there is an interrelation between the local/regional environment and the strategy and structure of firms with consequences for their innovation activities. Firms adjust to their local and regional environment through an evolutionary selection process in the medium and long run" (Tödtling 1995: 185). Allerdings seien Unternehmen nicht in deterministischer Weise von ihrem räumlichen Umfeld abhängig, sondern beeinflussen es durch Investitionsentscheidungen, Arbeitskräftenachfrage oder betriebliche Aus- und

Weiterbildung.395 Vor allem Großunternehmen sind nach Tödtling in der Lage, ihr regionales Umfeld aktiv zu gestalten (ebenda: 185).

Als Ergebnis seiner theoriegeleiteten empirischen Studien identifizierte Tödtling sechs Determinanten, die auf den Umfang und die Art der betrieblichen Innovation einwirken:

➢ das räumliche Umfeld und die Standortbedingungen,
➢ die Organisationsstruktur des Unternehmens,
➢ seine Wettbewerbsstrategie,
➢ Marktbedingungen und Intensität des Wettbewerbs,
➢ Verflechtungsbeziehungen und Kooperationen mit externen Partnern sowie
➢ Politik und Fördermaßnahmen.396

6.2.2.5 Erfassung regionaler Innovationsdefizite in Deutschland

Bereits 1984 legten Meyer-Krahmer *et al.* eine Studie zur Erfassung regionaler Innovationsdefizite in Westdeutschland vor. Als Datenbasis verwendeten sie Informationen von 8.200 FuE-treibenden kleinen und mittelgroßen Unternehmen, die sich von 1979-1981 am FuE-Personalkostenzuschussprogramm beteiligt haben, Daten aus der laufenden Raumbeobachtung der ehemaligen BfLR, dem Raumordnungsbericht 1982 und dem Faktenbericht 1981 zum Bundesbericht Forschung, sowie Befragungsdaten von 325 KMU. Die Beschäftigtenobergrenze der erfassten Betriebe lag bei 1000, der Jahresumsatz erreichte maximal 150 Mio. DM. In der Analyse wurden sowohl Unternehmens- als auch Betriebsdaten berücksichtigt (Meyer-Krahmer *et al.* 1984: 7-8). **Zentrale Ergebnisse** der Studie für den Analysezeitraum waren (ebenda: 222-223; sowie Meyer-Krahmer 1985):

- Ländliche Regionen mit ungünstiger Struktur wiesen eine geringere Zahl innovierender Betriebe auf als andere westdeutsche Regionen.

---

395 Die Abhängigkeit der Unternehmen von ihrem räumlichen Umfeld betonen auch Kilper/Latniak (1996).

396 Für eine Diskussion dieser Determinanten bezüglich der einzelnen Regionstypen vgl. Tödtling (1992).

Demgegenüber konnten überdurchschnittlich viele innovierende Betriebe in den Verdichtungsräumen und im Alpenvorland festgestellt werden, sodass eine *Evidenz für regionale Innovationsunterschiede* gegeben war.

- Innovierende kleine und mittelgroße Unternehmen in ländlichen Regionen mit ungünstiger Struktur waren weniger außenorientiert als Betriebe in den anderen Regionen.
- Innovierende Betriebe waren hinsichtlich ihrer Beschäftigungsentwicklung sowie der Absatz- und Wettbewerbssituation erfolgreicher als adoptierende Betriebe.
- Es bestanden nicht nur regionale Innovationsunterschiede, sondern auch ein regionales Innovationsgefälle in Richtung auf altindustrialisierte Regionen und ländliche Regionen mit ungünstiger Struktur. Demgegenüber waren die Innovationsaktivitäten der KMU in hochverdichteten Regionen sowie im Alpenvorland am höchsten. Allerdings war das Innovationsgefälle nicht besonders stark ausgeprägt und nur für wenige Indikatoren signifikant (z.B. Größen- und Altersstruktur der Betriebe, FuE-Personalintensität, Qualifikationsstruktur der FuE-beschäftigten).
- Die Innovationsunterschiede ließen sich durch *unterschiedliches betriebliches Innovationsverhalten* und durch *vorwiegend nicht standortbedingte Innovationsengpässe* erklären. So versuchten Unternehmen die Schwächen des Arbeitsmarktes durch interne Personalrekrutierung bzw. durch überproportionale Nachfrage nach innovativen Produktionsanlagen zu kompensieren.

Aus ihren Ergebnissen zogen die Autoren das Fazit, "...dass die eigentlichen Unterschiede im regional unterschiedlichen Potenzial innovierender kleiner und mittlerer Betriebe liegen, weniger – wie bisher angenommen – in Unterschieden des Innovationsverhaltens. Diese sind zwar vorhanden, aber nicht besonders stark ausgeprägt. Auch der Einfluss von Standortfaktoren auf das Innovationsverhalten, soweit er sich aus Sicht der innovierenden Unternehmen feststellen lässt, fällt nicht so stark aus wie ursprünglich erwartet" (Meyer-Krahmer *et al.* 1984: 223). Damit ließ sich zumindest für den Beginn der 1980er Jahre in Westdeutschland nur ein geringer Einfluss des räumlichen Umfeldes auf das betriebliche Innovationsverhalten feststellen.

6.2.2.6 Einflüsse nationaler Rahmenbedingungen auf regionale Innovationsmuster am Beispiel der Regionen Baden und Elsass

Für Baden als westlicher Teil Baden-Württembergs, nachfolgend definiert durch die drei Raumordnungsregionen Mittlerer Oberrhein (Karlsruhe), Südlicher Oberrhein (Freiburg) und Schwarzwald-Baar-Heuberg (Villingen-Schwenningen) und das Elsass, bestehend aus den beiden Départements Bas Rhin und Haut Rhin, bildet der Rhein nicht nur eine gemeinsame natürliche Grenzlinie, sondern beide Regionen sind durch eine wechselvolle Geschichte miteinander verbunden. In einer Untersuchung über das Innovations- und Kooperationsverhalten von kleinen und mittelgroßen Industriebetrieben, unternehmensnahen Dienstleistern sowie das räumliche Kooperationsmuster von Forschungseinrichtungen ging Koschatzky (1998b, 2000) von der Annahme aus, dass sich auf Grund der räumlichen Nähe zueinander und der politischen Förderung grenzüberschreitender Kontakte die Innovationsmuster in zwei aneinander angrenzenden regionalen Innovationssystemen, trotz ihrer Zuordnung zu unterschiedlichen nationalen Innovationssystemen, angleichen müssten. Zur empirischen Überprüfung dieser Annahme standen Daten einer Befragung von Unternehmen aus dem Produktions- und Dienstleistungsbereich sowie von Forschungseinrichtungen zur Verfügung, die im Rahmen des DFG-Schwerpunktprogramms "Technologischer Wandel und Regionalentwicklung" in den beiden Regionen 1995/96 durchgeführt wurde (vgl. Koschatzky/Traxel 1997; Muller/Traxel 1997; Muller 1997; Koschatzky 1997d; Görisch/Koschatzky 1998 für Details über die jeweiligen Stichproben).[397]

---

[397] Diese Erhebung ist Teil des *European Regional Innovation Survey (ERIS)*, der 1995 – 1998 in 11 europäischen Regionen gemeinsam von der Abteilung Wirtschaftsgeographie der Universität Hannover, dem Lehrstuhl für Wirtschaftspolitik an der TU Bergakademie Freiberg, der Abteilung für Wirtschafts- und Sozialgeographie an der Universität Köln und dem Fraunhofer-Institut für Systemtechnik und Innovationsforschung Karlsruhe dank finanzieller Unterstützung durch die Deutsche Forschungsgemeinschaft und mit Hilfe ausländischer Partner durchgeführt wurde (vgl. Fritsch *et al.* (1998); Sternberg (2000); Koschatzky/Sternberg (2000) für weitere Details und eine Zusammenfassung wesentlicher Untersuchungsergebnisse). Die Industriestichprobe setzt sich aus den Klassen 15 bis 36 der Systematik der Wirtschaftszweige zusammen. Bei den unternehmensnahen Dienstleistern wurden vier Branchenaggregate gebildet, von denen zwei technische Dienstleistungen und zwei beratende Dienstleistungen widerspiegeln. *Technische Dienstleistungen* sind: Datenverarbeitung, Hard- und Software (WZ 72);

Anhand von Auswertungen über das betriebliche Innovationsverhalten in den beiden Regionen, den von den Betrieben genannten Innovationshemmnissen, dem Ausmaß grenzüberschreitender Innovationskooperationen sowie einem Vergleich der beiden Innovationssysteme konnte gezeigt werden, dass sich sowohl die *Innovationsaktivitäten und –strategien der Unternehmen in beiden Regionen voneinander unterschieden als auch nur geringe innovationsbezogene Kooperationsbeziehungen zwischen Elsass und Baden bestanden.* Da bis auf einen Schwerpunkt in der Nahrungsmittelproduktion im Elsass die sonstigen Unterschiede in den regionalen Branchenstrukturen gering waren, ließ sich die geringe Kooperationsintensität nicht auf gravierende Abweichungen in den Sektoralstrukturen zurückführen. Industrie- und Dienstleistungsbetriebe im Elsass wiesen im Vergleich zu badischen Betrieben niedrigere Innovationsquoten auf, die vor allem auf interregionale Branchenunterschiede im Verarbeitenden Gewerbe zurückgeführt werden können. So entfielen auf Betriebe der badischen Metallbe- und -verarbeitung sowie der Elektrotechnik deutlich höhere Innovationsquoten (8 % bzw. 12 %) als auf diese Branchen im Elsass. Im unternehmensnahen Dienstleistungsbereich waren die Innovationsquoten im Elsass insgesamt niedriger als in Baden (Koschatzky 1998b: 280-281). Wichtige Strukturmerkmale der Unternehmen sind in Tabelle 1 zusammengefasst.

Architektur-, Vermessungs- und Ingenieurbüros (WZ 7420, 7430). *Beratende Dienstleistungen* sind: Rechts- und Steuerberatung, Wirtschaftsprüfung (relevante Betriebe aus der Sammelgruppe WZ 741 sowie WZ 7411 und 7412); Marktforschung, Unternehmensberatung, Werbung (relevante Betriebe aus der Sammelgruppe WZ 741 sowie WZ 7413, 7414, 7440).

Tabelle 1: Strukturmerkmale innovierender Betriebe in Baden und im Elsass

Industrie				
Merkmal[1]	Baden	Elsass	T-Wert[2]	Signifikanz[3]
Firmenalter (Jahre)	39,4 (314)	40,6 (149)	-0,32	0,751
Beschäftigte 1995	175,8 (321)	195,7 (159)	-0,44	0,658
Umsatz 1995 (Mio. DM)	31,1 (286)	49,6 (103)	-1,49	0,140
Umsatz pro Beschäftigtem (TDM)	207,7 (286)	267,8 (100)	-3,24	**0,002**
FuE-Beschäftigte 1995	11,0 (309)	9,9 (157)	0,22	0,830
Anteil FuE-Besch. an allen Besch. (%)	7,1 (309)	4,7 (155)	3,42	**0,001**
Anteil Besch. mit FH/Uni-Abschluss (%)	8,1 (317)	12,0 (153)	-3,12	**0,002**
Umsatzanteil neuer Produkte (%)	33,3 (255)	27,8 (107)	1,82	**0,071**
Dienstleister				
Firmenalter (Jahre)	12,7 (209)	13,0 (98)	-0,19	0,851
Beschäftigte 1995	19,6 (211)	14,5 (97)	0,72	0,472
Umsatz 1995 (TDM)	2.302,8 (192)	1.502,3 (85)	2,28	**0,023**
Umsatz pro Beschäftigtem (TDM)	254,4 (189)	178,6 (81)	1,46	0,147
Umsatzanteil BaWü bzw. Elsass (%)	58,2 (203)	72,6 (96)	-3,31	**0,001**

1 Angegeben sind die Mittelwerte. Werte in Klammern: Anzahl der Betriebe
2 T-Test zur Ablehnung oder Bestätigung der Null-Hypothese statistischer Verteilungen
3 In Fettdruck: statistisch signifikante Unterschiede zwischen beiden Regionen

Quelle: Koschatzky (1998b: 281)

Elsässische Unternehmen schätzten die regionalen *Rahmenbedingungen für Innovationen* im Durchschnitt positiver ein als badische Betriebe, wobei sie allerdings die Verkehrsinfrastruktur, die Zuliefererstruktur und das Beratungsangebot deutlich schlechter bewerteten als die Unternehmen in Baden. Hohe Personalkosten und staatliche Bürokratie, die in Baden als wesentliche Innovationshemmnisse genannt wurden, spielten im Elsass nur eine untergeordnete Rolle. Die *räumliche Struktur der Umsatzverteilung* machte deutlich, dass die Industriebetriebe beider Regionen gleichermaßen auf ihr näheres räumliches Umfeld, den restlichen Teil des Landes und das Ausland orientiert sind. Demgegenüber sind die elsässischen Dienstleister mit einem im Elsass erwirtschafteten Umsatzanteil von 66,4 % (Rechts- und Steuerberater sogar 95 %) erheblich nahbereichsorientierter als badische Betriebe (52,1% des Umsatzes stammte aus Baden-Württemberg). Während elsässische Unternehmen 3,3 % (Industrie) bzw. 4 % (Dienstleister) ihres Umsatzes in Baden erzielten, erreichten die wirtschaftlichen Verflechtungen der Unternehmen aus der Untersuchungsstichprobe in die Nachbarregion aus badischer Sicht ein erheblich niedrigeres Niveau. Hier lauteten die Vergleichswerte 0,8 % (Industrie) und 0,4 % (Dienstleister). Hinsichtlich der *grenzüberschreitenden Innovationskooperationen in die jeweilige Nachbarregion* war anhand der Befragungsdaten für die Industrie- und Dienstleistungsunternehmen nur eine geringe Verflechtungsintensität festzustellen (vgl. Abbildung 10). Dabei zeichneten sich elsässische Industriebetriebe durch eine größere Offenheit hinsichtlich der Zusammenarbeit mit baden-württembergischen Forschungseinrichtungen aus. 7,3 % hatten entsprechende Kontakte, während auf badischer Seite, sicherlich wegen des breiten Angebots an Forschungs-, Beratungs- und Transfereinrichtungen in Baden-Württemberg, kein Unternehmen aus der Stichprobe eine entsprechende Zusammenarbeit pflegte (Koschatzky 1998b: 285).

In einer flankierenden mündlichen Befragung von 15 badischen Industrie- und Dienstleistungsbetrieben wurden als **kooperationshemmende Faktoren** genannt (Koschatzky 2000b):

- Probleme im Verständnis der französischen institutionellen Strukturen und in der passenden Ansprache der richtigen Organisationen und Personen (Unfähigkeit, die richtige "institutionelle Sprache" zu sprechen);
- Mentalitätsunterschiede;
- Bürokratismus und Zentralismus in Frankreich;
- abgeschotteter Markt durch die Dominanz nationaler Zulieferer.

Andererseits stellten aber das niedrigere Lohnniveau, eine höhere Flexibilität und die geringere Steuerbelastung attraktive Standortvorteile des Elsass' für die befragten Betriebe dar, die sie aber für sich zum Befragungszeitpunkt als nicht relevant betrachteten.

Abbildung 10: **Räumliche Reichweite innovationsorientierter Kooperationsbeziehungen badischer und elsässischer Industriebetriebe**

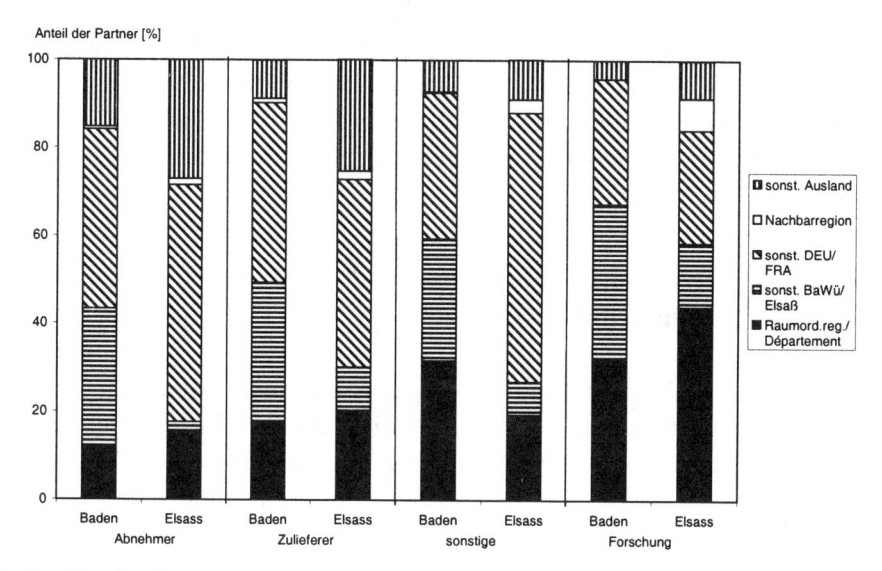

Quelle: Koschatzky (1998b: 284)

Aus *Sicht der Forschungseinrichtungen* wurde dieses Kooperationsmuster weitgehend bestätigt. 3,7 % der badischen und 1,6 % der elsässischen Institute gaben an, mit Unternehmen aus der Nachbarregion zusammenzuarbeiten. Anders sah der grenzüberschreitende Informations- und Wissensaustausch im Bereich der wissenschaftlichen Zusammenarbeit aus. Hier hatten 23,2 % der befragten Einrichtungen in Baden und 37,7 % der Institute aus dem Elsass Kontakte zu Hochschulen und anderen Forschungseinrichtungen in der Nachbarregion (Koschatzky 2000b).

Die Ergebnisse legen die Schlussfolgerung nahe, dass *räumliche Nähe allein als kooperationsförderndes Element nicht ausreicht*. Beide betrachteten Regionen sind eng in ihr jeweiliges nationales Innovationssystem integriert und stellen klar voneinander abgrenzbare regionale

Innovationssysteme dar, für die die Nachbarregion nur eine geringe Rolle spielt. Wenn räumliche Nähe zum Aufbau von Innovationsnetzwerken bedeutsam ist, dann nur innerhalb von institutionellen Systemen, nicht aber zwischen ihnen (Koschatzky/Sternberg 2000). Baden und Elsass stellen keinen Einzelfall dar. So kamen Reger/Hassink (1997) für das Ausmaß grenzüberschreitender Kooperationsbeziehungen in der Euregio Maas-Rhein zu vergleichbaren Ergebnissen. Auch dort waren grenzüberschreitende Innovationskontakte vor allem der deutschen Betriebe eher die Ausnahmen als die Regel.[398] So bleibt festzuhalten, dass trotz Internationalisierung und Globalisierung *nationale Rahmenbedingungen* nach wie vor einen großen Einfluss auf das Innovations- und Kooperationsverhalten vor allem kleiner und mittelgroßer Betriebe haben und dass trotz räumlicher Nähe zwischen potenziellen Kooperationspartnern institutionelle Barrieren den Informations- und Wissensaustausch erschweren.

6.2.2.7 Inventions- und Technikstrukturen in zwei deutschen Raumordnungsregionen

Anhand verschiedener Innovations- und Technologieindikatoren und ihrer Nutzung für empirische Analysen in den zwei Raumordnungsregionen Schwarzwald-Baar-Heuberg und Neckar-Alb zeigte Koschatzky (1997c) Ansatzpunkte für die Existenz unterschiedlicher Innovationskulturen auf. Die Studie stützte sich auf *regionale Patentanalysen* zur Erfassung technologischer Stärken und Schwächen sowie zur Analyse des Beitrages regionaler Forschungseinrichtungen für die Technikentwicklung, und auf die *Auswertung von Kennziffern über industrielle FuE-Aktivitäten* und einer *Regionalauswertung der Mittel aus der direkten Projektförderung des BMBF*. Neben der grundsätzlichen Anwendbarkeit der Innovationsindikatorik für regionale Technikanalysen hatte die Analyse interregionale Unterschiede im Forschungs- und Inventionsverhalten deutlich gemacht. Die stärkere industrielle Basis von Schwarzwald-Baar-Heuberg schlug sich in einer höheren Erfindungsaktivität dieser Region im Zeitraum 1980 bis 1990 und damit einer höheren

---

[398] "Ein zentrales Ergebnis...ist daher, dass die staatlichen Grenzen für die Betriebe der Euregio immer noch bestehen und diese nur in geringem Maße überschritten werden. Die technischen und wissenschaftlichen Potenziale, welche die Forschungseinrichtungen und Hochschulen in der Euregio bieten, werden *grenzüberschreitend* von den Unternehmen fast nicht genutzt" (Reger/Hassink 1997: 45).

Zahl von Patentanmeldungen am Deutschen Patent- und Markenamt nieder (vgl. Abbildung 11). Nach dem von Greif/Schmiedl (1998) vorgelegten Patentatlas für die Bundesrepublik Deutschland erreichte Schwarzwald-Baar-Heuberg mit 208,7 Anmeldungen pro 100.000 Beschäftigte im Zeitraum 1992 bis 1994 den neunten Rang unter den patentintensivsten deutschen Regionen Deutschlands, und lag damit nur knapp hinter München mit 213,5 Patentanmeldungen pro 100.000 Beschäftigte (Greif/Schmiedl 1998: 126-128). Werden Patentanmeldungen als (sicherlich nicht umfassender) Gradmesser für die Innovationsfähigkeit von Unternehmen verwendet,[399] zeigten die Untersuchungsergebnisse, dass Unternehmen in Schwarzwald-Baar-Heuberg im Durchschnitt innovativer waren als in Neckar-Alb. Bei dieser Bewertung ist allerdings zu berücksichtigen, dass in Neckar-Alb mehr Unternehmen Patente angemeldet hatten als in der Schwarzwaldregion (bei etwas größerer Grundgesamtheit in Neckar-Alb), die Zahl der Anmeldungen pro Unternehmen aber geringer war. Hinsichtlich regionaler FuE-Kooperationen machte die durchgeführte Patentanalyse deutlich, dass die Vernetzung zwischen Forschungs- und Transfereinrichtungen sowie Unternehmen in Schwarzwald-Baar-Heuberg deutlich ausgeprägter war als in Neckar-Alb. In der Schwarzwaldregion stammten einerseits eine Reihe von Erfindungen von Professoren der FH Furtwangen, andererseits wurden die meisten Entwicklungen, die von Professoren erfunden wurden, von Unternehmen zum Patent angemeldet. Für Neckar-Alb ergab die Patentanalyse dagegen eine nur geringe Verzahnung zwischen Forschungseinrichtungen und regionaler Industrie. Nahezu alle Professoren meldeten ihr Patent selbst an. Die Universität Tübingen spielte im Untersuchungszeitraum für einen Großteil der Industrieunternehmen in Neckar-Alb als Partner für Forschungskooperationen keine Rolle. Dies ist darauf zurückzuführen, dass zumindest für den Maschinenbau wegen des Fehlens einer maschinenbaulichen Fakultät keine fachlich passenden Ansprechpartner an der Universität vorhanden waren. Hier hat der Großraum Stuttgart mit seinen Universitäten und Forschungseinrichtungen als maschinenbauliches Kompetenzzentrum eine viel größere Bedeutung. Unternehmen in Neckar-Alb (zumindest im nördlichen Teil der Region) haben daher die Möglichkeit, mit überregionalen Forschungs- und Transfereinrichtungen zusammenzuarbeiten, während sich in der verkehrsmäßig schlechter erschlossenen Region Schwarzwald-Baar-

---

[399] Zur Aussagekraft von Patenten für Regionalanalysen vgl. Giese/von Stoutz (1998).

Heuberg eine intensivere Zusammenarbeit zwischen Industrie und regionalen Forschungs- und Transfereinrichtungen herausgebildet hat. Dies kann als eine regional angepasste Innovationsstrategie im Sinne eines *"innovativen Milieus"* interpretiert werden.

Abbildung 11: Patentintensitäten in Neckar-Alb und Schwarzwald-Baar-Heuberg 1980-1990

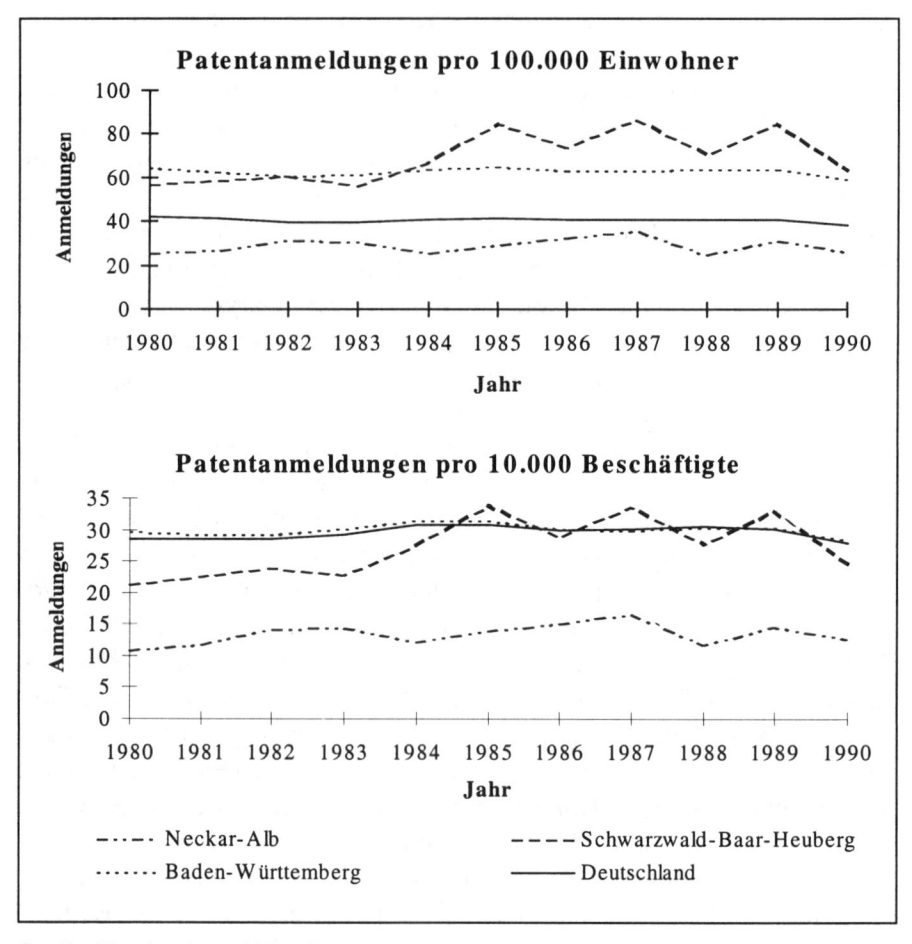

Quelle: Koschatzky (1997c: 52)

Die Ergebnisse dieser Studie können durch die Auswertung der für die Raumordnungsregionen Mittlerer Oberrhein (Karlsruhe), Südlicher Oberrhein (Freiburg) und Schwarzwald-Baar-Heuberg (Villingen-Schwenningen) zur Verfügung stehenden ERIS-Daten ergänzt werden (vgl. Abschnitt 6.2.2.6). Grundsätzlich haben die Befragungsergebnisse gezeigt, dass ein *positiver Zusammenhang zwischen betrieblichen Innovationsaktivitäten und der Unternehmensentwicklung* besteht. Dies betraf sowohl Unternehmen des Verarbeitenden Gewerbes als auch unternehmensnahe Dienstleister (vgl. Koschatzky/Traxel 1997; Koschatzky 1997d). Innovierende Betriebe brachten mehr neue Produkte auf den Markt, erzielten höhere durchschnittliche Umsätze und trugen stärker zur Beschäftigungssicherung bei als nicht-innovierende Unternehmen. Es waren vor allem die innovierenden Betriebe erfolgreich, die im Innovationsprozess mit anderen Partnern zusammenarbeiteten. Damit leisten Innovationen einen wichtigen Beitrag für die Beseitigung von Wettbewerbsschwächen und zur Steigerung der betrieblichen Wettbewerbsfähigkeit. Für die Region Schwarzwald-Baar-Heuberg konnte darüber hinaus gezeigt werden (vgl. Koschatzky 1997e: 38), dass

- sich unter den kleinen Betrieben der Region (bis 50 Beschäftigte bzw. 10 Mio. DM Jahresumsatz) mehr innovierende Betriebe befanden als in den Kammerbezirken Karlsruhe und Freiburg,

- die künftigen wirtschaftlichen Entwicklungsmöglichkeiten, gemessen an der Entwicklung der Beschäftigtenzahlen, in Schwarzwald-Baar-Heuberg positiver eingeschätzt wurden als in Karlsruhe und Freiburg,

- trotz geringerem Engagement in Forschung und Entwicklung (FuE-Personal, FuE-Aufwendungen) ähnliche Innovationsleistungen wie von Betrieben in Karlsruhe und Freiburg erzielt wurden,

- sich die Betriebe im Kammerbezirk stärker auf Entwicklungsarbeiten und die Nutzung von Vorerfahrungen aus der Produktion ähnlicher Produkte bzw. aus Vorläuferprodukten bei ihren Produkt- und Prozessinnovationen konzentrierten als die Unternehmen aus den beiden anderen Untersuchungsregionen,

- mit jeder in Forschung und Entwicklung investierten DM durchschnittlich ein höherer Umsatz mit neuen Produkten erzielt wurde als von Betrieben in Karlsruhe und Freiburg,

- die Produktpalette im Kammerbezirk schneller erneuert wurde als in den übrigen Befragungsregionen,

- bezogen auf das FuE-Humankapital mehr Erfindungen zum Patent angemeldet wurden als von Betrieben in Karlsruhe und Freiburg.

Anhand der verwendeten Innovationsparameter zeigte sich, dass die Betriebe in Schwarzwald-Baar-Heuberg nicht weniger innovativ als ihre Pendants in Karlsruhe und Freiburg waren. Auf Grund der faktisch ungünstigeren Rahmenbedingungen hatten sich die Betriebe durch ein *angepasstes Innovationsmanagement* auf ihre Standortsituation eingestellt. Da zudem die in der Region ansässigen Transfer- und Beratungseinrichtungen nachfrageorientiert arbeiteten, waren die Betriebe zu ähnlichen Unternehmensleistungen in der Lage wie die unter günstigeren Rahmenbedingungen agierenden Unternehmen in Karlsruhe und Freiburg.

6.2.3 Regionale Diffusion neuer Technologien

Vor dem Hintergrund der Ergebnisse anderer Diffusionsstudien, die zwar regionale Unterschiede in den Adoptionsraten, aber keine empirische Evidenz eines vom Zentrum auf die Peripherie gerichteten hierarchischen Diffusionsmusters ergeben haben (vgl. Abschnitt 4.1.2), führten Koschatzky *et al.* (1996a) eine Untersuchung zum zeitlichen und räumlichen Muster der Einführung von CIM-Techniken in Deutschland durch. Datengrundlage war ein Datensatz des Fraunhofer-Instituts für Systemtechnik und Innovationsforschung (ISI), der von 847 westdeutschen Unternehmen, vornehmlich aus den Branchen Maschinenbau sowie Teilen der Elektrotechnik und Feinmechanik/Optik, die fertigungstechnische Investitionsgüter herstellen, Informationen über den Ersteinsatz von 17 verschiedenen CIM-Bausteinen[400] sowie Angaben zur Anzahl der Beschäftigten, zum Umsatz, Investitionen, Exportquote, Anteil

---

400 Die 17 CIM-Bausteine wurden zu folgenden Gruppen zusammengefasst: **Automatisierungstechniken:** NC/CNC-gesteuerte Maschinen, flexible Fertigungssysteme/-zellen, Industrieroboter/Handhabungssysteme, Montageautomatisierung, automatisierte Lagerhaltungssysteme, automatisierte Materialflusssysteme. **Produktoptimierende Techniken:** CAD (rechnergestütztes Konstruieren), rechnergestützte Arbeitsplanung, rechnergestützte NC-Programmierung, CAQ (rechnergestützte Qualitätssicherung). **Prozessoptimierende Techniken:** kommerzielle EDV: Vertrieb, Versand, Kundendienst, Angebotserstellung; PPS-Kapazitätsplanung/Zeitwirtschaft, PPS-Materialwirtschaft, rechnergestützte Auftrags- und Werkstattsteuerung, Fertigungsleitstand, BDE (Betriebsdatenerfassung), CAQ (rechnergestützte Qualitätssicherung). **Keine Zuordnung bei:** kommerzielle EDV: Rechnungswesen/Finanzbuchhaltung, kommerzielle EDV: Lohn- und Gehaltsbuchhaltung.

neuer Produkte sowie zu den FuE-Ausgaben für die Jahre 1985, 1987 und 1989 enthält. Der Datensatz ähnelte in seiner Struktur dem Durchschnitt aller westdeutschen Unternehmen aus den Branchen Maschinenbau, Elektrotechnik, Feinmechanik/Optik zum damaligen Zeitraum, allerdings bei deutlich nach oben verschobenen durchschnittlichen Unternehmensgrößen. Dies traf vor allem auf den Maschinenbau (durchschnittliche Unternehmensgröße 1989: 198 Beschäftigte; Datenbank: 545 Beschäftigte) und die Feinmechanik/Optik zu (116 zu 480 Beschäftigte). Diese Verzerrung rührte daher, dass in dem Datensatz vornehmlich mittelständische Unternehmen berücksichtigt wurden (59 % der Unternehmen haben zwischen 50 und 499 Beschäftigte), während kleine Unternehmen (bis 49 Beschäftigte) zu 22 Prozent und große Unternehmen (über 500 Beschäftigte) zu 19 Prozent in der Datenbank enthalten waren.

Hinsichtlich der *zeitlichen Diffusion der CIM-Techniken* konnte gezeigt werden, dass mit Ausnahme der NC/CNC-gesteuerten Maschinen, die schon in den 1970er Jahren einen deutlichen Nutzungsanstieg verzeichneten, die Nutzungsintensität der übrigen CIM-Techniken erst in den 1980er Jahren z.T. steil anstieg (z.B. CAD). Andererseits gab es CIM-Bausteine, die auch 1990 nur gering verbreitet waren (z.B. automatische Materialflusssysteme oder Montageautomatisierung; vgl. Abbildung 12). Da der Sättigungspunkt für einzelne Techniken nicht bekannt ist, musste dieser zur Berechnung von Nutzungsquoten, die sich nicht an der Gesamtzahl der Unternehmen, sondern an der Anzahl von Unternehmen, die jeweilige Technik überhaupt einsetzen können, orientieren, mit Hilfe der Trendanalyse bestimmt werden (logistische Kurve). Für NC/CNC-gesteuerte Maschinen ergab sich beispielsweise eine statistisch wahrscheinliche Sättigung bei 76 Prozent.

Abbildung 12: Diffusionskurven der drei CIM-Gruppen

Automatisierungstechniken

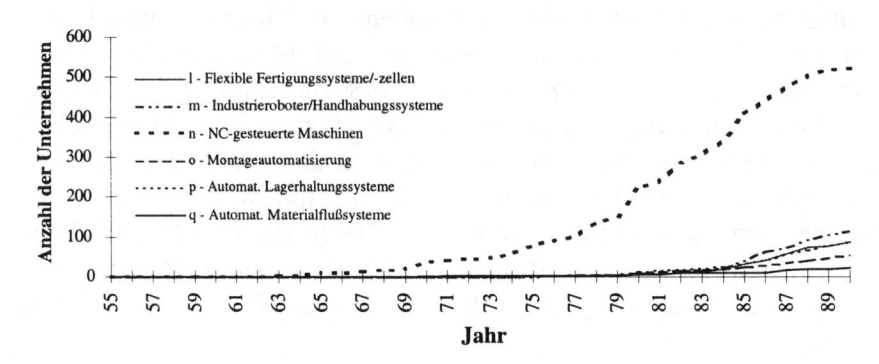

- l - Flexible Fertigungssysteme/-zellen
- m - Industrieroboter/Handhabungssysteme
- n - NC-gesteuerte Maschinen
- o - Montageautomatisierung
- p - Automat. Lagerhaltungssysteme
- q - Automat. Materialflußsysteme

Produktoptimierende Techniken

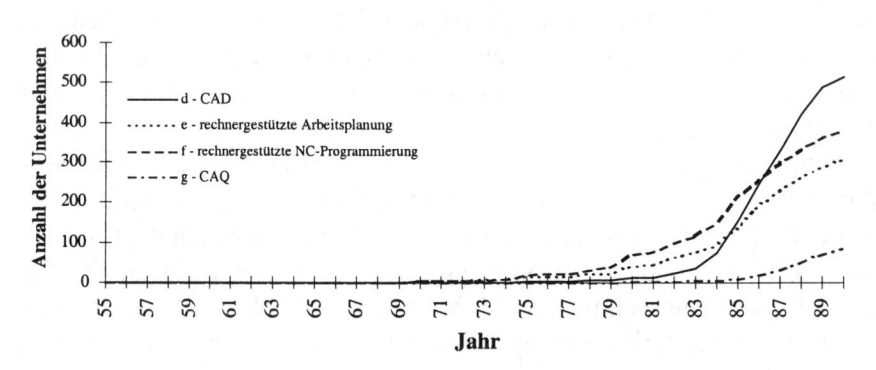

- d - CAD
- e - rechnergestützte Arbeitsplanung
- f - rechnergestützte NC-Programmierung
- g - CAQ

Prozeßoptimierende Techniken

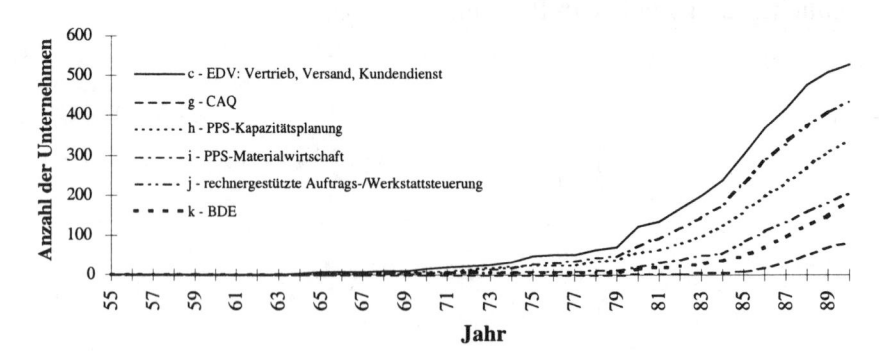

- c - EDV: Vertrieb, Versand, Kundendienst
- g - CAQ
- h - PPS-Kapazitätsplanung
- i - PPS-Materialwirtschaft
- j - rechnergestützte Auftrags-/Werkstattsteuerung
- k - BDE

Quelle: Koschatzky *et al.* (1996a: 10)

Das *regionale Ausbreitungsmuster* für die einzelnen CIM-Techniken wurde auf der Grundlage der westdeutschen Raumordnungsregionen ermittelt. Diese Analysen stellen nicht die Ausbreitung der Technik bei allen potenziellen Nutzern dar, sondern nur bei den Unternehmen der Untersuchungsstichprobe. Da der Datensatz besonders mittelständische Unternehmen abbildete, machten die regionalen Diffusionsmuster vor allem Aussagen über das Nutzungsverhalten von mittelständischen Unternehmen aus den drei analysierten Branchen. Hinsichtlich des Zusammenhangs zwischen Unternehmensgröße und Zeitpunkt der Erstnutzung einer Technik konnten Ergebnisse von Ewers *et al.* (1989) bestätigt werden, die anhand von Computeranwendungen nachgewiesen haben, dass größere Unternehmen neue Techniken früher einsetzen als mittlere oder kleine Unternehmen.

Bei der räumlichen Ausbreitung der "frühen" Technik NC/CNC wird zunächst eine von Baden-Württemberg (Neckar-Alb) und dem nordwestlichen Teil Bayerns (Bayerischer Untermain) - beides Regionen mit Verdichtungsansätzen - ausgehende Süd/Mitte-Nord-Diffusion deutlich, die auch bei vielen anderen der analysierten Techniken zu beobachten war (vgl. Abbildung 13). Dieses Muster war unabhängig von der pro Raumordnungsregion in der Datenbank enthaltenen Anzahl an Betrieben, da auch in Norddeutschland vergleichbare Betriebszahlen pro Region vorhanden waren. Das Regionalmuster zeigte keine spezifisch hierarchische Technikdiffusion, sondern wies eher auf *Nachbarschaftseffekte* hin. Weitaus bedeutender als regionale Effekte waren aber kumulative Lernprozesse der Unternehmen im Umgang mit neuen Technologien in der Vergangenheit (beispielsweise inflexible integrierte Produktionssysteme), die eine Erfahrungs- und Wissensbasis geschaffen hatten, auf deren Grundlage wiederum die Entscheidung für die Einführung neuer Techniken getroffen wurde. Weiterhin konnte festgestellt werden, dass Brancheneffekte statistisch auszuschließen sind. Dies wird durch eine auf der Basis von 783 Maschinenbauunternehmen für Italien durchgeführte Analyse über die Diffusion von NC-, FFS-, CAD-, CAM-Komponenten bestätigt (Colombo/Mosconi 1994). Sie kam zu dem Ergebnis, dass die Anzahl von Adoptoren in einer Region oder regionale Unternehmenscluster einer Branche nur einen geringen Erklärungsbeitrag zur Technikdiffusion liefern.

Bezogen auf den Ersteinsatz einer CIM-Technik ließen sich *zwischen den Raumordnungsregionstypen* (Verdichtungsräume, Regionen mit

Verdichtungsansätzen, ländliche Räume) *keine statistisch signifikanten Unterschiede* feststellen. Es gab weder eindeutige Vorreiter, noch eindeutige Nachzügler. Auf diesem regionalen Analyseniveau erfolgte die Technikeinführung weitgehend homogen. Auch auf der Ebene einzelner Raumordnungsregionen fielen bei den jeweiligen CIM-Techniken keine Regionen auf, in denen die Unternehmen immer früh mit dem Ersteinsatz der Techniken begonnen - abgesehen von der Tatsache, dass in norddeutschen Regionen der Ersteinsatz durchschnittlich zwei bis sechs Jahre später erfolgte als im südlichen Teil Deutschlands. Dies wird anhand der "späten" Technik CAQ deutlich, deren Diffusion Anfang der 1980er-Jahre begann und die bis einschließlich 1987 von keinem der in der ISI-Datenbank enthaltenen Unternehmen aus Niedersachsen, Bremen, Hamburg und Schleswig-Holstein genutzt wurde. Erst 1988 führten Unternehmen in Hamburg und Ostholstein diese Technik ein (vgl. Abbildung 14). Spezifische Ursachen für diesen Zeitverzug konnten nicht ermittelt werden.

Hinsichtlich der Anzahl der von den Unternehmen im Durchschnitt pro Region eingesetzten Techniken waren ebenfalls keine prägnanten Unterschiede erkennbar. Das konnte anhand der Regionstypen gezeigt werden. Bei Automatisierungstechniken schwankte die Zahl der durchschnittlich eingesetzten Techniken zwischen 1,28 (Verdichtungsräume -VD-), 1,27 (Regionen mit Verdichtungsansätzen -VK-) und 1,25 (ländlich geprägte Regionen -L-). Bei prozessoptimierenden Techniken war das Bild identisch: 2,42 (VD), 2,43 (VK), 2,43 (L). Nur bei den produktoptimierenden Techniken waren Unterschiede feststellbar: 1,69 (VD), 1,78 (VK), 1,97 (L). Hier wurde insbesondere eine leicht stärkere Nutzung von rechnergestützter Arbeitsplanung und rechnergestützter NC-Programmierung in ländlichen Regionen sichtbar, die als Ausdruck einer Technikkompensation für fehlendes Fachpersonal (Techniker, Ingenieure) in ländlichen Regionen interpretiert wurde (Koschatzky *et al.* 1996a: 13).

Abbildung 13: Räumliche Ausbreitung von NC/CNC

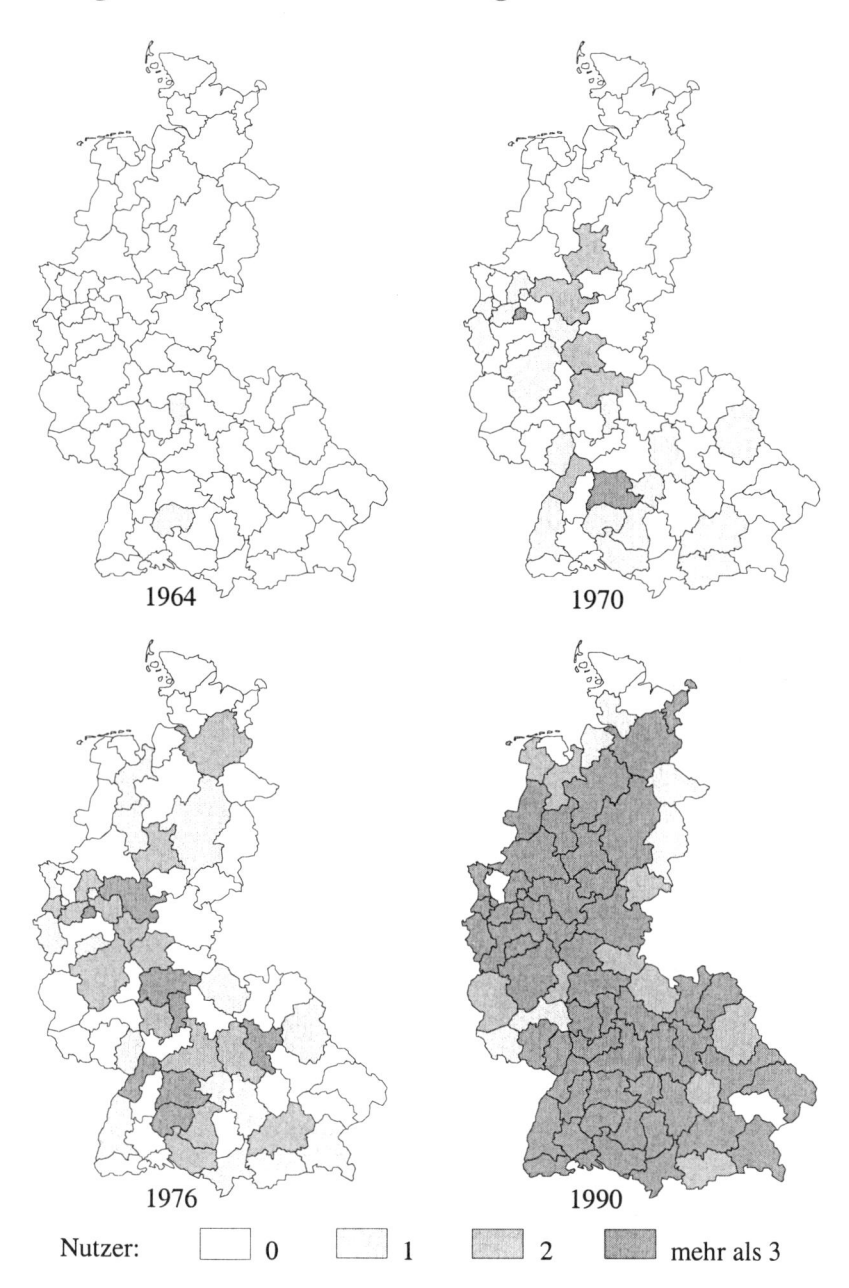

1964   1970

1976   1990

Nutzer: ☐ 0   ☐ 1   ▨ 2   ▓ mehr als 3

Quelle: Koschatzky *et al.* (1996a: 12)

Abbildung 14: Räumliche Ausbreitung von rechnergestützter Qualitätssicherung (CAQ)

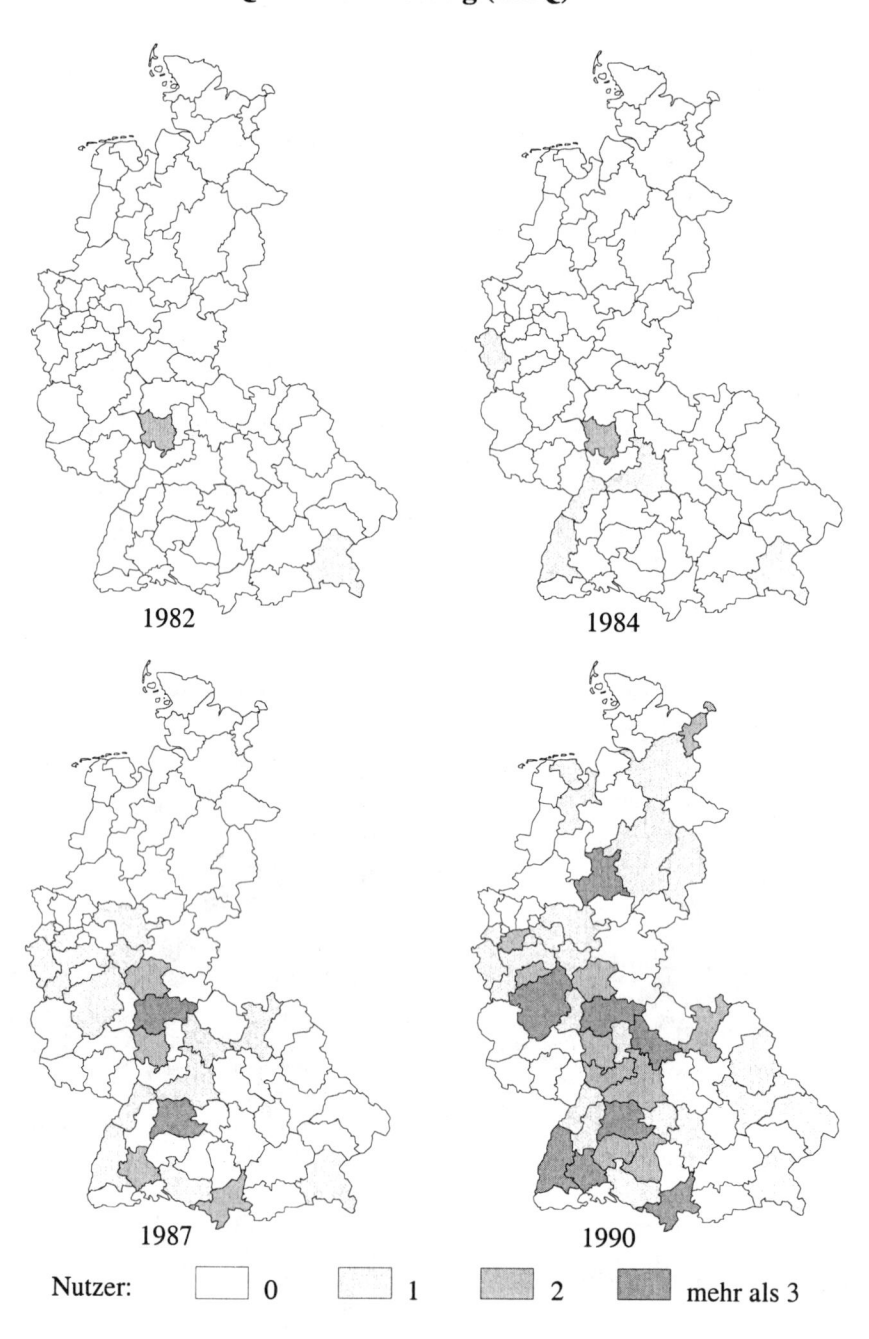

1982   1984

1987   1990

Nutzer: ☐ 0   ☐ 1   ▨ 2   ■ mehr als 3

Quelle: Koschatzky *et al.* (1996a: 14)

Insgesamt haben die Untersuchungsergebnisse für Westdeutschland *keine statistisch signifikanten Unterschiede in der regionalen Diffusion und Nutzung von CIM-Techniken* ergeben. Regionale Variationen bestanden nur im Einführungszeitpunkt der einzelnen Techniken: Zwar wurden in Norddeutschland einzelne CIM-Bausteine im Durchschnitt etwas später als in der Mitte und im Süden eingesetzt, aber dennoch waren auch hier keine Abhängigkeiten vom Regionstyp erkennbar. Hinsichtlich *betrieblicher Merkmale* zeigte die Nutzung von NC/CNC-Maschinen (Koschatzky et al. 1996a: 15), dass

- die Nutzungsquote mit der Firmengröße stieg,
- Unternehmen des Maschinenbaus die Technik signifikant stärker nutzten als Unternehmen der Elektrotechnik,
- Maschinenbauunternehmen NC/CNC früher eingesetzt hatten als Elektrotechnikunternehmen,
- in ländlichen Regionen eine leicht höhere Nutzungsquote vorhanden war (die sich allerdings durch die Branchenverteilung erklären ließ), und
- vor 1960 gegründete mittelgroße Unternehmen leicht höhere Nutzungsquoten aufwiesen als jüngere Firmen, während bei großen und kleinen Unternehmen keine Abhängigkeit zwischen Unternehmensalter und Techniknutzung bestand.

Die weit gehende regionale Homogenität bedeutet aber nicht, dass auch die Einführungsmuster und -gründe einheitlich waren. Zusätzlich durchgeführte Unternehmensfallstudien sowie die Ergebnisse zum Zeitpunkt und zur Intensität der Nutzung einzelner CIM-Bausteine deuten darauf hin, dass Unternehmen *spezielle Einführungsstrategien bezogen auf ihr regionales Umfeld* verfolgten (z.B. Hinzuziehung externer Einrichtungen bei der Technikeinführung, Kompensation fehlender qualifizierter Mitarbeiter durch Technikeinsatz in ländlichen Regionen), die sich aber nur in geringen regionalen Nutzungsunterschieden manifestierten. Da der Erfolg des Einsatzes neuer Techniken entscheidend von der Qualifikation der Beschäftigten abhängt, stellen die *weitgehend einheitlichen institutionellen Rahmenbedingungen* hinsichtlich Aus- und Weiterbildung sowie beruflicher Qualifizierung in Deutschland wichtige Erklärungsfaktoren für die regionale Nutzungshomogenität dar. Durch das flächendeckende zweistufige berufliche Ausbildungssystem, ein gut ausgebautes Infrastruktur- und Kommunikationsnetz und die polyzentrische

Struktur Deutschlands haben Unternehmen und ihre Mitarbeiter auch in ländlichen Regionen den gleichen Zugang zu Information und Qualifikation wie Betriebe, die in Verdichtungsräumen angesiedelt sind. Entweder sind durch Kammern, Berufsbildungszentren und andere Einrichtungen Ausbildungsangebote in ländlichen Regionen vorhanden, oder aber die Schulung für den Technikeinsatz erfolgt durch die Hersteller bzw. Vertriebspartner der neuen Hard- und Software. Regional spezifische Nutzungsmuster der Technik, die als Folge des Fehlens dieser einheitlichen Rahmenbedingungen durch Solidarisierung und Kompensationsleistungen zwischen Unternehmen einer Branche entstehen und ein Kernelement innovativer Milieus darstellen (z.B. gemeinsam organisierte berufliche Aus- und Weiterbildung), konnten anhand der regionalen Diffusionsmuster nicht identifiziert werden.

6.2.4 Regionale Netzwerkstudien

6.2.4.1 Internationalisierung, Netzwerke und regionale Integration technologieintensiver kleiner Unternehmen

In einer Auswertung eines 1991 erhobenen Datensatzes von knapp 2.000 KMU, der durch Interviews bei 100 zufällig ausgewählten technologieintensiven KMU aus den Regionen Cambridge und Oxford ergänzt wurde, widmeten sich Keeble *et al.* (1998) u.a. der Frage, ob Unternehmen mit überdurchschnittlichen Exportquoten ("internationalist SMEs") weniger stark regional integriert sind als Unternehmen mit unterdurchschnittlicher Exportquote ("nationalist SMEs"). Für technologieintensive KMU aus den beiden Regionen Oxford und Cambridge stellten sie mit Ausnahme der lokalen Beziehungen zu Kunden sowie zu Zulieferern und Unterauftragnehmern für exportintensive Betriebe eine stärkere regionale Einbettung fest als für die "nationalist firms".[401] Aus den Anteilen der Unternehmen, die diese lokalen Beziehungen als wichtig oder sehr wichtig einschätzten, leiteten die Autoren ab, dass "relatively intense local networking especially in regard to research and technological

---

[401] "...internationalist SMEs actually record *higher*, not lower, local linkage intensities and frequencies than their nationally-oriented counterparts. This is particularly true for three types of local networking, namely research collaboration with other firms, research collaboration with local universities, and links with firms in the same sector or 'line of business'" (Keeble *et al.* 1998: 337).

development, this appears to be a hallmark not of nationalist, but of internationalist, high-technology enterprises", und dass "the results may well reflect the importance of local embeddedness, of local access to expertise and technologies, in sustaining firm technological innovation and leadership, including leadership in global markets" (Keeble *et al.* 1998: 338).402 Mit diesen Ergebnissen unterstreichen sie die Argumentation Porter's, nach der auch global agierende Unternehmen eine Heimatbasis haben, in die sie eingebettet sind und die ihnen die Grundlage für internationale Wettbewerbsfähigkeit schafft. Andererseits ist auch die Schlussfolgerung möglich, dass komplementäre Netzwerkbeziehungen nicht nur bei regional orientierten Unternehmen relevant sind (in diesem Fall Ergänzung intraregionaler durch interregionale Kooperationen), sondern ebenso bei international ausgerichteten Betrieben, die ihre interregionalen Interaktionen durch intraregionale Beziehungen ergänzen.

6.2.4.2 Betriebliche Innovationstätigkeit im Bodenseeraum und im Elsass

Einen Vergleich der Innovationstätigkeit von Unternehmen aus dem deutschen Bodenseeraumes mit der französischen Region Elsass führten Hahn *et al.* 1991/1992 durch (Hahn *et al.* 1994). Sie stellten territoriale Innovationsnetzwerke durch die Analyse von Firmenverflechtungen mit ihrer regionalen Umwelt in den Mittelpunkt der Analyse. Aus dem Elsass konnten 200 Betriebe, aus dem Bodenseeraum 111 Betriebe berücksichtigt werden. Für interregionale Vergleiche wurden 42 Betriebe aus

---

402 Zur Diskussion der Embeddedness-These und ihrer Anwendung für die Erklärung der Beziehungen von Unternehmen mit ihrem lokalen und regionalen Umfeld vgl. Oinas (1997). Sie gelangt zu der Schlussfolgerung, dass "if we wish to continue to use the concept of embeddedness, its meaning will have to be specified more accurately. We need to understand the various ways in which firms as collective actors and various individuals or groups of them are embedded, and the ways in which these different embeddednesses are related to each other and to economic outcomes, both at the level of firms and their spatial environments. We need to understand the degree to which firms' embeddedness in local social relations enhances or hinders processes of change in both firms and in their local environments. Similarly, we need to understand the degree to which extra-local embeddedness of firms encourages economic development in some cases, and inhibits it in others" (Oinas 1997: 30).

dem Bodenseeraum und 64 Firmen aus dem Elsass analysiert. Folgende **Untersuchungsfragen** sollten beantwortet werden:

- Welchen Einfluss hat die "Region" auf die Innovationsstruktur und das Innovationsverhalten?
- Welche Bedeutung haben regionale Verflechtungsnetze für das Innovationsverhalten?
- Gibt es, nach der Reichweite differenziert, verschiedene Netztypen und Innovationsschemata?
- Welche Beziehungen bestehen zwischen der Unternehmens- und der Innovationsstruktur?
- Welche Netzwerkstrukturen haben die Entscheidungsträger ausgewählt, welche sind wettbewerbsbedingt?

Ein wichtiges Ergebnis der Studie betrifft die Erstellung einer Typologie von Verflechtungs- und Innovationsschemata. Diese vermittelt Hinweise auf die Reichweite von Netzen, wichtige Impulsgeber, Kontakthäufigkeiten und die Innovationsart (vgl. Abbildung 15). Danach sind Absatzverflechtungen und die Beziehungen zu Kunden nicht an die räumliche Nähe gebunden. Beziehungen zu Zulieferern bedürfen demgegenüber eher der räumlichen Nähe.

Abbildung 15: Typologie der Verflechtungs- und Innovationsschemata

Reichweite	Impulsgeber	Kontakthäufigkeit	Innovationstyp
lokal, regional	- Institutionen - Wissenschaft - Dienstleister - Zulieferer	- bei Bedarf - bei Bedarf - Routineaufgaben - häufig	Produktinnovationen, Prozessinnovationen, Verbesserungen, Differenzierungen
national	- Kunden - Zulieferer - technische Inputs	- sehr hoch - sehr hoch - bei Bedarf	eher Produktinnovationen, Verbesserungen
international	- Kunden - Zulieferer - Service/Vertrieb - technische Inputs - Mutterunternehmen - Wissenschaft	- sehr hoch - hoch - hoch - bei Bedarf - hoch - hoch	Produktinnovationen, Kapitalbeteiligungen, Verbesserungen, neue Märkte

Quelle: Hahn *et al.* (1994: 201)

Hinsichtlich regionalpolitischer Implikationen lässt sich aus der Untersuchung die Schlussfolgerung ableiten, dass räumliche Nähe per se keine Voraussetzung für die Anbahnung von Kooperationsbeziehungen und den Aufbau eines betrieblichen Innovationsnetzwerkes ist. Vor allem größere Unternehmen sind in ihren Kontakten vorwiegend national oder international orientiert, während kleinere Betriebe eher die räumliche Nähe benötigen. Andererseits sind aber gerade die institutionellen Partnern von Unternehmen, d.h. Forschungseinrichtungen, Hochschulinstitute, Beratungseinrichtungen und sonstige Dienstleister auf die Nähe zu ihren industriellen Partnern angewiesen, da diese entsprechende Dienstleistungen vorwiegend aus dem näheren räumlichen Umfeld einkaufen. Aus diesen Strukturen ist erkennbar, dass Innovationsnetzwerke durchaus eine wichtige Rolle für Unternehmen spielen, sie aber nur in Teilbereichen eine spezifisch regionale Komponente haben. Dies trifft insbesondere auf den institutionellen Teil des Netzwerkes zu. "In fact, there is no mystery: the territory exists ex ante only for institutions" (Héraud 1994: 1485).

6.2.4.3 Innovationsdeterminanten im interregionalen Vergleich

Basierend auf Daten einer industriellen Innovationserhebung, die 1995/1996 in den Regionen Hannover-Braunschweig-Göttingen, Baden, Elsass sowie im Freistaat Sachsen im Rahmen des European Regional Innovation Survey (ERIS) durchgeführt wurde, analysierte Koschatzky (1997f, 1998a) für die drei Regionstypen "Agglomerationsräume", "Regionen mit Verdichtungsansätzen" und "ländliche Regionen" anhand einer logistischen Regression den Zusammenhang zwischen unternehmensinternen (strukturellen) sowie externen (regionalen bzw. netzwerkorientierten) Variablen und unternehmerischen Innovationsaktivitäten.[403] Für die Auswertungen standen Daten von insgesamt 2.037 über-

---

[403] Die logistische Regression schätzt die Wahrscheinlichkeit des Auftretens eines Ereignisses in Beziehung zum Nichtauftreten dieses Ereignisses, z.B. die Realisierung von Innovationen, aus einem Satz unabhängiger Variablen. Dabei werden die Modellparameter durch die Maximum-Likelihood Methode geschätzt (vgl. Demaris 1992). Neben dem Regressionskoeffizienten B und seiner Signifikanz wird der partielle Korrelationskoeffizienten R, der einen Hinweis auf den Beitrag der jeweiligen unabhängigen Variable zum Gesamtmodell vermittelt, angegeben. Der Korrelationskoeffizient jeder Variable wird durch die Zusammensetzung aller Variablen bestimmt (Modell). Werden neue Variablen in das Modell eingeführt, ändern sich die Korrelationskoeffizienten aller Variablen. R kann Werte zwischen -1

wiegend kleinen und mittelgroßen Unternehmen zur Verfügung, von denen 1.257 in Agglomerationsräumen, 586 in Regionen mit Verdichtungsansätzen und 194 in ländlichen Regionen angesiedelt waren. Mit dieser Verteilung wurde der Einfluss der Verdichtungsregionen geringfügig überbewertet, der der ländlichen Regionen leicht unterbewertet. Für die logistischen Regressionen, die sowohl für alle Regionen (vgl. Tabelle 2) als auch getrennt nach den einzelnen Regionstypen berechnet wurden, sind zur Abbildung betriebsstruktureller Merkmale Variablen des Datensatzes ausgewählt worden, die Aussagen zur Größe, zum Technologieniveau, zur Produktvielfalt, zur Informationsweitergabe im Unternehmen, zum Humankapital, zur Kontinuität von Forschung und Entwicklung sowie zu Patentaktivitäten machen. Regions- bzw. Netzwerkmerkmale sind die Bewertung agglomerationsbezogener regionaler Rahmenbedingungen, die Existenz von regionalen (innerhalb des jeweiligen Bundeslandes bzw. Départements) bzw. regionalen und überregionalen innovationsbezogenen Kooperationsbeziehungen mit Abnehmern und Zulieferern sowie die Existenz von Kooperationen mit Forschungseinrichtungen und unternehmensnahen Dienstleistern.[404]

---

und +1 annehmen. Positive Koeffizienten weisen auf eine erhöhte Eintrittswahrscheinlichkeit des Ereignissses hin, sofern alle übrigen Einflüsse konstant bleiben.

[404] Die Variablen in Tabelle 2 haben folgende Bedeutung: *GRÖSSE*: Betriebsgröße gemessen an der Zahl der Beschäftigten. Unterschieden wird zwischen kleinen (bis 99 Beschäftigte) und großen (100 und mehr Beschäftigte) Betrieben, die als Referenzkategorie dienen (dichotome Variable); *TECHNIV*: Das Technologieniveau eines Betriebes wird durch drei Kategorien definiert (kategoriale Variable): *HITECH*: FuE-Input bezogen auf den Umsatz > 8,5 %, *MEDTECH*: FuE-Input bezogen auf den Umsatz 3,5 % bis 8,49 %, *LOWTECH*: FuE-Input bezogen auf den Umsatz bis zu 3,49 % = Referenzkategorie; *VIELFALT*: Anzahl gefertigter Produkte. Unterscheidung zwischen großer (30 und mehr Produkte) und geringer (weniger als 30 Produkte) Vielfalt (dichotome Variable); *INFOSTRU*: Breite versus selektive bzw. nur geringe Weitergabe (Referenz) von Informationen im Betrieb (dichotome Variable); *HUMANKAP*: Anteil von Mitarbeitern mit Fachhochschul- oder Universitätsabschluss (kontinuierliche Variable); *FOKONT*: Kontinuität von Forschungsaktivitäten (dichotome Variable); *ENTKONT*: Kontinuität von Entwicklungsaktivitäten (dichotome Variable); *PATAKT*: Patentaktivitäten vorhanden bzw. nicht vorhanden (= Referenz) (dichotome Variable); *REGIONSTYP*: Unterscheidung nach BfLR (jetzt BBR) Regionstypen; *ZENTRAL*: Verdichtungsräume; *INTERMED*: Regionen mit Verdichtungsansätzen; *PERIPHER*: ländliche Räume = Referenz; *AGGLO*: Positive versus negative Einschätzung (= Referenz) agglomerationsbezogener regionaler Rahmenbedingungen (Verfügbarkeit geeigneter Arbeitskräfte, allgemeines Innovationsklima, Forschungsangebot, Beratungsangebot) (dichotome Variable); *REGNET*: Kooperationsbeziehungen mit regionalen Abnehmern oder Zulieferern vorhanden bzw. nicht vorhanden (dichoto-

Die Variablen lagen in dichotomer, kategorialer oder kontinuierlicher Form vor. In den logistischen Regressionsmodellen erfolgte die Ermittlung des Einflusses der Variablen auf die zwei dichotomen abhängigen Variablen "Produktinnovation" (PRODINNO) und "Prozessinnovation" (PROZINNO) (Koschatzky 1998a: 393).

Die Analysen kamen anhand der verwendeten Daten und Methodik zu folgenden **Ergebnissen** (Koschatzky 1997f: 102-107):

- Interne Betriebscharakteristika übten einen stärkeren Einfluss auf die Erklärung betrieblicher Produkt- und Prozessinnovationsaktivitäten aus als betriebsexterne Einflussfaktoren (regionale Faktoren bzw. Netzwerkmerkmale).

- Betriebsgröße spielte nur in Regionen außerhalb der Verdichtungsräume zur Erklärung von Prozessinnovationen eine Rolle, sodass die Wahrscheinlichkeit ihres Auftretens in diesen Regionstypen mit zunehmender Betriebsgröße stieg.

- Eine hohe FuE-Intensität (FuE-Aufwendungen bezogen auf den Umsatz > 8,5 %) war stärker mit Produktinnovationen verbunden, während mittlere FuE-Intensitäten von Betrieben (3,5 % - 8,5 %) die Wahrscheinlichkeit der Durchführung von Prozessinnovationen erhöhten.

- Die Wahrscheinlichkeit der Durchführung von Innovationen erhöhte sich mit zunehmender Produktevielfalt der Betriebe und einem dezentral organisierten Zugang zu Informationen und Wissen.

- Kontinuierliche Entwicklungsaktivitäten erhöhten die Realisierungswahrscheinlichkeit von Innovationen, während von kontinuierlichen Forschungsaktivitäten z.T. ein negativer Einfluss auf betriebliche Innovationsaktivität ausging (allerdings nur für Produktinnovationen in Agglomerationsräumen statistisch signifikant).

- Ein statistisch signifikanter Zusammenhang zwischen Patent- und Innovationsaktivitäten bestand nur für Produktinnovationen.

---

me Variable); *KOMPNET*: Regionale und überregionale Kooperationsbeziehungen mit Abnehmern oder Zulieferern vorhanden bzw. nicht vorhanden (dichotome Variable); *RESNET*: Zusammenarbeit mit Forschungseinrichtungen vorhanden bzw. nicht vorhanden (dichotome Variable); *SERVNET*: Zusammenarbeit mit Dienstleistungsunternehmen vorhanden bzw. nicht vorhanden (dichotome Variable).

- Von positiv wahrgenommenen urbanen Umfeldbedingungen (Agglomerationsvorteile) ging ein positiver Effekt auf Produktinnovationen aus.

- Der Einfluss ausschließlich regionaler, d.h. auf das jeweilige Bundesland bzw. Département beschränkter Innovationsnetzwerke auf die betriebliche Innovationsaktivität war negativ (allerdings statistisch nicht signifikant), der von räumlich komplementären Netzwerkbeziehungen positiv (wenn auch nur für Prozessinnovationen in Regionen mit Verdichtungsansätzen statistisch signifikant). Mögliche regionale Milieueffekte ließen sich wegen des dominanten Einflusses der betriebsstrukturellen Variablen nicht identifizieren.

- Kooperationen mit Forschungseinrichtungen erhöhten dort, wo die meisten Forschungseinrichtungen angesiedelt sind, die Innovationswahrscheinlichkeit, d.h. in Agglomerationsräumen.

- Kontakte zu unternehmensnahen Dienstleistern standen in engem Zusammenhang (wenn auch meist nicht signifikant) zu Prozessinnovationen und wirkten nur in ländlichen Regionen signifikant auf die betriebliche Innovationstätigkeit ein (z.B. durch die Optimierung von Prozessen).

- Das räumliche Umfeld eines Betriebes beeinflusste betriebliche Innovationsaktivitäten dahingehend, dass Unternehmen in Agglomerationsräumen einen Innovationsvorteil gegenüber Betrieben in anderen Regionen hatten. Dieser Einfluss ließ sich aber weniger an konkreten Raumeinheiten (Regionstypen) festmachen, sondern an einem positiv wahrgenommenen räumlichen Umfeld. "Wird das positiv wahrgenommene Umfeld als "Milieu" bezeichnet, dann unterstützen die Analyseergebnisse die Annahme von Vertretern des Milieu-Ansatzes, dass sich der Milieu-Einfluss nicht auf administrative Raumeinheiten beschränkt, sondern in einem "Unterstützungsraum"...wirksam wird, der als räumlich nicht trennscharf abgrenzbares Territorium durch innovationsrelevante Aktivitäten sowohl regionaler als auch außerregionaler Akteure gespeist wird" (Koschatzky 1997f: 108).

Mit diesen Ergebnissen werden Aussagen aus anderen Innovationsstudien bestätigt, die ebenfalls eine höhere Wahrscheinlichkeit von Prozessinnovationen außerhalb von Verdichtungsräumen ermittelten (vgl.

Tabelle 2: Logistische Regressionen (Gesamtmodell)

Unabhängige Variable	Abhängige Variable			
	PRODINNO		PROZINNO	
	B*	R**	B*	R**
GRÖSSE	-0,0692 (0,6716)	0,0000	-0,5137 (0,0002)++	-0,0648
TECHNOLOGIE-NIVEAU	(0,0000)+++	0,2957	(0,0000)+++	0,2785
HITECH	1,0102 (0,0000)+++	0,1207	0,4895 (0,0000)+++	0,0894
MEDTECH	0,6575 (0,0000)+++	0,0832	0,7270 (0,0000)+++	0,1306
VIELFALT	1,2727 (0,0000)+++	0,1686	0,7198 (0,0000)+++	0,1115
INFOSTRU	0,9291 (0,0000)+++	0,1280	0,6901 (0,0000)+++	0,1092
HUMANKAP	-0,0059 (0,2372)	0,0000	-0,0163 (0,0002)++	-0,0654
FOKONT	-0,3832 (0,0394)++	-0,0283	-0,0610 (0,6903)	0,0000
ENTKONT	1,0008 (0,0000)+++	0,1296	0,4808 (0,0002)++	0,0645
PATAKT	1,1607 (0,0000)+++	0,1201	0,1880 (0,1867)	0,0000
REGIONSTYP	(0,6319)	0,0000	(0,5295)	0,0000
ZENTRAL	0,0936 (0,3481)	0,0000	0,0983 (0,2610)	0,0000
INTERMED	0,0255 (0,8139)	0,0000	0,0107 (0,9102)	0,0000
AGGLO	0,3726 (0,0775)+	0,0200	0,1272 (0,4724)	0,0000
REGNET	-0,2582 (0,4259)	0,0000	0,0391 (0,8916)	0,0000
KOMPNET	0,5807 (0,0840)+	0,0187	0,3225 (0,2764)	0,0000
RESNET	0,2240 (0,1325)	0,0097	0,3432 (0,0076)++	0,0428
SERVNET	0,0709 (0,6585)	0,0000	0,3934 (0,0086)++	0,0419
Konstante	-0,4508 (0,0717)+		-0,5869 (0,0076)++	
Fallzahl		2.037		2.037
Vorhersageerfolg des Modells (%)		81,74		75,01

*: Regressionskoeffizienten. In Klammern: Signifikanz. Signifikanzniveau: +++ = 1 %, ++ = 5 %, + = 10 %; **: Partieller Korrelationskoeffizient

Quelle: eigene Berechnungen

Tödtling 1995) bzw. die betriebliche Charakteristika als Ursachen für regionale Unterschiede im Innovationsverhalten identifizierten (z.B. Meyer-Krahmer *et al.* 1984; Pfirrmann 1991).

Als *regionalpolitische Implikation* lässt sich aus der Untersuchung ableiten, dass sich Innovationspotenziale nicht ausschließlich durch regional begrenzte Maßnahmen erschließen lassen, sondern interregionale Kooperationsbeziehungen einen wesentlichen Mechanismus zur Nutzbarmachung von außerhalb der Region verfügbaren Potenzialen darstellen, durch die regionale Defizite kompensiert werden und zu einer positiveren Einschätzung der regionalen Umfeldbedingungen führen können. Entsprechende Förderstrategien sind aber nur dann sinnvoll, wenn die Fähigkeit von Unternehmen, Netzwerkbeziehungen aufzubauen und zu pflegen, ebenfalls entwickelt werden.

6.2.4.4 Innovationsnetzwerke von Industriebetrieben und unternehmensnahen Dienstleistern

Die in Abschnitt 6.2.4.3 vorgestellte Studie hatte aufgezeigt, dass die Zusammenarbeit mit unternehmensnahen Dienstleistern in dem verwendeten Regressionsmodell nur einen geringen Erklärungsbeitrag für Innovationen in Industriebetrieben leistete. In einer weiteren Auswertung des ERIS-Datensatzes analysierte Koschatzky (1999b) den Zusammenhang zwischen Netzwerkaktivitäten und betrieblicher Innovationsintensität bei Industrie- und Dienstleistungsunternehmen anhand verschiedener Probit-Modelle. Es erfolgte wiederum eine Differenzierung nach Regionstypen, wobei in diese Auswertung nur die deutschen Regionen Baden, Hannover-Braunschweig-Göttingen und Sachsen eingingen. Es konnten 1.795 Industriebetriebe und 840 unternehmensnahe Dienstleister berücksichtigt werden.

Die **wesentlichen Untersuchungsergebnisse** lassen sich wie folgt zusammenfassen (Koschatzky 1999b: 751-753):

- Innovationsnetzwerke hatten für Industriebetriebe eine geringere Bedeutung als für Dienstleister. Obwohl in beiden Unternehmensgruppen die Zusammenarbeit mit externen Partnern die Innovationsintensität positiv beeinflusste, war dieser Einfluss anhand der Probit-Modelle bei den Dienstleistungsbetrieben stärker nachweisbar. Eine überdurchschnittliche Innovationsintensität (> 3,5 % Innovationsaufwendungen bezogen auf den Umsatz) hing somit im Dienstleistungsbereich stärker von Netzwerkbeziehungen ab als im Verarbeitenden Gewerbe.[405]

- Innerhalb vertikaler Innovationsnetzwerke kooperierten Industriebetriebe vorwiegend mit Kunden außerhalb der eigenen Region. Innovationsrelevante Zuliefererbeziehungen wurden demgegenüber vorwiegend intraregional organisiert. Dieses räumliche Muster spiegelt die generellen Absatz- und Zulieferverflechtungen der Unternehmen wider. Von horizontalen Netzwerken mit Forschungseinrichtungen ging der höchste Erklärungsbeitrag für betriebliche Innovation aus. Dabei wurden überwiegend räumliche nahe Kooperationen realisiert, wobei insbesondere Unternehmen in Agglomerationsräumen von Netzwerken mit Forschungseinrichtungen profitierten. Die Zusammenarbeit mit anderen Unternehmen, die den zweiten horizontalen Netzwerkpartner darstellen, erfolgte demgegenüber meist über die Regionsgrenzen hinweg.[406]

- Technische sowie selbst innovierende Dienstleister beeinflussten die Innovationsintensität von Industriebetrieben stärker als beratende Dienstleistungsunternehmen. Ein generell gültiger innovationsfördernder Effekt durch die Zusammenarbeit mit innovativen unternehmensnahen Dienstleistern konnte anhand der Auswertungen nicht festgestellt werden. Während räumliche Nähe bei der Zusammenar-

---

[405] "...the innovation intensity of service firms is much more strongly affected by networking activities than that of manufacturing firms. Service firms rely to a greater extent on external knowledge in their own innovation activities than industrial companies" (Koschatzky 1999b: 753).

[406] Anhand einer Befragung von 62 kleinen und mittelgroßen Betrieben des Maschinenbaus aus der Region Neckar-Alb gelangten Grotz/Braun (1993) zu folgenden Ergebnissen hinsichtlich der Art und Reichweite von Kooperationsbeziehungen sowie der Bedeutung des räumlichen Umfeldes: "a) the majority of important weak ties and innovation-oriented linkages are still based on traditional supplier-customer relationships; b) most weak ties and innovation-oriented relationships are far less spatially restricted than generally assumed; c) regional exchange of information is rather concerned with general business issues than with innovation-oriented questions; d) regional co-operations which aim to overcome size problems (economies of scale, economies of scope) are very limited; e) the local environment or milieu seems to be important for the gathering of information about management and distribution strategies, whereas with respect to innovation- and technology-oriented information, interregional networks and linkages are more common" (Grotz/Braun 1993: 159).

beit mit beratenden Dienstleistern (u.a. Rechtsanwälte, Steuer- und Unternehmensberater) eine Rolle spielte, hatten räumlich komplementäre Netzwerke den höchsten Erklärungsbeitrag für Kooperationen mit technischen Dienstleistern.

- Für innovierende Dienstleistungsbetriebe stellten Kooperationspartner aus der Industrie die wichtigste Wissensquelle dar. Im Gegensatz zu den Industrieunternehmen waren Kontakte zu Forschungseinrichtungen meist interregionaler Natur. Ohnehin wurde in horizontalen Netzwerken überwiegend interregional kooperiert. Dies traf insbesondere auf Betriebe zu, die ihren Standort außerhalb der Agglomerationsräume haben.

- Hinsichtlich des Zusammenhanges zwischen Innovationsintensität und räumlicher Reichweite von Kooperationsbeziehungen lassen die Ergebnisse die Schlussfolgerung zu, dass innovationsfreudige Industrie- und Dienstleistungsbetriebe in der Tendenz stärker mit intra- und interregionalen Partnern zusammenarbeiteten, während Unternehmen mit unterdurchschnittlicher Innovationsintensität eine höhere Wahrscheinlichkeit für intraregionale Innovationskooperationen aufwiesen.

- Während sich für die drei Regionstypen bei den innovierenden Industriebetrieben keine signifikanten Unterschiede im Kooperationsverhalten ergaben, deuten die Auswertungen auf ein stärker interregional ausgerichtetes Kooperationsmuster bei Dienstleistern hin, die in Agglomerationsräumen angesiedelt sind. Danach hatten in städtischen Regionen ansässige Dienstleistungsbetriebe ein räumlich diversifizierteres Interaktionsmuster als Betriebe in den übrigen Regionstypen.

Innovationspolitische Schlussfolgerungen beziehen sich auf die im Vergleich zu den Industriebetrieben stärkere Netzwerkabhängigkeit der Dienstleister bei ihren Innovationsaktivitäten. Hierbei ist zu beachten, dass Dienstleister im Durchschnitt erheblich kleiner als Industrieunternehmen sind und daher über weniger interne Ressourcen und Kapazitäten zur Organisation und Durchführung eigener Innovationsprozesse verfügen. Zudem sind Dienstleister wegen geringerer vertikaler Arbeitsteilung viel weniger in produktionsorientierte Netzwerke, die eine additive Wissensquelle und die Grundlage für innovationsorientierte Kooperationen darstellen, eingebunden als Industriebetriebe. Daher sollte sich, so das Fazit der Analyse, die regionale Innovationspolitik in größerem Maße als bisher auf die Zielgruppe der kleinen und mittelgroßen Dienstleistungsbetriebe ausrichten und regionstypenspezifische Netzwerkförderung betreiben. Dort, wo eine Vielzahl potenzieller Kooperationspartner verfügbar ist, z.B. in Agglomerationsräumen, sollte das regionale Wissenspotenzial durch die Intensivierung intraregionaler Netzwerke ausgebaut werden, während in Regionen mit einem geringeren intraregionalen Wissensangebot der Aufbau interregionaler Kontakte gefördert werden sollte.[407]

6.2.4.5 Innovationsmuster und Innovationsnetzwerke kleiner Industrie- und Dienstleistungsbetriebe

Vor dem Hintergrund der theoretischen Diskussion über den Einfluss der Unternehmensgröße auf die betriebliche Innovationsaktivität (vgl. Abschnitt 6.1.2) dienten Koschatzky/Zenker (1999b) die ERIS-Daten für Industrie- und Dienstleistungsunternehmen aus den Regionen Baden sowie Hannover-Braunschweig-Göttingen als empirische Grundlage für die **Klärung folgender Fragen** (Koschatzky/Zenker 1999b: 8):

(1) Durch welche strukturelle Merkmale unterscheiden sich kleine und große Unternehmen?

(2) Welche Innovationsstrategien werden in den beiden Unternehmensgruppen angewandt?

(3) Welche externen Informationsquellen werden verwendet und wie wird die Informationsverteilung innerbetrieblich organisiert?

(4) Welche Wissensquellen werden für Innovationen genutzt und durch welche räumliche Reichweiten zeichnen sich die Innovationsnetzwerke kleiner und großer Betriebe aus? Lassen sich Unterschiede zwischen Regionstypen erkennen?

(5) Welche Innovationshemmnisse bestehen und wie werden die jeweiligen regionalen Rahmenbedingungen eingeschätzt?

---

407 "In the case of the sample regions the results of the probit analyses would suggest improving the access of firms to interregional networks in rural areas, e.g. directly or via cooperation with firms and research institutions already linked to outside sources, and improving the information base for establishments in central regions about potential cooperation partners located in the vicinity of their own firm" (Koschatzky 1999b: 754).

(6) Bestehen Gemeinsamkeiten im Innovationsverhalten zwischen kleinen Industriebetrieben und kleinen Dienstleistern, oder unterscheiden sich die beiden Sektoren unabhängig von der Betriebsgröße?

(7) Welche regionalpolitischen Schlussfolgerungen können aus den Ergebnissen abgeleitet werden?

Zur Abgrenzung zwischen "kleinen" und "großen" Betrieben diente eine Homogenitätsanalyse, anhand derer auf Grund von Ähnlichkeiten bzw. Unähnlichkeiten für die Industrie- und die Dienstleistungsstichprobe jeweils zwei Unternehmensgruppen gebildet wurden (Koschatzky/Zenker 1999b: 10). Als klein wurde danach ein Industriebetrieb definiert, wenn er bis zu 40 Beschäftigte hatte; große Industriebetriebe hatten mehr als 76 Beschäftigte (vgl. Abbildung 16). Als kleine Dienstleister wurden Betriebe mit bis zu 3 Beschäftigten verstanden, große Dienstleister zeichneten sich durch mehr als 21 Beschäftigte aus.

Abbildung 16: **Homogenitätsanalyse zur Abgrenzung kleiner und großer Industrieunternehmen**

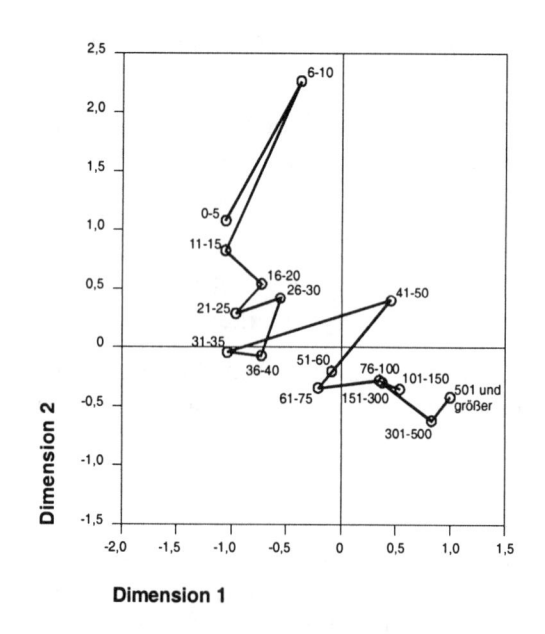

Quelle: Koschatzky/Zenker (1999b: 10)

Aus der empirischen Analyse konnten folgende Antworten auf die Forschungsfragen gefunden werden (ebenda: 32-36).

Frage (1):

- Kleine Industrie- und Dienstleistungsbetriebe zeichneten sich durch einen höheren regionalen Marktanteil aus als größere Unternehmen. Dabei war die regionale Marktorientierung der kleinen Dienstleister größer als die der kleinen Industriebetriebe. Insgesamt waren damit kleine Firmen abhängiger von regionalen Nachfragebedingungen als größere Betriebe.
- Der Anteil hoch qualifizierter Mitarbeiter war in kleinen Industriebetrieben höher als in größeren Unternehmen. Bezogen auf die absolute Zahl von Arbeitskräften beschäftigten große Unternehmen mehr qualifizierte Mitarbeiter.
- Kleine Dienstleister waren stärker von Unternehmen als Kunden abhängig, während größere Dienstleistungsbetriebe einen breiteren Kundenstamm aufwiesen.

Frage (2):

- Die Innovationsaktivität in kleinen Unternehmen war stärker auf Produktinnovation ausgerichtet. In größeren Unternehmen bestand eine engere Verzahnung zwischen Produkt- und Prozessinnovation.
- Kleine Industrie- und Dienstleistungsbetriebe investierten einen höheren Anteil ihres Umsatzes und Personals in Forschung und Entwicklung; die absoluten Beträge waren aber höher in größeren Unternehmen.
- Kleine Industriebetriebe führten nur gelegentlich Entwicklungsarbeiten durch, während die größeren Unternehmen kontinuierlich Entwicklung betrieben und entsprechende Innovationsroutinen entwickelt hatten.

Frage (3):

- Informationszugang und Informationsweitergabe wurden in kleinen Betrieben zentral koordiniert, sodass eine starke Abhängigkeit von der Wissensbasis und der Absorptionskapazität des 'Gatekeepers' bestand. Demgegenüber wurden Informationsflüsse in größeren Unternehmen stärker dezentral koordiniert, was das Risiko der Nichtaufnahme und –verarbeitung betrieblich relevanten Wissens vermindert.

- Im Vergleich zu größeren Unternehmen nutzten kleine Betriebe Wettbewerber, Zulieferer und Forschungseinrichtungen weniger intensiv als Informationsquelle (vgl. Abbildung 17 für Kooperationen mit Forschungseinrichtungen). Die Informationssammlung kleiner Dienstleister unterschied sich von der größerer Betriebe nur dadurch, das erstere deutlich weniger wissenschaftliche Informationsquellen nutzten.

- Die räumlichen Reichweiten vertikaler und horizontaler Informationsnetzwerke differierten zwischen kleinen und großen Dienstleistern nur wenig. Vor allem kleine Betriebe in Agglomerationsräumen hatten signifikant geringeren Zugang zu internationalen Informationsquellen als die größeren Firmen.

Abbildung 17: **Art der Kooperationsbeziehungen mit Forschungseinrichtungen von kleinen und größeren Unternehmen**
(Unternehmensanteile in %)

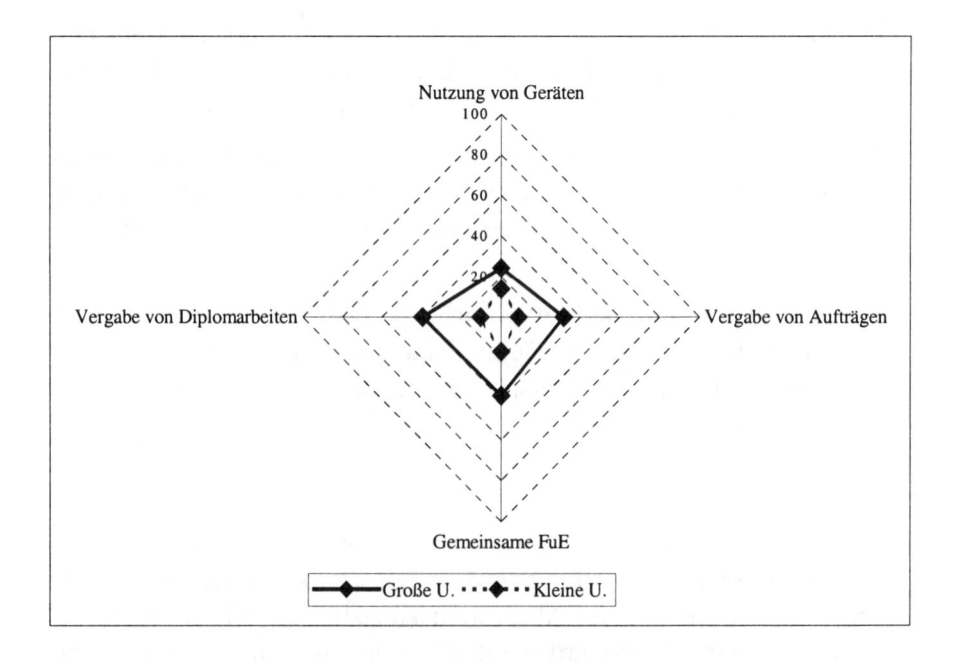

Quelle: deutsche Übersetzung nach Koschatzky/Zenker (1999b: 25)

Frage (4):

- Netzwerke mit Abnehmern und Zulieferern sowie die Zusammenarbeit mit unternehmensnahen Dienstleistern waren bedeutendere Wissensquellen für Industriebetriebe als horizontale Netzwerke. Diese Rangfolge war von der Betriebsgröße unabhängig.

- In vertikalen Netzwerken ließen sich keine regionalen Einflüsse auf die Bedeutung und räumliche Reichweite von Kooperationsbeziehungen erkennen, sodass eine Abhängigkeit von der Qualität des regionalen Umfeldes auf Netzwerkaktivitäten nicht erkennbar war.[408]

- Horizontale Netzwerke wurden vor allem von größeren Unternehmen zur Beschaffung komplementären Wissens genutzt. Kleine Betriebe waren stärker von produktionsbasierten (vertikalen) Beziehungen abhängig.[409] Von Agglomerationsräumen ging ein positiver Einfluss auf die Kooperationswahrscheinlichkeit aus. Dies betraf auch horizontale Netzwerke von kleinen Betrieben. Demgegenüber waren kleine Firmen in ländlichen Regionen weniger in horizontale Netzwerke integriert, was auf ein begrenztes Angebot an möglichen Kooperationspartnern in diesen Regionen zurückgeführt werden kann.

- Große Industriebetriebe nutzten das Unterstützungsangebot von technischen und beratenden Dienstleistern stärker als kleine Unternehmen. Letztere arbeiteten vor allem mit beratenden Dienstleistern zusammen. Dieses Verhaltensmuster traf weitgehend auf alle drei Regionstypen zu, sodass sich ein regionstypenbedingter Einfluss auf Dienstleistungsnetzwerke nicht feststellen ließ.

- Kleine Industrieunternehmen kooperierten signifikant häufiger mit Partnern aus der gleichen Region. Demgegenüber hatten größere Betriebe einen höheren Anteil komplementärer, d.h. intra- und interregi-

---

[408] Unter Nutzung der selben Datenbasis, allerdings einschließlich von Daten aus Sachsen, fand Fritsch (1999: 12) für vertikale Kooperationsbeziehungen, "...that not only the propensity to have at least one cooperative relationship but also the number of cooperative relationships increases with size."

[409] Über ein ähnliches Ergebnis berichten Wolff *et al.* (1994: 114), die die FuE-Kooperationen von 316 kleinen und mittelgroßen Unternehmen analysierten: "..."höherwertige" Formen der technikbezogenen Zusammenarbeit (hängen) von der Unternehmensgröße (ab): die vertraglich geregelte FuE-Kooperation ist gekennzeichnet durch größere Unternehmen, während in der Kategorie "keine technikbezogene Zusammenarbeit" im Durchschnitt die Unternehmen am kleinsten sind."

onaler Netzwerkbeziehungen. Durch ihre stärkere regionale Integration waren kleine Firmen in stärkerem Maße von der Verfügbarkeit und Qualität regionaler Wissensquellen abhängig, während größere Unternehmen Kooperationsrisiken durch die Wahl von Partnern aus unterschiedlichen Regionen verringern können.

- Während innerhalb der drei Regionstypen das Kooperationsmuster zwischen kleinen und größeren Unternehmen hinsichtlich horizontaler Verflechtungen und Dienstleistungsnetzwerke differierte, wurde es nur leicht durch das regionale Umfeld beeinflusst. Der Regionstyp spielte nur bei horizontalen Netzwerken dahingehend eine Rolle, dass vor allem in ländlichen Regionen kleine Industriebetriebe weniger häufig interregionale Kooperationen aufwiesen.

Frage (5):

- Wesentliche Innovationshemmnisse kleiner Industriefirmen betrafen einen Mangel an Marketing-Mitarbeitern und den unzureichenden Zugang zu externem Wissen. Kleine Dienstleister hatten Probleme bei der Kapitalakquisition und bei der Suche nach qualifizierten Mitarbeitern. Im Allgemeinen bestanden weniger große Unterschiede in der Bewertung von Innovationshemmnissen zwischen Industrie- und Dienstleistungsunternehmen als zwischen den beiden Größenklassen. Die Problemlagen kleiner Industrie- und Dienstleistungsbetriebe waren ähnlicher als die zwischen kleinen und großen Unternehmen in den beiden Sektoren.

- Kleine Unternehmen aus beiden Sektoren bewerteten die regionalen Rahmenbedingungen für Innovation schlechter als größere Betriebe. Im Vergleich der drei Regionstypen wurde das Innovationsklima am positivsten in den Agglomerationsregionen eingeschätzt (unabhängig von der Betriebsgröße). Allerdings konnten größere Unternehmen besser von ihrem regionalen Umfeld profitieren, da sie auch weniger Probleme in Regionen mit ungünstigeren Rahmenbedingungen hatten als kleine Betriebe.

Frage (6):

- Aus den Analysen wurde deutlich, dass mehr Gemeinsamkeiten zwischen kleinen Industrie- und Dienstleistungsunternehmen als zwischen kleinen und großen Industriebetrieben bestanden. Kleine und größere Dienstleister verhielten sich demgegenüber weitgehend ähnlich in ihren Informations- und Kooperationsaktivitäten. Dies ist ein Hinweis auf die Bedeutung der Unternehmensgröße als differenzierendes Merkmal für Struktur- und Verhaltensmuster der Betriebe. Das traf vorwiegend auf die Industrieunternehmen der Befragungsstichprobe zu, weniger auf die Dienstleister.

Implikationen für eine regions- und unternehmensgrößenspezifische regionale Innovationspolitik (**Frage 7**) lassen sich aus der stärkeren Vernetzung kleiner Unternehmen mit ihrem räumlich nahen Umfeld und der teilweise beobachtbaren Unterschiede im Innovations- und Kooperationsverhalten zwischen den einzelnen Regionstypen ableiten. Wenn sich, wie für Agglomerationsräume zu vermuten ist, das regionale Umfeld innovationsfördernd auf kleine Unternehmen auswirkt, besteht keine innovationspolitische Handlungsnotwendigkeit. Wenn aber durch die stärkere regionale Vernetzung Nachteile für kleine Betriebe entstehen, dann sollten die durch geeignete Maßnahmen (z.B. Förderung interregionaler Kooperationsbeziehungen, Aufbau wissensorientierter regionaler Netzwerke) vermindert werden. Dies trifft insbesondere auf Betriebe in Regionen mit Verdichtungsansätzen und in ländlichen Regionen zu, die ihre Umfeldbedingungen schlechter bewerteten als Unternehmen in Agglomerationsräumen. Allerdings muss nicht automatisch mit einem Standort außerhalb von Verdichtungsregionen eine schlechtere betriebliche Innovationsleistung verbunden sein (vgl. Keeble 1997: 289). Als wichtige Schlussfolgerung wurde aus der Untersuchung abgeleitet, die Fähigkeiten für endogene Lernprozesse und zur Identifikation und Verarbeitung betriebsrelevanten Wissens in kleinen Unternehmen zu verbessern. Damit ließe sich die Zahl interessanter Kooperationspartner auch in weniger entwickelten Regionen verbessern.

Die Ergebnisse dieser Studie hinsichtlich der engen Wechselwirkungen zwischen dem räumlichen Umfeld eines Unternehmens (beispielsweise definiert durch ein innovationsförderndes Milieu, einer gemeinsamen technologischen Basis und spezifischen Qualifikationen der Arbeitskräfte) und seiner Innovationsaktivität werden durch *viele weitere empirische Innovationserhebungen* bestätigt (exemplarisch für das Silicon Valley und die Route 128 vgl. Saxenian 1985, 1990, 1994). Vor allem bei kleinen Unternehmen ist dieser Einfluss stark ausgeprägt, da ihnen Ressourcen und Fähigkeiten für ein komplexes Netzwerkmanagement fehlen (Klein Woolthuis *et al.* 1998) und die räumliche Reichweite ihrer Netzwerkbeziehungen meist auf die Standortregion begrenzt ist (Feldman 1994b: 370; Sternberg 1999). Obwohl auch innerhalb der Gruppe der kleinen Unternehmen wie auch der der großen Unternehmen die Fähigkeit zur Nutzung internen und externen Wissens jeweils unterschiedlich entwickelt sein kann, haben größere Unternehmen in der Regel eine größere Ressourcenbasis hinsichtlich ihrer Ausstattung mit Humankapital, Kapital und Wirtschaftskraft und können daher nationale und internationale Wissensquellen effizienter nutzen als kleine Unternehmen. Dies wird immer wieder in empirischen Netzwerkstudien deutlich, nach denen große Unternehmen häufiger in vielschichtigen und räumlich diversifizierten Netzwerken involviert sind als kleinere Unternehmen (Backhaus/Seidel 1998; Sternberg 1998). Meist ist dieses Muster auch eng mit der räumlichen Umsatzstruktur korreliert, so wie es auch in der präsentierten Studie festgestellt wurde. Im Durchschnitt erzielen kleine Unternehmen einen höheren Teil ihres Umsatzes auf lokalen und regionalen Märkten, während große Unternehmen mit höherer Wahrscheinlichkeit internationalen Geschäftsbeziehungen aufweisen.

Noch engere regionale Vernetzungen bestehen bei *Unternehmensgründungen*. Untersuchungen zur Standortwahl von Unternehmensgründern zeigen, dass die Gründung eines neuen Unternehmens meist im regionalen Umfeld des Gründers erfolgt (Fritsch 1990a: 243). Über dieses Umfeld besteht der beste Informationsstand und hier sind auch die intensivsten sozialen Kontakte vorhanden, die für den Unternehmensaufbau genutzt werden können. Die Analyse des Standortverhaltens von Existenzgründern, die durch das Eigenkapitalhilfe-Programm (EKH) in Baden-Württemberg gefördert wurden, hat ergeben, dass 71,9% der Gründer ihr eigenes Unternehmen in der Gemeinde ansiedelten, in der sie selbst wohnen (Schmude 1994: 79). Darin wird eine nur geringe räumliche Mobilitätsbereitschaft von Unternehmensgründern sichtbar, die Regionen begünstigt, in denen kreative Potenziale vorhanden sind und ein überdurchschnittliches gründungsfreundliches Klima herrscht. So finden in Deutschland die meisten Gründungen technologieorientierter Unternehmen in den Kernstädten bzw. in hochverdichteten Kreisen großer Verdichtungsräume statt (Fritsch 1994: 15). Relativ, d.h. pro 1.000 Beschäftigte, sind aber mehr Gründungen im Umland dieser Regionen zu beobachten (Suburbanisierungseffekte), vor allem in den Kreisen, die durch die Nähe zu Städten mit ausgeprägter Forschungsinfrastruktur charakterisiert sind (Nerlinger/Berger 1995: 26). Aus diesem räumlichen Muster lässt sich die Schlussfolgerung ableiten, dass das regionale Umfeld, z.B. über die Existenz von Inkubatoreinrichtungen und die Forschungsinfrastruktur, eine wichtige Rolle im Gründungsgeschehen junger Technologieunternehmen spielt. Andererseits zeigen Analysen zu den Faktoren, die Innovationsaktivitäten in jungen, kleinen und mittleren Unternehmen beeinflussen, dass für diese Unternehmen interne Faktoren, wie z.B. die Marketingorganisation und das Innovationsmanagement, wichtiger für den Innovationserfolg sind als das regionale Umfeld (vgl. die bei Pfirrmann 1994b: 52 angegebenen Quellen). Trotzdem darf gerade für junge und kleine Technologieunternehmen die Bedeutung eines regionalen Informations- und Beratungsangebots und der Integration in regionale Innovationsnetzwerke für den Unternehmenserfolg nicht unterschätzt werden (Herden 1992).

6.2.4.6   Innovationsnetzwerke von Forschungseinrichtungen

Eine von Koschatzky/Broß (1999) vorgelegte Analyse über das Kooperationsmuster slowenischer Forschungs- und Transfereinrichtungen vertritt die These, dass auf Grund von in Zeiten sozialistischer Planwirtschaft entwickelten Routinen und dem damals vorherrschenden linearen Innovationsmodell vom Typ des sowjetisch-leninistischen Science-push, in dem interaktive Lernprozesse und die Rückkopplung von Anwenderbedürfnissen nicht existent bzw. unterentwickelt waren, Kooperationsmuster den ökonomischen Transformationsprozess in der Republik Slowenien überdauert haben, die sich in einer Fragmentierung der Innovationsakteure und in nicht auf den industriellen Bedarf ausgerichteten wissenschaftlichen Wissens- und Unterstützungsangeboten niederschlagen.[410]

Datengrundlage stellte die schriftliche Befragung von Forschungseinrichtungen dar, die zwischen 1997 und 1998 im Rahmen des European Regional Innovation Survey (ERIS) in der Republik Slowenien durchgeführt wurde. Der Forschungsdatensatz umfasste 60 Einrichtungen (Rücklaufquote 47,6 %), von denen 22 % Universitätsinstitute, 50 % öffentliche Forschungseinrichtungen und Transferstellen und 28 % sonstige, meist private Forschungsorganisationen waren (Koschatzky/ Broß 1999: 14). Auf kleine Institute (bis zu 10 Wissenschaftlern) entfielen 30,5 %, auf große mit mehr als 50 Wissenschaftlern 27,1 % aller

---

[410] Vgl. dazu ausführlich Broß (2000); sie auch Koschatzky/Broß (2001).

Einrichtungen. Die Untersuchung zielte auf die Beantwortung folgender **Fragen**:

(1) Mit welchen Partnern arbeiten Forschungseinrichtungen in welcher Häufigkeit zusammen und wie hat sich Bedeutung externer Kooperationen im Zeitablauf geändert?

(2) Welche Arten von Kooperationsbeziehungen herrschen vor?

(3) Wie sieht das räumliche Muster der Kooperationen aus?

(4) Welche Schlussfolgerungen können für den Wissenstransfer zwischen Unternehmen und Forschungseinrichtungen abgeleitet werden? Sind slowenische Forschungsinstitute wichtige Partner, die slowenische Unternehmen im ökonomischen Transformationsprozess unterstützen können?

Wichtigste Kooperationspartner slowenischer Forschungseinrichtungen waren Unternehmen aus dem Produktions- und Dienstleistungssektor. 82,5 % der Institute aus der Stichprobe arbeitete mit Unternehmen, 80,7 % mit anderen Forschungseinrichtungen zusammen. Vor allem staatliche und nicht-staatliche FuE-Einrichtungen pflegten unternehmensbezogene Kooperationsbeziehungen, allerdings überwiegend mit größeren Unternehmen ab 100 Beschäftigte. Dabei hatte sich aus Sicht der Institute die Zusammenarbeit seit der Unabhängigkeit 1991 verbessert. Universitätsinstitute kooperierten weniger mit Unternehmen und wiesen im Untersuchungszeitraum eine intensive Zusammenarbeit mit der öffentlichen Verwaltung auf. Dies ist u.a. darauf zurückzuführen, dass Universitäten im sozialistischen System vorwiegend Lehraufgaben wahrzunehmen hatten und nach der Unabhängigkeit des Landes die dortigen Forschungskapazitäten erst aufgerüstet werden mussten. Daneben sind Hochschulen, wie auch die staatlichen FuE-Einrichtungen, in Wissenschaftsnetzwerken präsent, während die sonstigen, privaten Institute nur in geringer Intensität mit anderen Forschungseinrichtungen kooperieren. Auch im Forschungssektor stieg die Kooperationsneigung mit zunehmender Größe der Institution, sodass wie bei Unternehmen die Verfügbarkeit personeller und finanzieller Ressourcen zur Koordinierung und Pflege externer Beziehungen Auswirkungen auf die Netzwerkintensität hatte.

Der wichtigste Kooperationsaspekt in der Zusammenarbeit mit Unternehmen war die Prototypenentwicklung, bei der 71,7 % der Forschungseinrichtungen intensiv bzw. sehr intensiv mit Industrie- und Dienstleistungsbetrieben zusammenarbeiteten. Dies spiegelt die schon in sozialistischen Zeiten erworbene produktionsorientierte Kompetenz der Institute wider, von denen viele zum Gelderwerb eine kleine eigene Produktion eingerichtet hatten. Auch konzeptionelle Arbeiten und die Gewinnung neuer Ideen waren wichtige Kooperationsaspekte. Demgegenüber spielten der allgemeine Informationsaustausch, die Pilotanwendung oder die Zusammenarbeit bei der Markteinführung eine etwas geringere Rolle. Obwohl Universitätsinstitute in geringerer Intensität als die übrigen Einrichtungen mit Unternehmen kooperierten, lag ein inhaltlicher Schwerpunkt dieser Zusammenarbeit in der Unterstützung der Betriebe bei der Markteinführung (vgl. Abbildung 18). Die Vermutung, dass Universitätsinstitute über nur geringe marktbezogene Qualifikationen verfügen, ließ sich anhand der Befragungsdaten nicht bestätigen. Der hohe Anteil formaler Kontakte mit Unternehmen kann als Indiz für durchaus existenten Wissensaustausch und für realisierte Lernprozesse zwischen Wissenschaft und Wirtschaft gewertet werden.

Der enge Kontakt zwischen slowenischen Forschungseinrichtungen und Unternehmen wurde auch anhand der räumlichen Reichweite der Innovationsnetzwerke deutlich. Vor allem Universitäts- und staatliche Institute kooperierten vorwiegend mit Betrieben aus Slowenien, waren aber gleichzeitig in internationale Wissenschaftsnetzwerke eingebunden. Damit haben sie das Potenzial, internationales wissenschaftliches Knowhow zur Verfügung zu stellen und für Unternehmen nutzbar zu machen. Anders sah die Situation bei den privaten Forschungseinrichtungen aus. Sie arbeiteten vorwiegend mit slowenischen Instituten zusammen, kooperierten aber deutlich häufiger mit nicht in Slowenien ansässigen Unternehmen. Hier scheinen sich die Beziehungen stärker auf praktische Aspekte im Innovationsprozess zu konzentrieren, für die weniger wissenschaftliches Wissen als Unternehmenserfahrungen erforderlich sind.

Abbildung 18: Kooperationsbeziehungen slowenischer Forschungseinrichtungen mit Unternehmen
(Anteile der Einrichtungen in %)

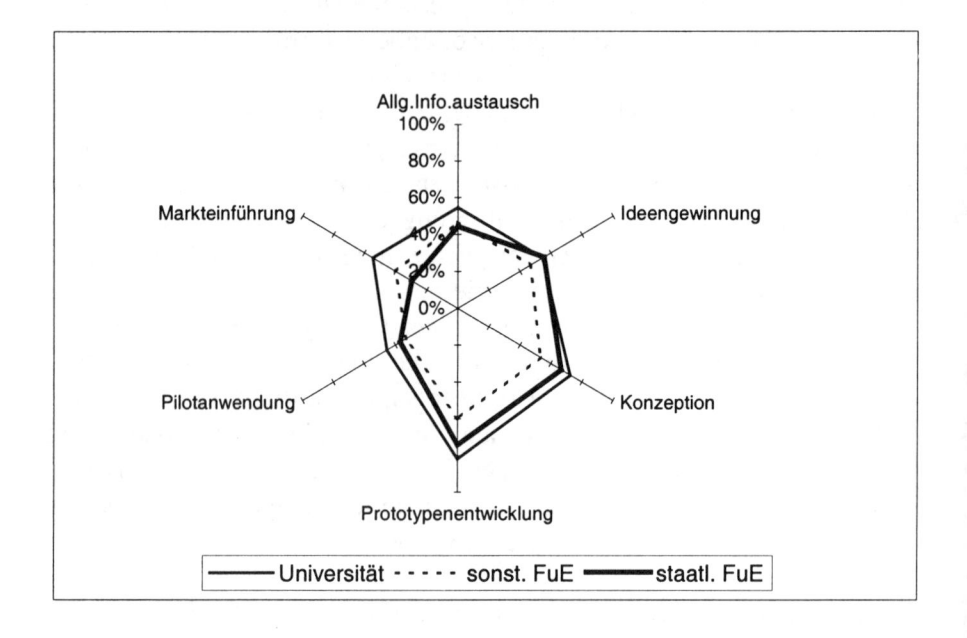

Quelle: Koschatzky/Broß (1999: 32)

Die vorliegenden Ergebnisse erlauben keine eindeutige Schlussfolgerung hinsichtlich der Rolle von Forschungseinrichtungen im slowenischen Innovationssystem, da sie nur die Sichtweise der Institute, nicht aber der Unternehmen widerspiegeln. Dennoch deuten die Auswertungen der empirischen Daten darauf hin, dass die Systemtransformation in Slowenien noch nicht abgeschlossen ist und nicht alle Möglichkeiten zur gegenseitigen Zusammenarbeit ausgeschöpft sind. Wesentliches Merkmal eines effizient arbeitenden regionalen oder nationalen Innovationssystems sind die gegenseitigen Interaktionen seiner Elemente, wie beispielsweise Hochschulen, außeruniversitäre Forschungseinrichtungen, Technologietransferagenturen, Berater, Weiterbildungseinrichtungen, öffentliche und private Finanzierungseinrichtungen, kleine, mittelgroße und große Unternehmen sowie andere Einrichtungen, die in Innovationsprozesse eingebunden sind, sowie deren Verflechtungen mit anderen Innovationssystemen (Cooke 1998). Sind wesentliche Elemente des Systems, d.h. Unternehmen und Forschungseinrichtungen, nicht in die gegenseitigen Interaktionen eingebunden, ist nicht nur von einer Fragmentierung des Systems auszugehen, sondern der Systembegriff selbst in Frage zu stellen.

Auf den ersten Blick sind die slowenischen Forschungseinrichtungen in das nationale Innovationssystem eingebunden, da sie vorwiegend mit Unternehmen aus dem eigenen Land zusammenarbeiten. Interessanterweise liegt sogar bei den in der Regel stark Grundlagenforschung betreibenden Universitätsinstituten ein inhaltlicher Schwerpunkt ihrer Unternehmenszusammenarbeit in der Unterstützung der Betriebe bei der Markteinführung. Auch sind Universitätsinstitute und staatliche FuE-Einrichtungen wegen ihrer Integration in internationale Wissenschaftsnetzwerke und der räumlich nahen Kooperationen mit slowenischen Unternehmen wichtige Brückenköpfe für international verfügbares wissenschaftlich-technisches Wissen. Dies sind Ergebnisse, die in einem Land mit sozialistischer Vergangenheit nicht unbedingt zu erwarten waren. Andererseits ist aber festzustellen, dass Universitätsinstitute den geringsten Anteil von Unternehmenskooperationen unter den drei Gruppen der befragten Einrichtungen aufweisen. Wenn sie mit Unternehmen zusammenarbeiten, dann können sie zwar marktnahe Forschungs- und Transferdienstleistungen erbringen, aber der Anteil dieser Kooperationen liegt unter dem der anderen Institute. Es ist auch festzustellen, dass insbesondere die größeren Institute mit den größeren Unternehmen kooperieren. Kleine Institute und kleine Unternehmen treten kaum miteinander in Kontakt (Koschatzky/Broß 1999: 17). Dies deutet, trotz der bestehenden Kooperationen, auf eine *Fragmentierung im slowenischen Innovationssystem* hin, da sowohl auf Unternehmens- als auch auf Forschungsseite nicht alle Innovationsakteure gleichermaßen in den Informations- und Wissensaustausch eingebunden sind (Landabaso *et al.* 1999, 2001). Hierfür sind möglicherweise falsche Anreizsysteme, vor allem bei Universitätsinstituten, und mangelnde Fähigkeiten in kleineren Unternehmen, Kontakte zu Forschungseinrichtungen aufzubauen und zu nutzen, verantwortlich. Gerade kleine Unternehmen sind wichtige ökonomische Elemente in regionalen Innovationssystemen, aber ihnen fehlt wegen der geringeren Kooperationshäufigkeit mit Forschungseinrichtungen der Zugang zu interregional verfügbarem Wissen. So lässt sich aus der Studie die innovationspolitische Schlussfolgerung ableiten, dass auch in Slowenien Anreizsysteme für Wissens- und Technologietransfer geschaffen und Maßnahmen implementiert werden sollten, die die Absorptionskapazität und die Fähigkeiten zum Netzwerkmanagement von kleinen Unternehmen erhöhen.

6.2.4.7 Europäischer Vergleich regionaler Innovationsnetzwerke

Interregional vergleichende Analysen auf der Grundlage des ERIS-Datensatzes wurden nicht nur für Deutschland und das Elsass durchgeführt, sondern es liegen auch Untersuchungen für andere vom European Regional Innovation Survey erfasste Regionen vor. Die gesamte Datenbasis repräsentiert mehr als 6.700 Betriebe, von denen fast 4.200 aus der Verarbeitenden Industrie und mehr als 2.500 aus dem unternehmensnahen Dienstleistungsbereich stammen sowie etwa 1.900 Forschungsinstitute. Die Spannweite der Rücklaufquoten in den insgesamt 33 Erhebungen aus 11 Regionen lag zwischen 13 % und 50 %. Die von Arndt/Sternberg und Fritsch für den Industriedatensatz und Revilla Diez für Industrie- und Forschungsdaten aus Stockholm, Wien und Barcelona erstellten Studien kommen zu folgenden **Aussagen** (Koschatzky/ Sternberg 2000: 489f.):

- Innovationsprozesse sind immer stärker mit Netzwerkbildung verbunden, sodass das betriebliche Umfeld von innovierenden Unternehmen Einfluss auf das Ergebnis von Innovationsprozessen nimmt.

- Im interregionalen Vergleich stammten 20 % - 40 % der Kunden und Zulieferer, mit denen im Innovationsprozess zusammengearbeitet wurde, aus der jeweiligen Region; demgegenüber waren es bei Dienstleistern und Forschungseinrichtungen zwischen 40 % und 70 %. Extraregionale Kooperationen dominieren somit bei produkt- und marktrelevanten Beziehungen, während der Transfer impliziten Wissens (insbesondere aus Forschungseinrichtungen) über kurze räumliche Entfernungen erfolgt.[411]

- Industriebetriebe mit intensiven regionalen und interregionalen Netzwerkbeziehungen waren ökonomisch erfolgreicher als solche ohne externe Kooperationen.

- Im Vergleich zu anderen Betrieben profitierten besonders kleine Firmen mit weniger als 10 Beschäftigten von intraregionalen Innovationsnetzwerken.

---

[411] Zu vergleichbaren Ergebnissen gelangten Tödtling/Kaufmann (1999).

- Unternehmen in Branchen mit unterdurchschnittlicher Innovationsintensität sind durch eine geringere Netzwerkintegration gekennzeichnet als Branchen mit überdurchschnittlichen Innovationsintensitäten.
- Es ließen sich vielschichtige statistisch signifikante Unterschiede anhand von Innovationsindikatoren zwischen den Regionen identifizieren, auch wenn Größen- und Brancheneffekte berücksichtigt wurden.
- Hohe FuE-Produktivitäten fanden sich in den Regionen vom Typ "Agglomerationsraum", verglichen mit peripheren Regionen. Dieses Resultat deutet darauf hin, dass Agglomerationsvorteile einen positiven Einfluss auf FuE-Aktivitäten ausüben. Allerdings war auch in weniger urbanisierten Regionen eine hohe Output-Elastizität von FuE-Aktivitäten zu beobachten, sodass FuE-Aktivität auch unter weniger günstigen regionalen Rahmenbedingungen produktiv sein kann.
- Forschungseinrichtungen waren für Industriebetriebe im Innovationsprozess weniger wichtig als vertikale Kooperationspartner (Kunden, Zulieferer) und unternehmensnahe Dienstleister.
- Wenn Industriebetriebe mit Forschungseinrichtungen kooperierten, dann waren es vor allem mittelgroße und große Unternehmen. Kleine Industriebetriebe hatten demgegenüber kaum innovationsrelevante Kontakte mit Forschungsinstituten.
- Kooperationen mit Forschungseinrichtungen bezogen sich insbesondere auf die frühen Phasen der Produktentwicklung (Beartung, Test-, Labor- und Messaufgaben). Personaltransfer fand kaum statt.
- Aus Sicht der Forschungseinrichtungen überwogen interregionale und internationale Netzwerkbeziehungen, da in den analysierten Regionen das fachliche Profil der Institute nur partiell mit dem Technologieprofil der Unternehmen übereinstimmte. Aus Sicht von Unternehmen wird demgegenüber eine Zusammenarbeit mit räumlich nahen Forschungseinrichtungen präferiert.

6.2.5 Zusammenfassung der empirischen Ergebnisse

Obwohl sich die einzelnen Studien hinsichtlich der verwendeten Datenquellen, der analysierten Innovationsaspekte, der Regionalgliederung wie auch der nationalen Kontexte voneinander unterscheiden, deuten sie doch auf *Gemeinsamkeiten sowohl hinsichtlich des betrieblichen Innovationsverhaltens und seiner räumlichen Differenzierung, als auch bezogen auf die Verflechtung von Unternehmen mit ihrem regionalen Umfeld* hin. Mit Blick auf die Aussagen der Studien zu regionalen Innovationsunterschieden, zur Innovationsdiffusion, zu Netzwerken und zu betrieblichen Faktoren ist folgendes Fazit möglich:[412]

Aussagen über regionale Innovationsunterschiede

- Betriebliche Innovationsaktivitäten differieren zwischen einzelnen Regionen. Ein hierarchisches räumliches Muster der Innovationsaktivitäten kleiner und mittelgroßer Industrieunternehmen ist aber nicht feststellbar. Auch außerhalb von Agglomerationsräumen sind innovierende und FuE-treibende Betriebe angesiedelt.

- Generell gültige Zusammenhänge zwischen Regionstyp und innovativen Aktivitäten von Industrieunternehmen lassen sich nicht erkennen, aber positiv wahrgenommene urbane Umfeldbedingungen (Agglomerationsvorteile), die sich nicht unbedingt an einer Regionstypisierung festmachen lassen, wirken positiv auf Produktinnovation.

- In ländlichen Regionen mit ungünstiger Struktur sind weniger innovative Industriebetriebe angesiedelt als in den übrigen Regionen. Diejenigen Unternehmen, die innovieren, sind aber vergleichbar innovativ wie solche aus Agglomerationsräumen.

- Auch in peripheren Regionen kann sich ein innovationsförderndes Milieu durch die enge Zusammenarbeit zwischen Unternehmen, Forschungs- und Transfereinrichtungen sowie sonstigen innovationsunterstützenden Einrichtungen herausbilden.

- Obwohl sich ein eindeutiger Zentrum-Peripherie-Gegensatz in den betrieblichen Innovationsaktivitäten nicht nachweisen lässt, ist ein angepasstes Innovationsverhalten von industriellen KMU an Standorten mit unterschiedlichen Rahmenbedingungen erkennbar. Betriebe sind in der Lage, sich an die jeweiligen regionalen Rahmenbedingun-

---

[412] Dabei ist allerdings einschränkend zu beachten, dass wegen unterschiedlicher Regionsabgrenzungen die Begriffe "intraregional" und interregional" nicht einheitlich hinsichtlich ihrer räumlichen Dimension definiert sind. Sie weisen nur darauf hin, dass Interaktionsbeziehungen die jeweilige Regionsgrenze überschreiten, wobei Regionen häufig als funktionsräumliche Einheiten verstanden werden. Die Begriffe geben distanzielle Dimensionen daher nur unvollkommen wieder.

gen mit unterschiedlichen Innovationsstrategien anzupassen. So haben auch periphere Regionen ein Potenzial an FuE-intensiven Betrieben.[413] Allerdings trifft dies nicht auf alle peripheren Regionen zu, sondern insbesondere auf die, die Charakteristika lernender Regionen aufweisen bzw. über andere Standortvorteile (z.B. so genannte weiche Standortfaktoren) verfügen (Coe/Townsend 1998). Regionale Innovationsunterschiede sind, sofern vorhanden, auf das unterschiedliche Potenzial von Unternehmen zurückzuführen, sich die jeweiligen regionalen Rahmenbedingungen für ihre Innovationsaktivitäten nutzbar zu machen bzw. durch entsprechende Strategien zu kompensieren.

- Eine räumliche Hierarchie lässt sich für Dienstleistungsinnovationen erkennen. Hier sind die am häufigsten innovierenden Betriebe vorwiegend in den Zentralregionen ansässig.
- Regionstypenspezifische Unterschiede bestehen auch im räumlichen Kooperationsmuster unternehmensnaher Dienstleister. Betriebe in Agglomerationsräumen pflegen vorwiegend interregionale Kontakte, während die Netzwerke in den übrigen Regionstypen weniger räumlich differenziert sind.
- Hinsichtlich der regionalen Verteilung von Produkt- und Prozessinnovationen können teilweise räumliche Muster nach der Produktlebenszyklushypothese festgestellt werden (vermehrte Produktinnovationsaktivität in zentralen Regionen, überwiegend Prozessinnovationen in den übrigen Regionen). Dieses Ergebnis kann aber nicht verallgemeinert werden, da auch hiervon abweichende Verteilungen zu beobachten sind.
- Die Wissenschaftsbasierung einzelner Techniken und damit in Zusammenhang stehende Lokalisationsvorteile sowie der Bedarf an spezifischen Qualifikationen der Arbeitskräfte kann zu einer regionalen Konzentration und Spezialisierung von Unternehmen, Forschungseinrichtungen und ihrer Netzwerke führen. Dabei kann diese regionale Spezialisierung wachstumsfördernd sein, allerdings ist auch die Existenz intersektoraler Externalitäten nicht auszuschließen, sodass

---

413 Auf Grund spezifischer Qualifikationsmuster, damit verbundener "localized knowledge" und der zur Wissensakkumulation erforderlichen unternehmerischen Lernprozesse, heben jüngere Studien die Bedeutung intermediärer und peripherer Regionen als Standorte für wissens- und wachstumsintensive Unternehmen hervor (vgl. z.B. Simmie 1997).

regionale Cluster nicht die einzige räumlich Organisationsform industrieller Aktivitäten darstellen.

- Die institutionellen Strukturen von regionalen und nationalen Innovationssystemen üben einen deutlich sichtbaren Einfluss auf betriebliches Innovations- und Kooperationsverhalten aus.

Aussagen zur Diffusion neuer Techniken

- Hinsichtlich des Ersteinsatzes neuer CIM-Techniken lässt sich in Deutschland kein hierarchisches Diffusionsmuster erkennen; es überwiegen Nachbarschaftseffekte.
- In der Nutzung neuer CIM-Techniken und der Zahl der eingesetzten Techniken besteht keine Abhängigkeit vom Regionstyp. Allerdings gibt es einen Süd-Nord-Gegensatz (unabhängig von Regionstypen): Neue CIM-Techniken wurden meist zunächst in Regionen im Süden Deutschlands eingesetzt und sind anschließend nach Norden diffundiert.
- Adoptionsunterschiede bestehen aber zwischen Unternehmenstypen und Branchen. So steigt die Nutzungsquote neuer CIM-Techniken mit der Unternehmensgröße und einzelne Branchen (im vorliegenden Fall der Maschinenbau) waren Vorreiter im Technikeinsatz und in der Intensität der Techniknutzung.
- Unternehmen verfolgen spezifische Einführungsstrategien neuer Techniken, die aber, zumindest auf Deutschland bezogen, nur zu geringen regionalen Nutzungsunterschieden führen. Ursächlich für die geringe räumliche Heterogenität sind die homogene institutionelle und Struktur, das homogene Infrastruktursystem und die polyzentrische Siedlungsstruktur verantwortlich.

Aussagen über Innovationsnetzwerke

- Innovationsnetzwerke mit Auftraggebern (Kunden) sind nicht an räumliche Nähe gebunden und werden meist über die eigenen Regionsgrenzen hinweg organisiert.
- In Innovationskooperationen mit Zulieferern spielt räumliche Nähe eine größere Rolle. Hier überwiegen intraregionale Netzwerkbeziehungen.

- Vertikale Netzwerke und Kooperationen mit unternehmensnahen Dienstleistern sind für Unternehmen eine bedeutendere Wissens- und Informationsquelle als horizontale Netzwerke.
- Horizontale Netzwerke werden vor allem durch größere Unternehmen genutzt; kleinere Unternehmen sind vorwiegend in produktionsbasierte vertikale Netzwerke eingebunden.
- Ausschließlich regionale Netzwerkbeziehungen wirken innovationshemmend; demgegenüber hat der Zugang zu intra- und interregionalen Informations- und Wissensquellen eine innovationsfördernde Wirkung.
- Kooperationen mit Forschungseinrichtungen erhöhen die Innovationswahrscheinlichkeit, vor allem in Agglomerationsräumen, in denen eine Vielzahl dieser Einrichtungen angesiedelt ist.
- Forschungskooperationen werden aus Sicht von Unternehmen überwiegend über räumlich kurze Entfernungen, d.h. innerhalb der Region, realisiert. Forschungseinrichtungen kooperieren demgegenüber über weitere räumliche Entfernungen.
- Innovationsnetzwerke sind für die Realisierung von Innovationen in Industriebetrieben weniger bedeutsam als für die Durchführung von Innovationen in unternehmensnahen Dienstleistungsbetrieben.
- Innovationskooperationen von Industriebetrieben mit Dienstleistern wirken sich vorwiegend auf Prozessinnovationen aus. Ein genereller innovationsfördernder Effekt ist nicht feststellbar.
- Unternehmen in peripheren Regionen sind in geringerem Maße mit Partnern außerhalb der Region verflochten als Betriebe in anderen Regionstypen. Sie verfügen auch über weniger horizontale Netzwerkbeziehungen, da entsprechende regionale Partner fehlen.
- Die Größe eines Landes bzw. einer Region spielt bei der Bedeutung der räumlichen Nähe ("Proximity") eine große Rolle. So sind in kleinen Ländern/Regionen auf Grund der schnellen Erreichbarkeit anderer Standorte keine Abhängigkeiten der Unternehmen bei ihrem Innovationsverhalten vom regionalen Umfeld erkennbar.
- Unterschiedliche institutionelle Rahmenbedingungen zwischen Regionen wirken kooperationshemmend. Dies trifft vor allem auf Unternehmen zu, weniger auf Forschungseinrichtungen. Räumliche Nähe ist daher als kooperationsförderndes Element allein nicht ausreichend.

Sie spielt nur innerhalb institutioneller Systeme eine Rolle, nicht aber zwischen ihnen.

Aussagen über betriebliche Faktoren

- Interne Betriebsmerkmale beeinflussen stärker das unternehmerische Innovationsverhalten als externe Faktoren.
- Das Ausmaß der Intensität und der räumlichen Reichweite von Innovationsnetzwerken unterscheidet sich hinsichtlich Branche, Technologieorientierung und Marktsituation.
- Innovierende Unternehmen nutzen Innovationsnetzwerke häufiger als Wissens- und Informationsquelle als nicht-innovierende Betriebe.
- Der dezentrale Zugang zu und die dezentrale Weitergabe von Information und Wissen in Betrieben erhöht die Wahrscheinlichkeit für Innovation. In kleinen Unternehmen herrscht eine zentrale Informationskoordination vor, während mit zunehmender Betriebsgröße der Anteil von Unternehmen mit dezentraler Informationskoordination steigt.
- Kleine Unternehmen sind stärker auf Produktinnovationen fokussiert und betreiben nur gelegentlich Entwicklung. In größeren Unternehmen sind Produkt- und Prozessinnovationen enger verzahnt; Entwicklungsarbeiten werden meist kontinuierlich durchgeführt.
- Große Unternehmen greifen öfter auf Dienstleister zur Unterstützung ihrer Innovationstätigkeit zurück als kleine Unternehmen.
- Technologie- und wissensintensive Unternehmen zeichnen sich durch intra- und interregionale Netzwerkbeziehungen aus; Unternehmen mit geringer Technologie- und Wissensintensität kooperieren überwiegend intraregional.
- Kleine Unternehmen sowie neu gegründete Unternehmen sind stärker nahbereichsorientiert als größere Unternehmen, die in der Regel in intra- und interregionale/internationale Kooperationsbeziehungen eingebunden sind. Allerdings weisen auch überdurchschnittlich exportorientierte KMU eine hohe regionale Einbettung auf.
- Kleine Unternehmen kooperieren vorwiegend in vertikalen Netzwerken. Zusammen mit der geringeren räumlichen Reichweite ihrer Kooperationsbeziehungen und der Fokussierung auf Produktinnovatio-

nen weist dies auf die Bedeutung dieser Unternehmen als Zulieferer für größere Betriebe hin.

- Kleine Unternehmen mit vorwiegend regionalen Kooperationsbeziehungen sind in höherem Maße auf die Qualität des innovationsunterstützenden Angebots und auf die Unternehmensbasis (z.B. Auftraggeberstruktur) ihrer Region angewiesen und damit in ihrer Innovationsleistung von diesem Angebot abhängig als (größere) Unternehmen mit komplementären Netzwerken. Dies führt vor allem in Regionen außerhalb der Agglomerationsräume zu Defiziten im Wissensangebot bzw. zu stärkeren ökonomischen Abhängigkeiten.

- Kleine Unternehmen arbeiten weniger häufig mit Forschungseinrichtungen zusammen, während größere Unternehmen auf diese Wissens- und Informationsressource häufiger zugreifen.

- Große Unternehmen sind in der Lage, ihr regionales Umfeld aktiv zu gestalten. Kleine und mittelgroße Unternehmen werden stärker durch die regionalen Umfeldbedingungen beeinflusst, wirken aber ebenso auf diese ein (z.B. durch Investitionsentscheidungen, den Arbeitsmarkt, Weiterbildung).

Bezogen auf allgemeine Aussagen sowie Aussagen zu einzelnen Regionstypen sind diese Ergebnisse in der nachfolgenden Abbildung 19 zusammengefasst.

Abbildung 19: Ergebnisse regionaler Innovations- und Diffusionsstudien

Studien zu		Allgemeine Ausagen[1]	Agglomerationsräume (A)	Intermediäre Regionen (I)	Periphere Regionen (P)
Regionalen Innovationsunterschieden		• kein hierarchisches räumliches Innovationsmuster (I) • keine Abhängigkeiten innovativer Aktivitäten vom Regionstyp (I)	• positive Effekte durch Agglomerationsvorteile auf Produktinnovation, aber nicht an Regionstyp gebunden		• in P mit ungünstiger Struktur weniger innovierende U. Innovierende U. aber vergleichbar innovativ wie in A. • Innovationsförderndes Milieu kann sich entwickeln, v.a. in P. mit Charakteristika lernender Regionen
		• regional angepasstes Innovationsmanagement • räumliche Hierarchie bei DL-Innovationen • regionstypenspezifische Unterschiede bei DL Kooperationen • räumliches Muster für Produkt-/Prozessinnovationen • Wissenschaftsbasierung und Spezialisierung kann konzentrationsfördernd wirken	• regional angep. Innovationsmanagement • innovative DL vorwiegend in A angesiedelt • DL vorwiegend interregionale Netzwerke	• regional angep. Innovationsmanagement • DL vorwiegend intraregionale Netzwerke	• regional angep. Innovationsmanagement • DL vorwiegend intraregionale Netzwerke
			• vermehrte Produktinnovationsaktivitäten	• vermehrte Prozessinnovationsaktivitäten	• vermehrte Prozessinnovationsaktivitäten
			• je nach Standortbedingungen und Spezialisierungsgrad Entwicklung von Clustern	• je nach Standortbedingungen und Spezialisierungsgrad Entwicklung von Clustern	• je nach Standortbedingungen und Spezialisierungsgrad Entwicklung von Clustern
Technikdiffusion		• bei CIM-Techniken kein hierarchisches Diffusionsmuster in Deutschland • keine Nutzungsunterschiede in Abhängigkeit vom Regionstyp	• keine Abhängigkeit vom Regionstyp	• keine Abhängigkeit vom Regionstyp	• keine Abhängigkeit vom Regionstyp
		• Süd-Nord-Gegensatz bei der Technikeinführung • Adoptionsunterschiede zwischen Unternehmenstypen und Branchen • spezifische Einführungsstrategien resultieren nicht in regionalen Nutzungsunterschieden (Deutschland)	• Erstnutzung zunächst im Süden Deutschlands	• Erstnutzung zunächst im Süden Deutschlands	• Erstnutzung zunächst im Süden Deutschlands

Regionalen Netzwerken	• Innovationsnetzwerke mit AG interregional • Innovationsnetzwerke mit Z intraregional • vertikale Netzwerke über größere räumliche Entfernungen als horizontale Netzwerke • vertikale N. und DL-Koop. bedeutender als horizontale N. • räumlich komplementäre N. innovationsfördernder als nur intraregionale N. • Kooperationen mit Forschungseinrichtungen erhöhen Innovationswahrscheinlichkeit • Forschungskooperationen über räumlich kurze Entfernungen • Innovationsnetzwerke für I weniger bedeutend als für DL • I-DL Netzw. vor allem für Prozessinnovationen • räumliche Nähe nur innerhalb institutioneller Systeme relevant	• Kooperationen mit Forschungseinrichtungen erhöhen Innovationswahrscheinlichk.	• Unternehmen kooperieren vorwiegend intraregional und haben weniger horizontale Netzwerkbeziehungen
Betriebsmerkmalen	• interne Merkmale bedeutender für Innovation als externe Faktoren • Intensität und räumliche Reichweite von N. abh. von Branche, Technologie, Markt • innovierende U. nutzen Netzwerke häufiger als nicht-innovierende U. • große U. nutzen DL häufiger als kleine U. • räumlich komplementäre N. vor allem bei technologie-/wissensintensiven Unternehmen • höhere Nahbereichsorientierung kleiner U. • große U. können regionales Umfeld aktiv gestalten • kleine U. stärker von regionalem Umfeld abhängig • weniger Forschungskoop. bei kleinen U. • kleine U. stärker auf Produktinnov. fokussiert • dezentrales Informationsmanagement erhöht Innovationswahrscheinlichkeit. Kleine U. haben zentrale Informationskoordination	• kleine U. stärker von regionalem Umfeld abhängig	• kleine U. stärker von regionalem Umfeld abhängig (Defizite im Wissensangebot)	• kleine U. stärker von regionalem Umfeld abhängig (Defizite im Wissensangebot)

1 Anmerkungen: I = Industrie; DL = Dienstleister; AG = Auftraggeber; Z = Zulieferer; N = Netzwerke; U = Unternehmen

Quelle: eigene Darstellung

Theoriegeleitete regionale Diffusions- und Innovationsstudien, von denen hier nur eine kleine Auswahl vorgestellt werden konnte, haben in den letzten Jahren zu einem besseren Verständnis der Relevanz regionaler Umfeldbedingungen bei betrieblichen Innovationen sowie der Entstehung und Funktionsfähigkeit von Innovationsnetzwerken und –systemen beigetragen. Allerdings erschließen sich nicht alle innovationsrelevanten Phänomene einer eingehenden empirischen Überprüfung. Dies trifft u.a. auf die Erfassung eines innovativen Milieus und die Analyse regionaler Wissensströme und Lernprozesse zu. Hier besteht noch erheblicher Forschungsbedarf, die von den entsprechenden Konzepten postulierten Prozesse und Wirkungen in der Realität zu überprüfen. Die Majorität der Studien ist zwar nicht modelltheoretisch geleitet wie die Ökonometrie der Wachstumsempirik, aber die Kombination aus quantitativen und qualitativen Ansätzen ermöglicht eine differenzierte Auseinandersetzung mit den Determinanten der räumlichen Ordnung. Dies ist im Vergleich zu ökonometrischen Analysen eine Stärke der Wirtschaftsgeographie, da sie die Spezifik von Einzelfällen mit regionalen Gesamtbetrachtungen verknüpft und somit Erkenntnisse gewinnt, die sich einer nach jetzigem Forschungsstand möglichen Modellierung räumlicher Prozesse verschließt. Aus dieser Stärke heraus sollten empirische wirtschaftsgeographische Analysen künftig noch stärker als in der Vergangenheit zu einer Schärfung der theoretischen Konzepte einer "neuen Wirtschaftsgeographie" beitragen und Fragestellungen aufgreifen, die in ihrer politischen Relevanz den Vergleich mit ökonomisch-ökonometrischen Forschungsarbeiten nicht zu scheuen brauchen.

7 Strukturmerkmale regionaler Innovations- und Technologiepolitik

Die im vorangegangenen Kapitel dargestellten Ergebnisse regionaler Innovations- und Diffusionsstudien haben gezeigt, dass nicht nur Unterschiede zwischen einzelnen Regionstypen bzw. unterschiedlichen regionalen Umfeldbedingungen im Innovationsverhalten und Kooperationsmuster von Unternehmen bestehen, sondern dass vor allem betriebliche Charakteristika wie z.B. die Unternehmensgröße, die Branche und das Technologieniveau differenzierend auf Innovation und Interaktion einwirken können. Damit werden vor dem Hintergrund der diskutierten theoretischen Ansätze vielschichtige Ansatzpunkte sichtbar, die den Ausgangspunkt für die *Ableitung von Handlungsempfehlungen zur politischen Gestaltung der Raumstruktur, der räumlichen Interaktionen von Produktionsfaktoren und des räumlichen Prozessablaufes* bilden.[414]

Die politische Relevanz des Themas dieser Arbeit liegt in der *Schnittmenge mehrerer Politikbereiche*. Forschung, Entwicklung, Innovation und technischer Wandel werden von der Technologie- und Innovationspolitik, der Forschungs- und Wissenschaftspolitik angesprochen. Industriepolitik kommt ins Spiel, wenn es um die Schaffung günstiger Rahmenbedingungen für Unternehmen geht; industrielle Strukturpolitik, wenn Benachteiligungen kleiner und mittlerer Unternehmen vermindert werden sollen. Regionalpolitik bzw. regionale Strukturpolitik, wenn die Förderung einzelner Regionen bzw. der Abbau struktureller Benachteiligungen von Regionen im Vordergrund steht. So kommen sowohl akteursbezogen als auch regionsbezogen jeweils spezifische Politikbereiche und Förderinstrumente zum Einsatz. Nachfolgend wird auf die Synthese zwischen der Innovationsförderung, der politischen Flankierung des technischen Wandel und der Regionalentwicklung näher eingegangen: der regionalen Innovations- und Technologiepolitik.[415]

---

[414] Für eine Begriffsbestimmung der Raumwirtschaftspolitik vgl. Schätzl (1994b: 12-13).

[415] Diese Synthese wurde erstmals durch Ewers/Wettmann (1980) gefordert, die Ende der 1970er Jahre feststellten, dass "...regional policy does not sufficently cope with the increased importance of innovation and diffusion for regional growth processes" (ebenda: 172).

7.1 Aufgaben und Instrumente der Innovations- und Technologiepolitik

7.1.1 Aufgaben der Innovations- und Technologiepolitik

Die Begriffe "Innovations- und Technologiepolitik" werden oftmals synonym verwendet, obwohl Innovationspolitik die Schnittmenge von Forschungs- und Technologiepolitik darstellt (Meyer-Krahmer 1989: 1).

> Mit Blick auf den Innovationsbegriff (vgl. Abschnitt 2.3) zielt Innovationspolitik auf die Unterstützung von Wissenschaft und Wirtschaft von der ersten Ideengenerierung bis hin zur Markteinführung einer Innovation und thematisiert damit wissenschaftliche, technologische, ökonomische, organisatorische und soziale Aspekte des sozioökonomischen Wandels. Technologiepolitik ist demgegenüber enger definiert und wird als die "...auf naturwissenschaftlich-technische Bereiche konzentrierte Politik verstanden" (Meyer-Krahmer 1997: 1). Ihr Hauptgegenstand ist die Förderung der anwendungsorientierten Forschung und Entwicklung sowie die Anwendung von FuE-Ergebnissen in Form neuer Techniken in der Wirtschaft (Dreher 1997: 24).

Technologiepolitik ist *explizit*, wenn ihre Ergebnisse intendiert sind,[416] sie ist *implizit*, wenn andere Zielsetzungen vorherrschend sind, beispielsweise die technologischen Implikationen aus der Militärforschung (Sternberg 1994: 8). Auf Grund der zunehmenden Betrachtung systemarer Zusammenhänge zwischen technologischer und gesellschaftlicher Entwicklung ist eine klare Trennung zwischen Innovations- und Technologiepolitik sowie eine deutliche Abgrenzung zu anderen Politikbereichen wie beispielsweise der Bildungs-, Wirtschafts-, Rechts-, Innen-, Umwelt- und Verkehrspolitik nicht mehr sinnvoll. Da Innovationen wesentlich durch Nachfrage generiert und determiniert werden, die wiederum durch die verschiedenen Politikbereiche maßgeblich beeinflusst wird (z.B. umwelttechnische Innovationen durch neue gesetzliche Regelun-

---

[416] Vgl. auch die Definition von Mowery (1995: 514): "...'technology policy' is defined as policies that are intended to influence the decisions of firms to develop, commercialize or adopt new technologies. ...the array of policies that influence firms' decisions on innovation and adoption includes macroeconomic, regulatory and other policy instruments."

gen und Richtwerte), kommt der Verbindung dieser unterschiedlichen Politiken eine besondere Bedeutung zu (Meyer-Krahmer 1997: 2).[417]
Technologiepolitik hat folgende **Aufgaben** (in Anlehnung an Meyer-Krahmer 1997, 1998; Dreher 1997):

- Aufbau und Strukturierung der Forschungslandschaft eines Landes;
- Schaffung von Rahmenbedingungen für Grundlagenforschung, anwendungsorientierte Forschung und Industrieforschung;
- Prospektion neuer Technologien durch die Förderung von Initiativen zur Technikvorausschau, zur Entwicklung von Visionen und zur konsensuralen Erarbeitung künftiger technologisch-gesellschaftlicher Entwicklungsverläufe (Trajektorien);
- Förderung des Angebots an neuen Technologien und Techniken (institutionelle oder projektbezogene Förderung, Finanzhilfen);
- Förderung der Techniknachfrage und Regulierung der Technikanwendung durch Finanz- und Beratungshilfen, öffentliche Beschaffung, Festlegung technischer Standards, Normen und Vorschriften, zielgruppenorientierte Demonstration technischer Anwendungen;
- bewusste Einflussnahme auf die Technikentwicklung hinsichtlich bestimmter Ziele (z.B. Wettbewerbsfähigkeit, Lebensbedingungen, Infrastruktur);
- Förderung des Auf- und Ausbaus einer Innovationsinfrastruktur durch Fort- und Weiterbildung von Technikern und Ingenieuren, den Auf- und Ausbau von Technik-, Informations-, Markt-, Managementberatungs- und Finanzierungsinstitutionen sowie die Vernetzung der Einrichtungen auf fachlicher und regionaler Ebene;
- Moderation und Koordination anderer Akteure der Technologieentwicklung und Techniknutzung einschließlich der Vernetzung anderer

---

[417] Zu den Herausforderungen des globalen technologischen Wettbewerbs an die Innovations- und Technologiepolitik vgl. Krupp (1995) sowie Koschatzky (1997g). Vgl. Meyer-Stamer (1996: 102-109) zu neuen Steuerungsmustern in der Technologiepolitik. Auch Jacobs (1998: 715) befasst sich mit den Handlungsspielräumen nationaler Innovationspolitik vor dem Hintergrund von Globalisierungsprozessen und nennt vier idealtypische nationalstaatliche politische Handlungsfelder: 1. Anpassung an internationale Entwicklungen; 2. Internationale Kooperation; 3. Kreative Nutzung traditioneller Politikinstrumente; 4. Stärkung aktueller Spezialisierungsmuster.

technologierelevanter Fachpolitiken (Querschnittsaufgabe der Technologiepolitik).

Die *Intervention des Staates in die Technikentwicklung und –diffusion* ist nicht unumstritten (vgl. Dreher 1997: 26-31). Vertreter der *These des Staatsversagens* argumentieren, dass der Staat keine besseren Informationen und Instrumente zur Verfügung habe als die Unternehmen und daher in seinen Entscheidungsprozessen den über den Markt koordinierten Entscheidungsverfahren unterlegen sei. Zudem stünden Wahlzyklen einer Langfristorientierung der Technologiepolitik entgegen und Befürchtungen vor Stimmenentzug würden bestehende Strukturen eher konservieren denn sie zu Gunsten der Schaffung neuer Strukturen verändern. Die Gegenposition, die staatliche Intervention befürwortet, argumentiert mit dem *Marktversagen*, das solange durch den Staat kompensiert werden muss, bis alle Bedingungen des Modells der vollständigen Konkurrenz, nach dem die allgemeine Wohlfahrt maximiert wird, erfüllt sind (Meyer-Krahmer 1997: 4-7). Die Begründungen beziehen sich auf positive externe Effekte durch staatliche Investitionen in die FuE-Infrastruktur und die Förderung der Grundlagenforschung, auf Netzwerkexternalitäten, nach denen der Nutzen einer Technologie mit der Zahl ihrer Anwender steigt, auf die Erzeugung öffentlicher Güter, auf die Erleichterung des Marktzutritts, insbesondere in neuen Technologien durch die Gründung neuer Unternehmen, sowie auf die Risikoabsicherung bei risikoscheuen Unternehmen zur Nutzung und Diffusion neuer Technologien.

7.1.2 Instrumente der Innovations- und Technologiepolitik

Zu den in der Innovations- und Technologiepolitik eingesetzten Instrumenten gehören im engeren Sinne die institutionelle Förderung, finanzielle Anreize sowie die Förderung der übrigen Infrastruktur und des Technologietransfers. Im weiteren Sinne sind auch die öffentliche Nachfrage, korporatistische Maßnahmen, Aus- und Fortbildung sowie die Ordnungspolitik zu den technologiepolitischen Instrumenten zu rechnen (Meyer-Krahmer/Kuntze 1992: 103; vgl. auch Abbildung 20).

Abbildung 20: Instrumente staatlicher Innovations- und Technologiepolitik

Im engeren Verständnis	Im weiteren Verständnis
1. **Institutionelle Förderung** • Großforschungseinrichtungen • Fraunhofer-Gesellschaft, Max-Planck-Gesellschaft • Hochschulen • andere Einrichtungen	4. **Öffentliche Nachfrage** (gezielter Einsatz der Nachfrage öffentlicher Institutionen zur Förderung "erwünschter" technischer Entwicklungen, z.B. umweltschonender Verbrauchsgüter)
2. **Finanzielle Anreize** • Indirekte Förderung • Indirekt-spezifische Förderung • FuE-Projekte/-Verbünde • Risikokapital	5. **Korporatistische Maßnahmen** • Orientierungswissen, Langfristvisionen bereitstellen • Technikfolgenabschätzung • Technologiebeirat • Bewusst machen der Bedeutung von Innovationen (awareness)
3. **Übrige Infrastruktur sowie Technologietransfer** über • Information und Beratung • Demonstrationszentren • Kooperation, Netzwerke, Menschen (Arbeitsplatzwechsel u.a.) • Technologiezentren	6. **Aus- und Fortbildung** (frühzeitige Einrichtung von Aus- und Fortbildungsmöglichkeiten für potenziellen Bedarf)
	7. **Ordnungspolitik** • Wettbewerbspolitik • Rechtlicher Rahmen • Beeinflussung der privaten Nachfrage

Quelle: Koschatzky *et al.* (1992: 60) nach Meyer-Krahmer/Kuntze (1992)

Eine andere Möglichkeit zur Systematisierung stellt die Unterteilung staatlicher Technologiepolitik in fünf Felder dar (Meyer-Stamer 1996: 113-114):

- institutionelle Förderung von Forschungs- und Technologieinstituten;
- direkte Förderung von FuE-Projekten in Unternehmen;
- indirekte Förderung von Unternehmens-FuE;
- Förderung des Technologietransfers aus Forschungs- und Technologieinstituten zu Unternehmen;

- Förderung von Forschungskooperationen zwischen Forschungs- und Technologieinstituten und Unternehmen.

Diese Felder werden flankiert durch staatlich geregelte Aus- und Fortbildung (Bildungspolitik) und durch einen ordnungspolitischen Rahmen, der einen Innovationsdruck bei den Unternehmen erzeugt.

Beide Systematiken sind geeignet, das Spektrum technologiepolitischer Instrumente unter den Bedingungen des inkrementellen technischen Wandels darzustellen. In ihnen fehlen aber Instrumente, vorausschauend und steuernd bei radikalem technischen Wandel und der Herausbildung neuer techno-ökonomischer Trajektorien zu intervenieren. Eine Möglichkeit ist, aktive Techniksteuerung auf der Grundlage staatlich initiierter und organisierter Diskurse zu betreiben (Kuhlmann 1998). Dabei geht es nicht um staatliche Planung, sondern um die Zusammenführung aller wichtigen Akteure zur Organisation eines gesteuerten Suchprozesses und zur Definition eines Entwicklungskorridors.[418] Ob ein solcher Prozess gelingt, hängt von der Radikalität des technischen Wandels und der Bereitschaft von Wirtschaft, Wissenschaft und anderer gesellschaftlicher Gruppen ab, sich den dem Suchprozess zu beteiligen. Meyer-Stamer (1996: 123), der sich mit dieser Art der Techniksteuerung auseinander gesetzt hat, gelangt zu folgendem Fazit: "Selbst wenn sich die Organisation von Diskursen und Entscheidungen über die Richtung des radikalen technischen Wandels als zu kompliziert erweist, kann der Staat eine wichtige Rolle spielen: indem er alternative technologische Korridore durch finanzielle Unterstützung offen hält. Auf diese Weise kann er dem Phänomen entgegenwirken, dass durch zufällige Marktentscheidungen die Weiterentwicklung einer in langfristiger Sicht überlegenen Technologielinie abgebrochen wird. Der Staat kann damit einem spezifischen Typ von technologischem Marktversagen abhelfen."

---

[418] Beispielhaft zu nennen sind die Delphi-Studien (Grupp 1995) sowie der vom BMBF organisierte FUTUR-Prozess.

7.1.3 Evaluation staatlicher Innovations- und Technologiepolitik

Innovations- und Technologiepolitik, ihre Instrumente und Maßnahmen sind keine unverrückbaren Größen, sondern sollten sich, auch aus der Argumentation um die These des Marktversagens heraus, flexibel an die sich verändernden Markt- und Wettbewerbsbedingungen anpassen. Ein Instrument zur Steuerung dieses Anpassungsprozesses ist die *Evaluation*. Evaluationen staatlicher Förderprogramme finden in Deutschland seit dem Ende der 1970er Jahre zunehmend Anwendung.[419] Anders als in einigen anderen Ländern werden sie nicht vom politisch-administrativen System selbst, sondern von verwaltungsexternen, unabhängigen Forschungseinrichtungen durchgeführt. Methodisch abgesicherte Evaluationsstudien können die politischen Planungs-, Entscheidungs- und Bewertungsvorgänge informativ unterstützen, indem sie mögliche (zukünftige oder tatsächlich eingetretene) Wirkungen von Fördermaßnahmen feststellen. Ob und inwieweit diese Unterstützung gelingt, hängt vom jeweiligen Gegenstand, der Konzeption und dem Aufwand für eine Evaluationsstudie und von ihrer Verwendung ab. Studien zur Erfolgskontrolle stellen eine Planungshilfe unter mehreren anderen dar. Von zentraler Bedeutung bleiben weiterhin der unmittelbare Austausch zwischen den Akteuren des politisch-administrativen Systems und die Erstellung und Abstimmung interner Planungsvorlagen der politischen Verwaltung.

Wirkungsanalysen zu Förderprogrammen sind dadurch gekennzeichnet, dass die Programme zeitlich befristet sind und spezifizierte Ziele verfolgen; dies unterscheidet sie von der institutionellen Förderung. Die Ziele der Programme sind häufig strategischer Art, etwa die Schaffung neuer Arbeitsplätze oder die Optimierung technologischer Kompetenzen von Forschungseinrichtungen und Unternehmen.

Grundsätzlich kann zwischen zurückschauenden (ex post) Evaluationen, begleitenden (monitoring) Studien und vorausschauenden (ex ante) Analysen unterschieden werden. *Ex post-Evaluationen* bezwecken vorwiegend die Analyse erzielter Wirkungen und die nachträgliche Legitimation von staatlichen Fördermaßnahmen. *Begleitforschungen* sollen

---

[419] Vgl. u.a. Meyer-Krahmer (1995b); Kuhlmann (1997).

das Programm-Management unterstützen und gegebenenfalls Kurskorrekturen ermöglichen. Strategische *ex ante-Analysen* sollen prognostisch die Wirkungen alternativer förderpolitischer Ansatzpunkte und Interventionen bewerten; operationale ex ante-Studien untersuchen die Erreichbarkeit bereits festgelegter Programmziele und die vermutlichen Wirkungen in Abhängigkeit von der gewählten Programmgestaltung.

Die Frage nach der *Zielerreichung* ist keineswegs trivial, da vor allem das Problem der Zuweisung von feststellbaren Sachverhalten als Wirkungen einer Maßnahme auftritt. Neben der Zielerreichung ist außerdem nach "Mitnehmereffekten" und nach der Angemessenheit der Implementation und der administrativen Abwicklung von Programmen zu fragen. Diese Elemente betreffen die operative Effizienz der evaluierten Maßnahme und gehören zu den am weitesten entwickelten Aspekten in der Evaluationspraxis. Im Hinblick auf programmbegleitende und ex post-Evaluationen werden vor allem drei Gruppen von Methoden zur Bestimmung von Programmwirkungen verwendet: das Vergleichsgruppenkonzept, unterschiedliche Formen des Vorher-Nachher-Vergleichs sowie qualitative problemorientierte Analysen. Um mit gewisser Zuverlässigkeit feststellen zu können, ob eine Maßnahme die beabsichtigten Wirkungen hat oder nicht, müssen verschiedene Methoden gleichzeitig angewendet werden, um sie untereinander zu ergänzen und die ermittelten Ergebnisse besser abzusichern.

Neben Primärerhebungen, beispielsweise bei den Förderempfängern und von den Maßnahmen betroffenen Zielgruppen, stellt die Verfügbarkeit ausreichender sekundärstatistischer Datenbestände, die die Wirkungen der evaluierten Fördermaßnahme in einen regional- und gesamtwirtschaftlichen Kontext stellen können, eine wichtige Grundlage für erfolgreiche Evaluation dar. Vor allem in der *regionsorientierten Innovationsindikatorik* und bei entsprechenden Daten bestehen noch deutliche Lücken, die die Identifikation und Analyse regionalwirtschaftlicher Effekte sowohl in statischer als auch in dynamischer Perspektive erschweren. Allerdings gelangen auch diese Datenbestände und Indikatoren, sofern sie überhaupt verfügbar sind, schnell an die Grenzen ihrer Aussagemöglichkeiten, wenn mikro- und netzwerkökonomische Prozesse und Effekte innerhalb einer regionalen Ökonomie abgebildet werden sollen, da diese in Abhängigkeit von der Größe des räumlichen Aggregats meist unterhalb statistischer Erfassungs- und Messgrenzen bleiben.

Evaluationen bzw. Studien zur Erfolgskontrolle machen erst dann Sinn, wenn gezeigt werden kann, ob, wie und mit welchen Konsequenzen Evaluationsergebnisse Eingang in die Formulierung und Durchsetzung politischer (Förder)Maßnahmen finden. Dazu gehört u.a. die Beantwortung folgender Fragen:[420]

- Wie lässt sich sicherstellen, dass Evaluationen nicht nur die interne Effektivität von Maßnahmen analysieren, sondern tatsächlich auch die zu Grunde liegenden Annahmen kritisch prüfen?
- Welche Akteurkonstellationen fördern oder behindern die Verarbeitung von Evaluationsergebnissen? Wer nimmt Einfluss auf Richtung, Breite und Tiefe der Untersuchungen? Wie unabhängig sind die Evaluatoren?
- Lassen die zeitlichen Bedingungen von Evaluationen überhaupt eine Nutzung ihrer Ergebnisse zu? Wie werden die Evaluationsergebnisse publiziert?
- Wie können Evaluationen zusammenhängender Maßnahmen so miteinander verkoppelt werden, dass eine stärker abgestimmte Planung erleichtert wird?
- Unter welchen Bedingungen ist das politisch-administrative System in der Lage, durch Evaluationen aufgedeckte Fehlentscheidungen zu revidieren?

7.2 Die räumlichen Maßstabsebenen der Technologie- und Innovationspolitik

Bei der Analyse der räumlichen Maßstabsebenen von technologie- und innovationspolitischen Maßnahmen ist zwischen einer akteursbezogenen Betrachtung und einem Blick auf die räumlichen Implementierungseinheiten dieser Maßnahmen zu unterscheiden. Diese Unterscheidung ist vor allem bei kleinräumiger, d.h. regionaler Betrachtung wichtig, da Regionen meist selbst keine oder nur geringe politische und finanzielle Kompetenzen besitzen, eigene Maßnahmen zu formulieren und zu imp-

---

[420] Vgl. auch Bräunling (1987).

lementieren,[421] aber häufig Ziel übergeordneter Maßstabsebenen sind (vgl. dazu auch Abbildung 22). Dies wird besonders bei der Regionalpolitik deutlich, die in der Regel aus zentraler Sicht (supranational durch die EU-Kommission im Rahmen des Europäischen Fonds für regionale Entwicklung (EFRE), oder national durch die Gemeinschaftsaufgabe "Verbesserung der regionalen Wirtschaftsstruktur (GRW)") betrieben wird und auf eine Verringerung sozioökonomischer Disparitäten mit Blick auf nationale bzw. supranationale Durchschnittswerte zielt.

7.2.1 Akteure der Innovations- und Technologiepolitik

Innovations- und Technologiepolitik ist nicht nur ein nationalstaatliches Instrument zur Definition gesellschaftlich erwünschter Technologiepfade und zur Innovationsförderung, sondern sie hat auch eine Steuerungsfunktion auf supra- und subnationaler Ebene. Im europäischen Kontext wird *supranationale Innovations- und Technologiepolitik* durch die EU-Kommission betrieben. So hat die Europäische Union mit dem Maastrichter Vertrag ein umfassendes forschungs- und technologiepolitisches Mandat erhalten (Friedrich-Ebert-Stiftung 1995). Zwar variiert der Einfluss der europäischen Technologiepolitik in Abhängigkeit vom Umfang der nationalstaatlichen Technologieförderung in den einzelnen EU-Mitgliedsstaaten, aber dennoch liegt ihre grundsätzliche Bedeutung in der Setzung thematischer Schwerpunkte zur Förderung von Schlüsseltechnologien, die für die wirtschaftliche und soziale Entwicklung der Europäischen Union von besonderer Bedeutung sind (z.B. Mikroelektronik, Bio- und Gentechnik, neue Materialien und Werkstoffe). Während bis zum vierten Forschungsrahmenprogramm noch technische Entwicklungen im Vordergrund der Fördermaßnahmen standen, gewinnen seit der Verabschiedung des 5. Rahmenprogramms die *sozialen und organisatorischen Aspekte der Technik- und Wirtschaftsentwicklung* zunehmend an Bedeutung (z.B. berufliche Mobilität, soziale Folgen der Technikentwicklung, Handhabung komplexer Innovationsprozesse in kleinen und mittleren Unternehmen).

---

[421] Vgl. dazu die Ausführungen zum Governance-Aspekt im Konzept regionaler Innovationssysteme in Abschnitt 5.2.

Für Deutschland ist anhand der zur Verfügung stehenden Fördermittel trotz des Bedeutungsgewinns der europäischen Forschungsförderung immer noch der größte Einfluss durch die *nationalstaatliche Innovations- und Technologiepolitik* festzustellen.[422] Maßnahmen der Bundesregierung werden ergänzt durch die Innovations- und Technologiepolitik der einzelnen Bundesländer. Deren Aktivitäten stellen gewissermaßen ein Korrektiv zur primär an nationalstaatlichen Effizienzgesichtspunkten ausgerichteten Technologiepolitik der Bundesregierung dar. Durch an die Wirtschafts- und institutionelle Struktur und die spezifischen Problemlagen in den einzelnen Bundesländern angepasste Fördermaßnahmen sollen Innovationsengpässe gezielt abgebaut und ökonomische sowie technologische Stärken gefördert werden. Aber auch unterhalb der Bundesländerebene können Raumeinheiten als institutionelle Akteure der Innovationsförderung auftreten. So werden beispielsweise Technologie- und Gründerzentren durch Kommunen betrieben, oder Stadt- und Landkreise schließen sich zum gemeinschaftlichen Technologiemarketing zusammen (wie beispielsweise in der TechnologieRegion Karlsruhe).

Mit dem Hinweis auf diese unterschiedlichen Akteursebenen wird die Frage angesprochen, welche politische Handlungsebene sich jeweils auf einzelnen räumlichen bzw. institutionellen Ebenen engagieren sollte. Nach dem *Subsidiaritätsprinzip* ist nur dann die nächst höhere (bzw. eine höhere) Ebene gefordert, wenn die untere Ebene zu einem Engagement nicht in der Lage ist. So sollten nach dieser Vorstellung supranationale bzw. nationalstaatliche Politikakteure nur dann auf der regionalen Ebene aktiv werden, wenn beispielsweise fehlende finanzielle Ressourcen einen regionalen Selbstorganisationsprozess verhindern bzw. wenn regionsübergreifende Aspekte wie die Ausgleichsorientierung von (Regional) Politik zu berücksichtigen sind. Ein weiterer Aspekt betrifft die Frage, in welcher Intensität sich der Gegensatz zwischen einer an gesamtwirtschaftlichen Effizienzkriterien ausgerichteten Politik, z.B. der Technologiepolitik, und einer ausgleichsorientierten regionalen Entwicklungspolitik auf der regionalen Ebene darstellt. Dies kann nicht

---

[422] Zu den Zielen und Maßnahmen der deutschen Technologie- und Innovationspolitik des Bundes und der Länder vgl. BMBF/BMWi (1999). 1997 erreichten die Wissenschaftsausgaben (d.h. die Ausgaben für Forschung und experimentelle Entwicklung, für wissenschaftliche Lehre und Ausbildung sowie sonstige verwandte wissenschaftliche und technologische Tätigkeiten) des Bundes ein Volumen von 10,28 Mrd. €, die der Länder und Gemeinden von 17,64 Mrd. € (BMBF 1998a: 9).

pauschal beantwortet werden, da ein möglicher Zielkonflikt von der Ausprägung regionaler Strukturmerkmale abhängt und die nationalstaatliche technologie- und innovationspolitische Förderung einzelner Regionen sowohl Effizienz- als auch Ausgleichsziele erfüllen kann.

Aus Akteurssicht verändern sich mit zunehmender regionaler Disaggregation die *Ziele und Instrumente der Technologie- und Innovationspolitik*. Dies wird anhand der in Abbildung 22 aufgeführten technologiepolitischen Instrumente deutlich.

> Während auf supranationaler und nationaler Maßstabsebene das gesamte Spektrum der dargestellten Instrumente zum Einsatz kommt, einschließlich der weiteren Instrumente wie öffentliche Nachfrage, korporatistische Maßnahmen und Ordnungspolitik, verengt sich der politische Handlungsspielraum in Richtung auf die regionale Handlungsebene auf infrastrukturelle Maßnahmen, die Förderung des Aufbaus von Netzwerken für den Wissens- und Technologietransfer, Beratungsleistungen sowie auf Qualifizierungsmaßnahmen. Damit geht ein Umschwung von einer auf technologische Visionen und Prioritäten ausgerichteten (Technologie)Politik auf eine die Technikdiffusion, Technikanwendung und generelle Innovationsförderung ausgerichteten (Innovations)Politik einher.

Technologiepolitik ist daher vorwiegend der supranationalen und nationalen Maßstabsebene (mit Einschränkungen auch den deutschen Bundesländern, sofern sie aktive und komplementäre Technologieförderung betreiben) vorbehalten. Je geringer die finanziellen und politischen Handlungsspielräume werden, desto stärker fokussieren sich die Maßnahmen auf flankierende innovationspolitische Aktivitäten zur Schaffung eines die Techniknutzung fördernden innovationsfreundlichen Klimas, wobei hier vor allem die Vorteile der räumlichen Nähe zwischen den Innovationsakteuren, beispielsweise durch informelle und formale Netzwerke, ausgenutzt werden können.

7.2.2 Regionen als Implementierungsplattform von Innovations- und Technologiepolitik

7.2.2.1 Regional- und Innovationsförderung der EU-Kommission

Sowohl auf europäischer Ebene, als auch im Einflussbereich des Bundes wurden technologiepolitische Maßnahmen bis Mitte der 1990er Jahre überwiegend an *Globalzielen und gesamtwirtschaftlichen Effizienzkriterien* ausgerichtet. Dazu zählten u.a. die Optimierung der Innovationsressourcen des nationalen bzw. supranationalen Innovationssystems zur Sicherung und Steigerung der wirtschaftlichen und technologischen Wettbewerbsfähigkeit, um damit einen Beitrag zur Beschäftigungssicherung und Einkommenssteigerung leisten zu können. *Ausgleichspolitische Zielsetzungen* spielten in diesem Zusammenhang keine Rolle. Im Gegenteil führte eine effizienzorientierte Politik zur Verschärfung regionaler Disparitäten.[423] Da sich bedeutende Forschungseinrichtungen und industrielle Forschungsabteilungen meist an Standorten angesiedelt haben, die ohnehin wirtschaftlich begünstigt sind, trug die nationale und supranationale Forschungsförderung zu einer *Verfestigung und Verstärkung regionaler Gegensätze* bei. Diese Prozesse hatten und haben in den einzelnen europäischen Staaten in Abhängigkeit von den bestehenden Raum- und politischen Strukturen eine unterschiedliche Dimension. So entfielen 1995 in Frankreich 48 % der in der Wirtschaft des Landes arbeitenden FuE-Beschäftigten auf den Großraum Paris (Ile de France), in Großbritannien 41 % auf den Großraum London (South East), in Österreich 52 % auf die Hauptstadtregion Wien, in Dänemark 63 % auf Kopenhagen und in Finnland 47 % auf Helsinki. In Deutschland fallen dagegen wegen der föderalen Struktur diese räumlichen Gegensätze deutlich geringer aus: 12 % der landesweiten FuE-Beschäftigten in der Wirt-

---

[423] Anhand der Ergebnisse einer Analyse des Zusammenhangs zwischen Regional- und Industriepolitik in Brasilien, Japan, Süd-Korea und den USA stellt Markusen (1996b: 71) fest: "A closer look at all four countries suggests that an emphasis on high-tech industrial sectors will tend to reinforce the advantages of regions with already high per capita incomes and relatively faster rates of regional growth. In the U.S., the New England and Pacific regions, ...have maintained their high income status and posted growth rates...In Brazil, Korea, and Japan, new government-funded R&D and research centers have been sited relatively close to São Paulo, Seoul, and Tokyo, presumably to make them attractive enough to high-tech employees and corporate operations."

schaft arbeiten in München, ebenfalls 12 % in Stuttgart, 9 % in Südhessen, 6 % im Rhein-Neckar-Gebiet sowie jeweils 4 % in Berlin und Düsseldorf und jeweils 3 % in Braunschweig und Köln (Angaben für 1997; vgl. Beise/Gehrke 1998: 19; siehe auch ISI *et al.* 2000).

Zwar wurde versucht, mit regional- oder strukturpolitischen Maßnahmen dem Konzentrationsprozess von Forschungs- und Entwicklungsaktivitäten entgegenzuwirken (beispielsweise in den Ziel 1, 2, 5b und 6-Regionen der EU[424], in denen Strukturförderung durch den Europäischen Fonds für regionale Entwicklung möglich ist[425] sowie durch Fördermaßnahmen nach dem Artikel 10 des EFRE, für die zwischen 1995 und 1999 etwa 400 Mio. ECU für innovationsorientierte Entwicklungskonzepte in diesen sowie weiteren Regionen der EU zur Verfügung standen; vgl. European Commission 1995),[426] aber die Erfolge dieser *Gegensteuerung* blieben bescheiden.[427] Dies beruht im Wesentlichen

---

[424] Ziel 1 betrifft ökonomische Anpassungsprozesse in NUTS II-Regionen mit rückständigem Entwicklungsstand, in denen das Bruttoinlandsprodukt pro Kopf weniger als 75 % des Durchschnitts aller EU-Staaten erreicht (z.B. die neuen Bundesländer), Ziel 2 die wirtschaftliche und soziale Restrukturierung in NUTS III-Regionen mit Stagnationsindustrien (Kriterien: überdurchschnittliche Arbeitslosenquote bezogen auf die drei vergangenen Jahre, industrieller Beschäftigtenanteil über dem EU-Durchschnitt innerhalb der vergangenen 15 Jahre, drastischer Rückgang der Industriearbeitsplätze bzw. deutliche Arbeitsplatzverluste in einzelnen Branchen), Ziel 5b die Diversifizierung in ländlichen Regionen (Kriterien: hoher Beschäftigtenanteil im Agrarsektor, geringes landwirtschaftliches Einkommen, geringes sozioökonomisches Entwicklungsniveau, andere Faktoren wie Entvölkerung, periphere Lage, Betriebsgrößen) und Ziel 6 die Entwicklung dünn besiedelter Regionen (Kriterium: weniger als 8 Einwohner pro km² (vgl. Yuill *et al.* 1996: 69).

[425] "Die Kohäsionspolitik ist darauf angelegt, Disparitäten im Entwicklungsniveau zwischen Regionen auszugleichen und die Entwicklung in den benachteiligten Regionen und im ländlichen Raum zu fördern. Das wichtigste Finanzierungsinstrument der Kohäsionspolitik sind die Strukturfonds, der Kohäsionsfonds und, in noch größerem Umfange, die Europäische Investitionsbank" (Ausschuss der Regionen 1999: 42).

[426] Das Mittelvolumen der Strukturfonds beträgt für den Zeitraum 2000 bis 2006 213 Mrd. € (Landabaso *et al.* 1999: 1).

[427] Vgl. Schrumpf (1997: 257-258), der die Fokussierung der EU-Strukturförderung auf KMU kritisch hinterfragt: "The promotion of small and medium-sized enterprises does, of course, represent a focal area in all Objective 2 programmes. It must, however, be asked – and here there is a considerable need for research – to

auf der *Infrastrukturlastigkeit der Maßnahmen*. Finanztransfers und Infrastrukturinvestitionen in Regionen unterschiedlichen Entwicklungsstandes können zwar punktuell Entwicklungs- und Innovationsengpässe verringern, sind aber spätestens dann ungeeignet, wenn Maßnahmen erforderlich sind, die im Ausbildungssystem, an Managementkompetenzen sowie der Information und Beratung ansetzen müssen (Koschatzky 1997a: 190).

Dennoch machen die Erfahrungen aus der bisherigen Regionalförderung der EU sowie aus der GRW-Förderung deutlich, dass Regionalentwicklung durch zentrale Instanzen möglich ist (Walter *et al.* 1996; RIDER *et al.* 1996). Infrastrukturmaßnahmen (z.B. im Bereich von Verkehrs-, Telekommunikations- und Energiesystemen), regional differenzierte Investitionszuschüsse und Steuererleichterungen können intraregionale oder regionsexterne Potenziale stimulieren und zumindest temporär die auf die geförderte Region gerichtete Mobilität von Produktionsfaktoren erhöhen.[428] Langfristig sind solche Maßnahmen dazu geeignet, das Ausmaß interregionaler Einkommensunterschiede nicht zu vergrößern. Vor allem in gering entwickelten Regionen Europas stellen die Maßnahmen des EFRE eine (partielle) Kompensation für die Abwanderung von Arbeitskräften und den Verlust an ökonomischen Aktivitäten dar.

In der ersten Hälfte der 1990er Jahre hat sich in der EU-Kommission vor dem Hintergrund neuer regionaler Innovationskonzepte und ihrer regio-

---

what extent this focus does not represent an impermissible extrapolation of trends from the 1980s....It is not disputed that newly-founded small and medium-sized enterprises, in particular, can make a fundamental contribution to the recovery of the assisted regions in the long term when they are active in relatively fast-growing markets or in profitable market niches. This is, however, an extremely time-consuming process."

Der Ausschuss der Regionen (1999: 44) bemerkt dazu: "Es nützt nichts, den kleinen und mittleren Unternehmen zu helfen, ohne sich darum zu kümmern, was in Laboratorien, Forschungsparks usw. vorgeht – und umgekehrt. ... Der Ausschuss weist darauf hin, dass zwischen Großunternehmen und mittelständischen Betrieben, die oftmals deren Zulieferer sind, keine strukturellen Unterschiede bestehen. Es spricht vieles dafür, die Großunternehmen an bestimmten Projekten zu beteiligen, um die Einführung neuer technischer Verfahren in kleinen und mittelgroßen Betrieben zu erleichtern und zu fördern."

[428] Eine umfassende Übersicht über die verschiedenen Programme zur Regionalförderung durch die EU und die einzelnen Mitgliedsländer geben Yuill *et al.* (1996).

nal- sowie innovationspolitischen Implikationen (beispielsweise der Diskussion um innovative Milieus und industrielle Distrikte) die Vorstellung entwickelt, dass die Angleichung der Lebens- und Arbeitsbedingungen ("Cohesion") nicht mehr nur durch einen an den entwickelten Regionen orientierten Entwicklungspfad zu erreichen ist, sondern regionale Potenziale in der bestehenden Vielfalt zum Ausgangspunkt individueller Entwicklungsmuster gemacht werden sollten.[429] Diese Strategie wurde mit dem Schlagwort "Valorizing Diversity" belegt (Hingel 1992, 1994). In der Diskussion um Cohesion stehen die spezifische Ausstattung von Regionen mit Produktionsfaktoren, regionale Produktionssysteme sowie Innovations- und Adaptionsmuster im Vordergrund der Betrachtung.[430] Die Angleichung der Lebens- und Arbeitsbedingungen zwischen Regionen wird jedoch nicht über eine "one best practice" in der Nutzung neuer Erkenntnisse und technischer Entwicklungen gesucht, sondern die individuellen Stärken einer Region müssen zum Ausgangspunkt eines spezifischen Nutzungsmusters neuer Technologien gemacht werden (vgl. z.B. Fontela 1991). Nach diesem Konzept existieren "different modes of usage and diffusion of new technologies and new knowledge" (Cohendet et al. 1991). Es gibt nicht nur "different practices" in der Anwendung neuer Technologien, sondern vor dem Hintergrund regionaler Besonderheiten können sie auch "different *best* practices" sein, die gleichermaßen in der Lage sind, regionalen Erfolg und eine Angleichung in den Lebens- und Arbeitsbedingungen zu erzeugen.

Je spezifischer politische Maßnahmen auf regionale Besonderheiten einzugehen haben, um intendierte Ziele zu erreichen, desto weniger sind zentral formulierte, koordinierte und implementierte Maßnahmen geeig-

---

[429] Vgl. Bachtler/Michie (1994) zur Revision der Strukturförderung im Jahr 1993.

[430] Martin (1996: 36) nennt Argumente für eine regionstypenspezifische Regionalförderung: "...the present situation where a lot of regions in the EU obtain what frequently amounts to more or less the same amount of public support is not optimal. No clear focus is identifiable and a large part of the potential effects of these public support measures will be lost. If all regions get the same amount of support there is no clear advantage for anay part of the Union, least of all peripheral areas which are lagging in other respects. ...two alternative changes can be considered. Firstly, more money is being spent in the periphery whereas the present level of support in the core areas remains the same. Secondly, the level of support in the latter regions is being reduced while support in the periphery remains constant. From the point of view of economic efficiency it is clear that the second alternative is preferable."

net. Dies betrifft vor allem die netzwerkbasierte Erschließung regionaler Innovationspotenziale, die angepasst an die jeweiligen regionalen Kontextbedingungen zu erfolgen hat und die ohne die aktive Mitwirkung regionaler Zielgruppen zum Scheitern verurteilt ist. So ist daher auf europäischer Ebene seit Mitte der 1990er Jahre eine *zunehmende Verschränkung zwischen der traditionellen zentralen Regionalförderung und einer regionalen Innovationsförderung* sowie eine Fokussierung der Regionalpolitik auf innovationsorientierte regionale Entwicklungskonzepte zu beobachten.431 Damit geht eine Anpassung der Politikinstrumente an die jeweiligen spezifischen regionalen Rahmenbedingungen einher. Zwischen 1994 und 1999 haben über 30 Regionen Fördermittel für die Erarbeitung regionaler Technologiepläne bzw. regionaler Innovationsstrategien aus der EU-Regionalförderung nach Artikel 10 EFRE erhalten. Zwischen 1997 und 1999 wurden 19 RIS-Projekte (Erarbeitung einer Regionalen Innovationsstrategie) initiiert und fünf weitere für eine Förderung ausgewählt (Landabaso/Youds 1999: 7).432 Im gleichen Zeitraum wurden aus Mitteln des Innovationsprogramms durch die ehemalige Generaldirektion XIII weit über 40 Regionen durch das RITTS-Programm (Regional Innovation and Technology Transfer Strategies and Infrastructures) gefördert, das seit 1998/99 durch das TRIPS-Programm (Transregional Innovation Projects) ergänzt wird. *RIS und RITTS-Projekte* verfolgen im Wesentlichen zwei **Zielsetzungen** (European Commission 1997):

- Verbesserung der Fähigkeit regionaler Akteure zur Entwicklung von Politiken und Förderstrategien auf der Grundlage des Bedarfs der regionalen Wirtschaft und der Stärken und Potenziale des regionalen Innovationssystems;
- Vorgabe eines Handlungsrahmens innerhalb dessen die EU, die Mitgliedsstaaten und die Regionen politische Entscheidungen hinsicht-

---

431 Hinsichtlich der Innovationsorientierung der Strukturförderung bemerken Bachtler/Taylor (1996: 730): "A further feature is that many of the strategies embody considerable *complexity and sophistication*. Compared to the previous programming round, the 1994-96 strategies cover a wider range of priorities, with increased attention being given to business development, R&D (often on an experimental basis), technology transfer and environmental issues, mainly at the expense of physical and economic infrastructure projects."

432 Um sich für die RIS-Förderung nach Artikel 10 EFRE zu qualifizieren, müssen mindestens 50 % der Bevölkerung einer Region in nach Ziel 1,2,5b oder 6 klassifizierten Raumeinheiten leben (Landabaso/Youds 1999).

lich künftiger Investitionen in Forschung und technologische Entwicklung sowie in Innovations- und Technologietransferstrategien auf regionaler Ebene optimieren können.

Beide Initiativen sind netzwerkbasiert und bauen auf die Mobilisierung zentraler regionaler Akteure, die wiederum als Netzwerkpromotoren (vgl. Hauschildt/Gemünden 1998) eine mobilisierende Wirkung auf weitere Personen und Institutionen in der Region ausüben sollen. Während bis zum 5. Forschungsrahmenprogramm beide Förderlinien getrennt voneinander betrieben wurden, ist seit 1999 eine stärkere Vernetzung und Koordination zwischen den beiden verantwortlichen Generaldirektionen zu beobachten. Die wesentlichen Inhalte der RITTS- und RIS-Förderung sind in Abbildung 21 zusammengefasst.

Aus Sicht der Regionalförderung sind die RIS-Projekte ein Pilotprogramm zur Erprobung neuer Förderzielsetzungen und zu einer effizienteren Mittelvergabe. Daher ist nunmehr in den Leitlinien der regionalen Entwicklungsprogramme der EU für den Zeitraum 2000 bis 2006 festgeschrieben, dass "structural assistance should therefore give an increasing priority to promoting RTD and innovation capacities in an integrated manner in all fields of intervention of the Funds" (zitiert nach Landabaso et al. 1999: 1). Diese *stärkere Innovationsorientierung in der europäischen Regionalförderung* betrifft auch die deutschen GRW-Fördergebiete. Seit dem 25. Rahmenplan der GRW wurde ab 1996 ein Teil der von der EU kofinanzierten Mittel, beispielsweise für die Ziel-1 Regionen Ostdeutschlands, aus der traditionellen Regionalförderung herausgenommen und für die Innovationsförderung reserviert. Dies sollte den Länderregierungen die Möglichkeit geben, ihre Innovationsförderung (Programme, Projekte) durch EFRE-Mittel zu ergänzen. Damit war die Möglichkeit gegeben, nicht nur Investitionen in die technologische Infrastruktur (Technologie- und Gründerzentren) zu finanzieren, sondern auch die Projektförderung in die Regionalförderung zu integrieren. In den ersten Jahren nach Eröffnung dieser Möglichkeit machten die einzelnen Bundesländer unterschiedlichen Gebrauch von diesen neuen Handlungsspielräumen (Nellen/Koschatzky 1999). Gemäß der Intention der EU-Kommission, die Strukturförderung stärker an innovative Entwicklungskonzepte zu binden, wird sich auch in der GRW die Innovationsorientierung weiter erhöhen.

Abbildung 21: Charakteristika von RITTS- und RIS-Projekten

RITTS - Regional Innovation and Technology Transfer Strategies and Infrastructures	RIS – Regional Innovation Strategies
Projekte zur Evaluierung, Entwicklung und Optimierung regionaler Infrastrukturen sowie Politiken und Strategien für die Innovationsförderung und den Technologietransfer	Projekte zur Schaffung von Partnerschaften zwischen Schlüsselakteuren in einer Region mit dem Ziel der Formulierung einer regionalen Innovationsstrategie im Kontext regionaler Entwicklungspolitik
Projekte stehen für sich und werden zum besonderen Nutzen für die Region durchgeführt	Projekte dienen zur Effektivitätsverbesserung von Maßnahmen zur Innovationsförderung im Rahmen der EU-Strukturfonds
Das Projekt kann sich nur auf einen Teil der Region beziehen (keine formalen administrativen Strukturen)	Ein RIS-Projekt muss eine Region der NUTS-Kategorie II umfassen
Der Projektempfänger ist nicht notwendigerweise eine regionale Institution (z.B. eine Innovationsagentur, Hochschule usw.)	Der Projektempfänger muss eine Institution sein, die für die wirtschaftliche Entwicklung der Region verantwortlich ist
Projekte können in allen Regionen der EU und der EWU finanziert werden	Projekte sind begrenzt auf Regionen, in denen der überwiegende Anteil der Bevölkerung in einem für EFRE-Förderung qualifizierten Gebiet lebt
Der Finanzierungsanteil der EU durch das Innovationsprogramm beträgt maximal 250.000 ECU in unterstützten und 175.000 ECU in sonstigen Regionen	Der Finanzierungsanteil der EU durch Artikel 10 des EFRE beträgt maximal 250.000 ECU

Übersetzt in Anlehnung an European Commission (1997: 7)

7.2.2.2 Regionale Innovationspolitik der Bundesregierung

Auch außerhalb der traditionellen Regionalförderung stellt die regionale Ebene eine zunehmend wichtiger werdende innovationspolitische Plattform dar. So wurde beispielsweise ab Mitte der 1990er Jahre von der deutschen Innovations- und Technologiepolitik erkannt, dass trotz Internationalisierung und Globalisierung von Forschung, Entwicklung und Produktion Regionen spezifische Vorteile für die persönliche Kommunikation, den Austausch impliziten Wissens und die arbeitsteilige Organisation von Innovationsprozessen bieten und die staatliche Stimulierung und Förderung von Innovations- und Technologienetzwerken auf regionaler Ebene zur Verbesserung der nationalen technologischen Wettbewerbsfähigkeit beitragen kann. Maßgeblich zu dieser Fokussierung auf Regionen hat die theoretische Diskussion über die innovationsstimulierende Wirkung von Innovationsnetzwerken, aber auch über technologische Cluster, industrielle Distrikte, innovative Milieus, lernende Regionen sowie regionale Innovationssysteme beigetragen. Drei Förderprogramme des Bundesministeriums für Bildung und Forschung (BMBF) verdeutlichen den *Bedeutungsgewinn von Regionen als Implementierungsplattform nationalstaatlicher Innovations- und Technologiepolitik* und die verstärkte Berücksichtigung theoretischer Ansätze bei der Konzeption von Fördermaßnahmen:

(1) Der 1996 initiierte **BioRegio-Wettbewerb**. Seine *Hauptziele* sind die Stimulierung von Unternehmensgründungen in der Bio- und Gentechnologie, die Ansiedlung ausländischer Biotechnologieunternehmen in Deutschland, die Förderung des Wachstums in bestehenden Biotechnologieunternehmen und die Schaffung eines ausreichenden Angebots an Seed- und Venture-Capital, um durch die Nutzung der der Biotechnologie immanenten Notwendigkeit räumlich naher wissenschaftlicher und technologischer Verflechtungen die Wettbewerbsfähigkeit Deutschlands in der biotechnologischen Forschung und Produktion zu verbessern (Dohse 1998). In einem Wettbewerbsverfahren wurden von einer Jury drei Regionen mit bereits gut entwickelten Forschungskapazitäten und Produktionspotenzialen ausgewählt: München (BioRegio M), das Rhein-Neckar-Dreieck (Heidelberg, Ludwigshafen, Mannheim) und das Rheinland (Köln, Aachen, Düsseldorf, Wuppertal). Zusätzlich gab es ein Sondervotum der Jury für die Region Jena. Jede der drei Regionen wird durch das BMBF mit etwa 25,6 Mio. € bis zum Jahr 2001 gefördert. Dieser Wettbewerb hat nicht nur zu einem Entwicklungsschub biotechnologischer Aktivitäten in den geförderten Regionen und damit in Deutschland beigetragen, sondern, z.T. unterstützt durch Landesmittel, auch in Regionen, die nicht die ersten drei Plätze belegt haben. BioRegio greift sowohl den Netzwerkansatz als auch das Clusterkonzept auf, um auf die-

ser Grundlage ein kreatives Milieu in den Regionen zu schaffen und Lernprozesse zwischen den Akteuren der BioRegionen zu fördern.

(2) Der **Wettbewerb "Existenzgründer aus Hochschulen - EXIST"**. Seine Hauptzielsetzung liegt in der Initiierung einer regionalen Zusammenarbeit zwischen Universitäten, Fachhochschulen, Unternehmen, Beteiligungskapitalgebern und sonstigen regionalen Einrichtungen zum Zweck der Förderung von Unternehmensgründungen aus Hochschulen. Vier *Leitziele* werden verfolgt (BMBF 1998b: 6):

- dauerhafte Etablierung einer "Culture of Entrepreneurship" in Lehre, Forschung und Verwaltung an den Hochschulen;
- konsequente Übersetzung wissenschaftlicher Forschungsergebnisse in die wirtschaftliche Wertschöpfung auch im Sinne des im § 2 (7) Hochschulrahmengesetz (HRG) neu formulierten Auftrags der Hochschulen zum Technologietransfer;
- zielgerichtete Förderung des großen Potenzials an Geschäftsideen und Gründerpersönlichkeiten an Hochschulen;
- deutliche Steigerung der Anzahl technologieorientierter Unternehmensgründungen und innovativer Dienstleistungen, verbunden mit entsprechenden Arbeitsmarkteffekten.

Durch den Wettbewerb sollen exemplarische regionale Netzwerke geschaffen werden, in denen pilotartig neue Konzepte zur Förderung von wissenschaftsbasierten Existenzgründungen zu erproben und "good practice"-Modelle für eine Übertragung der Erfahrungen auf andere Regionen zu entwickeln sind. Nachdem auf die Ausschreibung des BMBF vom 30.10.1997 zum EXIST-Wettbewerb 109 Bewerbungen mit über 200 beteiligten Hochschulen eingingen, wählte eine unabhängige Jury in einem zweistufigen Verfahren fünf Siegerkonzepte aus: GET UP (Ilmenau, Jena, Schmalkalden), Dresden exists, bizeps (Wuppertal, Hagen), KEIM (Karlsruhe, Pforzheim) und PUSH! (Stuttgart). Die fünf regionalen Netzwerke versuchen in unterschiedlicher Weise das Ziel der Fördermaßnahme umzusetzen.[433] Während beispielsweise KEIM und

---

[433] Eine detaillierte Beschreibung der fünf Netzwerkinitiativen findet sich in BMBF (2000a).

PUSH! die bereits in den beiden Regionen vorhandenen Existenzgründungsinstitutionen und -netzwerke zusammenführen und optimieren wollen und sich die dortigen Hochschulen in die Akteursvielfalt der Region einreihen, sind die Initiativen Dresden exists, bizeps und GET UP stärker hochschulorientiert. Vor allem in Dresden und in Wuppertal/Hagen werden die wesentlichen Koordinationsleistungen ("Spinne im Netz") durch die dortigen Hochschulen geleistet, während bei GET UP, KEIM und PUSH! eine hochschulexterne Organisation die Projektimplementation überwacht. Damit ist nicht nur das regionale Umfeld der einzelnen Initiativen unterschiedlich, sondern auch deren institutionelle und inhaltliche Ausgestaltung zur Zielerreichung. Die fünf Initiativen werden durch das BMBF mit insgesamt 23 Mio. € sowie weiteren Mitteln zunächst bis Ende 2001 gefördert (vgl. BMBF 1998b). Wie beim BioRegio-Wettbewerb ist auch bei EXIST ein Mobilisierungseffekt zu beobachten, durch den auch nicht geförderte regionale Netzwerke neue Gründungsmodelle und -konzepte im Hochschulumfeld erproben.

(3) Der 1999 initiierte **InnoRegio-Wettbewerb**, der auf die neuen Bundesländer beschränkt ist. Sein *Hauptanliegen* ist es, in den neuen Ländern die Beschäftigungssituation nachhaltig zu verbessern und die Wettbewerbsfähigkeit der Wirtschaft zu stärken (BMBF 1999: 7). Um diese Zielsetzung zu erreichen, sollen auf regionaler Ebene Konzepte und Projekte zur Erschließung von Innovationspotenzialen entwickelt und der Aufbau regionaler Netzwerke, in denen sich Akteure aus unterschiedlichen Aufgabenfeldern in gemeinsamen Innovations- und Lernprojekten engagieren, angestoßen werden. Der Wettbewerb geht von der Hypothese aus, dass zwar regionale Netzwerke in Ostdeutschland existieren, die Potenziale zur thematischen Netzwerkbildung aber noch nicht ausgeschöpft sind, da vor allem Großunternehmen als Motoren der Netzwerkorganisation fehlen (vgl. Koschatzky/Zenker 1999a). In den Netzwerken sollen Ideen und Visionen neuer regionaler Kooperationsformen außerhalb administrativer Grenzen entwickelt und erprobt werden. Es wird angestrebt, durch die Netzwerke die Kreativität, Kompetenz und Motivation unterschiedlicher Akteure aus der Forschung, der Wissenschaft, der Wirtschaft und der Gesellschaft zusammenzuführen. Dadurch soll die Grundlage für ein wettbewerbsfähiges Forschungs-, Bildungs- und Wirtschaftsprofil der Regionen gelegt, neue Beschäftigungsmöglichkeiten geschaf-

fen und neue Märkte erschlossen werden. Neben dem Netzwerkansatz ist in InnoRegio auch das Konzept industrieller Distrikte und innovativer Milieus implizit enthalten, da Projekte sowohl Produktionskompetenzen und –verflechtungen auf regionaler Ebene als auch innovative Potenziale entwickeln sollen. Bis zur Bewerbungsfrist am 15. August 1999 gingen 444 Anträge ein. Aus diesen wählte eine Jury zunächst 50 Projekte aus, von denen am 2. November 1999 25 als "InnoRegios" prämiert wurden. Das thematische Spektrum reicht vom integrativen Tourismus bis hin zu biomedizinischen Netzwerken. Die 25 "InnoRegios" erhielten jeweils 153.380 € zur Entwicklung eines Gesamtkonzeptes und einer arbeitsfähigen Netzwerkstruktur. Im September 2000 mussten sie sich erneut der Jurybegutachtung stellen. Am 05. Oktober 2000 empfahl die Jury, 19 der Konzepte mit insgesamt 230 Mio. € bis zum Jahr 2005 zu fördern. Den restlichen sechs Regionen wurde die Möglichkeit eingeräumt, ihr Konzept bis zum 30. Juni 2001 zu überarbeiten (BMBF 2000d).

Während bei BioRegio und EXIST zwar die regionale Ebene durch die Bildung regionaler Netzwerke angesprochen wurde, gab es keine Vorgaben hinsichtlich Regionsgröße und Regionsverständnis. Demgegenüber wurde bei InnoRegio der regionale Handlungsrahmen explizit definiert: "Innovative Regionen sind Raumeinheiten, kleiner als Bundesländer, in denen sich unterschiedliche Personen und Institutionen aus Wirtschaft, Wissenschaft, Bildung, Politik und Verwaltung, Vereinen und Verbänden, zusammenschließen, mit dem Ziel, technische, wirtschaftliche und soziale Neuerungen zu entwickeln, die bislang innerhalb der Region oder sogar außerhalb ihrer Grenzen noch nicht realisiert sind. Auf diese Weise stärken sie dauerhaft die Innovationskompetenz und damit die Wettbewerbsfähigkeit ihrer Region" (BMBF 1999: 6).

Mit diesen drei Wettbewerben ist ein *Paradigmenwechsel in der deutschen Technologie- und Innovationspolitik* zu beobachten, der die klassischen Grenzen zwischen Technologie- und regionaler Strukturpolitik in Frage stellt, aber auch die politischen Handlungsfelder des Bundes und der Länder berührt.

➢ **BioRegio** stellt eine Fortführung des klassischen Instrumentariums technologischer Forschungsförderung dar, wobei der Wettbewerb sowie der explizit räumliche Charakter der Förderung durch den Bund als neue Elemente aufgenommen wurde. Die Maßnahme zielt aber nicht auf Regionalentwicklung, sondern benutzt den räumlichen Handlungsrahmen als Ausgangspunkt für den Versuch, durch die Bildung regionaler Netzwerke in einer stark wissenschaftsbasierten Technik zur Steigerung der biotechnologischen Wettbewerbsfähigkeit Deutschlands beizutragen. Mit dieser Zielsetzung orientiert sich BioRegio an gesamtwirtschaftlichen Effizienzkriterien.[434] Wenn auch bislang keine Gesamtevaluation von BioRegio durchgeführt wurde, sondern nur Untersuchungen zu Entwicklungen, Erfolgs- und Misserfolgsfaktoren einzelner BioRegios vorliegen (vgl. z.B. Krauss/Stahlecker 2000 für die BioRegion "Rhein-Neckar-Dreieck"), lassen sich dennoch erste Wirkungen dieser Fördermaßnahme erkennen. Nach Zahlenangaben aus dem deutschen Biotechnologiebericht 2000 von Ernst&Young erreichte Deutschland 1999/2000 die höchste Neugründungsrate von kleinen und mittleren Biotechnologieunternehmen in Europa und überflügelte damit Großbritannien. Von 1.350 entsprechenden Unternehmen waren 279 in Deutschland ansässig. Allerdings lag Großbritannien im genannten Zeitraum bei den börsennotierten Biotechnologieunternehmen weiterhin vor Deutschland (BMBF 2000c).

➢ Auch **EXIST** verfolgt vorwiegend national orientierte Zielsetzungen und greift hierfür ebenfalls auf die Region als Plattform für die Schaffung netzwerkinduzierter Synergismen zur Erhöhung der Zahl von Unternehmensgründungen aus Hochschulen zurück. Gerade für Unternehmensgründer stellt ein vertrautes regionales Umfeld einen wichtigen Grundstock in ihrer Gründungsentscheidung dar (vgl. Abschnitt 7.4.5). Daher spielen räumliche Nähe zwischen Hochschulen, Informations-, Beratungs- und Finanzierungseinrichtungen sowie dem Gründer und dem Standort eines Betriebes eine große Rolle in dem Förderkonzept. Nach einer Laufzeit von 1 ½ Jahren konnten Mitte 2000 in den fünf Regionen bereits 240 EXIST-

---

[434] Um den Trend zunehmender biotechnologischer Forschungs- und Kommerzialisierungsaktivitäten in Deutschland weiter zu verstärken, hat das BMBF Ende 1999 mit "BioProfile" eine weitere regionenorientierte Fördermaßnahme implementiert. BioProfile richtet sich an Regionen, die spezielle Schwerpunkte in einzelnen zukünftsträchtigen Anwendungsfeldern der Biotechnologie aufweisen und schließt explizit auch kleinere Regionen mit ein. Drei Regionen, deren Konzepte in einem Wettbewerb zwischen 20 Regionen als förderungswürdig bewertet wurden, sollen mit insgesamt 51,1 Mio. € unterstützt werden (BMBF 2000b). Diese Fördermaßnahme kann dazu beitragen, die regionale Breite der deutschen Biotechnologieaktivitäten zu vergrößern.

bezogene Existenzgründungen verzeichnet werden. Für die gesamte Laufzeit der zunächst bis Ende 2001 befristeten Fördermaßnahme wird das Gründungspotenzial von den jeweiligen regionalen Initiativen auf insgesamt über 700 neue Unternehmen geschätzt (ISI 2000).

Kurz- bis mittelfristig bei BioRegio und mittel- bis langfristig bei EXIST sind auch *regionalwirtschaftliche Implikationen* durch die Förderung zu erwarten. Diese führen im Fall BioRegio eher zu einer Verstärkung regionaler Gegensätze im Bereich biotechnologischer Forschung, Entwicklung und Produktion, da räumliche Forschungs- und Produktionseinheiten (Cluster) gefördert werden, die bereits vor der Förderung ein hohes Maß an wissenschaftlicher Exzellenz aufwiesen. EXIST ist demgegenüber eher disparitätsneutral, da auch regionale Initiativen gefördert werden, die nicht in den großen deutschen Agglomerationsräumen angesiedelt sind. Zudem sind positive Entwicklungsimpulse in den Regionen zu erwarten, die in Eigeninitiative oder mit Landesmitteln ähnliche Konzepte erproben. Durch die Hochschulorientierung berührt EXIST sowohl Bundes- als auch Landeskompetenzen, ohne aber in Konflikt zu Länderhoheiten zu treten.

➢ **InnoRegio** bewegt sich im Vergleich zu den beiden anderen Maßnahmen viel stärker im Grenzbereich zwischen Innovations- und Regionalpolitik, verfolgt ausgleichspolitische Zielsetzungen und ist wegen der expliziten Regionalorientierung auch in weitaus höherem Maße auf eine Abstimmung mit den einzelnen Bundesländern angewiesen. Die Legitimation des Bundes zur Durchführung dieses Programms leitet sich aus den Bestrebungen zur Schaffung gleichwertiger Lebensbedingungen in West- und Ostdeutschland ("Aufbau Ost") und auf dem alle ostdeutschen Bundesländer umfassenden Förderansatz ab. Vom Konzept her ergeben sich große Ähnlichkeiten zu der RIS-Förderung durch die EU, die die Erarbeitung innovationsorientierter regionaler Entwicklungskonzepte als Instrument für eine effizientere Allokation der Mittel aus der regionalen Strukturförderung versteht. Da InnoRegio keinen technologischen Fokus besitzt, sondern Innovation als alles Neue für die Region definiert, verwischen die Grenzen zwischen gezielter Technologie- und Innovationsförderung und regionaler Wirtschaftsförderung/Strukturpolitik. Politische Effizienzkriterien orientieren sich an dem regional Machbaren und nicht an einer Optimierung gesamtwirtschaftlicher Ressourcenallokation. InnoRegio und die RIS-Projekte der EU zeigen beispielhaft die

Konvergenz zwischen Regional- und Innovationsförderung. Mit InnoRegio hat das BMBF eine Fördermaßnahme initiiert, in der es sich von der Technologieförderung kommend einem breiteren Innovationsverständnis öffnet und die Region, verstanden als Raumeinheit kleiner als einzelne Bundesländer, zu seiner Aktionsplattform macht. Auf der anderen Seite verändert sich die klassische infrastrukturorientierte Regionalpolitik der EU (und damit auch die des Bundes und der Länder) zunehmend in Richtung auf eine netzwerk- und projektbasierte innovationsorientierte Regionalförderung. Da beide Entwicklungen sowohl die Bedeutung der regionalen Handlungsebene als auch von innovativen Konzepten zur Regionalentwicklung betonen, kann vermutet werden, dass die Initiierung und Förderung regionaler Innovationsprozesse und –netzwerke auch in den kommenden Jahren eine hohe Priorität auf der politischen Agenda besitzt.

Die auf die einzelnen Akteurs- und Implementierungsebenen bezogenen Maßnahmen der regionalen Innovations- und Technologiepolitik können wie folgt zusammengefasst werden (vgl. Abbildung 22).

7.3 Aufgaben und Zielsetzungen regionaler Innovationspolitik

7.3.1 Aufgaben regionaler Innovationspolitik

Aus der Synopse der in Abschnitt 7.2 diskutierten innovationspolitischen Akteurs- und Implementierungsebenen wird deutlich, dass regionale Institutionen in der Regel nur innerhalb ihrer eigenen Grenzen innovationspolitische Förderung betreiben können, während sie selbst Ziel eines umfangreichen Maßnahmenspektrums der EU, des Bundes und der Länder sind (vgl. Abbildung 22). Dies ist bei der Diskussion der Umsetzung von Instrumenten regionaler Innovationspolitik zu berücksichtigen, da übergeordnete Ebenen mit einem erheblich größeren Mittelaufwand und breiteren Maßnahmenspektrum politisch aktiv werden können als regionale Institutionen. Ebenfalls zu berücksichtigen sind die *spezifischen Strukturmerkmale einzelner Regionen*, die anhand der verschiedenen

Abbildung 22: Akteurs- und Implementierungsebenen technologie- und innovationspolitischer Maßnahmen

Akteure \ Implementierung	Supranational (EU)	National (Bund)	Subnational (Länder)	Regional
	Technologiepolitik → Innovationspolitik			
Supranational (EU)	Technologie- und Innovationsförderung (Aktionen, Programme und Projekte des 5. Rahmenprogramms)	Abstimmung mit den Mitgliedsstaaten, Partizipation an den EU-Programmen	RIS, RIS+, RITTS und TRIPS-Projekte (Stadtstaaten)	RIS, RIS+, RITTS und TRIPS-Projekte
National (Bund)	finanzielle Beiträge zum EU-Haushalt; Mitspracherechte bei Formulierung des 5. RP	Maßnahmen und Instrumente der Technologiepolitik	Gemeinschaftsaufgaben (Verbesserung der regionalen Wirtschaftsstruktur, Hochschulbau), institutionelle Förderung	BioRegio, EXIST, InnoRegio (Regionen in den neuen Bundesländern)
Subnational (Länder)	Mitwirkungskompetenzen über den Bund	Gemeinschaftsaufgaben (Verbesserung der regionalen Wirtschaftsstruktur, Hochschulbau)	länderspezifische Förderpolitik, institutionelle Förderung, Infrastrukturausbau	regionale Schwerpunktsetzungen der Förderung, Entwicklung innovativer regionaler Cluster
Regional	politische Einflussnahme auf EU-Technologiepolitik	politische Einflussnahme auf die Technologiepolitik des Bundes	politische Einflussnahme auf Landesförderpolitik	Infrastrukturausbau (z.B. Technologiezentrum), Netzwerkbildung, Information, Beratung, Qualifikation, Marketing

Quelle: eigene Darstellung

theoretischen Ansätze in Kapitel 5 aufgezeigt wurden. Regionen verfügen über eine spezifische Ausstattung mit Produktionsfaktoren, deren bestmögliche Allokation nur dann gegeben ist, wenn sich die regionale Technologie- und Innovationsförderung in ihren Maßnahmen auf diese

Faktorausstattung bezieht und sie in der Politikformulierung berücksichtigt. Im Regelfall sind Regionen über ihre Unternehmen und Forschungseinrichtungen die in internationale Technikdiffusion und -adoption integriert. Spielräume einer regionsspezifischen Technologieentwicklung sind meist gering, wenngleich neue Technologien durchaus einen (multi)regionalen Ursprung haben, insbesondere dann, wenn es sich um Regionen mit entsprechenden Forschungs- und Produktionspotenzialen handelt. Vorhandene Technologieschwerpunkte sowie Produktions- und Dienstleistungskompetenzen können aber durchaus in die Formulierung und Implementierung einer regionalen Entwicklungsstrategie einfließen. Bevor auf diese Differenzierungen näher eingegangen wird, soll zunächst *unabhängig von der Akteursebene* zunächst auf die Aufgaben und Zielsetzungen regionaler Innovationspolitik eingegangen werden.

Unter Bezug auf die jeweilige regionale Spezifik hat die **regionale Innovationspolitik eine dreifache Aufgabe** (vgl. Koschatzky/Gundrum 1997: 216; Meyer-Krahmer/Gundrum 1995):

- Aktivierung und gezielte Förderung der regionalen Innovationsressourcen zur Stärkung der kollektiven Lernfähigkeit und zur Entwicklung und Anwendung neuer Technologien und Dienstleistungen;
- Koordination und Kopplung dieser Ressourcen in regionalen Innovationsnetzwerken zur Generierung regionaler Systeminnovationen und zur Integration möglichst aller Prozessstufen von der Forschung und Entwicklung über die Produktion und die Vermarktung unter Einbezug aller relevanten Akteure aus Wirtschaft, Wissenschaft, Politik und Gesellschaft;
- Integration dieser regionalen Netzwerke in nationale und internationale Wissens- und Technologienetzwerke durch Schaffung aktiver Schnittstellen und Förderung der überregionalen Kooperation zur Sicherung und Steigerung der regionalen Wettbewerbsfähigkeit.

7.3.2 Ansatzpunkte zur Förderung regionaler Innovationspotenziale und -netzwerke

Aus den vorgestellten Theorien sowie den empirischen Studien ergeben sich eine Vielzahl von Ansatzpunkten, die seit Mitte der 1990er Jahre verstärkt Einzug in die deutsche und europäische regionale Innovations- und Technologiepolitik gehalten haben. Am Beispiel der drei BMBF-Maßnahmen BioRegio, EXIST und InnoRegio wurde bereits auf die Theoriebezüge verwiesen. Die *Förderung von Innovation und Techniknutzung in einer Region durch die regionale Ebene* kann grundsätzlich am vorhandenen Entwicklungspotenzial einer Region ansetzen (endogene Mobilisierung von Innovationspotenzialen), oder auf die Ansiedlung neuer wissensbasierter Unternehmen und neuer Forschungseinrichtungen von außerhalb zielen (vgl. Abbildung 23). Angesichts des im Vergleich zum bestehenden Unternehmensbestand geringen Umfangs von Ansiedlungen neuer Unternehmen (bzw. Forschungseinrichtungen) liegt der Schwerpunkt regionaler Innovationspolitik in der Förderung des vorhandenen Innovationspotenzials der Wirtschaft einer Region (Koschatzky 1997a: 191).

7.3.2.1 Zielgruppen

Theorie und Empirie haben gezeigt, dass sowohl regions(typen)spezifische als auch unternehmens(typen)spezifische Maßnahmen erforderlich sind, um intendierte Zielsetzungen erreichen zu können. Neben der Berücksichtigung des Regionstypus' (vgl. Abschnitt 7.3.3) bedarf es daher einer genauen *Zielgruppendefinition*, um hinsichtlich unterschiedlicher Unternehmensmerkmale (z.B. Sektor, Branche, Größe, Wissens- und Technologieintensität) und der Rollen, die Unternehmen im Innovationsprozess spielen (z.B. Zulieferer, Kunde, Wettbewerber), zu unterscheiden. Grundsätzlich sind neben Forschungseinrichtungen folgende Unternehmenstypen die Hauptzielgruppen regionaler Innovationspolitik:

- *Gründer von Technologie- und wissensbasierten Unternehmen:*
Hauptmerkmale dieser Gruppe sind neben technischen und wissenschaftlichen Kompetenzen die oftmals fehlenden betriebswirtschaftlichen und kaufmännischen Kenntnisse. Daraus erwachsen häufig Probleme bei der betriebswirtschaftlichen Fundierung der Unternehmenskonzeption sowie der Akquisition der für die Unternehmensgründung und den späteren Unternehmens-, Fertigungs- und Vertriebsaufbau erforderlichen finanziellen Ressourcen. Ein weiterer Engpass besteht in der Mobilisierung potenzieller Unternehmensgründer, insbesondere aus dem Forschungsbereich, die zur Umsetzung technischer Entwicklungen in marktfähige Produkte beitragen können.

- *Junge, innovative Unternehmen:*
Junge technologieorientierte- und wissensbasierte Unternehmen sind eine wichtige Quelle für Wachstum und Beschäftigung. Sie schließen Verwertunglücken und tragen somit zum Technologie- und Wissenstransfer bei, haben eine überdurchschnittliche FuE-Produktivität und Risikobereitschaft, zeichnen sich durch große Flexibilität und Bedarfsorientierung aus und bilden wegen ihrer geringen Fertigungstiefe für regionale Zulieferer wichtige Nachfrager und helfen damit, regionale Wertschöpfungsketten aufzubauen. Engpassfaktoren betreffen auch hier die Finanzierung des Unternehmensaufbaus, die Optimierung des Innovationsmanagements sowie die mit einem Unternehmenswachstum verbundenen Herausforderungen an Management und betriebliche Organisation.

- *Kleine und mittelgroße Unternehmen:*
Sie sind der Motor und das Standbein der nationalen und regionalen Wirtschaftsentwicklung. Auf Grund ihrer Einbindung in regionale Wirtschaftskreisläufe (als Produzent, Zulieferer, Dienstleister), ihrer Standortbindung und regionalen Verwurzelung sowie ihrer im Vergleich zu Großunternehmen großen Anzahl sind sie eine wesentliche Zielgruppe der regionalen Wirtschaftsförderung. Dabei kommt es darauf an, bislang nicht innovierende Unternehmen in Innovationsprozesse einzubeziehen sowie in Problemlagen geratene Unternehmen zu konsolidieren. Besondere Beachtung verlangen kleine wissensorientierte **Dienstleistungsunternehmen**, die in der Regel stärker auf externe Kooperationen für die Realisierung eigener Innovationen angewiesen sind als kleine Industriebetriebe und wegen ihrer durchschnittlich geringeren Größe als Industrieunternehmen auch weniger Ressourcen und Kapazitäten für Innovationsprojekte aufwenden können.

7.3.2.2 Voraussetzungen

Wesentliche Charakteristika regionaler Innovationspolitik sind die *Nutzung der spezifischen kleinräumigen Gegebenheiten* wie Fühlungsvorteile und Spillover-Effekte, die Möglichkeit zum Austausch impliziten Wissens und die Realisierung kollektiver Lernprozesse (Walter *et al.* 1998). Sie ist innerhalb der Region netzwerkorientiert, wobei sie die Öffnung regionaler Akteure nach außen und regionale Schnittstellen zu nationalen und internationalen Netzwerken unterstützt. Regionsinterne Wissenspotenziale sind auf- und auszubauen und die regionale Wirksamkeit regionsexterner Wissensressourcen gezielt zu stärken. Auf Grund der begrenzten Mittelverfügbarkeit ist sie auf Hebel- und Mobilisierungseffekte angewiesen (z.B. Mobilisierung von Beteiligungskapital).

Abbildung 23: **Ansatzpunkte für die Förderung regionaler Innovationspotenziale**

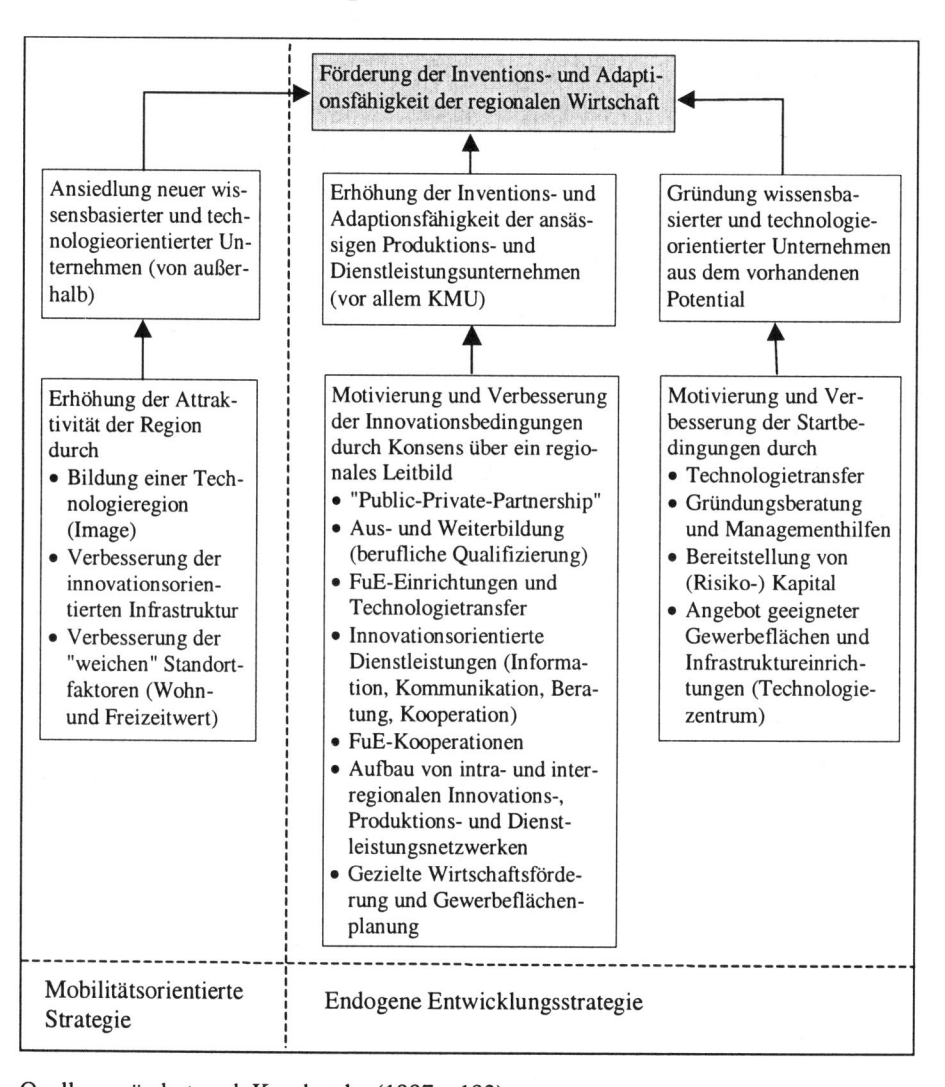

```
                    ┌─────────────────────────────────────┐
                    │ Förderung der Inventions- und Adapti-│
          ┌────────→│ onsfähigkeit der regionalen Wirtschaft│←────────┐
          │         └─────────────────────────────────────┘          │
          │                          ↑                                │
┌─────────────────┐    ┌─────────────────────┐    ┌─────────────────┐
│ Ansiedlung neuer│    │ Erhöhung der        │    │ Gründung wissens-│
│ wissensbasierter│    │ Inventions- und     │    │ basierter und    │
│ und technologie-│    │ Adaptionsfähigkeit  │    │ technologie-     │
│ orientierter    │    │ der ansässigen      │    │ orientierter     │
│ Unternehmen     │    │ Produktions- und    │    │ Unternehmen aus  │
│ (von außerhalb) │    │ Dienstleistungs-    │    │ dem vorhandenen  │
│                 │    │ unternehmen         │    │ Potential        │
│                 │    │ (vor allem KMU)     │    │                  │
└─────────────────┘    └─────────────────────┘    └─────────────────┘
```

Erhöhung der Attraktivität der Region durch	Motivierung und Verbesserung der Innovationsbedingungen durch Konsens über ein regionales Leitbild	Motivierung und Verbesserung der Startbedingungen durch
• Bildung einer Technologieregion (Image) • Verbesserung der innovationsorientierten Infrastruktur • Verbesserung der "weichen" Standortfaktoren (Wohn- und Freizeitwert)	• "Public-Private-Partnership" • Aus- und Weiterbildung (berufliche Qualifizierung) • FuE-Einrichtungen und Technologietransfer • Innovationsorientierte Dienstleistungen (Information, Kommunikation, Beratung, Kooperation) • FuE-Kooperationen • Aufbau von intra- und interregionalen Innovations-, Produktions- und Dienstleistungsnetzwerken • Gezielte Wirtschaftsförderung und Gewerbeflächenplanung	• Technologietransfer • Gründungsberatung und Managementhilfen • Bereitstellung von (Risiko-) Kapital • Angebot geeigneter Gewerbeflächen und Infrastruktureinrichtungen (Technologiezentrum)
Mobilitätsorientierte Strategie	Endogene Entwicklungsstrategie	

Quelle: verändert nach Koschatzky (1997a: 193)

Bei der Maßnahmenformulierung ist daher zu beachten, dass sich regionale Förderaktivitäten in die subnationale, nationale und supranationale Innovations- und Technologiepolitik einbetten (vgl. Abbildung 22) und nicht lösgelöst von diesen Ebenen betrachtet und betrieben werden können. Unternehmen und andere regionale Institutionen haben die Möglichkeit, an unterschiedlichen Förderprogrammen zu partizipieren. Regionale innovationspolitische Akteure sollten deshalb diese Fördermöglichkeiten explizit in ihre Strategieüberlegungen einbeziehen und dieses Maßnahmenspektrum durch eigene Programme flankieren (z.B. durch die Moderation bei der Bildung von Projektkonsortien und die Bereitstellung von Beratungsleistungen bei der Beantragung von Forschungsprojekten). Fördermaßnahmen sollten so konzipiert und implementiert werden, dass sie unter Einbeziehung der regionalen und lokalen Akteure zu einer *hohen Akzeptanz und regionalen Wirksamkeit* führen. Wichtig ist in diesem Zusammenhang die Formulierung eines regionalen *Leitbildes* bzw. einer *Leitstrategie (Vision)*, die von allen Akteuren gemeinsam getragen werden. Sie setzen die Rahmendaten für die Regional- und Technologieentwicklung, vermitteln den Akteuren aus Politik, Forschung und Wirtschaft sowie der Bevölkerung Handlungshilfen und ordnen ihre Aktivitäten einem gemeinsamen Ziel zu. Durch diese "public-private-partnership" können kooperative Innovationen unter konsequenter Nutzung der regionalen Ressourcen realisiert werden (Fritsch 1990b).

Grundsätzlich bieten regionsinduzierte Maßnahmen den Vorteil (entsprechende Kompetenzen ihrer Formulierung, Implementierung und Administrierung vorausgesetzt), dass sie die regionalen Kontextbedingungen widerspiegeln und auf ihnen basieren. Übergeordnete politische Handlungsebenen sollten im Sinne des Subsidiaritätsprinzips nur dann intervenieren, wenn es um die Setzung von Rahmendaten geht (z.B. einheitliche Qualitätsstandards der Politik), oder wenn die Selbstorganisationsprozesse in einer Region die Schaffung innovativer Entwicklungsgrundlagen zum Ziel haben, auf denen die supranationale und nationale Innovations- und Technologiepolitik in der Folge aufbauen will. Die Stimulierung und Flankierung regionaler Innovationsinitiativen, z.B. durch finanzielle Anreize, kann regionale Netzwerkbildungsprozesse unterstützen, sie sollte die endogene Selbstorganisation und Selbstverantwortung aber keinesfalls ersetzen und steuern.

Regionale Innovationspolitik zielt nicht nur auf die Entwicklung von Innovationsnetzwerken in einer Region, sondern basiert im Wesentlichen selbst auf dem Netzwerkansatz (vgl. Fürst/Schubert 1998). Politikakteure sind auf Netzwerkkontakte angewiesen und regionale Politikmoderation lässt sich nur in Kontakt und weit gehendem Konsens zu anderen Akteuren realisieren. *Politiknetzwerke* sind interorganisatorische Arrangements zur Formulierung und Implementierung von Politik.[435] Durch gezielte Kooperation (regionaler) Akteure sollen politische Programme und Maßnahmen konzipiert und umgesetzt werden. Charakteristische **Merkmale von Politiknetzwerken** sind (vgl. Marin/Mayntz 1991: 18):

- Verankerung in politischen Handlungsbereichen;
- Notwendigkeit einer gemeinsamen Aktion zur Zielerreichung (wie z.B. in RIS- oder RITTS-Projekten);
- institutionelle Akteure aus Politik, Wirtschaft und Gesellschaft als Mitglieder;
- Dominanz von informellen und horizontalen Beziehungen, die auch asymmetrisch sein können (Machtstrukturen);
- Konzentration auf die Formulierung und Implementierung von Politik als Hauptfunktion;
- Fehlen von dauerhaft führenden bzw. zentralen Akteuren;
- zahlenmäßig begrenzte Mitgliedschaft;
- strategische Interaktion auf der Grundlage antagonistischer Kooperation.

Politiknetzwerke bestehen auf unterschiedlichen räumlichen Maßstabsebenen. Je kleinräumiger sie sind, desto größer ist die *Gefahr der Verkrustung und der Herausbildung von Abhängigkeitsbeziehungen*, da die

---

[435] Als Entstehungsgründe für Politiknetzwerke führt Batt (1994: 27) an: "Politiknetzwerke stellen eine dezentralisierte Form des Regierens in modernen Industriestaaten dar und spiegeln ein verändertes Verhältnis zwischen Staat und Gesellschaft wider. Als Gründe für diesen Wandel sind strukturelle Veränderungen in Gesellschaft und Politik zu nennen, so in erster Linie die zunehmende Streuung und Fragmentierung politikrelevanter Steuerungspotenziale und Ressourcen in der Gesellschaft, die starke Stellung organisierter Interessen im politischen System und das gewachsene Bedürfnis nach Partizipation an politischen Entscheidungen bei einer Vielzahl von Akteuren."

Zahl der Akteure begrenzt ist und ihre Strategien gegenseitig bekannt sind. *Ziel von Politiknetzwerken* ist die Erreichung eines institutionellen Grundkonsenses, der gerade für die regionale Innovations- und Kooperationsförderung eine entscheidende Voraussetzung darstellt. Es ist deshalb eine Hauptaufgabe von Politiknetzwerken, gezielte Initiativen in den Regionen ins Leben zu rufen, die in Orientierung an vorrangigen Problembereichen projekt- bzw. maßnahmenbezogen die regionalen Akteure zusammenführen und den Kooperationsprozess durch die Bereitstellung von Handlungsressourcen (Personal, Finanzen, Sachmittel) und politischer Legitimation kontinuierlich sichern (Koschatzky 1997a: 216).[436] Diese Initiativen sollten von regionalen Schlüsselpersonen (Promotoren) aus Politik, Wirtschaft und Wissenschaft angestoßen und getragen werden (vgl. Hauschildt/Gemünden 1998), sie lassen sich aber auch durch externe Fachberatung (z.B. durch die im InnoRegio-Wettbewerb eingesetzten Innovationsdialoge und –foren) flankieren. Neben *Netzwerkpromotoren* kann der nachfrageorientierte Auf- und Ausbau von Netzwerken auch durch *Moderatoren* mit fachlich-technischer Qualifikation, kommunikativer Kompetenz, persönlicher Autorität und Akzeptanz sowie guten Beziehungen zur regionalen Verwaltung erfolgen. Promotor und Moderator können dieselbe Person sein, im Regelfall ist die Promotorenfunktion aber stärker außenorientiert, während der Moderator für die interne Netzwerkkommunikation und die Zielerreichung des Netzwerkes verantwortlich ist. Wichtig erscheint, dass nicht nur auf Promotoren- und Moderatorenseite, sondern auch in der Administration und bei den Zielgruppen von Fördermaßnahmen ausreichende Kenntnisse über die Organisation und das Management von Netzwerkbeziehun-

---

[436] Am Beispiel der IBA Emscher Park und der nordrhein-westfälischen Regionalkonferenzen weisen Fürst/Kilper (1995: 301) auf Erfolgs- und Misserfolgsfaktoren von Politiknetzwerken hin: "...the existence of effective policy networks can cause changes of the decising-making environment in a regional context. The institutional political world looks different afterwards. This is due to various causes. For one, policy networks are closely interlocked with existing structures without, however, being captured by them. They do not have a centre which, once controlled by an external power, would allow complete control of the network. It may be this factual independence of networks integrated into the institutional environment which makes them especially attractive to modernizing processes in the framework of restructuring. ...In the case of Regional Conferences, the coming together and forming networks was difficult. The Land's support was weak. Instead, the logic of networks evidently clashed with the distributional logic of traditional local bargaining processes."

gen vorhanden sind.437 Unter diesen Bedingungen sind Effizienz und Ausgleich auf regionaler Ebene kein Gegensatz, sondern stehen im Idealfall bedingt durch Moderations- und Konsensbildungsprozesse im Gleichgewicht.

Bevor Maßnahmen formuliert werden können, ist eine Analyse der regionalen Wirtschaftsstruktur, der regionalen Wissens- und Technologiebasis sowie bereits bestehender Netzwerke und Kooperationen erforderlich, um möglichst exakte *Informationen über die Ausgangssituation und bestehende Problemlagen* zu gewinnen, die wiederum der Ausgangspunkt für spezifische Fördermaßnahmen sein können. Dies betrifft beispielsweise die Frage, ob Entwicklungsmaßnahmen die regionale Spezialisierung (Clusterbildung) fördern sollen, oder ob sie auf diversifizierten Wirtschaftsstrukturen aufbauen können. Ergänzt wird eine solche Regionsanalyse durch die Erfassung der Struktur und der Qualität des regionalen innovationsunterstützenden Dienstleistungsangebots und der Nachfrage sowie des Bedarfs von Unternehmen nach entsprechenden Angeboten. Aus der Abgleichung zwischen Angebot und Nachfrage lassen sich weitere Erkenntnisse für mögliche Fördermaßnahmen gewinnen (vgl. Muller *et al.* 1997 für die Vorgehensweise bei einer Bedarfsanalyse).

Bei der Maßnahmenformulierung ist zu beachten, dass eine laufende Qualitätskontrolle und eine begleitende Evaluation schon während des Umsetzungsprozesses Schwachstellen erkennen helfen, und diese zeitnah abgebaut werden können.

7.3.2.3 Zielsetzungen und Fördermaßnahmen

Da abhängig von den sektoralen und regionalen Gegebenheiten, den spezifischen Problemlagen und Hemmfaktoren, den institutionellen Rahmenbedingungen sowie der regionalen politischen Steuerungsfähigkeit und Finanzmittelkompetenz ein weites Spektrum an möglichen Fördermaßnahmen besteht, lassen sich an dieser Stelle vor dem Hintergrund der regionalpolitischen Implikationen der diskutierten Theorien und auf

---

437 Landabaso *et al.* (1999, 2001) weisen in diesem Zusammenhang auf das regionale Innovationsparadox hin, nach dem weniger entwickelte Regionen, in denen eine größere Notwendigkeit zur Innovationsstimulierung besteht, eine geringere Kapazität zur Absorption staatlicher Fördergelder zur Innovationsförderung aufweisen entwickelte Regionen.

der Grundlage der vorgestellten empirischen Arbeiten nur Grundelemente für Maßnahmenziele benennen. Dabei wird vor allem auf indirekte Maßnahmen Bezug genommen, die sich an die Fähigkeit von Unternehmen richten, zu innovieren oder Netzwerke zu bilden. Soweit sich entsprechende Bezüge zur Theoriediskussion ergeben, wird auf diese hingewiesen.

Im konkreten Fall sind für das jeweilige Ziel Strategien und Einzelmaßnahmen zu formulieren sowie die finanziellen und personellen Ressourcen, der Zeitaufwand, Meilensteine und Indikatoren für die Zielerreichung anzugeben. Die Förderung der Bildung und Entwicklung stabiler, offener und wettbewerbsorientierter intraregionaler und interregionaler Innovationsnetzwerke wird nachfolgend nicht explizit aufgeführt, da sie das Grundmerkmal regionaler Innovationspolitik darstellt. In Anlehnung an die drei Hauptaufgaben regionaler Innovationspolitik (vgl. Abschnitt 7.3.1) ergeben sich folgende Strategieelemente und Maßnahmenbündel:

(1) Aktivierung und Fokussierung regionaler Innovationsressourcen:
Dazu ist es erforderlich, Bedürfnisse und Defizite festzustellen, das Angebot an und die Nachfrage nach verfügbaren Ressourcen zu identifizieren und die Aktivierung relevanter Ressourcen gezielt zu organisieren. Strategieelemente sind:

- Ausbau der Humankapitalbasis einer Region durch Ausbildung und berufbegleitende Qualifizierung [*Neue Wachstumstheorie, Konzept lernender Regionen*];
- Entwicklung räumlich vernetzter Produktionssysteme als Basis für regionales Lernen und regionale Netzwerkbildung [*Konzept industrieller Distrikte, Netzwerkökonomik*];
- Erhöhung des Innovationspotenzials einer Region durch Motivierung ansässiger Unternehmen zu Innovationsaktivitäten. Dazu gehören Unterstützungsleistungen für das betriebliche Innovationsmanagement und Beratungen zur Organisation von Innovation, Produktion und Marketing [*Innovationsökonomik*];
- Unterstützung von Unternehmen bei der Erweiterung ihrer betrieblichen Absorptionskapazität durch Hilfen bei der (dezentralen) Organisation innerbetrieblicher Informations- und Wissensflüsse [*Konzept der betrieblichen Absorptionskapazität*];

- Anregung bereits innovierender Unternehmen zur Verstärkung ihrer Innovationsaktivitäten (vor allem kleine und mittlere Unternehmen);
- stärkere Einbindung kleiner Unternehmen in horizontale Netzwerke mit Forschungseinrichtungen durch Beratung und Kooperationshilfen [*Konzept regionaler Innovationssysteme*];
- Stimulierung der Gründung wissensbasierter und technologieorientierter Unternehmen durch Hilfen bei der Ausgründung aus bestehenden Unternehmen und aus Forschungseinrichtungen (z.B. durch Rückkehrgarantien, Pilotaufträge, Technologie- und Gründerzentren) [*Konzept lernender Regionen*];
- Verbesserung des regionalen Innovationsklimas, vor allem durch nachfrageorientierten Ausbau der Lern- und Wissensinfrastruktur und ihres innovationsorientierten Dienstleistungsangebots (Forschungs-, Transfer-, Informations- und Beratungseinrichtungen, Kapital- und Risikokapitalangebot, Aus- und Weiterbildung) [*Institutionenökonomik, Konzept lernender Regionen, Konzept regionaler Innovationssysteme*];
- Flankierung der Entstehung externer Effekte und räumlich begrenzter Spillovers durch Verbesserung der regionalen Innovationsbedingungen, beispielsweise durch den Ausbau regionaler Forschungskapazitäten [*Ansätze über externe Effekte und Spillovereffekte*];
- Verbesserung der Technikanwendung durch Etablierung neuer anwendungsbezogener Arbeitsgebiete in vorhandenen Forschungseinrichtungen [*Innovationsökonomik*];
- Förderung der Generierung von lokalisiertem Wissen, durch das ein temporärer Wissensvorsprung ermöglicht wird, beispielsweise durch Stärkung wissenschaftlicher Kompetenzen in regionalen Forschungseinrichtungen [*Neue Wachstumstheorie, Konzept lernender Regionen, Konzept innovativer Milieus*];
- gezielte Verbesserung (soweit möglich) der "weichen" Standortfaktoren (Wohn- und Freizeitwert, Umweltqualität).[438]

---

[438] Zur Ausprägung und Bedeutung weicher Standortfaktoren vgl. Helbrecht *et al.* (1991); Sternberg (1994: 64-67)

(2) **Nutzung von Synergieeffekten zur Verbesserung der regionalen Innovationsbedingungen:**
Hierzu ist es erforderlich, einzelne Akteure, mögliche Promotoren und bestehende informelle und formale Kernnetzwerke zu identifizieren, den Aufbau von Netzwerken zu moderieren und (finanziell) zu stimulieren sowie die Entwicklung der Netzwerke im Zeitablauf zu begleiten. Strategieelemente sind:

- Ausbau der institutionellen intraregionalen Vernetzung zwischen den verschiedenen Innovationsakteuren, um Fragmentierungen ab- und regionale Innovationssysteme aufzubauen [*Konzept regionaler Innovationssysteme*];

- Schaffung von Politiksynergismen durch eine konsistente und mit anderen Bereichen der Politik abgestimmte Förderpraxis innerhalb der Region sowie Akquisition von Forschungseinrichtungen und Forschungsprojekten für die Region [*Konzept regionaler Innovationssysteme*];

- Förderung der Integration regionaler Akteure in nationale und internationale Wissenschafts-, Technologie-, Produktions- und Absatznetzwerke [*Konzept innovativer Milieus; Netzwerkökonomik, Konzept regionaler Innovationssysteme*];

- Schaffung von Möglichkeiten zur schnellen und flexiblen Vernetzung von regionalen Unternehmen und Instituten zur Formulierung und Durchführung von Verbund- und Kooperationsprojekten unter expliziter Nutzung des Vorteils der räumlichen Nähe zwischen Unternehmen und Instituten [*Innovationsökonomik, Netzwerkökonomik*].

(3) **Integration der Region in die globale Technikentwicklung.**
Strategieelemente sind:

- Förderung regionaler Forschung und Entwicklung zur Qualifizierung der regionalen Unternehmen und Forschungsinstitute (und damit der Region) durch Finanzierung einzelner Projekte in regionalen Kompetenzfeldern bei hoher intraregionaler Integration (z.B. Nutzung der Region als Testmarkt);

- Verbesserung der regionalen Interaktionsfähigkeit durch Verbreiterung der Informationsbasis über regionsexterne Wissensangebote und durch die Initiierung von Produktions- und Forschungskooperationen [*Netzwerkökonomik, Konzept lernender Regionen*];

- Förderung der Mobilitätsfähigkeit von Wissen durch den Abbau von Transferhemmnissen, beispielsweise zwischen Wissenschaft und Industrie [*Innovationsökonomik, Konzept innovativer Milieus, Konzept lernender Regionen*];

- Versuch der gezielten Einflussnahme auf die übergeordneten Akteursebenen der Technologiepolitik (Lobbyismus) [**Konzept regionaler Innovationssysteme**];

- Etablierung von EU-Beratungsstellen und Koordinierung nationaler und supranationaler Förderprogramme.

7.3.3 Regionstypenspezifische Innovationspolitik

Es wurde bereits darauf hingewiesen, dass je nach der Ausstattung von Regionen mit Produktionsfaktoren und der technologischen und sektoralen Spezialisierung ihrer Unternehmen die Zielsetzungen und Instrumente regionaler Innovationspolitik variieren können. Wird die bei der Diskussion regionaler Entwicklungskonzepte verwendete Differenzierung in Makro-, Meso- und Mikroebene zur Regionstypisierung verwendet (vgl. Abschnitt 5.4),[439] so lassen sich die folgenden **drei idealtypischen Regionen als Zielgruppen regionaler Innovationspolitik** identifizieren (vgl. ausführlicher Abschnitt 8.2):

(1) *Intensiv in globale Innovations- und Produktionsnetzwerke eingebundene, z.T. spezialisierte Regionen*, die als nationale Zentren wissenschaftlich-technologischer Exzellenz im internationalen Technologiewettbewerb stehen (wie sie z.B. vom *Konzept lernender Regionen* und dem *technologischen Clusteransatz* definiert werden).

(2) *Stark intraregional vernetzte und in interregionale Netzwerke eingebundene Regionen* mit einer bereits gut ausgebauten Innovationsinfrastruktur, technologisch wettbewerbsfähigen Unternehmen und politischen Kompetenzen sowie finanziellen Ressourcen zur

---

[439] Vgl. auch die Typologie regionaler Innovationssysteme in Abschnitt 5.2.4.

eigenverantwortlichen Innovationsförderung (wie sie z.B. vom *Konzept regionaler Innovationssysteme* vorausgesetzt werden).

(3) *Partiell periphere oder peripher-ländliche Regionen* mit bislang nur gering entwickelten Innovationspotenzialen, produktions- aber nicht innovationsorientierten intraregionalen Netzwerken und einer z.T. hoch spezialisierten, unter hohem Wettbewerbsdruck stehenden traditionellen Wirtschaft bzw. mit einer sich verkleinernden ökonomischen Basis (wie sie z.B. vom *Konzept industrieller Distrikte* und *traditioneller ökonomischer Cluster* angenommen werden).

Diese drei Typen definieren das Spektrum regionaler Ausprägungsmuster. Daneben gibt es eine Vielzahl weiterer Regionen, die jeweils in einzelnen Merkmalen von den idealtypisch geschilderten Regionen abweichen. Die Typisierung soll verdeutlichen, dass *in den einzelnen Regionstypen jeweils unterschiedliche technologie- und innovationspolitische Instrumente und Maßnahmen zum Einsatz kommen müssen*, um Innovationspotenziale zu aktivieren bzw. die Technikentwicklung und Wissensgenese weiter zu fördern.[440] Dies kann exemplarisch anhand der drei regionsorientierten Förderprogramme des BMBF verdeutlicht werden.

Eine Fördermaßnahme wie **BioRegio** ist nur für solche Regionen geeignet, die

➢ bereits wissenschaftliche Exzellenz in der geförderten Technologie,

➢ eine entsprechende Sektoralstruktur der Wirtschaft und

➢ eine grundlegende Innovationsinfrastruktur aufweisen und

➢ in denen die relevanten wissenschaftlichen und ökonomischen Akteure bereits in globalen Forschungs- und Produktionsnetzwerken engagiert sind.

Dies trifft im Wesentlichen auf den *Regionstyp (1)*, bei Vorhandensein der notwendigen Voraussetzungen auch für *einzelne Regionen des Typus (2)* zu.

---

440 Zur Frage, welche Instrumente und Maßnahmen unter welchen regionalen Kontextbedingungen die erwarteten Wirkungen zeigen bzw. sich als angemessen für die regionale Problemsituation erwiesen haben, besteht noch erheblicher Forschungsbedarf.

EXIST steht für Förderprogramme, die auf bereits bestehenden Netzwerken und Forschungs- sowie Beratungs- und Finanzierungseinrichtungen aufbauen, um diese zur Unterstützung von wissens- und technologieorientierten Existenzgründungen weiter zu qualifizieren.

➢ Dies ist nur in Regionen möglich, in denen qualitativ und quantitativ ausreichende Forschungskapazitäten und Vernetzungen zwischen den regionalen Akteuren vorhanden sind.

Daher ist mit einer Zielerreichung dieser Maßnahme im Wesentlichen nur in den *Regionstypen (1) und (2)* zu rechnen.

Mit **InnoRegio** (aber auch RIS und RITTS) wird versucht, in bislang unterdurchschnittlich entwickelten Regionen bzw. in Regionen mit einer starken Fragmentierung der ökonomischen Akteure zur Initiierung und dem Aufbau innovativer Potenziale durch Förderung themen- oder sektorspezifischer Kooperationen beizutragen. Vor allem kleine und mittelgroße Unternehmen sollen lernen, die Arbeitsteiligkeit von Innovationsprozessen innerbetrieblich zu organisieren und Vorteile aus externen Kooperationen zu ziehen. Diese netzwerkstimulierende Fördermaßnahme richtet sich vor allem an *Regionen vom Typ (3)*. Dabei sollte sich die Netzwerkförderung nicht auf die Region allein beschränken, sondern Wissen und andere Innovationsressourcen aus anderen Regionen gezielt einbeziehen.

Aus dieser schematischen Zuordnung darf nicht abgeleitet werden, dass eine trennscharfe Abgrenzung zwischen den drei Regionstypen und ausschließlich für diese Regionen geeigneten Maßnahmen möglich ist. Es sind einerseits *Übergangszustände* denkbar, auf die anhand möglicher regionaler Entwicklungspfade bereits in Abschnitt 5.4 hingewiesen wurde. Andererseits können auch in technologisch hoch entwickelten Regionen Unternehmen ansässig sein, die nicht innovieren und wenig kooperieren, genauso wie es innovative Unternehmen in gering entwickelten Regionen geben kann. Die Zusammenstellung soll verdeutlichen, dass Fördermaßstrategien regions-, sektor- und technologiespezifisch konzipiert werden sollten, da nur dann die mit den jeweiligen Maßnahmen intendierten regionalökonomischen Ziele zu erreichen sind. Sie macht darüber hinaus auch deutlich, dass die verschiedenen theoretischen Erklärungsansätze regionaler Innovationsdynamik eine unterschiedliche innovationspolitische Anwendbarkeit in Bezug auf spezifische regionale Kontextbedingungen aufweisen.

7.4 Erfolgs- und Gefährdungsfaktoren regionaler Innovationspolitik

Die in Abschnitt 7.3 aufgeführten Instrumente und Maßnahmen regionaler Innovationspolitik stecken zwar den Handlungsrahmen auf der regionalen Ebene ab, ihr Einsatz stellt aber wegen der vielschichtigen Einflussfaktoren, denen Unternehmen und andere Akteure in Regionen ausgesetzt sind und wegen der damit verbundenen komplexen Kausalitäten zwischen Maßnahmen und möglichen Resultaten *keine Garantie für die Erzielung der intendierten innovationsfördernden Mobilisierungseffekte* dar. Im Fazit zu Abschnitt 5.4 wurde bereits auf einige Erfolgsfaktoren regionaler Innovationsinitiativen hingewiesen. Aus der Analyse der Zielerreichung von RIS-Projekten und regionaler innovativer Kooperationsprojekte lassen sich weitere Erkenntnisse über erfolgsbeeinflussende Merkmale und Gefährdungsfaktoren regionaler Innovationspolitik ableiten (vgl. Klee/Kirchmann 1998: 6-7; Zenker 2001: 216-218). Diese gelten insbesondere für Regionen vom Typ (3).

Eine wesentliche *Rahmenbedingung* für den Erfolg regionsorientierter Maßnahmen ist, diese als *Prozess* zu betrachten, der nicht auf die alleinige Erzielung kurzfristiger Effekte, sondern vielmehr auf eine nachhaltige Wirkung in der Region ausgelegt ist. Kurzfristig messbare Wirkungen sind in dem komplexen Beziehungsgeflecht einer in unterschiedliche Handlungsebenen integrierten Region nicht zu erwarten.[441] Dazu ist es

---

[441] Bezogen auf Projekt- und Infrastrukturförderung (Technologiezentren) in Nordrhein-Westfalen bemerken hierzu Körfer/Latniak (1994: 318): "...it could be demonstrated that both ways of initiating a change in regional cooperation between firms and local or regional actors – centres and projects – have limited effects on the economic restructuring processes in regions. The Aachen example could demonstrate that an initiation of a regional high-tech growth pole is possible, but that an increase of transfer and diffusion effects must be organised explicitly – it is not an emergent side-effect of the centre. On the other hand, the preconditions for a successful cooperation of the project partners are manifold and are to be respected in advance. And it is not possible to solve the firms' problems immediately by cooperative projects."

erforderlich, sowohl die Maßnahmen gezielt an die spezifischen regionalen Rahmenbedingungen anzupassen als auch die mittel- bis langfristige Orientierung der Initiativen an die beteiligten Akteure zu kommunizieren, um Enttäuschungen und einen möglichen Rückzug zu vermeiden. Ein weiterer wichtiger Aspekt, der den Erfolg einer Strategie maßgeblich beeinflussen kann, ist ein möglichst *breiter regionaler Konsens* über die eingesetzten Maßnahmen, ihre Ziele und die Art ihrer Implementierung. Nur wenn sich möglichst viele regionale Akteure mit den Maßnahmen identifizieren und auch einen Vorteil für sich erkennen, der aus ihrer Sicht eine Teilnahme (beispielsweise zur Bildung eines Netzwerkes) rechtfertigt, ist mit einer Erreichung der Entwicklungsziele zu rechnen.

Bei der Formulierung und Implementierung einer regionalen Innovationsstrategie hat sich folgende **Vorgehensweise** als wirkungsvoll erwiesen:[442]

- Aufbau organisatorischer Strukturen und Verantwortlichkeiten (Arbeitsebene, Entscheidungsebene): z.B. Lenkungsgruppe, Expertengruppe, Schnittstellen zur Region
- Identifikation potenziell relevanter regionaler Akteure (Entscheider, Störer, Promotoren, Moderatoren, potenzieller Projektleiter, Umsetzer)
- Definition von Zielgruppen
- Grobe Zieldefinition
- Zeit- und Arbeitsplanung/Festlegung von Verantwortlichkeiten
- Abklärung von Regionalinteressen und Zielvorstellungen einzelner Zielgruppen (Metaplan-Workshops)
- Gemeinsame Formulierung einer Vision für die Region
- Regionale Stärken-/Schwächenanalyse
- Analyse des Unternehmensbedarfs[443]

---

[442] Diese Vorgehensweise basiert auf dem RITTS 004 Projekt Bremen (vgl. Schmidt *et al.* 1996).

[443] Eine umfangreiche Zusammenstellung von qualitativen und quantitativen Indikatoren zur Erfassung regionaler Angebots- und Nachfragebedingungen sowie des regionalen Umfeldes findet sich bei Nauwelaers/Reid (1995a: 79-89). Vgl. auch Nauwelaers/Reid (1995b).

- Analyse des innovationsunterstützenden Angebots
- Analyse von Akteursstrategien
- Synthese der Einzelanalysen und Erarbeitung eines ersten Maßnahmenvorschlages
- Vorstellung und Diskussion des Maßnahmenkatalogs mit Vertretern der einzelnen Zielgruppen
- Festlegung eines Rahmenkonzeptes mit Schwerpunktthemen
- Ausarbeitung von Einzelmaßnahmen: Beschreibung, Ziele, Erfolgskriterien, Arbeitsschritte, Dauer, Kosten, Beteiligte, Priorität
- Abklärung der Einzelmaßnahmen mit den Beteiligten (Akzeptanz)
- Modifikation der Einzelmaßnahmen
- Klärung der Finanzierung
- Präsentation des Gesamtkonzeptes
- Implementierung und begleitende Evaluierung: Einzelmaßnahmenspezifische Festlegung von Meilensteinen, Effizienz-, Effektivitäts- und Wirkungskriterien/-indikatoren[444]
- Abschließende Bewertung der Wirksamkeit der Strategie/Fördermaßnahme.

Wichtige **Erfolgsfaktoren** sind somit

➢ auf möglichst hohe regionale Motivation ausgerichtete politische Managementstrukturen und eine den Umsetzungsprozess gut flankierende Moderation,

➢ die Schaffung von Vertrauen als Grundlage für Kooperationen und Netzwerke,

➢ eine begleitende Evaluation, um prozessbegleitend Erkenntnisse über die Effizienz und Effektivität der Maßnahmenumsetzung zu gewinnen und diese zeitnah in die Prozesssteuerung einzuspeisen,

---

[444] Beispiele für Evaluationsindikatoren und die Anwendung dieser Indikatorik am Beispiel von Einzelprojekten des RITTS 004 Bremen Projektes können Schmidt *et al.* (1996) entnommen werden.

➢ breite Information über die Maßnahmen und zielgruppenorientierte Präsentationen von Zwischenergebnissen (z.B. durch Workshops, Broschüren, Medienberichterstattung),
➢ Bewusstseinsschaffung für die Region als strategische Handlungsebene, in der die regionalen Akteure einen stärkeren Gestaltungseinfluss haben als in übergeordneten Ebenen,
➢ Offenheit gegenüber den Erfahrungen in anderen Regionen,
➢ Beteiligung an Austauschforen und Netzwerken,
➢ Offenheit für regionales Lernen und neue unkonventionelle Lösungswege.

Andererseits sind regionale Innovationsinitiativen auch einzelnen **Gefährdungsfaktoren** ausgesetzt. Die wesentlichsten sind:

- eine mangelnde Fokussierung der Maßnahmen auf Unternehmen (vor allem KMU) als wichtigstem regionalen Innovationsakteur;
- Machtkonfrontationen innerhalb der Region, die zu einer Blockade der Maßnahmenumsetzung führen können;
- ineffiziente Mittelverwendung, beispielsweise durch Förderung von Aktivitäten, die nicht im Zentrum der Strategie angesiedelt sind bzw. die nicht zur Erreichung ihrer Ziele führen;
- eine zu lange Zeitspanne zwischen Entwicklung der Strategie und Implementierung erster Maßnahmen mit der Folge der Demotivation der Beteiligten.

Diese Erfolgs- und Gefährdungsfaktoren sind qualitativ bestimmte Merkmale, die sich im Einzelfall nur schwer auf direktem Weg operationalisieren und in einen kausalen Zusammenhang zu den durchgeführten Maßnahmen bringen lassen. Gerade auf der regionalen Ebene wird eine Vielzahl von politischen Maßnahmen, Verordnungen und Regulierungen wirksam, sodass die Ableitung linearer und univariater Beziehungen zwischen Einzelmaßnahme und vorab definierten Outputindikatoren (z.B. Erhöhung der Zahl der Arbeitsplätze in einer Branche) kaum möglich ist. Daher lässt sich der Erfolg regionaler Innovationsinitiativen nur langfristig und primär indirekt, beispielsweise durch die Weiterführung von Aktivitäten über den Zeitraum einer finanziellen Förderung hinaus, bestimmen (Boekholt *et al.* 1998b).

Aus den Betrachtungen in diesem Kapitel lässt sich folgende Schlussfolgerung ableiten:

> Regionale Innovations- und Technologiepolitik ist dann in der Lage, zur Entwicklung des regionalen Innovationspotenzials beizutragen, wenn es ihr durch regions- und zielgruppenspezifische Maßnahmen gelingt, regionale Akteure mit hohem innovationsrelevantem regionalem Wirkungspotenzial zu motivieren, miteinander und mit Akteuren aus anderen Regionen zu kooperieren, innovationsspezifisches Wissen auszutauschen und gemeinsame Lernprozesse zu realisieren, die zu Beschäftigung und Einkommen beitragen.

7.5 Regionale Innovations- und Technologiepolitik aus Sicht der neuen Wirtschaftsgeographie

Raumwirtschaftspolitik ist eine der drei Säulen des wirtschaftsgeographischen Ansatzes über die räumliche Ordnung der Wirtschaft und hat eine globale, nationale und regionale Dimension (vgl. Schätzl 1994b). Auch die hier skizzierte raumbezogene innovations- und technologiepolitische Konzeption bewegt sich auf unterschiedlichen räumlichen Maßstabsebenen. Das Erkenntnisinteresse liegt aber nicht in der Entwicklung von Politikinstrumenten, die für alle möglichen Raumaggregate gleichermaßen geeignet sind, sondern ist primär auf die räumliche Meso- und Mikroebene ausgerichtet ("regionale Innovations- und Technologiepolitik"). Hierbei bestehen Unterschiede zur "new economic geography". Diese setzt sich in ihrer wachstums- und außenhandelstheoretischen Basierung mit der grundsätzlichen Frage auseinander, ob die politische Intervention in den Marktmechanismus überhaupt legitim ist (die neoklassische Wachstumstheorie hatte dies verneint) und unter welchen Rahmenbedingungen staatliche Eingriffe vertretbar sind. Sie richtet dabei ihren Blick überwiegend auf die Makroebene, d.h. auf einzelne Volkswirtschaften oder Gruppen von Ländern. Hier ist sie modelltheoretisch in der Lage, neue Erkenntnisse über die Beeinflussung volkswirtschaftlicher Makrodaten oder globaler Handelsströme vorzulegen. Mit zunehmender räumlicher Differenzierung und des damit einhergehenden Bedeutungsgewinns nicht-ökonomischer Faktoren im Entwicklungsprozess wird es schwieriger, die zu analysierenden Phänomene so zu modellieren und die Modelle mit quantitativen Daten zu füllen, dass sich für die Steuerung kleinräumiger Prozesse noch politisch nutzbare Aussagen ergeben.

Wie in diesem Kapitel dargestellt wurde, sind wegen der spezifischen regionalen Ausgangssituationen und Problemlagen spezifische Politikkonzepte erforderlich. Eine an nationalen Effizienzkriterien orientierte Politik ist nicht in jedem Fall geeignet, zur Regionalentwicklung und zum Ausgleich regionaler Disparitäten beizutragen. Häufig reichen Finanztransfers und direkte Fördermaßnahmen nicht aus, Innovationsdefizite zu beseitigen, da vor einer finanziellen Förderung zunächst die Absorptionsfähigkeit der potenziellen Innovatoren sowie der regionalen Politikakteure entwickelt werden muss. Dies sind Aspekte, die nur durch detaillierte Erhebungen in den einzelnen Regionen und durch die Erstellung von Stärken- und Schwächenprofilen zu erfassen sind. Sekundärstatistische Analysen können flankierende Erkenntnisse vermitteln, scheitern aber oftmals an der begrenzten Datenverfügbarkeit auf der kleinräumigen Ebene. Während die für die Abteilung politischer Handlungsempfehlungen erforderlichen Stärken der "new economic geography" überwiegend im Problemfeld der nationalen und internationalen Konvergenz und Divergenz liegen und auf makroökonomische Steuergrößen zur Erzielung eines Wachstumsprozesses entlang des Gleichgewichtspfades ausgerichtet sind, liegen die Stärken der wirtschaftsgeographisch begründeten "neuen Wirtschaftsgeographie" in der Entwicklung von Politikkonzepten für einzelne Regionen. Dies ist kein Gegensatz, sondern eine noch ausbaufähige Ergänzung beider Ansätze, da die Prozesssteuerung in einzelnen Regionen deren nationale und internationale Integration nicht ausblenden darf, sondern in der Erarbeitung innovations- und technologiepolitischer Maßnahmen explizit berücksichtigen muss. Beide Blickwinkel, der auf die übergeordneten Zusammenhänge und Abhängigkeiten gerichtete und der auf die kleinräumigen Prozesse und Interaktionen orientierte, sind erforderlich, um im Zeitalter der Globalisierung von Wissenschaft, Technikentwicklung, Produktion, Vermarktung und Rechtssprechung adäquate Politikinstrumente zu entwickeln und zu implementieren, die es Unternehmen erlauben, sowohl regionale als auch internationale Märkte zu erschließen und mit innovativen und wettbewerbsfähigen Produkten zu bedienen.

8 Zum Raumbezug im Innovationsprozess – Hypothesen und Schlussfolgerungen

Es war die Aufgabe dieser Arbeit, durch die Diskussion theoretischer Ansätze, die sich unter dem Oberbegriff der "*new economic geography*" zusammenfassen lassen, sowie durch die Darstellung empirischer Analysen, den Diskussionsstand zur neuen Wirtschaftsgeographie um Erkenntnisse über die räumlichen Implikationen von Innovationsprozessen, über die Wechselwirkungen zwischen dem räumlichen Umfeld von Unternehmen und ihren Innovationsaktivitäten, über die raumdifferenzierenden Faktoren im Innovationsgeschehen sowie über die Gestaltbarkeit regionaler Innovationssysteme zu bereichern. Dabei stand die Beantwortung der zentralen **Forschungsfragen** im Mittelpunkt:

➢ Was sind die wesentlichen innovationsrelevanten Determinanten räumlicher Differenzierung?

➢ Wie werden diese Determinanten hinsichtlich ihrer räumlichen Wirkungen interpretiert und welche Prognosen über die Entwicklung von Raumsystemen werden aus ihnen abgeleitet?

➢ Besteht ein Zusammenhang zwischen der technologie- und innovationsrelevanten Faktorausstattung einer Region und dem Innovationsverhalten der Unternehmen?

➢ Wie stark ist dieser Zusammenhang?

➢ Sind regionale Einflüsse generell gültig, oder betreffen sie nur bestimmte Aspekte im Innovationsprozess?

➢ Lassen sich allgemein gültige Erkenntnisse über die Bedeutung regionsspezifischer Strukturmerkmale im Innovationsprozess ableiten?

➢ Welcher Zusammenhang besteht zwischen der Größe von Unternehmen, dem Ausmaß ihrer Integration von Unternehmen in das regionale Umfeld und ihrer Innovativität?

➢ Welche innovations- und technologiepolitischen Optionen bestehen zur Gestaltbarkeit von regionalen Innovationssystemen?

➢ Ist eine regionsspezifische Technologiepolitik überhaupt in der Lage, das regionale Innovationspotenzial zu entwickeln, oder entzieht sich im Sinne territorial desintegrierter Produktions- und Innovationssysteme die Gestaltbarkeit regionaler Strukturen durch regional ausgerichtete Maßnahmen?

Diesen Fragen wurde anhand der Diskussion wachstums- und außenhandelstheoretischer, innovations- sowie regionalökonomischer Ansätze, von Ergebnissen aus Studien über regionale Innovationsunterschiede und betriebliches Innovationsverhalten sowie des innovationspolitischen Instrumentariums nachgegangen. Zur abschließenden Bewertung der gewonnenen Erkenntnisse werden die Einzelfragen zu **vier Fragenkomplexen** zusammengefasst:

(1) Welche Determinanten und Mechanismen beeinflussen den räumlichen Prozessablauf und welche räumlichen Wirkungen gehen von ihnen aus?

(2) Welche Wechselwirkungen bestehen zwischen regionalen Strukturmerkmalen und dem betrieblichen Innovationsverhalten?

(3) Welche betrieblichen Merkmale beeinflussen die Wechselwirkungen von Unternehmen mit ihrem räumlichen Umfeld?

(4) Welche innovations- und technologiepolitische Gestaltungsoptionen bestehen hinsichtlich der Entwicklung regionaler Innovationspotenziale und regionaler Innovationssysteme?

Aus der Theoriediskussion lassen sich zunächst vier wesentliche Schlussfolgerungen über den Zusammenhang von betrieblicher Innovation und Raumentwicklung ableiten:

- Innovative Aktivitäten haben nicht nur raumprägende Wirkungen, sondern werden selbst durch raumgebundene Faktoren beeinflusst.
- Die Wirkung raumgebundener Faktoren auf Innovation und Technikentwicklung wird nicht von allen theoretischen Ansätze einheitlich bewertet.
- Das Ausmaß der gegenseitigen Abhängigkeit von Innovation und räumlichen Faktoren variiert im Innovationsprozess und im Lebenszyklus von Technologien und wird in entscheidendem Maße durch die Art der Innovation, die räumliche Faktorausstattung und durch das betriebliche Innovationsverhalten bestimmt.

- Innovationsnetzwerke dienen zum Wissenserwerb, ermöglichen Lernprozesse und stellen einen wesentlichen Interaktionsmechanismus zwischen Unternehmen und ihrem räumlichen Umfeld dar.

Die Fragenkomplexe sowie die theoretisch-empirischen Schlussfolgerungen der Arbeit dienen als Gliederungsschema für die nachfolgende zusammenfassende Betrachtung.

8.1 Determinanten, Mechanismen und räumliche Wirkungen

Obwohl in der theoretischen Literatur unterschiedliche Sichtweisen über die Wechselwirkungen zwischen Unternehmen und ihrem räumlichen Umfeld vertreten werden und sich auch die Prognose hinsichtlich der räumlichen Wirkungen dieser Wechselbeziehungen unterscheidet, lassen sich aus der Zusammenfassung der vorgestellten unterschiedlichen Theoriegebäude *innovationsrelevante Determinanten, Mechanismen und Prozesse* identifizieren, die auf die Raumstruktur, die Raumentwicklung und die räumliche Differenzierung einwirken.

Aus den *innovationsökonomischen Erklärungsansätzen* (vgl. Kapitel 2) ergeben sich folgende wesentliche **Determinanten von Innovationsprozessen**:

➢ Unsicherheit

➢ Routinen und Pfadabhängigkeit

➢ Wissenschaftsbindung

➢ Komplexität und Interaktivität

➢ Fähigkeiten und Kreativität

➢ Wissensbasierung

➢ Art und Qualität der Innovation.

Raumdifferenzierende Mechanismen und Prozesse sind nach der *Netzwerk- und Transaktionskostenökonomik* (vgl. Abschnitt 4.3) sowie der *neuen Wachstums- und Außenhandelstheorie* (vgl. Kapitel 3):

- Innovationsnetzwerke
- Agglomerations- und Lokalisationseffekte
- Spillovereffekte und Externalitäten
- Diffusionsprozesse
- Lernprozesse und
- Transaktionskosten.

Aus der Diskussion der *neuen Wachstums- und Außenhandelstheorie* (vgl. Kapitel 3) sowie *regionalen Innovationsmodellen* (vgl. Kapitel 5) leiten sich folgende wesentliche **regionale Rahmenbedingungen** ab:

- Humankapitalbasis
- Produktionsinfrastruktur
- Wissens- und Lerninfrastruktur
- Kommunikations- und materielle Infrastruktur
- Arbeitsmarkt
- Kapitalallokationssystem
- politisches Steuerungssystem
- Kultur und Milieu
- regionale Offenheit
- Regionsgröße.

Ergänzt wird die Betrachtung der regionalen Ebene durch die aus der Diskussion von Ansätzen zu *nationalen Innovationssystemen* und zur *"learning economy"* (vgl. Abschnitt 5.1), der *Institutionenökonomik* (vgl. Abschnitt 4.3.2) sowie von *Instrumenten und Maßnahmen der Innovations- und Technologiepolitik* (vgl. Kapitel 7) ableitbaren **globalen und nationalen Einflussfaktoren** auf Innovation und Regionalentwicklung. Dies sind beispielhaft:

- internationale und nationale institutionelle Strukturen
- Produktions- und Finanzsysteme
- Bildungssysteme
- Infrastruktursysteme

➢ Anreizsysteme (Politik)
➢ technologische Systeme, Regime und Trajektorien
➢ Raumsysteme und –strukturen.

Innovationsrelevante **betriebliche Merkmale** leiten sich aus der *Innovationsökonomik* (vgl. Kapitel 2) und aus *empirischen Studien* zum Verhalten von Unternehmen im Innovationsprozess (vgl. Kapitel 6) ab. Hier sind u.a. zu nennen:

➢ Branche
➢ Technologieorientierung und Produktestruktur
➢ Alter und Größe
➢ Unternehmensverflechtungen
➢ Eigentumsverhältnisse
➢ inner- und zwischenbetriebliche Organisationsstrukturen
➢ Absorptionskapazität und Netzwerkfähigkeit
➢ Wissensbasis
➢ Wissens- und Innovationsmanagement
➢ Risikobereitschaft
➢ Märkte.

Aus der Ergebniszusammenfassung von *regionalen Innovationsstudien* (vgl. Kapitel 6) sowie der Analyse von *regionalen Innovationsmodellen* (vgl. Abschnitte 5.2 und 5.3) konnten Hinweise über die **Wechselwirkungen der unterschiedlichen Einflussfaktoren und raumdifferenzierenden Mechanismen** gewonnen werden. Sie sind in Abbildung 24 exemplarisch dargestellt.

Abbildung 24: **Raumdifferenzierende Faktoren im Innovationsprozess**

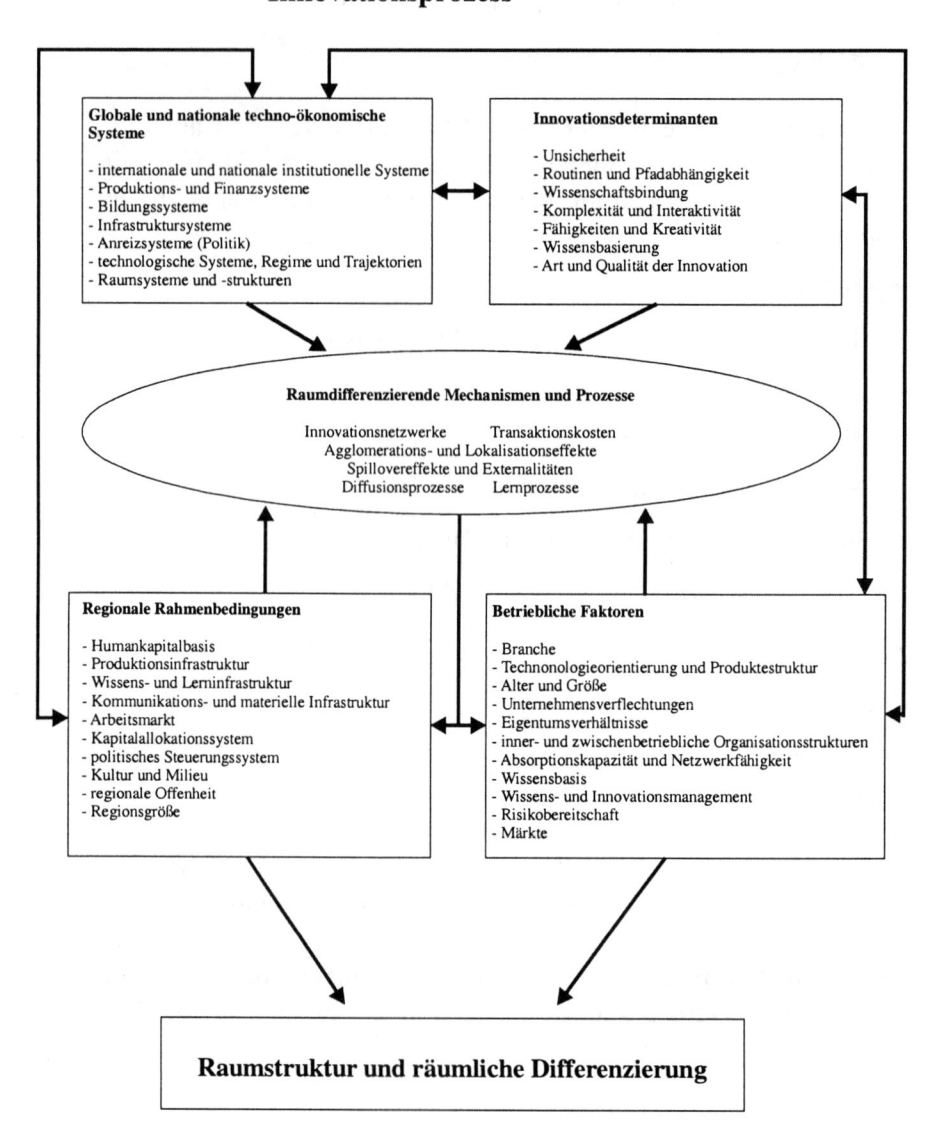

Globale und nationale techno-ökonomische Systeme

- internationale und nationale institutionelle Systeme
- Produktions- und Finanzsysteme
- Bildungssysteme
- Infrastruktursysteme
- Anreizsysteme (Politik)
- technologische Systeme, Regime und Trajektorien
- Raumsysteme und -strukturen

Innovationsdeterminanten

- Unsicherheit
- Routinen und Pfadabhängigkeit
- Wissenschaftsbindung
- Komplexität und Interaktivität
- Fähigkeiten und Kreativität
- Wissensbasierung
- Art und Qualität der Innovation

Raumdifferenzierende Mechanismen und Prozesse

Innovationsnetzwerke   Transaktionskosten
Agglomerations- und Lokalisationseffekte
Spillovereffekte und Externalitäten
Diffusionsprozesse   Lernprozesse

Regionale Rahmenbedingungen

- Humankapitalbasis
- Produktionsinfrastruktur
- Wissens- und Lerninfrastruktur
- Kommunikations- und materielle Infrastruktur
- Arbeitsmarkt
- Kapitalallokationssystem
- politisches Steuerungssystem
- Kultur und Milieu
- regionale Offenheit
- Regionsgröße

Betriebliche Faktoren

- Branche
- Technonologieorientierung und Produktestruktur
- Alter und Größe
- Unternehmensverflechtungen
- Eigentumsverhältnisse
- inner- und zwischenbetriebliche Organisationsstrukturen
- Absorptionskapazität und Netzwerkfähigkeit
- Wissensbasis
- Wissens- und Innovationsmanagement
- Risikobereitschaft
- Märkte

Raumstruktur und räumliche Differenzierung

Quelle: eigener Entwurf

Die *Determinanten von Innovationsprozessen* beeinflussen zusammen mit den *Elementen globaler und nationaler techno-ökonomischer Systeme* allein oder in Kombination miteinander die Ausprägung und Wirkung der *Mechanismen und Prozesse*, durch die Unternehmen mit ihrer externen Umwelt verbunden sind. In welchem Ausmaß diese Mechanismen und Prozesse auf die räumliche Differenzierung einwirken bzw. das betriebliche Innovationsverhalten beeinflussen, hängt von *betrieblichen Faktoren* und den *regionalen Rahmenbedingungen* ab. Betriebliche Faktoren und regionale Rahmenbedingungen beeinflussen sich gegenseitig und können wiederum selbst durch die Interaktionsmechanismen und -prozesse beeinflusst werden bzw. haben Einfluss auf deren Ausprägung. Diese Beeinflussung kann mit oder ohne staatliche Intervention erfolgen. Gleichfalls werden Unternehmen auch direkt durch globale und nationale Rahmenbedingungen sowie durch die Merkmale von Innovationsprozessen in ihrem Verhalten beeinflusst. Regionen unterliegen ebenfalls den übergeordneten Einflusssphären, wobei die Innovationscharakteristika nicht direkt, sondern über die Innovationsakteure (überwiegend Unternehmen) auf die regionalen Rahmenbedingungen einwirken.

Damit wird als Ergebnis der Erweiterung der theoretischen Diskussion zur "neuen Wirtschaftsgeographie" um innovationsökonomische und explizit räumliche Argumente der Blick auf ein komplexes Wechselspiel zwischen den einzelnen Merkmalen gerichtet, dass sich hinsichtlich der räumlichen Implikationen der Determinanten, Mechanismen und Prozesse nur Form von Hypothesen darstellen lässt.

Dies soll anhand einer modellhaften Darstellung der **räumlichen Wirkungen der innovationsbeeinflussenden Determinanten im Lebenszyklus einer idealtypischen Innovation bzw. Technologie** erfolgen. Dabei wird analog zu Phasenmodellen des Innovationsprozesses und von Produktlebenszyklen (vgl. Abschnitte 2.2.3 und 4.2) insbesondere auf die Pionier- und die erste Aufschwungphase eingegangen, da hier die wesentlichsten Wechselwirkungen zwischen Innovation und räumlichen Faktoren zu erwarten sind.

1. Pionierphase

- **Charakteristische Merkmale:**
Der Beginn einer technologischen Entwicklung ist durch *hohe Unsicherheiten* gekennzeichnet, da weder die technischen Lösungen ausgereift sind, noch die Marktentwicklung genau prognostiziert werden kann. *Wissen* liegt meist nur in *impliziter Form* vor und wird durch *persönliche Kommunikation* übertragen. Es hat eine *starke räumliche Bindung*. Es bestehen *enge interaktive Beziehungen zwischen Produktentwicklung und anwendungsbezogener Grundlagenforschung*. *Netzwerke* zwischen den beteiligten Akteuren entwickeln sich bzw. werden ausgebaut, da *Lernprozesse* eine wesentliche Voraussetzung für die erfolgreiche Umsetzung der innovativen Idee/der technologischen Entwicklung sind. Träger der Entwicklung sind vorwiegend *kleinere Unternehmen* bzw. Unternehmenseinheiten aus Großunternehmen, da sie eine größere Flexibilität aufweisen als traditionelle Großunternehmen. *Qualifikationen* werden regional durch Forschung, Entwicklung, learning-by-doing und learning-by-applying erworben, sodass ein *spezifischer regionaler Arbeitsmarkt* entsteht. *Spillovereffekte* sind wegen der Wissensbindung *räumlich begrenzt*. *Diffusionsprozesse finden nicht statt*, da entsprechende neue Produkte auf dem Markt noch nicht angeboten werden. Trotz der Möglichkeiten, die die Informations- und Kommunikationstechnik bietet, müssen *Unternehmen am Ort der neuen Entwicklung/Technologie präsent* sein, um alle Informationen und Wissensbestandteile aufnehmen und selbst eine aktive Rolle im Entwicklungsprozess (z.B. Einflussnahme auf Produktcharakteristika und Standardisierung, Beobachtung von Wettbewerbern, Kontrolle von Verträgen mit Zulieferern und anderen Betrieben in einem für die künftige Unternehmensentwicklung strategischen Feld) spielen zu können.

- **Räumliche Wirkungen:**
Ausgangspunkt der Innovationsaktivitäten kann eine etablierte Region sein, in der sich bereits Forschungs- und Produktionskapazitäten befinden und an die Erfordernisse der neuen technologischen Trajektorien angepasst werden konnten. Es ist aber genauso gut denkbar, dass je nach Innovationsart, ihrer Radikalität, Marktpotenzialen und dem (zufälligen) Standort der Pionierunternehmer neue Standorte und regionale Muster entstehen, die entsprechend den Bedingungen der neuen Technologie geprägt werden. In beiden Fällen ist die Pionierphase durch eine *hohe regionale Integration* gekennzeichnet, aus der

eine *räumliche Konzentration* und *sektorale Spezialisierung* resultiert. Solange Entwicklungsarbeiten dominieren, wird der Konzentrationsprozess durch sich neu ansiedelnde Unternehmen, Forschungs- und Dienstleistungsaktivitäten verstärkt, da zur Präsenz am Standort des Innovationsgeschehens keine Alternative besteht und nur hier *externe Effekte* realisiert und *Transaktionskosten* minimiert werden können. Da Entwicklung und Produktion eng verzahnt sind (vor allem in wissensbasierten Technologien), führt der Aufbau neuer Produktionsstrukturen zu einer weiteren Verfestigung der räumlichen Struktur. Es entwickelt sich eine an die regionale Nachfrage angepasste *Wissens- und Lerninfrastruktur*, die wiederum über spezifische Qualifizierungseffekte die *räumliche Bindung des Wissens* (z.B. über einen räumlich begrenzten spezialisierten Arbeitsmarkt) verstärkt. Um die enge Rückkopplung zwischen Marktbedürfnissen und Produktentwicklung zu gewährleisten, wird zunächst der *regionale Markt* mit den neuen Produkten bedient. Daher bleibt die *Diffusion* der neuen Technik *räumlich beschränkt*. Kapital fließt in die Region (z.B. in Form von Venture und Beteiligungskapital), um von den erwarteten Potenzialen der neuen Technologie profitieren zu können. Daher ergeben sich im Umfeld der neuen Opportunitäten Chancen für Mitarbeiter aus bestehenden Unternehmen bzw. aus Forschungseinrichtungen, ein eigenes Unternehmen zu gründen (z.B. um neue Produkte an bestimmte Bedürfnisse anzupassen oder gezielte Aufgaben für andere Unternehmen im Innovationsprozess wahrzunehmen). Da auch sie auf die räumliche Nähe zu Innovation und Produktion angewiesen sind, ist ihre Mobilitätsfähigkeit gering.

2. Aufschwungphase

- **Charakteristische Merkmale:**
Wenn Wachstum und unternehmerische Dynamik zu beobachten ist, hat sich die Innovation/neue Technologie als ökonomisch tragfähig erwiesen. *Unsicherheiten und Risiken vermindern sich.* Um Gewinne erwirtschaften zu können, *weiten* die Unternehmen unter kontinuierlicher Produkt- und Prozessverbesserung ihren *Markt aus*. *Neue Anwendungsmöglichkeiten* erschließen sich, sodass sich das Spektrum der beteiligten Kompetenzen, Technologien und Sektoren erweitert. Produkte *diffundieren*, werden *adoptiert*, *imitiert* und *adaptiert*. Der Wissensbestandteil, der die Kernkompetenzen der Innovation/Technologie beinhaltet, hat zwar auf Grund der an Personen und

Institutionen gebundenen Erfahrungen und Wissensvorsprünge immer noch eine räumliche Bindung, *komplementäres Wissen* wird aber *auch an anderen Standorten erworben.*[445] Durch die *zunehmende Kodifizierung* des neuen Wissens und dessen insgesamt abnehmende regionale Bindung, *erhöht* sich die *räumliche Reichweite von Spillovereffekten* und *Wissensdiffusion* findet nicht nur innerhalb einer Branche, sondern auch *zwischen Branchen* statt. Spezielle Kenntnisse hinsichtlich der Produktion und Anwendung der neuen Technik werden auch an anderen Standorten nachgefragt, sodass die *Mobilität von Arbeitskräften* steigt. Die Marktausweitung führt zum Aufbau weiterer *Zuliefernetzwerke*, was zur weiteren Wissensdiffusion beiträgt, sowie zum *Auftreten neuer Marktteilnehmer* und damit zur *Zunahme des Wettbewerbs*. Im Sinne der Produktlebenszyklushypothese weitet sich die Produktion zunehmend zur Massenproduktion aus. Differenzierte Wirtschaftsstrukturen entstehen und Unternehmen expandieren an unterschiedlichen Standorten.

- **Räumliche Wirkungen:**

Zunächst bleiben die ökonomischen Wirkungen der Innovation auf die *Ursprungsregion* beschränkt, die sich aber *in ihrer räumlichen Ausdehnung erweitern* kann (zusätzlicher Flächenbedarf, Suburbanisierungsprozesse). Je stärker das ursprünglich implizite Wissen kodifiziert und je geringer der Anteil des regional gebundenen Wissens wird, desto größer wird die Wahrscheinlichkeit, dass auch andere Regionen von dem neuen Wissen profitieren. Damit geht eine *Abnahme der konzentrationsfördernden externen Effekte* einher. Das sich dann entwickelnde Raummuster hängt u.a. vom *Diffusionsmuster* der neuen Technik, der *Mobilitätsbereitschaft der Arbeitskräfte*, dem *Ausmaß*

---

[445] So weisen Audretsch/Feldman (1996b) auf den positiven Zusammenhang zwischen dem Grad der räumlichen Konzentration von Produktionsaktivitäten und der räumlichen Dezentralisierung von Innovationsaktivitäten hin: "...greater geographic concentration of production actually leads to more, and not less, dispersion of innovative activity. Apparently innovative activity is promoted by knowledge spillovers that occur within a distinct geographic region, particularly in the early stages of the industry life cycle, but as the industry evolves towards maturity and decline may be dispersed by additional increases in concentration of production that may have been built up within the same region. That is, the evidence suggests that what may serve as an *agglomerating influence* in triggering innovative activity to spatially cluster during the introduction and growth stages of the industry life cycle, may later result in a *congestion effect*, leading to greater dispersion in innovative activity" (Audretsch/Feldman 1996b: 271).

der staatlichen Intervention bei der Förderung der Technikdiffusion und Techniknutzung sowie von den *technologischen Kompetenzen* und der *bereits bestehenden Wissensbasis* der Unternehmen in anderen Regionen ab. Frühe Adoptoren erlangen einen Wettbewerbsvorteil, sodass neben Nachbarschaftseffekten auch eine *hierarchische Technikdiffusion* zu beobachten sein wird, die auf andere nationale oder globale Zentren ausgerichtet ist. *Nachbarschaftseffekte* werden vor allem aus Zulieferbeziehungen resultieren, da diese meist über kürzere räumliche Entfernungen organisiert werden als abnehmerbezogene Netzwerke. In dieser Phase können sich kleine regionale Einheiten herausbilden, in denen räumlich und organisatorisch eng verflochtene spezialisierte Betriebe durch Inkrementalinnovationen ihre Wettbewerbsfähigkeit erhalten und den Zulieferer- oder Endmarkt bedienen. Andererseits ist auch denkbar, dass Unternehmen aus anderen Regionen die ursprüngliche Innovation aufgreifen, sie entweder entscheidend verbessern oder neue Anwendungsmöglichkeiten finden, sodass *Entwicklungsprozesse* nunmehr *in anderen Raumpunkten induziert* werden und sich, bezogen auf die Ursprungsinnovation (soweit sich diese überhaupt exakt definieren lässt) polyzentrische Raumstrukturen herausbilden.

3. Wachstums-, Stagnations- bzw. Schrumpfungsphasen

- **Charakteristische Merkmale:**
Mit zunehmender Innovations- bzw. Technikreife nimmt die Bedeutung der innovationsspezifischen raumdifferenzierenden Determinanten ab und die der produktions- und marktorientierten Determinanten zu. Die unternehmerische Standortwahl orientiert sich an anderen Faktoren als in der Frühphase von Innovationsprozessen. *Markt- und Kundennähe* spielt nunmehr eine größere Rolle als die Nähe zu Forschungseinrichtungen und anderen Unternehmen. Es bestehen Möglichkeiten, Teile der Produktion in andere Standorte auszulagern, da das erforderliche *Wissen nicht mehr räumlich gebunden* ist. Zwar werden auch weiterhin Innovationen realisiert, aber sie zielen vorwiegend auf *inkrementale Produkt- und Verfahrenverbesserungen in einer an Routinen gebundenen technologischen Trajektorie*. Netzwerkbeziehungen können ebenfalls in Routinen gefangen werden und Unternehmen schotten sich in diesen Netzwerken gegenüber anderen Unternehmern (Wettbewerbern) ab. Es sind *unterschiedliche Entwicklungsver-*

läufe denkbar, von denen eine mögliche Variante in der Produktlebenszyklushypothese beschrieben wurde (vgl. Abschnitt 4.2).

- **Räumliche Wirkungen:**
Ein charakteristisches räumliches Merkmal dieser Phasen ist die *räumliche Dezentralisierung*, wobei wegen der ursprünglichen Standortstrukturen und ihrer Verfestigung durch langfristig wirkende Investitionen in die Wissens-, Lern-, Kommunikations- und Verkehrsinfrastruktur die *räumlichen Hierarchien nur graduell* und vor allem im Umlandbereich der originären Innovationszentren *abgebaut* werden können. Dennoch sind *Innovationsaktivitäten auch an peripheren Standorten möglich*, wobei dort (entsprechend der empirischen Evidenz) vorwiegend *Prozessinnovationen* realisiert werden. Durch enge Vernetzung und Kooperation zwischen den regionalen Akteuren aus Wirtschaft, Wissenschaft und Administration haben periphere/ländliche Regionen die Möglichkeit, *endogene Entwicklungsprozesse* zu generieren und können dadurch komplementäre Funktionen im Innovationsgeschehen und der Produkt-/Prozessentwicklung wahrnehmen.

In der Realität existieren derart idealtypische räumliche Implikationen und räumliche Muster innovationsrelevanter Determinanten nicht. Einzelne Entwicklungen werden durch andere Prozesse überformt. So lässt sich nicht nur eine Innovation bzw. eine technologische Entwicklungslinie einer Raumeinheit zuordnen, sondern Nationen und Regionen sind gekennzeichnet durch vielschichtige Innovationsaktivitäten sowie Technik- und Produktentwicklungen und unterliegen globalen bzw. nationalen Einflusssphären, die jeweils unterschiedliche räumliche Ausprägungen und Wirkungen zur Folge haben können.[446] Daher lassen sich zwar im theoretischen Kontext der "neuen Wirtschaftsgeographie" unter "Laborbedingungen" *Kausalzusammenhänge zwischen Innovationsdeterminanten und räumlichen Effekten* feststellen, wie beispielsweise die große Bedeutung räumlicher Nähe in den Frühphasen des Innovationsprozesses. Diese müssen aber *mit der realen Situation des Einzelfalls empirisch abgeglichen* werden. Welche Entwicklungpotenziale einzelne Regionen haben und welcher konkrete Entwicklungsverlauf möglich ist (Progno-

---

[446] Krugman (1998: 7) führt hierzu aus: "The new work is highly suggestive, particularly in indicating how historical accident can shape economic geography, and how gradual changes in underlying parameters can produce discontinuous change in spatial structure."

se), ist nur durch eine **regionale Strukturanalyse** zu ermitteln, die die regionale Ausgangssituation anhand betrieblicher Faktoren und regionaler Rahmenbedingungen herausarbeitet. Vor dem Hintergrund der theoretischen Erkenntnisse und der Hypothesen über mögliche Wirkungsmechanismen ist es möglich, **Entwicklungspfade** zu definieren und den räumlichen Prozessablauf durch gezielt an einzelnen Determinanten und Mechanismen ansetzende innovations- und technologiepolitische Maßnahmen zu beeinflussen (vgl. Abschnitte 7.3.3 und 8.4).

8.2 Regionale Strukturmerkmale und betriebliches Innovationsverhalten

Bislang wurde der Blick auf raumrelevante Mechanismen des Innovationsprozesses und ihre räumlichen Wirkungen gerichtet. Dabei wurde gezeigt, welche Mechanismen räumliche Nähe begünstigen und konzentrationsfördernd wirken und welche Effekte zu einer räumlichen Dezentralisierung führen können. Diese Prozesse sind in unterschiedlichen Regionstypen möglich, wobei ihre Ausprägung und Intensität von der Art der Region und damit von den in ihr angesiedelten Unternehmen und Forschungseinrichtungen abhängt. Ein Ergebnis der Theoriediskussion ist, dass sich vor allem für kleine und mittelgroße Unternehmen ein Zusammenhang zwischen der technologie- und innovationsrelevanten Faktorausstattung einer Region und ihren Innovationsaktivitäten erkennen lässt. Damit kann, zumindest partiell, das betriebliche Innovationsverhalten über die Art des Regionstyps erklärt werden.

Die Erklärung des Zusammenhangs zwischen regionalen und betrieblichen Merkmalen im Innovationsgeschehen, so wie sie sich aus der Analyse der theoretischen und empirischen Literatur ergeben haben, erfolgt nachfolgend anhand von *drei unterschiedlichen Regionstypen* (vgl. Abschnitt 7.3.3). Diese Typen stellen keine konkreten Raumeinheiten dar, sondern *illustrieren unterschiedliche räumliche Merkmalsausprägungen*. Wie Ergebnisse aus den vorgestellten empirischen Studien gezeigt haben (vgl. Kapitel 6), ist nicht in allen Fällen eine Kausalität zwischen unternehmerischem Innovationsverhalten, betrieblicher Wettbewerbsfähigkeit und dem Regionstyp, in dem ein Unternehmen angesiedelt ist, zu erwarten. Ein weiterer zu berücksichtigender Einflussfaktor ist die betriebliche Absorptionskapazität, d.h. die Fähigkeit von Unternehmen, externe und interne Wissensressourcen zu kombinieren und zu nutzen (vgl. Abschnitt 8.3).

> Daher ist die folgende Darstellung idealtypisch für die Mehrzahl von kleinen und mittelgroßen Unternehmen und soll verdeutlichen, dass jeweils eine hohe Wahrscheinlichkeit zwischen der Art und Intensität betrieblicher Innovationsaktivitäten und der Art der räumlichen Umfeldbedingungen bestehen kann, wenn auch im Einzelfall ein anderes Bild möglich ist.

Entwicklungsursprung der einzelnen Regionen kann der historische Zufall sein, wie beispielsweise von Krugman (1991a: 35) anhand der Teppichboden-Industrie in Dalton (Georgia) aufgezeigt wurde, gezielte staatliche Förderung in den Frühphasen des regionalen Entwicklungsprozesses (vgl. Sternberg 1994: 300-304), aber auch die endogene Entwicklung durch kumulative Lernprozesse, die Entstehung lokalisierten Wissens und daraus resultierender externer Effekte, wie sie von der neuen Wachstums- und Außenhandelstheorie postuliert wird (vgl. Kapitel 3). Die Beschreibung einzelner innovationsrelevanter Determinanten in unterschiedlichen regionalen Kontexten macht deutlich, dass diese nicht nur raum- sondern auch regionsdifferenzierende Wirkungen haben.

1. Global vernetzte Zentren nationaler und internationaler technologischer Exzellenz

Beispiele: *Silicon Valley, Greater Boston Area, Ile-de France, Singapur*

In der theoretischen Literatur werden entsprechende Regionen mit Begriffen wie "global cities", "global hubs", "gateway regions", oder auch "technologische Cluster" bzw. "Kompetenzregionen" belegt (Andersson/Andersson 2000; Sassen 1996). Ihre gemeinsamen Merkmale sind

➢ global agierende Unternehmen,

➢ eine meist spezialisierte, wissenschaftlich exzellente Forschungsinfrastruktur mit internationalen Kooperationsbeziehungen,

➢ ein ausgeprägtes gründerfreundliches Klima,

➢ hohe Innovations- und FuE-Aufwendungen sowie technologische Kompetenzen der Unternehmen sowie
➢ eine gut ausgebaute Innovations-, Transport- und Kommunikationsinfrastruktur.

Kapital zur Innovations- und Unternehmensfinanzierung ist reichlich vorhanden. In diesen Regionen finden Unternehmen den *Nährboden für vielfältige wissenschaftsbasierte Innovationsaktivitäten*. Räumliche Nähe zur universitären und außeruniversitären Spitzenforschung, informelle Netzwerke, der Zugang zu nationalem und internationalen Kapital und die Nähe zu "lead markets" fördern kontinuierliche Innovationsprozesse. *Große Teile des Wissens sind implizit und lokal/regional gebunden*, erzeugen entsprechende externe Effekte und führen zu temporären Wettbewerbsvorteilen. Diese Regionen stellen die Heimatbasis einer Reihe multinationaler Unternehmen dar, von der aus sie ihre globalen Innovations- und Produktionsaktivitäten steuern. Da auch diese Unternehmen auf eine enge Interaktion mit ihrem regionalen Umfeld angewiesen sind, beispielsweise um kontinuierlich neue Ideen und Informationen aufzunehmen, besteht ein *enges Wechselspiel zwischen allen Unternehmen und ihrer Region*. Die Unternehmen werden durch aus dem regionalen Umfeld entstehendes spezifisches Wissen beeinflusst und beeinflussen das Umfeld durch ihre Aktivitäten und Kooperationen mit anderen Akteuren aus der Region. Lernprozesse beziehen sich überwiegend auf die Generierung und Implementierung von Innovationen. Der *Arbeitsmarkt* ist ein wesentlicher Mechanismus für den zwischenbetrieblichen Wissenstransfer und bietet diverse, vorwiegend auf Forschungs-, Produktions- und Finanzierungs- und Marketingdienstleistungen bezogenen Kompetenzen. Die *Qualität und Breite des innovationsunterstützenden Dienstleistungsangebots* erlaubt Feed-back Mechanismen in allen Phasen des Innovationsprozesses. Auf Grund der Vernetzung zwischen Forschung, Produktentwicklung und Finanzierung setzen Unternehmen in diesen Regionen internationale Standards und bestimmen technologische Trends.

2. Intensiv intra- und interregional vernetzte Regionen

Beispiele: Baden-Württemberg, Rhône-Alpes, Lombardei, Katalonien

Diese Regionen sind national bedeutende Standorte technologischer Entwicklung und Heimat vieler großer national und international agierender Unternehmen (vgl. Braczyk *et al.* 1998 zur Darstellung einzelner Regionen). Sie zeichnen sich durch

➢ vielschichtige Produktions- und Innovationsnetzwerke,

➢ eine gut ausgebaute Innovationsinfrastruktur,

➢ eine enge Verzahnung zwischen Wirtschaft, Wissenschaft und Administration und

➢ zumindest teilweise durch eine politische und finanzielle Autonomie aus.

Beispiel für solche Regionen sind vor allem die interaktiven netzwerkbasierten und die globalisierten netzwerkbasierten regionalen Innovationssysteme (vgl. Abbildung 6 in Abschnitt 5.2.4). Großunternehmen bedienen internationale Märkte und sind von internationaler Nachfrage abhängig. Eine *Vielzahl kleiner und mittelgroßer Unternehmen erfüllen Zuliefererfunktionen* für die Großunternehmen und sind dadurch stark intraregional vernetzt. Technologische Trends werden von außen aufgenommen, aber innerhalb der Region weiterentwickelt und durch *eigene technologische Kompetenzen* ergänzt. Dafür stellt kodifiziertes Wissen eine wesentliche Grundlage dar. Im Zuge von Weiterentwicklungen entsteht auch implizites Wissen mit regionaler Bindung, dessen Anteil an der gesamten regionalen Wissensbasis geringer ist als im Regionstyp 1 und daher in geringerem Umfang externe Effekte erzeugt. Das *Technologie- und Innovationsniveau* ist niedriger als im Regionstyp 1, aber ausreichend, dass die Region die Funktion als einen von mehreren nationalen Brückenköpfen zur internationalen Technik- und Wissensentwicklung wahrnehmen kann. Daher erreicht die *regionale Forschung* nationale Standards, in einzelnen Disziplinen ist sie auch international wettbewerbsfähig. Insgesamt ist sie aber anwendungsbezogen und trägt den Bedürfnissen der KMU stärker Rechnung als dass sie auf internationale Spitzenleistungen ausgerichtet ist. Regionen diesen Typs sind auf einzelne Branchen bzw. Technologien spezialisiert und erfüllen *komplementäre Funktionen in einem nationalen Innovationssystem.*[447] Wegen der vorwiegend von außen bzw. der von den regionalen Großunternehmen induzierten Technikentwicklung liegt der Innovationsschwerpunkt der kleinen und mittelgroßen Unternehmen bei *Inkrementalinnovationen*

---

[447] Dies wird beispielsweise in Deutschland anhand der polyzentrischen Struktur industrieller Forschung und Entwicklung deutlich (vgl. Beise/Gehrke 1998; Beise *et al.* 1999; ZEW *et al.* 2000: 86-97).

(sowohl im Produkt- als auch im Prozessbereich). Daher sind entsprechende Regionen überdurchschnittlich patentintensiv. Grundlegendere Innovationen werden demgegenüber in den stärker im internationalen Wettbewerb stehenden Großunternehmen realisiert. Das regionale Umfeld ist innovationsfreundlich und durch ein *breites Angebot an wissens- und technologieorientierten Dienstleistungen* gekennzeichnet. Während die innovationsorientierten Netzwerkbeziehungen der Großunternehmen weit über die nationalen Grenzen hinausreichen, greifen die KMU vorwiegend auf Einrichtungen bzw. andere Unternehmen aus der Region, partiell auch aus anderen Regionen des Landes zurück. *Lernprozesse* werden *überwiegend im Produktionsumfeld* realisiert und durch entsprechende Dienstleistungen flankiert. Der *Arbeitsmarkt* ist spezialisiert und weist einen deutlichen Schwerpunkt in der Produktionskompetenz aus. Da die Mehrzahl der Betriebe in diesem Regionstyp nicht nach globaler technologischer Führerschaft strebt, sondern nach nationaler und internationaler Wettbewerbsfähigkeit über Qualität, Service und Preis in ihrem Produktsegment, erfüllt das regionale Umfeld weitgehend den Bedarf nach Innovationsdienstleistungen sowie nach räumlicher Nähe zu Zulieferern und Kunden. Daher haben hier ansässige Unternehmen einen Vorteil gegenüber Betrieben aus Regionen mit weniger gut entwickelter Innovationsinfrastruktur.

3. Regionen mit unterdurchschnittlich entwickelten Innovationspotenzialen

Beispiele: altindustrielle Regionen, industrielle Distrikte Norditaliens, Regionen im ökonomischen Transformationsprozess

Regionen diesen Typs zeichnen sich mit Blick auf die theoretische Literatur durch eine große Heterogenität aus. Hierunter fallen traditionelle industrielle Cluster, industrielle Distrikte, aber auch peripher-ländliche Regionen. *Gemeinsames Merkmal* ist eine aus vorwiegend kleinen und mittelgroßen Unternehmen und wenigen Großunternehmen bestehende industrielle Basis, die teilweise hoch spezialisiert sein kann. Sie wird flankiert durch ein Standardangebot an technischen und beratenden Dienstleistungen. Die politische und finanzielle Handlungsautonomie ist geringer als im Regionstyp 2 und erlaubt nur bedingt die endogene Steuerung der regionalen Wirtschaftsentwicklung. Die regionale Wissensbasis besteht aus einem *hohen Anteil an kodifiziertem Wissen*, das durch Produktions- und Markterfahrungen ergänzt wird. Externe Effekte bzw.

Spillovereffekte entstehen durch diese Wissensbasis höchstens in geringem Umfang. Externes Wissen wird über Diffusionsprozesse, d.h. durch *Adoption und Imitation* aufgenommen. Die Innovations- und FuE-Intensität sowie die Technologieorientierung der Betriebe ist deutlich niedriger als im nationalen Durchschnitt, da sich die Wettbewerbsfähigkeit bzw. Überlebensstrategie der Betriebe weniger auf kontinuierliche Innovationsaktivität gründet, sondern auf *permanente inkrementale Produkt- und Prozessverbesserungen*. Wettbewerb erfolgt über den *Preis* und die schnelle Anpassung an sich verändernde Konsumgewohnheiten in traditionellen Produktsegmenten. Lernprozesse und Netzwerke zwischen den Unternehmen gründen sich auf *produktionsorientierte Beziehungen* und haben weniger das Ziel gemeinsamer Innovationsaktivitäten. Die Innovationsinfrastruktur weist im Vergleich zum Regionstyp 2 große Lücken auf und erfüllt den Unterstützungsbedarf der Unternehmen (soweit er überhaupt vorhanden ist bzw. artikuliert werden kann) nur unzureichend. *Fragmentierung*, d.h. die mangelnde Zusammenarbeit zwischen den unterschiedlichen Akteuren der Region, ist möglich. Qualifizierte Arbeitskräfte sind über den *Arbeitsmarkt* kaum verfügbar, sodass innerbetriebliche Aus- und Weiterbildung einen hohen Stellenwert einnimmt. Innovierende Betriebe müssen sich in ihrem Innovationsspektrum entweder auf den Bereich der regionalen Kompetenz beschränken, oder aber Netzwerkbeziehungen größerer räumlicher Reichweite zu außerhalb der Region vorhandenen Wissensressourcen aufbauen. Damit entstehen *Transaktionskosten*, die diese Unternehmen im Vergleich zu Betrieben aus dem Regionstyp 2 benachteiligt. Daher überwiegen intraregionale Kooperationen. Insgesamt bedingt die Art und Qualität des räumlichen Umfeldes ein an die regionalen Gegebenheiten angepasstes Innovationsverhalten.

Die drei Regionstypen geben nur in Umrissen das vielfältige Spektrum möglicher regionaler Umfeldbedingungen wieder. Aus Gründen der exemplarischen Veranschaulichung wird auf die detaillierte Darstellung möglicher Zwischenformen verzichtet. So stellen beispielsweise Regionen, die im Konzept des innovativen Milieu beschrieben werden, eine Übergangsform zwischen Regionstyp 2 und 3 dar. Sie können Teilelement eines regionalen Innovationssystems sein, zeichnen sich aber in ihren institutionellen Strukturen, z.B. hinsichtlich der Innovationsinfrastruktur, durch Merkmale des Regionstyps 3 aus. Andererseits sind auch zwischen den Typen 1 und 2 diverse Übergangsformen denkbar, die stärker national orientierte oder mehr international ausgerichtete Brennpunkte der Wissensdynamik und Technikentwicklung repräsentieren können.

Insgesamt sollte die Regionstypologie verdeutlichen, dass je nach regionalem Umfeld unterschiedliche innovationsbeeinflussende Effekte möglich sind, und ein **Zusammenhang zwischen der technologie- und innovationsrelevanten Faktorausstattung einer Region und dem Innovationsverhalten der in ihr ansässigen Unternehmen** besteht:

- Dies ist einerseits dann der Fall, wenn Wissen, auf das Unternehmen zugreifen wollen bzw. müssen, nur in räumlich gebundener Form vorliegt bzw. wenn auf Grund von Lageparametern der Zugang zu regionsexternem Wissen erschwert ist. Die Stärke des Zusammenhanges variiert somit mit der Qualität des räumlichen Umfeldes (z.B. Angebot an Zulieferern, Abnehmern, Forschungseinrichtungen, Finanzdienstleistungen) und hängt von den Fähigkeiten der Unternehmen ab, Wissen und Information aus diesem Umfeld zu nutzen bzw. fehlendes Wissen durch eigene Ressourcen und organisatorische Maßnahmen zu kompensieren. Je nach der Breite des in der Region verfügbaren bzw. dem durch Netzwerke in andere Regionen zugänglichen Informations-, Wissens- und Beratungsangebot können weite Teile des Innovationsprozesses durch die Interaktion mit regionalen Partnern abgedeckt werden. Dabei ist in Regionen mit einer gut ausgebauten Innovationsinfrastruktur und in Techniken mit hoher Wissenschaftsbindung die betrieblich-räumliche Interaktion in der Forschungs- und Entwicklungsphase einer Innovation besonders eng, während mit zunehmender Marktreife die Wahrscheinlichkeit für regionsexterne absatzorientierte Einflüsse auf die Innovationstätigkeit steigt. In diesem Fall geht ein insgesamt **positiver Einfluss** von der regionalen Faktorausstattung auf die betrieblichen Innovationsaktivitäten aus, dessen Intensität von der Art der Faktorausstattung (und damit vom Regionstyp) abhängt.

- Andererseits sind Unternehmen in Regionen mit einem fragmentierten bzw. unzureichenden Unterstützungsangebot auf Kooperationen mit Unternehmen und Forschungseinrichtungen aus anderen Regionen angewiesen, sodass, wiederum in Abhängigkeit von den Fähigkeiten der Unternehmen, entsprechende Beziehungen aufzubauen und zu nutzen, das regionale Umfeld das Innovationsverhalten der Unternehmen dahingehend determiniert, dass sie keine oder nur geringe

Unterstützung erfahren können. In diesem Fall beeinflusst die regionale Faktorausstattung das betriebliche Innovationsverhalten **negativ**.

8.3 Betriebliche Strukturmerkmale und regionales Umfeld

Die Interaktionsfähigkeit und –möglichkeit von Unternehmen mit anderen Betrieben bzw. mit ihrem räumlichen Umfeld hängt nicht nur von der Passfähigkeit der Unternehmen hinsichtlich entsprechender (regionaler) Kooperationsangebote ab (z.B. technologische Spezialisierung der Betriebe versus technologische Kompetenzen anderer Anbieter aus der Region), sondern, wie anhand der theoretischen Literatur aufgezeigt wurde, auch von weiteren *innerbetrieblichen Merkmalen*. Diese leisten nach den Ergebnissen empirischer Studien einen höheren Erklärungsbeitrag für das betriebliche Innovationsverhalten als die Kooperationsbeziehungen mit externen Partnern. Daher wird der Zusammenhang zwischen räumlichen Merkmalen und betrieblichem Innovationsverhalten nicht nur durch die regionalen Angebotsbedingungen bestimmt, sondern weitestgehend durch innerbetriebliche Faktoren determiniert. Das Ausmaß ihres Wirkungsumfanges erschließt sich nur über Einzelfallanalysen. Deshalb kann nachfolgend nur für bestimmte *Unternehmenstypen und Unternehmensmerkmale* angegeben werden, welchen Einfluss sie auf die Art, Intensität und räumliche Reichweite von innovationsbezogenen Kooperationsbeziehungen ausüben. Je nach der Häufigkeit dieser Unternehmenstypen in einer Region bestimmt sich die Stärke des Zusammenhanges zwischen Innovationsverhalten und regionaler Faktorausstattung, wobei wiederum der Typus des räumlichen Umfeldes selbst durch die regional dominierenden Unternehmenstypen und ihre Nachfrage nach räumlich nahen innovationsunterstützenden Dienstleistungen geprägt wird.

Für kleine und mittelgroße Unternehmen, die – wie im Eingangskapitel geschildert – Erkenntnisgegenstand dieser Arbeit sind, lassen sich drei wesentliche Merkmalsausprägungen erkennen:

- **Innovative, FuE-intensive Unternehmen:**

  Sie zeichnen sich durch eigene FuE-Abteilungen, kontinuierliche Entwicklungsaktivitäten, eine breite Wissensbasis, einen überdurchschnittlichen Anteil qualifizierter Beschäftigter, eine vorwiegend dezentrale Informations- und Innovationskoordinierung, ein an modernen Managementmethoden orientiertes Innovationsmanagement, intensive externe Kooperationsbeziehungen, räumlich komplementäre Netzwerke, einen intensiven Austausch mit unternehmensnahen Dienstleistern und enge Kontakte mit Forschungseinrichtungen aus. Sie haben eine hohe Absorptionskapazität und verbreitern ständig durch kontinuierliche innerbetriebliche Lernprozesse ihre Wissensbasis. Die Wahrscheinlichkeit des Vorhandenseins dieser Merkmale steigt mit zunehmender Betriebsgröße. Diese Unternehmen stehen in einem engen Austausch mit ihrem räumlichen Umfeld und befruchten es durch die Abgabe und Aufnahme vielschichtigen impliziten und expliziten Wissens und durch mit der Wissensanwendung in Zusammenhang stehenden Lernprozessen.

- **Betriebe mit geringer Technologie- und Innovationsintensität:**

  Sie verfügen im Vergleich zu den innovativen Unternehmen über gegenteilige Charakteristika, wobei diese Merkmale sowohl auf kleine als auch auf größere Unternehmen zutreffen können. Von diesen Betrieben gehen nur geringe innovationsrelevante Wirkungen auf andere Unternehmen bzw. das räumliche Umfeld aus. Wenn Wissen transferiert wird, ist es produktionsorientiert und meist kodifiziert. Implizites Wissen bezieht sich nicht auf neue technologische und wissenschaftliche Erkenntnisse, sondern auf Erfahrungen. Die regionale Wissensbasis wird durch diese Unternehmen nur graduell gesteigert.

- **Kleine Unternehmen:**

  Sie verfügen meist nur über geringe personelle und finanzielle Ressourcen zur Durchführung von Innovationsprojekten, wobei die Engpässe bei kleinen Dienstleistungsbetrieben wegen ihrer im Vergleich zu Unternehmen des Verarbeitenden Gewerbes durchschnittlich kleinen Betriebsgröße größer sind als bei Industriebetrieben. Daher sind sie auf externes Wissen angewiesen, wobei sie vorwiegend in vertikalen Netzwerken innerhalb der Region kooperieren (zulieferorientierte Netzwerke). Die Intensität der Zusammenarbeit mit Forschungseinrichtungen ist gering. Auf Grund ihrer intensiven intraregionalen Vernetzung bestehen stärkere Abhängigkeiten von der Qualität des regionalen innovationsunterstützenden Dienstleistungsangebotes und der regionalen Unternehmensbasis als bei größeren Unternehmen mit räumlich komplementären Netzwerken. Innovations- und Informationskoordinierung erfolgt meist durch einen zentralen "Gatekeeper" und ist abhängig von dessen Wissensbasis und Absorptionskapazität. Wenn innoviert wird, dann vorwiegend im Produktbereich (im Gegensatz zu größeren Unternehmen, bei denen Produkt- und Prozessinnovationen enger verzahnt sind). Diese Unternehmen sind eng mit ihrem räumlichen Umfeld verflochten und befruchten es je nach Innovationsintensität (siehe unten) in der Art, wie sie für die beiden anderen Unternehmenstypen beschrieben wurde.

Die genannten Merkmale können in Abhängigkeit von Branchenzugehörigkeit, Technologieschwerpunkt und Marktbedingungen variieren. So agieren beispielsweise in wissenschaftsnahen Technologiefeldern eine Vielzahl kleiner technologieorientierter Unternehmen mit hoher FuE-Produktivität und setzen Erkenntnisse aus der universitären oder außeruniversitären Forschung in marktfähige Produkte und Dienstleistungen um oder realisieren Geschäftsideen, die in bestehenden Unternehmen nicht weiterverfolgt werden. Auf diese Weise können *auch kleine Unternehmen ein wichtiger Mechanismus zur Erneuerung und Entwicklung einer Volkswirtschaft sein.*

Hinsichtlich des *Zusammenhanges zwischen regionalen Merkmalen und betrieblicher Innovation* stellt sich die Frage nach charakteristischen Unternehmensmerkmalen in einzelnen Regionen und den sich daraus ergebenden Interaktionsintensitäten zwischen den Betrieben und ihrem räumlichen Umfeld. Für die drei in Abschnitt 8.2 beschriebenen Regionstypen wird dieser Zusammenhang unter Rückgriff auf sich aus den einzelnen Theorien ableitenden charakteristischen Unternehmensmerkmalen in Abbildung 25 in idealtypischer Weise dargestellt.

Anhand dieser Übersicht wird deutlich, dass das *räumliche Unternehmensumfeld keine unabhängige Größe* ist, sondern es entscheidend durch die in der Region ansässigen Unternehmen, ihre spezifischen Merkmale, ihr Innovationsverhalten und ihre regionalen Verflechtungen beeinflusst wird. Indirekt bestätigt sich damit die These aus der Theorie geographischer Industrialisierung (Storper/Walker 1989: 70-89), nach der Unternehmen ihre eigenen Umfeldbedingungen schaffen. Im Fall der

Vielzahl kleiner und mittlerer Unternehmen erfolgt dies aber nicht durch direkte Einflussnahme, sondern indirekt über das eigene Verhalten und die Nachfrage nach außerbetrieblichen Ressourcen, die je nach der räumlichen Bindungsintensität der Ressourcen ein entsprechendes regionales Angebot erzeugt. Von welcher Ausgangsbasis die wechselseitig bedingte Entwicklung der regionalen Umfeldbedingungen erfolgt, hängt von den unterschiedlichsten Faktoren ab. Bereits genannt wurden der historische Zufall und die aus radikalen Innovationen sowie technologischen Trajektorien resultierenden Angebots- und Nachfragebedingungen. Aber auch Lageparameter, staatliche Einflussnahme oder sektorale Unternehmenscluster, wie sie Francois Perroux in seiner Wachstumspoltheorie beschreibt (Perroux 1964), können ursächlich verantwortlich sein.

Hinsichtlich der Wechselwirkungen zwischen Unternehmen und Region muss aber einschränkend angemerkt werden, dass *nicht alle Unternehmen in einer Region die gleichen Merkmale aufweisen und in gleicher Weise ihre regionale Umwelt beeinflussen bzw. mit ihr vernetzt sind.* Wenn auch die zu erwartende Häufigkeit der aufgeführten Charakteristika in den jeweiligen Regionstypen ein differenzierendes Merkmal zwischen den einzelnen Regionen ist, müssen die Charakteristika nicht auf alle Unternehmen der jeweiligen Region zutreffen. So zeigten beispielsweise die Analysen von Davelaar (1991), dass nicht alle Betriebe in einem innovativen Umfeld gleich innovativ sein müssen bzw. auch in nicht innovativen Regionen innovative Unternehmen ansässig sein können.

Andererseits bestehen *Unterschiede zwischen Branchen und Technologien* (beispielsweise dahingehend, dass Unternehmen der Pharmazeutik und Medizintechnik eng mit wissenschaftlichen und klinischen Einrichtungen zusammenarbeiten und entsprechende Standortanforderungen haben, während Unternehmen aus der Softwareentwicklung oder IuK-Technik auf andere regionale Partner und Unterstützungsangebote angewiesen sind), *aber auch zwischen Unternehmen mit verwandten/vergleichbaren Produktions- und Technologieschwerpunkten.* Hier beruhen Verhaltensunterschiede u.a. auf betrieblichen Organisationsstrukturen, der spezifischen Wettbewerbssituation sowie der Risikobereitschaft und den Verhaltensmustern des Management, sodass auch für eng definierte

Abbildung 25: Unternehmenscharakteristika in unterschiedlichen regionalen Kontexten

Regionstyp 1: Global vernetzte Zentren nationaler und internationaler technologischer Exzellenz	Regionstyp 2: Intensiv intra- und interregional vernetzte Regionen	Regionstyp 3: Regionen mit unterdurchschnittlich entwickelten Innovationspotenzialen
• global agierende kleine und große Unternehmen • Führerschaft in technologischer Entwicklung, Produktions- und Innovationsmanagement • hohe FuE- und Wissensintensität • große Offenheit für inner- und zwischenbetriebliche Lernprozesse • Wissensbasis gründet sich auf hohen Anteil impliziten Wissens • große Absorptionskapazität • starke Wissenschaftsbindung und enge Verflechtungen mit universitärer und außeruniversitärer Forschung • hohe Bedeutung informeller Netzwerke und persönlicher Beziehungen • vielschichtige räumlich diversifizierte Innovationsnetzwerke • hohe Gründungsaktivität und große Bedeutung kleiner Unternehmen im Innovationsgeschehen • hohe Risikobereitschaft • Flexibilität durch Definition von Trajektorien • enge Kopplungen zwischen Produktion und Dienstleistungen • Spezialisierung (Cluster)	• national und international agierende kleine und große Unternehmen • Technologische Spitzenkompetenzen vorwiegend in Großunternehmen • national überdurchschnittliche Innovationsintensitäten in kleinen und großen Unternehmen • vielfältige (inkrementale) Innovationstätigkeit der KMU bei hohem Patentoutput • Wissensbasis gründet sich auf hohen Anteil kodifizierten Wissens • Lernprozesse und Kompetenzen bei KMU produktionsorientiert • nationale und internationale Innovationsnetzwerke der Großunternehmen • vorwiegend regionale und nationale Innovationsnetzwerke der KMU • enge Interaktion mit der regionalen Innovationsinfrastruktur • enge Zulieferverflechtungen zwischen kleinen und großen Unternehmen mit entsprechender Spezialisierung • mittlere Risikobereitschaft • Dominanz von Routinen • Entwicklungsverlauf entlang von Trajektorien	• vorwiegend KMU, wenige Großunternehmen • unterdurchschnittliche Technologie- und Innovationsintensität • hoher Anteil von Adoptoren • Produkt- und Prozessverbesserungen überwiegen • starkes, z.T. aber kreatives Engagement in traditionellen Produktsegmenten • Netzwerke vorwiegend vertikal und intraregional • Forschungskooperationen haben nachrangige Bedeutung • Wissensbasis beinhaltet nahezu ausschließlich kodifiziertes Wissen • geringe Risikobereitschaft • große Bedeutung von Routinen • starke Abhängigkeit vom Entwicklungsverlauf technologischer Trajektorien

Quelle: eigene Darstellung

Branchen- und Technologieaggregate nur Annahmen über die Ähnlichkeit der Merkmalsausprägungen möglich sind. Daher lassen sich auf dieser zusammenfassenden Argumentationsebene nur die möglichen differenzierenden Einflussfaktoren benennen und grobe Zusammenhänge zwischen Unternehmenscharakteristika, regionaler Vernetzung und Art des räumlichen Unternehmensumfeldes aufzeigen.

Zwar prägen die Unternehmen einer Region unter den eben erläuterten Einschränkungen ihre "Heimatbasis", aber sie sind nicht der einzige Einflussfaktor. Forschungseinrichtungen als Wissenserzeuger und Wissensvermittler, Aus- und Weiterbildungs-, Transfer-, Beratungs- und Finanzierungseinrichtungen sowie andere Intermediäre und Organisationen wirken ebenfalls auf die räumlichen Umfeldbedingungen ein. Auch das administrative System, das Regulationsniveau und die weiteren institutionellen Strukturen bestimmen die Standortbedingungen. Hier sind Aspekte angesprochen, die oftmals nicht in der regionalen Kompetenz und Beeinflussbarkeit liegen. Hierzu gehören auch die Interaktionen einer Region mit anderen Raumeinheiten. So führt die über Netzwerke und andere Mechanismen transportierte außerregionale Nachfrage nach regionalen Ressourcen dazu, dass die *regionalen Umfeldbedingungen auch von extraregionalen Effekten abhängig* sind. Dies ist beispielsweise dann der Fall, wenn in einer Region Forschungs- oder Produktionskapazitäten aufgebaut werden, die nicht durch regionale sondern außerregionale Nachfragebedingungen induziert wurden. Im Idealfall ist mit regionaler Offenheit, die als ein raumdifferenzierender Faktor von der neuen Wachstumstheorie genannt wurde (vgl. Abschnitt 3.2.9), der *Zufluss neuen Wissens* und damit die Aufwertung der regionalen Standortbedingungen verbunden. Allerdings sind auch *Wissensabflüsse* möglich, insbesondere dann, wenn dieses eine geringe räumliche Adhäsion aufweist (vgl. das Phasenmodell in Abschnitt 8.1). Andererseits greifen die ökonomischen Akteure einer Region über Innovationsnetzwerke auch auf Wissen aus anderen Regionen zurück, das sie aufnehmen und in Innovationsprozessen umsetzen. Damit tragen ebenfalls außerregionale Wissenspotenziale zur Innovationsstimulierung in einer Region bei und beeinflussen die regionalen Umfeldbedingungen.

> Insgesamt lässt sich als Fazit festhalten, dass das regionale Umfeld und die Innovationsbedingungen in einer Region in entscheidender Weise durch die dominierenden innovationsrelevanten Merkmale der regionalen Betriebe beeinflusst werden und diese Merkmale wiederum einem Einfluss durch das regionale Innovationsklima (als Sammelbegriff für die Wahrnehmung der regionalen Umfeldbedingungen) unterliegen. Da die Interaktionen der Innovationsakteure nicht an ihrer jeweiligen Regionsgrenze enden[448] und die räumliche Reichweite der Interaktionen je nach Ziel und Inhalt variieren kann, ist die "Region" keine feste Größe, sondern das als vertraute räumliche Umfeld wahrgenommene Kontinuum für regionsinterne Austauschprozesse und die in der Region wirksam werdenden externen Effekte. Es ist daher nicht die konkrete administrative Region, die auf betriebliche Innovationsaktivitäten einwirkt,[449] sondern ein "Unterstützungsraum", der als räumlich nicht trennscharf abgrenzbares Territorium durch innovationsrelevante Aktivitäten sowohl regionaler als auch außerregionaler Akteure gespeist wird (vgl. Koschatzky 1997f: 108).

8.4 Innovations- und technologiepolitische Gestaltungsoptionen auf regionaler Ebene

Regionale Innovations- und Technologiepolitik unterliegt mehreren **Restriktionen**:

- Sie ist in supranationale und nationale politische Handlungsebenen und in unterschiedliche Politikbereiche (u.a. Regionalpolitik, Strukturpolitik) eingebunden.

---

[448] Vgl. dazu die kritischen Anmerkungen zum Konzept der lernenden Region in Abschnitt 5.3.2.

[449] Aus diesem Grund geht in multivariaten Analyseverfahren meist kein statistisch signifikanter Erklärungsbeitrag von über administrative Raumeinheiten definierten Regionalvariablen auf betriebliche Innovationsaktivität aus (vgl. Abschnitt 6.2.4.3).

- Sie muss sich an den spezifischen Problemlagen einzelner Regionen orientieren und entzieht sich damit einem in allen Regionen standardmäßig anwendbaren Maßnahmenspektrum.
- Sie spricht unterschiedliche regionale Zielgruppen mit jeweils individuellen Interessenskonstellationen an.
- Ihr stehen meist nur knappe finanzielle Ressourcen zur Verfügung, insbesondere dann, wenn sie durch die regionale Ebene selbst formuliert und implementiert wird.
- Sie kann daher auf ein im Vergleich zur supranationalen oder nationalen Innovations- und Technologiepolitik nur begrenztes Spektrum an möglichen Instrumenten zurückgreifen.

Diese Restriktionen bestimmen die An- und Herausforderungen an die regionale Innovations- und Technologiepolitik sowie ihre Handlungs- und Gestaltungsspielräume. Herausforderungen entstehen dadurch, dass auch nationale bzw. supranationale Fördermaßnahmen ohne explizite räumliche Zielsetzungen im Raum wirksam werden und in der Regel auf Grund der Verteilungsmuster ökonomischer Aktivitäten die bestehende Raumstruktur festigen und die räumliche Konzentration industrieller und außerindustrieller Forschung und Entwicklung fördern. Eine auf räumlichen Ausgleich und die Stärkung regionaler Innovationskompetenzen und -potenziale ausgerichtete regionale Innovations- und Technologiepolitik sieht sich deshalb diesen *nicht-intendierten räumlichen Wirkungen anderer Politikebenen* ausgesetzt und muss mit begrenzten Mitteln versuchen, im Fall unerwünschter Effekte aus Sicht der einzelnen Region, durch gezielte Maßnahmen gegenzusteuern. Hier liegen die wesentlichen Grenzen regionaler Innovationsförderung. Es ist daher erforderlich, die primär auf Regionen und ihre strukturelle Anpassung ausgerichteten staatlichen Fördermaßnahmen enger mit der regionalen Innovationspolitik abzustimmen, um Synergismen zwischen diesen Politikbereichen zu erzeugen und die in die Regionen fließenden Finanzmittel effektiver einzusetzen (z.B. für Investitionen in den Aufbau einer innovationsunterstützenden Infrastruktur im Rahmen einer regionalen Innovationsstrategie, statt dem einen der regionalen Nachfrage übersteigenden Ausbau von Gewerbeflächen).

Optionen zur Gestaltung regionaler Innovationssysteme bestehen dann, wenn die wesentlichen Voraussetzungen, die vom Konzept regionaler Innovationssysteme aufgeführt werden (vgl. Abschnitt 5.2.3), in der jeweiligen Region gegeben sind. Dazu gehören eine zumindest *partielle politische und finanzielle Autonomie* gegenüber übergeordneten Ebenen, *Qualifikationen im Bereich der innovationspolitischen Strategieformulierung und –implementierung* sowie die *Existenz von Institutionen, die zentrale Aufgaben in der Maßnahmenumsetzung und –begleitung übernehmen können*. Eine wesentliche Voraussetzung für den Erfolg regionsspezifischer Maßnahmen zur Entwicklung regionaler Innovationspotenziale ist die Ausrichtung der Strategie auf Akteure, von denen ein *Höchstmaß an regionalen Wirkungen* zu erwarten ist. Dies sind vor allem kleine und mittelgroße Unternehmen, die in der Regel eng in regionale Produktionsprozesse eingebunden sind und in stärkerem Maße auf ein unterstützendes innovatives Umfeld zurückgreifen müssen als Großunternehmen mit internationalen Netzwerkbeziehungen. Zwar wären bei der Fokussierung auf Großunternehmen kurzfristig größere messbare Wirkungen zu erzielen (z.B. hinsichtlich der Zahl neu geschaffener oder erhaltener Arbeitsplätze), aber diese Unternehmen sind meist weniger auf eine Unterstützung aus der Region angewiesen als KMU und haben größere Flexibilitäten hinsichtlich eines möglichen Standortwechsels innerhalb ihres internationalen Produktionsverbundes. Neben KMU stellen Forschungs- und Bildungseinrichtungen weitere wichtige Zielgruppen dar. Sie sind in der Lage, regionsinternes und –externes Wissen aufzunehmen, aufzubereiten und den Unternehmen zur Verfügung zu stellen. Über flankierende Bildungs- und Qualifizierungsmaßnahmen lassen sich Lernprozesse in den Unternehmen generieren, die diese und ihre Beschäftigten wiederum in die Lage versetzen, neues Wissen in den Betrieb und in betriebliche Innovationsprozesse einzuspeisen. Dies ist aber nur dann möglich, wenn die Einrichtungen Leistungen anbieten, die dem Bedarf der regionalen Unternehmen entsprechen und Anreizsysteme den regionalen Wissensaustausch fördern. Damit kommt der Optimierung des Wissens- und Technologietransfers durch den Abbau von Transferbarrieren und dem nachfrageorientierten Ausbau der regionalen Innovationsinfrastruktur eine große Bedeutung zu.

Die *Förderung von Innovationsnetzwerken* stellt ein wichtiges Strategieelement zum Abbau von Transferbarrieren und zur Nutzbarmachung komplementärer Wissensressourcen dar. Wegen der räumlichen Nähe innerhalb einer Region bietet diese räumliche Maßstabsebene besonders günstige Voraussetzung zur Netzwerkförderung. Informelle Kontakte zwischen den in einem Netzwerk interagierenden Beteiligten lassen sich schneller aufbauen als bei räumlich größeren Distanzen und fördern damit auch den Austausch impliziten Wissens. Allerdings darf die Vertrautheit des regionalen Umfeldes nicht dazu führen, dass sich die Netzwerkbeziehungen nur auf die eigene Region fokussieren. Die regionale Wissensbasis wird nur dann von Innovationsnetzwerken profitieren, wenn sie regionsexternes Wissen nutzbar machen und die regionale Wirksamkeit dieses Wissens steigern helfen.

Neben der Zielgruppenorientierung von Fördermaßnahmen und der Netzwerkorientierung ist die *Regionsspezifik* das dritte wesentliche Merkmal regionaler Innovations- und Technologiepolitik. Basierend auf den regionalen Technologiepotenzialen, der Unternehmensstruktur und der bestehenden Integration der Region in die nationale und internationale Wissensgenese und Technologieentwicklung sind jeweils *spezifische Förder- und Unterstützungsmaßnahmen* erforderlich, die sich an den aus regionaler Sicht wichtigsten Problemlagen der Hauptzielgruppen orientieren. Vor allem in Regionen mit bislang gering entwickelten Innovationspotenzialen helfen Angebots- und Nachfrageanalysen Engpassfaktoren und den Unterstützungsbedarf zu erkennen. Die Zielerreichung von Fördermaßnahmen wird dann gesteigert, wenn die Zielgruppen die Maßnahmen akzeptieren und bereit sind, Eigenbeiträge zu leisten. Die Akzeptanz kann wiederum durch Promotoren und Moderatoren aufgebaut und gefördert werden.

Neben den Unternehmen selbst, die durch ihre ökonomischen Aktivitäten zur Entwicklung von Volkswirtschaften und deren räumlichen Einheiten beitragen, kann *regionale Innovations- und Technologiepolitik* trotz den sie unterliegenden Restriktionen *flankierende Aufgaben* zur Verbesserung der regionalen Innovationsbedingungen und zur Stärkung regionaler Innovationspotenziale wahrnehmen. Dabei ist allerdings zu beachten, dass es leichter ist, bei vorhandener Offenheit für Innovation und Lernen bereits bestehende Strukturen und Potenziale weiter zu entwickeln, als grundsätzlich neue Innovationsressourcen aufzubauen. Daher werden sich in rückständigen Regionen allein durch innovationspolitische Fördermaßnahmen die Innovationsaktivitäten nicht entscheidend steigern lassen. Aber auch dort ist es möglich, die Innovationsbereitschaft zu erhöhen, insbesondere wenn es gelingt, neue Beziehungen und Netzwerke aufzubauen und neue Märkte für die regionalen Unternehmen zu erschließen. Eine Region verdient aber nur dann die Bezeichnung "Innovationssystem", wenn durch betriebliche und politische Maßnahmen kontinuierliche Wissensflüsse und Lernprozesse zwischen einem möglichst breiten Querschnitt der wirtschaftlichen und wissenschaftlichen Akteure einer Region entstanden sind und diese Akteure durch interregionale Wissens- und Innovationsnetzwerke die regionale Wissensbasis ständig erweitern.

8.5 Fazit: Was ist das Neue an der "neuen Wirtschaftsgeographie"?

Zur Beantwortung dieser Frage ist es zunächst erforderlich, den Blickwinkel des Beantwortenden zu definieren. Für Paul Krugman, der diese Frage in einem Aufsatz aus dem Jahr 1998 gestellt hat, ist die aus der neuen Wachstums- und Außenhandelstheorie übernommene Modellbildung das eigentlich neue an der "*new economic geography*". Er sieht sie aber weniger als eigenständige Wissenschaft, sondern als Wiederentdeckung des Raumes in der Wirtschaftswissenschaft.[450]

Aus wirtschaftsgeographischer Sichtweise ist dieser Argumentation nicht ganz zu folgen. Wenn auch das Aufgreifen wirtschaftsgeographischer Fragestellungen durch amerikanische Ökonomen zunächst zu begrüßen ist und die fehlende Formalisierung regionaler Wachstums- und Entwicklungsmodelle zumindest aus wirtschaftswissenschaftlicher Sichtweise ein Defizit darstellt, so führt die Fokussierung des Blicks auf die räumlichen Implikationen der neuen Wachstums- und Außenhandelstheorie zu einer Ausblendung vielschichtiger theoretischer und empirischer Forschungsergebnisse über regionale Entwicklungsprozesse, die seit den 1960er Jahren von Geographen, Regionalwissenschaftlern und Entwicklungsökonomen vorgelegt wurden und die einen fundamentalen Bestandteil der in der Mitte der 1970er Jahre formulierten "neuen" Wirtschaftsgeographie deutscher Prägung darstellen (Schätzl 1974).

Da sich seit dieser Zeit Forschungsmethoden gewandelt haben, neue Forschungsthemen aufgegriffen und neue Erkenntnisse vorgelegt wurden, hat sich nicht nur die Wirtschaftsgeographie in Forschung und Ausbildung an neue Themen und Herausforderungen angepasst, sondern es

---

[450] Krugman (1998).

ist, zumindest im deutschsprachigen Raum, seit Anfang der 1990er Jahre auch eine Öffnung für Fragestellungen an der Schnittstelle zwischen Geographie, Innovationsökonomie sowie wirtschaftswissenschaftlicher und betriebswirtschaftlicher Forschung zu beobachten. Dokumentiert wird diese Entwicklung beispielsweise durch die zwei DFG-Schwerpunktprogramme "Technologischer Wandel und Regionalentwicklung in Europa" sowie "Interdisziplinäre Gründungsforschung".

Basierend auf diesen Entwicklungen wurde in der Arbeit der Versuch unternommen, die "new economic geography" amerikanischer Prägung um innovationsökonomische Aspekte, regionale Innovationsmodelle und innovations- und technologiepolitische Fragestellungen zu ergänzen, um auf diese Weise die Wirtschaftsgeographie deutscher Prägung im Sinne des raumwissenschaftlichen Ansatzes fortzuschreiben. Das Neue an dieser "neuen Wirtschaftsgeographie" ist die Erweiterung des Betrachtungswinkels auf die räumlichen Implikationen von Innovations- und Lernprozessen, die neben allgemeinen wirtschaftlichen Aktivitäten im Raum eine zunehmende Rolle in der Erklärung räumlicher Dynamik und Differenzierung spielen. Standortsysteme, Raumstrukturen und die Veränderungen regionaler Disparitäten lassen sich ohne ein detailliertes Verständnis von Technikentwicklung und dem evolutorischen und kumulativen Charakter von Innovationsprozessen nicht mehr ausreichend analysieren und deuten. "Neue Wirtschaftsgeographie" bedeutet in diesem Zusammenhang, die ökonomischen, sozialen und technologischen Interaktionen von Wirtschaftssubjekten und die Wirkungen ihrer Interaktionen auf die Raumstruktur sowohl aus der Makrosicht, d.h. im interregionalen und internationalen Vergleich theoretisch zu betrachten, empirisch zu analysieren und politisch zu steuern, als auch durch Mikroanalysen einzelner Akteure zu einem besseren Verständnis über die Funktionsweise von Lernprozessen, die sozio-kulturellen Einflussfaktoren auf die Technikentwicklung, die Generierung neuen Wissens und dessen techno-ökonomische Nutzung sowie über Interaktionsmechanismen und –hemmnisse zwischen Akteuren und ihrem räumlichen Umfeld zu gelangen. Das in dieser Arbeit vorgestellte theoretische Spektrum kann hierbei Orientierungshilfe leisten.

Wenn auch die geographische Wissenschaft *per se* von einer räumlichen Relevanz wirtschaftlichen und sozialen Handelns ausgeht, steht sie mit dieser Sichtweise nicht allein, sondern wird von der jüngeren wirtschaftswissenschaftlichen Theoriebildung unterstützt. Dennoch wird gerade vor dem Hintergrund von Globalisierungsprozessen und den Fortschritten in der elektronischen Kommunikation immer wieder hinterfragt, ob die "Region" bzw. der "Raum" überhaupt noch relevante Betrachtungseinheiten seien. Es war deshalb auch Aufgabe der Arbeit, sich dieser Fragestellung zu widmen. Mit Blick auf die analysierte theoretische und empirische Literatur kann abschließend festgestellt werden, dass kein Beleg für einen nicht bestehenden Zusammenhang zwischen der Faktorausstattung einer Region und der Innovationsfähigkeit der regionalen Akteure gefunden wurde. Es konnten aber Einflussfaktoren identifiziert werden, die die Stärke dieses Zusammenhanges in Abhängigkeit von Innovations-, Technologie- und Unternehmensmerkmalen sowie internationalen und nationalen institutionellen und kulturellen Strukturen variieren. Dies erlaubt die Schlussfolgerung, dass sich regionale Produktions- und Innovationssysteme einer politisch-planerischen Steuerung dann nicht entziehen, wenn unter Berücksichtigung der Komplexität von Innovationsprozessen, der spezifischen Anforderungen an Technologien und Unternehmen im globalen Wettbewerb sowie unterschiedlicher regionaler Ausgangsbedingungen aus räumlicher Nähe Wissens-, Wettbewerbs- und Kostenvorteile entstehen und diese Vorteile von den Unternehmen erkannt und genutzt werden. Um diese Prozesse noch besser zu verstehen und durch politische Instrumente und Strategien sowohl die nationale technologische Wettbewerbsfähigkeit zu stärken als auch zu einer ausgewogenen Verteilung innovativer Potenziale im Raum zu gelangen, besteht auch künftig ein großer Forschungsbedarf. Die hier dargelegte "neue Wirtschaftsgeographie" an der Schnittstelle zwischen Regional- und Innovationsökonomie ist prädestiniert, hierzu Antworten vorzulegen.

9. Literaturverzeichnis

Abler, R./Adams, J.S/Gould, P. (1977): *Spatial Organization. The Geographer's View of the World*. London: Prentice/Hall International.

Acs, Z.J./Audretsch, D.B. (1990): *Innovation and Small Firms*. Cambridge, Mass.: MIT Press

Acs, Z.J./Audretsch, D.B. (1992): *Innovation durch kleine Unternehmen*. Berlin: edition sigma.

Acs, Z.J./Audretsch, D.B./Feldman, M.P (1992): Real effects of academic research: comment, *American Economic Review*, 81, 363-367.

Acs, Z.J./Audretsch, D.B./Feldmann, M.P. (1994): R&D Spillovers and Recipient Firm Size, *The Review of Economics and Statistics*, 76, 336-340.

Aghion, P./Howitt, P. (1992): A Model of Growth Through Creative Destruction, *Econometrica*, 60, 323–351.

Albert, H. (1971): Plädoyer für kritischen Rationalismus. München: Piper (= Serie Piper 10).

Albrecht, E./Kant, H. (1978): A model of the cycle 'Science-Technology-Production' and its application to the development of semiconductor physics and industry, *R&D Management*, 8, 119-125.

Albrecht, E./Kant, H./Otto, C./Dohnert, O./Paetzold, G. (1982): *Zyklus Wissenschaft Technik Produktion. Wissenschaftstheoretische Studie zur Wechselwirkung von wissenschaftlicher und technischer Revolution im 20. Jahrhundert*. Berlin: VEB Deutscher Verlag.

Amin, A./Thrift, N. (1994): Neo-Marshallian nodes in global networks. In: Krumbein, W. (Hrsg.): *Ökonomische und politische Netzwerke in der Region. Beiträge aus der internationalen Debatte*. Münster: Lit-Verlag, 115-139.

Andersson, Å.E. (1985): Creativity and regional development, *Papers of the Regional Science Association*, 56, 5-20.

Andersson, Å.E. (1995): Diffusion of Knowledge, Network Externalities and Economic Development. Creation, Innovation and Diffusion of Knowledge. In: Bertuglia, C.S./Fischer, M.M./Preto, G. (Eds.): *Technological Change, Economic Development and Space*. Berlin: Springer, 13-33.

Andersson, Å.E./Andersson, D.E. (2000*)*: *Gateways to the Global Economy*. Cheltenham: Edward Elgar.

Anselin, L./Varga, A./Acs, Z.J. (1997): Local Geographic Spillovers between University Research and High Technology Innovations, *Journal of Urban Economics*, 42, 422-448.

Antonelli, C. (1995): *The Economics of Localized Technological Change and Industrial Dynamics*. Dordrecht: Kluwer Academic Publishers.

Aoki, M. (1986): Horizontal vs. vertical information structure of the firm, *The American Economic Review*, 76, 971-983.

Archibugi, D./Michie, J. (1997): Technological globalisation and national systems of innovation. In: Archibugi, D./Michie, J. (Eds.): *Technology, globalisation and economic performance*. Cambridge: Cambridge University Press, 1-23.

Armstrong, H./Taylor, J. (1993): *Regional Economics and Policy*. New York: Harvester Wheatsheaf.

Arnold, E./Thuriaux, B. (1997): *Supporting Companies' Technological Capabilities*. Brighton: Technopolis Ltd.

Arrow, K.J. (1962a): Economic Welfare and the Allocation of Recources for Invention. In: Nelson, R. (Ed.): The Rate and Direction of Inventive Activity: Economic and Social Factors. Princeton: Princeton University Press, 609-626.

Arrow, K.J. (1962b): The Economic Implications of Learning by Doing, *Review of Economics Studies*, 29, No. 80, 155-173.

Arthur, W.B. (1990): 'Silicon Valley' locational clusters: When do increasing returns imply monopoly?, *Mathematical Social Sciences*, 19, 235-251.

Asheim, B.T. (1996): Industrial Districts as 'Learning Regions': a Condition for Prosperity, *European Planning Studies*, 4, 379-400.

Asheim, B.T. (1997): 'Learning regions' in a globalised world economy: towards a new competitive advantage of industrial districts? In: Taylor, M./Conti, S. (Eds.): *Interdependent and Uneven Development. Global-local perspectives*. Aldershot: Ashgate, 143-176.

Asheim, B.T/Cooke, P. (1999): Local Learning and Interactive Innovation Networks in a Global Economy. In: Malecki, E.J./Oinas, P. (Eds.): *Making Connections. Technological learning and regional economic change*. Aldershot: Ashgate, 145-178.

Asheim, B.T./Isaksen, A. (1999): *Regional Innovation Systems: The Integration of Local 'Sticky' and Global 'Ubiquitous' Knowledge.* Paper prepared for NECTS/RICTES Conference "Regional Innovation Systems in Europe", San Sebastian, 30 September-2 October 1999. Oslo: University of Oslo.

Audretsch, D./Feldman, M.P. (1994): R&D Spillovers and The Geography of Innovation and Production. Berlin: Wissenschaftszentrum Berlin (WZB Discussion Paper FS IV 94-2).

Audretsch, D.B./Feldman, M.P. (1996a): R&D Spillovers and the Geography of Innovation and Production, *The American Economic Review*, 86, 630–640.

Audretsch, D.B./Feldman, M.P. (1996b): Innovative Clusters and the Industry Life Cycle, *Review of Industrial Organization*, 11, 253-273.

Audretsch, D.B./Fritsch, M. (1994): The Geography of Firm Births in Germany, *Regional Studies*, 28, 359-365.

Audretsch, D.B./Mahmood, T. (1994): *The Knowledge Production Function and R&D Spillovers.* Berlin: Wissenschaftszentrum Berlin (WZB Discussion Paper FS IV 94-6).

Ausschuss der Regionen (1999): Stellungnahme des Ausschusses der Regionen zu der "Mitteilung der Kommission an den Rat, das Europäische Parlament, den Wirtschafts- und Sozialausschuss und den Auschuss der Regionen: Stärkung des Zusammenhalts und der Wettbewerbsfähigkeit durch Forschung, technologische Entwicklung und Innovation, *Amtsblatt der Europäischen Gemeinschaften*, C 198, 41-47.

Aydalot, P. (Ed.) (1986): *Milieux Innovateurs en Europe.* Paris: GREMI.

Aydalot, P./Keeble, D. (Eds.) (1988): *High Technology Industry and Innovative Environments. The European Experience.* London: Routledge.

Bachtler, J./Michie, R. (1994): Strengthening Economic and Social Coheson? The Revision of the Structural Funds, *Regional Studies*, 28, 789-796.

Bachtler, J./Taylor, S. (1996): Regional Development Strategies in Objective 2 Regions: A Comparative Assessment, *Regional Studies*, 30, 723-732.

Backhaus, A./Seidel, O. (1998): Die Bedeutung der Region für den Innovationsprozeß, *Raumforschung und Raumordnung*, 56, 264-276.

Backhaus, K./Meyer, M. (1993): Strategische Allianzen und strategische Netzwerke, *Wirtschaftswissenschaftliches Studium*, H. 7, 330-334.

Bairoch, P. (1988): *Cities and Economic Development. From the Dawn of History to the Present.* Chicago: The University of Chicago Press.

Baptista, R. (1999): The Diffusion of Process Innovations: A Selective Review, *International Journal of the Economics of Business*, 6, 107-129

Baptista, R./Swann, P. (1998): Do firms in clusters innovate more?, *Research Policy*, 27, 525-540.

Barkham, R./Gudgin, G./Hart, M./Hanvey, E. (1996): *The Determinants of Small Firm Growth. An Inter-Regional Study in the United Kingdom 1986-90.* London: Jessica Kingsley Publishers. (= Regional Policy and Development 12).

Barro, R.J. (1990): Government Spending in a Simple Model of Endogenous Growth, *Journal of Political Economy*, 98, S103-S125.

Barro, R.J./Sala-i-Martin, X. (1991): Covergence across States and Regions. In: Brainard, W.C./Perry, G.L. (Eds.): *Brookings Papers on Economic Activity*, No. 1/1991. Washington: Brookings Institution, 107-182.

Barro, R.J. / Sala-i-Martin, X. (1992): Convergence, *Journal of Political Economy*, 100, 223-251.

Barro, R.J./Sala-i-Martin, X. (1995): *Economic Growth.* New York: McGraw-Hill.

Bartels, D. (Hrsg.) (1970): *Wirtschafts- und Sozialgeographie.* Köln: Kiepenheuer & Witsch.

Bartels, D. (1980): Wirtschafts- und Sozialgeographie. In: *Handwörterbuch der Wirtschaftswissenschaft.* 23. Lieferung. Stuttgart: Gustav Fischer, 44-55.

Bathelt, H. (1997): *Chemiestandort Deutschland. Technologischer Wandel, Arbeitsteilung und geographische Strukturen in der Chemischen Industrie.* Berlin: edition sigma

Batt, H.-L. (1994): *Kooperative regionale Industriepolitik. Prozessuales und institutionelles Regieren am Beispiel von fünf regionalen Entwicklungsgesellschaften in der Bundesrepublik Deutschland.* Frankfurt a.M.: Peter Land (= Beiträge zur Politikwissenschaft Band 57).

Batten, D.F./Thord, R. (1995): Europe's Hierarchical Network Economy. In: Batten, D./Casti, J./Thord, R. (Eds.): Networks in Action. Communication, Economics and Human Knowledge. Berlin: Springer, 251-266.

Baumol, W.J. (1986): Productivity Growth, Convergence, and Welfare: What the Long-Run Data Show, *The American Economic Review*, 76, 1072-1085.

Beck, G. (Hrsg.) (1973): *Zur Kritik der bürgerlichen Industriegeographie.* Göttingen: Redaktionskollektiv (= Geographische Hochschulmanuskripte H. 1).

Beise, M./Gehrke, B. *et al.* (1998): Zur regionalen Konzentration von Innovationspotentialen in Deutschland. Mannheim: ZEW (Dokumentation 98-09).

Beise, M./Gehrke, B./ Legler, H. (1999): Attraktivität Deutschlands und seiner Regionen für Forschungs- und Entwicklungsaktivitäten, *Informationen zur Raumentwicklung,* H. 1, 31-44.

Beise, M./Stahl, H. (1999): Public research and industrial innovations in Germany, *Research Policy*, 28, 397-422.

Belussi, F. (1996): Local Systems, Industrial Districts and Institutional Networks: Towards a new Evolutionary Paradigm of Industrial Economics, *European Planning Studies*, 4, 5-26.

Belussi, F./Arcangeli, F. (1998): A typology of networks: flexible and evolutionary firms, *Research Policy*, 27, 415-428.

Bertuglia, C.S./Fischer, M.M./Preto, G. (Eds.) (1995): *Technological Change, Economic Development and Space.* Berlin: Springer.

Bertuglia, C.S./Lombardo, S./Nijkamp, P. (Eds.) (1997): *Innovative Behaviour in Space and Time.* Berlin: Springer.

Bianchi, P./Bellini, N. (1991): Public Policies for Local Networks of Innovators, *Research Policy*, 20, 487-497.

Biemans, W.G. (1992): *Managing innovation within networks.* London: Routledge.

Birch, D.L. (1987): *Job Creation in America. How our Smallest Companies Put the Most People to Work*. New York: The Free Press.

Blaas, E./Nijkamp, P. (1994): New Technology and Regional Development in the European Snowbelt Towards a New Emerging Network? In: Johansson, B./Karlsson, Ch./Westin, L. (Eds): *Patterns of a Network Economy*. Berlin: Springer, 275-291.

BMBF [Bundesministerium für Bildung und Forschung] (1998a): *Faktenbericht 1998 zum Bundesbericht Forschung*. Bonn: BMBF.

BMBF [Bundesministerium für Bildung und Forschung] (1998b): *EXIST – Existenzgründer aus Hochschulen. 12 regionale Netzwerke für innovative Unternehmensgründungen*. Bonn: BMBF.

BMBF [Bundesministerium für Bildung und Forschung] (1999): *InnoRegio. Innovative Impulse für die Region. Ausschreibungsbroschüre*. Bonn: BMBF.

BMBF [Bundesministerium für Bildung und Forschung] (2000a): *EXIST – Existenzgründer aus Hochschulen. Netzwerke für innovative Unternehmensgründungen*. Bonn: BMBF.

BMBF [Bundesministerium für Bildung und Forschung] (2000b): 20 Biotechnologiekonzepte in der Endauswahl für "BioProfile", *Pressemitteilung* 97/2000, 21.06.2000. Berlin: BMBF.

BMBF [Bundesministerium für Bildung und Forschung] (2000c): Erneut starkes Wachstum im deutschen Biotechnologie-Sektor, *Pressemitteilung* 95/2000, 20.06.2000. Berlin: BMBF.

BMBF [Bundesministerium für Bildung und Forschung] (2000d): Inno-Regio-Förderwettbewerb ist entschieden, *Pressemitteilung* 157/2000, 05.10.2000. Berlin: BMBF.

BMBF [Bundesministerium für Bildung und Forschung]/BMWi [Bundesministerium für Wirtschaft und Technologie] (1999): *Innovationsförderung. Hilfen für Forschung und Entwicklung*. Bonn, Berlin: BMBF/BMWi.

Boccara, F. (1997): *Facts and Myths in Employment and SME Growth. The Role of Enterprise Groups (1984 - 1992)*. Paris: INSEE (Document de travail No. E9711).

Bode, E. (1996): *Ursachen regionaler Wachstumsunterschiede: Wachstumstheoretische Erklärungsansätze*. Kiel: Institut für Weltwirtschaft (Kieler Arbeitspapiere 740).

Boekholt, P./Arnold, E./Tsipouri, L. (1998b): *The Evaluation of the Pre-Pilot Actions under Article 10: Innovative Measures Regarding Regional Technology Plans*. Brighton, Athen: Technopolis, University of Athens.

Boekholt, P./Clark, J./Sowden, P./Niehoff, J. (1998a): *An International Comparative Study on Initiatives to Build, Develop and Support "Kompetenzzentren"*. Brighton: Technopolis.

Bogai, D. (1996): Wachstum, Beschäftigung und haushaltsbezogene Dienstleistungen, *Mitteilungen aus der Arbeitsmarkt- und Berufsforschung*, 29, 237-246.

Borts, G.H./Stein, J.L. (1964): *Economic Growth in a Free Market*. New York: Columbia University Press.

Boschma, R.A. (1997): New Industries and Windows of Locational Opportunity, *Erdkunde*, 51, 12-22.

Braczyk, H.-J./Cooke, P./Heidenreich, M./Krauss, G. (Eds.) (1998): *Regional Innovation Systems. The Role of Governance in a Globalized World*. London: UCL Press.

Braczyk, H.-J./Heidenreich, M. (1998): Regional governance structures in a globalized world. In: Braczyk, H.-J./Cooke, P./Heidenreich, M./Krauss, G. (Eds.): *Regional Innovation Systems. The Role of Governance in a Globalized World*. London: UCL Press, 414-440.

Braczyk, H.-J./Schienstock, G./Steffensen, B. (1995): The Region of Baden-Wuerttemberg: a Post Fordist Success Story? In: Dittrich, E.J./Schmidt, G./ Whitley, R. (Eds.): *Industrial Transformation in Europe. Process and Contexts*. London: SAGE Publications, 203-233.

Bramanti, A./Senn, L. (1997): Understanding Structural Changes and Laws of Motion of Milieux:. A Study on North-Western Lombardy. In: Ratti, R./Bramanti, A./Gordon, R. (Eds.): *The Dynamics of Innovative Regions. The GREMI Approach*. Aldershot: Ashgate, 47-73.

Bräunling, G. (1987): *Erfolgskriterien einer Technologiepolitik*. Karlsruhe: Fraunhofer ISI (ISI-Arbeitspapier ISI-A-7-87).

Brezis, E.S./Krugman, P.R./Tsiddon, D. (1993): Leapfrogging in International Competition: A Theory of Cycles in National Technological Leadership, *The American Economic Review*, 83, 1211-1219.

Bröcker, J. (1994): Die Lehren der neuen Wachtumstheorie für die Raumentwicklung und die Regionalpolitik. In: Blien, U./Herrmann, H./Koller, M. (Hrsg.): *Regionalentwicklung und regionale Arbeitsmarktpolitik. Konzepte zur Lösung regionaler Arbeitsmarktprobleme?* Nürnberg: IAB, 29-50 (= Beiträge zur Arbeitsmarkt- und Berufsforschung 184).

Brockhoff, K. (1988): Technischer Fortschritt. II: im Betrieb. In: *Handwörterbuch der Wirtschaftswissenschaft*, Bd. 7. Stuttgart: Gustav Fischer, 583-609.

Brockhoff, K. (1992): R&D Cooperation between Firms – A Perceived Transaction Cost Perspective, *Management Science*, 38, 514-524.

Brockhoff, K./Gupta, A./Rotering, C. (1991): Inter-firm R&D cooperations in Germany, *Technovation*, 11, 219-229.

Broß, U. (2000): *Innovationsnetzwerke in Transformationsländern. Eine evolutionsökonomische Analyse am Beispiel Slowenien.* Heidelberg: Physica-Verlag.

Brusco, S. (1990): The idea of the Industrial District: Its genesis. In: Pyke, F./Becattini, G./Sengenberger, W. (Eds.): *Industrial Districts and Inter-Firm Co-operation in Italy.* Genf: International Institute for Labour Studies, 10-19.

Camagni, R. (Ed.) (1991): *Innovation Networks. Spatial Perspectives.* Belhaven Press: London.

Camagni, R. (1991a): Introduction: from the local 'milieu' to innovation through cooperation networks. In: Camagni, R. (Ed.): *Innovation Networks. Spatial Perspectives.* London. Belhaven Press, 1-9.

Camagni, R. (1994): Space-time in the concept of "milieu innovateur". In: Blien, U./Herrmann, H./Koller, M. (Hrsg.): *Regionalentwicklung und regionale Arbeitsmarktpolitik. Konzepte zur Lösung regionaler Arbeitsmarktprobleme?* Nürnberg: IAB, 74-89 (= Beiträge zur Arbeitsmarkt- und Berufsforschung 184).

Camagni, R. (1995a): The enterprise and the milieu. Global network and local milieu: towards a theory of economic space. In: Conti, S./Malecki, E.J./Oinas, P. (Eds.): *The Industrial Enterprise and Its Environment. Spatial Perspectives.* Aldershot: Avebury, 195-214.

Camagni, R. (1995b): The Concept of Innovative Milieu and its Relevance for Public Policies in European Lagging Regions, *Papers in Regional Science*, 74, 317-340.

Camagni, R./Capello, R. (1997): *Innovation and Performance of SMEs in Italy: The Relevance of Spatial Aspects*. Paper presented at the International Conference on Innovation and Performance of SMEs, Cambridge, 17 March 1997.

Campbell, J.L./Hollingsworth, J.R./Lindberg, L.N. (1991): *Governance of the American Economy*. Cambridge: Cambridge University Press.

Cantwell, J. (1995): The globalization of technology: what remains of the product cycle model?, *Cambridge Journal of Economics*, 19, 155-174.

Cantwell, J./Janne, O. (1999): Technological globalisation and innovative centres: the role of corporate technological leadership and locational hierarchy, *Research Policy*, 28, 119-144.

Capecchi, V. (1990): A history of flexible specialisation and industrial districts in Emilia-Romagna. In: Pyke, F./Becattini, G./Sengenberger, W. (Eds.): *Industrial Districts and Inter-Firm Co-operation in Italy*. Genf: International Institute for Labour Studies, 20-36.

Capello, R. (1995): Network externalities: Towards a taxonomy of the concept and a theory of their effects on the performance of firms and regions. In: Bertuglia, C.S./ Fischer, M.M./Preto, G. (Eds.): *Technological Change, Economic Development and Space*. Berlin: Springer, 208-237.

Capello, R. (1999): Spatial Transfer of Knowledge in High Technology Milieux: Learning Versus Collective Learning Processes, *Regional Studies*, 33, 353-365.

Capello, R./Nijkamp, P. (1996): Regional Variations in Production Network Externalities, *Regional Studies*, 30, 225-237.

Cappellin, R./Nijkamp, P. (1990): The Role of Space in Technological Change. In: Cappellin, R./Nijkamp, P. (Eds.): *The Spatial Context of Technological Development*. Aldershot: Avebury, 1-13.

Carter, A.P. (1996): Measuring the Performance of a Knowledge-Based Economy. In: Organisation for Economic Co-operation and Development (Ed.): *Employment and Growth in the Knowledge-based Economy*. Paris: OECD, 61-68.

Cass, D. (1965): Optimum Growth in an Aggregative Model of Capital Accumulation, *Review of Economic Studies*, 32, 233-240.

Castells, M. (1989): *The informational city: information technology, economic restructuring, and the urban-regional process.* Oxford: Blackwell.

Casti, J.L. (1995): The Theory of Networks. In: Batten, D./Casti, J./Thord, R. (Eds.): *Networks in Action. Communication, Economics and Human Knowledge.* Berlin: Springer, 3-24.

Chidamber, S.R./Kon, H.B. (1994): A research retrospective of innovation inception and sucess: the technology-push, demand-pull question, *International Journal of Technology Management*, 9, 94-112.

Chisholm, R.F. (1996): On the Meaning of Networks, *Group & Organization Management*, 21, 216-235.

Christaller, W. (1933): *Die zentralen Orte in Süddeutschland. Eine ökonomisch-geographische Untersuchung über die Gesetzmäßigkeit der Verbreitung und Entwicklung der Siedlungen mit städtischen Funktionen.* Jena: Fischer Verlag.

Christensen, P./Eskelin, H./Forström, B./Lindmark, L./Vatne, E. (1990): Firms in Networks. Concepts, Spatial Impacts and Policy Implications. In: Illeris, S./ Jakobsen, L. (Eds.): *Networks and Regional Development.* Copenhagen: Akademisk Verlag University Press, 11-58.

Cimoli, M./Dosi, G. (1996): Technological paradigms, patterns of learning and development: an introductory roadmap. In: Dopfer, K. (Ed.): *The Global Dimension of Economic Evolution. Knowledge Variety and Diffusion in Economic Growth and Development.* Heidelberg: Physica-Verlag, 63-88.

Clark, N./Juma, C. (1988): Evolutionary theories in economic thought. In: Dosi, G./Freeman, C./Nelson, R./Silverberg, G./Soete, L. (Eds.): *Technical Change and Economic Theory.* London: Pinter Publishers, 197-218.

Coase, R.H. (1937): The Nature of the Firm, *Economia*, 4, 386-405.

Coase, R.H. (1960): The Problem of Social Cost, *The Journal of Law & Economics*, 3, 1-44.

Coe, D.T./Helpman, E. (1995): International R&D Spillovers, *European Economic Review*, 39, 859–887.

Coe, N.M./Townsend, A.R. (1998): Debunking the myth of localized agglomerations: the development of a regionalized service economy in South-East England, *Transactions of the Institute of British Geographers*, 23, 385-404.

Coffey, W.J./Bailly, A.S. (1992): Producer Services and Systems of Flexible Production, *Urban Studies*, 29, 857-868.

Coffey, W.J./Polèse, M. (1987): Trade and location of producer services: A Canadian perspective, *Environment and Planning A*, 19, 697-711.

Cohen, W. (1995): Empirical Studies of Innovative Activity. In: Stoneman, P. (Ed.): *Handbook of the Economics of Technological Change*. Oxford: Blackwell, 182-264.

Cohen, W./Levinthal, D.A. (1990): Absorptive capacity. A new perspective on learning and innovation, *Administrative Science Quarterly*, 35, 128-152.

Cohendet, P./Llerena, P./Sorge, A. (Eds.) (1991): *Modes of Usage and Diffusion of New Technology and New Knowledge. A Synthesis Report*. In: FAST Vol. 2, Prospective Dossier No. 1: Science, Technology and Social and Economic Cohesion. Brüssel: European Commission.

Colombo, M.G./Mosconi, R. (1994): *Complementary and Cumulative Learning Effects in the Early Diffusion of Multiple Technologies*. Paper presented at EUNETIC Conference "Evolutionary Economics of Technological Change: Assessment of results and new practices". Proceedings. Strasbourg, 1331-1372.

Conti, S. (1993): The network perspective in industrial geography. Towards a model, *Geografiska Annaler*, 75B, 115-130.

Conti, S./Malecki, E.J./Oinas, P. (Eds.) (1995): *The Industrial Enterprise and Its Enviroment. Spatial Perspectives*. Aldershot: Avebury.

Cooke, P. (1992): Regional Innovation Systems: Competitive Regulation in the New Europe, *Geoforum*, 23, 365-382.

Cooke, P. (1994): Innovation networks and regional development. Learning from European experience. In: Krumbein, W. (Hrsg.): *Ökonomische und politische Netzwerke in der Region. Beiträge aus der internationalen Debatte*. Münster: Lit-Verlag, 233-247.

Cooke, P. (1995) Keeping to the high road: learning, reflexivity and associative governance in regional economic development. In: Cooke, P. (Ed.): *The rise of the Rustbelt*. London: UCL Press, 231-245.

Cooke, P. (1996): The New Wave of Regional Innovation Networks: Analysis, Characteristics and Strategy, *Small Business Economics*, 8, 159-171.

Cooke, P. (1998): Introduction. Origins of the concept. In: Braczyk, H.-J./Cooke, P./Heidenreich, M./Krauss, G. (Eds): *Regional Innovation Systems. The role of governances in a globalized world*. London: UCL Press Limited, 2-25.

Cooke, P. (1999): *Regional Innovation Systems: General Findings and Some New Evidence from Biotechnology Clusters*. Paper prepared for NECTS/RICTES Conference "Regional Innovation Systems in Europe", San Sebastian, 30 September-2 October 1999. Cardiff: Centre for Advanced Studies, University of Wales.

Cooke, P./Boekholt, P./Schall, N./Schienstock, G. (1996): *Regional Innovation Systems: Concepts, Analysis and Typology*. Paper prepared for EU-RESTPOR Conference "Global Comparison of Regional RTD and Innovation Strategies for Development and Cohesion", Brussels 19-21 September 1996. Cardiff: Cardiff University.

Cooke, P./Morgan, K. (1993): The Network Paradigm. New Departures in Corporate and Regional Development, *Society and Space*, 11, 543-564.

Cooke, P./Morgan, K. (1998): *The Associational Economy. Firms, Regions, and Innovation*. Oxford: Oxford University Press.

Cooke, P./Uranga, M.G./Etxebarria, G. (1997): Regional innovation systems: Institutional and organisational dimension, *Research Policy*, 26, 475-491.

Coombs, R./Hull, R. (1998): 'Knowledge management practices' and path-dependency in innovation, *Research Policy*, 27, 237-253.

Coombs, R./Richards, A./Paolo, P./Walsh, V. (1996): Introduction: technological collaboration and networks of alliance in the innovation process. In: Coombs, R./Richards, A./Paolo, P./Walsh, V. (Eds.): *Technological Collaboration. The Dynamics of Cooperation in Industrial Innovation*. Cheltenham: Edward Elgar, 1-17.

Coombs, R./Saviotti, P./Walsh, V. (1987): *Economics and Technological Change*. Houndsmill: Macmillan Education.

Cowan, R./Foray, D. (1997): The Economics of Codification and the Diffusion of Knowledge, *Industrial and Corporate Change*, 6, 595-622.

Crevoisier, O./Maillat, D. (1991): Milieu, Industrial Organization and Territorial Production System: Towards a New Theory of Spatial Development. In: Camagni, R. (Ed.): *Innovation Networks: Spatial Perspectives*. London: Belhaven Press, 13-34.

Dalum, B./Johnson, B./Lundvall, B.-Å. (1992): Public Policy in the Learning Society. In: Lundvall, B.-Å. (Ed.): *National Systems of Innovation. Towards a Theory of Innovation and Interactive Learning*. London: Pinter, 296-317.

Dasgupta, P./Stiglitz, J.E. (1980): Industrial structure and the nature of innovative activity, *Economic Journal*, 90, 266-293.

Davelaar, E.J. (1991): *Regional Economic Analysis of Innovation and Incubation*. Aldershot: Avebury.

Davelaar, E.J./Nijkamp, P. (Eds.) (1997): Spatial Dispersion of Technological Innovation: A Review. In: Bertuglia, C.S./Lombardo, S./Nijkamp, P. (Eds.): *Innovative Behaviour in Space and Time*. Berlin: Springer, 17-40.

David, P. (1975): *Technical Choice, Innovation and Economic Growth*. Cambridge: Cambridge University Press.

David, P./Foray, D. (1995): Accessing and Expanding the Science and Technology Knowledge Base, *STI Review*, No. 16, 13-68.

David, P./Rosenbloom, J.L. (1990): Marshallian Factor Market Externalities and the Dynamics of Industrial Localization, *Journal of Urban Economics*, 28, 349-370.

Davies, S. (1979): *The Diffusion of Process Innovations*. Cambridge: Cambridge University Press.

De Bandt, J./Gadrey, J. (Eds.) (1994): *Relations de service, marchés de services*. Paris: CNRS Editions.

De Bernardy, M. (1999): Reactive and Proactive Local Territory: Cooperation and Community in Grenoble, *Regional Studies*, 33, 343-352.

DeBresson, C./Amesse, F. (1991): Networks of innovators. A review and introduction to the issue, *Research Policy*, 20, 363-379.

Demaris, A. (1992): *Logit Modeling. Practical Applications.* Newbury Park: Sage University Papers.

Deutsches Institut für Urbanistik (1996): Die Zukunft des Dienstleistungssektors in der Stadt, *Difu-Berichte*, 1, 4-5.

Dicken, P. (1992): *Global Shift. The Internationalization of Economic Activity.* Second Edition. London: Paul Chapman.

Dohse, D. (1998): *The bioregio-contest initiated by the German federal government: A new approach to technological policy and its regional consequences.* Paper presented at the 38th European Congress of the Regional Science Association, 28 August-1 September 1998, Vienna.

Domrös, C. (1994): *Innovationen und Institutionen. Eine transaktionskostenökonomische Analyse unter besonderer Berücksichtigung strategischer Allianzen.* Berlin: Duncker & Humblot (= Volkswirtschaftliche Schriften Heft 436).

Dosi, G. (1982): Technological paradigms and technological trajectories. A suggested interpretation of the determinants and directions of technical change, *Research Policy*, 11, 147-162.

Dosi, G. (1988a): The nature of the innovative process. In: Dosi, G./ Freeman, C./ Nelson, R./Silverberg, G./Soete, L. (Eds.): *Technical Change and Economic Theory.* London: Pinter Publishers, 221-238.

Dosi, G. (1988b): Sources, Procedures, and Microeconomic Effects of Innovation, *Journal of Economic Literature*, 26, 1120-1171.

Dosi, G. (1996): The Contribution of Economic Theory to the Understanding of a Knowledge-based Economy. In: Organisation for Economic Co-operation and Development (Ed.): *Employment and Growth in the Knowledge-based Economy.* Paris: OECD, 81-92.

Dosi, G./Freeman, C./Nelson, R./Silverberg, G./Soete, L. (Eds.) (1988): *Technological Change and Economic Theory.* London: Pinter Publishers.

Dosi, G./Orsiengio, L. (1988): Coordination and transformation: An overview of structures, behaviours and change in evolutionary environments. In: Dosi, G./ Freeman, C./Nelson, R./Silverberg, G./ Soete, L. (Eds.): *Technical Change and Economic Theory*. London: Pinter Publishers, 13-37.

Dreher, C. (1997): *Technologiepolitik und Technikdiffusion. Auswahl und Einsatz von Förderinstrumenten am Beispiel der Fertigungstechnik*. Baden-Baden: Nomos Verlagsgesellschaft (= Karlsruher Beiträge zur wirtschaftspolitischen Forschung Band 5).

Edquist, C. (Ed.) (1997): *Systems of Innovation. Technologies, Institutions and Organizations*. London: Pinter Publishers.

Enright, M.J. (1996): Regional Clusters and Economic Development. A Research Agenda. In: Staber, U.H./Schaefer, N./Sharma, B. (Eds.): *Business Networks. Prospects for Regional Development*. Berlin: Walter de Gruyter, 190-214.

Esswein, W. (1999): Projekt "Dresden exists" – Bedarfsorientierte Existenzgründung aus Hochschulen am Beispiel der High-Tech-Region Dresden, *Beiträge zur Hochschulforschung*, H. 2, 95-105 (Hrsg.: Bayerisches Staatsinstitut für Hochschulforschung und Hochschulplanung).

European Commission (1995): *Guide to Innovative Actions for Regional Development (ERDF Article 10) 1995-1999*. Luxembourg: Office for Official Publications of the European Communities.

European Commission (1997): *Practical guide to regional innovation actions*. Luxembourg: Office for Official Publications of the European Communities.

Ewers, H.-J./Becker, C./Fritsch, M. (1989): Der Kontext entscheidet: Wirkungen des Einsatzes computergestützter Techniken in Industriebetrieben. In: Schettkat, R./Wagner, M. (Hrsg.): *Technologischer Wandel und Beschäftigung. Fakten, Analysen, Trends*. Berlin: Walter de Gruyter, 27-70.

Ewers, H.-J./Wettmann, R.W. (1980): Innovation-oriented Regional Policy, *Regional Studies*, 14, 161-179.

Felder, J./Harhoff, D./Licht, G/Nerlinger, E./Stahl, H. (1994): *Innovationsverhalten der deutschen Wirtschaft. Ergebnisse der Innovationserhebung 1993*. Mannheim: ZEW (ZEW-Dokumentation 94-01).

Feldman, M.P. (1993): An Examination of the Geography of Innovation, *Industrial and Corporate Change*, 2, 451-470.

Feldman, M.P. (1994a): *The Geography of Innovation*. Dordrecht: Kluwer Academic Publishers (= Economics of Science, Technologie and Innovation 2).

Feldman, M.P. (1994b): Knowlegde Complementary and Innovation, *Small Business Economics*, 6, 363-372.

Feuerstein, S. (1993): Monopolistische Konkurrenz und intrasektoraler Außenhandel, *Wirtschaftswissenschaftliches Studium*, H.6, 286-290.

Fischer, M.M. (1990): Innovation, Diffusion and Regions. In: Andersson, Å.E./Batten, D.F./Karlsson, C. (Eds.): *Knowledge and Industrial Organization*. Berlin: Springer, 47-61.

Florida, R. (1995): Toward the Learning Region, *Futures*, 27, 527-536.

Florida, R. (1997): The globalization of R&D: results of a survey of foreign-affiliated R&D laboratories in the USA, *Research Policy*, 26, 85-103.

Fontela, D. (1991): Europe: Cohesion, Diversity and Quality, *The Quality*, 49-52.

Foray, D./Lundvall, B.-Å. (1996): The Knowledge-Based Economy: from the Economics of Knowledge to the Learning Economy. In: Organisation for Economic Co-operation and Development (Ed.): *Employment and Growth in the Knowledge-based Economy*. Paris: OECD, 11-32.

Freeman, C. (1982): *The Economics of Industrial Innovation*. London: Frances Pinter.

Freeman, C. (1987): *Technology Policy and Economic Performance: Lessons from Japan*. London: Frances Pinter.

Freeman, C. (1988): Japan: a new national system of innovation? In: Dosi, G./Freeman, C./Nelson, R./Silverberg, G./Soete, L. (Eds.): *Technical Change and Economic Theory*. London: Pinter Publishers, 330-348.

Freeman, C. (1991): Networks of innovators: A synthesis of research issues, *Research Policy*, 20, 499-514.

Freeman, C. (1996): The Greening of Technology and Models of Innovation, *Technological Forecasting and Social Change*, 53, 27-39.

Freeman, C. (1997): The 'national system of innovation' in historical perspective. In: Archibugi, D./Michie, J. (Eds.): *Technology, globalisation and economic performance.* Cambridge: Cambridge University Press, 24-49.

Freeman, C./Perez, C. (1988): Structural crises of adjustment:. Business cycles and investment behaviour. In: Dosi, G./Freeman, C./Nelson, R./Silverberg, G./Soete, L. (Eds.): *Technical Change and Economic Theory.* London: Pinter Publishers, 38-66.

Freeman, C./Soete, L. (1997): *The Economics of Industrial Innovation.* Third Edition. London: Pinter Publishers.

Freeman, C./Soete, L. (Eds.) (1990): *Explorations in the Economics of Technical Change.* London: Pinter Publishers.

Frenkel, A./Shefer, D. (1996): Modeling Regional Innovativeness and Innovation, *The Annals of Regional Science,* 30, 31-54.

Friedmann, J. (1966): *Regional Development Policy: A Case Study of Venezuela.* Cambridge, Mass.: MIT Press.

Friedmann, J. (1973): *Urbanization, Planning, and National Development.* Beverly Hills: Sage Publications.

Friedrich-Ebert-Stiftung (1995): *Die europäische Technologiegemeinschaft als gesellschaftspolitisches Projekt.* Bonn: Friedrich-Ebert-Stiftung (Forum Humane Technikgestaltung Heft 13).

Frisch, A.J. (1993): *Unternehmensgröße und Innovation. Die schumpeterianische Diskussion und ihre Alternativen.* Frankfurt a.M.: Campus-Verlag (= Wirtschaftswissenschaft 28).

Fritsch, M. (1990a): Zur Bedeutung des kleinberieblichen Sektors für die Regionalpolitik. In: Berger, J./Domeyer, V./Funder, M. (Hrsg.): *Kleinbetriebe im wirtschaftlichen Wandel.* Frankfurt: Campus-Verlag, 241-268.

Fritsch, M. (1990b): Technologieförderung als regionalpolitische Strategie?, *Raumforschung und Raumordnung,* 48, 117-123.

Fritsch, M. (1992): Unternehmens-"Netzwerke" im Lichte der Institutionenökonomik. In: Böttcher, E./Herder-Dorneich, Ph./Schenk, K.-E./Schmidtchen, D. (Eds): *Jahrbuch für Neue Politische Ökonomie.* 11. Band: Ökonomische Systeme und ihre Dynamik. Tübingen: J.C.B. Mohr, 89-102.

Fritsch, M. (1994): *New Firms and Regional Employment Change.* Paper prepared for presentation at the 34th European Congress of the Regional Science Association, Groningen, 19-26 August 1994. Freiberg: TU Bergakademie Freiberg.

Fritsch, M. (1995): *Arbeitsteilige Innovation – Ein Überblick über neuere Forschungsergebnisse.* Freiberg: TU Bergakademie Freiberg (Freiberger Arbeitspapiere 95/20).

Fritsch, M. (1997): New Firms and Regional Employment Change, *Small Business Economics*, 9, 437-448.

Fritsch, M. (1999): *Co-operation in regional innovation systems.* Freiberg: TU Bergakademie Freiberg (Freiberger Working Papers 10/1999).

Fritsch, M. (2001): Innovation by Networking: An Economic Perspective. In: Koschatzky, K./Kulicke, M./Zenker, A. (Eds.): *Innovation Networks. Concepts and Challenges in the European Perspective.* Heidelberg: Physica-Verlag, 25-34.

Fritsch, M./Koschatzky, K./Schätzl, L./Sternberg, R. (1998): Regionale Innovationspotentiale und innovative Netzwerke, *Raumforschung und Raumordnung*, 56, 243-252.

Fritsch, M./Lukas, R. (1998): *Who cooperates on R&D?* Freiberg: TU Bergakademie Freiberg (Freiberger Working Papers 98/12).

Fritsch, M./Meschede, M. (1998): *Product innovation, process innovation, and size.* Freiberg: TU Bergakademie Freiberg (Freiberger Working Papers 98/13).

Fritsch, M./Schwirten, C. (1998): Öffentliche Forschungseinrichtungen im regionalen Innovationssystem, *Raumforschung und Raumordnung*, 56, 253-263.

Fromhold-Eisebith, M. (1995): Das "kreative Milieu" als Motor regionalwirtschaftlicher Entwicklung. Forschungstrends und Erfassungsmöglichkeiten, *Geographische Zeitschrift*, 83, 30-47.

Fromhold-Eisebith, M. (1999): Das "kreative Milieu" - nur theoretisches Konzept oder Instrument der Regionalentwicklung?, *Raumforschung und Raumordnung*, 57, 168-175.

Fromhold-Eisebith, M./Nuhn, H. (1997): Regionaler Wissenstransfer aus Großforschungseinrichtungen. Angebotspotential, Nachfragestrukturen und bisherige Effekte in den Räumen Karlsruhe und Jülich/Aachen, *Erdkunde*, 51, 209-229.

Fürst, D./Kilper, H. (1995): The Innovative Power of Regional Policy Networks: A Comparison of Two Approaches to Political Modernization in North Rhine-Westphalia, *European Planning Studies*, 3, 287-304.

Fürst, D./Schubert, H. (1998): Regionale Akteursnetzwerke. Zur Rolle von Netzwerken in regionalen Umstrukturierungsprozessen, *Raumforschung und Raumordnung*, 56, 352-361.

Gaebe, W. (1987): *Verdichtungsräume. Strukturen und Prozesse in weltweiten Vergleichen.* Stuttgart: Teubner.

Gaebe, W. (1997): Strategic alliances in global competition: Securing or gaining the competitive edge. In: Taylor, M./Conti, S. (Eds.): *Interdependent and Uneven Development. Global-local perspectives.* Aldershot: Ashgate, 101-116.

Galbraith, J.K. (1967): *Wirtschaftliches Wachstum* (Economic Development). Frankfurt a.M.: Europäische Verlagsanstalt.

Gallouj, F. (1994): *Economie de l'innovation dans les services.* Paris: Editions L'Harmattan.

Gehrke, B./Grupp, H. (1994): *Innovationspotential und Hochtechnologie. Technologische Position Deutschlands im internationalen Wettbewerb.* 2. Auflage. Heidelberg: Physica-Verlag.

Gemünden, H. G. (1990): *Innovationen in Geschäftsbeziehungen und Netzwerken.* Karlsruhe: Universität Karlsruhe (Institut für Angewandte Betriebswirtschaftslehre und Unternehmensführung Discussion Paper).

Gemünden, H.G./Heydebreck, P. (1995): The influence of business strategies on technological network activities, *Research Policy*, 24, 831-849.

Gerster, H.J. (1988): *Lange Wellen wirtschaftlicher Entwicklung.* Frankfurt a.M.: Lang (= Europäische Hochschulschriften: Reihe 5, Volks- und Betriebswirtschaft 867).

Gertler, M.S. (1995): 'Being there': proximity, organization, and culture in the development and adoption of advanced manufacturing technologies, *Economic Geography*, 71, 1-26.

Gertler, M.S. (1997a): Globality and Locality: The Future of 'Geography' and the Nation-State. In: Rimmer, P.J. (Ed.): *Pacific Rim Development: Integration and Globalisation in the Asia-Pacific Economy.* St. Leonards: Allen & Unwin, 12-33.

Gertler, M.S. (1997b): The Invention of Regional Culture. In: Lee, R./Wills, J. (Eds.): *Geographies of Economies*. London: Arnold, 47-58.

Gerybadze, A./Meyer-Krahmer, F./Reger, G. (Hrsg.) (1997): *Globales Management von Forschung und Innovation*. Stuttgart: Schäffer-Poeschel.

Gibbons, M. (1993): Nationale Innovationssysteme im Umbruch: Einige Schlussfolgerungen für Deutschland. In: Fraunhofer-Institut für Systemtechnik und Innovationsforschung (Hrsg.): *Anforderungen an das Innovationssystem der 90er Jahre in Deutschland*. Karlsruhe: Fraunhofer ISI, 13-30.

Giersch, H. (Ed.) (1995): *Urban Agglomeration and Economic Growth*. Berlin: Springer.

Giese, E./von Stoutz, R. (1998): Indikatorfunktion von Patentanmeldungen für regionalanalytische Zwecke in der Bundesrepublik Deutschland, *Raumforschung und Raumordnung*, 56, 414-420.

Gils, H. van/Oinas, P. (1997): *Regional Learning and Firms – Where is the Learning?* Paper presented at the European Regional Science Association 1997 Conference, Rome 25-29 August.

Glaeser, E./Kallal, H./Sheinkman, J./Shleifer, A. (1992): Growth in Cities, *Journal of Political Economy*, 100, 1126-1152.

Görisch, J./Koschatzky, K. (1998): *Innovationskooperationen badischer und elsässischer Forschungseinrichtungen – Strukturmerkmale und räumliche Reichweiten*. Karlsruhe: Fraunhofer ISI (Arbeitspapier Regionalforschung Nr. 12).

Grabher, G. (1993): The weakness of strong ties: the lock-in of regional development in the Ruhr area. In: Grabher, G. (Ed.): *The embedded firm. On the socioeconomics of industrial networks*. Routledge: London, 255-277.

Granovetter, M. (1973): The strength of weak ties, *American Journal of Sociology*, 78, 1360-1380.

Granovetter, M. (1982): The Strength of Weak Ties. A Network Theory Revisited. In: Marsden, P.V./Lin, N. (Eds.): *Social Structure and Network Analysis*. Sage: Beverly Hills, 105-130.

Granovetter, M. (1985): Economic action and social structure: the problem of embeddedness, *American Journal of Sociology*, 91, 481-510.

Gregerson, B./Johnson, B. (1997): Learning Economies, Innovation Systems and European Integration, *Regional Studies*, 31, 479-490.

Greif, S./Schmiedl, D. (1998): *Patentatlas Deutschland. Die räumliche Struktur der Erfindungstätigkeit.* München: Deutsches Patentamt.

Gries, W. (1995): Chancen nutzen - Risiken bewältigen. In: Bullinger, H.-J. (Hrsg.): *Dienstleistung der Zukunft. Märkte, Unternehmen und Infrastrukturen im Wandel.* Wiesbaden: Gabler, 3-23.

Griliches, Z. (1992): In Search for R&D Spillovers, *Scandinavian Journal of Economics*, 94, 29-47.

Grossman, G.M./Helpman, E. (1990): Comparative Advantage and Long-Run Growth, *The American Economic Review*, 80, 796-815.

Grossman, G.M./Helpman, E. (1991a) *Innovation and Growth in the Global Economy.* Cambridge, Mass.: MIT Press.

Grossman, G.M./Helpman, E. (1991b): Endogenous product cycles, *The Economic Journal*, 101, 1214-1229.

Grossman, G.M./Helpman, E. (1994): Endogenous Innovation in the Theory of Growth, *Journal of Economic Perspectives*, 8, 23-44.

Grotz, R. (1996): Kreatives Milieu und Netzwerke als Triebkräfte der Wirtschaft: Ansprüche, Hoffnungen und die Wirklichkeit. In: Lehrstuhl Wirtschaftsgeographie und Regionalplanung (Hrsg.): *Bedeutung kreativer Milieus für die Regional- und Landesentwicklung.* Bayreuth: Universität Bayreuth, 65-84 (Arbeitsmaterialien zur Raumordnung und Landesplanung Heft 153).

Grotz, R./Braun, B. (1993): Networks, Milieux and Individual Firm Strategies: Empirical Evidence of an Innovative SME Environment, *Geografiska Annaler*, 75B, 149-163.

Grotz, R./Braun, B. (1997): Territorial or Trans-territorial Networking: Spatial Aspects of Technology-oriented Cooperation within the German Mechanical Engineering Industry, *Regional Studies*, 31, 545-557.

Grupp, H. (Ed.) (1992): *Dynamics of Science-based Innovation.* Berlin: Springer.

Grupp, H. (1995): *Der Delphi-Report. Innovationen für unsere Zukunft.* Stuttgart: Deutsche Verlags-Anstalt.

Grupp, H. (1997): *Messung und Erklärung des technischen Wandels: Grundzüge einer empirischen Innovationsökonomik.* Berlin: Springer.

Grupp, H./Schmoch, U. (1992): *Wissenschaftsbindung der Technik.* Heidelberg: Physica-Verlag.

Habermas, J. (1971): Zur Logik der Sozialwissenschaften: Materialien. 2. Auflage. Frankfurt a.M.: Suhrkamp (= Edition Suhrkamp 481).

Hägerstrand, T. (1970): Aspekte der räumlichen Struktur von sozialen Kommunikationsnetzen und der Informationsausbreitung. In: Bartels, D. (Hrsg.): *Wirtschafts- und Sozialgeographie.* Köln: Kiepenheuer & Witsch, 367-379.

Haggett, P. (1975): *Geography: A Modern Synthesis.* 2nd Edition. New York: Harper & Row.

Hahn, R./Gaiser, A./Héraud, J.-A./Muller, E. (1994): Innovationsfähigkeit der Unternehmen und regionales Umfeld, *Raumforschung und Raumordnung*, 52, 193-202.

Håkansson, H. (Ed.) (1987): *Industrial Technological Development. A Network Approach.* London: Routledge.

Håkansson, H. (1989): *Corporate Technological Behaviour. Cooperation and Networks.* London: Routledge.

Håkansson, H./Johanson, J. (1993): The network as a governance structure. Interfirm cooperation beyond markets and hierachies. In: Grabher, G. (Ed.): *The embedded firm. On the socioeconomics of industrial networks.* London: Routledge, 36-51.

Håkansson, H./Snehota, I. (1989): No Business is an Island: The Network Concept of Business Strategy, *Scandinavian Journal of Management*, 5, 187-200.

Halin, A. (1995): *Vertikale Innovationskooperation: Eine transaktionskostentheoretische Analyse.* Frankfurt a.M.: Peter Lang (= Europäische Hochschulschriften - Reihe 5: Volks- und Betriebswirtschaft).

Haller, H. (1999): Zur Finanzierung junger, innovativer Unternehmen durch die Mittelständische Beteiligungsgesellschaft Baden-Württemberg GmbH. In: Koschatzky, K./Kulicke, M./Nellen, O./ Pleschak, F. (Hrsg.): *Finanzierung von KMU im Innovationsprozess – Akteure, Strategien, Probleme. Konferenzbeiträge.* Stuttgart: Fraunhofer IRB Verlag, 89-92.

Hanusch, H./Cantner, U. (1993): Neuere Ansätze in der Innovationstheorie und der Theorie des technischen Wandels – Konsequenzen für eine Industrie- und Technologiepolitik. In: Meyer-Krahmer, F. (Hrsg.): *Innovationsökonomie und Technologiepolitik. Forschungsansätze und politische Konsequenzen*. Heidelberg: Physica-Verlag, 11-46.

Hard, G. (1973): *Die Geographie. Eine wirtschaftstheoretische Einführung*. Berlin: Walter de Gruyter (= Sammlung Göschen Bd. 9001).

Harhoff, D. (1995): Agglomerationen und regionale Spillovereffekte. In: Gahlen, B./Hesse, H./Ramser, H.J. (Hrsg.): *Standort und Region. Neue Ansätze zur Regionalökonomik*. Tübingen: J.C.B. Mohr, 83-115.

Harhoff, D./König, H. (1993): Neuere Ansätze der Industrieökonomik – Konsequenzen für eine Industrie- und Technologiepolitik. In: Meyer-Krahmer, F. (Hrsg.): *Innovationsökonomie und Technologiepolitik. Forschungsansätze und politische Konsequenzen*. Heidelberg: Physica-Verlag, 47-67.

Hassink, R. (1997a): Die Bedeutung der Lernenden Region für die regionale Innovationsförderung, *Geographische Zeitschrift*, 85, 159-173.

Hassink, R. (1997b): What Distinguishes 'Good' Form 'Bad' Industrial Agglomerations?, *Erdkunde*, 51, 2-11.

Hassink, R. (1997c): Localized Industrial Learning and Innovation Policies, *European Planning Studies*, 5, 279-282.

Hassink, R./Wood, M. (1998): Geographic 'clustering' in the German opto-electronics industry: its impact on R&D collaboration and innovation, *Entrepreneurship & Regional Development*, 10, 277-296.

Hauschildt, J./Gemünden, H.G. (Hrsg.): (1998) *Promotoren. Champions der Innovation*. Wiesbaden: Gabler.

Helbrecht, I./Danielzyk, R./Butzin, B. (1991): Wahrnehmungsmuster und Bewußtseinsformen als qualitative Faktoren der Regionalentwicklung, *Raumforschung und Raumordnung*, 49, 229-236.

Hellström, T./Jacob, M. (1999): Evaluating and Managing the Performance of University-Industry Partnerships, *Evaluation*, 5, 330-339.

Henry, N./Massey, D./Wield, D. (1995): Along the road: R&D, society and space, *Research Policy*, 24, 707-726.

Héraud, J.-A. (1994): *Is there a local system of innovation in Alsace? An analysis of the firms networks based on an empirical study.* In: EUNETIC Conference - Evolutionary Economics of Technical Change: Assessment of results and new frontiers (6.-8.10.1994), Conference Proceedings. Strasbourg.

Herden, R. (1992): *Technologieorientierte Außenbeziehungen im betrieblichen Innovationsmanagement. Ergebnisse einer empirischen Untersuchung.* Heidelberg: Physica-Verlag (= Wirtschaftswissenschaftliche Beiträge 65).

Heydebreck, P. (1996): *Technologische Verflechtung. Ein Instrument zum Erreichen von Produkt- und Prozessinnovationserfolg.* Frankfurt a.M.: Peter Lang (= Entscheidungsunterstützung für ökonomische Probleme Band 12).

Hicks, D. (1995): Published Papers, Tacit Competencies and Corporate Management of the Public/ Private Character of Knowledge, *Industrial and Corporate Change*, 4, 401-424.

Hingel, A. (1992): *Science, Technology and Community Cohesion - Research Results and RTD Policy Recommendation.* Brüssel: Kommission der Europäischen Gemeinschaften.

Hingel, A. (1994): Developing Local Innovation, *Innovation & Technology Transfer*, 15/2, 19-20.

Hipp, C. (2000): *Innovationsprozesse im Dienstleistungssektor. Eine theoretisch und empirisch basierte Innovationstypologie.* Heidelberg: Physica-Verlag.

Hirschman, A.O. (1958): *The Strategy of Economic Development.* New Haven: Yale University Press.

Hirst, P. (1994): *Associative Democracy.* Amhurst, Mass.: University of Massachusetts Press.

Hirst, P./Zeitlin, J. (1991): Flexible specialisation vs. Post-Fordismus: theory, evidence and policy implications, *Economy and Society*, 20, 1-56.

Holmén, M./Jacobsson, S. (1998): *A method for identifying actors in a knowledge based cluster.* DRUID Working Paper No. 98-26. Aalborg: Aalborg University.

Hoover, E.M. (1937): *Location Theory and the Shoe and Leather Industries.* Cambridge, Mass.: Harvard University Press (= Harvard Economic Studies 55).

Howells, J. (1996): *Regional Systems of Innovation?* Paper presented at HCM Conference on ´National Systems of Innovation or The Globalisation of Technology? Lessons for the public and business Sectors´, ISRDS-CNR; Rome, 10-13, April 1996, Rome.

Illeris, S. (1996): *The Service Economy. A Geographical Approach.* Chichster: John Wiley & Sons.

Illeris, S./ Philippe, J. (1993): Introduction: The Role of Services in Regional Economic Growth. In: Daniels, P./Illeris, S./Bonamy, J./Philippe, J. (Eds.): *The Geography of Services*. London: Frank Cass, 3-10.

Isaksen, A. (1998): *Regionalisation and regional clusters as development strategies in a global economy.* Oslo: STEP (STEP report R-01 1998).

Isard, W. (1956): *Location and Space-Economy. A general theory relating to industrial location, market areas, land use, trade and urban structure.* Cambridge, Mass.: MIT Press.

ISI [Fraunhofer-Institut für Systemtechnik und Innovationsforschung] (2000): *EXIST-Gründungsstatistik. Internes Arbeitspapier der wissenschaftlichen Begleitung von EXIST.* Karlsruhe: Fraunhofer ISI.

ISI [Fraunhofer-Institut für Systemtechnik und Innovationsforschung]/ Niedersächsisches Institut für Wirtschaftsforschung [NIW]/Institut für Weltwirtschaft [IfW]/Deutsches Institut für Wirtschaftsforschung [DIW] (2000): *Regionale Verteilung von Innovations- und Technologiepotentialen in Deutschland und Europa.* Endbericht an das BMBF. Karlsruhe: ISI

Jacobs, D. (1998): Innovation policies within the framework of internationalization, *Research Policy*, 27, 711-724.

Jacobs, J. (1969): *The Economy of Cities.* New York: Random House.

Jaffe, A.B. (1986): Technological Opportunity and Spillovers of R&D. Evidence from Firms' Patents, Profits, and Market Value, *The American Economic Review*, 76, 984-1001.

Jaffe, A.B. (1989): Real Effects of Academic Research, *The American Economic Review*, 79, 957-970.

Jaffe, A.B./Trajtenberg, M./Henderson, R.(1993): Geographic Localization of Knowledge Spillovers as evident by Patent Citations, *The Quarterly Journal of Economics*, 108, 577-598.

Jewkes, J./Sawers, D./Stillerman, R. (1958): *The Sources of Invention.* London: Macmillan.

Kaldor, N. (1957): A Model of Economic Growth, *Economic Journal*, 67, 591-624.

Kamien, M.I./Schwartz, N.L. (1982): *Market Structure and Innovation.* Cambridge: Cambridge University Press.

Karlsson, C./Westin, L. (1994): Patterns of a Network Economy – An Introduction. In: Johansson, B./Karlsson, C./Westin, L. (Eds.): *Patterns of a Network Economy.* Berlin: Springer, 1-12.

Kay, N. (1979): *The Innovating Firm: a Behavioural Theory of Corporate R&D.* London: Macmillan.

Kay, N. (1988): The R and D function: Corporate strategy and structure. In: Dosi, G./Freeman, C./Nelson, R./Silverberg, G./Soete, L. (Eds.): *Technical Change and Economic Theory.* London: Pinter Publishers, 282-294.

Keck, O. (1993): The National System for Technical Innovation in Germany. In: Nelson, R.R. (Ed.): *National Innovation Systems. A Comparative Analysis.* New York: Oxford University Press, 115-157.

Keeble, D. (1997): Small firms, innovation and regional development in Britain in the 1990s, *Regional Studies*, 31, 281-293.

Keeble, D./Lawson, C./Lawton Smith, H./Moore, B./Wilkinson, F. (1998): Internationalisation Processes, Networking and Local Embeddedness in Technology-Intensive Small Firms, *Small Business Economics*, 11, 327-342.

Keeble, D./Lawson, C./Moore, B./Wilkinson, F. (1999): Collective Learning Processes, Networking and 'Institutional Thickness' in the Cambridge Region, *Regional Studies*, 33, 319-332.

Keeble, D./Wever, K. (Eds.) (1986): *New Firms and Regional Development in Europe.* London: Croom Helm.

Keeble, D./Wilkinson, F. (1999): Collective Learning and Knowledge Development in the Evolution of Regional Clusters of High Technology SMEs in Europe, *Regional Studies*, 33, 295-303.

Kelm, M. (1995): *Economic Growth as an Evolutionary Process.* Cambridge: University of Cambridge (ESRC Working Paper Series 17).

Kelm, M. (1996): *Evolutionary and 'New' Institutional Economics: Some Implications for Industrial Policy*. Cambridge: University of Cambridge (ESRC Working Paper Series 46).

Kilper, H./Latniak, E. (1996): Einflußfaktoren betrieblicher Innovationsprozesse. Zur Rolle des regionalen Umfelds. In: Brödner, P./ Pekruhl, U./Rehfeld, D. (Hrsg.): *Arbeitsteilung ohne Ende? Von den Schwierigkeiten innerer- und überbetrieblicher Zusammenarbeit*. München: R. Hampp Verlag, 217-240.

Kilper, H./Latniak, E./Rehfeld, D./Simonis, G. (1994): *Das Ruhrgebiet im Umbruch. Strategien regionaler Verflechtung*. Opladen: Leske + Budrich (= Schriften des Instituts Arbeit und Technik 8).

Kirat, T./Lung, Y. (1999): Innovation and Proximity. Territories as Loci of Collective Learning Processes, *European Urban and Regional Studies*, 6, 27-38.

Klee, G./Kirchmann, A. (1998): Förderung innovativer Kooperationsprojekte zur Stärkung regionaler Wirtschaftspotentiale, *IAW-Mitteilungen*, 3/98, 4-10.

Klein Woolthuis, R./Schipper, D./Stor, M. (1998): How Entrepreneurial Networks Can Succeed: Case from the Region of Twente. In: During, W./Oakey, R. (Eds.): *New Technology-Based Firms in the 1990s*, Volume IV. London: Paul Chapman Publ., 112-124.

Kleinknecht A./Poot, T.P. (1992): Do Regions Matter for R&D?, *Regional Studies*, 26, 221-232.

Kline, S.J./Rosenberg, N. (1986): An Overview of Innovation. In: Landau, R./ Rosenberg, N. (Eds.): *The Positive Sum Strategy. Harnessing Technology for Economic Growth*. Washington: National Academy Press, 275-305.

Kogut, B./Shan, W./Walker, G. (1993): Knowledge in the Network and the Network as Knowledge: The Structuring of New Industries. In: Grabher, G. (Ed.): *The Embedded Firm. On the Socioeconomics of Industrial Networks*. London: Routledge, 67-94.

König, H./Licht, G./Staat, M. (1994): F&E-Kooperationen und Innovationsaktivität. In: Gahlen, B./Hesse, H./Ramser, H.J. (Hrsg.): *Europäische Integrationsprobleme aus wirtschaftswissenschaftlicher Sicht*. Tübingen: Mohr/Siebeck, 219-242.

Körfer, H.R./Latniak, E. (1994): Approaches to Technology Policy and Regional Milieux – Experiences of Programmes and Projects in North Rhine-Westphalia, *European Planning Studies*, 2, 303-320.

Koschatzky, K. (1987): *Trendwende im sozioökonomischen Entwicklungsprozess West Malaysias? Theorie und Realität*. Hannover: Selbstverlag der Geographischen Gesellschaft Hannover (= Jahrbuch der Geographischen Gesellschaft zu Hannover, Sonderheft 12).

Koschatzky, K. (Ed.) (1997): *Technology-based Firms in the Innovation Process. Management, Financing and Regional Networks*. Heidelberg: Physica-Verlag.

Koschatzky, K. (1997a): Innovative regionale Entwicklungskonzepte und technologieorientierte Unternehmen. In: Koschatzky, K. (Hrsg.): *Technologieunternehmen im Innovationsprozess. Management, Finanzierung und regionale Netzwerke*. Heidelberg: Physica-Verlag, 181-205.

Koschatzky, K. (1997b): Regional High-Tech Potentials in Germany. The Rhine-Main Agglomeration, *Zeitschrift für Wirtschaftsgeographie*, 41, 17-30.

Koschatzky, K. (1997c): Regionale Innovationsindikatorik dargestellt am Beispiel der Raumordnungsregionen Neckar-Alb und Schwarzwald-Baar-Heuberg, *Raumforschung und Raumordnung*, 55, 48-58.

Koschatzky, K. (1997d): *Entwicklungs- und Innovationspotentiale von unternehmensnahen Dienstleistungsbetrieben in Baden. Ergebnisse einer Unternehmensbefragung*. Karlsruhe: Fraunhofer ISI (Arbeitspapier Regionalforschung Nr. 10).

Koschatzky, K. (1997e): *Innovationsstrategien und Patentverhalten der Industrie in der Raumordnungsregion Schwarzwald-Baar-Heuberg. Sonderauswertung einer Unternehmensbefragung*. Karlsruhe: Fraunhofer ISI (Arbeitspapier Regionalforschung Nr. 6).

Koschatzky, K. (1997f): Innovationsdeterminanten im interregionalen Vergleich: Möglichkeiten zur Stärkung regionaler Innovationspotentiale, *Geographische Zeitschrift*, 85, 97-112.

Koschatzky, K. (1997g): *Zukunftstechnologien und regionale Entwicklung*. Karlsruhe: Fraunhofer ISI (Arbeitspapier Regionalforschung Nr. 7).

Koschatzky, K. (1998a): Firm Innovation and Region: The Role of Space in Innovation Processes, *International Journal of Innovation Management*, 2, 383-408.

Koschatzky, K. (1998b): Innovationspotentiale und Innovationsnetzwerke in grenzüberschreitender Perspektive. Die Regionen Baden und Elsass, *Raumforschung und Raumordnung*, 56, 277-287.

Koschatzky, K. (1999a): Regionale Infrastrukturen und Strategien für Technologietransfer. In: Tintelnot, C./Meißner, D./Steinmeier, I. (Hrsg.): *Innovationsmanagement*. Berlin: Springer, 29-38.

Koschatzky, K. (1999b): Innovation Networks of Industry and Business-Related Services – Relations between Innovation Intensity of Firms and Regional Inter-Firm Cooperation, *European Planning Studies*, 7, 737-757.

Koschatzky, K. (2000a): Frankfurt and the Rhine Main Region – the Transport and Finance Gateway of Germany. In: Andersson, Å.E./Andersson, D.E. (Eds.): *Gateways to the Global Economy*.Cheltenham: Edward Elgar, 283-295.

Koschatzky, K. (2000b): A River is a River – Cross-border Networking between Baden and Alsace, *European Planning Studies*, 8, 429-449.

Koschatzky, K./Broß, U. (1999): *Struktur und Dynamik von regionalen Innovationsnetzwerken unter Transformationsbedingungen – das Beispiel Slowenien*. Karlsruhe: Fraunhofer ISI (Arbeitspapiere Unternehmen und Region R4/1999).

Koschatzky, K./Broß, U. (2001): Innovation Networking in a Transition Economy: Experiences from Slovenia. In: Koschatzky, K./Kulicke, M./Zenker, A. (Eds.): *Innovation Networks. Concepts and Challenges in the European Perspective*. Heidelberg: Physica-Verlag, 127-152.

Koschatzky, K./Dreher, C./Gundrum, U./Muller, E. (1996a): *Regionale Inventions- und Adaptionsstile. Untersuchungen zu "different best practices" bei der Einführung von CIM-Techniken in Deutschland*. Karlsruhe: Fraunhofer ISI (Arbeitspapier Regionalforschung Nr. 2).

Koschatzky, K./Grupp, H./Gundrum, U./Hinze, S./Kuntze, U. (1992): *High-Tech-Unternehmen in der Region Rhein Main. Grundlagenstudie*. Frankfurt a.M.: Umlandverland Frankfurt.

Koschatzky, K./Gundrum, U. (1997): Die Bedeutung von Innovationsnetzwerken für kleine Unternehmen. In: Koschatzky, K. (Hrsg.): *Technologieunternehmen im Innovationsprozess. Management, Finanzierung und regionale Netzwerke*. Heidelberg: Physica-Verlag, 207-227.

Koschatzky, K./Héraud, J.-A./Broß, U./Bureth, A./Demissy, M./Muller, E. (1996b): *Institutions of Technological Infrastructure. Final Report to Eurostat*. Karlsruhe: Fraunhofer ISI.

Koschatzky, K./Maßfeller, S. (1994): *Gentechnik für Lebensmittel? Möglichkeiten, Risiken und Akzeptanz gentechnischer Entwicklungen*. Köln: Verlag TÜV Rheinland.

Koschatzky, K./Sternberg, R. (2000): R&D cooperation in innovation systems – Some lessons from the European Regional Innovation Survey (ERIS), *European Planning Studies*, 8, 487-501.

Koschatzky, K./Traxel, H. (1997): *Entwicklungs- und Innovationspotentiale der Industrie in Baden. Erste Ergebnisse einer Unternehmensbefragung*. Karlsruhe: Fraunhofer ISI (Arbeitspapier Regionalforschung Nr. 5).

Koschatzky, K./Zenker, A. (1999a): *Innovative Regionen in Ostdeutschland – Merkmale, Defizite, Potentiale*. Karlsruhe: Fraunhofer ISI (Arbeitspapier Regionalforschung Nr. 17).

Koschatzky, K./Zenker, A. (1999b): *The Regional Embeddedness of Small Manufacturing and Service Firms: Regional Networking as Knowledge Source for Innovation?* Karlsruhe: Fraunhofer ISI (Arbeitspapiere Unternehmen und Region R2/1999).

Kösters, W. (1994): Neue Wachstumstheorie und neue Außenhandelstheorie. Frische Argumente für eine staatliche Industriepolitik? *Wirtschaftswissenschaftliches Studium*, H. 3, 117 - 122.

Kowol, U./Krohn, W. (1995): Innovationsnetzwerke. Ein Modell der Technikgenese. In: Halfmann, J./Bechmann, G./Rammert, W. (Hrsg.): *Technik und Gesellschaft, Jahrbuch 8*. Frankfurt a.M.: Campus Verlag, 77-105.

Krätke, S. (1996): Regulationstheoretische Perspektiven in der Wirtschaftsgeographie, *Zeitschrift für Wirtschaftsgeographie*, 40, 6-19.

Krauss, G./Stahlecker, T. (2000): *Die BioRegion Rhein-Neckar-Dreieck. Von der Grundlagenforschung zur wirtschaftlichen Verwertung?* Stuttgart: Akademie für Technikfolgenabschätzung (Arbeitsbericht Nr. 158 der Akademie für Technikfolgenabschätzung in Baden-Württemberg).

Krieger-Boden, C. (1995): *Die räumliche Dimension in der Wirtschaftstheorie. Ältere und neuere Erklärungsansätze.* Kiel: Institut für Weltwirtschaft (= Kieler Sonderpublikationen).

Kromphardt, J./Teschner, M (1986): Neuere Entwicklung der Innovationstheorie, *Vierteljahreshefte zur Wirtschaftsforschung*, 235-248.

Krugman, P. (1979): A Model of Innovation, Technology, Transfer, and the World Distribution of Income, *Journal of Political Economy*, 87, 253-266.

Krugman, P. (1990): *Rethinking International Trade.* Cambridge, Mass.: MIT Press.

Krugman, P. (1991a): *Geography and Trade.* Leuven: Leuven University Press.

Krugman, P. (1991b): Geography and Trade, *Journal of Political Economy*, 99, 483-499.

Krugman, P. (1995): *Development, Geography, and Economic Theory.* Cambridge: MIT Press.

Krugman, P. (1998): What's new about the new economic geography?, *Oxford Review of Economic Policy*, 14, 7-17.

Krugman, P.R. /Obstfeld, M. (1991): *International Economics. Theory and Policy.* Third Edition. New York: HarperCollins.

Krumbein, W./Friese, C./Hellmer, F./Kollros, H. (1994): Industrial districts und "Normalregionen – Überlegungen zu den Ausgangspunkten einer zeitgemäßen Wirtschaftsförderpolitik. In: Krumbein, W. (Hrsg.): *Ökonomische und politische Netzwerke in der Region. Beiträge aus der internationalen Debatte.* Münster: Lit-Verlag, 153-186.

Krupp, H. (1995): European Technology Policy and Global Schumpeter Dynamics: A Social Science Perspective, *Technological Forecasting and Social Change*, 48, 7-26.

Kuhlmann, S. (1997): Evaluation as a Medium of Science & Technology Policy: Recent Developments in Germany and Beyond. In: Organisation for Economic Co-Operation and Development (Ed.): *Policy Evaluation in Innovation and Technology: Towards Best Practices*. Paris: OECD, 443-460.

Kuhlmann, S. (1998): *Politikmoderation: Evaluationsverfahren in der Forschungs- und Technologiepolitik*. Baden-Baden: Nomos Verlagsgesellschaft.

Landabaso, M. (1997): The promotion of innovation in regional policy. Proposals for a regional innovation strategy, *Entrepreneurship & Regional Development*, 9, 1-24.

Landabaso, M./Oughton, C./Morgan, K. (1999): *Learning Regions in Europe: Theory, Policy and Practice Through the RIS Experience*. Paper presented at the 3rd International Conference on Technology and Innovation policy: Assessment, Commercialisation and Application of Science and Technology and the Management of Knowledge, Austin/USA August 30 - September 2, 1999.

Landabaso, M./Oughton, C./Morgan, K. (2001): Innovation Networks and Regional Policy in Europe. In: Koschatzky, K./Kulicke, M./Zenker, A. (Eds.): *Innovation Networks. Concepts and Challenges in the European Perspective*. Heidelberg: Physica-Verlag, 243-273.

Landabaso, M./Youds, R. (1999): Regional Innovation Strategies (RIS): the development of a regional innovation capacity, *SIR-Mitteilungen und Berichte*, Bd. 17, 1-14.

Lange, K. (1970): Regionen. In: Akademie für Raumforschung und Landesplanung (Hrsg.): *Handwörterbuch der Raumforschung und Raumordnung*. Zweite Auflage. Hannover: Gebrüder Jänecke Verlag, 2706-2720.

Lasuén, J.R. (1973): Urbanisation and Development – the Temporal Interaction Between Geographical and Sectoral Clusters, *Urban Studies*, 10, 163-188.

Lawson, C. (1997a): *Territorial Clustering and High-Technology Innovation: From Industrial Districts to Innovative Milieux*. Cambridge: University of Cambridge (ESRC Working Paper Series 54).

Lawson, C. (1997b): *Towards a Competence Theory of the Region.* Cambridge: University of Cambridge (ESRC Working Paper Series 81).

Lawson, C./Lorenz, E. (1999): Collective Learning, Tacit Knowledge and Regional Innovative Capacity, *Regional Studies*, 33, 305-317.

Lay, G. (1996): Regionalspezifisch angepasstes Technologiemanagement als Schlüssel zur Wettbewerbsfähigkeit baden-württembergischer Firmen. In: Braczyk, H.-J./Schienstock, G. (Hrsg.): *Kurswechsel in der Industrie. Lean Production in Baden-Württemberg.* Stuttgart: Kohlhammer, 85-109.

Le Bars, A./Mangematin, V./Nesta, L. (1998): Innovation in SMEs: The Missing Link. In: *High-Technology Small Firms Conference*: The 6th Annual International Conference at the University of Twente, the Netherlands. Proceedings, Vol. 1. Twente: University of Twente, 307-324.

Leborgne, D./Lipietz, A. (1992): Conceptual fallacies and open questions on post-Fordism. In: Storper, M./Scott, A.J. (Eds.): *Pathways to Industrialization and Regional Development.* London: Routledge, 332-348.

Lessat, V./Hemer, J./Eckerle, T.H./Kulicke, M./Licht, G./Nerlinger, E. et al. (1999): *Beteiligungskapital und technologieorientierte Unternehmensgründungen. Markt-Finanzierung-Rahmenbedingungen.* Wiesbaden: Gabler.

Levin, R.C./Reiss, P.C. (1984): Tests of a Schumpeterian model of R&D and market structure. In: Griliches, Z. (Ed.): *R&D, patents and productivity.* Chicago: University of Chicago Press.

Levin, R.C./Reiss, P.C. (1988): Cost-reducing and demand-creating R&D with spillovers, *Rand Journal of Economics*, 19, 538-556.

Licht, G./Nerlinger, E. (1997): *New Technology-Based Firms in Germany. A Survey of the Recent Evidence.* Mannheim: ZEW (ZEW Discussion Paper 97-18).

Licht, G./Nerlinger, E. (1998): New technolgy-based firms in Germany: a survey of the recent evidence, *Research Policy*, 26, 1005-1022.

Lindholm Dahlstrand, A. (1999): Technology-based SMEs in the Göteborg Region: Their Origin and Interaction with Universities and Large Firms, *Regional Studies*, 33, 379-389.

Lipietz, A. (1997): Warp, Woof and Regulation: A Tool for Social Science. In: Benko, G./Stromayer, U. (Eds.): *Space & Social Theory. Interpreting Modernity and Postmodernity*. Oxford: Blackwell Publishers, 250-284.

Löchel, H. (1995): *Institutionen, Transaktionskosten und wirtschaftliche Entwicklung. Ein Beitrag zur Neuen Institutionenökonomik und zur Theorie von Douglass C. North*. Berlin: Duncker & Humblot (= Volkswirtschaftliche Schriften Heft 444).

Longhi, C. (1999): Networks, Collective Learning and Technology Development in Innovative High Technology Regions: The Case of Sophia-Antipolis, *Regional Studies*, 33, 333-342.

Lösch, A. (1940): *Die räumliche Ordnung der Wirtschaft*. Jena: Fischer Verlag.

Lucas, R. E. (1988): On the Mechanics of Economic Development, *Journal of Monetary Economics*, 22, 3 - 42.

Lundvall, B.-Å. (1988): Innovation as an interactive process: From user-producer interaction to the national system of innovation. In: Dosi, G./Freeman, Ch./Nelson, R./Silverberg, G./Soete, L. (Eds.): *Technical Change and Economic Theory*. London: Pinter Publishers, 349-369.

Lundvall, B.-Å (Ed.) (1992): *National Systems of Innovation: Towards a Theory of Innovation and Interactive Learning*. London: Pinter Publishers.

Lundvall, B.-Å (1992a): Introduction. In: Lundvall, B.-Å (Ed.) (1992): *National Systems of Innovation: Towards a Theory of Innovation and Interactive Learning*. London: Pinter Publishers, 1-19.

Lundvall, B.-Å (1992b): User-Producer Relationships, National Systems of Innovation and Internationalisation. In: Lundvall, B.-Å (Ed.) (1992): *National Systems of Innovation: Towards a Theory of Innovation and Interactive Learning*. London: Pinter Publishers, 45-67.

Lundvall, B.-Å. (1997): *Development Strategies in The Learning Economy*. Paper presented at STEPI's 10th Anniversary Conference in Seoul 26-29 May 1997.

Lundvall, B.-Å./Johnson, B. (1994): The Learning Economy, *Journal of Industry Studies*, 1, 23-42.

Maas, C. (1990): *Determinanten betrieblichen Innovationsverhaltens. Theorie und Empirie.* Berlin: Duncker & Humblot (= Volkswirtschaftliche Schriften 399).

Maier, J./Obermaier, F. (1999): *Kreative Milieus und Netzwerke – Neue Erklärungs- und Strategieansätze der Regionalentwicklung sowie deren empirische Überprüfung anhand von Fall-Studien in Bayern.* Bayreuth: Universität Bayreuth (= Arbeitsmaterialien zur Raumordnung und Raumplanung Heft 186).

Maillat, D. (1992): La relation des enterprises innovatrices avec leur milieu. In: Maillat, D./Perrin, J.C. (Eds.): *Entreprises Innovatrices et Développement Territorial.* Neuchâtel: Institut de Recherches Economiquees et Régionales.

Maillat, D. (1995): Territorial dynamic, innovative milieus and regional policy, *Entrepreneurship & Regional Development*, 7, 157-165.

Maillat, D./Crevoisier, O./Lecoq, B. (1994): Innovation Networks and Territorial Dynamics: A Tentative Typology. In: Johansson, B./Karlsson, Ch./Westin, L. (Eds): *Patterns of a Network Economy.* Berlin: Springer, 33-52.

Maillat, D./Lecoq, B. (1992): New technologies and transformation of regional structures in Europe: The role of the milieu, *Entrepreneurship & Regional Development*, 4, 1-20.

Maillat, D./ Lecoq, B./ Nemeti, F. (1995): Technology District and Innovation: The Case of the Swiss Jura Arc, *Regional Studies*, 29, 251-263.

Maillat, D./Quévit, M./Senn, L. (Eds.) (1993): *Réseaux d'Innovation et Milieux Innovateurs: Un Pari pour le Développement Regional.* Neuchâtel: Institut de Recherches Economiquees et Régionales.

Malecki, E.J. (1987): The R&D Location Decision of the Firm and "Creative" Regions – a Survey, *Technovation*, 6, 205-222.

Malecki, E.J. (1991): *Technology and Economic Development. The Dynamics of Local, Regional and National Change.* New York: Longman.

Malmberg, A. (1996): Industrial geography: agglomeration and local milieu, *Progress in Human Geography*, 20, 392-403.

Malmberg, A./Maskell, P. (1997): Towards an explanation of regional specialisation and industry agglomeration, *European Planning Studies*, 5, 1-15.

Malmberg, A./Sölvell, Ö./Zander, I. (1996): Spatial Clustering, Local Accumulation of Knowledge and Firm Competitiveness, *Geografiska Annaler*, 78 B, 85-97.

Mansfield, E. (1961): Technical Change and the Rate of Imitation, *Econometrica*, 29, 741-766.

Mansfield, E. (1968): *The Economics of Technological Change*. New York: W. Norton.

Mansfield, E. (1986): Microeconomics of the Technological Innovation. In: Landau, R./Rosenberg, N. (Eds.): *The Positive Sum Strategy. Harnessing Technology for Economic Growth*. Washington: National Academy Press, 307-325.

Mansfield, E. (1991): Academic research and industrial innovation, *Research Policy*, 20, 1-12.

Mansfield, E. (1995): Academic Research Underlying Industrial Innovations: Sources, Characteristics, and Financing, *The Review of Economics and Statistics*, 77, 55-65.

Marin, B./Mayntz, R. (1991): Introduction: Studying Policy Networks. In: Marin, B./Mayntz, R. (Eds.): Policy Networks. Empirical Evidence and Theoretical Considerations. Frankfurt a.M.: Campus-Verlag, 11ff.

Markusen, A. (1994): Studying Regions by Studying Firms, *Professional Geographer*, 46, 477-490.

Markusen, A. (1996a): Sticky Places in Slippery Space: A Typology of Industrial Districts, *Economic Geography*, 72, pp. 293-313.

Markusen, A. (1996b): Interaction between Regional and Industrial Policies: Evidence from Four Countries, *International Regional Science Review*, 19, 49-77.

Marris, R. (1964): *The Economic Theory of Managerial Capitalism*. New York: The Free Press.

Marshall, A. (1927): *Principles of Economics. An introductory volume*. Eighth Edition. London: Macmillan (First edition 1890).

Marshall, N./Wood, P. (1995): *Services & Space. Key Aspects of Urban and Regional Development*. Harlow: Longman.

Martin, R. (1996): *Regional Incentive Spending for European Regions*. Glasgow: University of Strathclyde (EPRC Regional and Industrial Research Paper Series No. 19).

Maskell, P./Eskelinen, H./Hannibalsson, I./Malmberg, A./Varne, E. (1998): *Competitiveness, Localised Learning and Regional Development. Specialisation and Prosperity in Small Open Economies.* London: Routledge (= Routledge frontiers of political economy 14).

Messner, D. (1995): *Die Netzwerkgesellschaft. Wirtschaftliche Entwicklung und internationale Wettbewerbsfähigkeit als Probleme gesellschaftlicher Steuerung.* Köln: Weltforum Verlag.

Metcalfe, J.S. (1981): Impulse and Diffusion in the Study of Technical Change, *Futures*, 13, 347-359.

Meyer, M. (1995): *Die ökonomische Organisation der Industrie. Netzwerkarrangements zwischen Markt und Unternehmung.* Wiesbaden: Gabler (= Neue betriebswirtschaftliche Forschung 140).

Meyer-Krahmer, F. (1985): Innovation behaviour and regional indigenous potential, *Regional Studies*, 19, 523-534.

Meyer-Krahmer, F. (1989): *Der Einfluss staatlicher Technologiepolitik auf industrielle Innovationen.* Baden-Baden: Nomos Verlagsgesellschaft.

Meyer-Krahmer, F. (1992): The german R&D system in transition: Empirical results and prospects of future development, *Research Policy*, 21, 423-436.

Meyer-Krahmer, F. (1994): Das Innovationssystem in Deutschland. Anforderungen am Beginn des 21. Jahrhunderts. In: Kunerth, W. (Hrsg.): *Menschen Maschinen Märkte. Die Zukunft unserer Industrie sichern.* Festschrift für H.-J. Warnecke. Berlin: Springer, 49-61.

Meyer-Krahmer, F. (1995a): Neuere innovationstheoretische Aspekte des Prozesses zwischen Forschung und Produktinnovation. In: Stifterverband für die Deutsche Wissenschaft (Hrsg.): *Von der Hypothese zum Produkt. Verbesserung der Innovationsfähigkeit durch Neuorganisation der öffentlich finanzierten Forschung?* Essen: Stifterverband, 9-17.

Meyer-Krahmer, F. (1995b): Technology policy evaluation in Germany, *International Journal of Technology Management*, 10, 601-621.

Meyer-Krahmer, F. (1997): Technologiepolitik. In: Ropohl, D./Schmid, A. (Hrsg.): *Handbuch zur Arbeitslehre.* München: Oldenbourg.

Meyer-Krahmer, F. (1998): Nationale Forschungs-, Technologie- und Standortpolitik in der globalen Ökonomie. In: Messner, D. (Hrsg.): *Die Zukunft des Staates und der Politik: Möglichkeiten und Grenzen politischer Steuerung in der Weltgesellschaft.* Bonn: Dietz, 270-299.

Meyer-Krahmer, F./Ditscharr-Bischoff, R./Gundrum, U./Kuntze, U. (1984): *Erfassung regionaler Innovationsdefizite.* Bad Godesberg: Bundesminister für Raumordnung, Bauwesen und Städtebau (= Schriftenreihe des Bundesministeriums für Raumordnung, Bauwesen und Städtebau 06.054).

Meyer-Krahmer, F./Gundrum, U. (1995): Innovationsförderung im ländlichen Raum, *Raumforschung und Raumordnung,* 53, 177-185.

Meyer-Krahmer, F./Kuntze, U. (1992): Bestandsaufnahme der Forschungs- und Technologiepolitik. In: Grimmer, K./Häusler, J./Kuhlmann, S./Simonis, G. (Hrsg.): *Politische Techniksteuerung.* Opladen: Leske + Budrich, 95-117.

Meyer-Stamer, J. (1996): *Neue Industriepolitik: Jenseits der Lehren von Japan – Innovation, Wettbewerbsfähigkeit und Zukunftsfähigkeit.* Berlin: Deutsches Institut für Entwicklungspolitik.

Morgan, K. (1997): The Learning Region: Institutions, Innovation and Regional Renewal, *Regional Studies,* 31, 491-503.

Mowery, D. (1995): The Practice of Technology Policy. In: Stoneman, P. (Ed.): *Handbook of the Economics of Innovation and Technological Change.* Oxford: Blackwell, 513-558.

Muller, E. (1997): *Analyse von innovationsorientierten Beziehungen zwischen industriellen KMUs und hochwertigen Unternehmensdienstleistern. Theoretische Überlegungen und empirische Hinweise.* Karlsruhe: Fraunhofer ISI (Arbeitspapier Regionalforschung Nr. 9).

Muller, E. (2001): *Innovation Interactions Between Knowledge-Intensive Business Services and Small and Medium-Sized Enterprises. An Analysis in Terms of Evolution, Knowledge and Territories.* Heidelberg: Physica-Verlag

Muller, E./Gundrum, U./Koschatzky, K. (1997): Methodische Ansätze zur Erfassung des Unternehmensbedarfs für innovationsunterstützende Dienstleistungen. In: Koschatzky, K. (Hrsg.): *Technologieunternehmen im Innovationsprozess. Management, Finanzierung und regionale Netzwerke*. Heidelberg: Physica-Verlag, 247-266.

Muller, E./Traxel, H. (1997): *Entwicklungs- und Innovationspotentiale der Industrie im Elsass*. Karlsruhe: Fraunhofer ISI (Arbeitspapier Regionalforschung Nr. 8).

Myrdal, G. (1957): *Economic Theory and Underdeveloped Regions*. London: Duckworth.

Nalebuff, B.J./Brandenburger, A.M. (1996): *Coopetition, kooperativ konkurrieren. Mit der Spieltheorie zum Unternehmenserfolg*. Frankfurt a.M.: Campus Verlag.

Nauwelaers, C./Reid, A. (1995a): *Innovative regions? A comparative review of methods of evaluating regional innovation potential*. Louvain-La-Neuve: RIDER.

Nauwelaers, C./Reid, A. (1995b): Methodologies for the evaluation of regional innovation potential, *Scientometrics*, 34, 497-511.

Nellen, O./Koschatzky, K. (1999): *Thematic Evaluation of RTD and Innovation Related Actions under Structural Funds in Objective 1 and 6 Regions. The new federal states in Germany*. Karlsruhe: Fraunhofer ISI.

Nelson, R.R. (1988): Institutions supporting technical change in the United States. In: Dosi, G./Freeman, C./Nelson, R./Silverberg, G./Soete, L. (Eds.): *Technical Change and Economic Theory*. London: Pinter Publishers, 312-329.

Nelson, R.R. (1993): *National Innovation Systems. A Comparative Analysis*. New York: Oxford University Press.

Nelson, R.R. (1993a): A Retrospective. In: Nelson, R.R. (1993): *National Innovation Systems. A Comparative Analysis*. New York: Oxford University Press, 505-523.

Nelson, R.R. (1994): What has been the Matter with Neoclassical Growth Theory? In: Silverberg, G./Soete, L. (Eds.): *The Economics of Growth and Technical Change. Technologies, Nations, Agents*. Aldershot: Edward Elgar, 290-324.

Nelson, R.R./Rosenberg, N. (1993): Technical Innovation and National Systems. In: Nelson, R.R. (1993): *National Innovation Systems. A Comparative Analysis.* New York: Oxford University Press, 3-21.

Nelson, R.R./Winter, S.G. (1977): In search for a useful theory of innovation, *Research Policy*, 6, 36-76.

Nelson, R.R./Winter, S.G. (1982): *An Evolutionary Theory of Economic Change.* Cambridge, Mass.: Harvard University Press.

Nerlinger, E. (1996): *Firm formation in high-tech industries: Empirical results for Germany.* Mannheim: ZEW (ZEW Discussion Paper Series 96-07).

Nerlinger, E./Berger, G. (1995): *Regionale Verteilung technologieorientierter Unternehmensgründungen.* Mannheim: ZEW (ZEW Discussion Paper Series 95-23).

Nijkamp, P./Perrels, A./Schippers, L. (1995): The Strategic Role of New Infrastructure Networks in Europe. In: Batten, D./Casti, J./Thord, R. (Eds.): *Networks in Action. Communication, Economics and Human Knowledge.* Berlin: Springer, 229-250

NIW [Niedersächsisches Institut für Wirtschaftsforschung] (Federführung) (1997): *Zur technologischen Leistungsfähigkeit Deutschlands. Aktualisierung und Erweiterung 1997. Zusammenfassender Endbericht an das Bundesministerium für Bildung und Forschung.* Hannover: NIW.

Nonaka, I. (1994): A Dynamic Theory of Organizational Knowledge Creation, *Organization Science*, 5, 14-37.

Nonaka, I./Takeuchi, H. (1995): *The Knowledge-Creating Company. How Japanese Companies Create the Dynamics of Innovation.* New York: Oxford University Press.

North, D.C. (1990): *Institutions, Institutional Change and Economic Performance.* Cambridge: Cambridge University Press.

Norton, R.D./Rees, J. (1979): The product cycle and the spatial decentralization of American manufacturing, *Regional Studies*, 13, 141-151.

Nuti, F./Cainelli, G. (1996): Changing Directions in Italy's Manufacturing Industrial Districts. The Case of the Emilian Footwear Districts of Fusignano and San Mauro Pascoli, *Journal of Industry Studies*, 3, 105-118.

Oakey, R. (1985): High-technology industries and agglomeration economies. In: Hall, P./Markusen, A. (Eds.): *Silicon Landscapes*. Boston: Allen & Unwin, 94-117.

Oakey, R. P. (1994): *High technology small firms and regional development in the United Kingdom. Some conceptual observations.* Paper presented at the Berlin Symposium, 17-18 October 1994.

Oakey, R.P./Cooper, S.Y. (1989): High Technology Industry, Agglomeration and the Potential for Peripherally Sited Small Firms, *Regional Studies*, 23, 347-360.

Oakey, R.P./Cooper, S.Y. (1991): The relationship between product technology and innovation performance in high technology small firms, *Technovation*, 11, 79-92.

OECD (1992): *Oslo Manual*. Paris: Organisation for Economic Cooperation and Development (OECD/GD(92)26).

OECD/Eurostat (1997): *Oslo Manual*. Paris: Organisation for Economic Co-operation and Development.

Ohlin, B.G. (1933): *Interregional and International Trade*. Cambridge, Mass.: Harvard University Press (= Harvard Economic Studies 39).

Ohmae, K. (1993): The Rise of the Region State, *Foreign Affairs*, 72, 78-87.

Ohmae, K. (1995): *The end of the nation state: the rise of regional economics*. New York: The Free Press.

Oinas, P. (1997): On the Socio-Spatial Embeddedness of Business Firms, *Erdkunde*, 51, 23-32.

Oinas, P./Malecki, E.J. (1999): Spatial Innovation Systems. In: Malecki, E.J./Oinas, P. (Eds.): *Making Connections. Technological learning and regional economic change*. Aldershot: Ashgate, 7-33.

Opp, K.D. (1970): *Methodologie der Sozialwissenschaften*. Reinbek b. Hamburg: Rowohlt

Ott, A.E. (1959): Technischer Fortschritt. In: Handwörterbuch der Sozialwissenschaften, Bd. 10, Stuttgart: Gustav Fischer, 302-316.

Paqué, K.-H. (1995): Gibt es auf lange Sicht eine internationale Konvergenz der Pro-Kopf-Einkommen? Kiel: Institut für Weltwirtschaft (Kieler Arbeitspapier 700).

Patel, P./Pavitt, K. (1994): The Nature and Economic Importance of National Innovations Systems, *STI-Review*, No. 14, 9-32.

Patel, P./Vega, M. (1999): Patterns of internationalisation of corporate technology: location vs. home country advantages, *Research Policy*, 28, 145-155.

Pavitt, K. (1984): Sectoral patterns of technical change. Towards a taxonomy and a theory, *Research Policy*, 13, 343-373.

Pavitt, K./Robson, M./Townsend, J. (1987): The Size Distribution of Innovating Firms in the UK: 1945-1983, *Journal of Industrial Economics*, 35, 297-316.

Perroux, F. (1964): *L'Économie du XXème Siécle*. 2nd edition. Paris: Presses Universitaires de France.

Pfirrmann, O. (1991): *Innovation und regionale Entwicklung. Eine empirische Analyse der Forschungs-, Entwicklungs- und Innovationstätigkeit kleiner und mittlerer Unternehmen in den Regionen der Bundesrepublik Deutschland 1978-1984*. München: Verlag V. Florentz (= Volkswirtschaftliche Forschung und Entwicklung Band 73).

Pfirrmann, O. (1994a): Die Bestimmung regionaler Innovationsdisparitäten. Ein Beitrag zur Methodendiskussion, *Raumforschung und Raumordnung*, 52, 203-211.

Pfirrmann, O. (1994b): The Geography of Innovation in Small and Medium-Sized Firms in West Germany, *Small Business Economics*, 6, 41-54.

Phelps, N.A. (1992): External economies, agglomeration and flexible accumulation, *Transactions of the Institute of British Geographers*, 17, 35-46.

Picot, A. (1981): *Transaktionstheorie der Organisation*. Hannover: Universität Hannover (Beiträge zur Unternehmensführung und Organisation).

Picot, A. (1982): Der Transaktionskostenansatz in der Organisationstheorie: Stand der Diskussion und Aussagewert, *Die Betriebswirtschaft*, 42, 267-284.

Picot, A./Reichwald, A./Wigand, R.T. (1996): *Die grenzenlose Unternehmung. Information, Organisation und Management. Lehrbuch zur Unternehmensführung im Informationszeitalter*. Wiesbaden: Gabler.

Piore, M. (1990): Work, labour and action. In: Pyke, F./Becattini, G./Sengenberger, W. (Eds.): *Industrial Districts and Inter-Firm Co-operation in Italy*. Genf: International Institute for Labour Studies, 52-74.

Piore, M.J./Sabel, C.F. (1984): The *Second Industrial Divide. Possibilities for Prosperity*. New York: Basic Books.

Pleschak, F./Sabisch, H. (1996): *Innovationsmanagement*. Stuttgart: Schäffer-Poeschel Verlag.

Polanyi, M. (1966): *The Tacit Dimension*. New York: Doubleday.

Popper, K.R. (1973): *Objektive Erkenntnis*. Hamburg: Hoffmann und Campe.

Porter, M.E. (1990): *The Competitive Advantage of Nations and Their Firms*. London: Macmillan.

Porter, M.E. (1994): The Role of Location in Competition, *Journal of the Economic of Business*, 1, 35-39.

Porter, M.E. (1996): Competitive Advantage, Agglomeration Economies, and Regional Policy, *International Regional Science Review*, 19, 85-94.

Porter, M.E. (1998): Clusters and the new economics of competition, *Harvard Business Review*, November-December 1998, 77-90.

Powell, W.W. (1990): Neither Market nor Hierarchy. Networks Forms of Organization. In: Cummings, L.L./Staw, B.M. (Eds.): *Research in Organizational Behavior*. Greenwich, Con.: JAI Press, 295-336.

Prebisch, R. (1959): Commercial Policy in the Underdeveloped Countries, *The American Economic Review*, Papers and Proceedings, 49, 251-273.

Preto, G. (1995): The Regions as an Evolutive System. In: Bertuglia, C.S./Fischer, M.M./Preto, G. (Eds.): *Technological Change, Economic Development and Space*. Springer: Berlin, 257-275.

Prim, R./Tilmann, H. (1977): *Grundlagen einer kritisch-rationalen Sozialwirtschaft. Studienbuch zur Wissenschaftstheorie*. Heidelberg: Quelle & Meyer.

Pyke, F./Becattini, G./Sengenberger, W. (Eds.) (1990): *Industrial Districts and Inter-Firm Co-operation in Italy*. Genf: International Institute for Labour Studies.

Pyke, F./Sengenberger, W. (Eds.) (1992): *Industrial districts and local economic regeneration*. Genf: International Institute for Labour Studies.

Quévit, M. (1991): Innovative environments and local/international linkages in enterprise strategy: a framework for analysis. In: Camagni, R. (Ed.): *Innovation Networks. Spatial Perspectives*. London: Belhaven Press, 55-70

Rallet, A. (1993): Choix de proximité et processus d'innovation technologique, *Revue d'Économie Régionale et Urbaine*, 3, 365-385.

Ramser, H.J. (1993): Grundlagen der "neuen" Wachstumstheorie, *Wirtschaftswissenschaftliches Studium*, H. 3, 117 - 123.

Ratti, R./Bramanti, A./Gordon, R. (Eds.) (1997): *The Dynamics of Innovative Regions. The GREMI Approach*. Aldershot: Ashgate.

Rebelo, S. (1991): Long-Run Policy Analysis and Long-Run Growth, *Journal of Political Economy*, 99, 500-521.

Reger, G. (1997): *Koordination und strategisches Management internationaler Innovationsprozesse*. Heidelberg: Physica-Verlag.

Reger, G./Beise, M./Belitz, H. (1999): *Innovationsstandorte multinationaler Unternehmen. Internationalisierung technologischer Kompetenzen in der Pharmazeutik, Halbleiter- und Telekommunikationstechnik*. Heidelberg: Physica-Verlag.

Reger, G./Cuhls, K./von Wichert-Nick, D. (1996): Challenges to and Management of R&D Activities. In: Reger, G./Schmoch, U. (Eds.): *Organisation of Science and Technology at the Watershed. The Academic and Industrial Perspective*. Heidelberg: Physica-Verlag, 139-266.

Reger, G./Hassink, R. (1997): Strukturwandel, Technologiepolitik und grenzüberschreitende Technologiekooperationen in der Euregio Maas-Rhein, *Zeitschrift für Wirtschaftsgeographie*, 41, 31-47.

Rehfeld, D. (1994): Produktionscluster und räumliche Entwicklung – Beispiele und Konsequenzen. In: Krumbein, W. (Hrsg.): *Ökonomische und politische Netzwerke in der Region. Beiträge aus der internationalen Debatte*. Münster: Lit-Verlag, 187-205.

Reichwald, R./Möslein, K. (1995): Wertschöpfung und Produktivität von Dienstleistungen? - Innovationsstrategien für die Standortsicherung. In: Bullinger, H.-J. (Hrsg.): *Dienstleistung der Zukunft. Märkte, Unternehmen und Infrastrukturen im Wandel.* Wiesbaden: Gabler, 324-376.

Reid, S./Garnsey, E. (1998): How Do Small Companies Learn? Organisational Learning & Knowledge Management in the High-Tech Small Firm. In: *High-Technology Small Firms Conference*: The 6th Annual International Conference at the University of Twente, the Netherlands. Proceedings, Vol. 1. Twente: University of Twente, 391-401.

Reiß, T./Koschatzky, K. (1997): *Biotechnologie. Unternehmen, Innovation, Förderinstrumente.* Heidelberg: Physica-Verlag.

Reissert, B./Schmid, G./Jahn, S. (1989): *Mehr Arbeitsplätze durch Dienstleistungen? - Ein Vergleich der Beschäftigungsentwicklung in den Ballungsräumen der Bundesrepublik Deutschland.* Berlin: Wissenschaftszentrum Berlin.

Richardson, H.W. (1980): Polarization Reversal in Developing Countries, *Papers of the Regional Science Association*, 45, 67-85.

Richardson, H.W. (1995): Economies and Diseconomies of Agglomeration. In: Giersch, H. (Ed.): *Urban Agglomeration and Economic Growth.* Springer: Berlin, 123-156.

RIDER-UCL/ISI/FERE (1996): *Evaluation Ex-Post Objectif 2 1989-1993. Industrial Core South. Synthese des Etudes Regionales.* Louvain: RIDER.

Ritter, T. (1998): *Innovationserfolg durch Netzwerkkompetenz. Effektives Management von Unternehmensnetzwerken.* Wiesbaden: Gabler.

Romer, P.M. (1986): Increasing Returns and Long-Run Growth, *Journal of Political Economy*, 94, 1002–1037.

Romer, P.M. (1987): Growth Based on Increasing Returns Due to Specialization, *The American Economic Review*, 77, 56-62.

Romer, P.M. (1990): Endogenous Technological Change, *Journal of Political Economy*, 98, S71–S102.

Rosenberg, N. (1974): Science, Invention, and Economic Growth, *Economic Journal*, 84, 90-108.

Rosenberg, N. (1976): *Perspectives on Technology*. Cambridge: Cambridge University Press.

Rosenberg, N. (1982): *Inside the Black Box. Technology and Economics*. Cambridge: Cambridge University Press.

Rosenberg, N. (1990): Why do firms do basic research (with their own money)?, *Research Policy*, 19, 165-174.

Rosenfeld, S.A. (1997): Bringing Business Clusters into the Mainstream of Economic Development, *European Planning Studies*, 5, 3-23.

Rothwell, R. (1989): Small firms, innovation and industrial change, *Small Business Economics*, 1, 51-64.

Rothwell, R. (1991): External networking and innovation in small and medium-sized manufacturing firms in Europe, *Technovation*, 11, 93-112.

Rothwell, R. (1992): Successful industrial innovation: critical factors for the 1990s, *R&D Management*, 22, 221-239.

Rothwell, R. (1993): The Fifth Generation Innovation Process. In: Oppenländer, K.-H./Popp, W. (Hrsg.): *Privates und staatliches Innovationsmanagement*. München: Ifo-Institut für Wirtschaftsforschung (= Ifo-Studien zur Innovationsforschung 1).

Rothwell, R. (1994): Issues in user-producer relations in the innovation process: the role of government, *International Journal of Technology Management*, 9, 629-649.

Rothwell, R./Freeman, C./Horsley, A./Jervis, V.T.P./Robertson, A.B./Townsend, J. (1974): SAPPHO updated – Project SAPPHO phase II, *Research Policy*, 3, 258-291.

Sabel, C.F. (1989): Flexible Specialisation and the Re-Emergence of Regional Economies. In: Hirst, P./Zeitlin, J. (Eds.): *Reversing Industrial Decline? Industrial Structure and Policy in Britain and her Comeptitors*. Oxford: Berg, 17-70.

Sabel, C.F. (1994): Flexible Specialisation and the Re-emergence of Regional Economies. In: Amin, A. (Ed.): *Post-Fordism. A Reader*. Oxford: Blackwell, 101-156.

Sassen, S. (1996): *Metropolen des Weltmarkts. Die neue Rolle der Global Cities*. Frankfurt a.M.: Campus Verlag.

Saviotti, P.P. (1998): On the dynamics of appropriability, of tacit and of codified knowledge, *Research Policy*, 26, 843-856.

Saxenian, A. (1985): The genesis of Silicon Valley. In: Hall, P./Markusen, R. (Eds.): *Silicon Landscapes*. Boston: Allen & Unwin, 20-34.

Saxenian, A. (1990): Regional Networks and the Resurge of Silicon Valley, *California Management Review*, 33, 89-112.

Saxenian, A. (1994): *Regional Advantage. Culture and Competition in Silicon Valley and Route 128*. Cambridge, Mass.: Harvard University Press.

Saxenian, A. (2000): Regional Networks and Innovation in Silicon Valley and Route 128. In: Acs, Z.J. (Ed.): *Regional Innovation, Knowledge and Global Change*. London: Pinter, 123-138.

Sayer, A./Walker, R. (1992): *The New Social Economy: Reworking the Division of Labor*. Cambridge, Mass.: Blackwell.

Schätzl, L. (1974): Zur Konzeption der Wirtschaftsgeographie, *Die Erde*, 105, 124-134.

Schätzl, L. (1984): Einführung in die Wirtschaftsgeographie. In: Gaebe, W./Hagel, J./Maier, J./Schätzl, L. (Bearb.): *Harms Handbuch der Geographie. Sozial- und Wirtschaftsgeographie 3. Studienausgabe*. München: Paul List Verlag, 11-21.

Schätzl, L. (1994a): *Wirtschaftsgeographie 2. Empirie*. 2. Auflage. Paderborn: Schöningh.

Schätzl, L. (1994b): *Wirtschaftsgeographie 3. Politik*. 3. Auflage. Paderborn: Schöningh.

Schätzl, L. (1996): *Wirtschaftsgeographie 1. Theorie*. 6. Auflage. Paderborn: Schöningh.

Schenck, K.-E. (1992): Die neue Institutionenökonomie – Ein Überblick über wichtige Elemente und Probleme der Weiterentwicklung, *Zeitschrift für Wirtschafts- und Sozialwissenschaften*, 112, 337-378.

Scherer, F.M. (1967): Research and development resource allocation under rivalry, *Quarterly Journal of Economics*, 81, 359-394.

Scherer, F.M. (1980): *Industrial Market Structure and Economic Performance*. 2nd Edition. Chicago: Rand McNally.

Scherer, F.M. (1982): Inter-Industry Technology Flows and Productivity Measurement, *Review of Economics and Statistics*, 64, 627-634.

Schmidt, W./Koschatzky, K./Prakke, F./Tsipouri, L./Nielsen, E.M. (1996): *Bremen RITTS 004. Stage 3 Final Report*. Bremen: Der Senator für Wirtschaft, Mittelstand, Technologie und Europaangelegenheiten.

Schmoch, U./Hinze, S./Jäckel, G./Kirsch, N./Meyer-Krahmer, F./Münt, G. (1996): The Role of the Scientific Community in the Generation of Technology. In: Reger, G./Schmoch, U. (Eds.): *Organisation of Science and Technology at the Watershed. The Academic and Industrial Perspective*. Heidelberg: Physica-Verlag, 1-138.

Schmookler, J. (1966): *Invention and Economic Growth*. Cambridge, Mass.: Harvard University Press.

Schmude, J. (1994): *Geförderte Unternehmensgründungen in Baden-Württemberg. Eine Analyse der regionalen Unterschiede des Existenzgründungsgeschehens am Beispiel des Eigenkapitalhilfe-Programms (1979 bis 1989)*. Stuttgart: Franz Steiner Verlag.

Schramke, W. (1975): *Zur Paradigmengeschichte der Geographie und ihrer Didaktik. Eine Untersuchung über Geltungsanspruch und Identitätskrise eines Faches*. Göttingen: Redaktionskollektiv (Geographische Hochschulmanuskripte H. 2).

Schrumpf, H. (1997): The Effects of European Regional Policy on the Federal Republic of Germany. In: Bachtler, J./Turok, I. (Eds.): *The Coherence of EU Regional Policy. Contrasting Perspectives on the Structural Funds*. London: Jessica Kingsley Publishers, 246-259 (= Regional Policy and Development 17).

Schulze, R. (1993): Region - Industrialisierung - Strukturwandel. Annäherung an eine regionale Perspektive sozio-ökonomischen Wandels. In: Schulze, R. (Hrsg.): *Historische Voraussetzungen und Verlaufsmuster des regionalen Strukturwandels im europäischen Vergleich*. Essen: Klartext Verlag, 14-39.

Schumpeter, J.A. [1911] (1993a): *Theorie der wirtschaftlichen Entwicklung. Eine Untersuchung über Unternehmensgewinn, Kapital, Kredit, Zins und den Konjunkturzyklus*. 8. Auflage. Berlin: Duncker & Humblot.

Schumpeter, J.A. [1950] (1993b): *Kapitalismus, Sozialismus und Demokratie*. 7. erweiterte Auflage. Tübingen: Francke Verlag.

Schumpeter, J.A. (1961): *Konjunkturzyklen. Eine theoretische, historische und statistische Analyse des kapitalistischen Prozesses.* Erster und zweiter Band. Göttingen: Vandenhoeck & Ruprecht.

Schwitalla, B. (1993): *Messung und Erklärung industrieller Innovationsaktivitäten mit einer empirischen Analyse für die westdeutsche Industrie.* Heidelberg: Physica-Verlag.

Scott, A.J. (1988): Flexible production systems and regional development: the rise of new industrial spaces in North America and western Europe, *International Journal of Urban and Regional Research*, 12, 171-186.

Scott, A.J. (1995): The Geographic Foundations of Industrial Performance, *Competition and Change*, 1, 73-86.

Scott, A.J. (1996): Regional Motors of the Global Economy, *Futures*, 28, 391-411.

Seiffert, H. (1970): *Einführung in die Wissenschaftstheorie 2.* München: Beck.

Semlinger, K. (1998): *Innovationsnetzwerke. Kooperation von Kleinbetrieben, Jungunternehmen und kollektiven Akteuren.* Eschborn: RKW.

Sengenberger, W./Pyke, F. (1992): Industrial districts and local economic regeneration. Research and policy issues. In: Pyke, F./Sengenberger, W. (Eds.): *Industrial districts and local economic regeneration.* Genf: International Institute for Labour Studies, 3-30.

Siebert, H. (1970): *Regionales Wirtschaftswachstum und interregionale Mobilität.* Tübingen: J.C.B. Mohr.

Siebert, H. (1994): *Außenwirtschaft.* 6. Auflage. Stuttgart: Gustav Fischer Verlag.

Signorini, L.F. (1994): The Price of Prato, or Measuring the Industrial District Effect, *Papers in Regional Science*, 73, 369-392.

Simmie, J. (1997): Origins, structure and contents. In: Simmie, J. (Ed.): *Innovation, Networks and Learning Regions.* London: Jessica Kingsley Publ., 3-9.

Smith, H.L./Dickson, K./Smith, S.L. (1991): "There are two sides to every story": Innovation and collaboration within networks of large and small firms, *Research Policy*, 20, 457-468.

Solow, R. (1956): A Contribution to the Theory of Economic Growth, *The Quarterly Journal of Economics*, 70, 65-94.

Solow, R.M. (1988): Growth Theory and After, *The American Economic Review*, 78, 307-317.

Solow, R.M. (1994): Perspectives on Growth Theory, *Journal of Economic Perspectives*, 8, 45-54.

Sölvell, Ö./Zander, I. (1995): Organization of the Dynamic Multinational Enterprise. The Home-Based and the Heterarchical MNE, *International Studies of Management and Organization*, 25, 17-38.

Spender, J.-C. (1996): Making knowledge the basis of a dynamic theory of the firm, *Strategic Management Journal*, 17, 45-62.

Spielberg, R. (1993): Netzwerke als Analyseelement in der Raumforschung? In: Gesellschaft für Regionalforschung (Hrsg.): *Seminarbericht 32*. Heidelberg: Gesellschaft für Regionalforschung, 69-90.

Staber, U. (1996a): Networks and Regional Development: Perspectives and Unresolved Issues. In: Staber, U.H./Schaefer, N.V./Sharma, B. (Eds.): *Business Networks. Prospects für Regional Development*. Berlin: Walter de Gruyter, 1-23.

Staber, U. (1996b): The Social Embeddedness of Industrial District Networks. In: Staber, U.H./Schaefer, N.V./Sharma, B. (Eds.): *Business Networks. Prospects für Regional Development*. Berlin: Walter de Gruyter, 148-174.

Stahl, K. (1997): Divergenz und Konvergenz der regionalen Wirtschaftsentwicklung aus Sicht der Raumwirtschaftstheorie. In: Vosgerau, H.-J./Johann-Heinrich-von Thünen-Vorlesung: Heinz Köning, Innovation und Beschäftigung (Hrsg.): *Zentrum und Peripherie – Zur Entwicklung der Arbeitsteilung in Europa*. Berlin: Duncker & Humblot, 53-72.

Statistisches Bundesamt (1994): *Klassifikation der Wirtschaftszweige mit Erläuterungen*. Ausgabe 1993. Stuttgart: Metzler-Poeschel.

Steiner, M./Belschan, A. (1991): Technology life cycles and regional types: an evolutionary interpretation and some stylized facts, *Technovation*, 11, 483-498.

Steiner, M./Hartmann, C. (1998): *Interfirm co-operation and learning within SME networks – two cases from the Styrian Automotive Cluster*. Paper presented at the 38th European Congress of the Regional Science Association, 28 August – 1 September 1998, Wien.

Steiner, M./Hartmann, C. (1999): *Interfirm co-operation and learning within SME networks – two cases from the Styrian Automotive Cluster.* Paper presented at the 39th European Congress of the Regional Science Association, 21 August – 27 August 1999, Dublin.

Sternberg, R. (1994): *Technologiepolitik und High-Tech-Regionen - ein internationaler Vergleich.* Münster: Lit-Verlag (= Wirtschaftsgeographie Band 7).

Sternberg, R. (1995a): Die Konzepte der flexiblen Produktion und der Industriedistrike als Erklärungsansätze der Regionalentwicklung, *Erdkunde,* 49, 161-175.

Sternberg, R. (1995b): Kyushu (Japan) – "Silicon Island" oder "Silicon Colony"?, *Geographische Rundschau,* 47, 178-183.

Sternberg, R. (1998): Innovierende Industrieunternehmen und ihre Einbindung in intraregionale versus interregionale Netzwerke, *Raumforschung und Raumordnung,* 56, 288-298.

Sternberg, R. (1999): Innovative Linkages and Proximity: Empirical Results from recent Surveys of Small and Medium Sized Firms in German Regions, *Regional Studies,* 33, 529-540.

Sternberg, R. (2000): Innovation Networks and Regional Development – Evidence from the European Regional Innovation Survey (ERIS): Theoretical Concepts, Methodological Approach, Empirical Basis and Introduction to the Theme Issue. Manuskript eingereicht zur Veröffentlichung in *European Planning Studies,* 8.

Sternberg, R./Tamásy, C. (1999): Munich as Germany´s No. 1 High Technology Region: Empriical Evidence, Theoretical Explanations and the Role of Small Firm/Large Firm Relationship, *Regional Studies,* 33, 367-377.

Stöhr, W.B. (1986): Regional Innovation Complexes, *Papers of the Regional Science Association,* 59, 29-44.

Stoneman, P. (1979): Patenting activity: A re-evaluation of the influence of demand pressures, *Journal of Industrial Economics,* 27, 385-401.

Stoneman, P. (1983): *The Economic Analysis of Technological Change.* Oxford: Oxford University Press.

Storper, M. (1985): Oligopoly and the product cycle: Essentialism in economic geography, *Economic Geography,* 61, 260-282.

Storper, M. (1995): The Resurgence of Regional Economies, Ten Years Later: The Region as a Nexus of Untraded Interdependencies, *European Urban and Regional Studies*, 2, 191-221.

Storper, M. (1996a): Institutions of the Knowledge-Based Economy. In: Organisation for Economic Co-operation and Development (Ed.): *Employment and Growth in the Knowledge-based Economy*. Paris: OECD, 255-283.

Storper, M. (1996b): Innovation as Collective Action: Conventions, Products and Technologies, *Industrial and Corporate Change*, 5, 761-790.

Storper, M. (1997): *The Regional World. Territorial Development in a Global Economy*. New York: Guilford Press.

Storper, M./Scott, A.J. (1989): The geographical foundations and social regulation of flexible production complexes. In: Wolch, J./Dear, M. (Eds.): *The Power of Geography. How Territory Shapes Social Life*. Boston: Unwin Hyman, 21-40.

Storper, M./Scott, A.J. (1995): The Wealth of Regions. Market forces and policy imperatives in local and global context, *Futures*, 27, 505-526.

Storper, M./Walker, R. (1989): *The Capitalist Imperative. Territory, Technology, and Industrial Growth*. New York: Basil Blackwell.

Strambach, S. (1995): *Wissensintensive unternehmensorientierte Dienstleistungen. Netzwerke und Interaktion. Am Beispiel des Rhein-Neckar-Raumes*. Münster: Lit-Verlag.

Strambach, S. (1998): *Knowledge-Intensive Business Services (KIBS) as an Element of Learning Regions - the Case of Baden-Württemberg*. Paper presented at the ERSA Conference, August 28-31 1998, Vienna.

Strambach, S. (2001): Innovation Processes and the Role of Knowledge-Intensive Business Services (KIBS). In: Koschatzky, K./Kulicke, M./Zenker, A. (Eds.): *Innovation Networks. Concepts and Challenges in the European Perspective*. Heidelberg: Physica-Verlag, 53-68.

Strambach, S./DiTorio, A. (1999): *Wissensintensive unternehmensorientierte Dienstleistungen im Innovationssystem von Baden-Württemberg – am Beispiel der Technischen Dienste*. Stuttgart: Akademie für Technikfolgenabschätzung (Arbeitsbericht Nr. 133).

Swan, T.W. (1956): Economic Growth and Capital Accumulation, *Economic Record*, 32, 334-361.

Sydow, J. (1992a): Strategische Netzwerke und Transaktionskosten. Über die Grenzen einer transaktionskostentheoretischen Erklärung der Evolution strategischer Netzwerke. In: Staehle, W.H.v./ Conrad, P. (Hrsg.): *Managementforschung 2*. Berlin: Walter de Gruyter, 239-311.

Sydow, J. (1992b): On the management of strategic networks. In: Ernste, H./Meier, V. (Eds.): *Regional Development and Contemporary Industrial Response. Extending Flexible Specialisation*. London: Belhaven Press, 113-129.

Sydow, J. (1996): Flexible Specialization in Regional Networks. In: Staber, U.H./Schaefer, N.V./Sharma, B. (Eds.): *Business Networks. Prospects für Regional Development*. Berlin: Walter de Gruyter, 24-40.

Taylor, M. (1986): The product-cycle model: a critique, *Environment and Planning A*, 18, 751-761.

Telljohann, V. (1994): Die italienische Debatte um Industriedistrikte. In: Krumbein, W. (Hrsg.): *Ökonomische und politische Netzwerke in der Region. Beiträge aus der internationalen Debatte*. Münster: Lit-Verlag, 45-75.

Tether, B.S. (1998): Small and large firms: sources of unequal innovations?, *Research Policy*, 27, 725-745.

Tether, B.S./Smith, I.J./Thwaites, A.T. (1997): Smaller enterprises and innovation in the UK: the SPRU Innovations Database revisited, *Research Policy*, 26, 19-32.

Thomas, I.P. (1995): *Konvergenz und Divergenz in der Europäischen Union. Theoretischer Überblick, empirische Evidenz und wirtschaftspolitische Implikationen*. Kiel: Institut für Weltwirtschaft (Kieler Arbeitspapiere 682).

Tichy, G. (1991): The product-cycle revisited: Some extentions and clarifications, *Zeitschrift für Wirtschafts- und Sozialwissenschaften*, 111, 27-54.

Tichy, G. (1996): Volkswirtschaftslehre und Regionalentwicklung - Eine merkwürdige Dialektik. In: Schwarz, W. (Hrsg.): *Perspektiven der Raumforschung, Raumplanung und Regionalpolitik (Teil 1). Raumordnung, Landes- und Regionalentwicklung in Niederösterreich (Teil 2). Festschrift für Gerhard Silberbauer.* Wien, 103-107 (= Mitteilungen des Arbeitskreises für Regionalforschung Vol. 26).

Tijssen, R.J.W. (1998): Quantitative assessment of large heterogenous R&D networks: the case of process engineering in the Netherlands, *Research Policy*, 26, 791-809.

Tödtling, F. (1990): *Räumliche Differenzierung betrieblicher Innovation. Erklärungsansätze und empirische Befunde für österreichische Regionen.* Berlin: edition sigma.

Tödtling, F. (1992): Technological change at the regional level: the role of location, firm structure, and strategy, *Environment and Planning A*, 24, 1565-1584.

Tödtling, F. (1994): Regional networks of high-technology firms – the case of the Greater Boston Area, *Technovation*, 14, 323-343.

Tödtling, F. (1995): The innovation process and local environment. In: Conti, S./Malecki, E.J./Oinas, P. (Eds.): *The Industrial Enterprise and Its Environment: Spatial Perspectives.* Aldershot: Avebury, 171-193.

Tödtling, F. (1999): Innovation Networks, Collective Learning, and Industrial Policy in Regions of Europe, *European Planning Studies*, 7, 693-697.

Tödtling, F./Kaufmann, A. (1999): Innovation Systems in Regions of Europe – A Comparative Perspective, *European Planning Studies*, 7, 699-717.

Umlandverband Frankfurt Region RheinMain (1998): *Statistik Trends. Region Frankfurt RheinMain.* Frankfurt: Umlandverband.

Vaessen, P./Keeble, D. (1995): Growth-oriented SMEs in Unfavourable Regional Environments, *Regional Studies*, 29, 489-505.

van Duijn, J.J. (1984): Fluctuations in Innovations over Time. In: Freeman, C. (Ed.): *Long Waves in the World Economy.* London: Frances Pinter, 19-30.

van Gils, H./Oinas, P. (1997): *Regional Learning and Firms – Where is the Learning?* Paper presented at the European Regional Science Association 1997 Conference, Rome.

Vernon, R. (1966): International Investment and International Trade in the Product Cycle, *Quarterly Journal of Economics*, 80, 190-207.

Vernon, R. (1979): The product cycle hypothesis in a new international environment, *Oxford Bulletin of Economics and Statistics*, 41, 255-267.

von Hippel, E. (1994): "Sticky information" and the locus of problem solving. Implications for innovation, *Management Science*, 40, 429-439.

Walter, G.H./Koschatzky, K./Muller, E./Nellen, O. (1998): *Systematisierung der Technologiepolitik vor dem Hintergrund des Erfahrungsprofils der Abteilung "Innovationsdienstleistungen und Regionalentwicklung"*. Karlsruhe: Fraunhofer ISI (internes Papier).

Walter, G.H./Kulicke, M./Heidrich, F. (1996): *Analysis of the Objective 2 Regions Rhineland-Palatinate and Saarland, Germany. General Assessment*. Karlsruhe: Fraunhofer ISI.

Walter, H. (1988): Technischer Fortschritt. I: in der Volkswirtschaft. In: *Handwörterbuch der Wirtschaftswissenschaft*, Bd. 7. Stuttgart: Gustav Fischer, 569-583.

Weick, K.E. (1976): Educational Organizations as Loosely Coupled Systems, *Administrative Science Quarterly*, 21, 1-19.

Werner, H. (1999): *Entwicklungsverläufe und Erfolgsfaktoren junger Technologieunternehmen*. Dissertation, Fakultät für Wirtschaftswissenschaften der Technischen Universität Bergakademie Freiberg. Freiberg.

Wever, E./Stam, E. (1999): Clusters of High Technology SMEs: The Dutch Case, *Regional Studies*, 33, 391-400.

Williamson, O.E. (1965): *The Economics of Discretionary Behavior: Managerial Objectives in a Theory of the Firm*. Englewood Cliffs: Prentice-Hall.

Williamson, O.E. (1975): *Markets and Hierarchies: Analysis and Antitrust Implications. A Study in the Economics of Internal Organization*. New York: The Free Press/Macmillan.

Williamson, O.E. (1981): The Economics of Organization: The Transaction Cost Approach, *American Journal of Sociology*, 87, 548-577.

Williamson, O.E. (1985): *The Economic Institutions of Capitalism. Firms, Markets, Relational Contracting.* New York: The Free Press/Macmillan.

Williamson, O.E. (1989): Transaction cost economics. In: Schmalensee, R./Willig, R.D. (Eds.): *Handbook of Industrial Organisation.* Amsterdam: Elsevier, 135-182.

Williamson, O.E. (1990): *Die ökonomischen Institutionen des Kapitalismus. Unternehmen, Märkte, Kooperationen.* Tübingen: J.C.B. Mohr/Paul Siebeck (= Die Einheit der Gesellschaftswissenschaften Band 64).

Willms, W./Färber, U./Hardt, U./Jung, H.-U. (1994): *Konzept für eine regionale Infrastrukturpolitik im Raum der gemeinsamen Landesplanung Bremen/Niedersachsen. Band II: Wissenschaft und Forschung. Entwicklungspotentiale für die Region Bremen – Oldenburg – Bremerhaven zur Ausstattung der Region mit FuE-Infrastruktur.* Hannover/Bremen: Veröffentlichungen der Gemeinsamen Landesplanung Bremen/Niedersachsen (Gemeinsame Landesplanung Bremen/Nidersachsen Schriftenreihe Nr. 5-94).

Witt, U. (1987): *Individualistische Grundlagen der evolutorischen Ökonomik.* Tübingen: Mohr.

Wöhe, G. (1993): *Einführung in die allgemeine Betriebswirtschaftslehre.* 18. Auflage. München: Vahlen.

Wohlgenannt, R. (1969): *Was ist Wissenschaft?* Braunschweig: Vieweg (Wissenschaftstheorie, Wissenschaft und Philosophie 2).

Wolf, H.C. (1994): Wachstumstheorien im Widerstreit. Konvergenz oder Divergenz?, *Wirtschaftswissenschaftliches Studium*, H.4, 187 - 193.

Wolff, H./Becher, G./Delpho, H./Kuhlmann, S./Kuntze, U./Stock, J. (1994): *FuE-Kooperationen von kleinen und mittleren Unternehmen. Bewertung der Fördermaßnahmen des Bundesforschungsministeriums.* Heidelberg: Physica-Verlag.

Woll, A. (1976): *Allgemeine Volkswirtschaftlehre.* 5. Auflage. München: Franz Vahlen (Vahlens Handbücher der Wirtschafts- und Sozialwissenschaften).

Wood, P. (1995): *Business services, the management of change and regional development in the UK: a corporate client perspective.* Cambridge: University of Cambridge (ESRC Working Paper Series 23).

Yuill, D./Bachtler, J./Wishlade, F. (1996): *European Regional Incentives, 1996-97. 16th Edition. Directory and Review of Regional Grants and Other Aid Available for Industrial and Business Expansion and Relocation in the Member States of the European Union.* London: Bowker-Saur.

Zander, I. (1999): How do you mean 'global'? An empirical investigation of innovation networks in the multinational corporation, *Research Policy*, 28, 195-213.

Zenker, A. (1999): Innovation, Interaction and Regional Development: Structural Characteristics of Regional Innovation Strategies. In: Koschatzky, K./Kulicke, M./Zenker, A. (Eds.): *Innovation Networks. Concepts and Challenges in the European Perspective.* Heidelberg: Physica-Verlag, 207-222.

Zentrum für Europäische Wirtschaftsforschung (ZEW)/Niedersächsisches Institut für Wirtschaftsforschung/Deutsches Institut für Wirtschaftsforschung/Fraunhofer-Institut für Systemtechnik und Innovationsforschung/Wissenschaftsstatistik im Stifterverband für die Deutsche Wissenschaft (2000): *Zur technologischen Leistungsfähigkeit Deutschlands. Zusammenfassender Endbericht 1999. Gutachten im Auftrag des Bundesministeriums für Bildung und Forschung.* Mannheim: ZEW.

zu Knyphausen-Aufseß, D. (1999): Theoretische Perspektiven der Entwicklung von Regionalnetzwerken, *Zeitschrift für Betriebswirtschaft*, 69, 593-616.

Stichwortverzeichnis

A

Absorptionskapazität _____ 54-55, 60, 236
Adaption _____ 95
Adoption _____ 38, 95
   betriebliche Adoptionsentscheidungen 101
Agglomerationen _____ 104-106
Agglomerationseffekte __ 101-106, 199, 358
Agglomerationsfaktoren _____ 74, 102-103

B

Blaupausen _____ 72
bounded rationality _____ 40, 54, 126

C

CIM-Techniken _____ 258
Cluster _____ 16, 196-201, 231
   betriebliche Innovations-
   aktivitäten _____ 244-245
   Definition _____ 197
   Gefährdungsfaktoren _____ 199-200
   Merkmale _____ 198-199
   Wettbewerb _____ 199

D

Dienstleistungen _____ 229
   KIBS _____ 231
   unternehmensnahe Dienstleister 274-276, 278-285
   wissensintensive Dienstleistungen 230-231

Diffusion _____ 38, 95, 239
   Diffusionsmodelle _____ 98-99
   räumliche Diffusionsmuster ____ 99-101, 258-266, 356-358
   zeitliche Diffusionsmuster _____ 97-98

E

economies of scope _____ 142
Embeddedness-These _____ 267
European Regional Innovation Survey
(ERIS) _____ 249, 269, 274, 277, 285, 290

F

flexible Spezialisierung _____ 6, 186
Forschungseinrichtungen _____ 110, 113, 147, 285-290
   siehe auch: institutions of technological infrastructure
FuE-Intensität _____ 232

G

Gatekeeper _____ 236, 370
gateway regions _____ 362-363
geography of innovation _____ 62
global cities _____ 362
global hubs _____ 362-363
governance _____ 132, 174, 180

H

Heimatbasis _____ 159, 373
Humankapital _____ 4, 71, 80-81

I

Imitation _____ 38, 96
industrieller Distrikt _____ 185-196
   siehe auch: Technologiedistrikt
   Definition _____ 189
   flexible Spezialisierung _____ 186
   Kritik _____ 191-193
   Merkmale _____ 187-189
   Typologie _____ 196
   Übertragbarkeit _____ 190-191
Information _____ 49, 55
   stickiness _____ 55-56
Innovation _____ 20, 27, 56, 161
   siehe auch: Innovationsprozess
   betriebliches Innovationsverhalten und
   räumliches Umfeld ___ 367-368, 370-374
   Definition _____ 62
   inkrementale Innovation _____ 57-58
   Innovationsdiffusion _____ 95, 239
   Innovationsverhalten _____ 239
   Phasenmodell räumlicher
   Wirkungen _____ 355-361
   Produktinnovation _____ 13-14
   Prozessinnovation _____ 13-14
   radikale Innovation _____ 58-59
   Raumentwicklung _____ 350-351
   Unternehmensgröße _____ 233-238
Innovations- und Technologiepolitik ___ 7-9,
_____ 178-181, 301
   siehe auch: regionale
   Innovationsstrategien
   siehe auch: regionale Innovationspolitik
   Akteure und räumliche
   Maßstabsebenen _____ 310-312, 327
   Aufgaben _____ 303-304
   BioRegio-Wettbewerb _____ 320-321,
_____ 323-324, 340
   Definition _____ 302

   Evaluation _____ 307-309
   EXIST-Wettbewerb _____ 321-322,
_____ 324-325, 341
   InnoRegio-Wettbewerb _____ 322-323,
_____ 325-326, 341
   Instrumente _____ 304-305
   nicht-intendierte räumliche
   Wirkungen _____ 375
   Staats- und Marktversagen _____ 304
   Subsidiaritätsprinzip _____ 311, 332
   Systematisierung _____ 305-306
Innovationsempirik _____ 33
Innovationsforschung _____ 26, 32, 34-35
   empirische Innovationsforschung _ 33, 37
   evolutorische Innovationsforschung 35-37,
_____ 91, 158
   regionale Innovationsstudien ____ 239-258
Innovationsnetzwerke _____ 18-19, 137
   siehe auch: Netzwerkökonomik
   betrieblicher Innovationsprozess _ 153-154
   Definitionen _____ 121-124
   Funktionen _____ 141-142
   horizontale Netzwerke _____ 137
   Merkmale _____ 135, 138-139
   Netzwerke _____ 18-19, 120
   politische Förderung _____ 376-378
   räumliche Dimension _ 145-151, 294-299
   räumliches Umfeld _____ 148
   Scheiterursachen _____ 144-145
   vertikale Netzwerke _____ 137
   Vor- und Nachteile _____ 142
Innovationsprozess _____ 35, 38
   betriebliche Merkmale _____ 353, 370-371
   Determinanten _____ 351
   Einflussfaktoren _____ 352-353
   lineares Modell _____ 38
   Merkmale _____ 39
   rückgekoppeltes, zirkuläres Modell 45-48

Innovationssysteme
- *siehe: nationale Innovationssysteme*
- *siehe: regionale Innovationssysteme*
- *siehe: produktbasierte Innovationssysteme*

innovatives Milieu _____ 6-7, 185, 201-206
- Ansätze _____ 203
- Definition _____ 202
- kollektives Lernen _____ 203-204
- Kritik _____ 205-206
- Merkmale _____ 204

institutions of technological infrastructure (ITI) _____ 142, 214-215

K

klassische Außenhandelstheorie __ 64, 85-86
Komplexität _____ 44-48
Kumulativität _____ 56-57

L

learning economy _____ 165-167
- Definition _____ 166
- Merkmale _____ 166-167
- Rolle der Politik _____ 167

Lernen _____ 50-54, 67, 135, 164-165, 216-218, 356
- *siehe auch: learning economy*
- *siehe auch: lernende Region*
- collective learning _____ 219
- learning by doing _____ 51
- learning by interacting _____ 52
- learning by using _____ 51
- Lerneffekte _____ 4, 68
- localized learning _____ 209, 216-218

lernende Region _____ 194-195, 208-220
- Akteure _____ 212-216
- Definition _____ 209
- Kritik _____ 216-219
- Politikorientierung _____ 216
- Rahmenbedingungen _____ 210-211

logistische Regression _____ 269

N

Nation _____ 161
nationale Innovationssysteme __ 5-6, 157-172
- Definition _____ 160-162
- Elemente _____ 162-163
- Wissen und Lernen _____ 163-165

neoklassische Wachstumstheorie _____ 2-3, 63

Netzwerkökonomik _____ 124-125, 133-153
- *siehe auch: Innovationsnetzwerke*
- *siehe auch: regionale Netzwerkstudien*
- dezentrale Netzwerke _____ 140-141
- Management von Netzwerkbeziehungen _____ 144
- netzwerkdifferenzierende Faktoren __ 152
- Netzwerke und Transaktionen _____ 136, 139-140
- Netzwerkforschung _____ 134
- Netzwerkmobilisierung _____ 179-180
- Netzwerkpromotoren _____ 334
- Politiknetzwerke _____ 333-334
- relationale Firmen _____ 143
- strong ties _____ 140
- Typen räumlicher Netzwerksysteme _____ 149-151
- weak ties _____ 140

neue Außenhandelstheorie _____ 4, 85-93
- Entstehung _____ 86
- Modell des Nord-Süd-Handels _____ 87-89
- Zentrum-Peripherie-Modell _____ 89-91

neue Wachstumstheorie _____ 4, 8, 64-85, 93
- ß-Koeffizient _____ 82-83

Charakteristika 65
Kritik 76-80
Modelle von Grossman und Helpman 72-76
Modelle von Lucas 67-68
Modelle von Romer 69-71
regionale Implikationen 80-85
Systematisierung 66
Wachstumsempirik 82-85
neue Wirtschaftsgeographie 1, 4-5, 12, 61, 93-94, 155, 225, 300, 346-347, 349, 355, 378-380
new economic geography
siehe: neue Wirtschaftsgeographie

P

Patentanmeldungen 108-109, 232, 255-256
polarization reversal 3
principles of economics 26
produktbasierte Innovationssysteme 167-172
    Globalisierungseinfluss 168
    produktgruppenorientierte Innovationssysteme 168-169
    Produktwelten 170-171
Produktlebenszyklus 114
Produktlebenszyklushypothese 115-120
    Kritik 117-120
Proximität 53, 59-61, 73, 112, 114, 145, 147, 221
    proximity capital 174

R

raumdifferenzierende Faktoren 80-82, 92, 154-155, 221-222, 351-352, 354-355
raumwissenschaftlicher Ansatz 12
Region 6, 14-16, 176
    periphere Region 365-366

Regionstypen 339-340, 362-367, 372
regionale Branchen- und Sektoralstruktur 228
regionale Diffusionsunterschiede 294
    Westdeutschland 258-266
regionale FuE-Unterschiede
    Niederlande 240-241
regionale Innovationsmodelle 207, 220-225, 356-361
regionale Innovationspolitik 319
    Aktivierung regionaler Innovationsressourcen 336-337
    Aufgaben 326-328
    Erfolgs- und Gefährdungsfaktoren 342-346
    Förderung regionaler Innovationspotenziale 331
    Förderung von Innovationsnetzwerken 376-377
    Gestaltung regionaler Innovationssysteme 375-377
    Integration in globale Technikentwicklung 338-339
    Leitbild 332
    neue Wirtschaftsgeographie 346-347
    Regionstypisierung 339-340
    Restriktionen 374-375
    Verbesserung der regionalen Innovationsbedingungen 338
    Voraussetzungen 330-335
    Zielgruppen 329-330
regionale Innovationsstrategien 224
siehe auch: Innovations- und Technologiepolitik
    Erfolgsfaktoren 344-345
    Gefährdungsfaktoren 345
    Implementierung 343-344
    RIS- und RITTS-Projekte 317-319
regionale Innovationssysteme 5, 157, 173-184, 364-365
    Bewertung 183-184

Definition	173
Governance	180
Innovationssysteme	175
Merkmale	177
Politikorientierung	178-181, 375-377
Regionsdefinition	177
theoretische Grundlagen	173-174
Typologie	181-183
regionale Innovationsunterschiede	222, 240, 292-294
Baden und Elsass	249-254
Großbritannien	242-244
Österreich	245-247
Schwarzwald-Baar-Heuberg und Neckar-Alb	254-258
Westdeutschland	247-248
regionale Netzwerkstudien	294-297
Baden und Hannover-Braunschweig-Göttingen	277-285
Baden, Hannover-Braunschweig-Göttingen und Sachsen	274-277
Bodenseeraum und Elsass	267-269
Cambridge und Oxford	266-267
europäischer Vergleich	290-291
interregionaler Vergleich	269-274
Slowenien	285-290
regionale Rahmenbedingungen	352
regionale Strukturpolitik	314-317
regionale Wachstums- und Entwicklungstheorie	2, 87
Regionalpolitik	313
Regionalstaat	159
Regulationstheorie	6
Routinen	40, 359

S

Schmookler	30-31
Schumpeter	26-30
Schumpeter-Hypothese	28-29
Schumpeter-Renaissance	29
sektorale Spezialisierung	231, 357
Spillovereffekte	71, 96, 103, 106-114
MAR-Externalitäten	106-107
räumliche Dimension	108-114, 356
System	161, 175

T

Technikentwicklung	34
demand pull	42
Pfadabhängigkeit	57, 79
technologisches Paradigma	57, 359
technology push	42
technischer Fortschritt	20, 25, 28,
technischer Wandel	36, 57, 70
Technologiedistrikt	193-194
Tertiärisierung	228
Theorie	2-3
Transaktionskostenökonomik	124-133
Faktorspezifität	128-129
fundamentale Transformation	130
Institution	131
Netzwerk	128-130, 133
neue Institutionenökonomik	126, 130
Organisation	131-132
Transaktion	126
Transaktionskosten	127-128, 357
Unternehmung	126

U

Unsicherheit	39-41, 45, 129, 356-357
opportunistisches Verhalten	127

Unternehmen
- FuE-intensive Unternehmen _____ 369
- Großunternehmen _____ 28
- Hightech-Unternehmen _____ 229-230
- Innovationsverhalten _ 353, 361, 370-374
- junge Unternehmen _____ 330
- kleine Unternehmen __ 233-237, 277-283, _____ 369-370
- KMU _____ 17, 239-240, 266, 330, 361
- Outsourcing _____ 234
- Pionierunternehmer _____ 27
- Unternehmensgröße 17, 33, 100, 233-238
- Unternehmensgründungen _ 213, 284-285

untraded interdependencies _____ 209

W

Wissen _____ 49-50, 81, 165, 216-218
- explizites Wissen _____ 49
- implizites Wissen _____ 49-50, 356
- räumliche Bindung ___ 208-209, 216-217, _____ 357, 358-359

Wissensakkumulation _____ 69
Wissensdiffusion _____ 72, 358
Wissenserzeugung _____ 50-51
Wissensspillovers _____ 70, 109, 111
Wissenschaftsbindung _____ 41-44, 232-233

Z

Zentrum-Peripherie-Modell
 siehe: neue Außenhandelstheorie

Wirtschaftsgeographie
herausgegeben von Prof. Dr. Wolf Gaebe,
Prof. Dr. R. Grotz, Prof. Dr. Helmuth Nuhn,
Prof. Dr. Ludwig Schätzl
und Prof. Dr. Eike W. Schamp

Wolf Gaebe; Eike W. Schamp (Hrsg.)
**Gateways to the European market:
Case studies from the Netherlands and
Germany**
Bd. 4, 2., unv. Aufl.
1995, 150 S., 48,80 DM, br., ISBN 3-89473-986-x

Simone Strambach
**Wissensintensive unternehmensorientierte
Dienstleistungen: Netzwerke und
Interaktion – am Beispiel des Rhein-
Neckar-Raumes**
Bd. 6, 1995, 170 S., 48,80 DM, br., ISBN 3-89473-984-3

Rolf Sternberg
**Technologiepolitik und High-Tech
Regionen – ein internationaler Vergleich**
Bd. 7, 2. Aufl.,
1998, 384 S., 48,80 DM, br., ISBN 3-8258-2339-3

Andreas Stamm
**Strukturanpassung im Agrarsektor von
Costa Rica – neue Perspektiven für die
Entwicklung ländlicher Räume?**
Bd. 8, 1997, 312 S., 48,80 DM, br., ISBN 3-8258-2496-9

Stephanie Pfützer
**Strategische Allianzen in der
Elektronikindustrie**
Organisation und Standortstruktur
Bd. 9, 1995, 268 S., 48,80 DM, br., ISBN 3-8258-2621-X

Christine Tamásy
**Technologie und Gründerzentren
in Ostdeutschland – eine
regionalwirtschaftliche Analyse**
Bd. 10, 1996, 240 S., 48,80 DM, br., ISBN 3-89473-884-7

Rolf Schlunze
**Japanese Investment in Germany: a
spatial perspective**
Bd. 11, 1996, 176 S., 58,80 DM, br., ISBN 3-8258-3149-3

Britta Klagge
**Internationalisierung des Bankwesens in
Osteuropa**
Die ausländische Direktinvestitionstätigkeit
im ungarischen und tschechischen
Bankensektor im Spannungsfeld zwischen
nationalen Bedingungen und der
internationalen Niederlassungspolitik
multinationaler Banken
Bd. 12, 1997, 352 S., 59,80 DM, br., ISBN 3-8258-3532-4

Christian Weikl
**Internationalisierung deutscher Klein- und
Mittelunternehmen**
Eine empirische Analyse unter besonderer
Berücksichtigung der Zielländer Großbritannien und Tschechische Republik
Während der letzten Jahrzehnte haben sich die
Standortbedingungen in Europa grundlegend
verändert. Dies gibt auch kleinen und mittleren
Unternehmen (KMU) neue Möglichkeiten zur Internationalisierung. In welcher Form KMU hieran
teilnehmen, welche regionalen Wirkungen hiervon
ausgehen und welche Rolle der grenzüberschrei-
tende Transfer von Know-how spielt, ist bislang
jedoch kaum untersucht worden.
Die vorliegende Untersuchung stellt diesen Fragen
empirisch fundierte Antworten zur Seite und überprüft zugleich die Erklärungsgüte ausgewählter
Internationalisierungstheorien.
Auf Grundlage dieser Analyse werden Überlegungen zur Tragfähigkeit einiger wirtschaftspolitischer
Strategien angestellt.
Bd. 13, 1998, 264 S., 48,80 DM, br., ISBN 3-8258-3856-0

Jürgen Specht
**Industrielle Forschung und
Entwicklung: Standortstrategien und
Standortvernetzungen**
Am Beispiel der Regionen Rhein-Main, Bo-
densee und Dresden
Die Rahmenbedingungen für industrielle Forschung und Entwicklung (F+E) haben sich in den
letzten Jahren entscheidend geändert. Damit ist
gleichzeitig eine grundlegende Neuausrichtung
der F+E-Organisation im Industrieunternehmen
verbunden. Welche internen und externen Strategien Unternehmen im Bereich von F+E verfolgen
und wie Regionen in diese F+E-Strategien eingebunden sind, ist bisher weitgehend unbeantwortet
geblieben.

LIT Verlag Münster – Hamburg – London
Grevener Str. 179 48159 Münster
Tel.: 0251 – 23 50 91 – Fax: 0251 – 23 19 72
e-Mail: lit@lit-verlag.de – http://www.lit-verlag.de
Preise: unv. PE

Auf der Basis theoretischer Konzepte der Unternehmensorganisation und der Regionalökonomie gibt die vorliegende Untersuchung empirisch überprüfte Antworten auf diese Forschungsfragen und zeichnet somit ein umfassendes Bild über die Auswirkungen von Unternehmensstrategien auf die Wachstumsdynamik von F+E-Regionen.
Bd. 14, 1999, 264 S., 49,80 DM, br., ISBN 3-8258-3926-5

Cordula Neiberger
Standortvernetzung durch neue Logistiksysteme
Hersteller und Händler im Wettbewerb: Beispiele aus der deutschen Nahrungsmittelwirtschaft
Der verstärkte internationale Wettbewerb zwingt die Unternehmen zu einer neuen strategischen Ausrichtung und flexibler Marktanpassung. Die damit verbundenen Rationalisierungsbemühungen greifen über Unternehmensgrenzen hinweg, weshalb die Beziehungen zwischen Unternehmen neu überdacht und definiert werden müssen. Für die Beschreibung der Vorgänge wird das Schlagwort der "Kooperation" ebenso häufig verwendet wie "der Kampf um die Wertschöpfungskette".
Die vorliegende Studie untersucht die in den letzten Jahren erfolgten Umstrukturierungsprozesse im Logistikbereich zwischen Nahrungsmittelindustrie und Einzelhandel. Sie geht dabei von transaktionskostentheoretischen Überlegungen aus, analysiert deren Erklärungsgehalt für empirische Befunde und diskutiert weiterführende soziologische Erklärungsmuster. Ziel ist es darzulegen, inwieweit die zu beobachtenden organisatorischen Veränderungen zwischen Unternehmen räumliche Veränderungen im Sinne einer neuen standörtlichen Vernetzung hervorrufen.
Bd. 15, 1999, 208 S., 48,80 DM, br., ISBN 3-8258-4017-4

Stefanie Lowey
Organisation und regionale Wirkungen von Unternehmenskooperationen
Eine empirische Untersuchung im Maschinenbau Unter- und Mittelfrankens
Unternehmenskooperationen sind seit Anfang der 90er Jahre nicht nur ein vielerprobtes Mittel zur Entwicklung von Unternehmen, sondern auch von Regionen. Doch müssen Kooperationen, die für Unternehmen positiv sind, nicht auch für die Regionalentwicklung förderlich sein. In dieser Studie wird ein theoretisches Konzept zur Evaluierung von Unternehmenskooperationen im Hinblick auf deren regionale Wirkung entwickelt. Vor diesem Hintergrund werden in einer empirischen Untersuchung Kooperationen im Maschinenbau in Unter- und Mittelfranken analysiert und aus den Ergebnissen ihre Wirkungen im Hinblick auf eine längerfristig erfolgreiche Regionalpolitik abgeleitet.
Bd. 16, 1999, 264 S., 49,80 DM, br., ISBN 3-8258-4104-9

Ivo Mößig
Räumliche Konzentration der Verpackungsmaschinenbau-Industrie in Westdeutschland
Eine Analyse des Gründungsgeschehens
Die räumliche Konzentration von klein- und mittelständischen Betrieben eines Industriezweiges ist in den letzten Jahren vielfach diskutiert worden. Insbesondere wurde die Bedeutung für ein regionales Wachstum durch zwischenbetriebliche Vernetzungen herausgestellt. Doch wie entstehen räumliche Branchencluster überhaupt? Auf der Basis theoretischer Ansätze zur Erklärung solcher Cluster wird anhand der empirischen Untersuchungen gezeigt, daß den Agglomerationen in der Verpackungsmaschinenbau-Industrie ein dynamisch-evolutionärer Prozeß zugrunde liegt. Besondere Aufmerksamkeit erfährt das Gründungsgeschehen, denn lokale Spin-off-Gründungen konnten als wesentliche Ursache für die räumliche Konzentration der Verpackungsmaschinenbau-Industrie in Westdeutschland festgestellt werden.
Bd. 17, 2000, 160 S., 49,80 DM, br., ISBN 3-8258-5057-9

Martina Fromhold-Eisebith
Technologieregionen in Asiens Newly Industrialized Countries
Strukturen und Beziehungssysteme am Beispiel von Bangalore, Indien, und Bandung, Indonesien
Agglomerationen technologieintensiver Aktivitäten prägen nicht nur hochentwickelte Industriestaaten, sondern wachsen auch in Newly Industrialized Countries. Doch stellt sich angesichts ihrer anderen Bedingungen der technologiebasierten Industrialisierung die Frage: Inwieweit können sie 'westlichen' Konzepten innovationsorientierter Regionalentwicklung entsprechen, welche speziell die Bedeutung regionaler wissensintensiver Beziehungen und kollektiver Effizienz herausstellen? Dieser auch entwicklungspolitisch relevanten Frage geht dieses Buch mit Blick auf asiatische Beispiele im theoretischen und empirischen Ansatz nach. Dabei werden Strukturen und Beziehungssysteme von NIC-Technologieregionen als Reflexion spezifischer Rahmenbedingungen charakterisiert.
Bd. 18, Herbst 2001, 440 S., 69,90 DM, br., ISBN 3-8258-5355-1